Hartmann
Hug

Gesamtwirtschaftliche Aspekte
¬ Industrie

Ausgabe nach Rahmenlehrplan

Hartmann
Hug

Gesamtwirtschaftliche Aspekte

¬ Industrie

Ausgabe nach Rahmenlehrplan

Ausbildung & Beruf

Unternehmen & Gesamtwirtschaft

Staatliche Prozesspolitik

Projektmanagement

Merkur
Verlag Rinteln

Wirtschaftswissenschaftliche Bücherei für Schule und Praxis
Begründet von Handelsschul-Direktor Dipl.-Hdl. Friedrich Hutkap †

Verfasser:

Gernot B. Hartmann, Dipl.-Handelslehrer

Hartmut Hug, Dipl.-Handelslehrer

* * * * *

Bildnachweis:

Bild auf S. 387: Nomad_Soul - Fotolia.com

11., aktualisierte und erweiterte Auflage 2019

© 2003 by MERKUR VERLAG RINTELN

Gesamtherstellung:

MERKUR VERLAG RINTELN Hutkap GmbH & Co. KG, 31735 Rinteln

E-Mail: info@merkur-verlag.de
           lehrer-service@merkur-verlag.de

Internet: www.merkur-verlag.de

ISBN 978-3-8120-**0522-7**

Vorwort

Liebe Schülerinnen, liebe Schüler,

- Dieses Lern- und Arbeitsbuch richtet sich nach dem Rahmenlehrplan für den Ausbildungsberuf Industriekaufmann/Industriekauffrau, Lernfelder 1, 9 und 12.
- Das Buch hat mehrere Zielsetzungen. Es soll
  - Ihnen alle Informationen liefern, die zur Erarbeitung des Stoffs notwendig sind, und den zusätzlichen Einsatz von kopiertem Informationsmaterial überflüssig machen;
  - Ihnen dabei helfen, die im Lehrplan enthaltenen Lerninhalte in Allein-, Partner- oder Teamarbeit zu erarbeiten, Entscheidungen zu treffen und zu begründen und hierüber zu berichten;
  - fächerübergreifende Zusammenhänge darstellen und
  - der Prüfungsvorbereitung dienen.
- Zahlreiche Abbildungen, Schaubilder, Beispiele, Begriffsschemata, Gegenüberstellungen und Zusammenfassungen erhöhen die Anschaulichkeit und Einprägsamkeit der Informationen.
- Fremdwörter und Fachbegriffe werden grundsätzlich im Text oder in Fußnoten erklärt.
- Der Text des Buchs ist darauf angelegt, nicht nur Fakten zu vermitteln, sondern auch Verständniszusammenhänge darzustellen.
- Zur handlungsorientierten Themenbearbeitung stehen zahlreiche komplexe Aufgaben bis hin zur Fallstudie zur Verfügung, die Sie angesichts der knappen schulischen und häuslichen Arbeitszeit auch tatsächlich bewältigen können.

  Darüber hinaus werden zahlreiche Wiederholungs-, Vertiefungs- und Prüfungsaufgaben angeboten.
- Ein ausführliches Stichwortverzeichnis verhilft Ihnen, Begriffe und Erläuterungen schnell aufzufinden.

Wir wünschen Ihnen einen guten Lernerfolg!

Verlag und Verfasser

Vorwort zur 6. Auflage

Mit dieser aktualisierten Auflage wurden die Lerngebiete um verschiedene Inhalte ergänzt wie z. B. um einige Vertragsarten, die Nichtigkeit und Anfechtbarkeit von Rechtsgeschäften, Mahn- und Klageverfahren, die Verjährung von Forderungen, tarifvertragsrechtliche Fragen, Mitbestimmung in den Aufsichtsräten sowie die Preiselastizität der Nachfrage. Bezugspunkt hierfür ist der aktualisierte Prüfungskatalog für die IHK-Abschlussprüfung der Industriekaufleute von 2009.

[...]

Verlag und Verfasser

Vorwort zur 10. Auflage

Für die 10. Auflage wurden die Texte, Statistiken und Schaubilder auf den aktuellen Stand gebracht. Wichtige rechtliche Neuerungen, z. B. bei der Pflegeversicherung, wurden eingearbeitet. Neu aufgenommen wurde das **Kapitel „Projektmanagement".** Hiermit wird – auch im Sinne der Vorgaben in Lernfeld 12 des Rahmenlehrplans – die Zunahme der Projektarbeit in den Betrieben berücksichtigt und ein nicht unwesentlicher Beitrag zur beruflichen Qualifizierung geleistet.

Die Zuordnung der Lernfelder des Rahmenlehrplans zu den Kapiteln geht aus der folgenden Übersicht hervor:

Lernfeld (Rahmenlehrplan)	Hauptkapitel	Icons
Lernfeld 1: In Ausbildung und Beruf orientieren	**1 Ausbildung und Beruf**	
Lernfeld 9: Das Unternehmen im gesamt- und weltwirtschaftlichen Zusammenhang einordnen	**2 Unternehmen und Gesamtwirtschaft**	
Lernfeld 12: Unternehmensstrategien, -projekte umsetzen	**3 Staatliche Prozesspolitik** **4 Projektmanagement**	

[...]

Verlag und Verfasser

Vorwort zur 11. Auflage

In dieser Auflage wurden die Texte, Statistiken und Schaubilder auf den aktuellen Stand gebracht. In den Texten wird auf ergänzend bzw. vertiefend dargestellte Lerngebiete in *Speth/Hug: Betriebswirtschaftliche Geschäftsprozesse – Industrie, 14. Auflage 2019* verwiesen (Merkur Verlag Rinteln, ISBN 978-3-8120-0523-4). Das Buch wird mit „Speth/Hug: Geschäftsprozesse" zitiert.

Verlag und Verfasser

Inhaltsverzeichnis

2   Unternehmen und Gesamtwirtschaft

3   Staatliche Prozesspolitik

4   Projektmanagement

1 Ausbildung und Beruf

Einer der am stärksten besetzten Ausbildungsberufe ist der Industriekaufmann bzw. die Industriekauffrau. Die breite Ausbildung gewährt den Berufsanfängern gute Chancen.

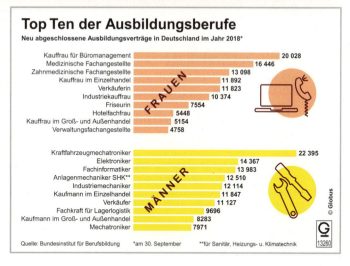

Top Ten der Ausbildungsberufe

Neu abgeschlossene Ausbildungsverträge in Deutschland im Jahr 2018*

FRAUEN	
Kauffrau für Büromanagement	20 028
Medizinische Fachangestellte	16 446
Zahnmedizinische Fachangestellte	13 098
Kauffrau im Einzelhandel	11 892
Verkäuferin	11 823
Industriekauffrau	10 374
Friseurin	7554
Hotelfachfrau	5448
Kauffrau im Groß- und Außenhandel	5154
Verwaltungsfachangestellte	4758

MÄNNER	
Kraftfahrzeugmechatroniker	22 395
Elektroniker	14 367
Fachinformatiker	13 983
Anlagenmechaniker SHK**	12 510
Industriemechaniker	12 114
Kaufmann im Einzelhandel	11 847
Verkäufer	11 127
Fachkraft für Lagerlogistik	9696
Kaufmann im Groß- und Außenhandel	8283
Mechatroniker	7971

© Globus 13260

Quelle: Bundesinstitut für Berufsbildung   *am 30. September   **für Sanitär, Heizungs- u. Klimatechnik

1.1 Tätigkeitsfelder der Industriekaufleute

Industriekaufleute können mit kaufmännisch-verwaltenden sowie mit organisatorischen Aufgaben in den verschiedensten Wirtschaftszweigen und Branchen eingesetzt werden. Ihre Aufgaben fallen im Wesentlichen in die Bereiche

- Marketing,
- Materialwirtschaft,
- Leistungserstellung,
- Absatzwirtschaft,
- Personalwesen,
- Finanzwesen und
- Rechnungswesen.

Für die Wahrnehmung der Aufgaben sind sowohl eine breite kaufmännische Fachkompetenz[1] als auch eine sichere Handhabung moderner Bürokommunikationstechniken,[2] insbesondere der Datenverarbeitung, notwendig. Die Bewältigung dieser Aufgaben erfordert

- Denken in Zusammenhängen,
- Flexibilität,
- Genauigkeit,
- Verantwortungsbewusstsein sowie
- ein mitarbeiter- und kundenorientiertes Verhalten.

Beispiele für wichtige Tätigkeitsfelder der Industriekaufleute sind:

- **Materialwirtschaft:** Einkauf, Lagerwirtschaft und Rechnungsprüfung.
- **Personalwirtschaft:** Personalorganisation, Personaleinsatz, Personalverwaltung, Personalentwicklung sowie Lohn- und Gehaltsabrechnung.
- **Rechnungswesen:** Kostenrechnung, Betriebs- und Geschäftsbuchführung.
- **Finanzierung:** Finanzplanung und -kontrolle.

---

1 Kompetenz (lat.) = Sachverstand, Zuständigkeit. Fachkompetenz = fachliche Zuständigkeit.

2 Kommunikation (lat.) = gegenseitige Verständigung. Technik (griech.) = vom Menschen erfundene (entwickelte) Hilfsmittel. Zu den Bürokommunikationstechniken gehören z.B. Telefon, Telefax, Diktiergeräte, Computer, Kopiergeräte, die Kommunikation mithilfe des Internets oder Intranets.

- **Leistungserstellung**: Arbeitsplanung, Fertigungssteuerung (Fertigungslenkung), Fertigungsdurchführung, Wartung sowie Planung von Reparaturen.
- **Absatzwirtschaft**: Marktforschung, Werbung, Verkaufsförderung, Verkauf, Versand und Rechnungstellung.

1.2 Rechtliches Grundlagenwissen

1.2.1 Rechtsquellen

1.2.1.1 Privates und öffentliches Recht

Das Leben der Menschen in einer Gemeinschaft bedarf einer rechtlichen Ordnung. Die Freiheit des Einzelnen und sein natürliches Streben nach freier Entfaltung seiner Persönlichkeit muss ebenso geschützt werden, wie der Missbrauch (Machtmissbrauch) der Freiheit durch den Einzelnen, durch soziale Gruppen oder durch den Staat verhindert werden muss. Nur so ist ein menschenwürdiges Zusammenleben in der Gemeinschaft und eine gedeihliche Entwicklung überhaupt möglich. Hierzu beizutragen ist eine wesentliche Aufgabe der Rechtsordnung.

Privatrecht

Das Privatrecht regelt vor allem die Rechte und Pflichten des einzelnen Staatsbürgers im Verhältnis zu den Rechten und Pflichten anderer Staatsbürger nach dem Grundsatz der *Gleichordnung (Gleichberechtigung).*

Das Privatrecht (auch Zivilrecht genannt) ist meistens *nachgiebiges* Recht.

Kennzeichnend für das Privatrecht ist somit der *Grundsatz der Vertragsfreiheit.*

> **Beispiel:**
>
> Inhalt, Zeitpunkt des Vertragsabschlusses, Zeitdauer eines Vertragsverhältnisses usw. können zwischen den Vertragspartnern grundsätzlich frei vereinbart werden.

Im Vordergrund des Privatrechts stehen die individuellen (persönlichen) Interessen (Bedürfnisse) der einzelnen Rechtssubjekte.

Bereiche des Privatrechts sind z. B. das Bürgerliche Recht (BGB), das Handelsrecht (HGB), das Gesellschaftsrecht (AktG, GmbHG GenG) und Teile des Urheberrechts (PatG, DesignG, GebrMG).

Öffentliches Recht

Das öffentliche Recht regelt vor allem die Rechtsverhältnisse der Träger öffentlicher (staatlicher) Gewalt untereinander sowie die Rechte und Pflichten des einzelnen Staatsbürgers zum Staat. Im Rahmen des öffentlichen Rechts ist der einzelne Staatsbürger dem Staat *untergeordnet* (Grundsatz der *Unterordnung*).

> **Beispiel:**
>
> Wer einen Steuerbescheid erhält, kann nicht nach dem Grundsatz der Gleichordnung (Gleichberechtigung) mit dem Staat über die Höhe des geltenden Steuersatzes oder den Zeitpunkt der Steuerzahlung verhandeln oder die Steuerzahlung ablehnen.

Das öffentliche Recht ist meistens *zwingendes Recht.* Im öffentlichen Recht gibt es keine Vertragsfreiheit. Im Vordergrund stehen die Bedürfnisse (Interessen) des Staates (der Gemeinschaft).

Weitere Bereiche des öffentlichen Rechts sind z. B. das Strafrecht, das Baurecht, das Polizeirecht, das Prozessrecht sowie Teile des Arbeits- und Sozialrechts.

1.2.1.2 Europäische Gesetzgebung

Das Europa-Recht (EU-Recht)[1] ist überstaatliches (supranationales)[2] Recht und steht somit über dem nationalen Recht. Das bedeutet, dass sich die nationalen Gesetze nicht darüber hinwegsetzen dürfen und dass bestehende nationale Gesetze erforderlichenfalls so geändert werden müssen, dass sie dem EU-Recht entsprechen.

Das EU-Recht kennt mehrere Arten von Rechtsakten:[3]

Verordnungen	Sie haben allgemeine Geltung und sind in allen Mitgliedstaaten unmittelbar geltendes Recht.
EU-Richtlinien	Sie legen Ziele fest, an die sich die Mitgliedstaaten halten müssen. Es bleibt den einzelnen Staaten überlassen, wie sie in nationales Recht umgesetzt werden. So können z. B. bestehende nationale Gesetze so geändert werden, dass sie den Vorgaben der EU entsprechen.
Beschlüsse	Sie richten sich an bestimmte Adressaten (z. B. Regierungen, Unternehmen) und sind für diese verbindlich.

Gesetzgebungsorgane sind das *Europäische Parlament*[4] und der *Rat.*[4] Im ordentlichen Gesetzgebungsverfahren, das für einen großen Teil der EU-Gesetzgebung angewendet wird, sind Rat und Parlament gleichberechtigt. Das Gesetzgebungsverfahren wird in der Regel von der *Kommission*[4] eingeleitet.

Neben dem ordentlichen Gesetzgebungsverfahren sind in bestimmten vertraglich vereinbarten Fällen besondere Verfahren vorgesehen, bei denen entweder das Parlament oder der Rat den Ausschlag gibt.

Über die Einhaltung des EU-Rechts wacht der Europäische Gerichtshof (EuGH).[4]

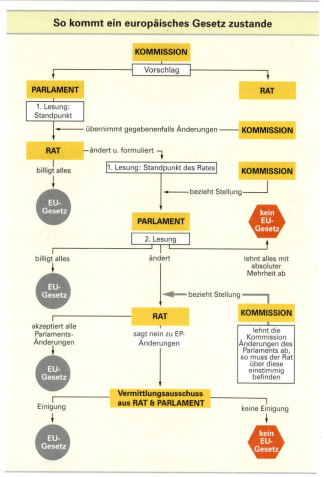

So kommt ein europäisches Gesetz zustande

Quelle: www.europarl.europa.eu (Europäisches Parlament)

---

1 Zur Europäischen Union (EU) siehe 3.12.

2 Supranational (lat.) = überstaatlich.

3 Rechtsakt = rechtlich wirksame Maßnahme; Rechtshandlung. Akt (lat.) = Handlung.

4 Zu den Organen siehe Kapitel 3.12.1.2.

1.2.2 Rechtssubjekte[1]

Susanne ist 17 Jahre alt. Sie möchte – übrigens gegen den Willen ihrer Eltern – mit Herrn Kirschner, Inhaber der Lederwarenfabrik Kirschner e. K., einen Ausbildungsvertrag als Industriekauffrau abschließen. Sie fragt ihre Freundin Greta, ob das ohne Weiteres geht. Diese meint, sie sei mit ihren 17 Jahren schließlich rechtsfähig. So könne sie tun und lassen, was sie für richtig hält. Gretas Freund Hannes äußert sich dahingehend, dass es nicht auf die Rechtsfähigkeit, sondern auf die Geschäftsfähigkeit ankomme. Außerdem habe er mal etwas von „Handlungsfähigkeit" gehört, müsse sich aber erst näher erkundigen. Wenn Sie das folgende Kapitel sorgfältig durchlesen, können Sie die oben aufgeworfene Frage richtig beantworten.

1.2.2.1 Rechtsfähigkeit

Rechtsfähig sind alle Menschen **(natürliche Personen)**. Das bedeutet, dass sie Träger von Rechten und Pflichten sein können. Die Rechtsfähigkeit beginnt mit der Geburt und endet mit dem Tode [§ 1 BGB].

> **Beispiel:**
>
> Das Recht des Erben, ein Erbe antreten zu dürfen. – Das Recht des Käufers, Eigentum zu erwerben. – Die Pflicht, Steuern zahlen zu müssen. (Das Baby, das ein Grundstück erbt, ist Steuerschuldner, z. B. in Bezug auf die Grundsteuer.)

Die **Rechtsfähigkeit des Menschen** (der **natürlichen Personen**) *beginnt* mit der Vollendung der Geburt [§ 1 BGB] und *endet* mit dem Tod. *Jeder* Mensch ist rechtsfähig, auch der geistig Behinderte.

Neben den natürlichen Personen kennt die Rechtsordnung auch juristische Personen, die wir im Kapitel 1.4.5ff. näher kennenlernen werden. Juristische Personen sind „künstliche Personen", denen der Staat die Eigenschaft von Personen kraft Gesetzes verliehen hat. Sie sind damit rechtsfähig, d. h. Träger von Rechten und Pflichten. Juristische Personen sind privatrechtliche Personenvereinigungen (z. B. eingetragene Vereine, Aktiengesellschaften),[2] Vermögensmassen (z. B. Stiftungen), Körperschaften des öffentlichen Rechts (z. B. Ärzte- und Rechtsanwaltskammern, Gemeinden, Industrie- und Handelskammern,[3] Handwerkskammern, öffentlich-rechtliche Hochschulen) und Anstalten des öffentlichen Rechts (z. B. Rundfunkanstalten).[4]

Die **Rechtsfähigkeit der juristischen Personen des öffentlichen Rechts** (z. B. Bund, Länder, Gemeinden, Rundfunkanstalten, Universitäten, staatlich anerkannte Kirchen) wird durch Gesetz verliehen.

Die **Rechtsfähigkeit der juristischen Personen des Privatrechts** beginnt mit ihrer Eintragung in das Vereinsregister (eingetragene Vereine), Handelsregister[5] (z. B. bei Aktiengesellschaften) oder das Genossenschaftsregister (eingetragene Genossenschaften). Mit der Löschung der Eintragung endet auch die Rechtsfähigkeit der betreffenden juristischen Personen.

---

1 Die natürlichen und juristischen Personen werden als **Rechtssubjekte** bezeichnet.

2 Zur Aktiengesellschaft siehe Kapitel 1.4.5.

3 Den Industrie- und Handelskammern gehören die meisten Industrie- und Handelsbetriebe kraft Gesetzes an.

4 Bei den Körperschaften stehen die Mitglieder im Vordergrund, z. B. die Mitglieder einer gesetzlichen Krankenkasse. Bei den Anstalten steht das Sachvermögen im Vordergrund, wie dies z. B. bei den Rundfunkanstalten der Fall ist. Die Nutzer von Anstalten haben im Gegensatz zu den Mitgliedern der Körperschaften keine Mitwirkungsrechte.

5 Zum Handelsregister siehe Kapitel 1.4.1.1.

1.2.2.2 Handlungsfähigkeit

Handlungsfähigkeit bedeutet, durch eigenes Tun (Handeln) Rechte und Pflichten begründen, verändern oder aufheben zu können. Sie setzt ein gewisses Maß an geistiger Reife voraus. Die Handlungsfähigkeit wird in Deliktsfähigkeit und Geschäftsfähigkeit eingeteilt.

Deliktsfähigkeit

> Deliktsfähigkeit ist die bürgerlich-rechtliche (zivilrechtliche) Verantwortlichkeit für gesetzeswidrige Handlungen [§§ 827 ff. BGB].

Kinder unter 7 Jahren und geistig behinderte Menschen sind *nicht deliktsfähig.* Für von ihnen verursachte Schäden können sie nicht verantwortlich gemacht werden. Kinder zwischen 7 und 9 Jahren haften für einen Schaden nur dann, wenn sie ihn absichtlich herbeigeführt haben. Im Übrigen sind Kinder zwischen 7 und 17 Jahren *beschränkt deliktsfähig.* Für verursachte Schäden sind sie nur bedingt verantwortlich, d. h., es kommt darauf an, ob sie zum Tatzeitpunkt in der Lage waren, die Folgen ihres Tuns zu erkennen.

Geschäftsfähigkeit

> Geschäftsfähigkeit ist die Fähigkeit, Willenserklärungen rechtswirksam abgeben und entgegennehmen (empfangen) zu können.

■ Unbeschränkte Geschäftsfähigkeit

Personen, die das achtzehnte Lebensjahr vollendet haben, sind *unbeschränkt geschäftsfähig* [§ 2 BGB]. Eine Ausnahme besteht nur bei geistig behinderten Menschen.

Die unbeschränkte Geschäftsfähigkeit bedeutet, dass eine natürliche Person jedes gesetzlich erlaubte Rechtsgeschäft abschließen kann. Es bedarf keiner Zustimmung gesetzlicher Vertreter und/oder Genehmigung eines Vormundschaftsgerichts. Im Normalfall sind die Eltern kraft Gesetzes die Vertreter der beschränkt geschäftsfähigen Person.

- Rechts- und Geschäftsfähigkeit haben auch im Zivilprozess[1] Bedeutung. Wer *rechtsfähig* ist, kann bei bürgerlichen Streitigkeiten (z. B. aus Kauf-, Miet- oder Darlehensverträgen) als Partei auftreten **(Parteifähigkeit).** Wer *geschäftsfähig* ist, kann einen Prozess selbst oder durch selbst bestellte Vertreter führen (Prozessfähigkeit; § 52 ZPO).

- Juristische Personen sind zwar partei-, aber nicht prozessfähig. Sie werden durch ihre gesetzlichen Vertreter vertreten. Bei einem eingetragenen Verein oder bei einer Aktiengesellschaft sind das z. B. die Vorstandsmitglieder.[2]

■ Beschränkte Geschäftsfähigkeit

Minderjährige, die zwar das siebte Lebensjahr, aber noch nicht das achtzehnte Lebensjahr vollendet haben, sind *beschränkt* geschäftsfähig [§ 106 BGB].

---

1 Zum Zivilprozess siehe Kapitel 1.2.7.2. Zivil (lat.) = bürgerlich.

2 Näheres zu den Vertretungsorganen der Kapitalgesellschaften siehe Kapitel 1.4.5 und Kapitel 1.4.6.

2 Hartmann -Hug- ISBN 978-3-8120-0522-7

Beschränkte Geschäftsfähigkeit heißt, dass eine beschränkt geschäftsfähige Person rechtsgültige Rechtsgeschäfte in der Regel nur mit **Zustimmung ihres gesetzlichen Vertreters** abschließen kann.

Die Zustimmung des gesetzlichen Vertreters kann im Voraus erteilt werden. Sie heißt dann *Einwilligung* [§§ 107, 183 BGB]. Sie kann aber auch *nachträglich* gegeben werden. Die nachträglich erfolgte Zustimmung heißt *Genehmigung* [§§ 108, 184 I BGB].

Solange die Genehmigung des gesetzlichen Vertreters fehlt, ist ein durch beschränkt Geschäftsfähige ohne Einwilligung abgeschlossenes Rechtsgeschäft *schwebend unwirksam*. Dies bedeutet, dass z.B. ein Vertrag (noch) nicht gültig, wohl aber genehmigungsfähig ist. Wird die Genehmigung verweigert, ist der Vertrag *von Anfang an ungültig*. Wird sie erteilt, ist der Vertrag *von Anfang an wirksam* [§§ 108 I, 184 I BGB].

Beispiel:

Ein 17-jähriger Schüler hat ohne Einwilligung seiner Eltern ein Tourenrad im Wert von 850,00 € auf Raten gekauft. Von seinem Taschengeld leistet er eine Anzahlung in Höhe von 250,00 €. Die folgenden drei Monatsraten beabsichtigt er aus dem Verdienst einer Ferienbeschäftigung zu bezahlen. Die Eltern verweigern die Genehmigung und weisen ihren Sohn an, das Fahrrad dem Verkäufer zurückzugeben. Da die Genehmigung der Eltern ausbleibt, ist der Kaufvertrag von Anfang an ungültig. Der Verkäufer muss das Rad zurücknehmen und die erhaltene Anzahlung zurückgeben.

Ausnahmen:

Folgende Rechtsgeschäfte beschränkt geschäftsfähiger Personen bedürfen **keiner Zustimmung** des gesetzlichen Vertreters:

- Rechtsgeschäfte, die beschränkt geschäftsfähigen Personen lediglich einen **rechtlichen Vorteil** bringen [§ 107 BGB].

Beispiel:

Die 15-jährige Schülerin Carla erhält von ihrer Tante zum Geburtstag ein Sparbuch über 200,00 €. Carla darf das Geschenk annehmen. Sie schließt praktisch mit ihrer Tante einen Schenkungsvertrag ab. Durch die Einigung und Übergabe des Sparbuchs wird Carla Eigentümerin [§§ 929 ff. BGB]. Das Rechtsgeschäft ist wirksam, weil es Carla lediglich einen rechtlichen Vorteil bringt.

- Rechtsgeschäfte, bei denen die beschränkt geschäftsfähige Person die vertragsgemäßen Leistungen (z.B. Kaufpreiszahlungen) mit Mitteln bewirkt, die ihr zu diesem Zweck oder zur freien Verfügung von ihrem gesetzlichen Vertreter oder mit dessen Zustimmung von einem Dritten (z.B. einer Tante, den Großeltern) überlassen wurden (§ 110 BGB; sogenannter **Taschengeldparagraf**).

- Der Taschengeldparagraf deckt **keine Ratengeschäfte.**

- Werden Minderjährige durch ihren gesetzlichen Vertreter zur Eingehung eines **Dienst- oder Arbeitsverhältnisses** ermächtigt, so sind die Minderjährigen für alle Rechtsgeschäfte uneingeschränkt geschäftsfähig, welche die Eingehung, Erfüllung (Verpflichtungen) oder Aufhebung des Arbeits- oder Dienstverhältnisses betreffen [§ 113 I S. 1 BGB].[1] Dies gilt somit nicht für die Berufsausbildungsverträge.

---

1 Die gesetzlichen Regelungen bezüglich des Abschlusses eines Ausbildungsvertrags werden im Kapitel 1.3.1 besprochen.

■ Beschränkt geschäftsfähige Minderjährige können danach mit ihrem Arbeitgeber beispielsweise selbst verbindliche Vereinbarungen über ihre Arbeitszeit, ihren Lohn, ihren Urlaub und die Art ihrer Arbeit treffen. Sie können ihre Arbeitsverhältnisse auch selbstständig wieder kündigen.[1] Sie bedürfen hierzu keiner Einwilligung oder Genehmigung ihres gesetzlichen Vertreters. Ausgenommen sind Verträge, zu denen der Vertreter der Genehmigung des Familiengerichts bedarf [§ 113 I S. 2 BGB].

■ Werden beschränkt geschäftsfähige Minderjährige durch ihren gesetzlichen Vertreter mit der erforderlichen Genehmigung des Familiengerichts zum **selbstständigen Betrieb eines Erwerbsgeschäfts** (z. B. Handelsgeschäfts) ermächtigt, so sind die Minderjährigen für alle Rechtsgeschäfte **unbeschränkt geschäftsfähig,** welche der Geschäftsbetrieb mit sich bringt [§ 112 I S. 1 BGB]. Ausgenommen sind die Rechtsgeschäfte, zu denen der gesetzliche Vertreter einer Genehmigung des Familiengerichts bedarf [§ 112 I S. 2 BGB].

■ **Geschäftsunfähigkeit**

Kinder bis zur Vollendung des siebten Lebensjahrs sind *geschäftsunfähig* [§ 104 Nr. 1 BGB]. Dies bedeutet, dass Kinder überhaupt keine Willenserklärungen abgeben können. Verträge mit Kindern sind immer nichtig.

Beispiel:
Ein Bekannter der Familie will der 5-jährigen Anne 5,00 € schenken. Das Kind fragt die Mutter, ob es das Geld behalten darf. Die Mutter sagt „ja". Der übergebene Geldschein wird Eigentum des Kindes, weil es rechtsfähig ist.

Den Kindern sind geistig behinderte Erwachsene gleichgestellt [§ 104 Nr. 2 BGB]. Kleinere Rechtsgeschäfte, die sie mit geringen Mitteln vornehmen (z. B. Kauf von Lebensmitteln), sind jedoch nach § 105 a BGB rechtswirksam, sobald Leistung und Gegenleistung erbracht sind.

1.2.3 Rechtsobjekte

1.2.3.1 Sachen und Rechte

Rechtsobjekte sind die *Gegenstände* des Rechts. Hierunter fallen

■ körperliche Gegenstände, die im BGB als **Sachen**[2] bezeichnet werden [§ 90 BGB], und

■ Rechte.

Beispiele:
Forderungen, Patent- und Lizenzrechte, Miet- und Pachtrechte und sonstige Nutzungsrechte (z. B. Wegerechte).

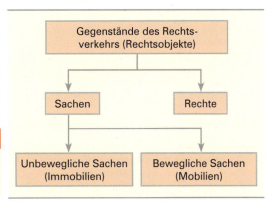

1 Die für einen einzelnen (bestimmten) Dienst- oder Arbeitsvertrag erteilte Ermächtigung gilt im Zweifel als allgemeine Ermächtigung zur Eingehung von Dienst- oder Arbeitsverhältnissen derselben Art [§ 113 IV BGB].

2 Tiere sind keine Sachen. Sie werden durch das Grundgesetz und durch besondere Gesetze geschützt [§ 90 a BGB].

Die **Sachen** sind entweder unbewegliche Sachen (Grundstücke) oder bewegliche Sachen (z. B. Möbel, Lebensmittel, Kunstgegenstände usw.).

Rechtlich von Bedeutung kann auch eine andere Einteilung der Sachen sein. Je nachdem, ob die Sachen untereinander **vertretbar** (austauschbar) sind oder nicht, spricht man von **vertretbaren Sachen (= Gattungssachen)** oder **nicht vertretbaren Sachen (= Spezies-sachen,** Spezieswaren).

Vertretbare Sachen werden im Rechtsverkehr nach Maß, Zahl oder Gewicht bestimmt [§ 91 BGB], wie dies beispielsweise beim Heizöl, bei der Kohle, beim Zement, bei Papier, Schnittholz, Nägeln und Schrauben der Fall ist.

Nicht vertretbare Sachen können nicht nach Maß, Zahl und Gewicht bestimmt werden, weil hier eine genau bestimmte Sache (z. B. Ware) zur Lieferung geschuldet wird. Beispiele sind ein bestimmtes Rennpferd, ein Originalgemälde oder eine bestimmte Maschine (z. B. Sonderanfertigung).

1.2.3.2   Eigentum und Besitz[1]

Im Sprachgebrauch werden die Begriffe Eigentum und Besitz häufig verwechselt. So spricht man vom „Hausbesitzer", meint aber den Hauseigentümer. Man spricht vom „Fabrikbesitzer", obwohl man den Eigentümer einer Fabrik meint.

Das Recht, über ein Rechtsobjekt im Rahmen der gesetzlichen Vorschriften frei verfügen zu können, bezeichnet man als **Eigentum** [§ 903 BGB].

„Eigentum gehört einem." Man kann z. B. das Eigentum an seinem privaten Pkw auf einen Käufer übertragen oder seinen Kindern aufgrund eines Schenkungsvertrags übereignen. Das Eigentum beinhaltet somit die **rechtliche Herrschaft** über eine **Sache**. Eigentümer eines Tieres müssen bei der Ausübung ihrer Befugnisse (Wahrnehmung ihrer Eigentumsrechte) die besonderen Tierschutzvorschriften beachten.

In den meisten Fällen wird das Eigentum durch ein **Rechtsgeschäft** (siehe Kapitel 1.2.4) erworben. So wird z. B. das Eigentum an beweglichen Sachen im Rahmen eines Kaufvertrags [§§ 145 ff., 433 BGB] durch **Einigung** und **Übergabe** übertragen [§ 929 S. 1 BGB].[2]

Besitz ist die tatsächliche Herrschaft über eine Sache oder über ein Recht (über Rechtsobjekte) [§ 854 I BGB].

Beispiel:

Der Auszubildende Jonas hat sich im Buchgeschäft ein Buch gekauft und gleich mitgenommen. Er ist Eigentümer und Besitzer des Buchs. Sein Klassenkamerad Tim „borgt" sich das Buch für ein paar Tage aus, um es zu lesen. Jonas bleibt Eigentümer, während Tim Besitzer wird. Tim ist rechtmäßiger Besitzer, der Besitzübergang ist mit Willen des bisherigen Besitzers erfolgt. Hätte Tim das Buch einfach an sich genommen (= gestohlen), wäre er unrechtmäßiger Besitzer geworden. Gibt Tim das Buch wieder an Jonas zurück, wird Jonas wieder Besitzer.

---

1 Zum Eigentums- und Besitzübertrag sowie zum Eigentumsvorbehalt siehe Speth/Hug: Geschäftsprozesse, 14. Aufl. 2019, S. 251 f. und 529 f.

2 Die gesetzlichen Regelungen zum Eigentumsübergang finden Sie in den §§ 929 ff. BGB (Eigentumsübergang an beweglichen Sachen) und §§ 873, 925 BGB (Eigentumsübergang an Grundstücken).

Besitz und Eigentum können somit auseinanderfallen. Das Geschäftsvermögen eines Einzelunternehmers befindet sich zwar in dessen Besitz, nicht aber unbedingt in dessen Eigentum. So können z. B. die Waren unter „Eigentumsvorbehalt"[1] geliefert worden sein. Dies bedeutet, dass sich der Lieferer (Verkäufer) das Eigentum an der Ware vorbehält, bis der Käufer den Kaufpreis entrichtet hat [§§ 929, 449, 158 I BGB].

Im Unterschied zum Eigentum kann man sich den Besitz auch unrechtmäßig verschaffen, z. B. durch Diebstahl oder durch Unterschlagung eines Fundes.

1.2.4 Rechtsgeschäfte

1.2.4.1 Die Begriffe Willenserklärung und Rechtsgeschäft

Wir schließen tagtäglich Verträge ab, ohne uns dessen bewusst zu sein. Wenn wir beim Bäcker Brot kaufen, liegt ein Kaufvertrag vor. Mieten wir ein Zimmer oder eine Wohnung, haben wir einen Mietvertrag abgeschlossen. Pumpen wir unserem Freund ein paar Euro, handelt es sich um einen Darlehensvertrag. In jedem dieser Fälle handelt es sich um ein Rechtsgeschäft.

Willenserklärungen und Rechtsgeschäfte

Wenn wir Rechtsgeschäfte abschließen wollen (z. B. einen Kauf tätigen möchten), müssen wir unseren *Willen* äußern (erklären). Dies geschieht durch sog. **Willenserklärungen.**

> Rechtsgeschäfte kommen durch **Willenserklärungen** zustande.

Die gewollten und erklärten Rechtsfolgen können unterschiedlicher Art sein. Mithilfe von Willenserklärungen werden z. B. neue Rechtsverhältnisse geschaffen (z. B. durch einen Kaufvertrag), bestehende Rechtsverhältnisse abgeändert (z. B. durch Vereinbarung einer Mietpreiserhöhung) oder bestehende Rechtsverhältnisse aufgelöst (z. B. durch eine Kündigung).

> **Willenserklärungen** sind solche Äußerungen (Handlungen) einer Person (oder mehrerer Personen), die mit der Absicht vorgenommen werden, eine rechtliche Wirkung herbeizuführen.

Arten der Rechtsgeschäfte

Ein Rechtsgeschäft kann aus *einer* Willenserklärung oder aus *mehreren* Willenserklärungen bestehen.

> Rechtsgeschäfte, die nur eine Willenserklärung benötigen, bezeichnet man als **einseitige Rechtsgeschäfte.**

Einseitige Rechtsgeschäfte sind z. B. die Kündigung, die Rücktrittserklärung und das Testament.

---

1 Siehe Speth/Hug: Geschäftsprozesse, S. 529 f.

Beispiele:

Beispiele:

Die **Kündigung** ist eine empfangsbedürftige Willenserklärung, die in der Regel keiner bestimmten gesetzlichen Form bedarf, d.h. auch mündlich erklärt werden kann. (Empfangsbedürftige Willenserklärungen sind solche, die einer bestimmten anderen Person gegenüber geäußert werden müssen und erst dann gültig [rechtswirksam] sind, wenn sie dem Erklärungsempfänger rechtzeitig zugegangen sind.) Durch eine rechtswirksame Kündigung wird ein Dauerschuldverhältnis (z.B. ein Mietvertrag, ein Arbeitsverhältnis) für die Zukunft aufgelöst (siehe §§ 542ff., 568f., 573ff., 575aff., 620ff. BGB).

Auch die **Rücktrittserklärung** ist eine empfangsbedürftige Willenserklärung, die in der Regel keiner bestimmten Form bedarf. Sie beendet ein Vertragsverhältnis für die Zukunft. Im Unterschied zur Kündigung werden jedoch die Verträge auch **rückwirkend** (für die Vergangenheit) aufgehoben. Beispiel: Rücktritt des Gläubigers von einem gegenseitigen Vertrag, wenn der Schuldner eine fällige Leistung nicht oder nicht vertragsgemäß erbringt [§ 323 I BGB].

Das **Testament** ist eine vom Erblasser (Person, durch deren Tod die Erbschaft auf den oder die Erben übergeht) *einseitig* getroffene Verfügung von Todes wegen, in der dieser in der Regel seine Erben bestimmt und hierdurch die gesetzliche Erbfolge durch eine vom Erblasser gewollte („gewillkürte") Erbfolge ersetzt. Das Testament ist ein Beispiel für eine *nicht empfangsbedürftige* Willenserklärung [§§ 2064ff. BGB]. Sie ist bereits wirksam mit der Vollendung des Testaments und nicht erst dann, wenn der Erbe das Testament empfangen oder gelesen hat.

Rechtsgeschäfte, die zu ihrer Gültigkeit zwei oder mehr sich inhaltlich deckende Willenserklärungen benötigen, bezeichnet man als **mehrseitige Rechtsgeschäfte** oder als **Verträge.**[1]

Die am meisten vorkommenden mehrseitigen Rechtsgeschäfte (Verträge) kommen durch zwei inhaltlich übereinstimmende Willenserklärungen zustande. Man bezeichnet sie als zweiseitige Rechtsgeschäfte.

Je nachdem, ob sich aus den abgeschlossenen *Verträgen* nur für einen oder für beide Vertragspartner *Leistungsverpflichtungen* ergeben, unterscheidet man zwischen einseitig verpflichtenden Verträgen (Rechtsgeschäften) und mehrseitig (zweiseitig) verpflichtenden Verträgen (Rechtsgeschäften).

Einseitig verpflichtende Verträge liegen demnach vor, wenn nur einem Vertragspartner eine Verpflichtung zur Leistung auferlegt ist.

Beispiel:

Ein einseitig verpflichtender Vertrag ist der Schenkungsvertrag. Der Schenker verpflichtet sich, dem Beschenkten das Geschenk zu übergeben und zu übereignen, während der Beschenkte keine Gegenleistung zu erbringen hat [§ 516 BGB].

Mehrseitig verpflichtende Verträge sind Rechtsgeschäfte, bei denen *jeder* Vertragsteil zu einer Gegenleistung für die Leistung des anderen Vertragsteils verpflichtet ist. Die weitaus meisten Rechtsgeschäfte sind zweiseitig verpflichtende Verträge.

---

1 Gesellschaftsverträge (siehe Kapitel 1.4.3ff.) bedürfen bei mehr als 2 Gesellschaftern auch mehr als 2 Willenserklärungen.

Beispiel:

Leihvertrag, Mietvertrag, Darlehensvertrag, Werkvertrag, Werklieferungsvertrag, Dienstvertrag[1] oder Kaufvertrag. Beim Kaufvertrag ist beispielsweise der Verkäufer verpflichtet, die gekaufte Ware dem Käufer zu übergeben und zu übereignen, während der Käufer verpflichtet ist, die gelieferte Ware abzunehmen und zu bezahlen.

1.2.4.2 Form der Rechtsgeschäfte

Formfreiheit und Formzwang

Formfreiheit bedeutet, dass die Rechtsgeschäfte in jeder möglichen Form abgeschlossen werden können.

Im Rahmen unserer geltenden Rechtsordnung besteht für die weitaus meisten Rechtsgeschäfte der Grundsatz der **Formfreiheit.**

Die meisten Rechtsgeschäfte können somit mit beliebigen Mitteln, z. B. durch Worte (mündliche, fernmündliche, telegrafische, mittels Fax übertragene), durch schlüssige Handlungen (Kopfnicken, Handheben, Einsteigen in ein Taxi usw.) und in bestimmten Fällen sogar durch Schweigen, abgeschlossen werden.

Soweit Formfreiheit besteht, ist die gewählte Form für die Gültigkeit des abgeschlossenen Rechtsgeschäfts unerheblich.

Abweichend von dem Grundsatz der Formfreiheit gibt es bestimmte Gruppen von Rechtsgeschäften, für die das Gesetz bestimmte Formen vorschreibt **(gesetzliche Formen)** oder für die zwischen den Vertragsparteien eine bestimmte Form vereinbart wurde (**vertragliche,** auch **gewillkürte Formen** genannt).

Dieser sogenannte **Formzwang** dient der Beweissicherung (Rechtssicherheit) und genauen Abgrenzung zwischen unverbindlichen Vorverhandlungen und verbindlichen Aufzeichnungen (z. B. beim Testament). Außerdem sollen die Erklärenden durch den Formzwang zu genauen Überlegungen gezwungen werden. Sie sollen vor übereilten und leichtfertigen Rechtsgeschäften geschützt werden (z. B. bei der Bürgschaft und bei der Schenkung).

Besteht für ein Rechtsgeschäft Formzwang, so bedeutet dies, dass das Rechtsgeschäft, um rechtswirksam zu sein, in der bestimmten Form abgeschlossen sein muss.

Gesetzliche Formen

Die **Schriftform** verlangt, dass die Erklärung auf irgendeine Weise niedergeschrieben und in der Regel vom Erklärenden *eigenhändig unterzeichnet* wird [§ 126 BGB].

---

1 Dieser Vertrag wird in Speth/Hug, Geschäftsprozesse, S. 340 ff. besprochen.

Die Schriftform ist z. B. bei folgenden Rechtsgeschäften vorgeschrieben:

- **Verbraucherdarlehensvertrag**[1] [§ 492 BGB]. Der Schriftform ist genügt, wenn Antrag und Annahme durch die Vertragsparteien jeweils getrennt schriftlich erklärt werden. Die Erklärung des Darlehensgebers bedarf keiner Unterzeichnung, wenn sie mithilfe einer automatischen Einrichtung erstellt wird. Der Darlehensnehmer muss in jedem Fall persönlich unterzeichnen (unterschreiben) [§ 492 I BGB].
- **Kündigung eines Arbeitsvertrags** [§ 623 BGB].
- **Erteilung eines Zeugnisses** [§ 630 BGB]. Bei der Beendigung eines dauernden Dienstverhältnisses kann der Verpflichtete (z. B. der Arbeitnehmer) ein schriftliches Zeugnis fordern.
- **Bürgschaftserklärung** [§ 766 BGB]. Bei der Bürgschaft verpflichtet sich der Bürge, für einen Schuldner einzutreten, wenn dieser seinen Verpflichtungen nicht nachkommt. Die Bürgschaftserklärung bedarf *nicht der Schriftform,* wenn sie durch einen Kaufmann[2] erfolgt [§ 350 HGB].
- **Schuldanerkenntnis** [§ 781 BGB].

Die Schriftform kann durch die **elektronische Form** (siehe S. 25 ff.) ersetzt werden, wenn sich aus dem Gesetz nichts anderes ergibt [§ 126 III BGB].

Wird die elektronische Form gewählt, muss der Aussteller (also derjenige, der die Willenserklärung abgibt) seiner Erklärung seinen Namen hinzufügen und das elektronische Dokument mit einer **qualifizierten elektronischen Signatur** (siehe S. 26) versehen. Bei einem **Vertrag** müssen die Parteien jeweils ein gleichlautendes Dokument signieren [§ 126 a BGB].

Ist die **Textform** vorgeschrieben, so muss eine lesbare Erklärung, in der die Person des Erklärenden genannt ist, auf einem dauerhaften Datenträger abgegeben werden [§ 126 b BGB].

Vorgeschrieben ist die Textform z. B., wenn ein Verbraucher von seinem Widerrufsrecht [§§ 355 ff. BGB] Gebrauch macht.

Ein **dauerhafter Datenträger** ist jedes Medium, das zum einen den Empfänger ermöglicht, eine auf dem Datenträger befindliche, an ihn persönlich gerichtete Erklärung so aufzubewahren oder zu speichern, dass sie ihm während eines für ihren Zweck angemessenen Zeitraums *zugänglich* ist, und zum anderen geeignet ist, die Erklärung *unverändert* wiederzugeben.

Die Textform ist z. B. gewahrt, wenn ein Brief mit einer eingescannten Namensunterschrift als Drucksache, durch Telefax oder als E-Mail-Anhang (e-mail-attachment) versendet wird.

---

1 Ein **Verbraucherdarlehensvertrag** liegt vor, wenn der Darlehensgeber (Kreditgeber) ein Unternehmer und der Darlehensnehmer (Kreditnehmer) ein Verbraucher ist.
Verbraucher sind natürliche Personen, die ein Rechtsgeschäft abschließen, das weder ihre gewerbliche noch ihre selbstständige berufliche Tätigkeit betrifft [§ 13 BGB].
Unternehmer sind natürliche und juristische Personen sowie rechtsfähige Personengesellschaften, die beim Abschluss eines Rechtsgeschäfts in Ausübung ihrer gewerblichen oder selbstständigen beruflichen Tätigkeit handeln [§ 14 BGB]. Zu den rechtsfähigen Personengesellschaften gehören z. B. die im Kapitel 1.4 besprochene offene Handelsgesellschaft (OHG) und die Kommanditgesellschaft (KG).

2 Zum Begriff Kaufmann siehe Kapitel 1.4.1.2.

Die **öffentliche Beglaubigung** ist eine Schriftform, bei der die Echtheit der eigenhändigen Unterschrift des Erklärenden von einem hierzu befugten Notar *beglaubigt* wird [§ 129 BGB]. Der Beamte beglaubigt nur die Echtheit der Unterschrift, nicht jedoch den Inhalt der Urkunde.

Beispiel:

Beglaubigungen sind häufig erforderlich, wenn Erklärungen gegenüber Behörden abgegeben werden müssen. Hierzu gehören Anmeldungen zum Handelsregister [§ 12 HGB],[1] zum Güterrechtsregister [§ 1560 BGB] oder zum Vereinsregister [§ 77 BGB].

Die **notarielle Beurkundung** erfordert ein Protokoll, in welchem der Beurkundungsbeamte die vor ihm abgegebenen Erklärungen *beurkundet* [§ 128 BGB]. Die Willenserklärungen werden also in einer öffentlichen Urkunde aufgenommen. Der Beamte beurkundet nicht nur die Unterschrift bzw. die Unterschriften, sondern auch den *Inhalt* der Erklärungen.

Beispiele:

Die notarielle Beurkundung ist für Grundstückskaufverträge [§ 311b I S. 1 BGB], für Erbverträge [§ 2276 BGB] oder für Erbverzichtsverträge [§ 2348 BGB] gesetzlich vorgeschrieben.

Die notarielle Beurkundung ist die beweissicherste Form. Sie kann deshalb die einfache Schriftform und die öffentliche Beglaubigung ersetzen [§§ 126 IV, 129 II BGB].

Zuständig für die notarielle Beurkundung sind die Notare.

Rechtsgeschäfte, die nicht in der vom Gesetz vorgeschriebenen Form erfolgt sind, sind grundsätzlich *nichtig* [§ 125 S. 1 BGB].

Nur in wenigen bestimmten Fällen kann die Nichtigkeit wegen Formmangels dadurch geheilt werden, dass das Rechtsgeschäft tatsächlich abgewickelt (erfüllt) wurde, so z. B. beim Schenkungsversprechen [§ 518 II BGB], beim Grundstücksveräußerungsvertrag [§ 311 b S. 2 BGB] und beim Bürgschaftsversprechen [§ 766 S. 2 BGB]. Schenker, Veräußerer oder Bürge haben hier freiwillig auf die *Schutzfunktion* gesetzlicher Formvorschriften verzichtet.

 Vereinbarte (gewillkürte) Form

Soweit das Gesetz nicht eine bestimmte Form zwingend vorschreibt, **bestimmen die Vertragsparteien selbst,** in welcher Form das Rechtsgeschäft abgeschlossen werden soll, um rechtsgültig zu sein.

Die Form eines Rechtsgeschäfts kann somit durch das Rechtsgeschäft selbst bestimmt sein.

Die Vereinbarungen können sowohl die einfache Schriftform, die elektronische Form, die Textform als auch die öffentliche Beglaubigung oder notarielle Beurkundung beinhalten.

---

1 Begriff und Aufgaben des Handelsregisters werden im Kapitel 1.4.1.1 behandelt.

Die Vorschriften zur schriftlichen, elektronischen und Textform gelten im Zweifel auch für die durch Rechtsgeschäft bestimmte Form [§ 127 I BGB].

Zur Wahrung der durch Rechtsgeschäft bestimmten *schriftlichen Form* genügt i. d. R. die telekommunikative Übermittlung (z. B. ein Fax) und bei einem *Vertrag* der Briefwechsel.

Exkurs: die qualifizierte elektronische Signatur

Wer mit einem anderen über ein elektronisches Medium (z. B. über das Internet) einen Vertrag abschließt, muss sich darauf verlassen können, dass die **elektronische Signatur** (auch elektronische oder digitale Unterschrift genannt) authentisch ist.

Eine *„Signatur"* im ursprünglichen Sinne ist eine Unterschrift (ein Namenszug). Eine *authentische Signatur* ist eine Unterschrift, die ohne Zweifel der „unterschreibenden" Person zugeordnet werden kann. (Authentisch [gr.-lat.] bedeutet echt, zuverlässig, verbürgt.)

Im Regelfall kann man einer von Hand geschriebenen Unterschrift ihre Echtheit ansehen. Bei einer elektronischen Unterschrift ist dies nicht ohne Weiteres möglich.

Die Entsprechung zur herkömmlichen Unterschrift ist im Rahmen des elektronischen Rechtsverkehrs die **qualifizierte elektronische Signatur (kurz: qeS)**. Durch sie wird die langfristige Überprüfbarkeit der Urheberschaft einer Erklärung im elektronischen Datenverkehr ermöglicht.

Zuständige Aufsichtsbehörde ist die Bundesnetzagentur. Sie verleiht Anbietern sogenannter **Vertrauensdienste** (insbesondere der elektronischen Signatur, daneben auch dem elektronischen Siegel, dem elektronischen Zeitstempel und den Diensten für die Zustellung elektronischer Einschreiben) den Status eines qualifizierten Vertrauensdiensteanbieters für den jeweils von ihm erbrachten qualifizierten Vertrauensdienst (siehe hierzu auch § 11 III VDG).

Rechtsverbindliche Unterschrift

Die qualifizierte elektronische Signatur kann im elektronischen Rechtsverkehr überall dort Verwendung finden, wo herkömmlicherweise eine handschriftliche Unterschrift verwandt wird.

Über die Anwendungsfelder hinaus, für die per Gesetz die Schriftform vorgeschrieben ist, ist die qualifizierte elektronische Signatur in all jenen Bereichen nutzbar, in denen der Verwender darauf Wert legt, dass er nötigenfalls auf ein sicheres Beweismittel für die Abgabe einer Willenserklärung zurückgreifen kann.

Im täglichen Leben werden üblicherweise etwa Verträge – z. B. über den Kauf eines Gebrauchtwagens – unterschrieben. Eine Rechtspflicht hierzu besteht nicht, da solcherlei Verträge grundsätzlich auch mündlich geschlossen werden können. Die meisten Menschen, die Verträge abschließen, möchten jedoch im Hinblick auf mögliche Streitfälle mit ihrer Unterschrift die vertraglichen Vereinbarungen rechtssicher fixieren. Mittels der qualifizierten elektronischen Signatur ist nun diese Unterschrift auf einem dem Gebrauchtwagenvertrag entsprechenden Datensatz (z. B. ein PDF-Dokument) möglich. Die Vorteile liegen auf der Hand: Es müssen

nicht beide Personen an einem Ort zur Unterschrift zusammenkommen oder ein Postdienst bemüht werden. Stattdessen kann das Dokument in Sekundenschnelle per Email verschickt und von beliebig vielen Personen signiert werden. […]

Gegenüber der handschriftlichen Unterschrift kann aufgrund der Güte der bei der qualifizierten elektronischen Signatur verwendeten Verfahren eine Fälschung mit an Sicherheit grenzender Wahrscheinlichkeit ausgeschlossen bzw. sofort erkannt werden, denn: jede Signatur kann über den Verzeichnisdienst des die Signaturkarte ausgebenden Anbieters jederzeit von jedermann überprüft werden. […]

Die gesetzliche Gleichstellung der qualifizierten elektronischen Signatur mit ihrem handschriftlichen „Ahnen" ist in den §§ 126, 126 a BGB, 3 a VwVfG geregelt. In diesen Vorschriften ist festgelegt, dass – solange nicht durch Rechtsvorschrift etwas Abweichendes bestimmt ist – die qualifizierte elektronische Signatur die Namensunterschrift bzw. ein notariell beglaubigtes Handzeichen ersetzt.

Quelle: www.bundesnetzagentur.de

Rechtsgeschäfte, die gegen eine vertraglich vereinbarte Form verstoßen, sind *im Zweifel nichtig* [§ 125 BGB].

Die jeweils strengere („höhere") Form kann die weniger strenge („niedere") Form generell ersetzen, ohne dass hierauf in einem Gesetz besonders hingewiesen werden muss. Wird z. B. die Textform gefordert, dann kann diese durch eine elektronische Form nach § 126 a BGB oder (erst recht) auch durch die gesetzliche Schriftform nach § 126 BGB ersetzt werden.

Zusammenfassung

- **Rechtsquellen** sind das **private** und das **öffentliche Recht**.

- Die Europäische Union (EU) kennt zwei Rechtsebenen, nämlich das **nationale Recht** und das **EU-Recht**.

- Das EU-Recht hat **Vorrang** vor dem nationalen Recht.

- **Rechtsobjekte** sind die Gegenstände des Rechts. Sie sind entweder **Sachen** (Mobilien oder Immobilien) oder **Rechte** (z. B. Patent- und Lizenzrechte).

- **Rechtsfähig** ist, wer Träger von Rechten und Pflichten sein kann. Die Rechtsfähigkeit der Menschen **(natürliche Personen)** beginnt mit der Geburt und endet mit dem Tod. Die Rechtsfähigkeit der **juristischen Personen** wird durch Gesetz verliehen.

- Die **natürlichen** und die **juristischen Personen** werden als **Rechtssubjekte** bezeichnet.

- **Handlungsfähigkeit** bedeutet, durch eigenes Tun Rechte und Pflichten begründen, verändern oder aufheben zu können. Man unterscheidet die **Delikts-** und die **Geschäftsfähigkeit**.

- **Geschäftsfähigkeit** heißt, alle erlaubten Rechtsgeschäfte abschließen zu können.

- **Beschränkte Geschäftsfähigkeit** bedeutet, dass Rechtsgeschäfte einer beschränkt geschäftsfähigen Person grundsätzlich der Zustimmung des gesetzlichen Vertreters bedürfen. Ausgenommen sind Rechtsgeschäfte einer beschränkt geschäftsfähigen Person, die
  - ihr lediglich einen rechtlichen Vorteil bringen,
  - aus ihrem „Taschengeld" bewirkt werden,
  - im Rahmen eines Arbeits- oder Dienstverhältnisses vorgenommen werden, zu deren Eingehung der gesetzliche Vertreter zugestimmt hat,
  - im Rahmen eines Erwerbsgeschäfts getätigt werden, zu dessen selbstständigem Betrieb der gesetzliche Vertreter zugestimmt hat.

- **Geschäftsunfähigkeit** heißt, dass die Erklärungen geschäftsunfähiger Personen rechtlich unerheblich sind.

- „**Eigentum** gehört einem, **Besitz** hat man."

- Für die meisten Rechtsgeschäfte des täglichen Lebens besteht **Formfreiheit**. Aus Gründen der Rechtssicherheit besteht für bestimmte Rechtsgeschäfte **Formzwang**.

- Die **gesetzlichen Formen** sind die **Schriftform**, die **elektronische Form**, die **Textform**, die **öffentliche Beglaubigung** und die **notarielle Beurkundung**.

- Soweit das Gesetz eine bestimmte Form nicht zwingend vorschreibt, können die Vertragsparteien die genannten Formen durch Rechtsgeschäft selbst bestimmen. Man spricht dann von der **vereinbarten (gewillkürten) Form**.

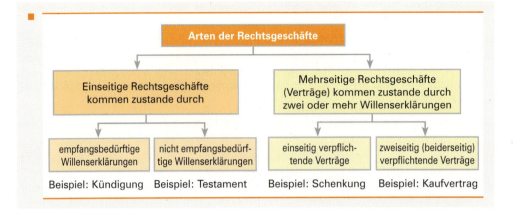

ÜBUNGSAUFGABEN

1. Frau Klara Reich hat ein Grundstück an die Neustädter Maschinenfabrik AG (kurz NEMAG genannt) für 1 000,00 € monatlich verpachtet. Die Pachteinnahmen muss Frau Reich versteuern.

   Auch die NEMAG ist Steuerschuldnerin, z. B. gegenüber der Gemeinde Neustadt, die in ihrer Sitzung einen Gewerbesteuersatz von 300 % festgelegt hat.

   1.1 Sowohl Frau Reich als auch die NEMAG sind Teil unserer Gesellschaft. Warum braucht jede Gesellschaft eine Rechtsordnung?

   Die Tatsache, dass Frau Reich ein Grundstück verpachtet hat, berührt mehrere Rechtsquellen, nämlich zunächst das private und das öffentliche Recht.

   1.2 Welche Tatbestände betreffen das private, welche das öffentliche Recht?

   1.3 Worin unterscheidet sich das öffentliche Recht vom privaten Recht?

   1.4 Nennen Sie Beispiele für Gesetze des privaten und des öffentlichen Rechts!

   1.5 Begründen Sie, ob es sich beim Anspruch der NEMAG auf Nutzung des gepachteten Grundstücks um subjektives oder objektives Recht handelt!

   Im Pachtvertrag zwischen Frau Reich und der NEMAG wird auf das BGB [§§ 581 ff.] Bezug genommen.

   1.6 Zu welcher Rechtsquelle gehört das BGB?

   1.7 Nennen Sie weitere Rechtsquellen!

   Sowohl Frau Reich als auch die NEMAG sind Träger von Rechten und Pflichten, also Rechtssubjekte.

   1.8 Definieren Sie den Begriff Rechtssubjekt!

   1.9 Zu welcher Art Rechtssubjekt gehört Frau Reich, zu welcher Art Rechtssubjekt gehört hingegen die NEMAG?

   1.10 Wie wurde Frau Reich zum Rechtssubjekt, wie die NEMAG?

   Das von Frau Reich verpachtete Grundstück ist ein Rechtsobjekt.

   1.11 Erläutern Sie, was unter Rechtsobjekt zu verstehen ist!

   1.12 Welche Arten von Rechtsobjekten sind zu unterscheiden?

   1.13 Zu welcher Art von Rechtsobjekt gehört das verpachtete Grundstück?

   1.14 Wer ist Eigentümer, wer Besitzer des verpachteten Grundstücks?

   1.15 Unterscheiden Sie zwischen Eigentum und Besitz!

Der Pachtvertrag ist ein Rechtsgeschäft. Rechtsgeschäfte entstehen durch Willenserklärungen.

1.16 Erklären Sie den Begriff Willenserklärung!

Der Pachtvertrag kam durch Willenserklärungen von Frau Reich einerseits und der NEMAG andererseits zustande.

1.17 Kann eine einzelne Willenserklärung bereits ein Rechtsgeschäft sein? (Begründung!)

1.18 Unterscheiden Sie die verschiedenen Arten von Rechtsgeschäften nach der Anzahl der erforderlichen Willenserklärungen!

2. Erläutern Sie die Rechtslage mithilfe des Gesetzes in folgenden Fällen:

2.1 Das Finanzamt verlangt von einem 5 Jahre alten Kind die Bezahlung rückständiger Steuern.

2.2 Der volltrunkene Henry kauft sich nach dem Gaststättenbesuch bei „Foto-Müller" eine Digital-Kamera für 450,00 €, die er in Raten bezahlen möchte.

2.3 Der geistig behinderte 40-jährige Jakob erhält von seinem Bruder ein Mietshaus geschenkt.

    2.3.1 Wird Jakob Eigentümer?

    2.3.2 Wird Jakob aufgrund seiner Mieteinkünfte steuerpflichtig?

2.4 Ein 5-jähriges Kind erhält von seinem Patenonkel zu Weihnachten eine elektrische Eisenbahn im Wert von 230,00 € geschenkt.

3. Die 17-jährige Mia arbeitet als Verkäuferin beim Kaufhaus Rheindamm OHG in Duisburg, während ihre erziehungsberechtigte Mutter in Hamm zu Hause ist.

3.1 Kann Mia die am Monatsletzten fällige Miete mit ihrer Ausbildungsvergütung bezahlen?

3.2 Mia möchte sich mit ihrem selbst verdienten Geld eine Musikanlage kaufen. Wie ist die Rechtslage?

3.3 Kann sich Mia von ihrem Geld ein Los der Fernsehlotterie kaufen?

3.4 Kann sie, falls sie 15 000,00 € gewinnt, ein Auto kaufen?

1.2.5 Vertragsfreiheit und ihre Grenzen

1.2.5.1 Begriff Vertragsfreiheit

Die Rechtsordnung der Bundesrepublik Deutschland beruht auf dem Grundsatz der *Vertragsfreiheit.* Das bedeutet, dass jedermann in eigener Verantwortung darüber entscheiden kann, ob, wann und mit wem er ein Rechtsgeschäft abschließen will **(Abschlussfreiheit),** ob und wann ein für eine bestimmte oder unbestimmte Zeit abgeschlossener Vertrag wieder aufgelöst werden soll **(Auflösungsrecht)** und dass weiterhin jedermann das Recht hat, mit anderen in gegenseitiger Übereinstimmung den Inhalt der Rechtsgeschäfte frei aushandeln (vereinbaren) zu können **(Inhaltsfreiheit).**

In der Bundesrepublik Deutschland ist die Vertragsfreiheit im Grundgesetz (GG) verfassungsrechtlich verbrieft [Art. 2 GG]. Auch das BGB und HGB gehen vom Grundsatz der Vertragsfreiheit aus.

Unsere Rechtsordnung will die Ausbeutung und Knebelung der sozial und wirtschaftlich Schwächeren verhindern. Sie enthält deshalb in vielen Gesetzen *zwingende Rechtsnormen,* die dem Gestaltungswillen der Vertragspartner entzogen sind, die somit nicht durch Vereinbarungen (Verträge) abgeändert werden können.

Zu diesen unabdingbaren Voraussetzungen eines gültigen Rechtsgeschäfts gehören z. B. die Vorschriften des BGB über die Geschäftsfähigkeit, die Nichtigkeit und Anfechtbarkeit von Rechtsgeschäften, die Verbraucherverträge und die Regelungen des Rechts der allgemeinen Geschäftsbedingungen. Auch die gesetzlichen Formvorschriften bedeuten eine Einschränkung der Vertragsfreiheit.

1.2.5.2   Nichtigkeit und Anfechtung

Nichtigkeit von Rechtsgeschäften

Die absolute Grenze der Vertragsfreiheit wird sichtbar, wenn das Gesetz bestimmte Rechtsgeschäfte für *nichtig* erklärt. Rechtsgeschäfte, die nach dem Gesetz ungültig sind, gelten als von Anfang an nichtig (ungültig).

Nichtig sind:

- Rechtsgeschäfte, die gegen die gesetzlichen Formvorschriften verstoßen (z. B. ein mündlich abgeschlossener Grundstückskaufvertrag) [§§ 125, 311 b I S. 1 BGB];
- Rechtsgeschäfte von Geschäftsunfähigen [§ 105 I BGB];
- Rechtsgeschäfte beschränkt Geschäftsfähiger, sofern die Zustimmung vom gesetzlichen Vertreter verweigert wird, die Ausnahmeregelung des § 110 BGB nicht vorliegt und das Rechtsgeschäft dem beschränkt Geschäftsfähigen nicht ausschließlich rechtliche Vorteile bringt [§ 107 BGB];
- Rechtsgeschäfte, die im Zustand der Bewusstlosigkeit oder vorübergehender Störung der Geistestätigkeit abgegeben werden [§ 105 II BGB], (z. B. ein Betrunkener verkauft sein Auto);
- Rechtsgeschäfte, die ihrem Inhalt nach gegen ein gesetzliches Verbot verstoßen [§ 134 BGB], (z. B. Rauschgift- und Waffengeschäfte);
- zum Schein abgegebene Willenserklärungen („Scheingeschäfte"), die ein anderes Rechtsgeschäft verdecken sollen [§ 117 BGB], (z. B. Grundstückskaufvertrag über 300 000,00 €, wobei mündlich ein Kaufpreis von 500 000,00 € vereinbart wird, um die Grunderwerbsteuer zu sparen);[1]
- offensichtlich nicht ernst gemeinte Willenserklärungen („Scherzgeschäfte") [§ 118 BGB], (z. B. das Angebot eines Witzboldes, seine Fahrkarte zum Mond für 5 000,00 € verkaufen zu wollen);
- Rechtsgeschäfte, die ihrem Inhalt nach gegen die guten Sitten verstoßen [§ 138 BGB], insbesondere Wuchergeschäfte.

Anfechtbarkeit von Rechtsgeschäften

Anfechtbare Rechtsgeschäfte sind bis zu der erklärten Anfechtung voll rechtswirksam. Nach einer gesetzlich zugelassenen und fristgemäßen Anfechtung wird das Rechtsgeschäft jedoch von **Anfang an nichtig (ungültig)** [§ 142 I BGB]. Bereits erbrachte Leistungen sind zurückzugeben [§ 812 BGB].

---

1 Das Scheingeschäft (Kaufvertrag über 300 000,00 €) ist nichtig. Das gewollte Geschäft wäre gültig, wenn die Formerfordernisse gewahrt worden wären. Da in diesem Beispiel aber nur eine mündliche Absprache vorliegt, ist das gewollte Geschäft wegen Formmangels ebenfalls nichtig. Der Mangel würde aber durch eine nachfolgende Auflassung (Einigung) und Eintragung des Grundstücks in das Grundbuch geheilt, sodass der Käufer 500 000,00 € zahlen müsste (siehe § 311 b I S. 2 BGB).

Eine Anfechtung ist nur bei folgenden gesetzlich geregelten Fällen möglich [§§ 119, 120 BGB]:

Formen des Irrtums	Beispiele:
Irrtum in der Erklärungshandlung Hier verspricht oder verschreibt sich der Erklärende.	Der Verkäufer eines gebrauchten Autos will dieses für 12 000,00 € anbieten, schreibt in seinem Angebot jedoch nur 10 000,00 €. – Ein Vermieter unterschreibt aus Versehen einen Mietvertrag, der für eine andere Person vorgesehen war.
Irrtum über den Erklärungsinhalt (Geschäftsirrtum) In diesem Fall hat sich der Erklärende über den Inhalt seiner Willenserklärung geirrt.	Jemand möchte ein Auto mieten, unterschreibt jedoch keinen Miet-, sondern einen Kaufvertrag.
Irrtum über im Rechtsverkehr wesentliche Eigenschaften einer Person oder Sache	Eine Bank stellt einen Kassierer ein, über den sie nachträglich erfährt, dass dieser bereits Unterschlagungen bei seinem früheren Arbeitgeber begangen hat.
Irrtum bei der Übermittlung einer Willenserklärung Ein solcher Irrtum liegt vor, wenn die mit der Übermittlung der Willenserklärung beauftragte Person (z. B. der als Übermittlungsbote dienende Angestellte eines Unternehmens) die Willenserklärung des Erklärenden falsch übermittelt.	Frau Schön hat am Sonntag im Schaufenster des Kleiderhauses Mara e. Kfr. ein Kostüm gesehen; das Preisschild war verdeckt. Sie ruft am Montag das Kleiderhaus Mara e. Kfr. an. Es meldet sich die Verkäuferin Ria. Diese kennt den Verkaufspreis ebenfalls nicht und fragt deshalb die Geschäftsinhaberin, die ihr einen Preis von 540,00 € angibt. Die Verkäuferin Ria nennt am Telefon der erfreuten Frau Schön einen Preis von 450,00 €.

In den genannten Fällen muss die Anfechtung unverzüglich nach Entdeckung des Anfechtungsgrunds erfolgen [§ 121 I S. 1 BGB]. Wenn seit Abgabe der Willenserklärung 10 Jahre verstrichen sind, dann ist eine Anfechtung nach §§ 119f. BGB ausgeschlossen [§ 121 III BGB]. Der Anfechtende (der Irrende) ist zum Ersatz des **Vertrauensschadens** verpflichtet, den der andere dadurch erlitten hat, dass er auf die Gültigkeit der Erklärung vertraute [§ 122 I BGB].

Einen weiteren Schutz gewährt das Gesetz bei arglistiger Täuschung oder widerrechtlicher Drohung [§ 123 I BGB].

Beispiel:
Ein Käufer kauft einen Gebrauchtwagen. Der Verkäufer verschweigt, dass es sich um einen Unfallwagen handelt. – Der Angestellte X droht seinem Kollegen Y, ihn wegen eines geringen Dienstvergehens bei seinem Chef „anzuschwärzen", wenn er ihm nicht 100,00 € leihe.

Die Anfechtung wegen arglister Täuschung muss innerhalb eines Jahres nach Entdeckung der Täuschung erfolgen [§ 124 I, II S. 1 BGB]. Im Fall der widerrechtlichen Drohung muss das Rechtsgeschäft ebenfalls innerhalb eines Jahres, vom Wegfall der Zwangslage an gerechnet, angefochten werden [§ 124 I, II S. 1 BGB]. Nach Ablauf von 10 Jahren seit Abgabe der Willenserklärung ist die Anfechtung jedoch ausgeschlossen [§ 124 III BGB].

Rechtsgeschäfte, die aufgrund eines Irrtums im Beweggrund **(Motivirrtum)** oder bei bloßer Unkenntnis einer Tatsache abgeschlossen worden sind, sind vor allem aus Gründen der Rechtssicherheit **nicht anfechtbar** (ausgenommen bei Irrtum über verkehrswesentliche Eigenschaften) [§ 119 II BGB].

> **Beispiel:**
>
> Ein Briefmarkensammler kauft eine Briefmarke in der Erwartung, dass deren Preis steigt. Sinkt der Preis, kann er den Kaufvertrag nicht anfechten.

1.2.6 Verjährung

1.2.6.1 Begriff Verjährung

Durch die kaufmännische (außergerichtliche) Mahnung kann der Gläubiger den Schuldner zwar in Verzug setzen, sofern der Fälligkeitstermin kalendermäßig nicht genau bestimmt oder nicht berechenbar ist. Die Verjährung einer Forderung kann hierdurch jedoch nicht verhindert werden.

> Unter **Verjährung** versteht man den Ablauf der Frist, innerhalb der ein Anspruch erfolgreich **gerichtlich** geltend gemacht werden kann.[1] Ein Anspruch im Sinne des BGB ist das Recht, von einem **anderen** (z. B. Verbraucher, Unternehmer) ein **Tun** oder **Unterlassen** verlangen zu können [§ 194 I BGB].

Die Verjährung bedeutet nicht, dass der Anspruch nach vollendeter Verjährung erloschen ist. Dem Schuldner wird nach Ablauf der Verjährungsfrist gesetzlich lediglich das Recht eingeräumt, sich nach seinem freien Ermessen auf die vollendete Verjährung zu berufen und die Leistung zu verweigern (Leistungsverweigerungsrecht nach § 214 I BGB). Er hat das Recht zur „Einrede der Verjährung". Erfüllt ein Schuldner also einen bereits verjährten Anspruch, kann er die Leistung *nicht* mehr erfolgreich zurückfordern [214 II BGB]. Die Verjährung dient vor allem der Rechts- und Beweissicherheit und übt einen Druck auf eine möglichst schnelle und reibungslose Abwicklung der Rechtsgeschäfte aus.

1.2.6.2 Verjährungsfristen

Regelmäßige Verjährungsfrist

Die regelmäßige Verjährungsfrist beträgt drei Jahre [§ 195 BGB]. Sie gilt, wenn keine besonderen gesetzlichen oder vertraglichen Verjährungsfristen bestehen. Die dreijährige Verjährungsfrist beginnt mit dem Ende des Jahres, in dem der Anspruch entstanden ist (objektives Kriterium)[2] **und** der Gläubiger von den Umständen, die den Anspruch begründen, sowie der Person des Schuldners Kenntnis erlangt oder ohne grobe Fahrlässigkeit erlangen müsste (subjektives Kriterium)[3] [§ 199 I BGB].

---

1 Nach Eintritt der Verjährung ist dies z. B. nur noch dann möglich, wenn der Gläubiger den Schuldner verklagt, der Beklagte während der Gerichtsverhandlung die Einrede der Verjährung unterlässt und der Beklagte z. B. zur Zahlung verurteilt wird. Der Richter muss die Verjährung von Amts wegen nicht berücksichtigen.

2 Objektiv (lat.) = sachlich, nicht an persönliche Bedingungen oder Ansichten gebunden.

3 Subjektiv (lat.) = parteiisch, an persönliche Bedingungen oder Ansichten gebunden.

Beispiel 1:

Am 16. März 19 kauft Luis Blank beim Elektrogeschäft Strom KG eine Musikanlage, zahlbar Ende März. Luis Blank zahlt nicht. Da der Anspruch der Strom KG am 31. März 19 entstanden ist (die Geldschuld von Luis wurde Ende März fällig) und die Strom KG Kenntnis davon hat, dass ihr der Anspruch zusteht und wer der Schuldner ist, beginnt die Verjährung gemäß § 199 I BGB mit Ablauf des 31. Dezember 19. Die Verjährung ist – sofern die Strom KG nichts anderes unternimmt – nach drei Jahren, also am 31. Dezember 22 (24:00 Uhr) vollendet.

Beispiel 2:

Luis Blank gibt dem Elektrofachgeschäft Strom KG eine falsche Adresse an und zahlt nicht. Erst am 15. Mai 25 ermittelt die Polizei die richtige Adresse des unehrlichen Käufers. Der Anspruch der Strom KG ist am 1. Januar 23 noch nicht verjährt, weil sie von der Person des Schuldners erst am 15. Mai 25 Kenntnis erhielt. Die Forderung verjährt erst Ende 28, also drei Jahre nach Entstehung **und** Kenntnis.

Höchstfristen

Um zu verhindern, dass sich die Verjährung „endlos" hinausschiebt, setzt das Gesetz Höchstfristen fest, nach deren Ablauf die Verjährung unabhängig von der Anspruchsentstehung oder Anspruchskenntnis eintritt [§ 199 II, III, IV BGB].

Beispiel:

Würde Luis z. B. erst im Januar 27 gefunden, würde die Forderung gegen ihn nicht nach weiteren 3 Jahren, sondern **ohne** Rücksicht auf die Kenntnis in 10 Jahren von ihrer Entstehung an, also am 31. März 29 verjähren [§ 199 III S. 1 Nr. 1 BGB].

Die infrage kommenden **Höchstfristen** richten sich danach, welches Rechtsgut verletzt wurde:

- In **30 Jahren** verjähren Schadensersatzansprüche aus der Verletzung des Lebens, des Körpers, der Gesundheit oder der Freiheit von Personen ohne Rücksicht auf ihre Entstehung und die Kenntnis oder grob fahrlässige Unkenntnis. Die Verjährung beginnt mit der Handlung, der Pflichtverletzung oder dem sonstigen, den Schaden auslösenden Ereignis [§ 199 II BGB].

- **Sonstige Schadensersatzansprüche,** z. B. wegen Verletzung des Eigentums oder des Vermögens, verjähren
  - in **10 Jahren** von ihrer **Entstehung** ohne Rücksicht auf Kenntnis oder grob fahrlässige Unkenntnis,
  - spätestens in 30 Jahren von der **Begehung der Handlung, der Pflichtverletzung** oder dem den **Schaden auslösenden Ereignis** an ohne Rücksicht auf die Entstehung und die Kenntnis oder grob fahrlässige Unkenntnis.

Maßgeblich ist die Verjährungsfrist, die am ehesten endet [§ 199 III BGB].

Beispiel 1:

Im Jahr 19 bauen die Eheleute Emma und Max Seefelder ein Mehrfamilienhaus an einem Südhang. Zur gleichen Zeit wird oberhalb ihres Grundstücks ein Wohnweg mit einer Stützmauer so unsachgemäß errichtet, dass die Mauer im Jahr 24 teilweise einstürzt und die Nordseite des Hauses des Ehepaars Seefelder erheblich beschädigt.

33

3 Hartmann -Hug- ISBN 978-3-8120-0522-7

Die Nachforschungen der Eheleute Seefelder ergeben am 31. August 24, dass die Mauer von der Straßenbau Moser GmbH errichtet wurde. Die Hauseigentümer können von der Moser GmbH Schadensersatz verlangen, denn sie erlangen erst im Jahr 24 von den unsachgemäßen Arbeiten und vom ausführenden Unternehmen Kenntnis. Ihr Anspruch verjährt erst nach 10 Jahren von der Entstehung des Anspruchs an, also am 31. August 34 [§ 199 II BGB].

Beispiel 2:

Angenommen, die Mauer stürzt erst im Jahr 51 ein und das Ehepaar möchte die noch existierende Straßenbau Moser GmbH in Anspruch nehmen.

In diesem Fall ist der Anspruch der Eheleute Seefelder verjährt, denn der Schadensersatzanspruch ist ohne Rücksicht auf die Entstehung und die Kenntnis oder grob fahrlässige Unkenntnis verjährt. Die Verjährung begann im Jahr 19 mit dem unsachgemäßen Bau der Stützmauer (der Pflichtverletzung) und endet nach 30 Jahren im Jahr 49 [§ 199 III BGB].

■ In **10 Jahren** verjähren andere Ansprüche als Schadensersatzansprüche, wie z. B. vertragliche Erfüllungsansprüche, Ansprüche aus Rückgewährschuldverhältnissen und aus dem Bereicherungsrecht ohne Rücksicht auf Kenntnis oder grob fahrlässige Unkenntnis. Die Verjährung beginnt mit der Entstehung des Anspruchs [§ 199 IV BGB].

Sondertatbestände

Neben der Regelverjährung gibt es noch weitere Verjährungsfristen. Zu diesen gehören die Verjährungsfristen aus dem Kaufvertragsrecht.[1]

Die folgende Übersicht zeigt eine Auswahl wichtiger Verjährungsfristen des BGB.

Wichtige Verjährungsfristen	
3 Jahre (regelmäßige Verjährungsfrist [§ 195 BGB]) Die Verjährung beginnt am Ende des Jahres, in dem der **Anspruch entstanden** ist und der Gläubiger von den den Anspruch begründenden Umständen und der Person des Schuldners **Kenntnis** erlangt oder **ohne grobe Fahrlässigkeit** erlangen müsste [§ 199 I BGB]. Wüsste der Gläubiger nichts von seinem Anspruch, verjährt dieser in 10 Jahren von seiner Entstehung an.	■ Alle Ansprüche, wenn keine besonderen Verjährungsfristen bestehen; ■ rechtsgeschäftliche Ansprüche im Sinne des § 311 BGB; ■ Ansprüche aus Mängeln an einer beweglichen Kaufsache, wenn der Verkäufer den Mangel arglistig verschwiegen hat [§ 438 III BGB]; ■ Ansprüche aus künftig regelmäßig wiederkehrenden Leistungen aus familien- und erbrechtlichen Ansprüchen sowie aus gerichtlich festgestellten Ansprüchen (z. B. regelmäßig wiederkehrende Ansprüche aus Gerichtsurteilen und aus aufgrund eines Insolvenzverfahrens[2] vollstreckbar gewordene Ansprüche) [§ 197 II BGB].

---

1 Siehe Speth/Hug: Geschäftsprozesse, S. 534.

2 Insolvenz = Zahlungsunfähigkeit.

Wichtige Verjährungsfristen	
2 Jahre [§§ 438 I BGB] Die Gewährleistungsfrist (Verjährungsfrist) beginnt mit der **Ablieferung** einer beweglichen Kaufsache bzw. mit der **Übergabe** des Werks.	■ Die meisten Gewährleistungsansprüche aus Kauf- und Werkverträgen.
5 Jahre [§§ 438 I BGB] Die Gewährleistungsfrist (Verjährungsfrist) beginnt mit der **Ablieferung** der beweglichen Kaufsache bzw. mit der **Übergabe** bei Grundstücken.	■ Ansprüche bei Mängeln an einem Bauwerk oder an Sachen, die für ein Bauwerk verwendet worden sind und dessen Mangelhaftigkeit verursacht haben.
10 Jahre [§ 196, 199 IV BGB] Die Verjährungsfrist beginnt mit der **Entstehung des Anspruchs** [§ 199 IV BGB].	■ Ansprüche aus Rechten an einem Grundstück (z. B. Anspruch auf Übertragung des Eigentums oder Aufhebung des Rechts an einem Grundstück); ■ sonstige Schadensersatzansprüche, soweit sie nicht der 30-jährigen Verjährung unterliegen, **ohne** Rücksicht auf die **Kenntnis** oder **grob fahrlässige Unkenntnis** des Gläubigers.[1]
30 Jahre [§§ 197, 199 BGB] Jeweiliger Beginn: Entstehung des Anspruchs Fälligkeit des Anspruchs Rechtskraft der Entscheidung Ohne Rücksicht auf ihre Entstehung von der Begehung der Handlung, der Pflichtverletzung oder dem den Schaden auslösenden Ereignis an [§ 199 III BGB].	Soweit nichts anderes bestimmt ist, gilt die 30-jährige Verjährungsfrist in folgenden Fällen: ■ Herausgabeansprüche aus Eigentum und anderen dinglichen Rechten; ■ familien- und erbrechtliche Ansprüche; ■ rechtskräftig festgestellte Ansprüche; ■ Schadensersatzansprüche, die auf der Verletzung des Lebens, der Gesundheit oder der Freiheit beruhen; ■ sonstige Schadensersatzansprüche, soweit sie nicht der 10-jährigen Verjährung unterliegen, ohne Rücksicht auf die **Entstehung** und die **Kenntnis** oder **grob fahrlässige Unkenntnis** (Höchstfrist).[1]

1.2.6.3 Hemmung der Verjährung

> Die **Hemmung** bewirkt, dass der Ablauf der Verjährung für eine bestimmte Zeit *aufgehalten* wird.

Bei der Hemmung wird also der Zeitraum, während dessen die Verjährung gehemmt ist, nicht in die Verjährungsfrist eingerechnet [§ 209 BGB]. Der Ablauf der Verjährung wird z. B. gehemmt

■ durch schwebende Verhandlungen zwischen Schuldner und Gläubiger über den Anspruch, bis ein Verhandlungspartner die Fortsetzung der Verhandlungen verweigert. Die Verjährung tritt frühestens drei Monate nach dem Ende der Hemmung ein [§ 203 BGB];

---

1 Sonstige Schadensersatzansprüche verjähren somit in 10 Jahren von der Entstehung des Anspruchs an oder in 30 Jahren vom Schaden auslösenden Ereignis an; es gilt jeweils die früher endende Frist [§ 199 III S. 2 BGB].

- durch die Rechtsverfolgung eines Anspruchs, z. B. durch Erhebung einer Leistungsklage, durch Zustellung des Mahnbescheids im gerichtlichen Mahnverfahren und durch die Anmeldung des Anspruchs im Insolvenzverfahren (Näheres siehe § 204 I BGB). Die Hemmung endet sechs Monate nach der rechtskräftigen Entscheidung. Sie beginnt erneut, wenn eine der Parteien das Verfahren weiter betreibt (z. B. in Berufung geht) [§ 204 II BGB];

- durch eine Vereinbarung des Schuldners mit dem Gläubiger, dass er vorübergehend (während der Stundung einer Forderung) zur Verweigerung der Leistung berechtigt ist [§ 205 BGB];

- durch höhere Gewalt, wenn der Gläubiger während der letzten sechs Monate der Verjährungsfrist an der Rechtsverfolgung gehindert ist [§ 206 BGB].

1.2.6.4 Neubeginn der Verjährung

> Beim **Neubeginn** der Verjährung wird die bereits abgelaufene Verjährungszeit nicht angerechnet.

Die Verjährung beginnt erneut, wenn

- der Schuldner den Anspruch dem Gläubiger gegenüber durch Abschlagszahlung, Zinszahlung, Sicherheitsleistung oder in anderer Weise (z. B. durch Bitte um Stundung) anerkennt [§ 212 I Nr. 1 BGB] oder

- eine gerichtliche oder behördliche Vollstreckungshandlung vorgenommen oder beantragt wird [§ 212 I Nr. 2 BGB], wie dies z. B. im Rahmen des gerichtlichen Mahnverfahrens der Fall sein kann (siehe Kapitel 1.2.7).

1.2.7 Mahn- und Klageverfahren

1.2.7.1 Gerichtliches Mahnverfahren

Mahnbescheid

Wenn das *außergerichtliche Mahnverfahren*[1] nicht zum Ziel geführt hat, wenn der Schuldner also nicht zahlt, kann der Gläubiger – in § 688 I ZPO *Antragsteller* genannt – den Erlass eines *Mahnbescheids* beantragen. Durch den Mahnbescheid wird der Schuldner, der als *Antragsgegner* bezeichnet wird, zur Zahlung aufgefordert. Der Zweck des Mahnbescheids ist, den Klageweg (= Prozess) zu vermeiden.

Der **Antrag auf Erlass eines Mahnbescheids** ist i. d. R. bei dem Amtsgericht zu stellen, in dessen Bezirk der Antragsteller seinen allgemeinen Gerichtsstand hat [§ 689 ZPO]. Der allgemeine Gerichtsstand einer natürlichen Person wird durch ihren Wohnsitz bestimmt. Bei Unternehmen und sonstigen Personenvereinigungen (z. B. Gesellschaften des bürgerlichen Rechts) befindet sich der allgemeine Gerichtsstand beim Amtsgericht ihres Sitzes.

---

1 Zum außergerichtlichen Mahnverfahren siehe Speth/Hug: Geschäftsprozesse, a. a. O., S. 530 ff.

Der Inhalt des **Mahnantrags** [§ 690 ZPO] und der Inhalt des Mahnbescheids [§ 692 ZPO] sind gesetzlich festgelegt.

Hat der Antragsteller keinen inländischen allgemeinen Gerichtsstand, ist das Amtsgericht Berlin (Wedding) zuständig.

Das Mahnverfahren wird durch **zentrale Mahngerichte** in automatisierter (elektronischer) Form unter Verantwortung eines Rechtspflegers durchgeführt [§ 20 Nr. 1 RpflG[1]]. Die zentralen Mahngerichte wurden von den Bundesländern bzw. Ländergruppen eingerichtet (z. B. Baden-Württemberg: Amtsgericht Stuttgart, Niedersachsen: Amtsgericht Uelzen, Berlin und Brandenburg: Amtgericht Berlin (Wedding), Rheinland-Pfalz und Saarland: Amtsgericht Mayen).

Auf den Mahnbescheid kann der Antragsgegner wie folgt reagieren:

1. **Er zahlt** den Rechnungsbetrag einschließlich Verzugszinsen, Mahnkosten und Gerichtskosten an den Antragsteller. Das Mahnverfahren ist beendet.

2. **Er erhebt schriftlich Widerspruch** innerhalb von *zwei Wochen* seit Zustellung des Mahnbescheids. Da die Widerspruchsfrist keine Ausschlussfrist ist, kann über diese Frist hinaus noch so lange gegen den Mahnbescheid widersprochen werden, wie noch kein Vollstreckungsbescheid verfügt ist. Die Folge des rechtzeitigen Widerspruchs ist – auf Antrag einer der beiden Parteien – der Übergang in das streitige Verfahren (= Gerichtsverhandlung = Prozess) [§§ 692 I Nr. 3 und 694 ZPO].

   Der Rechtsstreit wird von Amts wegen an das bereits im **Mahnantrag** genannte – auch örtlich endgültig zuständige – Gericht [§ 690 I Nr. 5 ZPO] abgegeben [§§ 696 I, 692 I ZPO]. Welches Gericht örtlich zuständig ist (z. B. der allgemeine Gerichtsstand des Wohnsitzes oder der besondere Gerichtsstand des Erfüllungsorts), ergibt sich aus den Rechtsvorschriften der ZPO über den Gerichtsstand [§§ 12 ff. ZPO].

   Die sachliche Zuständigkeit des Gerichts ist im § 23 Gerichtsverfassungsgesetz (GVG) geregelt. Danach ist bei vermögensrechtlichen Streitigkeiten (z. B. über Geld oder Geldwerte) grundsätzlich das Amtsgericht bis zu einem Streitwert von einschließlich 5 000,00 € zuständig, bei einem höheren Streitwert das Landgericht.

3. **Er unternimmt nichts.** Nach Ablauf der Widerspruchsfrist kann der Antragsteller beim Mahngericht den Antrag stellen, den Mahnbescheid für **vorläufig vollstreckbar** zu erklären.[2] Dies geschieht mittels des Vollstreckungsbescheids.[3] Ist kein Widerspruch erhoben worden und wird der Antrag auf Erlass eines Vollstreckungsbescheids nicht binnen **sechs Monaten** seit Zustellung des Mahnbescheids gestellt, verliert der Mahnbescheid seine Wirkung [§§ 699, 701 ZPO].

---

1 RpflG = Rechtspflegergesetz. **Hinweis:** Rechtsanwälte und registrierte Inkassodienstleister dürfen die auf der Folgeseite abgebildeten Vordrucke für die Stellung des Mahnbescheidsantrags nicht benutzen, da sie zur Antragstellung in maschinell-lesbarer Form verpflichtet sind. Vgl. hierzu https://mahngerichte.de/de/zulaessige-vordrucke.html.

2 Vorläufig vollstreckbar ist der Mahnbescheid bzw. der Vollstreckungsbescheid deshalb, weil sich der Antragsgegner noch durch das **Rechtsmittel** des **Widerspruchs** bzw. **Einspruchs** gegen die Vollstreckung wehren kann.

3 Unter Vollstreckung ist hier die Pfändung in das Vermögen des Antragsgegners (Schuldners) zu verstehen.

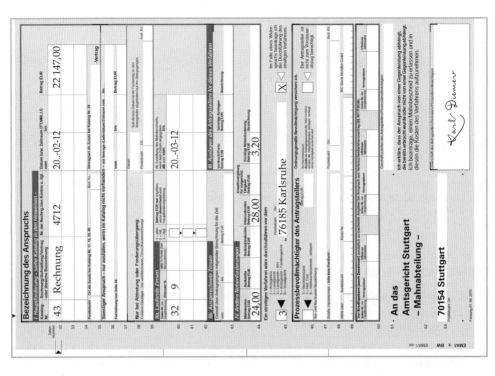

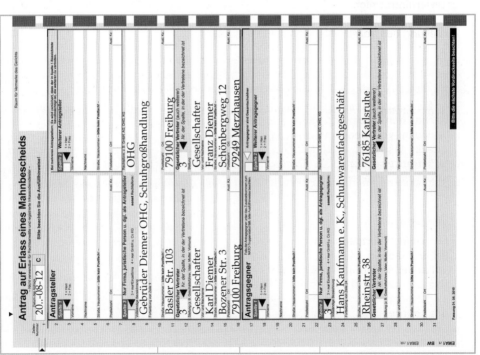

Antrag auf Erlass eines Mahnbescheids

Vollstreckungsbescheid

Der Vollstreckungsbescheid ist ein Vollstreckungstitel, der den Antragsteller (Gläubiger) zur Zwangsvollstreckung gegen den Antragsgegner (Schuldner) berechtigt [§ 794 I Nr. 4 ZPO]. Der Antrag auf Erlass eines Vollstreckungsbescheids muss stets gesondert gestellt werden. Der Vollstreckungsbescheid wird grundsätzlich von Amts wegen durch das Mahngericht zugestellt. Der Antragsteller erhält eine weitere vollstreckbare Ausfertigung des Bescheids. Diesen sogenannten Vollstreckungstitel benötigt er, um seine Forderung gegenüber dem Antragsgegner durchzusetzen und den Gerichtsvollzieher mit der Zwangsvollstreckung in das bewegliche Vermögen des Antragsgegners zu beauftragen.

Um erfolglose Pfändungen zu vermeiden, hat der Gerichtsvollzieher das Recht, nach Ablauf einer zweiwöchigen Zahlungsfrist vom Antragsgegner eine **Vermögensauskunft** zu verlangen [§ 802 a ZPO]. Das daraufhin erteilte Vermögensverzeichnis wird beim zentralen Vollstreckungsgericht des Landes hinterlegt. Ist die Vermögensauskunft nicht ausreichend, kann der Gerichtsvollzieher Auskünfte bei der Rentenversicherung, beim Bundeszentralamt für Steuern sowie beim Kraftfahrt-Bundesamt einholen.

Es besteht auch die Möglichkeit, sowohl einen Zwangsvollstreckungsauftrag und gleichzeitig die Abnahme der Vermögensauskunft zu verlangen.

Auf den Vollstreckungsbescheid kann der Antragsgegner wie folgt reagieren:

1. **Er zahlt.** Das gerichtliche Mahnverfahren ist beendet.
2. **Er erhebt Einspruch** innerhalb von zwei Wochen ab Zustellung des Vollstreckungsbescheids [§ 700 I i. V. m. §§ 338 f. ZPO]. Der rechtzeitige Einspruch des Antragsgegners führt ebenso wie der Widerspruch gegen den Mahnbescheid zum Prozess.
3. **Er unternimmt nichts.** Nach Ablauf der Einspruchsfrist hat der Antragsteller das Recht, den Gerichtsvollzieher mit der Pfändung zu beauftragen, falls diese nicht bereits bei der Zustellung des Vollstreckungsbescheids erfolgt war.

Zwangsvollstreckung

- Der Vollstreckungsbescheid ist, sofern er für vollstreckbar erklärt worden ist, neben den rechtskräftigen oder für vorläufig vollstreckbar erklärten Endurteilen [§§ 704 ff. ZPO][1] der wichtigste **Vollstreckungstitel**. Die **Zwangsvollstreckung** wegen Geldforderungen kann in das bewegliche Vermögen und in Grundstücke (unbewegliches Vermögen) erfolgen.

- Bei **Geld, Wertpapieren** und **beweglichen Sachen** pfändet der Gerichtsvollzieher, indem er diese entweder in Besitz nimmt oder mit einem Pfandsiegel versieht und damit als gepfändet kennzeichnet (z. B. einen Schrank, eine Musikanlage) [§ 808 ZPO]. **Geld** wird unmittelbar zur Befriedigung des Gläubigers „verwertet" [§ 815 ZPO]. Die sonstigen beweglichen Sachen werden durch den Gerichtsvollzieher **öffentlich versteigert** [§ 814 ZPO].

- Die **Zwangsvollstreckung in das unbewegliche Vermögen** kann durch Eintragung einer **Sicherungshypothek (Zwangshypothek)**, durch **Zwangsversteigerung** und **Zwangsverwaltung** erfolgen [§ 866 ZPO].

- Die **Pfändung in Forderungen** erfolgt durch einen sogenannten Pfändungs- und Überweisungsbeschluss des Voll-

---

1 Rechtskräftig ist ein Urteil, wenn es nicht oder nicht mehr durch ein sogenanntes Rechtsmittel (z. B. durch Berufung [§§ 511 ff. ZPO] oder Revision [§§ 545 ff. ZPO]) rechtswirksam (erfolgreich) angefochten werden kann.

streckungsgerichts [§§ 828 ff., 846, 857 I ZPO]. Die Verwertung der Forderung besteht in der Überweisung der gepfändeten Forderung an den Gläubiger auf Beschluss des Vollstreckungsgerichts.

- Bestimmte bewegliche Sachen sind **unpfändbar,** um die wirtschaftliche Existenz des Schuldners nicht zu gefährden, z. B. Kleidungsstücke, Wäsche, Betten, Haus- und Küchengeräte

(Näheres siehe § 811 Nr. 1 und 2 ZPO). Unpfändbar sind auch Gegenstände, die der Erwerbstätigkeit des Schuldners dienen [§ 811 Nr. 5 ZPO], z. B. das Auto eines Taxifahrers. Auch bei einer Zwangsvollstreckung in Forderungen besteht **Schuldnerschutz.** So sind z. B. **Arbeitseinkommen nur beschränkt pfändbar** (Näheres siehe §§ 850 c, 850 e Nr. 1 ZPO).

1.2.7.2 Klageverfahren[1]

Wie wir gesehen haben, kann der Widerspruch gegen den Mahnbescheid bzw. der Einspruch gegen den Vollstreckungsbescheid zum Klageverfahren führen (Gerichtsverfahren, Prozess). Falls ein Gläubiger von vornherein der Meinung ist, dass das gerichtliche Mahnverfahren *nicht* zum Ziel führt, kann er *sofort* Klage erheben.

Zuständigkeit der Gerichte

Sachliche Zuständigkeit	Sachlich zuständig für die Klageerhebung bei vermögensrechtlichen Streitigkeiten über Ansprüche auf Geld oder Geldwerte ist in der Regel das Amtsgericht, sofern der Streitwert nicht mehr als 5 000,00 € beträgt, andernfalls das Landgericht [§ 23 GVG]. Vor dem Amtsgericht können sich die Parteien selbst vertreten. Vor dem Landgericht müssen sich die Parteien durch Rechtsanwälte vertreten lassen (Anwaltszwang). Dies schließt nicht aus, dass das Landgericht nicht auch das persönliche Erscheinen der Parteien zulässt oder anordnet.
Örtliche Zuständigkeit	Örtlich zuständig ist in der Regel das Prozessgericht, in dessen Bezirk der *Beklagte* seinen Geschäfts- oder Wohnsitz hat (allgemeiner Gerichtsstand) [§§ 12 ff. ZPO]. Sind beide Parteien Kaufleute, kann ein vom allgemeinen Gerichtsstand abweichender Gerichtsstand vereinbart werden. Sind *nicht* beide Parteien Kaufleute, kann nur dann ein vom allgemeinen Gerichtsstand abweichender Gerichtsstand vereinbart werden, wenn im Fall von Streitigkeiten die Ansprüche im Wege des gerichtlichen Mahnverfahrens geltend gemacht werden sollen [§ 38 sowie § 29 ZPO].

Gerichtsverfahren

Das Gericht setzt nach Prüfung der Klage, die schriftlich (beim Amtsgericht auch mündlich) erhoben wird, den Termin zur mündlichen Verhandlung fest, der dem Kläger und dem Beklagten in der *Klageschrift* mitgeteilt wird. In der Gerichtsverhandlung kommen beide Parteien zu Wort. Während der Beweisaufnahme werden die Urkunden eingesehen, Zeugen vernommen (Eidesleistung) und eventuell Sachverständige gehört. Ist die Beweisaufnahme abgeschlossen – oft sind mehrere Termine erforderlich –, wird das *Urteil* verkündet. Eine Beendigung des Verfahrens ist auch durch *Vergleich* oder *Zurücknahme* der Klage möglich [§§ 128 ff., 239 f., 253 ff. ZPO].

---

1 Durch Landesgesetze kann bestimmt werden, dass die Erhebung einer Klage erst zulässig ist, nachdem von einer durch die Landesjustizverwaltung eingerichteten oder anerkannten „Gütestelle" versucht worden ist, die Streitigkeit einvernehmlich beizulegen. Bei vermögensrechtlichen Streitigkeiten vor dem Amtsgericht gilt dies z. B. bei Ansprüchen, die den Wert von 750,00 € nicht übersteigen (Näheres siehe § 15 a I EGZPO).

Erscheint eine Partei nicht zum Termin, ergeht ein *Versäumnisurteil* zugunsten der anwesenden Partei [§§ 330 ff. ZPO].

Ein Gerichtsurteil wird *rechtskräftig* (vollstreckbar), wenn es weder durch Berufung noch durch Revision (= Rechtsmittel) erfolgreich angefochten werden kann, Kläger und Beklagter z. B. auf Berufung bzw. Revision verzichten oder die Berufungs- bzw. Revisionsfrist abgelaufen ist.

Berufung und Revision

Sind Kläger und/oder Beklagter mit dem Urteil unzufrieden, so kann der in der *Klageinstanz* begonnene Rechtsstreit beim übergeordneten Gericht als *Berufungsinstanz* fortgesetzt werden. Wurde der Rechtsstreit beim *Amtsgericht* begonnen, erfolgt die Berufungsverhandlung beim *Landgericht.* War das Prozessgericht jedoch das Landgericht, ist das *Oberlandesgericht* Berufungsinstanz. *Berufung* bedeutet, dass ein Tatbestand von Neuem untersucht wird (Näheres siehe §§ 59 ff., 115 ff. GVG, §§ 511 ff. ZPO). Bei vermögensrechtlichen Streitigkeiten ist jedoch eine Berufung grundsätzlich nur möglich, wenn der Streitwert mehr als 600,00 € beträgt [§ 511 a II ZPO].

Beruht eine Entscheidung des Oberlandesgerichts auf der Verletzung des Bundesrechts oder einer Vorschrift, deren Geltungsbereich sich über den Bereich des Oberlandesgerichts hinaus erstreckt, kann beim *Bundesgerichtshof* in Karlsruhe *Revision* eingelegt werden. Eine Revision findet jedoch nur statt, wenn das Oberlandesgericht sie in seinem Urteil zugelassen hat, z. B. wenn der Rechtsstreit grundsätzliche Bedeutung hat. Bei der Revision wird der Tatbestand *nicht* mehr neu untersucht und geprüft. Die Tatsachen werden als gegeben betrachtet. Aufgabe des Revisionsgerichts ist es vielmehr, das Urteil des Oberlandesgerichts in rechtlicher Hinsicht zu prüfen (Näheres siehe §§ 545 ff. ZPO und §§ 115 ff., 123 ff. GVG).

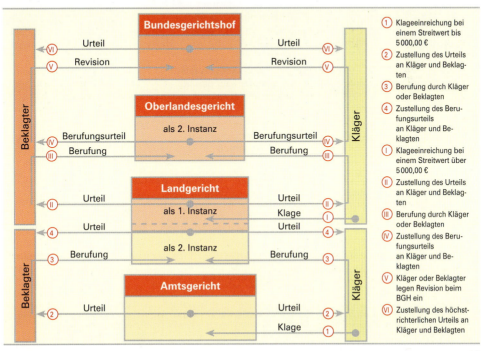

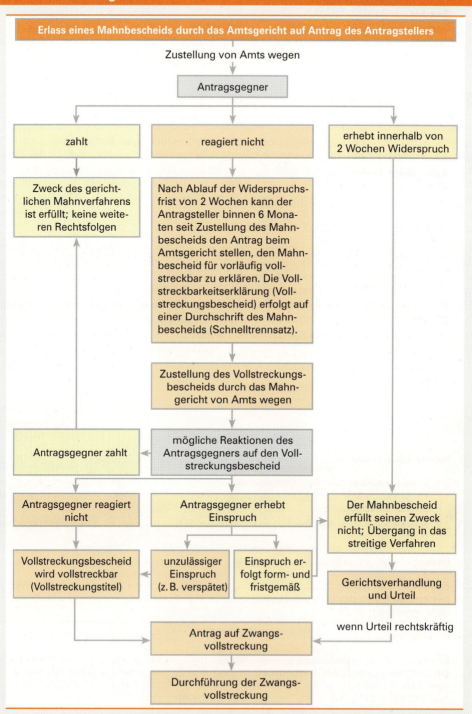

Zusammenfassung

Erlass eines Mahnbescheids durch das Amtsgericht auf Antrag des Antragstellers

Zustellung von Amts wegen

Antragsgegner

| zahlt | reagiert nicht | erhebt innerhalb von 2 Wochen Widerspruch |

Zweck des gerichtlichen Mahnverfahrens ist erfüllt; keine weiteren Rechtsfolgen

Nach Ablauf der Widerspruchsfrist von 2 Wochen kann der Antragsteller binnen 6 Monaten seit Zustellung des Mahnbescheids den Antrag beim Amtsgericht stellen, den Mahnbescheid für vorläufig vollstreckbar zu erklären. Die Vollstreckbarkeitserklärung (Vollstreckungsbescheid) erfolgt auf einer Durchschrift des Mahnbescheids (Schnelltrennsatz).

Zustellung des Vollstreckungsbescheids durch das Mahngericht von Amts wegen

mögliche Reaktionen des Antragsgegners auf den Vollstreckungsbescheid

Antragsgegner zahlt

Antragsgegner reagiert nicht

Antragsgegner erhebt Einspruch

Der Mahnbescheid erfüllt seinen Zweck nicht; Übergang in das streitige Verfahren

Vollstreckungsbescheid wird vollstreckbar (Vollstreckungstitel)

unzulässiger Einspruch (z. B. verspätet)

Einspruch erfolgt form- und fristgemäß

Gerichtsverhandlung und Urteil

wenn Urteil rechtskräftig

Antrag auf Zwangsvollstreckung

Durchführung der Zwangsvollstreckung

- Die Rechtsordnung der Bundesrepublik Deutschland geht vom **Grundsatz der Vertragsfreiheit** aus.

-

Bestandteile der Vertragsfreiheit		
Abschlussfreiheit	Inhaltsfreiheit	Auflösungsfreiheit

- Die nach dem Gesetz ungültigen Rechtsgeschäfte sind **von Anfang an nichtig.** Hierzu gehören z. B. Scheingeschäfte, Scherzgeschäfte und sittenwidrige Geschäfte.

- **Anfechtbare Rechtsgeschäfte** sind bis zur erklärten Anfechtung voll rechtswirksam (z. B. Anfechtung wegen Geschäftsirrtums).

- Nach einer **rechtswirksamen Anfechtung** wird das Rechtsgeschäft **von Anfang an** nichtig.

- Eine rechtswirksame Anfechtung aufgrund eines **Motivirrtums** ist grundsätzlich **nicht möglich.**

- Nach Ablauf einer **Verjährungsfrist** kann ein Anspruch nicht mehr erfolgreich gerichtlich geltend gemacht werden.

- Während der **Hemmung** wird der Ablauf der Verjährung aufgehalten.

- Beim **Neubeginn der Verjährung** wird die bereits abgelaufene Verjährungszeit nicht angerechnet.

- Der **Zweck des gerichtlichen Mahnverfahrens** ist, den Klageweg (Prozess) zu vermeiden.

- Wenn der Mahnbescheid nicht zum Erfolg führt oder der Gläubiger von vornherein der Meinung ist, dass das gerichtliche Mahnverfahren nicht zum Erfolg führen wird, kann er sofort **Klage** erheben.

ÜBUNGSAUFGABEN

1. Nennen Sie Vor- und Nachteile der Vertragsfreiheit!

2. 2.1 In der Bundesrepublik Deutschland ist die Vertrags- und Gewerbefreiheit in zahlreichen Fällen eingeschränkt und in seltenen Fällen aufgehoben. Begründen Sie die Notwendigkeit solcher Einschränkungen!

   2.2 Suchen Sie in Ihrer Gesetzessammlung mindestens fünf Beispiele für die Einschränkung der Vertragsfreiheit!

3. Bilden Sie vier verschiedenartige „Irrtumsfälle", die eine Anfechtung des Irrenden zulassen!

4. Begründen Sie, warum bei einem Motivirrtum grundsätzlich keine Anfechtung möglich ist, in bestimmten Fällen das BGB jedoch dem Irrenden eine Anfechtung wegen eines Motivirrtums nicht verweigert!

5. Erklären Sie die Tatbestände einer „arglistigen Täuschung" und „widerrechtlichen Drohung"!

6. Zimmermann kauft von Schulze ein Grundstück. In dem notariell beurkundeten Kaufvertrag wird ein Kaufpreis von 85 000,00 € angegeben, obgleich sich Zimmermann und Schulze darüber einig sind, dass 142 000,00 € gezahlt werden sollen. Kommt ein Kaufvertrag zustande? Lesen Sie hierzu die §§ 117 I, 311 b, 125 BGB!

7. Lukas kauft aufgrund eines schriftlichen Angebots – „einmalige Gelegenheit" – von Bergmann eine antike Kredenz.[1] Als Anzahlung überlässt er Bergmann einen Barocktisch zum Preis von 600,00 €. Bei Lieferung stellt Lukas fest, dass er von dem Möbel eine falsche Vorstellung hatte. Unter „Kredenz" verstand er eine Vitrine. Er ficht den Kaufvertrag an und fordert den Barocktisch zurück.

8. 8.1 Herr Huber möchte seinem Nachbarn, Herrn Schreiner, schriftlich einen gebrauchten Pkw für 8 500,00 € zum Verkauf anbieten, vertippt sich jedoch und schreibt statt 8 500,00 € nur 6 500,00 €. Schreiner nimmt das Angebot an. Der Wagen wird am folgenden Tag übergeben.

Als Schreiner kurz darauf bezahlen will, klärt sich alles auf. Was kann Huber unternehmen?

8.2 Herr Huber bekommt seinen Pkw nicht los. Unter der Drohung, er werde ihn wegen Fahrens ohne Führerschein anzeigen, zwingt Huber seinen Freund Wolf zur Unterschrift des Vertrags. Der Wagen wird übergeben und sofort bezahlt.

Was kann Wolf, dessen Mut erst einige Zeit später erwacht, gegen Huber unternehmen?

9. Welchen Zweck verfolgt das gerichtliche Mahnverfahren?

10. Schildern Sie den Ablauf des gerichtlichen Mahnverfahrens!

11. Unter welchen Bedingungen wird der Gläubiger nicht das gerichtliche Mahnverfahren in Anspruch nehmen, sondern den Schuldner sofort verklagen?

12. Schildern Sie den Instanzenaufbau der ordentlichen Gerichtsbarkeit!

13. Die Großhandlung Schulz e.K. in Freiburg hat eine Forderung aus Warenlieferungen über 3 340,00 € an das Lebensmittelgeschäft Klein e.Kfm. in Karlsruhe. Das Lebensmittelgeschäft Klein e.Kfm. zahlte trotz mehrmaliger Mahnungen nicht. Über den Gerichtsstand (Gerichtsort) wurde nichts vereinbart. An welchem Gericht muss die Großhandlung Schulz e.K. klagen?

14. Wann verjähren folgende Forderungen?

14.1 Der Installateur Petersen repariert am 18. Mai 01 in Ihrer Wohnung einen Wasserhahn. Die Rechnung erhalten Sie am 24. Mai 01 mit dem ausdrücklichen Hinweis auf die rechtlichen Folgen einer verspäteten Zahlung.

14.2 Verkauf eines Fahrrades durch das Fahrradgeschäft Flott e.K. an Franziska Schnell am 15. Mai 02. Frau Schnell versprach, den Rechnungsbetrag am folgenden Tag bar zu bezahlen. Am 30. Mai hatte sie immer noch nicht bezahlt. Flott schickte daher am 1. Juni eine Mahnung mit der Bitte um sofortige Zahlung.

14.3 Verkauf von 100 Eiern durch Landwirt Bühler an das Kaufhaus Kraus GmbH am 31. März 01. Die Rechnung wurde der Lieferung beigelegt.

14.4 Miete für ein Motorboot, fällig am 31. August 00, vermietet von Privatmann Mack an Familie Tscheulin.

14.5 Herr Maler kauft am 10. Juli 02 von einem Bekannten ein gebrauchtes Fahrrad. Er bezahlt mit einem ungedeckten Scheck.

14.6 Frau Hempel steht aus einem rechtskräftigen Urteil vom 1. September 01 eine Schadensersatzleistung von 2 000,00 € zu.

14.7 Verkauf von Küchenmaschinen durch die Großhandlung Scheurer OHG an das Einzelhandelsgeschäft Irma Blum e.Kfr. für 2 900,00 €; Zahlung fällig am 15. August 01.

15. Im Jahr 02 wurden in unmittelbarer Nähe des Grundstücks des Ehepaars Lotta und Moritz Maier Kanalarbeiten vorgenommen. Dadurch wurde der Untergrund an der Grundstücksgrenze derart verändert, dass im Jahr 05 ein großer Teil der Gartenmauer einstürzte. Ein vom Ehepaar Maier sofort nach der Entdeckung des Schadens bestellter Gutachter stellte fest, dass die Kanalarbei-

---

1 Kredenz = Anrichte, Schranktisch.

ten von der Neustädter Straßenbau AG unsachgemäß durchgeführt worden waren. Das Ehepaar Maier verlangt von der Neustädter Straßenbau AG Schadensersatz.

15.1 Wann verjährt der Schadensersatzanspruch?

15.2 Wie ist die Rechtslage, wenn die Mauer erst im Jahr 35 einstürzt?

16. Unterscheiden Sie zwischen Hemmung und Neubeginn der Verjährung (Gründe, Rechtswirkungen)!

17. Die Biehler Baustoffhandel KG in Nagold lieferte am 20. April 01 einem Tapezier- und Polstergeschäft Nadelfilz zum Preis von 12 300,00 €. Die Rechnung lag der Warensendung bei. Zahlungsbedingung: „Zahlbar sofort nach Rechnungserhalt."

17.1 Wann verjährt diese Forderung?

17.2 Welche Folgen hat die Verjährung für den Gläubiger?

17.3 Welche Maßnahmen muss die Biehler Baustoffhandel KG ergreifen, um den Neubeginn der Verjährung zu bewirken?

18. Wann ist im folgenden Fall die Forderung verjährt? (Genaues Datum angeben!)

Das Textilwarengeschäft Lena Mayer e. Kfr. in Sindelfingen hat gegenüber einer Privatkundin aus dem Verkauf eines pelzgefütterten Wintermantels eine Forderung in Höhe von 2 040,00 €, fällig seit dem 6. November 01. Die Kundin leistet am 15. Januar 02 eine Teilzahlung von 800,00 €. Am 30. März 02 bittet die Kundin schriftlich, ihr den Restbetrag zu stunden. Das Textilwarengeschäft Lena Mayer e. Kfr. kommt ihrer Bitte nach und stundet diese Forderung für zwei Monate.

1.3 Arbeits- und sozialrechtliche Grundlagen

1.3.1 Ausbildungsvertrag[1]

Finn wird demnächst aus der Hauptschule entlassen. Er will nicht in die „Lehre", sondern einen „Job", der es ihm ermöglicht, gleich Geld zu verdienen. Sein Lehrer überzeugt ihn jedoch, dass es langfristig für ihn besser ist, einen Berufsausbildungsvertrag abzuschließen, indem er Finn eine Statistik vorlegt. Aus dieser geht hervor, dass in Deutschland im vergangenen Jahr von 100 Arbeitslosen 37 ohne Berufsausbildung waren.

Rechtsgrundlagen

Die Rechtsgrundlagen für die Berufsausbildung sind vor allem

- das **Berufsbildungsgesetz** (BBiG),
- die auf der Rechtsgrundlage des Berufsbildungsgesetzes [§ 4 BBiG] für die zugelassenen Ausbildungsberufe jeweils erlassenen **Ausbildungsordnungen** (AusbO) für die ausbildenden Betriebe und freien Berufe,
- die für die einzelnen Ausbildungsberufe erstellten schulischen **Rahmenlehrpläne des Bundes,**
- die Vorschriften der für die **Berufsausbildung zuständigen Stellen** (z. B. Industrie- und Handelskammern, Handwerkskammern, Rechtsanwaltskammern) und sonstige Gesetze wie z. B.
- das **Jugendarbeitsschutzgesetz** (JArbSchG),
- das **Mutterschutzgesetz** (MuSchG),
- das **Arbeitsschutzgesetz** (ArbSchG),
- das **Produktsicherheitsgesetz** (ProdSG) und
- die **Gewerbeordnung** (GewO).

---

1 Zum Arbeits- und Dienstvertrag siehe Speth/Hug: Geschäftsprozesse, S. 340 ff.

Duales System

In der Bundesrepublik Deutschland erfolgt die Berufsausbildung gleichzeitig in den **Betrieben** und in der **Berufsschule**. Man spricht deshalb vom **dualen**[1] **Ausbildungssystem**.

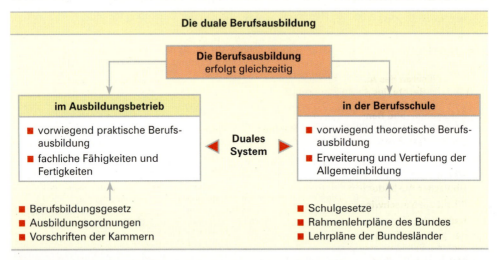

Begriff kaufmännische(r) Auszubildende(r)

Kaufmännische(r) Auszubildende(r) ist, wer in einem kaufmännischen Betrieb zur Erlernung kaufmännischer Tätigkeiten angestellt ist.

Abschluss des Berufsausbildungsvertrags

Vor Beginn der Berufsausbildung ist zwischen dem **Ausbildenden** und dem **Auszubildenden** ein **Berufsausbildungsvertrag** zu schließen [§ 10 BBiG]. Unverzüglich nach Abschluss des Berufsausbildungsvertrags hat der Ausbildende den wesentlichen Inhalt des Vertrags **schriftlich** niederzulegen [§ 11 I BBiG].[2] Der Vertrag ist vom Ausbildenden, vom Auszubildenden und – wenn der Auszubildende noch minderjährig ist – von dessen gesetzlichem Vertreter zu unterzeichnen und unverzüglich eine Ausfertigung der unterzeichneten Niederschrift dem Auszubildenden und dessen gesetzlichem Vertreter auszuhändigen [§ 11 III BBiG].

Der Berufsausbildungsvertrag muss den zuständigen Stellen (für die kaufmännischen Auszubildenden also den Industrie- und Handelskammern) zur Genehmigung und Eintragung in das „Verzeichnis der Berufsausbildungsverhältnisse" eingereicht werden [§ 36 BBiG]. Der Antrag kann schriftlich oder elektronisch gestellt werden. Die Eintragung wird nur vorgenommen, wenn der Berufsausbildungsvertrag dem Berufsbildungsgesetz und der Ausbildungsordnung entspricht und die *persönliche und fachliche Eignung* des Ausbildungspersonals sowie die Eignung der Ausbildungsstätte vorliegen [§§ 28 ff. BBiG]. Die Eintragung

---

1 Dual = zweiseitig, zweigleisig.

2 Wesentliche Inhalte des Berufsausbildungsvertrags sind gesetzlich festgelegt (z. B. die Art, sachliche und zeitliche Gliederung sowie das Ziel der Berufsausbildung; Beginn und Dauer der Berufsausbildung; Zahlung und Höhe der Vergütung; Näheres siehe § 11 I BBiG).

ist u.a. Voraussetzung dafür, dass der Auszubildende zur Abschlussprüfung der Industrie- und Handelskammer (IHK) zugelassen wird [§ 43 BBiG].

Pflichten und Rechte aus dem Berufsausbildungsvertrag

Die Pflichten und Rechte beider Vertragsparteien ergeben sich vor allem aus den §§ 13 bis 19 BBiG und dem Jugendarbeitsschutzgesetz (z.B. §§ 8ff., 12, 14ff., 19, 22, 24f., 28f., 31ff. JArbSchG).

Pflichten des Auszubildenden (= Rechte des Ausbildenden)	Pflichten des Ausbildenden (= Rechte der Auszubildenden)
■ **Befolgungs- und Bemühungspflicht:** Weisungen des Ausbildenden im Rahmen der Berufsausbildung sind zu befolgen. ■ **Berufsschulpflicht** ■ **Pflicht zur Führung schriftlicher oder elektronischer Ausbildungsnachweise** ■ **Pflicht zur Verschwiegenheit** ■ **Haftpflicht:** Bei grob fahrlässig oder vorsätzlich verursachten Schäden an Maschinen, Werkzeugen, Büroeinrichtungen usw. haftet der Auszubildende.	■ **Pflicht zur einwandfreien Ausbildung:** Vermittlung der Fertigkeiten und Kenntnisse, die zur Erreichung des Ausbildungsziels erforderlich sind. ■ **Pflicht zur Fürsorge:** Vermeidung sittlicher und körperlicher Schäden. ■ **Pflicht zur Zahlung einer Vergütung und Urlaubsgewährung:** Der Urlaub beträgt nach § 19 JArbSchG:

Alter	Mindesturlaub
bis 16 Jahre	30 Werktage
bis 17 Jahre	27 Werktage
bis 18 Jahre	25 Werktage

■ **Pflicht zur Ausstellung eines Zeugnisses**
■ **Pflicht zur Entgeltfortzahlung** an gesetzlichen Feiertagen und im unverschuldeten Krankheitsfall bis zu sechs Wochen [§§ 1ff. EntgeltFZG].

Institutionen zur Durchsetzung ausbildungsrechtlicher Ansprüche

Sind Auszubildende der Meinung, dass der ausbildende Betrieb seinen Pflichten nicht nachkommt, können sie sich – wie alle Arbeitnehmer und Arbeitnehmerinnen auch – an verschiedene Institutionen wenden.

Im Bereich des **Betriebs- und Gefahrenschutzes** sind die **staatlichen Gewerbeaufsichtsämter** als Landesbehörden für die Überwachung aller Betriebe ihres Bezirks zuständig. Die **Aufsichtsdienste der Berufsgenossenschaften** kontrollieren die Betriebe des jeweiligen Wirtschaftszweigs.

Im Bereich des **sozialen Arbeitsschutzes** können sich die Auszubildenden an den **Betriebsrat** (S. 63ff.) – insbesondere an die **Jugend- und Auszubildendenvertretung** (S. 61ff.) – wenden. Ansprechpartner sind auch die zuständigen **Kammern** (z.B. die Industrie- und Handelskammern). Die Kammern sind Körperschaften des öffentlichen Rechts und haben u.a. die Aufgabe, über eine ordnungsmäßige Berufsausbildung zu wachen. Hilfe gewähren auch die zuständigen **Gewerkschaften** (S. 53f.).

Ist zwischen den Parteien keine gütliche Einigung möglich, müssen die **Arbeitsgerichte** angerufen werden.

Ausbildungszeit

Die Ausbildungszeit beträgt in der Regel drei Jahre. Sie kann jedoch auf Antrag des Ausbildenden oder des bzw. der Auszubildenden bei der IHK verkürzt werden, wenn zu erwarten ist, dass der bzw. die Auszubildende das Ausbildungsziel in kürzerer Zeit erreicht und wenn seine bzw. ihre *Leistungen* dies rechtfertigen [§ 8 BBiG]. Verkürzungen der Ausbildungszeit sind üblich, wenn Auszubildende die Abiturprüfung oder die Abschlussprüfung einer Realschule oder Berufsfachschule bestanden haben.

Probezeit

Sie beträgt mindestens einen Monat und darf nicht länger als vier Monate dauern. Die Probezeit ist Bestandteil des Ausbildungsverhältnisses. Während der Probezeit kann *jeder* der Vertragspartner das Ausbildungsverhältnis ohne Angabe von Gründen fristlos lösen [§§ 20, 22 I BBiG].

Beendigung des Ausbildungsverhältnisses

Das Ausbildungsverhältnis endet spätestens mit dem Ablauf der Ausbildungszeit, frühestens mit dem Bestehen der Abschlussprüfung [§ 21 BBiG].

Nach der Probezeit kann das Ausbildungsverhältnis grundsätzlich nicht gekündigt werden. Eine Ausnahme ist nur in folgenden Fällen möglich:[1]

- Kündigung aus einem wichtigen Grund ohne Einhaltung einer Kündigungsfrist (z. B. fristlose Kündigung wegen Unterschlagung) [§ 22 II BBiG];
- Kündigung mit vierwöchiger Frist, wenn der bzw. die Auszubildende den Beruf aufgeben oder wechseln möchte [§ 22 II BBiG];
- Auflösung des Ausbildungsverhältnisses in beiderseitigem Einvernehmen.

Wird das Berufsausbildungsverhältnis nach Ablauf der Probezeit vorzeitig gelöst, so können die Ausbildenden einerseits oder die Auszubildenden andererseits Ersatz des Schadens verlangen, wenn der andere Teil den Grund für die Auflösung verschuldet hat [§ 23 BBiG]. Dies gilt jedoch nicht bei Kündigung wegen Aufgabe oder wegen Wechsels der Berufsausbildung.

Während der letzten sechs Monate des Berufsausbildungsverhältnisses können die Vertragspartner eine Weiterbeschäftigung vereinbaren. Werden Auszubildende im Anschluss an das Berufsausbildungsverhältnis weiterbeschäftigt, ohne dass hierüber eine ausdrückliche Vereinbarung getroffen ist, wird ein Arbeitsverhältnis auf unbestimmte Zeit begründet (siehe § 24 BBiG und § 78 a I BetrVG). Kaufmännisch Ausgebildete werden damit Angestellte. Es entsteht ein Anspruch auf Zahlung eines Gehalts.

---

1 Die Kündigung muss **schriftlich** erfolgen und bei einer Kündigung aus einem wichtigen Grund oder wegen Aufgabe oder Wechsel der Berufsausbildung die **Kündigungsgründe** enthalten [§ 22 III BBiG].

Ausstellung eines Zeugnisses

Der Ausbildende hat dem Ausgebildeten nach Beendigung des Berufsausbildungsverhältnisses ein **Zeugnis** auszustellen, das Angaben über Art, Dauer und Ziel der Berufsausbildung sowie über die erworbenen beruflichen Fertigkeiten, Kenntnisse und Fähigkeiten des
Auszubildenden enthalten muss (**einfaches Zeugnis**). Auf Verlangen des Ausgebildeten
sind darin auch Angaben über Verhalten und Leistung aufzunehmen (**qualifiziertes Zeugnis**) [§ 16 BBiG].

1.3.2 Jugendarbeitsschutzgesetz

Grundlage des Jugendarbeitsschutzes ist das **Jugendarbeitsschutzgesetz (JArbSchG)**. Das Gesetz
geht davon aus, dass Jugendliche (Personen bis zum vollendeten 18. Lebensjahr) nur eine begrenzte
Leistungsfähigkeit besitzen, weil ihre körperliche und geistig-seelische Entwicklung noch nicht vollständig abgeschlossen ist. Das Jugendarbeitsschutzgesetz gilt daher für alle Arbeitgeber, die Jugendliche beschäftigen (Auszubildende, Arbeiter, Angestellte).

Mindestalter für ein Beschäftigungsverhältnis

Die Beschäftigung von Kindern [§ 2 I, III JArbSchG] und von Jugendlichen [§ 2 II JArbSchG],
die der Vollzeitschulpflicht unterliegen, ist grundsätzlich verboten [§ 5 I, II JArbSchG].
Unter bestimmten Voraussetzungen sind Ausnahmen möglich (siehe § 5 II, III, IV, §§ 6, 7
JArbSchG).

Grenzen der Arbeitszeit

Arbeitsbeginn und -ende [§ 14 JArbSchG]	06:00 Uhr frühestens und 20:00 Uhr spätestens.
Tägliche Arbeitszeit [§ 8 JArbSchG]	Maximal 8,5 Stunden am Tag; bei 5-Tage-Woche (40 Stunden) maximal 8 Stunden am Tag.
Pausen [§ 11 JArbSchG]	Mindestens 30 Minuten Pause bei einer Beschäftigung von mehr als $4^1/_2$ bis zu 6 Stunden. Mindestens 60 Minuten Pause bei einer Beschäftigung von mehr als 6 Stunden.
Berufsschultage [§ 9 JArbSchG]	Keine Beschäftigung an Berufsschultagen mit mehr als 5 Unter-richtsstunden von mindestens 45 Minuten, jedoch nur einmal in der Woche.
Wöchentliche Arbeitszeit [§§ 15, 16 I, 17 I JArbSchG]	5-Tage-Woche; 40-Stunden-Woche. Grundsätzlich keine Be-schäftigung an Samstagen, Sonn- und Feiertagen.
Tägliche Freizeit [§ 13 JArbSchG]	Zwischen dem Ende der Arbeitszeit eines Tages und dem Be-ginn der Arbeitszeit/Schulzeit am nächsten Tag müssen min-destens 12 Stunden Freizeit liegen.
Verbotene Arbeiten [§§ 22, 24 I JArbSchG]	Gefährliche Arbeiten; Arbeiten, bei denen die Jugendlichen sittlichen Gefahren ausgesetzt sind; grundsätzlich Arbeiten un-ter Tage. (Zu den Ausnahmen siehe § 24 II JArbSchG.)

49

4 Hartmann -Hug- ISBN 978-3-8120-0522-7

Sonstige Schutzvorschriften

- Zum Schutz der Jugendlichen dürfen **bestimmte Personen** (z. B. Personen, die wegen eines Verbrechens zu einer Freiheitsstrafe von mindestens 2 Jahren rechtskräftig verurteilt wurden) grundsätzlich **keine Jugendlichen beschäftigten** und diese auch **nicht beaufsichtigen** [§ 25 JArbSchG].

- Der Arbeitgeber ist zu einer **menschengerechten Gestaltung der Arbeit** verpflichtet. Bei der Einrichtung und Unterhaltung der Arbeitsstätte einschließlich der Maschinen, Werkzeuge und Geräte sind z. B. alle Maßnahmen zu treffen, die zum Schutz der Jugendlichen gegen Gefahren für Leben und Gesundheit sowie zur Vermeidung einer Beeinträchtigung der körperlichen und seelisch-geistigen Entwicklung der Jugendlichen erforderlich sind [§ 28 JArbSchG].

- **Vor Beginn der Beschäftigung** und bei wesentlicher Änderung der Arbeitsbedingungen sind die Jugendlichen vom Arbeitgeber über die **Unfall- und Gesundheitsgefahren,** denen sie am Arbeitsplatz ausgesetzt sind, sowie über Einrichtungen und Maßnahmen zur Abwendung dieser Gefahren zu unterweisen [§ 29 JArbSchG].

- Der Arbeitgeber muss außerdem das körperliche **Züchtigungsverbot** sowie das Verbot der Abgabe von Alkohol und Tabakwaren an Jugendliche unter 16 Jahren beachten [§ 31 JArbSchG].

Gesundheitliche Betreuung

Jugendliche, die in das Berufsleben eintreten, dürfen nur beschäftigt werden, wenn

- sie innerhalb der letzten 14 Monate von einem Arzt untersucht worden sind (Erstuntersuchung) und
- sie dem künftigen Arbeitgeber eine von diesem Arzt ausgestellte Bescheinigung über diese Untersuchung vorlegen.

Spätestens nach einem Jahr nach Aufnahme der ersten Beschäftigung haben sich die Jugendlichen einer Nachuntersuchung zu unterziehen. Wird nach 14-monatiger Beschäftigung keine ärztliche Bescheinigung vorgelegt, besteht Beschäftigungsverbot, was für den Arbeitgeber ein Grund zur fristlosen Kündigung ist (siehe §§ 32 ff. JArbSchG). Weitere jährliche Untersuchungen sind erlaubt. Die Kosten für die ärztlichen Untersuchungen trägt das Bundesland.

Strafen

Bei Verstößen gegen das Jugendarbeitsschutzgesetz sieht das Jugendarbeitsschutzgesetz Geldbußen und Freiheitsstrafen vor (siehe §§ 58 ff. JArbSchG).

Zusammenfassung

- Der **Berufsausbildungsvertrag** wird zwischen dem Auszubildenden und dem Ausbildenden abgeschlossen. Bei Minderjährigen muss der gesetzliche Vertreter zustimmen und den Ausbildungsvertrag ebenfalls unterschreiben.

- Die **Ausbildungszeit** beträgt grundsätzlich 3 Jahre.

- Die **Probezeit** beträgt mindestens 1 Monat, höchstens 4 Monate. Während der Probezeit besteht für beide Vertragspartner kein Kündigungsschutz.

- Die **Rechte und Pflichten des Auszubildenden** sind vor allem im Berufsbildungsgesetz geregelt.

- Das **Berufsausbildungsverhältnis endet** mit der **Abschlussprüfung**, spätestens mit **Ablauf der vereinbarten Ausbildungszeit.**

- Eine **Kündigung des Berufsausbildungsverhältnisses** ist nach Ablauf der Probezeit nur in bestimmten Ausnahmefällen möglich.

- Das **Jugendarbeitsschutzgesetz** gilt für alle Arbeitgeber, die Jugendliche beschäftigen.

ÜBUNGSAUFGABEN

1. Definieren Sie den Begriff „Auszubildende"!

2. Viele junge Leute meinen, dass das schnelle Geldverdienen wichtiger sei als eine gute Ausbildung. Widerlegen Sie diese Meinung!

3. Unter welchen Bedingungen endet ein Ausbildungsverhältnis?

4. Der Auszubildenden Marie gefällt es bei der Hammer & Co. OHG nicht mehr. Die Kolleginnen und Kollegen sind ihr unsympathisch, der Chef erst recht. Kann sie ihr Ausbildungsverhältnis lösen? Wenn ja, unter welcher Bedingung?

5. Unter welchen Bedingungen wird ein kaufmännischer Auszubildender in das Angestelltenverhältnis übernommen?

6. Der Auszubildende Florian Pfiffig ist seit zwei Monaten als Auszubildender bei der Müller Holzbau GmbH beschäftigt.

   6.1 Welche Art von Vertrag wurde zwischen Florian Pfiffig und der Müller Holzbau GmbH geschlossen? Geben Sie die zugrunde liegende Rechtsgrundlage an!

   6.2 Nennen Sie drei Angaben, die im Vertrag unbedingt enthalten sein müssen (vgl. hierzu § 11 BBiG).

   6.3 Dürfte Florian Pfiffig im Einverständnis mit der Müller Holzbau GmbH eine Probezeit von sechs Monaten im Berufsausbildungsvertrag vereinbaren? Begründen Sie Ihre Entscheidung!

   6.4 In welcher Form ist der Berufsausbildungsvertrag abzuschließen und wo wird er registriert?

7. Prüfen Sie, ob die im Folgenden beschriebenen Beschäftigungen nach dem Jugendarbeitsschutzgesetz zulässig sind! Begründen Sie Ihre Antworten mithilfe des Jugendarbeitsschutzgesetzes!

   7.1 Die 16-jährige Auszubildende Anna Viviani soll in Inventurarbeiten eingearbeitet werden. Zu diesem Zweck wird sie am 31. Dezember bis 15:00 Uhr beschäftigt.

   7.2 Der 17-jährige Auszubildende Robert Restle soll nach bestandener Kaufmannsgehilfenprüfung 45 Stunden in der Woche arbeiten. Robert Restle ist in keiner Gewerkschaft. Sein Ausbildungsbetrieb ist nicht tarifgebunden.

   7.3 Die 17-jährige Auszubildende Hannah Mager hat am Montag ihre schriftliche Kaufmannsgehilfenprüfung. Sie wird am der Prüfung vorausgehenden Freitag beschäftigt.

   7.4 Der Auszubildende Ben Nunnemacher (17 Jahre) hat dienstags und freitags jeweils 6 Unterrichtsstunden zu je 45 Minuten Berufsschulunterricht. Er verlangt daher von seinem Ausbilder, ihm an diesen Tagen frei zu geben.

1.3.3 Tarifvertragsrecht und Arbeitskampf

Die Gründung von **Gewerkschaften** und **Arbeitgeberverbänden** ist ein im Art. 9 III GG ausdrücklich verbrieftes Recht. Da – zumindest kurz- und mittelfristig – die Interessen der Arbeitnehmer denen der Arbeitgeber zuwiderlaufen können, sind *beide* Interessenvertretungen dazu aufgerufen, auf einen Interessenausgleich, der in der Regel ein Kompromiss sein wird, hinzuwirken. Ihre Aufgabe ist also, für einen *sozialen Ausgleich* Sorge zu tragen. Gewerkschaften und Arbeitgeberverbände werden daher als *Sozialpartner* bezeichnet.

Arbeitgeberverbände

Die Arbeitgeberverbände sind für die Wahrung der sozialpolitischen Belange ihrer Mitgliedsunternehmen zuständig. Ihnen stehen auf der Arbeitnehmerseite die Gewerkschaften gegenüber, mit denen sie **Tarifverträge** über die Lohn- und Arbeitsbedingungen der Beschäftigten in ihrem Organisationsbereich abschließen. Wie die Gewerkschaften sind sie in den Selbstverwaltungsorganen der Sozialversicherung und in den Arbeits- und Sozialgerichten vertreten.

Die **Bundesvereinigung der Deutschen Arbeitgeberverbände (BDA)** als Dachorganisation nimmt die gemeinschaftlichen, über den Bereich eines Landes oder eines Wirtschaftszweigs hinausgehenden sozialpolitischen Interessen der Arbeitgeber wahr.

BDA-Mitgliedsverbände – unternehmensnah, vielfältig, schlagkräftig

Mitglieder der BDA sind 14 überfachliche Landesvereinigungen und 48 Bundesfachspitzenverbände der Arbeitgeber aus den Bereichen Industrie, Handel, Finanzwirtschaft, Verkehr, Handwerk, Dienstleistung und Landwirtschaft. Ihnen sind unmittelbar oder mittelbar über ihre Mitgliedsverbände rd. 1 Mio. Unternehmen mit 20 Mio. Beschäftigten angeschlossen. Viele Mitgliedsverbände organisieren nicht nur Tarifträgerverbände, sondern auch Verbände, die keine Tarifbindung vermitteln (OT-Verbände). Als sozialpolitischer Spitzenverband schließt die BDA selbst keine Tarifverträge ab. Die BDA-Mitgliedsverbände sind für die Interessenvertretung und Positionierung der BDA von wesentlicher Bedeutung. Bei allen grundlegenden Entscheidungen wirken Vertreter der Mitgliedsverbände aus allen Wirtschaftszweigen in 61 Gremien der BDA mit.

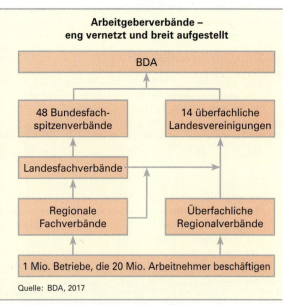

Arbeitgeberverbände – eng vernetzt und breit aufgestellt

Quelle: BDA, 2017

Quelle: BDA – Bundesvereinigung der Deutschen Arbeitgeberverbände (Hrsg.): Marketing und Verbandsentwicklung, o. J.

Gewerkschaften

Die Zahl der Mitglieder beim Deutschen Gewerkschaftsbund (DGB) ist im vergangenen Jahr leicht gesunken. Ende des Jahres 2018 zählten die acht DGB-Gewerkschaften noch 5 974 950 Organisierte, das waren rund 20 000 oder 0,3 Prozent weniger als ein Jahr zuvor. Im Vergleich mit dem Jahr 2010 wird der Schrumpfungsprozess deutlich: Damals hatten die acht Einzelgewerkschaften zusammen noch rund 6,2 Millionen Mitglieder. Und im Jahr 1991, also im Jahr nach der deutschen Wiedervereinigung, hatten die im DGB zusammengeschlossenen Gewerkschaften fast zwölf Millionen Mitglieder (vor der Wiedervereinigung waren es noch knapp acht Millionen). Die Stärkste unter den acht Einzelgewerkschaften, die IG Metall, konnte seit 2010 neue Mitglieder gewinnen – plus 1,4 Prozent. Bei der kleinsten Gewerkschaft, der EVG (Eisenbahn- und Verkehrsgewerkschaft), betrug der Mitgliederschwund mehr als 19 Prozent.

Die DGB-Gewerkschaften

Mitglieder Ende 2018: **6,0 Millionen**
(- 3,5 % gegenüber Ende 2010)

davon Ende 2018 in Tausend

Veränderung gegenüber Ende 2010 in Prozent

Gewerkschaft	Mitglieder	Veränderung
IG Metall	2271 Tsd.	+ 1,4 %
ver.di	1969	- 6,0
IG Bergbau, Chemie, Energie	632	- 6,4
Gew. Erziehung und Wissenschaft	279	+ 7,3
IG Bauen-Agrar-Umwelt	247	- 21,4
Gew. Nahrung-Genuss-Gaststätten	198	- 3,7
Gewerkschaft der Polizei	191	+ 11,9
Eisenbahn- u. Verkehrsgewerksch.	187	- 19,4

Quelle: Deutscher Gewerkschaftsbund

12990 © Globus

Ziele der Gewerkschaften

Die wichtigsten Ziele der Gewerkschaften sind:

- Erhöhung der Lohnquote,[1]
- Verbesserung der Arbeitsbedingungen,
- Hebung des Ausbildungsstands der Arbeitnehmer und
- Verringerung der Arbeitslosigkeit.

Mittel der Gewerkschaften

Sind Arbeitskräfte knapp, wird es in der Regel den Gewerkschaften leichter fallen, Lohnerhöhungen durchzusetzen als in Zeiten geringer Arbeitsnachfrage. Die gewerkschaftliche Strategie muss daher versuchen, das Arbeitsangebot zu *verknappen,* um Lohnerhöhungen zu ermöglichen und die Arbeitslosigkeit zu verringern. Die Mittel indirekter (mittelbarer) Lohnpolitik (Verknappung der Arbeitskraft) sind:

- Verlängerung der Schulzeit (erst das neunte, später das zehnte Vollzeitschuljahr);
- Erhöhung des Jahresurlaubs;
- Verknappung der wöchentlichen und täglichen Arbeitszeit (1960 leistete der westdeutsche Arbeitnehmer im Jahr 2 083 Arbeitsstunden, 2018 betrug die jährliche durchschnittliche Arbeitszeit je Arbeitnehmer in Deutschland nur noch rund 1 350 Arbeitsstunden);[2]
- Einflussnahme auf die Sozialgesetzgebung („Wer krank ist, soll sich leisten können, zu Hause zu bleiben");
- Schaffung besserer Arbeitsplätze.

---

1 Die Lohnquote ist der prozentuale Anteil der Arbeitnehmereinkommen am Gesamteinkommen (Volkseinkommen).

2 Quelle: Statistische Ämter des Bundes und der Länder (Hrsg.): Erwerbstätigenrechnung, Arbeitsvolumen in den Ländern der Bundesrepublik Deutschland 2000 bis 2018, Reihe 1, Bd. 2, Berechnungsstand: Februar 2019.

Tarifverträge

Soweit die gewerkschaftlichen Ziele nicht über die Gesetzgebung erreicht werden müssen, versuchen die Gewerkschaften, ihre Vorstellungen in den *Tarifverträgen* durchzusetzen. Wenn die Tarifverträge zwischen den Gewerkschaften und den Arbeitgeberverbänden für ganze Arbeitnehmergruppen ausgehandelt werden, spricht man auch von *Kollektivarbeitsverträgen.*

■ Grundbegriffe des Tarifvertragsrechts

Tarifautonomie	Das Recht der Tarifpartner, selbstständig und ohne staatliche Einmischung Arbeitsbedingungen (z.B. Löhne und Gehälter, Urlaubszeit, Arbeitszeit) vereinbaren zu können, heißt *Tarifautonomie.*[1]
Tariffähigkeit	Das Recht einzelner Arbeitgeber (z.B. großer Unternehmen wie das Volkswagenwerk), der Arbeitgeberverbände und der Gewerkschaften, Tarifverträge abschließen zu können [§ 2 TVG].
Abschluss des Tarifvertrags	Ein Tarifvertrag wird in längeren und zähen Verhandlungen zwischen den Tarifpartnern ausgehandelt. Er bedarf der **Schriftform** [§ 1 II TVG].
Tarifbindung	Die Mitglieder der Tarifvertragsparteien sind an die Vereinbarungen des Tarifvertrags gebunden [§ 3 I TVG]. Dies bedeutet, dass die Inhalte des Tarifvertrags für die Betroffenen insofern unabdingbar sind, als sie *Mindestbedingungen* für die Arbeitsverhältnisse darstellen (z.B. *Mindest*löhne, *Mindest*gehälter, *Mindest*urlaubstage). Grundsätzlich unbeschränkt zulässig ist hingegen die Vereinbarung *günstigerer* Arbeitsbedingungen (z.B. übertarifliche Löhne), als sie der Tarifvertrag vorschreibt [§ 4 III TVG].
Allgemeinverbindlichkeitserklärung	Das Bundesministerium für Arbeit und Soziales kann einen Tarifvertrag im Einvernehmen mit einem aus je drei Vertretern der Spitzenorganisationen der Arbeitgeber und Arbeitnehmer bestehenden Ausschuss auf Antrag einer Tarifvertragspartei für *allgemein verbindlich* erklären, wenn die Allgemeinverbindlicherklärung im öffentlichen Interesse vorliegt [§ 5 I Nr. 1 TVG]. Mit der Allgemeinverbindlichkeitserklärung gelten die Bestimmungen des Tarifvertrags auch für die nicht tarifgebundenen Arbeitnehmer und Arbeitgeber [§ 5 V TVG]. In der Regel werden jedoch auch ohne Allgemeinverbindlichkeitserklärung die nicht organisierten Arbeitnehmer[2] nach den Rechtsnormen der Tarifverträge behandelt (Grundsatz der Gleichbehandlung).
Tarifregister	Im vom Bundesministerium für Arbeit und Soziales geführten Tarifregister werden Abschluss, Änderung, Aufhebung und Allgemeinverbindlichkeit von Tarifverträgen eingetragen [§ 6 TVG].

---

1 Autonomie = Unabhängigkeit, Selbstständigkeit.

2 Nach dem Grundgesetz [Art. 9 III] besteht zwar das Recht, Mitglied bei einer Arbeitnehmer- oder Arbeitgebervereinigung zu werden (Koalitionsfreiheit = Vereinigungsfreiheit), nicht aber die Pflicht (negative Koalitionsfreiheit). Nicht organisierte Arbeitnehmer sind demnach solche, die keiner Gewerkschaft angehören. Da sie i.d.R. in den Genuss der Vorteile kommen, die die Gewerkschaft erkämpft hat, werden sie von den Gewerkschaften als „Trittbrettfahrer" bezeichnet.

■ Arten der Tarifverträge

Die Tarifverträge können nach mehreren Kriterien (Einteilungsgesichtspunkten) gegliedert werden.

Unterscheidung nach den Tarifpartnern	
Haustarifverträge (Firmentarifverträge)	Tarifpartner sind ein Arbeitgeber, z. B. eine große Kapitalgesellschaft, und eine Gewerkschaft.
Verbandstarifverträge	Normalfall: Tarifpartner sind ein Arbeitgeberverband und eine Gewerkschaft.
Branchentarifverträge	Die Tarifabschlüsse erfolgen für bestimmte Wirtschaftszweige (z. B. Tarifverträge für das Hotel- und Gaststättengewerbe, für die Chemieindustrie, für Banken und Versicherungen).
Berufstarifverträge	Diese Tarifverträge werden zwischen einer Berufsgewerkschaft (Spartengewerkschaft, Spezialgewerkschaft) und den Arbeitgebern abgeschlossen. Spezialgewerkschaften sind z. B. die GDL (Gewerkschaft deutscher Lokomotivführer), die Ärztegewerkschaft Marburger Bund (mb) und die Vereinigung Cockpit (VC).
	Spartengewerkschaften (auch Fachgewerkschaften genannt) haben heute als verhältnismäßig kleine Gewerkschaften großen Einfluss. Bis 2010 galt der Rechtsgrundsatz der **Tarifeinheit,** der besagte, dass in einem Betrieb nur *ein* Tarifvertrag anzuwenden ist (z. B. „gleicher Lohn für gleiche Arbeit"). Seither vertritt das Bundesarbeitsgericht den Grundsatz der **Tarifpluralität** (Tarifvielfalt). Das bedeutet, dass es durchaus zulässig ist, dass für Arbeitnehmer eines Betriebs unterschiedliche Tarifverträge gelten können. Spartengewerkschaften sind somit in der Lage, mit Streiks ganze Unternehmen lahmlegen zu können.
Unterscheidung nach dem Inhalt	
Manteltarifverträge	Sie enthalten solche Arbeitsbedingungen, die sich über längere Zeit *nicht* ändern (z. B. Kündigungsfristen, Urlaubsregelungen, Arbeitszeitvereinbarungen, Nachtarbeit, Sonn- und Feiertagsarbeit, Lohn- und Gehaltsgruppen). Sie werden auch Rahmentarifverträge genannt.
Vergütungstarifverträge (Lohn- und Gehaltstarifverträge)	In ihnen sind die getroffenen Vereinbarungen über Lohn- bzw. Gehaltshöhe enthalten. Dabei werden die Arbeitnehmer nach ihrer Tätigkeit in bestimmte Lohn- bzw. Gehaltsgruppen eingeteilt. Jeder Lohn- bzw. Gehaltsgruppe wird ein bestimmter Lohnsatz bzw. ein bestimmtes Gehalt zugeordnet. Löhne und Gehälter sind in der Regel weiterhin nach Alter und Ortsklassen differenziert.[1] Ferner können Zuschläge (z. B. nach Betriebszugehörigkeit) vereinbart sein.
	Lohntarifverträge gehen häufig vom sogenannten Ecklohn aus. Dies ist i. d. R. der Lohnsatz eines 21-jährigen gelernten Facharbeiters (100 %), von dem die Abschläge für jüngere Facharbeiter bzw. die Zuschläge für die übrigen Lohngruppen und Ortsklassen berechnet werden.
Unterscheidung nach räumlichen Gesichtspunkten	
Ortstarifverträge	Sie gelten für bestimmte Orte, d. h. politische Gemeinden.

---

1 Differenzieren: unterscheiden, untergliedern.

Bezirkstarifverträge	Sie werden für einen im Tarifvertrag bezeichneten Raum abgeschlossen, der sich nicht mit einem politisch begrenzten Gebiet decken muss.
Landestarifverträge	Diese Tarifverträge gelten in einem bestimmten Bundesland.
Bundestarifverträge	Der Tarifvertragsabschluss erfolgt für das gesamte Bundesgebiet.
Flächentarifverträge	Hierbei handelt es sich um Tarifverträge, die für mehrere Orte, Bezirke, ein oder mehrere Bundesländer oder für das gesamte Bundesgebiet verbindlich sind.
Unterscheidung nach ihren individuellen Ausgestaltungsmöglichkeiten	
Starre Tarifverträge	An diese Tarifverträge sind die Tarifparteien gebunden. Verschlechterungen für die Arbeitnehmer (z. B. Entgeltkürzungen, Arbeitszeitverlängerungen) sind nicht möglich, auch wenn dies im Einzelfall betrieblich geboten sein sollte. Verbesserungen für die Arbeitnehmer sind hingegen möglich (z. B. aufgrund freiwilliger Leistungen der Arbeitgeber oder aufgrund von Vereinbarungen zwischen Arbeitgeber und Betriebsrat).
Offene (flexible) Tarifverträge	Angesichts der hohen Arbeitslosigkeit werden die Flächentarifverträge zunehmend flexibler (beweglicher) gestaltet. Sogenannte **Tariföffnungsklauseln** sollen es z. B. Betrieben, denen es wirtschaftlich nicht besonders gut geht, ermöglichen, ihre Belegschaft für eine bestimmte Zeit (z. B. für ein Jahr) bis zu einem vereinbarten Prozentsatz *unter Tarif* zu bezahlen **(Entgeltkorridor)**. Die konkreten Vereinbarungen zu dieser sogenannten **Härteklausel** werden dann zwischen Betriebsrat und Arbeitgeber ausgehandelt.
	Kleinbetriebsklauseln tragen der mitunter schwierigen Situation kleiner Betriebe Rechnung, indem sie diesen erlauben, auf einzelvertraglicher Basis geringere Entgelte zu bezahlen, als im Flächentarifvertrag festgelegt wurden.
	Tariföffnungsklauseln können auch eine **Flexibilisierung der Arbeitszeit** zum Ziel haben, weil dadurch längere Betriebszeiten ermöglicht werden. Die **Arbeitszeitkorridore** (z. B. 30 bis 40 Wochenstunden bei jährlich festgelegter Gesamtarbeitszeit) gestatten es den Betrieben, die Arbeitszeit flexibel (beweglich) zu gestalten und dadurch Arbeitskosten zu sparen.

■ **Sonstige Wirkungen des Tarifvertrags**

Während der Gültigkeitsdauer eines Tarifvertrags dürfen keine Arbeitskampfmaßnahmen (Streik, Aussperrung) ergriffen werden (**Friedenspflicht** nach § 3 III TVG). Nach Ablauf des Tarifvertrags (nach Kündigung oder nach Ablauf der vereinbarten Dauer) gelten seine Rechtsnormen weiter, bis sie durch einen neuen Tarifvertrag ersetzt werden (**Grundsatz der Nachwirkung** nach § 4 V TVG).

Arbeitskampf

■ **Streik**

Unter **Streik** versteht man die gemeinsame Arbeitseinstellung mehrerer Arbeitnehmer mit dem Ziel, nach Durchsetzung bestimmter Forderungen die Arbeit wieder aufzunehmen. Da dem Streik keine Kündigung der Arbeitsverhältnisse vorausgeht, bleiben diese auch während des Streiks erhalten.

Die Spielregeln des Streiks sind in den Statuten der Gewerkschaften, in den Richtlinien der Hauptvorstände und durch Entscheidungen der Gerichte festgelegt. Ein einheitliches „Streikgesetz" gibt es in der Bundesrepublik Deutschland nicht, weil sich der Gesetzgeber vor heftigen und langwierigen Auseinandersetzungen mit den Gewerkschaften scheut. Die Gewerkschaften nämlich lehnen ein „Streikgesetz" ab, weil sie hierin einen Eingriff in ihre Unabhängigkeit (Autonomie) und ihre Gestaltungsrechte sehen.

Ablauf eines Streiks

Bevor eine Gewerkschaft zum Streik aufruft, muss in der Regel eine **Urabstimmung** vorausgehen. (In seltenen Fällen kann die Gewerkschaft auch **ohne** Urabstimmung einen Streik beschließen.)

Die meisten Gewerkschaftssatzungen sehen vor, dass sich **75 %** der Gewerkschaftsmitglieder in einer Urabstimmung für einen Streik aussprechen müssen, bevor der Gewerkschaftsvorstand oder das zuständige Gremium (z. B. die Tarifkommission) den Streik ausrufen kann. Zum Streik muss es dennoch nicht kommen, weil aufgrund der Ergebnisse weiterer Tarifverhandlungen der Streik immer noch abgewendet werden kann.

Während des Streiks zahlen die Gewerkschaften an die Mitglieder **Streikgelder.** Die Nichtmitglieder gehen leer aus. Die Streikleitung kann vor den Betrieben Streikposten aufstellen, die dafür sorgen müssen, dass Arbeitswillige nicht am Betreten des Betriebsgeländes gehindert werden. Andererseits haben die Streikposten die Aufgabe, die nicht Streikwilligen von der Notwendigkeit des Streiks zu überzeugen.

Beendigung des Streiks. Führen die Verhandlungen der Gewerkschaften mit den Arbeitgebern zu einem Kompromiss, wird der Streik beendet.
Die Modalitäten[1] richten sich häufig nicht nach der Satzung, sondern nach den **Richtlinien des Hauptvorstands** einer Gewerkschaft.
Die Regel ist, dass zur Beendigung des Streiks eine Urabstimmung erforderlich ist, in der mindestens 25 % (plus eine Stimme) der Gewerkschaftsmitglieder zustimmen müssen. Die Richtlinien mancher Gewerkschaften sehen auch höhere Zustimmungsquoten vor (z. B. 75 %). Wird dieses Abstimmungsergebnis nicht erreicht, so kann sich der Vorstand i. d. R. dennoch über das Votum (Ergebnis der Stimmabgabe) hinwegsetzen und den Streik beenden, wenn sich i. d. R. mindestens 25 % der Gewerkschaftsmitglieder für den Abbruch des Streiks entschieden haben.

Streiks, die nicht von den Gewerkschaften organisiert sind, sind illegal (= ungesetzlich, gesetzeswidrig). Man spricht von **„wilden Streiks".** Sogenannte „spontane Arbeitsniederlegungen" und „Warnstreiks" (= kurze Arbeitsverweigerungen, um weitere Maßnahmen anzudrohen oder die Arbeitgeber zu Zugeständnissen bei laufenden Tarifverhandlungen zu zwingen) sind hingegen grundsätzlich erlaubt. Ebenso erlaubt sind sogenannte **„Flashmobs".**[2] Das sind organisierte kurze Zusammentreffen vieler Menschen zu einem bestimmten Zweck. Die von den Gewerkschaften während der

---

1 Modalität = Art und Weise, wie ein Ablauf geregelt ist.

2 Flashmobs (engl. flash = Blitz und engl. mob = Menschenansammlung, Auflauf, aufgebrachte Menge).

Tarifauseinandersetzungen organisierten Blitzaktionen haben zum Ziel, den Betriebsablauf empfindlich zu stören. So treffen sich z.B. Streikende im Einzelhandel zu einem bestimmten Zeitpunkt in einem Zweiggeschäft als scheinbare Kunden, füllen die Einkaufswagen mit billigen Artikeln und lassen diese mit der Begründung an der Kasse stehen, dass sie den Geldbeutel vergessen haben.

■ Aussperrung

Das Arbeitskampfmittel der Arbeitgeber ist die Aussperrung, deren Berechtigung zwar umstritten, nach überwiegender Rechtsmeinung aber als das legale Gegenmittel der Unternehmer gegen die kollektive (= gemeinsame) Arbeitsniederlegung anzusehen ist. Durch die Aussperrung werden die Arbeitsverhältnisse *nicht* gelöst, sondern lediglich bis zur Beendigung des Arbeitskampfs *suspendiert.*[1] Damit ruhen die Rechte und Pflichten aus dem Arbeitsvertrag (z.B. keine Arbeitsleistung, kein Lohn oder Gehalt), leben aber nach Beendigung des Arbeitskampfes wieder auf. Somit sind die Arbeitgeber verpflichtet, die Gesamtbelegschaft nach Beendigung des Streiks weiterzubeschäftigen, ohne dass neue Arbeitsverträge abgeschlossen werden müssen. Eine Verweigerung der Weiterbeschäftigung ist nur möglich, wenn sie sozial gerechtfertigt ist (z.B. Nichtwiedereinstellung der Rädelsführer eines illegalen Streiks).

Bezüglich des Umfangs der Aussperrung gilt der Grundsatz der Verhältnismäßigkeit. Danach ist für den Umfang einer Aussperrung der Umfang des vorausgegangenen Streiks (Angriffsstreiks) maßgebend. Unverhältnismäßig (rechtswidrig) sind Aussperrungsmaßnahmen regelmäßig dann, wenn die Arbeitgeber bei eng begrenzten Teilstreiks mit einer unbefristeten Aussperrung aller Arbeitnehmer einer Branche, eines Landes oder der Bundesrepublik Deutschland antworten (sogenanntes **Übermaßverbot** der **Aussperrung**).

■ Schlichtungswesen

Streiks werden in der Bundesrepublik Deutschland heute meist erst eingeleitet, wenn bestimmte Schlichtungsverfahren ergebnislos verlaufen sind. Das Schlichtungswesen hat somit die Aufgabe, zur Verhinderung von Streiks beizutragen, falls die Tarifverhandlungen gescheitert sind. Man unterscheidet:

- das **private Schlichtungsverfahren,** das von Schlichtungsstellen durchgeführt wird, deren Besetzung im Tarifvertrag festgelegt ist **("vereinbarte Schlichtung"),** und das
- **behördliche Schlichtungsverfahren,** welches dann von den Tarifparteien beantragt werden kann, wenn das private Schlichtungsverfahren nicht zur Einigung führte. Die Durchführung obliegt Personen, die vom Landesarbeitsministerium ständig mit dieser Aufgabe betraut sind **("Landesschlichter").**

Die vereinbarten Schlichtungsstellen können im Einverständnis mit den Parteien beschließen, die Entscheidung dem **Landesschlichtungsausschuss** zu übertragen. Der Landesschlichtungsausschuss besteht aus dem Landesschlichter oder dessen Stellvertreter als Vorsitzenden und aus Beisitzern der Arbeitgeber und Arbeitnehmer in gleicher Zahl.

Ein Schiedsspruch hat nur dann bindende Wirkung unter den Parteien, wenn diese vor seiner Fällung seine Annahme vereinbart haben oder wenn beide Parteien nach Verkündigung seine Annahme erklären.

---

1 Suspendieren = einstweilen ruhen lassen, vorübergehend von Rechten und Pflichten befreien.

Zusammenfassung

- **Sozialpartner** sind die Gewerkschaften einerseits und einzelne Unternehmen oder Arbeitgeberverbände andererseits.

- Lohnerhöhungen und Arbeitsbedingungen werden zwischen den Tarifpartnern (Gewerkschaften und Arbeitgeberverbänden) ausgehandelt und im **Tarifvertrag** festgelegt.

- **Tarifautonomie** ist das Recht der Tarifpartner, selbstständig und ohne staatliche Eingriffe Löhne und Arbeitsbedingungen vereinbaren zu können.

- Gliederung der Tarifverträge:

    - Nach dem **Inhalt** unterscheidet man in **Manteltarifverträge** und in **Lohn-** und **Gehaltstarifverträge**.

    - Nach den **individuellen Ausgestaltungsmöglichkeiten** gliedert man die Tarifverträge in **starre** und in **offene (flexible) Tarifverträge**.

    - Nach dem **Tarifpartner** unterscheidet man in **Haustarife, Verbandstarife** und **Branchentarife**.

- Ablauf von Tarifverhandlungen:

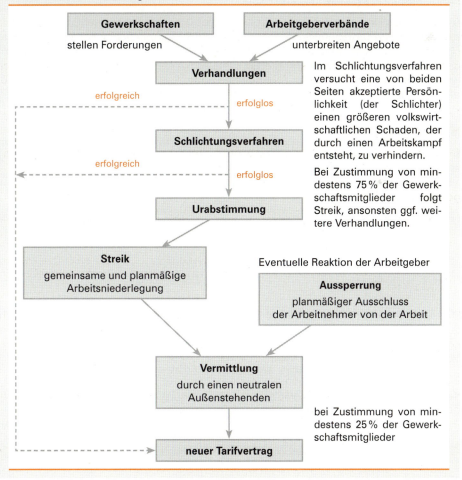

ÜBUNGSAUFGABEN

1. 1.1 Betrachten Sie zunächst neben-stehende Karikatur! Was will der Zeichner hier ausdrücken?

1.2 Wie erfolgt die Lohnbildung in der sozialen Marktwirtschaft?

1.3 Wie würde sich der Lohn in einer Wirtschaft bilden, in der es keine Gewerkschaften und Arbeitgeberverbände gibt?

1.4 Wären die sich auf solchen freien Arbeitsmärkten (siehe Frage 1.3) ergebenden Arbeits-löhne höher oder niedriger als die von den Gewerkschaften ausgehandelten Mindestlöhne? Begründen Sie Ihre Antwort!

Mahlzeit   Handelsblatt: Bensch

2. Nennen Sie einige wichtige Ziele der Gewerkschaften!

3. Erklären Sie den Begriff Kollektivarbeitsvertrag!

4. Der Angestellte Jan Rot will seinen Arbeitskollegen Stefan Schwarz zum Eintritt in die Gewerk-schaft bewegen. Jan argumentiert u. a. damit, dass die Lohnquote in den letzten Jahren dank der Lohnpolitik der Gewerkschaften stark angestiegen sei. Stefan meint hingegen, dass die Lohnquote über den Lebensstandard der Arbeitnehmer überhaupt nichts aussage. In einem rein sozialistischen Land sei die Lohnquote 100 % und trotzdem könne es dort den Werktätigen er-heblich schlechter gehen als in kapitalistischen Ländern. Nehmen Sie Stellung!

5. Schlagzeile einer Zeitung: „Der Verteilungskampf beginnt wieder!" Was ist hier gemeint?

6. Die Politik der Gewerkschaften zielt darauf ab, das Arbeitskräfteangebot zu verknappen. Wider-spricht dies dem Ziel, den Anteil der Arbeitnehmer am Volkseinkommen zu erhöhen?

7. Erläutern Sie kurz folgende Begriffe:

7.1 Tarifvertrag,   7.5 Tarifregister,

7.2 Tarifautonomie,   7.6 Friedenspflicht,

7.3 Tarifbindung,   7.7 Nachwirkung der Tarifverträge,

7.4 Allgemeinverbindlichkeitserklärung,   7.8 Tariföffnungsklauseln.

8. Unterscheiden Sie die verschiedenen Arten der Tarifverträge!

9. Welche Vor- und Nachteile haben Tarifverträge für Arbeitnehmer und Arbeitgeber?

10. Zum Arbeitskampf i. e. S. gehören Streik und Aussperrung. Was ist hierunter zu verstehen?

11. Die Belegschaft der Unruh-AG hat gegen den Willen der Gewerkschaft seit drei Tagen die Arbeit niedergelegt. Sie will ein höheres Urlaubsgeld erzwingen. Die Geschäftsleitung kündigt den drei führenden Streikorganisatoren. Wie ist die Rechtslage?

12. Die Dienstleistungsgewerkschaft ver.di hat eine Möglichkeit gefunden, Arbeitgeber in tarifpolitischen Auseinandersetzungen zu Zugeständnissen zu drängen: Spontane Aktionen, bei denen Menschen mittels Internet oder SMS aufgefordert werden, sich zu einem festgelegten Zeitpunkt an einem bestimmten Ort zu versammeln. So musste z. B. das Bundesarbeitgericht (BAG) über folgenden Fall entscheiden: Aktivisten fanden sich in einem Lebensmittelgeschäft zusammen, um dort alle gleichzeitig Pfennigartikel einzukaufen und mit den Einkaufswagen die Kassen zu blockieren. Andere packten die Wagen voll, ließen den Inhalt von den Kassiererinnen abrechnen, bezahlten aber mit der Begründung nicht, dass sie ihr Portemonnaie vergessen hätten.

12.1 Wie bezeichnet man die beschriebene Aktion?

12.2 Wie beurteilen Sie solche Aktionen?

13. Eine Gewerkschaft hat fristgemäß den laufenden Tarifvertrag gekündigt. Mit den Arbeitgebern ist keine Einigung in Sicht. Muss es nun zwangsläufig zum Streik kommen?

14. Warum können die Unternehmen in einer Wirtschaft mit einem großen Außenhandelsvolumen die gestiegenen Lohnkosten häufig nicht oder nicht in vollem Umfang auf die Preise abwälzen?

1.3.4 Betriebsrat und Jugend- und Auszubildendenvertretung

Die betriebliche Leistung ist auf das Zusammenwirken aller Produktionsfaktoren, vor allem „Arbeit" und „Kapital", zurückzuführen. Hieraus leitet sich der Anspruch der Arbeitnehmer auf Mitbestimmung ab. „Quod omnes tangit, ab omnibus comprobetur" – was alle betrifft, sollte auch von allen mitbestimmt werden! So befanden bereits die alten Römer.

In Deutschland kennt die Mitbestimmung der Arbeitnehmer zwei Ebenen, nämlich die Mitbestimmung durch die *Betriebsräte* einerseits (= Betriebsverfassung) und die Mitbestimmung durch die *Aufsichtsräte* andererseits (= Unternehmensverfassung).

Die Betriebsverfassung wird durch das Betriebsverfassungsgesetz (BetrVG) geregelt.

Auf Unternehmen, die unmittelbar und überwiegend z. B. politischen, konfessionellen, karitativen,[2] wissenschaftlichen oder künstlerischen Bestimmungen oder Zwecken der Berichterstattung dienen (Tendenzbetriebe), findet das Betriebsverfassungsgesetz nur eingeschränkt Anwendung. Religionsgemeinschaften und ihre karitativen sowie erzieherischen Einrichtungen sind vom Betriebsverfassungsgesetz nicht betroffen [§ 118 BetrVG].

---

1 Die Mitbestimmung in den Aufsichtsräten wird im Kapitel 1.4.7 besprochen.

2 Karitativ (lat.) = wohltätig. Karitas = Wohltätigkeit, Nächstenliebe. Siehe auch care (engl.) = Sorge, Fürsorge sowie Charité (Nächstenliebe) als Name von Krankenhäusern.

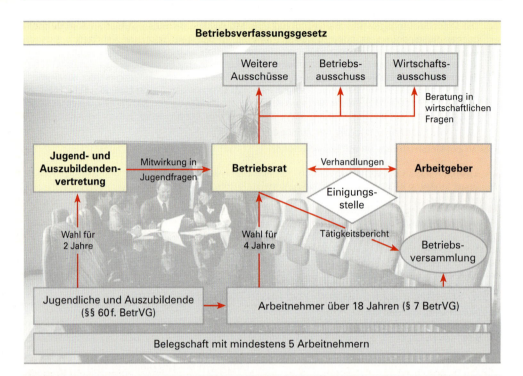

Betriebsverfassungsgesetz

```
                    Weitere        Betriebs-       Wirtschafts-
                   Ausschüsse      ausschuss        ausschuss
                                                                  Beratung in
                                                                  wirtschaftlichen
                                                                  Fragen

  Jugend- und      Mitwirkung in                   Verhandlungen
  Auszubildenden-  Jugendfragen    Betriebsrat                     Arbeitgeber
  vertretung                                       Einigungs-
                                                    stelle

  Wahl für                         Wahl für       Tätigkeitsbericht
  2 Jahre                          4 Jahre                          Betriebs-
                                                                   versammlung

  Jugendliche und Auszubildende                   Arbeitnehmer über 18 Jahren (§ 7 BetrVG)
  (§§ 60 f. BetrVG)

               Belegschaft mit mindestens 5 Arbeitnehmern
```

Wesen des Betriebsrats

Der **Betriebsrat** ist eine Vertretung der Arbeitnehmer gegenüber dem Arbeitgeber.

In Betrieben mit in der Regel mindestens fünf ständig wahlberechtigten Arbeitnehmern (zum Begriff siehe § 5 BetrVG), von denen drei wählbar sind, werden Betriebsräte gewählt. Dies gilt auch für gemeinsame Betriebe mehrerer Unternehmen (Näheres siehe § 1 BetrVG; siehe auch § 3 BetrVG). In Betrieben mit in der Regel 5 bis 20 wahlberechtigten Arbeitnehmern besteht der Betriebsrat aus einer Person. Bei mehr als 20 Arbeitnehmern besteht der Betriebsrat aus mindestens 3 Mitgliedern. Die Zahl der Betriebsratsmitglieder steigt mit der Zahl der wahlberechtigten Arbeitnehmer (Näheres siehe § 9 BetrVG).

Beispiele:

21	bis	50 wahlberechtigte Arbeitnehmer:	3 Betriebsratsmitglieder,
51	bis	100 wahlberechtigte Arbeitnehmer:	5 Betriebsratsmitglieder,
101	bis	200 wahlberechtigte Arbeitnehmer:	7 Betriebsratsmitglieder,
⋮			
6001	bis	7000 wahlberechtigte Arbeitnehmer:	33 Betriebsratsmitglieder.

Sofern der Betrieb in der Regel mindestens 5 Arbeitnehmer beschäftigt, die das 18. Lebensjahr noch nicht vollendet haben oder die in ihrer Berufsausbildung stehen und das 25. Lebensjahr noch nicht vollendet haben, wird von dem genannten Personenkreis eine **Jugend- und Auszubildendenvertretung** gewählt [§§ 60, 61 BetrVG]. Diese kann aus bis zu 15 Vertretern bestehen (Näheres siehe § 62 BetrVG).

Bestehen an einem Unternehmen mehrere Betriebsräte, so muss ein **Gesamtbetriebsrat** errichtet werden (Näheres siehe §§ 47 ff. BetrVG). Für einen Konzern [§ 18 AktG] kann ein **Konzernbetriebsrat** errichtet werden.

Mitbestimmung im Betrieb hat eine lange Tradition in Deutschland. Sie reicht von der Montanmitbestimmung in den 1950er-Jahren bis hin zur Modernisierung des Betriebsverfassungsgesetzes im Jahr 2001. Ein Blick in die Unternehmen zeigt, dass nicht überall Arbeitnehmer durch einen Betriebsrat vertreten werden. Vor allem in den Kleinbetrieben gibt es selten Betriebsräte, während sie in fast allen großen Unternehmen zu finden sind. Insgesamt hat in Deutschland jedes elfte privatwirtschaftliche Unternehmen eine Arbeitnehmervertretung. Bei den Kleinbetrieben bis zu 50 Beschäftigten beträgt die „Mitbestimmungsquote" 5 % in Westdeutschland und 6 % in Ostdeutschland, bei den Großbetrieben mit über 500 Beschäftigten sind es 79 bzw. 92 %.

Wo Arbeitnehmer mitbestimmen

Von je 100 Betrieben* in Deutschland haben einen Betriebsrat

■ West ■ Ost

Betriebe mit 5 bis 50 Beschäftigten	51 bis 100	101 bis 199	200 bis 500	501 und mehr Beschäftigten
West 5 / Ost 6	32 / 32	55 / 44	70 / 64	79 / 92

Quelle: IAB-Betriebspanel (2017)

*ohne Landwirtschaft und Organisationen ohne Erwerbszweck

© Globus 12513

In Unternehmen, die im Europäischen Wirtschaftsraum[1] mindestens 1 000 Arbeitnehmer (davon mindestens 150 Arbeitnehmer in zwei Mitgliedstaaten) beschäftigen, sind **Europäische Betriebsräte** einzurichten.

Der von der EU-Richtlinie über Europäische Betriebsräte vorgeschriebene Betriebsrat besteht aus mindestens drei gewählten Mitgliedern, wobei jedes Land, in dem sich ein Standort des Unternehmens befindet, durch mindestens einen Vertreter repräsentiert sein muss. Die Unternehmensleitung muss den EBR unter anderem über die Struktur und die Situation des Unternehmens, über die Beschäftigungslage, die Investitionen, über grundlegende Änderungen der Organisation, die Einführung neuer Arbeits- und Fertigungsverfahren, Produktionsverlagerungen, Fusionen, Betriebsschließungen und Massenentlassungen unterrichten.

Wahlrecht

Wahlberechtigte Arbeitnehmer[2] sind Arbeiter, Angestellte und Auszubildende des Betriebs, sofern sie das 18. Lebensjahr vollendet haben. Arbeitnehmer, die von einem anderen Arbeitgeber zur Arbeitsleistung überlassen werden (Leiharbeitskräfte), sind wahlberechtigt, wenn sie länger als drei Monate im Betrieb eingesetzt werden [§ 7 BetrVG].

Wählbar sind vor allem alle wahlberechtigten *Arbeitnehmer,* die mindestens 6 Monate dem Betrieb angehören oder als in Heimarbeit Beschäftigte in der Hauptsache für den Betrieb gearbeitet haben [§ 8 BetrVG].[3]

---

1 Dem Europäischen Wirtschaftsraum gehören neben den EU-Ländern die drei EFTA-Länder Liechtenstein, Island und Norwegen an. EFTA = **E**uropean **F**ree **T**rade **A**ssociation (Europäische Freihandelsvereinigung).

2 Das Recht, wählen zu können, nennt man „aktives Wahlrecht". („Aktiv sein" bedeutet „tätig sein"; wer wählt, „tut etwas".)

3 Das Recht, gewählt zu werden, bezeichnet man als „passives Wahlrecht". (Wenn jemand „passiv" ist, geschieht etwas mit ihm, er lässt etwas mit sich tun. Beim „passiven" Wahlrecht wird also jemand gewählt.)

Die **Jugend- und Auszubildendenvertreter** können nur Arbeitnehmer und Arbeitnehmerinnen des Betriebs sein, die das 25. Lebensjahr noch nicht vollendet haben [§ 61 II BetrVG].

Sprecherausschüsse leitender Angestellter

Weder wahlberechtigt noch wählbar sind die Mitglieder gesetzlicher Vertretungsorgane einer Kapitalgesellschaft (z. B. Vorstandsmitglieder einer AG oder eG), die zur Vertretung und/oder Geschäftsführung befugten Gesellschafter einer Personengesellschaft (z. B. einer OHG) sowie leitende Angestellte wie z. B. Generalbevollmächtigte und Prokuristen [§ 5 II–IV BetrVG].

Die leitenden Angestellten können Sprecherausschüsse bilden, wenn mindestens zehn solcher Mitarbeiter im Betrieb sind [§ 1 SprAuG]. Wahlberechtigt sind alle leitenden Angestellten, wählbar solche, die sechs Monate dem Betrieb angehören. Die Wahl findet alle vier Jahre zeitgleich mit der Betriebsratswahl statt [§ 5 SprAuG]. Der Sprecherausschuss vertritt die Belange der leitenden Angestellten des Betriebs [§ 25 SprAuG]. Bei Änderungen der Gehaltsgestaltung oder der beabsichtigten Einstellung bzw. personellen Veränderung eines leitenden Angestellten ist er rechtzeitig zu unterrichten, bei Kündigungen anzuhören. Eine ohne Anhörung des Sprecherausschusses ausgesprochene Kündigung ist unwirksam.

Allgemeine Aufgaben des Betriebsrats und der Jugend- und Auszubildendenvertretung

Aufgaben des Betriebsrats

Der Betriebsrat hat z. B. folgende allgemeine Aufgaben zu erfüllen [§ 80 BetrVG]:

- Überwachung der Durchführung der zugunsten der Arbeitnehmer geltenden Gesetze, Verordnungen, Unfallverhütungsvorschriften, Tarifverträge und Betriebsvereinbarungen,
- Beantragung von Maßnahmen im Interesse von Betrieb und Arbeitnehmern bei der Geschäftsleitung,
- Entgegennahme, Beratung, Vertretung von Anregungen der Arbeitnehmer und Jugendvertretung,
- Förderung der Belange von Jugendlichen und Auszubildenden, Schwerbehinderten, älteren und ausländischen Arbeitnehmern.

Aufgaben der Jugend- und Auszubildendenvertretung

Wichtige Aufgaben der Jugend- und Auszubildendenvertretung sind [§§ 60 ff. BetrVG]

- beim Betriebsrat Maßnahmen zu beantragen, die den jungen Betriebsangehörigen zugute kommen,
- die Integration ausländischer jugendlicher Arbeitnehmer zu fördern und entsprechende Maßnahmen beim Betriebsrat zu beantragen,
- auf die Einhaltung der Gesetze, Schutzvorschriften, Tarifverträge und Betriebsvereinbarungen zugunsten der jugendlichen Arbeitnehmer und Auszubildenden zu achten und
- berechtigte Anregungen oder Beschwerden zur Erledigung an den Betriebsrat weiterzugeben.

> Die **Jugend- und Auszubildendenvertretung** ist kein selbstständiges Organ der Betriebsverfassung. Sie ist dem Betriebsrat nachgeordnet. Nur durch dessen Vermittlung kann sie auf den Arbeitgeber einwirken.

Damit die Jugend- und Auszubildendenvertretung ihre Aufgaben erfüllen kann, muss sie der Betriebsrat rechtzeitig und umfassend informieren und ihr die erforderlichen Unterlagen zur Verfügung stellen. Zu jeder Betriebsratssitzung kann sie einen Vertreter entsenden; stehen Jugend- und Ausbildungsfragen auf der Tagesordnung, ist sie mit allen Mitgliedern teilnahmeberechtigt. Darüber hinaus haben die Jugend- und Auszubildendenvertreter auch Stimmmrecht, wenn im Betriebsrat ein Beschluss gefasst werden soll, der die jugendlichen Arbeitnehmer oder die Auszubildenden betrifft. Vor oder nach jeder Betriebsversammlung kann im Einvernehmen mit dem Betriebsrat eine betriebliche Jugend- und Auszubildendenversammlung abgehalten werden; soll sie zu einem anderen Zeitpunkt stattfinden, muss auch der Arbeitgeber zustimmen.

Amtszeit des Betriebsrats

Der in geheimer und unmittelbarer Wahl[1] gewählte Betriebsrat [§§ 13, 14 I BetrVG] bleibt vier Jahre im Amt [§ 21 BetrVG]. Die Jugend- und Auszubildendenvertretung wird hingegen auf zwei Jahre gewählt [§§ 63 I, 64 I BetrVG].

Organe des Betriebsrats

Betriebsausschuss	Ein zu großer Betriebsrat ist für die Durchführung der laufenden Aufgaben zu schwerfällig. Deshalb sieht das Betriebsverfassungsgesetz bei einem Betriebsrat mit neun oder mehr Mitgliedern die Bildung eines Betriebsausschusses vor. Er besteht aus dem Vorsitzenden des Betriebsrats, dessen Stellvertreter und aus 3 bis 9 weiteren Mitgliedern des Betriebsrats, deren Zahl sich nach der Größe des Betriebsrats richtet (Näheres siehe § 27 I BetrVG). Der Betriebsausschuss ist gewissermaßen ein „verkleinerter Betriebsrat". Der Betriebsausschuss führt die laufenden Geschäfte des Betriebsrats [§ 27 II BetrVG]. Er verhandelt z.B. mit dem Arbeitgeber über personelle und wirtschaftliche Angelegenheiten (z.B. Einstellungen und/oder Kündigungen von Personal; Betriebsänderungen wie Erweiterungen, Einschränkung oder Verlegung des Betriebs).
Wirtschaftsausschuss	In Unternehmen mit in der Regel mehr als 100 ständig beschäftigten Arbeitnehmern ist ein *Wirtschaftsausschuss* zu bilden (3 bis 7 Mitglieder). Die Mitglieder des Wirtschaftsausschusses werden vom Betriebsrat für die Dauer seiner Amtszeit bestimmt. Die Aufgabe des Wirtschaftsausschusses ist, wirtschaftliche Angelegenheiten mit der Geschäftsleitung zu beraten und den Betriebsrat zu unterrichten [§§ 106 ff. BetrVG].
Einigungsstelle	Bei Bedarf ist eine Einigungsstelle einzurichten, die aus einer gleichen Anzahl von Beisitzern, die vom Arbeitgeber und Betriebsrat bestellt werden, und einem unparteiischen Vorsitzenden, auf den sich beide Seiten einigen müssen, besteht. Die Einigungsstelle hat die Aufgabe, Streitigkeiten zwischen Arbeitgeber und Betriebsrat, Gesamtbetriebsrat oder Konzernbetriebsrat beizulegen [§ 76 BetrVG]. Kann eine Einigung nicht zustande kommen, sind die Arbeitsgerichte zuständig. Die Kosten der Einigungsstelle trägt der Arbeitgeber [§ 76a BetrVG].

---

1 Für Kleinbetriebe besteht ein vereinfachtes Wahlverfahren (Näheres siehe § 14a BetrVG).

5 Hartmann -Hug- ISBN 978-3-8120-0522-7

Betriebsversammlung

Der Betriebsrat hat in jedem Kalendervierteljahr eine Betriebsversammlung einzuberufen, die während der Arbeitszeit stattfindet [§§ 43 I, 44 I BetrVG]. Aus organisatorischen Gründen (z. B. in Großbetrieben) sind *Teilversammlungen* zulässig [§ 43 I BetrVG]. In der Betriebsversammlung können die den Betrieb und seine Arbeitnehmer betreffenden Angelegenheiten tarifpolitischer, sozialpolitischer und wirtschaftlicher Art sowie Fragen der Förderung der Gleichstellung von Frauen und Männern und der Vereinbarkeit von Familie und Erwerbstätigkeit behandelt werden. Die Betriebsversammlung kann dem Betriebsrat Anträge unterbreiten und zu seinen Beschlüssen Stellung nehmen [§ 45 BetrVG].

Rechte des Betriebsrats

Die im Betriebsverfassungsgesetz geregelte Mitbestimmung umfasst mehrere Stufen, sodass von „Mitbestimmung im weiteren Sinne" gesprochen wird. Die Mitbestimmung i. w. S. lässt sich wie folgt einteilen:

Rechte des Betriebsrats	Beispiele:
■ Unterrichtungsrecht Der Betriebsrat hat einen Anspruch auf rechtzeitige und umfassende Unterrichtung über die von der Geschäftsleitung geplanten betrieblichen Maßnahmen [§ 90 I BetrVG]. Die Information ist die Voraussetzung dafür, dass der Betriebsrat seine weitergehenden Rechte überhaupt wahrnehmen kann.	Information über geplante Neu-, Um- und Erweiterungsbauten, Einführung neuer Arbeitsverfahren und Arbeitsabläufe oder Veränderung von Arbeitsplätzen.
■ Beratungsrecht Der Betriebsrat hat das Recht, aufgrund der ihm gegebenen Informationen seine Auffassung gegenüber dem Arbeitgeber darzulegen und *Gegenvorschläge* zu unterbreiten [§ 90 II BetrVG]. Die Beratung geht somit über die einseitige Information hinaus. Eine Einigung ist jedoch nicht erzwingbar. Die Beratung ist ausdrücklich in sogenannten „allgemeinen personellen Angelegenheiten" sowie in wirtschaftlichen Belangen vorgeschrieben.	Personalplanung (gegenwärtiger und künftiger Personalbedarf) [§ 92 BetrVG], Ausschreibung von Arbeitsplätzen [§ 93 BetrVG], Rationalisierungsvorhaben, Einschränkung oder Stilllegung von Betriebsteilen, Zusammenschluss von Betrieben, Änderung der Betriebsorganisation oder des Betriebszwecks, sofern nicht Betriebs- und Geschäftsgeheimnisse gefährdet werden (vgl. § 106 BetrVG).
■ Mitwirkungsrecht des Betriebsrats Das Mitwirkungsrecht des Betriebsrats wird auch als „eingeschränkte Mitbestimmung" bezeichnet. Im Gegensatz zum Beratungsrecht besitzt hier der Betriebsrat ein *Vetorecht* (= Widerspruchsrecht). Die eingeschränkte Mitbestimmung umfasst vor allem die „personellen Einzelmaßnahmen" wie Neueinstellungen, Eingruppierungen in Lohn- und Gehaltsgruppen und Versetzungen von Arbeitskräften [§ 99 BetrVG]. Auch bei Kündigungen hat der Betriebsrat ein Widerspruchsrecht (Näheres siehe § 102 BetrVG). Die Mitbestimmung bei personellen Einzelmaßnahmen besteht in Unternehmen mit i. d. R. mehr als 20 wahlberechtigten Arbeitnehmern [§ 99 I BetrVG].	Einem jungen Arbeitnehmer wird fristgemäß gekündigt. Der Betriebsrat widerspricht. Dieser Widerspruch führt *nicht* zur Aufhebung der Kündigung. Gibt die Geschäftsleitung nicht nach (hat z. B. der Spruch der Einigungsstelle zugunsten des Gekündigten keinen Erfolg), muss der Fall vom Arbeitsgericht geklärt werden. Unter Umständen sichert der Widerspruch die Weiterbeschäftigung des gekündigten Arbeitnehmers bis zur endgültigen gerichtlichen Entscheidung.

Rechte des Betriebsrats	Beispiele:
■ **Mitbestimmungsrecht im engeren Sinne** Die Mitbestimmung i. e. S. ist *zwingend.* Dies bedeutet, dass der Arbeitgeber bestimmte Maßnahmen nur mit *Zustimmung* des Betriebsrats durchführen kann. Diese eigentliche Mitbestimmung steht dem Betriebsrat vor allem in den „sozialen Angelegenheiten" zu, soweit eine gesetzliche oder tarifliche Regelung nicht besteht [§ 87 BetrVG].	Arbeitszeitregelung, Zeit, Ort und Art der Auszahlung der Arbeitsentgelte, Aufstellung allgemeiner Urlaubsgrundsätze und des Urlaubsplans, Einführung der Arbeitszeitüberwachung (z. B. Stempeluhren), Regelung der Unfallverhütung, Form, Ausgestaltung und Verwaltung der Sozialeinrichtungen (z. B. Kantinen, Erholungsheime), Zuweisung und Kündigung von Werkswohnungen, betriebliche Lohngestaltung (z. B. Einführung von Akkordlöhnen), Regelung des betrieblichen Vorschlagswesens und der Abschluss der Betriebsvereinbarung (**Betriebsordnung**).

Zu beachten ist, dass das weitergehende Recht des Beriebsrats immer das weniger weitgehende Recht einschließt. So umfasst das Mitbestimmungsrecht i. e. S. in sozialen Angelegenheiten zugleich die Mitwirkung, die Beratung und – als Voraussetzung – die Information.

Werden die Arbeitnehmer durch Änderungen der Arbeitsplätze, des Arbeitsablaufs oder der Arbeitsumgebung, die den gesicherten arbeitswissenschaftlichen Erkenntnissen über die menschengerechte Gestaltung der Arbeit offensichtlich widersprechen, in besonderer Weise belastet, so kann der Betriebsrat angemessene Maßnahmen zur Abwendung, Milderung oder zum Ausgleich der Belastung verlangen. Kommt eine Einigung nicht zustande, so entscheidet die Einigungsstelle. Der Spruch der Einigungsstelle ersetzt die Einigung zwischen Arbeitgeber und Betriebsrat [§ 91 BetrVG].

Betriebsvereinbarungen

Unter **Betriebsvereinbarungen** versteht man Absprachen zwischen Arbeitgeber und Betriebsrat. Sie werden schriftlich niedergelegt, sind von beiden Seiten zu unterzeichnen und vom Arbeitgeber an geeigneter Stelle im Betrieb auszulegen [§ 77 BetrVG]. In den Betriebsvereinbarungen werden den Arbeitnehmern meistens unmittelbare und zwingende Rechte gegenüber dem Arbeitgeber eingeräumt, auf die nur mit Zustimmung des Betriebsrats verzichtet werden kann [§ 77 IV BetrVG]. Arbeitsentgelte und sonstige Arbeitsbedingungen, die durch Tarifvertrag geregelt sind oder üblicherweise geregelt werden, können nicht Gegenstand einer Betriebsvereinbarung sein, es sei denn, dass ein Tarifvertrag den Abschluss ergänzender Betriebsvereinbarungen ausdrücklich zulässt [§ 77 III BetrVG]. Durch Betriebsvereinbarungen können insbesondere zusätzliche Maßnahmen zur Verhütung von Arbeitsunfällen und Gesundheitsschädigungen, die Errichtung von Sozialeinrichtungen und Maßnahmen zur Förderung der Vermögensbildung beschlossen werden [§ 88 BetrVG].

Ein Sonderfall der Betriebsvereinbarung ist der **Sozialplan**. Er stellt eine vertragliche Abmachung zwischen Arbeitgeber und Betriebsrat über den Ausgleich oder die Milderung wirtschaftlicher Nachteile dar, die den Arbeitnehmern als Folge geplanter Betriebsänderungen entstehen (z. B. Lohnminderungen, Versetzungen, Entlassungen). Betriebsänderungen sind z. B. Einschränkungen oder Stilllegung des ganzen Betriebs oder von wesentlichen Betriebsteilen, Änderung des Betriebszwecks, Betriebsverlegung, Zusammenschluss mit anderen Betrieben, grundlegende Änderung der Betriebsorganisation oder der Betriebsanlagen (vgl. hierzu §§ 111–113 BetrVG). Der Sozialplan enthält z. B. Regelungen über Ausgleichszahlungen an entlassene Arbeitnehmer, Umzugsbeihilfen bei Versetzungen an andere Orte, Umschulungsmaßnahmen und/oder Zuschüsse bei vorzeitiger Pensionierung älterer Mitarbeiter.

Unmittelbare Rechte der Belegschaftsmitglieder nach dem Betriebsverfassungsgesetz

Das Betriebsverfassungsgesetz regelt nicht nur die Rechte und Pflichten des Betriebsrats bzw. des Arbeitgebers, sondern legt darüber hinaus bestimmte unmittelbare Rechte der einzelnen Arbeitnehmer fest:

Recht auf Unterrichtung und Erörterung	Die Arbeitnehmer haben Anspruch darauf, vom Arbeitgeber über ihre Aufgabe und Verantwortung, über die Art ihrer Tätigkeit und Veränderungen in ihren Arbeitsbereichen unterrichtet zu werden [§ 81 BetrVG].
Recht auf Anhörung und Erörterung	Die Arbeitnehmer haben das Recht, in allen betrieblichen Angelegenheiten, die ihre Person betreffen, von den zuständigen Stellen des Betriebs gehört zu werden. Sie sind berechtigt, Vorschläge für die Gestaltung ihrer Arbeitsplätze und die Arbeitsabläufe zu machen. Darüber hinaus können die Arbeitnehmer verlangen, dass ihnen die Berechnung und Zusammensetzung ihrer Arbeitsentgelte erläutert und mit ihnen die Beurteilung ihrer Leistungen sowie die Möglichkeiten ihrer beruflichen Entwicklung im Betrieb erörtert werden [§ 82 BetrVG].
Einsicht in die Personalakten	Alle Arbeitnehmer sind berechtigt, in die über sie geführten Personalakten Einsicht zu nehmen. Sie können (müssen aber nicht) ein Mitglied des Betriebsrats hinzuziehen [§ 83 BetrVG],
Beschwerderecht	Alle Arbeitnehmer können sich bei den zuständigen Stellen des Betriebs beschweren, wenn sie sich vom Arbeitgeber oder von Arbeitnehmern benachteiligt, ungerecht behandelt oder in sonstiger Weise beeinträchtigt fühlen [§ 84 BetrVG].
Vorschlagsrecht	Jeder Arbeitnehmer hat das Recht, dem Betriebsrat Themen zur Beratung vorzuschlagen [§ 86 a BetrVG].

Vor- und Nachteile der betrieblichen Mitbestimmung

Grundlegender *Vorteil* der betrieblichen Mitbestimmung ist, dass die zwischen Arbeit und Kapital entstehenden Konflikte gemildert oder gelöst werden können. Außerdem ist zu erwarten, dass informierte und in ihrer Stellung gestärkte Arbeitnehmer mehr Interesse am Unternehmen gewinnen, sodass ihre Arbeitszufriedenheit und damit ihre Leistungsbereitschaft erhöht wird. Sowohl Arbeitnehmer als auch Arbeitgeber sind sich darüber einig, dass sich das Betriebsverfassungsgesetz grundsätzlich bewährt hat. Betriebsräte und Arbeitgeber arbeiten in der Regel „vertrauensvoll" zusammen, wie es das Gesetz im § 2 I BetrVG formuliert.

Ein möglicher *Nachteil* der betrieblichen Mitbestimmung ist, dass die zahlreichen Vorschriften des Betriebsverfassungsgesetzes den Betriebsräten die Möglichkeit gibt, Betriebsabläufe empfindlich zu stören. Sie können z. B. die Einstellung eines neuen Mitarbeiters blockieren, obwohl im eigenen Betrieb gar kein geeigneter Bewerber für die Stelle zu finden ist. Sie können Versetzungen zu verhindern versuchen. Und sie sind in der Lage, Gewerkschaftsvertreter in den Betrieb zu holen und auf Kosten des Arbeitgebers endlos lange Betriebsversammlungen abzuhalten.[1] Kurz: Die Betriebsräte können, wenn sie es darauf anlegen, je nach Mitbestimmungsstufe betriebliche Entscheidungen verzögern, abändern oder unmöglich machen.

Ein weiterer *Nachteil* der betrieblichen Mitbestimmung sind die hohen Kosten für den Betrieb. So finden z. B. die Betriebsratssitzungen und die regelmäßigen Betriebsversammlungen während der Arbeitszeit statt [§§ 30, 44 I BetrVG]. Betriebe ab 200 Mitarbeitern müssen mindestens ein Betriebsratsmitglied bei Fortzahlung des bisherigen Arbeitsentgelts völlig von der Arbeit freistellen. Bei beispielsweise 1 500 bis 2 000 Arbeitnehmern sind bereits vier Betriebsratsmitglieder von ihrer beruflichen Tätigkeit zu entbinden.

Zusammenfassung

■ Die **Organe des Betriebsrats** sind:

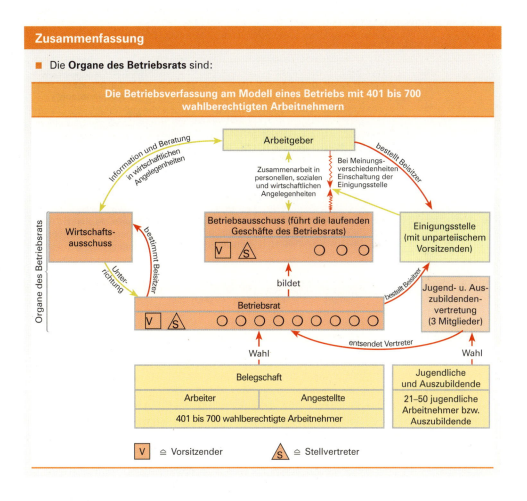

---

1 Vgl. Niedenhoff, H.-U.: Die Macht der Betriebsräte, in: Wirtschaft und Unterricht, Informationen für Pädagogen in Schule und Betrieb, hrg. vom Institut der Deutschen Wirtschaft Köln in Zusammenarbeit mit der Bundesarbeitsgemeinschaft Schule/Wirtschaft vom 25. April 2002, S. 4.

■ Die **Mitbestimmung der Arbeitnehmer** auf betrieblicher Ebene erfolgt durch den **Betriebsrat**.

■ Der **Betriebsrat** ist eine Vertretung der Arbeitnehmer gegenüber dem Arbeitgeber. Wahl, Zusammensetzung und Aufgaben des Betriebsrats sind im Betriebsverfassungsgesetz geregelt.

■ In Betrieben mit i.d.R. **mindestens fünf ständig wahlberechtigten Arbeitnehmern** werden Betriebsräte gewählt.

■ **Wahlberechtigte Arbeitnehmer** sind Arbeiter, Angestellte und Auszubildende, sofern sie das 18. Lebensjahr vollendet haben.

■ In den Betriebsrat können vor allem alle wahlberechtigten Arbeitnehmer gewählt werden, die dem **Betrieb mindestens sechs Monate** angehören.

■ Leitende Angestellte können weder den Betriebsrat wählen noch dem Betriebsrat angehören. Falls einem Betrieb mindestens 10 leitende Angestellte angehören, ist die Bildung von **Sprecherausschüssen** möglich.

■ Der Betriebsrat hat folgende Rechte:

Recht auf Unterrichtung	Beratungs- und Vorschlagsrecht	Mitwirkungsrecht	Mitbestimmungsrecht i.e.S. („echte Mitbestimmung")
Der Arbeitgeber teilt dem Betriebsrat seine Pläne anhand von Unterlagen mit.	Der Betriebsrat ist vom Arbeitgeber zu hören. Er kann seine Auffassung darlegen und gegebenenfalls eigene Vorschläge unterbreiten.	Der Betriebsrat hat ein Mitwirkungsrecht, das i.d.R. an bestimmte Voraussetzungen geknüpft ist. Ein Recht zur Durchsetzung eines Gegenvorschlags (Alternativvorschlags) besitzt der Betriebsrat nicht.	Arbeitgeber und Betriebsrat haben ein gleichberechtigtes Vorschlagsrecht (Initiativrecht). Sie können Entscheidungen nur gemeinsam treffen. Bei unüberbrückbaren Meinungsverschiedenheiten entscheidet die Einigungsstelle.
Beispiele: Planung von Neubauten technischer Anlagen und Planung der Arbeitsplätze [§ 90 BetrVG].	**Beispiele:** Personalplanung und Maßnahmen zur Förderung der Gleichstellung von Frauen und Männern [§ 92 BetrVG].	**Beispiele:** Einstellungen, Versetzungen, Ein- und Umgruppierungen [§ 99 BetrVG].	**Beispiele:** Beginn und Ende der Arbeitszeit, Einführung neuer Entlohnungsformen, Erstellung eines Sozialplans [§§ 87, 112 BetrVG].
Vorwiegend wirtschaftlicher Bereich	**Vorwiegend allgemeine personelle Angelegenheiten**	**Vorwiegend personelle Einzelmaßnahmen**	**Vorwiegend soziale Angelegenheiten**

←——————————— **Mitbestimmung des Betriebsrats im weiteren Sinne** ———————————→

ÜBUNGSAUFGABEN

1. In der Unruh-AG sind 420 Arbeitnehmerinnen und Arbeitnehmer beschäftigt. Der Vorstand versucht mit allen Mitteln, die Bildung eines Betriebsrats zu verhindern.

1.1 Ist das möglich? (Begründung!)

1.2 Zu welcher Mitbestimmungsform zählt die Einrichtung eines Betriebsrats?

1.3 Nennen Sie die Organe des Betriebsrats und ihre jeweilige Hauptaufgabe!

1.4 Unterscheiden Sie aktives und passives Wahlrecht!

1.5 Die Einrichtung eines Betriebsrats soll dazu beitragen, Konflikte zwischen Arbeitnehmer- und Arbeitgeberseite zu vermeiden, zu mildern oder gar zu lösen. Welche Konflikte können das sein?

1.6 Die Mitbestimmung des Betriebsrats umfasst vier Ebenen (Stufen).

   1.6.1 Welche sind das?

   1.6.2 Führen Sie mindestens je drei Beispiele an!

1.7 Die Belegschaftmitglieder, die sich in der Unruh-AG für die Bildung eines Betriebsrats einsetzen, sind der Meinung, dass die Mitbestimmung in den Betrieben zur Demokratie gehört. Wie stellen Sie sich dazu?

1.8 Die Belegschaft der Unruh-AG sieht in der Mitbestimmung allgemein nur Vorteile, die Geschäftsleitung nur Nachteile.

   1.8.1 Nennen Sie mindestens zwei Vor- und Nachteile!

   1.8.2 Überwiegen Ihrer Ansicht nach die Vor- oder Nachteile?

2. Entscheiden Sie in folgenden Fällen:

2.1 Die Geschäftsleitung der Schnell OHG hat den Angestellten Bückling zum Leiter der Rechnungswesenabteilung ernannt. Der Betriebsrat widerspricht. Er sähe an dieser Stelle lieber das langjährige Gewerkschaftsmitglied Blau. Wird sich der Betriebsrat durchsetzen können?

2.2 Herr Knifflig, seit langen Jahren im Betrieb angestellt, hat sich um die neue Stelle als Verkaufsleiter beworben. Er fällt durch. Nunmehr verlangt er Einsicht in seine Personalakte. Kann er das?

2.3 Ohne Anhörung des Betriebsrats führt die Otto GmbH neue Arbeitszeiten ein. Der Betriebsrat widerspricht dieser Anordnung. Ist die Anordnung trotzdem wirksam?

3. Die Schuhfabrik Moosbrucker OHG beschäftigt ständig 50 Arbeitnehmer, darunter 8 Arbeitnehmer im Alter zwischen 18 und 25 Jahren. Ein Betriebsrat besteht bisher nicht.

3.1 Sind die Voraussetzungen für die Wahl eines Betriebsrats und einer Jugend- und Auszubildendenvertretung erfüllt? Begründen Sie Ihre Antwort!

3.2 Wer ist zur Wahl einer Jugend- und Auszubildendenvertretung wahlberechtigt, wer ist wählbar?

3.3 Für welche Zeit wird der Betriebsrat, für welche Zeit die Jugend- und Auszubildendenvertretung gewählt?

3.4 Nennen Sie zwei Angelegenheiten, in denen der Betriebsrat ein Informationsrecht besitzt und zwei Angelegenheiten, in denen er die Geschäftsleitung beraten kann!

4. Die Seilerei Peter Flechter GmbH wurde vor 10 Jahren gegründet und hat sich seither gut entwickelt. Geschäftsführer ist Peter Flechter, der von Frau Kerstin Großschmitt, die Prokura hat, vertreten wird. Bei der Peter Flechter GmbH sind sechzig über 18 Jahre alte Arbeitnehmer, davon dreiunddreißig Frauen, voll beschäftigt. Drei Frauen wurden erst vor 10 Wochen eingestellt. Die übrigen Arbeitnehmer gehören dem Betrieb länger als ein Jahr an. Darüber hinaus werden zz. sechs Jugendliche ausgebildet.

Der Angestellte Sebastian Mair, Mitglied einer Gewerkschaft, hat sich bei der Belegschaft umgehört, ob die Errichtung eines Betriebsrats gewünscht wird. Aus den verschiedenen Meinungsäußerungen schließt er, dass die Mehrheit der Angestellten und Arbeiter einen Betriebsrat wünscht.

4.1 Prüfen Sie, ob in der Seilerei Peter Flechter GmbH ein Betriebsrat eingerichtet werden kann!

4.2 Begründen Sie, welche Mitarbeiter wahlberechtigt sind!

4.3 Welche Mitarbeiter können zum Betriebsrat gewählt werden?

4.4 Können Herr Flechter und Frau Großschmitt an der Betriebsratswahl teilnehmen?

4.5 Angenommen, die Seilerei Flechter GmbH erhält einen Betriebsrat. Aus wie viel Personen besteht dieser?

4.6 Aufgrund der guten Auftragslage beschließen Herr Flechter und Frau Großschmitt, zusätzlich drei weitere Mitarbeiterinnen einzustellen. Der Betriebsrat verlangt von der Geschäftsleitung gehört zu werden. Ist der Betriebsrat im Recht?

4.7 Die Geschäftsleitung fasst noch weitere Beschlüsse:

    4.7.1 Der bisher freie Samstag soll regulärer (gewöhnlicher) Arbeitstag werden.

    4.7.2 Im auftragsstarken Monat August besteht eine Urlaubssperre.

    4.7.3 Im September wird eine Fertigungshalle gebaut.

4.8 Das Betriebsverfassungsgesetz behandelt im zweiten Abschnitt das Mitwirkungs- und Beschwerderecht der Arbeitnehmer, im dritten die „sozialen Angelegenheiten", im vierten die Rechte der Arbeitnehmer bei der Gestaltung von Arbeitsplatz, Arbeitsablauf und Arbeitsumgebung, im fünften die personellen Angelegenheiten und im sechsten die wirtschaftlichen Angelegenheiten.

    Nennen Sie je ein Beispiel!

4.9 Prüfen Sie, ob in der Flechter GmbH eine Jugend- und Auszubildendenvertretung gewählt werden kann!

5. Beurteilen Sie, ob der Betriebsrat folgenden Anträgen der Jugend- und Auszubildendenvertretung entsprechen muss:

5.1 Die Mitglieder der Jugend- und Auszubildendenvertretung wünschen, geschlossen an der nächsten Sitzung des Betriebsrats teilzunehmen, in der die Eingruppierung eines 20-Jährigen in die nächsthöhere Gehaltsstufe besprochen werden soll.

5.2 Die Jugend- und Auszubildendenvertretung wünscht, dass zu allen Sitzungen des Betriebsrats eines ihrer Mitglieder teilnehmen kann.

5.3 Ferner beantragt die Jugend- und Auszubildendenvertretung über die Neugestaltung des Aufenthaltsraums für Jugendliche mitzubestimmen.

5.4 In der nächsten Betriebsratssitzung steht die Neuregelung der Arbeitszeit und der Pausen für Jugendliche auf der Tagesordnung. Alle drei Auszubildenden- und Jugendvertreter wollen an dieser Sitzung teilnehmen.

1.3.5 Sozialversicherung

Aus „Betriebsverordnungen für Hamburger Comptoirs und Amtsstuben 1863 bis 1872"

Zur Beachtung des Personals

Gottesfurcht, Sauberkeit und Pünktlichkeit sind die Voraussetzungen für ein ordentliches Geschäft.

Das Personal braucht jetzt nur noch an Wochentagen zwischen 6 Uhr vormittags und 6 Uhr nachmittags anwesend zu sein. Der Sonntag dient dem Kirchgang. Jeden Morgen wird im Hauptbureau das Gebet gesprochen.

Es wird von jedermann Ableistung von Überstunden erwartet, wenn das Geschäft sie begründet erscheinen lässt.

Der dienstälteste Angestellte ist für die Sauberkeit des Bureaus verantwortlich. Alle Jungen und Junioren melden sich bei ihm 40 Minuten vor dem Gebet und bleiben auch nach Arbeitsschluß zur Verfügung.

Einfache Kleidung ist Vorschrift. Das Personal darf sich nicht in hellschimmernden Farben bewegen und nur ordentliche Strümpfe tragen. Überschuhe und Mäntel dürfen im Bureau nicht getragen werden, da dem Personal ein Ofen zur Verfügung steht. Ausgenommen sind bei schlechtem Wetter Halstücher und Hüte. Außerdem wird empfohlen, in Winterszeiten täglich 4 Pfund Kohle pro Personalmitglied mitzubringen.

Während der Bureaustunden darf nicht gesprochen werden. Ein Angestellter, der Zigarren raucht, Alkohol in irgendwelcher Form zu sich nimmt, Billardsäle und politische Lokale aufsucht, gibt Anlaß, seine Ehre, Gesinnung, Rechtschaffenheit und Redlichkeit anzuzweifeln.

Die Einnahme von Nahrung ist zwischen 11.30 Uhr und 12.00 Uhr erlaubt. Jedoch darf die Arbeit dabei nicht eingestellt werden.

Der Kundschaft und Mitgliedern der Geschäftsleitung nebst Angehörigen ist mit Ehrerbietung und Bescheidenheit zu begegnen.

Jedes Personalmitglied hat die Pflicht, für die Erhaltung seiner Gesundheit Sorge zu tragen, im Krankheitsfalle wird die Lohnzahlung eingestellt. Es wird daher dringend empfohlen, dass jedermann von seinem Lohn eine hübsche Summe für einen solchen Fall wie auch für die alten Tage beiseite legt, damit er bei Arbeitsunvermögen und bei abnehmender Schaffenskraft nicht der Allgemeinheit zur Last fällt.

Zum Abschluß sei die Großzügigkeit dieser neuen Bureauordnung betont. Zum Ausgleich wird eine wesentliche Steigerung der Arbeit erwartet.

Es ist noch nicht einmal 160 Jahre her, dass die Arbeitnehmer praktisch ohne sozialen Schutz bei Krankheit oder im Alter dastanden. Heute hingegen haben wir in Deutschland ein „soziales Netz", dessen wichtigster Bestandteil das Sozialversicherungssystem ist.

1.3.5.1 Zweck und Entwicklung der Sozialversicherung

Kennzeichen der Sozialversicherung ist das **Solidaritätsprinzip**: „Einer für alle, alle für einen." Im Gegensatz zur *privaten* Versicherung, die grundsätzlich eine **freiwillige** Versicherung ist, stellt die Sozialversicherung eine gesetzliche Versicherung dar, der die Mehrheit der Bevölkerung *zwangsweise* angehören muss **(Zwangsversicherung, Pflichtversicherung)**.

Neben dem **Solidaritätsprinzip** und der **Zwangsmitgliedschaft** zeichnet sich die Sozialversicherung durch die *gesetzliche Festlegung* der meisten *Leistungen* und die *Beitragsbemessung* nach der *Höhe des Einkommens* aus. Versicherte mit einem hohen Einkommen sollen so zur Finanzierung von Leistungen für Versicherte mit einem niedrigen Einkommen beitragen.

In Deutschland entstand das Sozialversicherungssystem bereits unter Bismarck, und zwar

- 1883 die gesetzliche Krankenversicherung,
- 1884 die gesetzliche Unfallversicherung,
- 1889 die Invaliden- und Altersversicherung und
- 1911 die Angestelltenversicherung.

Erst 1927 wurde die Arbeitslosenversicherung eingeführt. 1995 wurde die Pflegeversicherung geschaffen.

1.3.5.2 Zweige und Träger der Sozialversicherung (Überblick)

Die **Zweige** der Sozialversicherung sind die

- gesetzliche Krankenversicherung,
- soziale Pflegeversicherung,
- gesetzliche Rentenversicherung,
- gesetzliche Arbeitsförderung und
- gesetzliche Unfallversicherung.

Die **Träger** der gesetzlichen Sozialversicherung können der nachstehenden Abbildung entnommen werden. Unter „Trägern" versteht man die Sozialversicherungsbetriebe (Institutionen und Einrichtungen), die bestimmte Aufgaben – hier also die Übernahme der gesetzlichen Sozialversicherung – wahrnehmen. Die Sozialversicherungsträger sind **Körperschaften des öffentlichen Rechts** (rechtsfähige[1] staatliche Einrichtungen) mit *Selbstverwaltungsrecht.* Die Mitglieder haben das Recht, die *Vertreterversammlungen* (bei den gesetzlichen Krankenkassen die Verwaltungsräte), die sich grundsätzlich zur Hälfte aus Versichertenvertretern und Arbeitgebervertretern zusammensetzen, zu wählen. Die Vertreterversammlungen bzw. Verwaltungsräte als beschlussfassende Organe wählen die Vorstände als ausführende Organe (siehe z. B. §§ 29 ff. SGB IV).

---

[1] Rechtsfähigkeit heißt, Träger von Rechten und Pflichten zu sein. Rechtsfähig sind Menschen (natürliche Personen) und juristische Personen. Letztere erhalten ihre Rechtsfähigkeit durch Gesetz. Sie sind also „künstliche" Personen. Man unterscheidet juristische Personen des Privatrechts (z. B. Aktiengesellschaften, Gesellschaften mit beschränkter Haftung) und juristische Personen des öffentlichen Rechts (z. B. Länder, Gemeinden, Industrie- und Handelskammern, öffentlich-rechtliche Hochschulen).

Die fünf Säulen der Sozialversicherung				
Gesetzliche Krankenversicherung Träger (Beispiele): ■ Allgemeine Ortskrankenkassen ■ Betriebskrankenkassen ■ Innungskrankenkassen ■ Ersatzkassen (z. B. Barmer, DAK, KKH)	**Soziale Pflegeversicherung** Träger: ■ Pflegekassen (verwaltet von den Krankenkassen)	**Gesetzliche Rentenversicherung** Träger (Beispiele): ■ Bundesträger (Deutsche Rentenversicherung Bund) ■ Regionalträger (Deutsche Rentenversicherung mit Zusatz für jeweilige regionale Zuständigkeiten)	**Gesetzliche Arbeitsförderung** Träger: ■ Bundesagentur für Arbeit in Nürnberg mit den Regionaldirektionen (mittlere Verwaltungsebene) und den Agenturen für Arbeit (örtliche Verwaltungsebene)	**Gesetzliche Unfallversicherung** Träger (Beispiele): ■ Gewerbliche und landwirtschaftliche Berufsgenossenschaften ■ Gemeindeunfallversicherungsverbände
Gesetzliche Krankenkassen	**Pflegekassen**	**Deutsche Rentenversicherung**	**Bundesagentur für Arbeit**	**Berufsgenossenschaften und Unfallversicherungsträger der öffentlichen Hand**
Träger der Sozialversicherung				

1.3.5.3 Gesetzliche Krankenversicherung

Seit 2009 besteht Krankenversicherungspflicht für alle, sei es in der gesetzlichen oder in der privaten Krankenversicherung. In der gesetzlichen Krankenversicherung (GKV) sind z. B. alle Auszubildenden, Jugendliche ohne Ausbildungsplatz (JoA) sowie Angestellte versicherungspflichtig. Man kann zwischen verschiedenen gesetzlichen Krankenkassen wählen, beispielsweise zwischen der Allgemeinen Ortskrankenkasse (AOK), der Barmer, der Deutschen Angestelltenkrankenkasse (DAK) oder der Technikerkrankenkasse (TK).

Für die Versicherungspflichtigen kann es lohnend sein, sich die Tarifangebote der verschiedenen gesetzlichen Krankenkassen zu besorgen, zu vergleichen und sich für die Kasse und den Tarif zu entscheiden, der ihnen am günstigsten erscheint: Die gesetzlichen Krankenkassen dürfen ihren Versicherten freiwillige Wahltarife anbieten, z. B. Tarife mit Kostenerstattung (Kostenerstattungstarife), mit Selbstbehalt (Selbstbehaltstarife), kostengünstige Tarife bei Nichtinanspruchnahme bestimmter Leistungen und Therapien sowie Rückerstattungstarife, bei denen die Versicherten am Ende des Jahres Geld zurückbekommen, wenn sie keine Leistungen in Anspruch nehmen.

Anmeldung

Mit der Aufnahme der Beschäftigung eines Arbeitnehmers bzw. Auszubildenden beginnt die Versicherungspflicht. Die Anmeldung muss grundsätzlich durch den Arbeitgeber binnen 6 Wochen nach Beginn der Beschäftigung auf elektronischem Weg erfolgen.[1]

Versäumt der Arbeitgeber die Anmeldung, sind die Arbeitskräfte (auch die Auszubildenden) automatisch vom Tag des Arbeitsantritts bei der AOK versichert. Entsteht der Versicherung ein Schaden (z. B. Krankheit des Versicherten), kann sie auf den säumigen Arbeitgeber zurückgreifen.

Versicherungspflicht

Die **Versicherungspflicht** umfasst z. B. alle Angestellten, Arbeiterinnen und Arbeiter, wenn sie monatlich nicht mehr als 5 062,50 € brutto verdienen,[2] alle Auszubildenden, die Bezieher von Renten aus der Rentenversicherung, Empfänger von Arbeitslosengeld und bestimmte Selbstständige [§ 5 SGB V]. Beamte sowie Beamtenanwärter sind nicht sozialversicherungspflichtig. Sie müssen sich bei einer privaten Krankenkasse (PKV) versichern (Näheres siehe §§ 6 SGB V).

Für geringfügig Beschäftigte und die Bezieher von Niedriglöhnen bestehen Sondervorschriften (Näheres siehe S. 96 f.).

Leistungen

Die **Leistungen** der gesetzlichen Krankenversicherungen sind gesetzlich vorgeschrieben (**Pflichtleistungen;** siehe § 21 SGB I; §§ 11, 20 ff. SGB V). Über diese Mindestleistungen hinaus können die Krankenkassen in ihren Satzungen **bedürfnisorientierte Mehrleistungen** festlegen („Satzungsleistungen"). Zu den Mehrleistungen zählen u. a. ambulante Vorsorgekuren, die Gewährung erhöhter Zuschüsse für Rehabilitationskuren[3] sowie die Kostenübernahme bei alternativen Heilmethoden[4] und Zusatzimpfungen.

Prävention[5] und Selbsthilfe [§§ 20 – 24 b SGB V]	Die Krankenkassen tragen dazu bei, durch Zusammenarbeit mit den gesetzlichen Unfallversicherungen (siehe Kapitel 1.3.5.7) beruflich bedingte Gesundheitsrisiken zu vermindern. Selbsthilfegruppen, die sich die Wiedereingliederung von erkrankten (behinderten) Personen in das berufliche und gesellschaftliche Leben zum Ziel gesetzt haben, werden unterstützt.

---

1 In bestimmten Branchen (z. B. Baugewerbe, Gaststätten- und Beherbergungsgewerbe) müssen die Arbeitgeber Sofortmeldungen erstatten. Die Sofortmeldungen werden den Ermittlungsbehörden zur Bekämpfung der Schwarzarbeit und der illegalen Beschäftigung zur Verfügung gestellt.

2 Stand: 1. Januar 2019.

3 Die Wiedereingliederung erkrankter (behinderter) Personen wird als **Rehabilitation** (lat.) bezeichnet.

4 Alternativ (lat., frz.) = wahlweise, zwischen zwei Möglichkeiten die Wahl lassend. Zur alternativen Medizin gehören beispielsweise die chinesische Medizin, die Naturheilverfahren und die klassisch-homöopathische Behandlung. [Homöo… (gr.) = ähnlich].

5 Prävention (lat.) = wörtlich Zuvorkommen, d. h. Vorbeugung, Verhütung.

Früherkennung von Krankheiten [§§ 25 f. SGB V]	Gesundheitsuntersuchungen zur Früherkennung von Krankheiten werden von der gesetzlichen Krankenkasse ab dem 35. Lebensjahr gezahlt. Der Anspruch besteht grundsätzlich für jedes zweite Jahr. Versicherte Kinder haben bis zur Vollendung des sechsten Lebensjahrs Anspruch auf Untersuchungen sowie nach Vollendung des zehnten Lebensjahrs auf eine Untersuchung zur Früherkennung von Krankheiten.
Behandlung einer Krankheit [§§ 27 – 43 b SGB V]	Sie umfasst vor allem die ärztliche und zahnärztliche Behandlung, Versorgung mit Arznei-, Verband-, Heil- und Hilfsmitteln, die häusliche Krankenpflege und Haushaltshilfe, die Krankenhausbehandlung sowie medizinische Leistungen zur Rehabilitation. Sehhilfen (Brillen, Kontaktlinsen) werden nicht bezahlt (außer für Kinder, Jugendliche und schwer Beeinträchtigte). Auch die Kosten für nicht verschreibungspflichtige Arzneimittel werden i. d. R. von der gesetzlichen Krankenkasse nicht bezahlt.
Krankengeld [§§ 44 – 51 SGB V]	Es beträgt 70 % des regelmäßig erzielten der Beitragsbemessung unterliegenden Arbeitsentgelts. Der Anspruch auf Krankengeld ruht z. B., solange der Versicherte ein beitragspflichtiges Arbeitsentgelt erhält (z. B. sechs Wochen „Lohnfortzahlung" nach §§ 3 f. EntgeltFG).
Leistungen bei Mutterschaft [§ 21 I Nr. 3 SGB I]	Sie umfassen z. B. die ärztliche Betreuung, die Hebammenhilfe, die stationäre Entbindung, häusliche Pflege, Haushaltshilfe, Betriebshilfe für Landwirte und Mutterschaftsgeld.
Eltern-Kind-Kuren [§ 41 SGB V]	Sie umfassen aus medizinischen Gründen erforderliche Rehabilitationsleistungen in einer Einrichtung des Müttergenesungswerks oder einer gleichartigen Einrichtung.

Leistungen dürfen nur erbracht werden, wenn der Versicherte die **elektronische Gesundheitskarte (eGK)** vorgelegt hat. Sie enthält z. B. Name, Geburtsdatum, Geschlecht, Anschrift, Krankenversicherung, Krankenversicherungsnummer und ein Lichtbild der betreffenden Person. Die Karte ist auch geeignet, medizinische Daten verfügbar zu machen. Weiterhin kann die Karte mit einer „europäischen Krankenversicherungskarte" ausgestattet werden. Das ermöglicht die Inanspruchnahme von medizinischen Leistungen in der Europäischen Union.

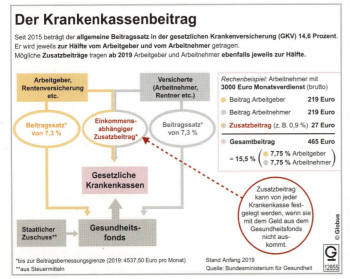

Der Krankenkassenbeitrag

Seit 2015 beträgt der **allgemeine Beitragssatz in der gesetzlichen Krankenversicherung (GKV) 14,6 Prozent.** Er wird jeweils **zur Hälfte vom Arbeitgeber und vom Arbeitnehmer** getragen.
Mögliche **Zusatzbeiträge** tragen **ab 2019** Arbeitgeber und Arbeitnehmer **ebenfalls jeweils zur Hälfte.**

Rechenbeispiel: Arbeitnehmer mit **3000 Euro Monatsverdienst** (brutto)

Beitrag Arbeitgeber	**219 Euro**
Beitrag Arbeitnehmer	**219 Euro**
Zusatzbeitrag (z. B. 0,9 %)	**27 Euro**
Gesamtbeitrag	**465 Euro**

= 15,5 % { 7,75 % Arbeitgeber / 7,75 % Arbeitnehmer }

Zusatzbeitrag kann von jeder Krankenkasse festgelegt werden, wenn sie mit dem Geld aus dem Gesundheitsfonds nicht auskommt.

*bis zur Beitragsbemessungsgrenze (2019: 4537,50 Euro pro Monat)
**aus Steuermitteln

Stand Anfang 2019
Quelle: Bundesministerium für Gesundheit

© Globus 12855

In der gesetzlichen Krankenversicherung gibt es seit 2015 einen einheitlichen Beitragssatz von 14,6 %. Er wird je zur Hälfte von Arbeitgeber und Arbeitnehmer getragen. Der Gesetzgeber erlaubt zudem einen einkommensabhängigen Zusatzbeitrag, wenn die Kassen mit dem Geld nicht auskommen. Er wird ebenfalls in Prozent berechnet: Wer mehr verdient, zahlt also einen höheren Zusatzbeitrag. Arbeitgeber und Arbeitnehmer teilen sich diesen Zusatzbeitrag jeweils zur Hälfte. Dazu ein Beispiel: Bei einem durchschnittlichen Zusatzbeitrag von 0,9 % und einem monatlichen Bruttoverdienst von 3000 Euro beträgt der Zusatzbeitrag 27 Euro, von denen der Arbeitnehmer 13,50 Euro tragen muss.

1.3.5.4 Soziale Pflegeversicherung

Vor allem für junge Menschen ist es nur schwer vorstellbar, dass sie einmal auf fremde Hilfe angewiesen sein könnten. Doch die Wirklichkeit sieht anders aus. In Deutschland sind rund zwei Millionen Menschen pflegebedürftig. Experten gehen davon aus, dass sich diese Zahl in den nächsten 50 Jahren verdoppeln wird. Was weiterhin selten bedacht wird: Wer zum Pflegefall wird, steht oft vor sehr großen Kostenbelastungen. Pflegeleistungen sind teuer und übersteigen häufig die finanziellen Möglichkeiten der Betroffenen. Aus diesem Grund wurde 1995 die soziale Pflegeversicherung eingeführt, deren Leistungen allerdings begrenzt sind. Es empfiehlt sich daher, eine private Pflegezusatzversicherung abzuschließen, um im Falle einer Pflegebedürftigkeit nicht die Angehörigen finanziell belasten zu müssen oder gar zum Sozialfall zu werden.

Pflegebedürftige sind Personen, die gesundheitlich bedingte **Beeinträchtigungen der Selbstständigkeit oder anderer Fähigkeiten** aufweisen und deshalb der Hilfe durch andere Personen oder anderer Dienste (z. B. Pflegedienste) bedürfen.

Entscheidend für die Pflegebedürftigkeit ist somit der **Grad der Selbstständigkeit** der pflegebedürftigen Person in allen pflegebedeutsamen Lebensbereichen. Dies ist unabhängig davon, ob die Pflegebedürftigkeit auf körperlichen, kognitiven[1] oder psychischen Beeinträchtigungen beruht. Die Pflegebedürftigkeit muss auf Dauer und voraussichtlich für mindestens sechs Wochen bestehen [§ 14 I SGB XI].

---

1 Kognitiv: auf Erkenntnissen beruhend.

Versicherungspflicht

Die Versicherungspflicht in der sozialen Pflegeversicherung besteht für alle Mitglieder (auch freiwillige) einer gesetzlichen Krankenversicherung, ihre nicht berufstätigen Ehepartner und Kinder. Privatversicherte wie z. B. Beamte müssen eine **private Pflegeversicherung** bei ihrer Krankenkasse abschließen [§§ 1, 20 ff. SGB XI]. Es gilt der Grundsatz: „Die Pflegeversicherung folgt der Krankenkasse".

Leistungen

Die Leistungen der Pflegeversicherung hängen vom Grad der Selbstständigkeit und der damit einhergehenden Einstufung in die folgenden fünf **Pflegegrade** [§ 15 III SGB XI] ab:

- **Pflegegrad 1** (bei geringen Beeinträchtigungen der Selbstständigkeit oder der Fähigkeiten)
- **Pflegegrad 2** (bei erheblichen Beeinträchtigungen der Selbstständigkeit oder der Fähigkeiten)
- **Pflegegrad 3** (bei schweren Beeinträchtigungen der Selbstständigkeit oder der Fähigkeiten)
- **Pflegegrad 4** (bei schwersten Beeinträchtigungen der Selbstständigkeit oder der Fähigkeiten)
- **Pflegegrad 5** (bei schwersten Beeinträchtigungen der Selbstständigkeit oder der Fähigkeiten mit besonderen Anforderungen an die pflegerische Versorgung).

Leistungen beim Pflegegrad 1	Pflegebedürftige mit dem Pflegegrad 1 können von der sozialen Pflegeversicherung nach § 28 a SGB XI z. B. ■ einen monatlichen Entlastungsbetrag, ■ eine Pflegeberatung, ■ zusätzliche Leistungen in ambulant betreuten Wohngruppen, ■ eine Versorgung mit Pflegehilfsmitteln, ■ eine zusätzliche Betreuung in stationären Pflegeeinrichtungen und ■ Pflegekurse für Angehörige oder ehrenamtliche Pflegepersonen beanspruchen.
Pflegesachleistungen	Pflegebedürftige der Pflegegrade 2 bis 5 können bei einer häuslichen Pflege körperbezogene Pflegemaßnahmen und pflegerische Betreuungsmaßnahmen sowie Hilfen bei der Haushaltsführung als **Sachleistung (häusliche Pflegehilfe)** beanspruchen [§ 36 I SGB XI].
Pflegegeld	Pflegebedürftige der Pflegegrade 2 bis 5 können anstelle der häuslichen Pflegehilfe ein Pflegegeld beanspruchen. Dieser Anspruch setzt jedoch voraus, dass der Pflegebedürftige mit dem erhaltenen Pflegegeld die erforderlichen körperbezogenen Pflegemaßnahmen und pflegerischen Betreuungsmaßnahmen sowie die Hilfen bei der Haushaltsführung in geeigneter Weise selbst sicherstellt [§ 37 I SGB XI].
Tagespflege und Nachtpflege	Pflegebedürftige mit dem Pflegegrad 2 bis 5 können Leistungen der **teilstationären Pflege** in Einrichtungen der Tages- oder Nachtpflege beanspruchen, wenn ihre häusliche Pflege nicht ausreichend sichergestellt werden kann oder wenn die teilstationäre Pflege zur Ergänzung oder Stärkung der häuslichen Pflege erforderlich ist [§ 41 I SGB XI].
Kurzzeitpflege	Wenn die häusliche Pflege zeitweise nicht in dem erforderlichen Umfang geleistet werden kann und auch die teilstationäre Pflege nicht ausreicht, können Pflegebedürftige der Pflegegrade 2 bis 5 die Pflege in einer **vollstationären Einrichtung** beanspruchen. Der auf acht Wochen im Kalenderjahr zeitlich beschränkte Anspruch auf die Kurzzeitpflege besteht für eine Übergangszeit im Anschluss an eine stationäre Behandlung des Pflegebedürftigen oder in sonstigen Krisensituationen, in denen vorübergehend eine häusliche oder teilstationäre Pflege nicht möglich oder nicht ausreichend ist [§ 42 I; II, S. 1 SGB XI].
Vollstationäre Pflege	Wenn eine häusliche oder teilstationäre Pflege nicht möglich ist oder wegen einer Besonderheit des Einzelfalls nicht in Betracht kommt, können Pflegebedürftige mit dem Pflegegrad 2 bis 5 eine Pflege in vollstationären Einrichtungen beanspruchen [§ 43 I SGB XI].

Pflegezeit und Familienpflegezeit

Durch das Pflegezeitgesetz (PflegeZG) wird den Beschäftigten die Möglichkeit eröffnet, pflegebedürftige nahe Angehörige zu pflegen und damit die Vereinbarkeit von Beruf und familiärer Pflege zu verbessern [§ 1 PflegeZG].

Beschäftigte haben nicht nur die Möglichkeit, sich für 6 Monate entweder vollständig oder teilweise beurlauben zu lassen. Sie haben auch den Anspruch, sich für eine Familienpflegezeit von bis zu 24 Monaten bei einer Mindestarbeitszeit von 15 Wochenstunden von der Arbeit freistellen zu lassen, um einen nahen Angehörigen zu pflegen.

Um den Verdienstausfall während der Pflegezeit oder Familienpflegezeit abzufedern, haben Beschäftigte einen Rechtsanspruch auf Förderung durch ein zinsloses Darlehen, das die Hälfte des durch die Arbeitszeitverkürzung fehlenden Arbeitsentgelts abgedeckt.

1.3.5.5 Gesetzliche Rentenversicherung

Auch die Rentenversicherung setzt mit Beginn der Berufstätigkeit als Auszubildender, Arbeiter oder Angestellter ein.

Die Formalitäten erledigt der Arbeitgeber. Für die Rentenversicherung wird vom Rentenversicherungsträger grundsätzlich eine Versicherungsnummer vergeben und ein Sozialversicherungsausweis ausgestellt (Näheres siehe §§ 147 ff. SGB VI). Den Versicherungsausweis muss der Arbeitnehmer gut aufbewahren. Die Antragsformulare sind beim Rentenversicherungsträger oder auch bei der Krankenkasse erhältlich.

Im Gegensatz zur gesetzlichen Krankenversicherung kann man die Träger der gesetzlichen Rentenversicherung nicht „wählen". Sowohl für gewerbliche Auszubildende und Arbeiter als auch für die kaufmännisch Auszubildenden und für die Angestellten ist die Deutsche Rentenversicherung Bund in Berlin zuständig.

Wer nach dem 17. Lebensjahr an berufsvorbereitenden Bildungsmaßnahmen teilgenommen oder eine Fachschule besucht hat, bekommt diese Zeit rentensteigernd bis zu drei Jahren angerechnet. Dem Rentenversicherungsträger muss eine Bescheinigung über den Besuch der Qualifikationsmaßnahme bzw. der Fachschule vorgelegt werden. Alle sonstigen Schul- und Studienzeiten sollten ebenfalls dem Rentenversicherungsträger zur Erfassung im Rentenkonto eingereicht werden. Sie helfen nämlich unter Umständen, die Anspruchsvoraussetzungen für eine Rente zu erfüllen.

Anmeldung und Versicherungspflicht

Die **Anmeldung** der Versicherungspflichtigen beim Rentenversicherungsträger erfolgt durch den Arbeitgeber mit der ersten Lohn- und Gehaltsabrechnung, spätestens innerhalb von sechs Wochen nach dem ersten Arbeitstag über die Krankenkasse (Einzugsstelle).

Die **Versicherungspflicht** umfasst **vor allem alle Auszubildenden, Arbeiter und Angestellten** *ohne Rücksicht auf die Höhe ihres Einkommens.* Pflichtversichert sind u.a. auch Personen, die den Bundesfreiwilligendienst (BFD) leisten, Hausgewerbetreibende, Heimarbeiter und bestimmte Selbstständige [§§ 1 ff. SGB VI]. Wer aus einem Arbeitsverhältnis ausscheidet (z.B. Frauen, die sich ihrer Familie widmen möchten), kann sich freiwillig weiterversichern lassen. (Zur Versicherungsfreiheit z.B. der Beamten, Richter auf Lebenszeit und Berufssoldaten siehe § 8 SGB VI, § 5 I, II SGB VI.)

Leistungen

Die Leistungen der Rentenversicherung sind vielfältig. Sie reichen von der Gesundheitsaufklärung, Forschung (z. B. Bereitstellung finanzieller Mittel zur Krebsforschung) und vom Bau von Heimen (z. B. Altenheimen) über die Zahlung von Maßnahmen zur Wiederherstellung der Arbeits- oder Berufsfähigkeit (Rehabilitation) bis hin zur Zahlung verschiedener Renten [§ 23 SGB I, §§ 9 ff. SGB VI].

■ Renten wegen Alters

Hier sind z. B. folgende **Renten** zu unterscheiden [§§ 33–42, 50 ff., 235–254 a SGB VI]:

Regelaltersrente	Versicherte haben Anspruch auf Altersrente, wenn sie die frühestens mit Vollendung des 67. Lebensjahres eintretende **Regelaltersgrenze** erreicht und die **allgemeine Wartezeit** von **5 Jahren** erfüllt haben (Näheres siehe §§ 35, 50 f., 54 ff., 235 SGB VI).
Altersrente für langjährig Versicherte	Voraussetzungen sind, dass der Versicherte das 67. Lebensjahr[1] vollendet und eine Wartezeit von 35 Jahren erfüllt hat. Für eine nach Vollendung des 63. Lebensjahres mögliche vorzeitige Inanspruchnahme dieser Rente erfolgt ein Rentenabschlag von 3,6 % pro Jahr (0,3 % je Monat) (Näheres siehe z. B. §§ 33 II, 36, 50 IV, 77 SGB VI).
Altersrente für besonders langjährig Versicherte	Wer 45 Jahre lang Beiträge zur Rentenversicherung bezahlt hat, kann mit Vollendung des 63. Lebensjahrs abschlagsfrei in den Ruhestand gehen [§ 236 b SGB VI]. Dieses abschlagsfreie Renteneintrittsalter steigt jedoch ab dem Geburtsjahr 1953 bis zum Geburtsjahr 1964 um 2 Monate pro Jahr auf maximal 65 Jahre an. Neben Pflichtbeitragszeiten aus Beschäftigung werden für diese langjährig Rentenversicherten auch Zeiten der Arbeitslosigkeit angerechnet, in denen Lohnersatzleistungen, wie z. B. Arbeitslosengeld I, Schlechtwettergeld oder Kurzarbeitergeld, bezogen wurden.[2]
Altersrente für Frauen	Voraussetzungen sind: Die vor dem 1. Januar 1952 geborene Versicherte muss das 60. Lebensjahr vollendet und eine Wartezeit von 15 Jahren erfüllt haben. Außerdem müssen ab dem 40. Lebensjahr mehr als 10 Jahre Pflichtbeiträge für eine versicherte Beschäftigung (Tätigkeit) entrichtet worden sein. Für nach dem 30. Dezember 1939 Geborene wird die Altersgrenze stufenweise auf 65 Jahre angehoben. Eine vorzeitige Inanspruchnahme der Rente ist mit einem Rentenabschlag von 3,6 % pro Jahr (0,3 % pro Monat) möglich (Näheres siehe z. B. §§ 33 II, 77, 237 a I, II und Anlage 20 SGB VI).

■ Renten wegen verminderter Erwerbsfähigkeit

Sie werden an Versicherte bis zum Erreichen der Regelaltersgrenze bezahlt, die in ihrer Arbeitskraft eingeschränkt sind (Näheres siehe § 43 SGB VI).

Rente wegen voller Erwerbsminderung	Sie erhalten Versicherte, die außerstande sind, unter den üblichen Bedingungen des allgemeinen Arbeitsmarkts mindestens drei Stunden am Tag zu arbeiten.

---

1 Für langjährig Versicherte, die vor dem 1. Januar 1964 geboren sind, beträgt die Altersgrenze weiterhin 65 Jahre. Für die Versicherten, die nach dem 31. Dezember 1948 geboren sind, wird die Altersgrenze von 65 Jahren stufenweise angehoben (Näheres siehe § 236 SGB VI). **Besonders langjährig Versicherte**, die eine Wartezeit von 45 Jahren erfüllt haben, haben einen Anspruch auf Altersrente, wenn sie das 65. Lebensjahr vollendet haben [§ 38 SGB VI].

2 Um einen Missbrauch von Zeiten der Arbeitslosigkeit zu verhindern, wird ein sogenannter **„rollierender Stichtag"** eingeführt. Wenn man bis zu zwei Jahre vor dem möglichen Renteneintritt mit 63 (später 65) arbeitslos wird, werden diese Zeiten nicht mehr eingerechnet. Einzige Ausnahme: der Betrieb geht in die Insolvenz oder das Geschäft wird aufgegeben.

81

6 Hartmann -Hug- ISBN 978-3-8120-0522-7

Rente wegen teilweiser Erwerbsminderung	Diese steht Versicherten zu, die außerstande sind, unter den üblichen Bedingungen des Arbeitsmarkts mindestens sechs Stunden am Tag zu arbeiten.

■ **Renten wegen Todes**

Renten an Hinterbliebene werden als kleine oder große **Witwen- bzw. Witwerrenten,** als **Erziehungsrente** (bei Tod des geschiedenen Ehegatten, wenn ein eigenes oder ein Kind des geschiedenen Ehegatten erzogen wird) und als **Waisenrente** bezahlt. Die allgemeine Wartezeit beträgt 5 Jahre [§ 50 I SGB VI].

Höhe der Rente

Die **Höhe der Rente** ist vor allem von der Höhe der gezahlten Beiträge (siehe §§ 63 ff. SGB VI) und den rentenrechtlichen Zeiten abhängig (siehe §§ 54 ff., SGB VI).[1] Bei der Berechnung der Versicherungsjahre werden z. B. **Ersatzzeiten** (z. B. Wehrdienst), **Berücksichtigungszeiten** (z. B. Kindererziehungszeiten) und **Anrechnungszeiten** (z. B. die Zeit der Teilnahme an einer berufsvorbereitenden Maßnahme oder der Besuch einer Fachschule und unter bestimmten Bedingungen auch die Zeiten der Arbeitslosigkeit) mitberücksichtigt (siehe § 58 SGB VI).[2] Steigt das allgemeine Lohn- und Gehaltsniveau, werden die Renten durch Rentenanpassungsverordnungen der Entwicklung angepasst (**Rentendynamisierung,** siehe §§ 64 ff. SGB VI).

Probleme der gesetzlichen Rentenversicherung

Ursprünglich beruhte das deutsche Rentenversicherungssystem ausschließlich auf dem sogenannten **Generationenvertrag.** Dieser fiktive[3] „Vertrag" besagt, dass die jeweils arbeitende Generation für die nicht mehr im Arbeitsleben stehenden Personen durch die Zahlung von Rentenversicherungsbeiträgen aufkommen muss (**Umlageverfahren, beitragsfinanzierte Rentenversicherung**).

Der Generationenvertrag kann nicht mehr ausreichend funktionieren, weil die Zahl der rentenberechtigten Personen zunimmt, die Lebenserwartung der Versicherten steigt und die Zahl der Versicherungspflichtigen aufgrund der starken Geburtenrückgänge und der hohen Arbeitslosigkeit sinkt. Das Rentenniveau (der prozentuale Anteil der Rente an den Durchschnittsverdiensten) muss daher bei steigenden Beitragssätzen herabgesetzt werden. Um die entstehende **Versorgungslücke** zu schließen, fördert der Staat seit 2002 die **private kapitalgedeckte Altersvorsorge.** Von „kapitalgedeckter" Vorsorge spricht man deshalb, weil an die Sparer zumindest wieder das von ihnen eingezahlte und angesammelte Kapital (in der Regel zusätzlich Zinsen bzw. Gewinnanteilen) zurückfließt. (Näheres siehe Kapitel 1.3.6.3.)

---

1 Versicherte, die trotz langer Versicherungszeiten infolge niedriger Verdienste nur eine sehr kleine Rente erhalten würden, bekommen durch die Einführung einer „Mindestbemessungsgrundlage" eine höhere Rente, praktisch eine **Mindestrente.** (Näheres siehe § 262 SGB VI.)

2 Die **Wartezeit** ist eine Art „Mindestversicherungszeit", die (neben anderen Voraussetzungen) für einen Rentenanspruch erfüllt sein muss und vor allem aus den Beitragszeiten, Anrechnungszeiten, einer Zurechnungszeit, Ersatzzeiten und Berücksichtigungszeiten bestehen kann.
Anrechnungszeiten sind außer den oben genannten die Zeiten einer Krankheit mit Arbeitsunfähigkeit und die Zeiten einer Schwangerschaft oder Mutterschaft während der Schutzfristen nach dem Mutterschutzgesetz (wenn während dieser Zeit keine versicherte Beschäftigung ausgeübt wurde). (Näheres siehe §§ 58, 252, 253, 263 SGB VI.)
Berücksichtigungszeiten können z. B. neben den Kindererziehungszeiten die Zeiten einer nicht erwerbsmäßigen häuslichen Pflege eines Pflegebedürftigen sein. (Näheres siehe § 57 SGB VI; §§ 19, 44 SGB XI.)

3 Fiktiv = angenommen, erdacht.

Deutschland ist eine schnell alternde Gesellschaft. Die Lebenserwartung nimmt weiter zu, die Geburtenrate ist niedrig. Der demografische Wandel führt dazu, dass immer mehr Ältere der jüngeren Generation gegenüberstehen werden. Das stellt die Sozialsysteme, insbesondere die gesetzliche Rentenversicherung, in den nächsten Jahrzehnten vor große Herausforderungen. Mit der stufenweisen Einführung der „Rente mit 67" wird das gesetzliche Renteneintrittsalter Schritt für Schritt heraufgesetzt. Wer früher in Rente gehen möchte, muss Abschläge in Kauf nehmen. Bereits in den letzten Jahren ist das tatsächliche durchschnittliche Renteneintrittsalter wieder gestiegen – in Westdeutschland von 62,6 Jahren im Jahr 2000 auf 64,2 Jahre im Jahr 2016, in Ostdeutschland von 60,8 Jahre auf 63,5 Jahre. Damit kommt es – zumindest in Westdeutschland – dem durchschnittlichen Renteneintrittsalter von vor 58 Jahren langsam wieder näher. 1960 war ein Rentner in der Bundesrepublik durchschnittlich 64,7 Jahre alt, als er sich aus dem Berufsleben verabschiedete.

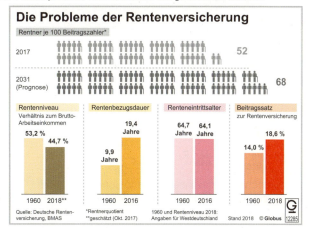

1.3.5.6 Gesetzliche Arbeitsförderung (Arbeitslosenversicherung)

Für die gesetzliche Arbeitsförderung (z.B. Arbeitslosenversicherung) ist die **Bundesagentur für Arbeit** in Nürnberg mit ihren **Regionaldirektionen** und **Agenturen für Arbeit** zuständig. Alle Auszubildenden sind ebenso wie Arbeiter und Angestellte versicherungspflichtig. Für die jungen Arbeitnehmer bedeutet dies vor allem: Schutz bei Verlust des Arbeitsplatzes, Hilfe bei Kurzarbeit, Unterstützung bei der beruflichen Ausbildung, Fortbildung und Umschulung.

Als kundenorientierte Dienstleistungszentren **(Jobcenter)** betreuen sie die Bezieher von Arbeitslosengeld II („Hartz IV") im Gebiet eines Kreises oder einer kreisfreien Stadt bei der Aufnahme einer Erwerbstätigkeit.[1]

■ Anmeldung und Versicherungspflicht

Die **Anmeldung** erfolgt durch den **Arbeitgeber.**

Die **Versicherungspflicht** umfasst die Auszubildenden, Angestellten und Arbeiter ohne Rücksicht auf die Höhe ihrer Einkommen [§§ 24 ff. SGB III].

Versicherungsfrei sind z.B. Personen in einer Beschäftigung als Beamte, Richter und Berufssoldaten, Personen in einer geringfügigen Beschäftigung sowie Personen, die die Regelaltersrente beziehen (Näheres siehe §§ 27, 28 SGB III, § 8 SGB VI).

■ Leistungen

Leistungen der Arbeitsförderung können Arbeitnehmer, Arbeitgeber und Träger von Arbeitsförderungsmaßnahmen erhalten. Dabei gelten die Grundsätze, dass

- die Vermittlung in Ausbildung und Arbeit und
- die aktive Arbeitsförderung

---

1 Näheres siehe S. 91 f.

in jedem Fall **Vorrang** vor Leistungen zum Ersatz des Arbeitsentgelts bei Arbeitslosigkeit haben.

Die Leistungen der Arbeitsförderung

bestehen aus

Leistungen der aktiven Arbeitsförderung	sowie der Zahlung von	Arbeitslosengeld und Insolvenzgeld
Hier werden den Beratungs- und Vermittlungsfachkräften der Agenturen für Arbeit und der Jobcenter **arbeitsmarktpolitische Instrumente** zur Verfügung gestellt, die diese **vorrangig,** flexibel und auf den individuellen Handlungsbedarf ausgerichtet, eigenverantwortlich und einzelfallorientiert einsetzen können.		Hier erbringt die Agentur für Arbeit mit ihren Organen **nachrangig** gegenüber den Berechtigten **Entgeltersatzleistungen.**[1]

■ **Arbeitsmarktpolitische Instrumente der aktiven Arbeitsförderung**[1]

Die nachfolgende Tabelle zeigt die wesentlichen **arbeitsmarktpolitischen Instrumente** der aktiven Arbeitsförderung und eine **Auswahl der zugehörigen Leistungen.**

Der Einsatz bestimmter Instrumente ist meist in das Ermessen der Beratungs- und Vermittlungsfachkräfte gestellt.

Arbeitsmarktpolitische Instrumente	Leistungen
Beratung und Vermittlung	■ **Beratung** Die Agentur für Arbeit hat jungen Menschen und Erwachsenen, die am Arbeitsleben teilnehmen oder teilnehmen wollen, Berufsberatung anzubieten. Auf Wunsch der Arbeitsuchenden können Eignungsfeststellungen durchgeführt werden. Die Arbeitsmarktberatung der Agentur für Arbeit soll die Arbeitgeber bei der Besetzung von Ausbildungs- und Arbeitsstellen unterstützen. ■ **Vermittlung** Die Agentur für Arbeit hat Ausbildungsuchenden, Arbeitsuchenden und Arbeitgebern Ausbildungsvermittlung und Arbeitsvermittlung (Vermittlung) anzubieten. Dabei sind auch Selbstinformationseinrichtungen einzusetzen. Diese sind an die technischen Entwicklungen anzupassen. Die Agentur für Arbeit hat die für die Vermittlung erforderlichen beruflichen und persönlichen Merkmale, beruflichen Fähigkeiten und die Eignung festzustellen (Potenzialanalyse). Die Bundesagentur für Arbeit übt die Beratung und Vermittlung **unentgeltlich** aus.

---

1 Zu den Entgeltersatzleistungen siehe S. 87 ff.

Arbeitsmarkt-politische Instrumente	Leistungen
	■ **Frühzeitige Arbeitssuche** Personen, deren Arbeits- oder Ausbildungsverhältnis endet, sind verpflichtet, sich spätestens drei Monate vor dessen Beendigung persönlich bei der Agentur für Arbeit arbeitsuchend zu melden. Liegen zwischen der Kenntnis des Beendigungszeitpunktes und der Beendigung des Arbeits- oder Ausbildungsverhältnisses weniger als drei Monate, hat die Meldung innerhalb von drei Tagen nach Kenntnis des Beendigungszeitpunktes zu erfolgen. Die Pflicht zur Meldung besteht unabhängig davon, ob der Fortbestand des Arbeits- oder Ausbildungsverhältnisses gerichtlich geltend gemacht oder vom Arbeitgeber in Aussicht gestellt wird. Falls sich die Person nicht oder nicht fristgerecht meldet, wird eine **Sperrfrist** von einer Woche verhängt, d. h., dass die Leistungen der Arbeitsagentur erst eine Woche später beginnen.
Aktivierung und berufliche Eingliederung	■ **Förderung aus dem Vermittlungsbudget** Ausbildungsuchende, von Arbeitslosigkeit bedrohte Arbeitsuchende und Arbeitslose können aus dem Vermittlungsbudget der Agentur für Arbeit bei der Anbahnung oder Aufnahme einer versicherungspflichtigen Beschäftigung gefördert werden, wenn dies für die berufliche Eingliederung notwendig ist [§ 44 I SGB III]. ■ **Maßnahmen** Es werden Maßnahmen gefördert, welche u. a. das Heranführen an den Ausbildungs- und Arbeitsmarkt, die Beseitigung von Vermittlungshemmnissen, das Heranführen an eine selbstständige Tätigkeit sowie die Stabilisierung einer Beschäftigungsaufnahme unterstützen sollen. Berechtigte können Aktivierungs- und Vermittlungsgutscheine erhalten, mit denen sie eine inhaltlich und zeitlich bestimmte Maßnahme bei einem geeigneten Träger belegen können.
Berufswahl und Berufsausbildung	■ **Übergang von der Schule in die Berufsausbildung** ■ **Berufsorientierungsmaßnahmen** Schülerinnen und Schüler allgemeinbildender Schulen können durch vertiefte Berufsorientierung und Berufswahlvorbereitung gefördert werden. ■ **Berufseinstiegsbegleitung** Junge Menschen, die voraussichtlich Schwierigkeiten haben werden, den Abschluss der allgemeinbildenden Schule zu erreichen oder den Übergang in eine Berufsausbildung zu bewältigen, können beim Übergang von der allgemeinbildenden Schule in eine Berufsausbildung unterstützt werden, wenn sich Dritte mit mindestens 50 Prozent an der Förderung beteiligen. ■ **Berufsvorbereitung** Junge Menschen mit erfüllter Vollzeitschulpflicht oder wenn die Aufnahme einer Berufsausbildung wegen in ihrer Person liegender Gründe nicht möglich ist, können zur Vorbereitung auf eine Berufsausbildung berufsvorbereitende Maßnahmen bzw. Eingliederungsmaßnahmen erhalten. Sie haben einen Anspruch auf die Vorbereitung zum nachträglichen Erwerb des Hauptschulabschlusses oder eines gleichwertigen Schulabschlusses.

Arbeitsmarkt-politische Instrumente	Leistungen
	■ **Berufsausbildungsbeihilfe** Unter bestimmten Voraussetzungen können förderungsfähige Personen Zuschüsse für eine zur Förderung geeignete Berufsausbildungsbeihilfe erhalten [§§ 56–72 SGB III]. ■ **Berufsausbildung** Behinderte und Schwerbehinderte sowie förderungsfähige junge Menschen können unter bestimmten Bedingungen Zuschüsse erhalten, die an die Arbeitgeber bzw. die Träger von Maßnahmen gezahlt werden [§§ 73–80 SGB III].
Berufliche Weiterbildung	Arbeitnehmer können bei beruflicher Weiterbildung durch Übernahme der Weiterbildungskosten gefördert werden, wenn ■ die Weiterbildung notwendig ist, um sie bei Arbeitslosigkeit beruflich einzugliedern, eine drohende Arbeitslosigkeit abzuwenden oder weil wegen eines fehlenden Berufsabschlusses die Notwendigkeit der Weiterbildung anerkannt ist, ■ vor der Teilnahme eine Beratung durch die Agentur für Arbeit erfolgt ist und ■ die Maßnahme und der Träger der Maßnahme für die Förderung zugelassen sind. Unter bestimmten Voraussetzungen können auch ältere (45. Lebensjahr vollendet) Arbeitnehmerinnen und Arbeitnehmer durch die volle oder teilweise Übernahme der Weiterbildungskosten gefördert werden.
Aufnahme einer Erwerbstätigkeit	■ **Sozialversicherungspflichtige Beschäftigung** Arbeitgeber können zur Eingliederung von Arbeitnehmerinnen und Arbeitnehmern, deren Vermittlung wegen in ihrer Person liegender Gründe erschwert ist, einen Zuschuss zum Arbeitsentgelt erhalten **(Eingliederungszuschuss).** ■ **Selbstständige Tätigkeit** Arbeitnehmerinnen und Arbeitnehmer, die durch Aufnahme einer selbstständigen, hauptberuflichen Tätigkeit die Arbeitslosigkeit beenden, können zur Sicherung des Lebensunterhalts und zur sozialen Sicherung in der Zeit nach der Existenzgründung einen **Gründungszuschuss** erhalten. Der **Gründungszuschuss** wird in zwei Phasen geleistet. Für 6 Monate wird der Zuschuss in Höhe des zuletzt bezogenen Arbeitslosengelds zur Sicherung des Lebensunterhalts und monatlich 300,00 € zur sozialen Absicherungs gewährt. Für weitere 9 Monate können 300,00 € monatlich geleistet werden, wenn unternehmerische Aktivitäten dargelegt werden.
Verbleib in Beschäftigung	Es soll erreicht werden, dass bei erheblichem Arbeitsausfall, bei Betriebsänderungen, wie z. B. Einschränkung, Stilllegung oder Verlegung des ganzen Betriebs oder wesentlicher Betriebsteile, sowie im Anschluss an die Beendigung der Berufsausbildung Arbeitnehmerinnen und Arbeitnehmer in Beschäftigung bleiben. Dazu werden folgende Instrumente eingesetzt: ■ **Kurzarbeitergeld** Anspruch auf Kurzarbeitergeld haben Arbeitnehmer, wenn ■ ein erheblicher Arbeitsausfall mit Entgeltausfall vorliegt,

Arbeitsmarkt-politische Instrumente	Leistungen
	▪ die betrieblichen Voraussetzungen erfüllt sind, ▪ die persönlichen Voraussetzungen erfüllt sind und ▪ der Arbeitsausfall der Agentur für Arbeit angezeigt worden ist. Ein Arbeitsausfall ist erheblich, wenn er auf wirtschaftlichen Gründen oder einem unabweisbaren Ereignis beruht, vorübergehend und nicht vermeidbar ist und im jeweiligen Kalendermonat mindestens ein Drittel der im Betrieb beschäftigten Arbeitnehmer von einem Entgeltausfall von jeweils mehr als zehn Prozent ihres monatlichen Bruttoentgelts betroffen ist. Das Kurzarbeitergeld wird auf der Grundlage des Differenzbetrags zwischen dem pauschalierten Nettoentgelt aus dem Sollentgelt und dem pauschalierten Nettoentgelt aus dem Istentgelt ermittelt. Es beträgt 67 % bzw. 60 % der Nettoentgeltdifferenz im Anspruchszeitraum. ▪ **Saison-Kurzarbeitergeld** Unter bestimmten Voraussetzungen können Arbeitnehmer im Baugewerbe oder einem anderen Wirtschaftszweig, der von saisonbedingtem Arbeitsausfall betroffen ist, wie z. B. Gerüstbauer, Dachdecker, Beschäftigte im Garten- und Landschaftsbau, in der Schlechtwetterzeit (1. Dez. bis 31. März) bei erheblichem Arbeitsausfall Saison-Kurzarbeitergeld beanspruchen. Ergänzend haben diese Arbeitnehmer, wenn ihre Arbeitsverhältnisse während der Schlechtwetterzeit nicht gekündigt werden können, Anspruch auf **Wintergeld** als Zuschuss-Wintergeld und Mehraufwands-Wintergeld. ▪ **Transferleistungen** Für Maßnahmen zur Eingliederung betroffener Arbeitnehmerinnen und Arbeitnehmer wird unter bestimmten Voraussetzungen ein Zuschuss zu den erforderlichen Maßnahmekosten gezahlt. Um Entlassungen zu vermeiden, haben Arbeitnehmerinnen und Arbeitnehmer Anspruch auf Kurzarbeitergeld zur Förderung der Eingliederung bei betrieblichen Restrukturierungen (Transferkurzarbeitergeld).
Teilhabe behinderter Menschen am Arbeitsleben	Behinderten Menschen können Leistungen zur Förderung der Teilhabe am Arbeitsleben erbracht werden, die wegen Art oder Schwere der Behinderung erforderlich sind, um ihre Erwerbsfähigkeit zu erhalten, zu verbessern, wiederherzustellen und ihre Teilhabe am Arbeitsleben zu sichern.

▪ Arbeitslosengeld und Insolvenzgeld

Nachrangig erbringt die Bundesagentur für Arbeit mit ihren Organen **Entgeltersatzleistungen**. Deren wichtigste **Leistungsarten** werden in nachfolgender Übersicht kurz erläutert.

Entgeltersatz-leistungen	Erläuterungen
Arbeitslosengeld I	Anspruch auf Arbeitslosengeld haben Arbeitnehmer **bis** zur Vollendung des Jahres ihrer Regelaltersgrenze (65. bis 67. Lebensjahr), 1. bei Arbeitslosigkeit oder 2. bei beruflicher Weiterbildung.

Entgeltersatz-leistungen	Erläuterungen
	Anspruchsvoraussetzung bei Arbeitslosigkeit ist, dass die Arbeitnehmer ■ arbeitslos sind, ■ sich bei der Agentur für Arbeit arbeitslos gemeldet haben und ■ die Anwartschaftszeit erfüllt haben. **Arbeitslos** sind Arbeitnehmer, die 1. nicht in einem Beschäftigungsverhältnis stehen (Beschäftigungslosigkeit), 2. sich bemühen, ihre Beschäftigungslosigkeit zu beenden (Eigenbemühungen) und 3. den Vermittlungsbemühungen der Agentur für Arbeit zur Verfügung stehen (Verfügbarkeit). Die Ausübung einer Beschäftigung, selbstständigen Tätigkeit oder Tätigkeit als mithelfender Familienangehöriger schließt die Beschäftigungsarbeitslosigkeit nicht aus, wenn die Arbeitszeit **weniger** als 15 Stunden wöchentlich umfasst. Die **Dauer des Anspruchs auf Arbeitslosengeld** beträgt

nach Versicherungsverhältnissen mit einer Dauer von insgesamt mindestens ... Monaten	und nach Vollendung des ... Lebensjahres	... Monate
12		6
16		8
20		10
24		12
30*	50.	15
36*	55.	18
48*	58.	24

	* Bei den verlängerten Bezugszeiträumen von Arbeitslosengeld I für Ältere müssen die geforderten Beitragszahlungszeiträume innerhalb der letzten fünf Jahre vor Eintritt der Arbeitslosigkeit erfolgt sein. Die älteren Arbeitslosen bekommen einen Eingliederungsgutschein, entweder verbunden mit einem konkreten Arbeitsangebot oder mit dem Auftrag, sich um dessen Einlösung zu bemühen. Gelingt ihnen dies nicht, wird für sie die Verlängerung der Zahlung des Arbeitslosengeldes I durchgeführt. Eine Minderung der Anspruchsdauer tritt unter bestimmten Bedingungen ein, wie durch Sperrzeiten bei Arbeitsablehnung, unzureichenden Eigenbemühungen, Ablehnung oder Abbruch einer betrieblichen Eingliederungsmaßnahme, Meldeversäumnis oder wegen Arbeitsaufgabe. Die Höhe des Arbeitslosengeldes beträgt bei Arbeitslosen mit mindestens einem Kind 67 Prozent (erhöhter Leistungssatz), für die übrigen Arbeitslosen 60 Prozent (allgemeiner Leistungssatz) des pauschalierten Nettoentgelts, das der Arbeitslose im Bemessungszeitraum erzielt hat (Bemessungsentgelt).
Teilarbeitslosengeld	Anspruch auf Teilarbeitslosengeld hat ein Arbeitnehmer, der ■ teilarbeitslos ist, ■ sich teilarbeitslos gemeldet hat und ■ die Anwartschaftszeit für Teilarbeitslosengeld erfüllt hat.

Entgeltersatz-leistungen	Erläuterungen
	Teilarbeitslos ist, wer eine versicherungspflichtige Beschäftigung verloren hat, die er neben einer weiteren versicherungspflichtigen Beschäftigung ausgeübt hat, und eine versicherungspflichtige Beschäftigung sucht.
	Für das Teilarbeitslosengeld gelten im Wesentlichen die Bestimmungen für das Arbeitslosengeld bei Arbeitslosigkeit.
Insolvenzgeld[1]	Arbeitnehmer haben Anspruch auf Insolvenzgeld, wenn sie bei ■ Eröffnung des Insolvenzverfahrens über das Vermögen ihres Arbeitgebers, ■ Abweisung des Antrags auf Eröffnung des Insolvenzverfahrens mangels Masse oder ■ vollständiger Beendigung der Betriebstätigkeit, wenn ein Antrag auf Eröffnung des Insolvenzverfahrens nicht gestellt oder ein Insolvenzverfahren offensichtlich mangels Masse nicht in Betracht kommt, für die vorausgehenden drei Monate des Arbeitsverhältnisses noch Ansprüche auf Arbeitsentgelt haben.

■ Sonstige Aufgaben der Bundesagentur für Arbeit

Erstellung von Arbeitsmarkt-statistiken	Diese umfassen vor allem Daten über Beschäftigung, Arbeitslosigkeit der Arbeitnehmer, Leistungen der Arbeitsförderung, eine Statistik der sozialversicherten Beschäftigten [§ 281 SGB III, § 28 a SGB IV].
Arbeitsmarkt- und Berufsforschung	Dazu gehören u. a. die Untersuchung der Wirkungen der Arbeitsförderung sowie die vergleichende Ermittlung der Kosten im Verhältnis zum Nutzen (Näheres siehe §§ 282 f. SGB III).
Arbeitsmarkt-berichterstattung	Die Bundesagentur hat die Arbeitsmarktstatistiken und die Ergebnisse der Arbeitsmarkt- und Berufsforschung dem Bundesministerium für Arbeit und Soziales vorzulegen und in geeigneter Form zu veröffentlichen (Näheres siehe § 283 SGB III).

Grundsicherung für Arbeitsuchende

Für die Zeit nach der Zahlung von Arbeitslosengeld treten die Vorschriften des Vierten Gesetzes für moderne Dienstleistungen am Arbeitsmarkt, das unter der Bezeichnung **Hartz-IV-Gesetz**[2] bekannt wurde, in Kraft. Die Regelungen wurden im Sozialgesetzbuch II (SGB II) erfasst.

---

1 Insolvent (lat.) = nicht flüssig, im übertragenen Sinne nicht zahlungsfähig. Insolvenz = Zahlungsunfähigkeit.

2 Im Zusammenhang mit der Einführung des Arbeitslosengelds II (Alg II) wurde viel von **„Hartz IV"** gesprochen und über das Für und Wider diskutiert und gestritten. Der (nicht sehr glückliche Begriff) geht auf Peter Hartz, ehemaliger Arbeitsdirektor bei der Volkswagen AG, zurück, der 2002 die von der Regierung berufene Kommission „Moderne Dienstleistungen am Arbeitsmarkt" leitete. Die Kommission bestand aus 15 Persönlichkeiten aus Politik, Wirtschaft, Gewerkschaften und Wissenschaft und erarbeitete 4 Module (Bausteine) zur Arbeitsmarktpolitik.

Grundgedanke	Ausgangspunkt dieses Gesetzes ist die Grundsicherung für Arbeitsuchende unter Beachtung der Grundsätze des Forderns und Förderns.
Grundsatz des Forderns	**Erwerbsfähige Leistungsberechtigte** müssen ■ alle Möglichkeiten zur Beendigung oder Verringerung ihrer Hilfebedürftigkeit ausschöpfen, ■ aktiv an allen Maßnahmen zu ihrer Eingliederung in Arbeit mitwirken, ■ eine ihnen angebotene zumutbare Arbeitsgelegenheit übernehmen, ■ in eigener Verantwortung alle Möglichkeiten nutzen, ihren Lebensunterhalt aus eigenen Mitteln und Kräften zu bestreiten, ■ ihre **Arbeitskraft** zur Beschaffung des Lebensunterhalts für sich und die mit ihnen in einer Bedarfsgemeinschaft lebenden Personen einsetzen.
Grundsatz des Förderns	Die **Träger der Leistungen** ■ unterstützen erwerbsfähige Leistungsberechtigte umfassend mit dem Ziel der Eingliederung in Arbeit, ■ erbringen unter Beachtung der Grundsätze von Wirtschaftlichkeit und Sparsamkeit alle im Einzelfall für die Eingliederung in Arbeit erforderlichen Leistungen. Die **Agentur für Arbeit** soll ■ einen persönlichen Ansprechpartner für jeden erwerbsfähigen Leistungsberechtigten und die mit ihm in einer Bedarfsgemeinschaft Lebenden benennen und im Einvernehmen mit dem kommunalen Träger, ■ mit jedem erwerbsfähigen Leistungsberechtigten die für seine Eingliederung erforderlichen Leistungen vereinbaren (Eingliederungsvereinbarung).
Berechtigte	■ Anspruchsberechtigt sind alle erwerbsfähigen Leistungsberechtigten zwischen dem 15. Lebensjahr bis zum Erreichen der Altersgrenze (65. bis 67. Lebensjahr) sowie die mit ihnen in einer Bedarfsgemeinschaft lebenden Angehörigen, soweit sie ihren gewöhnlichen Aufenthalt in der Bundesrepublik Deutschland haben. ■ **Erwerbsfähig** ist, wer nicht wegen Krankheit oder Behinderung gegenwärtig oder auf absehbare Zeit außerstande ist, unter den üblichen Bedingungen des allgemeinen Arbeitsmarktes mindestens drei Stunden täglich erwerbstätig zu sein. Bei der Bestimmung der Erwerbsfähigkeit ist es unerheblich, ob eine Erwerbstätigkeit vorübergehend unzumutbar ist (z.B. wegen der Erziehung eines Kindes unter drei Jahren). ■ **Hilfebedürftig** ist, wer seinen Lebensunterhalt, seine Eingliederung in Arbeit und den Lebensunterhalt der mit ihm in einer Bedarfsgemeinschaft lebenden Personen nicht oder nicht ausreichend aus eigenen Kräften und Mitteln sichern kann und die erforderliche Hilfe nicht von anderen erhält. ■ Zur **Bedarfsgemeinschaft** gehören z.B. minderjährige unverheiratete Kinder, der Ehegatte oder Lebenspartner, wenn diese mit dem Hilfebedürftigen in einem Haushalt leben.

| Leistungen | Die Leistungen im Rahmen der Grundsicherung für Arbeitsuchende bestehen aus: |

■ Leistungen zur Eingliederung in Arbeit

Erwerbsfähige Leistungsberechtigte erhalten zum Beispiel Unterstützung bei der Umsetzung der Eingliederungsvereinbarungen, die mit der Agentur für Arbeit geschlossen wurden.

Zur Verwirklichung der Ziele können kommunale Eingliederungsleistungen, wie die Betreuung minderjähriger oder behinderter Kinder oder die häusliche Pflege von Angehörigen, die Schuldner- oder Suchtberatung sowie die psychosoziale Betreuung, erbracht werden.

Zur Überwindung von Hilfebedürftigkeit kann diesem Kreis der Berechtigten bei Aufnahme einer sozialversicherungspflichtigen oder selbstständigen Erwerbstätigkeit ein **Einstiegsgeld,** maximal für 24 Monate, gezahlt werden.

Arbeitgeber können unter bestimmten Voraussetzungen zur Eingliederung von erwerbsfähigen Leistungsberechtigten mit Vermittlungshemmnissen in Arbeit als Ausgleich für die zu erwartende Minderleistungen des Arbeitnehmers einen **Beschäftigungszuschuss** und einen **Zuschuss zu sonstigen Kosten** erhalten.

■ Leistungen zur Sicherung des Lebensunterhalts

Zu den Leistungen zur Sicherung des Lebensunterhalts gehören

Arbeitslosengeld II	Sozialgeld	Leistungen für Bildung und Teilhabe
wird an erwerbsfähige Leistungsberechtigte gezahlt.	erhalten nicht erwerbsfähige Leistungsberechtigte, die mit einem erwerbsfähigen Leistungsberechtigten in einer Bedarfsgemeinschaft leben.	sollen durch Zahlungen neben dem Regelbedarf Kindern, Jugendlichen und jungen Erwachsenen die Teilhabe am sozialen und kulturellen Leben ermöglichen. Bedarfe für Bildung stehen nur Schülerinnen und Schülern der allgemein- oder berufsbildenden Schulen, die das 25. Lebensjahr nicht vollendet haben und keine Ausbildungsvergütung erhalten, zu.
Die Leistungen umfassen den Regelbedarf, Mehrbedarfe und den Bedarf an Unterkunft und Heizung. Der **Regelbedarf** wird als monatlicher Pauschalbetrag gezahlt. Er umfasst insbesondere Ernährung, Kleidung, Körperpflege, Hausrat, Haushaltsenergie (außer Heizung) sowie persönliche Bedürfnisse des täglichen Lebens. **Mehrbedarfe** können z. B. von werdenden Müttern, beim Zusammenleben mit minderjährigen Kindern oder aus medizinischen Gründen geltend gemacht werden.		Unterstützt wird bei Schülerinnen und Schülern z. B. die Teilnahme an Schulausflügen und Klassenfahrten, der Besuch von Kindertageseinrichtungen, Mehraufwendungen für die gemeinschaftliche Mittagsverpflegung, Ausgaben für zusätzliche Lernförderung. Für Jugendliche unter 18 Jahren gibt es einen monatlichen Zuschuss in Höhe von 15,00 EUR für die Teilnahme am sozialen und kulturellen Leben (z. B. Mitgliedsbeiträge für Sportvereine oder Musikunterricht).

91

Für die Bezieher von Arbeitslosengeld II und Sozialgeld gelten seit dem 1. Januar 2019 die folgenden Regelbedarfe:

Regel-bedarfs-stufe	Leistungs-berechtigte	Monatlich EUR	Regel-bedarfs-stufe	Leistungs-berechtigte	Monatlich EUR
1	Alleinstehend oder alleinerziehend oder mit minder-jährigem(r) Partner oder Partnerin.	424,00	4	Jugendliche von 14 bis unter 18 Jahren	322,00
2	Jeweils für zwei in einem gemein-samen Haushalt zusammenlebende Partner.	382,00	5	Kinder von 6 bis unter 14 Jahren	302,00
3	Kinder zwischen 18 und 24 Jahren, die bei ihren Eltern wohnen.	339,00	6	Kinder bis unter 6 Jahren	245,00

Die Regelbedarfe werden jeweils zum 1. Januar eines Jahres angepasst, wobei sich die Anpassung an der durchschnittlichen Lohn- und Preisent-wicklung orientiert.

Träger der Grundsicherung für Arbeitsuchende

Zusammenarbeit in gemeinsamen Einrichtungen (Jobcenter)

Agentur für Arbeit

Zuständigkeit

- Alle auf den Arbeitsmarkt be-zogenen Eingliederungsleis-tungen (Beratung, Vermittlung, Förderung von Beschäftigung, Berufsausbildung und berufli-cher Weiterbildung)
- Zahlung der monatlichen Re-gelleistung, des Mehrbedarfs, des befristeten Zuschlags nach dem Ende des Bezugs von Arbeitslosengeld
- Zuständig für Sozialversiche-rung der Arbeitslosengeld-II-Empfänger

Kommunale Träger

Zuständigkeit

- Leistungen für Unterkunft und Heizung
- Leistungen für Kinderbetreuung
- Schuldner- und Suchtberatung
- Psychosoziale Betreuung
- Erstausstattung für Wohnung, Kleidung sowie für mehrtägige Klassenfahrten

Mit Zustimmung der obersten Lan-desbehörde können bis zu 69 kom-munale Träger auch die Aufgaben der Agentur für Arbeit überneh-men (Experimentierklausel)

Für die Zusammenarbeit von Agenturen für Arbeit und kommunalen Trä-gern ist – aus Gründen der Verwaltungsvereinfachung für die Träger wie für die betroffenen Leistungsbezieher, aber auch im Interesse der Leistungs-erbringung aus einer Hand – zwischen Agenturen für Arbeit und kommu-nalen Trägern die gemeinsame Errichtung von Arbeitsgemeinschaften in den Jobcentern vorgesehen.

Finanzierung

- Der Bund trägt die Aufwendungen der Grundsicherung für Arbeitsu-chende, soweit die Leistungen von der Bundesagentur erbracht werden.
- Die Bundesagentur leistet an den Bund einen Eingliederungsbeitrag in Höhe der Hälfte der jährlichen, vom Bund zu tragenden Aufwendungen und Leistungen zur Eingliederung in Arbeit und der zugehörigen Ver-waltungskosten.

1.3.5.7 Gesetzliche Unfallversicherung

Der Unfallschutz der gesetzlichen Unfallversicherung umschließt Unfälle im Betrieb, auf dem Weg zum Betrieb, auf dem Heimweg, auf Heimfahrten an den Wochenenden bzw. auf den Fahrten zum Betrieb zum Wochenbeginn, auf dem Weg zur Berufsschule und auf dem Heimweg von der Berufsschule. Auch Berufskrankheiten (z. B. Staublunge bei Bergarbeitern, Strahlenschäden bei Beschäftigten in Kernkraftwerken) sind versichert. Werden Heimwege vom Betrieb und/oder Hinwege zum Betrieb zur Verrichtung privater Dinge unterbrochen, besteht grundsätzlich kein Unfallschutz.

Träger der gesetzlichen Unfallversicherung sind die Berufsgenossenschaften (siehe auch Kapitel 1.3.5.2). Sie sind zuständig für die Verhütung von Unfällen sowie Berufskrankheiten und von den arbeitsbedingten Gesundheitsgefahren. Dazu haben sie Kontroll- und Beratungsfunktionen in den Unternehmen wahrzunehmen. Sie sollen sich zudem mit den Ursachen arbeitsbedingter Gesundheitsrisiken beschäftigen. Auch die Aus- und Fortbildung der betrieblichen Fachleute fällt in den Aufgabenbereich der Berufsgenossenschaften. Außerdem bieten sie Unterstützung bei Gefährdungsanalysen an.

Die Berufsgenossenschaften gliedern sich nach Erwerbsbereichen: gewerbliche Wirtschaft, Landwirtschaft und öffentlicher Dienst. Innerhalb der gewerblichen Wirtschaft sind die Berufsgenossenschaften nach Branchen unterteilt und im Hauptverband der gewerblichen Berufsgenossenschaften zusammengeschlossen. Die für den öffentlichen Dienst zuständigen Berufsgenossenschaften arbeiten im Bundesverband der Unfallversicherungsträger der öffentlichen Hand zusammen.

Die zentralen **Aufgaben der Berufsgenossenschaften** bestehen darin, Arbeits- und Wegeunfälle sowie Berufskrankheiten vermeiden zu helfen sowie für eine wirksame Erste Hilfe zu sorgen. Wenn ein Unfall passiert ist bzw. eine Berufskrankheit vorliegt, müssen sie Rehabilitations- und Entschädigungsleistungen erbringen.

Versicherungspflicht

Versicherungspflicht besteht für alle Beschäftigten einschließlich Auszubildende unabhängig von der Höhe ihres Einkommens, für bestimmte Unternehmer (Arbeitgeber), Heimarbeiter, Hausgewerbetreibende, Kinder während des Besuchs von Kindergärten, Schüler und Studenten, Entwicklungshelfer, Personen, die bei Unglücksfällen, allgemeiner Gefahr oder Not Hilfe leisten, viele ehrenamtlich tätige Personen, nicht erwerbsmäßig tätige Pflegepersonen (siehe § 19 SGB XI) bei der Pflege eines Pflegebedürftigen (siehe § 14 SGB XI) und Personen während der Rehabilitation (Näheres siehe § 2 I, S. 14 SGB VII). Unternehmer, die nicht kraft Gesetzes oder kraft Satzung einer Berufsgenossenschaft pflichtversichert sind, können sich freiwillig versichern (Näheres siehe §§ 3, 6 SGB VII). Versicherungsfreiheit besteht z. B. für Personen mit beamtenrechtlichen Unfallfürsorgevorschriften (Näheres siehe § 4 SGB VII).

Leistungen

Die Leistungen der Unfallversicherung bestehen in der *Unfallverhütung* (die Berufsgenossenschaften erlassen Unfallverhütungsvorschriften) und in den finanziellen Leistungen bei *Unfallfolgen* [§ 22 SGB I, §§ 7 ff., 14 ff., 26 ff., 114 ff. SGB VII].

■ **Unfallverhütung (Prävention)**

Die Unfallverhütungsvorschriften verpflichten den Unternehmer (Arbeitgeber), die Arbeitsplätze so einzurichten und zu gestalten, dass die Arbeitnehmer im Rahmen des Möglichen gegen Unfälle und Berufskrankheiten geschützt sind. Die Arbeitnehmer und Arbeitgeber sind verpflichtet, die Unfallverhütungsvorschriften einzuhalten. Diese sind vom Arbeitgeber den Belegschaftsmitgliedern in geeigneter Form bekannt zu geben (siehe z. B. §§ 14 ff., 22, 114 ff. SGB VII).

■ **Finanzielle Leistungen bei Unfallfolgen**

Finanzielle Leistungen der Unfallversicherung sollen die Unfallfolgen mindern oder beseitigen. Solche Leistungen sind z. B.:

Heilbehandlung	Hierzu gehören vor allem die Kosten für ärztliche Behandlung, Arznei- und Verbandmittel, sonstige Hilfsmittel, häusliche Krankenpflege, stationäre Behandlung in Krankenhäusern oder Spezialkliniken [§§ 27 ff. SGB VII].
Leistungen zur Teilnahme am Arbeitsleben	Diese umfassen z. B. Leistungen zur Erhaltung und Erlangung eines Arbeitsplatzes einschließlich der Leistungen zur Förderung der Arbeitsaufnahme, zur beruflichen Anpassung, Fortbildung, Ausbildung und Umschulung [§ 35 SGB VII].
Leistungen zur Teilnahme am Leben in der Gemeinschaft und ergänzende Leistungen	Hierzu gehören z. B. die Kraftfahrzeughilfe, Wohnungshilfe, Haushaltshilfe, die Übernahme von Kinderbetreuungskosten und die z. B. zur Durchführung der Heilbehandlung erforderlichen Reisekosten [§§ 39 ff. SGB VII, §§ 44, 53 f. SGB IX].
Leistungen bei Pflegebedürftigkeit	Wenn der Versicherte infolge eines Versicherungsfalls so hilflos ist, dass er im täglichen Leben in erheblichem Umfang einer Hilfe bedarf, wird Pflegegeld gezahlt, eine Pflegekraft gestellt oder Heimpflege gewährt [§ 44 SGB VII].
Geldleistungen während der Heilbehandlung und Leistungen zur Teilnahme am Arbeitsleben	Hierzu gehören das **Verletztengeld,** das der Versicherte z. B. erhält, wenn er infolge des Versicherungsfalls arbeitsunfähig ist oder wegen einer Maßnahme der Heilbehandlung keine ganztägige Erwerbstätigkeit ausüben kann [§§ 45 ff. SGB VII], und das **Übergangsgeld** [§§ 49, 50, 52 SGB VII].
Rentenzahlungen	Renten an Versicherte bei einer durch Unfall bedingten Minderung ihrer Erwerbsfähigkeit um mindestens 20 vom Hundert [§§ 56 ff. SGB VII], an Hinterbliebene als Witwen- und Witwerrente [§§ 65 ff. SGB VII] und als Waisenrente für Kinder von verstorbenen Versicherten [§§ 67 ff. SGB VII].
Sterbegeld und Erstattung der Überführungskosten	Stirbt eine versicherte Person an den Folgen eines Arbeitsunfalls oder an einer Berufskrankheit, wird ein Sterbegeld gezahlt. Unter bestimmten Bedingungen werden die Überführungskosten erstattet [§§ 63 I, 64 SGB VII].
Abfindungen	Versicherte können unter bestimmten Voraussetzungen auch mit einer Gesamtvergütung in Höhe des voraussichtlichen Rentenaufwands abgefunden werden [§§ 75 ff. SGB VII].

1.3.5.8 Finanzierung der Sozialversicherung

Grundsätzliche Regelungen

Außer der Unfallversicherung, die der Arbeitgeber allein zu tragen hat, müssen Arbeitnehmer und Arbeitgeber je 50 % der Beiträge zur Kranken-, Pflege-, Renten- und Arbeitslosenversicherung zahlen. Die Beiträge für jeden Sozialversicherungszweig werden bis zur jeweiligen Beitragsbemessungsgrenze über einen festen Prozentsatz vom jeweiligen Bruttoverdienst berechnet. Über die Beitragsbemessungsgrenze hinaus werden keine Beiträge zur jeweiligen Sozialversicherung erhoben. Die Beitragssätze für die Sozialversicherung sowie die Beitragsbemessungsgrenzen werden jährlich durch Verordnungen des Bundesministeriums für Arbeit und Soziales neu festgelegt. Es gelten folgende Beitragssätze (2019):

- Krankenversicherung 14,6 % des Bruttoentgelts.[1]
- Pflegeversicherung 3,05 % des Bruttoentgelts.[2]
- Rentenversicherung 18,6 % des Bruttoentgelts.
- Arbeitslosenversicherung 2,5 % des Bruttoentgelts.

Höchstbeiträge

Diese sind durch die *Beitragsbemessungsgrenzen* festgelegt. In der Renten- und Arbeitslosenversicherung beträgt die Beitragsbemessungsgrenze monatlich 6 700,00 € in den alten bzw. 6 150,00 € in den neuen Bundesländern.

Die Beitragsbemessungsgrenze in der Kranken- und Pflegeversicherung beläuft sich in ganz Deutschland auf monatlich 4 537,50 €.

> Der Arbeitgeber ist verpflichtet, die Beiträge zur Kranken-, Pflege-, Renten- und Arbeitslosenversicherung vom Arbeitsentgelt abzuziehen, einzubehalten und an die *gesetzlichen Krankenkassen* abzuführen, die ihrerseits die Beiträge zur Renten- und Arbeitslosenversicherung an die zuständigen Träger weiterleiten.

Die Beiträge zur Unfallversicherung hat in jedem Fall der Arbeitgeber allein zu tragen. Ihre Höhe richtet sich nach dem Grad der Gefährdung. Branchen mit höheren Unfallgefahren zahlen somit auch höhere Beiträge (Näheres siehe §§ 150 ff. SGB VII).

Zur Finanzierung der ganzjährigen Beschäftigung im Baugewerbe wird von den Arbeitgebern des Baugewerbes eine Winterbeschäftigungs-Umlage erhoben.

Hinzu kommen noch die Umlagen U1 bis U3. Die Umlage U1 ist eine Ausgleichsrücklage für die Entgeltfortzahlung im Krankheitsfall einer Arbeitskraft. Sie wird nur von Betrieben bis zu 30 ständig Beschäftigten erhoben.

---

1 Der Beitragssatz zur Krankenversicherung in Höhe von 14,6 % ist **bundeseinheitlich**. Jede Krankenkasse kann hierauf einen **kassenindividuellen Zusatzbeitrag** erheben. Die Höhe des Zusatzbeitrags hängt insbesondere davon ab, wie wirtschaftlich eine Kasse arbeitet. 2019 beträgt der durchschnittliche Zusatzbeitragssatz 0,9 %.

2 Für alle kinderlosen Pflichtversicherten erhöht sich der Beitrag zur Pflegeversicherung um 0,25 % des beitragspflichtigen Einkommens. Für diesen Personenkreis beträgt daher der Beitragssatz 1,775 %. An dieser Erhöhung ist der **Arbeitgeber nicht beteiligt**. Ausgenommen von diesem Beitragszuschlag sind Personen, die das 23. Lebensjahr noch nicht vollendet haben

Die Umlage U2 ist für alle Arbeitgeber verpflichtend. Diese bekommen alle nach dem Mutterschutzgesetz zu zahlenden Bezüge von der für die Arbeitnehmerin zuständigen Krankenkasse ersetzt.

Die Mittel aus der Umlage U3 (Insolvenzgeldumlage)[1] fließen der Bundesagentur für Arbeit zu, die im Falle der Zahlungsunfähigkeit eines Unternehmens den betroffenen Arbeitnehmern ein Insolvenzgeld zahlt.

> Wenn das monatliche Arbeitsentgelt bei Auszubildenden und Praktikanten 325,00 €
> nicht übersteigt, muss der Arbeitgeber die gesamten Beiträge zur Sozialversicherung
> allein tragen [§ 20 III Nr. 1 SGB IV].

■ Staatszuschüsse

Während sich die gesetzliche Unfallversicherung durch die Zahlungen der Beitragspflichtigen allein finanziert, müssen die Steuerzahler zur Finanzierung der übrigen Sozialversicherungszweige zusätzlich beitragen. Reichen deren Einnahmen nicht aus, so muss der Bund die nötigen Mittel aus Steuergeldern aufbringen (sog. Bundesgarantien). (Zur Beteiligung des Bundes siehe z.B. §§ 213ff. SGB VI.)

Die soziale Sicherheit in Deutschland kostete im vergangenen Jahr schätzungsweise 966 Milliarden Euro. Das geht aus dem Sozialbudget hervor, das regelmäßig vom Bundesministerium für Arbeit und Soziales (BMAS) veröffentlicht wird. In dieser riesigen Summe sind sämtliche Sozialleistungen enthalten, also beispielsweise Renten und Pensionen, Krankenversicherungsleistungen und Arbeitslosengeld, Jugend- und Sozialhilfe und vieles anderes mehr. Drei große Geldgeber sorgen dafür, dass das soziale Netz nicht zerreißt: der Staat (also Bund, Länder und Gemeinden), die Unternehmen und die privaten Haushalte, darunter vor allem die Arbeitnehmerhaushalte, die Sozialversicherungsbeiträge entrichten. Bedenkt man allerdings, wie Staat und Unternehmen ihren Teil finanzieren, so sind es am Ende die Bürger, die dafür aufkommen: Die Bürger nämlich bezahlen mit Steuern und Abgaben das staatliche soziale Engagement; und als Verbraucher kaufen sie Waren und Dienstleistungen, in deren Preise die Unternehmen ihre Sozialkosten bereits einkalkuliert haben. Fazit: Am Ende sind es die Steuerzahler und Konsumenten, die – direkt und indirekt – den Sozialstaat finanzieren.

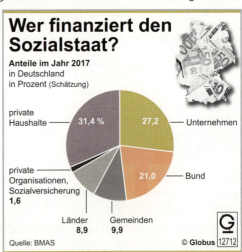

Wer finanziert den Sozialstaat?

Anteile im Jahr 2017
in Deutschland
in Prozent (Schätzung)

private Haushalte — 31,4 %
Unternehmen — 27,2
Bund — 21,0
private Organisationen, Sozialversicherung 1,6
Länder 8,9
Gemeinden 9,9

Quelle: BMAS

© Globus 12712

■ Sonderregelungen bei geringfügiger Beschäftigung

Grundsätzlich sind drei Arten der „geringfügigen Beschäftigung" zu unterscheiden:

1. Geringfügige Dauerbeschäftigung

Sie liegt vor, wenn das monatliche Arbeitsentgelt 450,00 € regelmäßig nicht überschreitet. Für den Arbeitnehmer ist eine solche Beschäftigung (oder auch mehrere, wenn sie zusammen innerhalb des 450-Euro-Rahmens bleiben) in der Kranken-, Pflege- und Ar-

---

1 Insolvenz (lat.) = Zahlungsunfähigkeit.

beitslosenversicherung beitrags- und steuerfrei. In der Rentenversicherung haben sie die Möglichkeit, sich von der Versicherungspflicht befreien zu lassen. Der Arbeitgeber zahlt einen Pauschalbetrag in Höhe von 30 % des Arbeitsentgelts an die Deutsche Rentenversicherung Bahn-Knappschaft-See als zentrale Einzugsstelle. Davon gehen 15 % an die Rentenversicherung, 13 % an die gesetzliche Krankenkasse und 2 % als Pauschalsteuer an die Staatskasse.

Bei einer geringfügigen Beschäftigung in einem privaten Haushalt beträgt die vom Arbeitgeber zu zahlende Pauschale nur 12 % des Arbeitsentgelts, und zwar je 5 % für die Renten- und Krankenversicherung und 2 % Pauschalsteuer.

2. Kurzfristige Beschäftigung (Saison-Beschäftigung)

Sie darf nicht länger als 3 Monate bzw. 70 Tage im Jahr dauern. In diesem Fall zahlt der Arbeitgeber die Pauschalsteuer, aber keine Sozialversicherungsbeiträge.

3. Geringfügig entlohnte Nebenbeschäftigung

Sie wird neben dem Hauptberuf ausgeübt und bleibt wie die übrigen „Minijobs" sozialversicherungsfrei. Der Arbeitgeber muss die unter Nr. 1 genannten Pauschalbeträge bezahlen und abführen. Dies gilt jedoch nur für den ersten Nebenjob. Jede weitere, später begonnene Nebenbeschäftigung wird der Hauptbeschäftigung zugerechnet und ist dann für Arbeitnehmer und Arbeitgeber beitragspflichtig. Lediglich der Beitrag zur Arbeitslosenversicherung entfällt. (Weitere Informationen zum Thema finden Sie im Internet unter *www.minijob-zentrale.de.*)

Sonderregelungen bei Niedriglohn-Jobs

Für Niedriglöhne von monatlich 450,01 € bis 1 300,00 € („Midijobs") gilt Folgendes: Während der Arbeitgeber für die Arbeitnehmer im genannten Niedriglohnbereich wie üblich die Hälfte des Beitragssatzes zur Renten-, Kranken-, Pflege- und Arbeitslosenversicherung übernimmt, kommen die Arbeitnehmer in den Genuss eines „Übergangsbereichs". Am unteren Ende dieser Zone zahlen sie nur rund ein Fünftel des Sozialversicherungsbeitrags, den sie bei Anwendung der vollen Sätze tragen müssten. Erst bei einem monatlichen Arbeitsentgelt von 1 300,00 € erreichen ihre Sozialversicherungsbeiträge die volle Höhe. Bestehen mehrere versicherungspflichtige Beschäftigungen nebeneinander, werden sie zusammengerechnet.

Ausbildungsvergütungen sind keine „Niedriglohn-Jobs". Sie sind daher von der Übergangsbereichs-Regelung ausgenommen.

Der Arbeitnehmer erwirbt trotz der Absenkung der Sozialversicherungsbeiträge einen nahezu vollständigen Sozialversicherungsschutz. Allerdings wird bei der Rentenberechnung nicht vom tatsächlichen Bruttoentgelt ausgegangen, sondern von dem Betrag, der den herabgesetzten (reduzierten) Rentenversicherungsbeiträgen entspricht. Der Arbeitnehmer hat jedoch die Möglichkeit, den vollen Rentenversicherungsbeitrag zu zahlen, um seine spätere Rente zu erhöhen.

97

7 Hartmann -Hug- ISBN 978-3-8120-0522-7

1.3.5.9 Sozialversicherungsausweis

Den Sozialversicherungsausweis erhält jede sozialversicherungspflichtige Person. Er wird bei der erstmaligen Beschäftigung – auch einer geringfügigen Beschäftigung – durch den zuständigen Rentenversicherungsträger ausgestellt.

Der Ausweis enthält den Vor- und den Familiennamen, die von der Rentenversicherung vergebene Versicherungsnummer, das Ausstellungsdatum und die Anschrift des ausgebenden Rentenversicherungsträgers.

Bei Beginn der Beschäftigung muss sich der Arbeitgeber den Sozialversicherungsausweis vorlegen lassen. Geschieht dies nicht, ist die Krankenkasse mittels einer Kontrollmeldung unverzüglich zu verständigen, wenn der Beschäftigte die unterlassene Vorlage nicht innerhalb von drei Tagen nachholt. Hat der Arbeitnehmer den Ausweis verloren, muss bei der zuständigen Krankenkasse ein neuer Ausweis beantragt werden.

Die Angaben des Sozialversicherungsausweises unterliegen dem Datenschutz. Sie dürfen nur von den Agenturen für Arbeit, Hauptzollämtern, Krankenkassen und Rentenversicherungsträgern zum Abruf von Daten über die Anmeldung zur Sozialversicherung, den möglichen Bezug von Leistungen der Agenturen für Arbeit oder den Aufenthaltsstatus eines ausländischen Beschäftigten verwendet werden (Näheres zum Sozialversicherungsausweis siehe §§ 18 ff. SGB IV).

Der Sozialversicherungsausweis wurde eingeführt, um z. B. Schwarzarbeit und illegale (ungesetzliche) Beschäftigung besser bekämpfen zu können.

In den Wirtschaftsbereichen, die für illegale Beschäftigungsverhältnisse besonders anfällig sind, müssen die dort beschäftigten Personen ihren Personalausweis, Pass, Passersatz oder Ausweisersatz ständig bei der Arbeit mit sich führen. Dies gilt vor allem für Beschäftigte im Gaststätten- und Beherbergungsgewerbe, im Baugewerbe, im Schaustellergewerbe, im Gebäudereinigungsgewerbe oder in Unternehmen, die sich am Auf- und Abbau von Messen und Ausstellungen beteiligen. Die Kontrollen erfolgen durch die „Finanzkontrolle Schwarzarbeit – FKS".

Quelle: www.deutsche-rentenversicherung.de [Zugriff: 26.09.2018].

1.3.5.10 Sozialgerichtsbarkeit

Die Sozialgerichtsbarkeit ist für Streitigkeiten auf dem Gebiet des Sozialrechts zuständig. Dazu gehören z. B.

- das Sozialversicherungsrecht,
- das Vertragsarztrecht,
- die Arbeitsförderung,
- das Recht behinderter Menschen,
- die Grundsicherung für Arbeitsuchende,
- die Sozialhilfe und
- das Kindergeldrecht.

Der Aufbau der Sozialgerichtsbarkeit und das Gerichtsverfahren sind im Sozialgerichtsgesetz (SGG) geregelt.

Gegen eine Entscheidung der Verwaltung (z. B. einen Rentenbescheid) kann der Klageweg im Allgemeinen erst beschritten werden, wenn in einem *außergerichtlichen Vorverfahren* der Widerspruch des Betroffenen von der Verwaltung abgewiesen worden ist. (Näheres zum Vorverfahren siehe §§ 77 ff. SGG.)

Gegen Urteile der **Sozialgerichte** kann Berufung beim **Landessozialgericht** eingelegt werden. Dieses prüft den Fall erneut in vollem Umfang unter sachlichen und rechtlichen Gesichtspunkten. Die Verhandlungen und Entscheidungen erfolgen in Senaten, die mit drei Berufs- und zwei ehrenamtlichen Richtern besetzt sind.

Das **Bundessozialgericht** ist die dritte und letzte Instanz der Sozialgerichtsbarkeit. Seine Senate entscheiden über die Zulässigkeit der Revision. Hierbei geht es allein um die rechtliche Überprüfung des angefochtenen Urteils des Sozialgerichts (Ausnahme) oder des Landessozialgerichts (Regelfall). Voraussetzung für die Revision ist, dass sie vom Sozialgericht bzw. vom Landessozialgericht ausdrücklich zugelassen worden ist.

Die Aufgabe des Großen Senats beim Bundessozialgericht ist die Fortbildung des Rechts und die Sicherung einer einheitlichen Rechtsprechung in Deutschland.

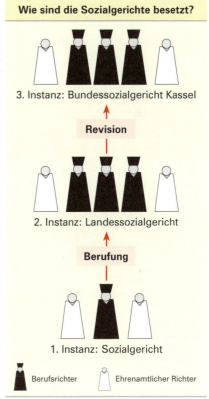

Wie sind die Sozialgerichte besetzt?

3. Instanz: Bundessozialgericht Kassel

Revision

2. Instanz: Landessozialgericht

Berufung

1. Instanz: Sozialgericht

Berufsrichter   Ehrenamtlicher Richter

Quelle: Bundessozialgericht

1.3.5.11 Formen sozialer Grundsicherung

Sozialhilfe

Die wichtigste Form der sozialen Grundsicherung – neben der Grundsicherung für Arbeitsuchende – ist die **Sozialhilfe.** Die Sozialhilfe hat im Kern für die **Existenzsicherung nicht erwerbsfähiger Personen** und ihrer Haushalte zu sorgen. Ihre Leistungen umfassen neben der Hilfe zum Lebensunterhalt (Sozialhilfe im engeren Sinne) und der Grundsicherung für alte und dauerhaft erwerbsunfähige Menschen u.a. Hilfen zur Gesundheit, zur Eingliederung behinderter Menschen, zur Pflege oder zur Überwindung besonderer sozialer Schwierigkeiten.

Die Sozialhilfe soll den Hilfebedürftigen ein menschenwürdiges Leben ermöglichen und sie soweit als möglich befähigen, auf eigenen Füßen zu stehen. Sie ist in erster Linie also **Hilfe zur Selbsthilfe** und schließt dazu auch Beratung und Unterstützung der Betroffenen ein. Die Leistungsberechtigten ihrerseits sollen nach Kräften zur Überwindung ihrer Notlage beitragen und aktiv am Leben in der Gemeinschaft teilnehmen. Soweit zumutbar, sollen sie einer Tätigkeit nachgehen. Überhaupt besteht ein Merkmal des Sozialhilferechts darin, dass es die Leistungsberechtigten aktivieren will und ihnen mehr Eigenverantwortung zuweist.

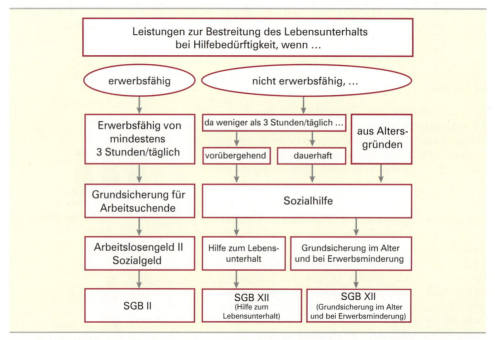

Quelle: Bundesministerium für Arbeit und Soziales (Hg.): Sozialhilfe und Grundsicherung im Alter und bei Erwerbsminderung, Bonn 2018, S. 14

Die Regelsätze orientieren sich am statistisch feststellbaren Verbrauch von Haushalten der unteren Einkommensklassen. Wie beim Arbeitslosengeld II sind sie nach Alter und Bedarf der Haushaltsmitglieder abgestuft.

Grundsicherung im Alter und bei Erwerbsminderung

Die bedarfsorientierte Grundsicherung im Alter und bei Erwerbsminderung ist im zwölften Sozialgesetzbuch geregelt. Durch die beitragsunabhängige Grundsicherung wird der grundlegende Lebensunterhalt von Personen bezahlt, die die Altersgrenze erreicht haben, sowie von Personen, die das 18. Lebensjahr vollendet haben und dauerhaft voll erwerbsgemindert sind und deren Einkünfte für den notwendigen Lebensunterhalt nicht ausreichen (Näheres siehe §§ 19 II, 41 ff. SGB XII).[1]

Zusammenfassung

- Die **Merkmale der Sozialversicherung** sind die Verwirklichung des Solidaritätsprinzips, die Zwangsmitgliedschaft, die Beitragsbemessung nach der Höhe des Einkommens und die gesetzliche Festlegung der Leistungen.

- Nachstehende Tabelle gibt einen Überblick über die Sozialversicherungszweige:

Zweige / Merkmale	Gesetzliche Krankenkasse/ Soziale Pflege- versicherung	Gesetzliche Renten- versicherung	Gesetzliche Arbeitsförderung (Arbeitslosen- versicherung)	Gesetzliche Unfall- versicherung
1. Versicherungs- pflichtiger Personenkreis	■ Alle Auszubil- denden ■ Alle Arbeiter und Angestell- ten bis zu einem Monatsgehalt von 5 062,50 € ■ Arbeitslose ■ Rentner ■ Bestimmte Gruppen von Selbstständigen	■ Alle Auszubil- denden ■ Alle Arbeiter ■ Alle Angestellten ■ Personen, die den Bundesfrei- willigendienst (BFD) leisten ■ Heimarbeiter ■ Bestimmte Gruppen von Selbstständigen	■ Alle Auszubil- denden ■ Alle Arbeiter ■ Alle Angestellten	■ Alle Auszubil- denden ■ Alle Arbeiter ■ Alle Angestellten ■ i. d. R. die Arbeit- geber ■ Arbeitslose
2. Beitragshöhe	■ Krankenkassen: 14,6 % vom Bruttoverdienst (ggf. plus Zusatzbeitrag), höchstens jedoch aus 4 537,50 € monatlich (= Beitragsbe- messungsgrenze für 2019) ■ Pflegeversiche- rung: 3,05 % vom Bruttoverdienst (Beitragsbemes- sungsgrenze wie Krankenversiche- rung)	18,6 % vom Bruttoverdienst, höchstens jedoch aus 6 700,00 € monatlich in Westdeutschland bzw. 6 150,00 € monatlich in Ost- deutschland (= Beitragsbemes- sungsgrenze für 2019)	2,5 % vom Bruttoverdienst, höchstens jedoch aus 6 700,00 € monatlich in Westdeutschland bzw. 6 150,00 € monatlich in Ost- deutschland (= Beitragsbemes- sungsgrenze für 2019)	Umlageverfahren je nach der Höhe der Arbeitsverdienste und der Gefahren- klasse
3. Beitrags- zahler	Grundsätzlich Arbeitnehmer und Arbeitgeber je zur Hälfte. Ausnahme: Für die Pflegeversicherung müssen Kinderlose über 23 Jahre einen Zuschlag von 0,25 Prozentpunkten tragen.			Arbeitgeber allein

---

1 Die Grundsicherung im Alter und bei Erwerbsminderung gehört zur **Sozialhilfe.** Weitere Leistungen der Sozialhilfe sind z. B. die Hilfe zum Lebensunterhalt, die Hilfe zur Gesundheit und Pflege (Näheres siehe § 8 SGB XII).
Zuständig für die Ausführung der im SGB XII geregelten Sozialhilfe sind die Behörden der Länder (z. B. die Städte, Kreise, Landes- sozialämter) (Näheres siehe §§ 97 ff. SGB XII).

Zweige / Merkmale	Gesetzliche Krankenkasse/ Soziale Pflege- versicherung	Gesetzliche Renten- versicherung	Gesetzliche Arbeitsförderung (Arbeitslosen- versicherung)	Gesetzliche Unfall- versicherung
4. Leistungen (Beispiele)	■ Früherkennung von Krankheiten ■ Prävention und Selbsthilfe ■ Kranken- behandlung ■ Krankengeld ■ Leistungen bei Schwan- gerschaft und Mutterschaft ■ Sonstige Hilfen ■ Häusliche und stationäre Pflege ■ Bezahlung von Pflegeleistungen ■ Eltern-Kind-Kuren	■ Gesundheits- forschung und -aufklärung ■ Rehabilitations- maßnahmen ■ Renten wegen Alters ■ Renten wegen verminderter Erwerbsfähigkeit ■ Renten wegen Todes	■ Berufsberatung ■ Ausbildungs- und Arbeits- vermittlung ■ Trainings- maßnahmen ■ Arbeitslosengeld ■ Insolvenzgeld ■ Kurzarbeitergeld ■ Leistungen an Arbeitgeber (z. B. Eingliederungs- zuschüsse) ■ Arbeitsmarkt- und Berufs- forschung	■ Unfallschutz (Unfallver- hütungsvor- schriften, Kontrolle durch Aufsichtsbeamte der Berufsgenos- senschaften) ■ Heilbehandlung ■ Berufsfördernde Leistungen zur Rehabilitation und bei Pflege- bedürftigkeit ■ Renten- zahlungen ■ Sterbegeld

■ Zuständig für öffentlich-rechtliche Streitigkeiten mit den Sozialversicherungsträgern sind die **Sozialgerichte.**

Weitere Informationen zum Thema Sozialversicherung siehe z. B. *www.deutsche-sozialversicherung.de.*

ÜBUNGSAUFGABEN

1. Entscheiden Sie in folgenden Fällen:

1.1 David Bloom beginnt bei der Schlamp & Co. OHG am 1. März zu arbeiten. Der Arbeitgeber versäumt es, ihn bei der Krankenkasse anzumelden. Am 16. März wird David ernstlich krank. Hat er Anspruch auf die Leistungen der Krankenkasse?

1.2 Ida Klein, kaufmännische Angestellte, wird krank. Sie freut sich, denn jetzt – so meint sie – erhält sie 6 Wochen lang das volle Gehalt und das Krankengeld.

1.3 Anton Schlau ist nicht der Fleißigste. Als Verkäufer in der Möbelabteilung eines Kaufhauses unterhält er sich lieber mit den Kolleginnen. Die Kundschaft übersieht er geflissentlich. Als ihn sein Abteilungsleiter zurechtweist, geht Schlau wütend ins Personalbüro, kündigt fristlos und lässt sich seine Papiere geben. Am nächsten Tag beantragt er bei der Agentur für Arbeit Arbeitslosengeld. Wird er dieses erhalten? Wenn ja, ab wann?

1.4 Frau Schussel, Chefsekretärin, fällt im Büro von der Leiter, als sie vom obersten Regal einen Aktenordner herausholen will. Sie verletzt sich so schwer, dass sie stationär behandelt wer- den muss. Wer trägt die Kosten? Welcher Art sind diese Kosten?

1.5 Rentner Gier meint, dass sein Altersruhegeld falsch berechnet sei. Er wendet sich daher an das Arbeitsgericht. Ist dies richtig?

1.6 Frau Inga Fröhlich ist Angestellte in einem Kaufhaus. Nach Geschäftsschluss geht sie in ein Kino. Auf dem Nachhauseweg fällt sie bei Glatteis hin und bricht sich ein Bein. Des- halb will sie die Leistungen der Unfallversicherung in Anspruch nehmen. Diese lehnt ab. Frau Fröhlich erhebt Widerspruch, der ebenfalls abschlägig beschieden wird. Sie möchte im Anschluss daran beim Sozialgericht klagen. Wird sie Erfolg haben? Begründen Sie Ihre Antwort!

1.7 Der Angestellte Huber verunglückt auf dem Heimweg von seiner Arbeitsstätte schwer, sodass er arbeitsunfähig wird.

    1.7.1 Welche Versicherung ist dafür zuständig?

    1.7.2 Welche Leistungen sind von dieser Versicherung zu erbringen?

2. Wodurch unterscheidet sich die Sozialversicherung von der Individualversicherung?

3. Beschreiben Sie den Instanzenaufbau der Sozialgerichtsbarkeit!

4.

> Im Jahr 2040 müssen jeweils 100 Arbeitnehmer die Rente für 102 ältere Menschen erarbeiten: Ein Arbeitnehmer ist dann für einen Rentner „zuständig". Dies liegt am Generationenvertrag, der unserem Rentensystem zugrunde liegt. Ob das System auch künftig funktionieren kann, ohne die Beiträge zur Rentenversicherung in unzumutbare Höhen zu treiben, ist ungewiss. Damit die Rentenkassen nicht in finanzielle Schieflage gelangen, dürften weitere Reformen nötig werden. Sinnvoll wäre dann eine weitere Verlängerung der Lebensarbeitszeit und eine stärkere Frauenerwerbstätigkeit. Eine Entspannung des Rentenproblems versprechen sich manche Experten auch von mehr Zuwanderung aus dem Ausland.

Quelle: Text zum Globus-Bild 2581.

4.1 Im Text wird gesagt, dass eine Verlängerung der Lebensarbeitszeit künftig dazu beitragen kann, das Rentenproblem zu lösen. Begründen oder widerlegen Sie diese Aussage!

4.2 Begründen oder widerlegen Sie die Feststellung, dass eine Ausweitung der Frauenerwerbstätigkeit das Rentenproblem mildern kann!

4.3 Überlegen Sie, unter welchen Bedingungen eine verstärkte Zuwanderung aus dem Ausland eine Entspannung des Rentenproblems bringen kann!

5. Die Ausbildungsvergütung eines Auszubildenden in Stuttgart beträgt 315,00 €.

5.1 In welchen Zweigen der Sozialversicherung ist der Auszubildende versicherungspflichtig?

5.2 Wer trägt die Beiträge?

5.3 Ändert sich der Sachverhalt, wenn die Ausbildungsvergütung 510,00 € beträgt?

6. **Bildstatistik 1:**

Modell des Generationenvertrags

Auf der Grundlage des sogenannten **Generationenvertrags** sorgt die Rentenversicherung für die **Umverteilung von Einkommen** von den jüngeren, aktiven Jahrgängen zu den Älteren und Erwerbsunfähigen.

… hat sich als junger Vater zusammen mit seiner Partnerin um die Erziehung der Kinder gekümmert und ihnen eine Ausbildung ermöglicht … hat als Erwerbstätiger durch seine Einzahlung in die Rentenversicherung die Rente der Älteren mitfinanziert …

… wird im Anschluss an seine Ausbildung als Erwerbstätiger in die Rentenversicherung einzahlen und mit seiner Partnerin Kinder großziehen … finanziert somit die Rente der Älteren und hält den Kreislauf aufrecht …

Bildstatistik 2:

Die Bevölkerung in Deutschland sschrumpft immer mehr. Die Zahl der Gestorbenen wird die Zahl der Geborenen immer stärker übersteigen, und die Zuwanderung wird diese Lücke auf Dauer nicht schließen können. Besonders stark wird der Rückgang der Bevölkerung im erwerbsfähigen Alter sein. Eine weitere Besonderheit ist die Anzahl der Geburten. Diese liegt für das Jahr 2017 bei 785.000 geborenen Kindern. Das sind zwar immer noch 100.000 Kinder weniger, die zur Welt kommen, als im Jahr 1990, jedoch ist eine Wende zu mehr Geburten erkennbar. Die Geburtenziffer, welche die Anzahl der Geburten pro Frau misst, liegt aktuell bei 1,6 – ein Wert, den Deutschland zuletzt vor 35 Jahren erreichte.

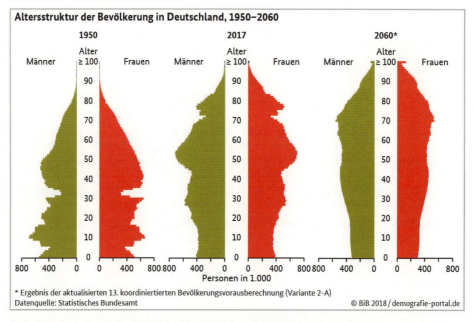

Altersstruktur der Bevölkerung in Deutschland, 1950–2060

* Ergebnis der aktualisierten 13. koordiniertierten Bevölkerungsvorausberechnung (Variante 2-A)
Datenquelle: Statistisches Bundesamt

© BiB 2018 / demografie-portal.de

Quelle: https://www.demografie-portal.de/SharedDocs/Informieren/DE/ZahlenFakten/Bevoelkerung_Altersstruktur.html

6.1 Erläutern Sie, was unter „Generationenvertrag" zu verstehen ist!

6.2 Begründen Sie, warum der Generationenvertrag nicht mehr ausreichend funktionieren kann!

1.3.6 Private Vorsorge

Fast jeder zweite Bürger in Deutschland spart. Das ergab eine aktuelle Umfrage, die der Verband der Privaten Bausparkassen in Auftrag gegeben hat. Demnach zählen 49,5 % der Bundesbürger zu den Sparern. Wichtigstes Sparziel ist es, fürs Alter und für Konsumzwecke – also eine größere Anschaffung wie beispielsweise ein neues Auto – Geld auf die Seite zu legen. Jeweils 53 % der Sparer nennen diese Motive. Für 35 % der Sparer spielt der Wunsch, den Traum von den eigenen vier Wänden eines Tages Wirklichkeit werden zu lassen, ebenfalls eine wichtige Rolle. Beliebteste Form der Geldanlage ist das Sparbuch, gefolgt vom Girokonto, mit Werten von 45 bzw. 40 %.

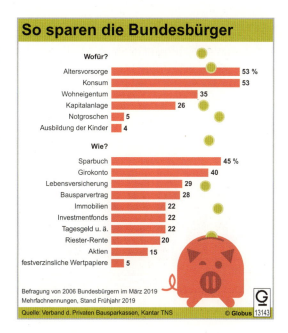

So sparen die Bundesbürger

Wofür?

Altersvorsorge	53 %
Konsum	53
Wohneigentum	35
Kapitalanlage	26
Notgroschen	5
Ausbildung der Kinder	4

Wie?

Sparbuch	45 %
Girokonto	40
Lebensversicherung	29
Bausparvertrag	28
Immobilien	22
Investmentfonds	22
Tagesgeld u. ä.	22
Riester-Rente	20
Aktien	15
festverzinsliche Wertpapiere	5

Befragung von 2006 Bundesbürgern im März 2019
Mehrfachnennungen, Stand Frühjahr 2019
Quelle: Verband d. Privaten Bausparkassen, Kantar TNS
© Globus 13143

1.3.6.1 Notwendigkeit der privaten Vorsorge

Das soziale Netz ist in den vergangenen Jahrzehnten ständig ausgebaut worden. Anfang der sechziger Jahre gab der Staat für Soziales gut 20 % der Wirtschaftsleistung aus. Bis heute sind die Sozialausgaben auf rund ein Drittel der Wirtschaftsleistung gestiegen.

Diese Entwicklung hat mehrere Ursachen. Zum einen ist da die **Arbeitslosigkeit**.[1] Man schätzt die jährlichen Kosten der Arbeitslosigkeit auf rund 53 Mrd. €. In diese Kostenrechnung fließen die Ausgaben für Arbeitslosengeld und Arbeitslosengeld II ein, die höheren Ausgaben für Sozialhilfe und Wohngeld und das, was dem Staat an Steuern und Sozialversicherungsbeiträgen entgeht. Denn die Steuern und Beiträge hängen unmittelbar von der Höhe der Einkommen ab. Weil die Arbeitslosen über ein geringeres Einkommen verfügen, zahlen sie nur wenig Steuern und erheblich geringere Beiträge für die Renten-, Kranken- und Pflegeversicherung.

Ein weiterer Grund für die Probleme des deutschen Sozialversicherungssystems ist das ungleichgewichtige Einnahmen-Ausgaben-Verhältnis in den gesetzlichen Krankenkassen.

In der gesetzlichen Krankenversicherung ergibt die **„Generationenbilanz",** dass nur die Gruppe der heute 13- bis 33-Jährigen *mehr* in das System einzahlt als sie erhält. Die restlichen Mitglieder sind sogenannte *Nettotransferempfänger,* d. h., sie tragen dazu bei, dass das Krankenversicherungssystem weiter ins Defizit gerät. Das ergab eine Studie des Instituts für Finanzwissenschaft Freiburg.

---

1 Die Arbeitslosenzahl betrug 2018 im Jahresdurchschnitt 2,34 Mio. Das entspricht einer Arbeitslosenquote von 5,2 %.

Ähnlich ist die Situation in der Pflegeversicherung, die bereits häufig Fehlbeträge aufwies. Aufgrund der laufend steigenden Ausgaben muss folglich auch der jüngste Zweig der Sozialversicherung Maßnahmen ergreifen, damit er nicht in die demografische[1] Falle gerät. Denn die **Bevölkerungsentwicklung in Deutschland** (zu wenig Kinder, die Menschen in Deutschland werden immer älter) ist mit ein Grund für die Schwierigkeiten der gesetzlichen Pflegeversicherung.

Quelle: Statistisches Bundesamt (Hrsg.): Lange Reihen: Bevölkerung nach Altersgruppen, 13. koordinierte Bevölkerungsvorausberechnung: Bevölkerung Deutschlands bis 2060. Angelehnt an: Bundeszentrale für politische Bildung [Zugriff am 06.11.2017].

Die anhaltend niedrige Geburtenziffer und die beständig steigende Lebenserwartung führen zu einer drastischen Veränderung des Verhältnisses zwischen jüngerer und älterer Generation. Der Anteil der unter 20-Jährigen an der Bevölkerung wird sich zwischen 1960 und 2060 von 28,4 % auf 16,4 % reduzieren. Parallel steigt der Anteil der Personen, die über 60 und älter sind, von 17,4 % auf 38,2 %. Für die Finanzierung des Sozialversicherungssystems hat dieser **demografische Wandel** in zweifacher Hinsicht Auswirkungen. Durch die **Zunahme älterer Menschen steigen die Ausgaben,** während eine **Abnahme an Erwerbstätigen** gleichzeitig einen **Rückgang der Einnahmen** bedeutet.[2]

Beispiel:

Haben 1991 noch vier Erwerbstätige einen Rentner finanziert, so werden dies im Jahr 2030 zwei Erwerbstätige sein.

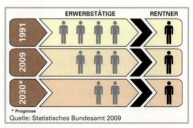

Die genannten Probleme machen deutlich, dass künftig jeder, der seinen Lebensstandard im Falle der Erwerbsminderung oder nach Erreichen der Altersgrenze erhalten möchte, bereits in jüngeren Jahren zusätzlich vorsorgen muss. Wie er das tut, hängt von seinen persönlichen Lebensumständen und seiner Zukunftseinschätzung ab. Er kann z. B. Kontensparen, Wertpapiere oder Wohnungseigentum (z. B. durch Bausparen) kaufen oder eine private Versicherung abschließen. Eine private Versicherung wird als **Individualversicherung** oder Vertragsversicherung bezeichnet.

---

1 Demografie = Bevölkerungslehre. Demografische Entwicklung = zahlen- und altersmäßige Entwicklung der Bevölkerung.

2 Quelle: http://www.rente.com/altersarmut/generationenvertrag.

Die Individualversicherung unterscheidet sich von der Sozialversicherung (siehe Kapitel 1.3.5) z. B. in folgenden Punkten:

Merkmale	Sozialversicherung (Pflichtversicherung)	Privatversicherung (Individualversicherung)
Entstehung des Versicherungs- verhältnisses	Kraft Gesetzes wird bestimmt, wer versicherungspflichtig ist. Der Versicherte hat keine Wahlfreiheit zwischen den Sozialversicherungsträgern.[1]	Durch freie Vereinbarung, d. h., der Versicherungsnehmer entscheidet, ob er eine Versicherung abschließen will oder nicht.[2] Dem Versicherten steht es grundsätzlich frei, bei welchem Unternehmen er sich versichern lassen will.
Beginn des Versicherungsvertrags	Der Versicherungsvertrag beginnt, wenn der gesetzlich festgelegte Tatbestand eintritt.	Zu unterscheiden ist ein formeller, technischer und materieller Versicherungsbeginn.
Beendigung des Versicherungsvertrags	Der Versicherungsvertrag endet, wenn der gesetzlich vorgeschriebene Tatbestand entfällt.	Die Beendigung des Vertrags erfolgt durch Vereinbarung, Zeitablauf, Kündigung, Tod.
Versicherte Risiken	Krankheit, Berufsunfall, Invalidität (körperliche oder geistige Behinderung), Alters- und Hinterbliebenenversorgung.	Alle versicherbaren Gefahren.
Beitragshöhe, Leistungen	Sie sind gesetzlich festgelegt.	Beitragshöhe und Leistungen sind i. d. R. frei bestimmbar.
Bemessung des Versicherungsbeitrags	Sie erfolgt nach der Einkommenshöhe bis zu bestimmten Höchstbeträgen, also nach sozialen Gesichtspunkten.	Sie erfolgt nach Risiko und Leistung, also nach wirtschaftlichen Gesichtspunkten.
Rechtsgrundlagen	Sozialgesetzbuch, Reichsversicherungsordnung, Arbeitsförderungsgesetz.	Versicherungsvertragsgesetz (VVG), Gesetz über die Beaufsichtigung der Versicherungsunternehmen (VAG).
Entscheidungen über Streitigkeiten	Sozialgericht	Ordentliche Gerichte
Ziele der beiden Vorsorgesysteme	Soziale Absicherung für einen Großteil der Bevölkerung bei Krankheit, Unfall, im Alter, bei Arbeitslosigkeit sowie bei Berufs- und Erwerbsunfähigkeit.	Abdeckung der individuellen Risiken bei Einzelpersonen.
Träger	Körperschaften des öffentlichen Rechts.	Private und öffentlich-rechtliche Versicherungsunternehmen.

---

1 Ausnahme: Zwischen den einzelnen Trägern der gesetzlichen Krankenversicherung kann der Versicherungspflichtige frei wählen.

2 Ausnahmen: Kraftfahrzeug-Haftpflichtversicherung und private Pflegeversicherung.

1.3.6.2 Möglichkeiten der privaten Vorsorge

Unter den vielen Möglichkeiten privater Vorsorge, wie z. B. der Kauf von Wertpapieren, das Kontensparen und der Erwerb von Wohnungseigentum (z. B. durch Bausparen), spielt in Deutschland der Abschluss von privaten Versicherungen eine große Rolle. Wir beschränken uns im Folgenden auf die wichtigsten Versicherungsarten.

Unfallversicherung

Die gesetzliche Unfallversicherung, für die der Arbeitgeber zuständig ist, zahlt nur dann, wenn dem Arbeitnehmer im beruflichen Bereich ein Unfall passiert. Deshalb sollte er sich überlegen, ob er eine private Unfallversicherung abschließen möchte. Sie sichert seinen Lebensunterhalt in der vereinbarten Höhe, unabhängig davon, ob ihm während der Arbeit, auf einem Arbeitsweg oder in der Freizeit ein Unfall zugestoßen ist – und das rund um die Uhr und weltweit.

Vermögenswirksame Leistungen (VL)

In den meisten Betrieben gibt es neben der Ausbildungsvergütung bzw. dem Arbeitsentgelt sogenannte vermögenswirksame Leistungen (VL). Das sind zusätzliche Zahlungen der Arbeitgeber, die mithelfen sollen, dass auch Arbeitnehmer Vermögen bilden können. Die VL betragen – je nach Tarifvertrag – bis zu 40,00 € im Monat. Erkundigen Sie sich bei Ihrem Arbeitgeber, wie viel er zahlt. Und dann teilen Sie ihm mit, wie Sie den Betrag anlegen wollen. Es ist z. B. möglich, die vermögenswirksamen Leistungen als Grundstock für die private Altersvorsorge in eine Lebensversicherung zu investieren.

Kapital bildende Lebensversicherung

Für die private Altersvorsorge kann man beispielsweise eine Kapital bildende Lebensversicherung abschließen. Bei dieser Versicherungsart wird am Ende der vereinbarten Laufzeit die „Ablaufleistung" ausgezahlt, die in der Regel wesentlich höher ist als die im Vertrag genannte garantierte Versicherungssumme. Das liegt daran, dass die Versicherungsunternehmen meist eine höhere Verzinsung erwirtschaften, als sie für die garantierte Summe angesetzt haben. Während der Laufzeit ist die Kapital bildende Lebensversicherung ein wirksamer Schutz für die Hinterbliebenen.

Private Rentenversicherung

Die private Rentenversicherung garantiert von einem bestimmten Zeitpunkt an eine monatliche lebenslange Rente. Sie kann auch „mit Hinterbliebenenschutz" abgeschlossen werden, also mit einer teilweisen Weiterzahlung der Rente nach dem Tod des Versicherten.

Berufsunfähigkeitsversicherung

Auch wer erst ganz am Anfang seines Berufslebens steht, sollte den Gedanken an eine mögliche Berufsunfähigkeit nicht verdrängen. Wenn jemand wegen einer schweren Krankheit oder wegen eines Unfalls nicht mehr in *seinem Beruf* arbeiten kann, muss sein Lebensunterhalt auf andere Weise sichergestellt sein. Wichtig: Die gesetzliche Rentenversicherung leistet in den ersten Berufsjahren entweder gar keine oder aber nur minimale Zahlungen. Die sogenannte Erwerbsminderungsrente wird grundsätzlich nur befristet zuerkannt und richtet sich nach der Anzahl der Stunden, die eine Person nach einem Unfall oder nach einer Krankheit täglich noch arbeiten könnte.

Eine mögliche Versorgungslücke schließt eine private Berufsunfähigkeitsversicherung. Wird sie in Verbindung mit einer *Kapital bildenden Lebensversicherung* oder einer *privaten Rentenversicherung* abgeschlossen, so bietet sie außerdem den Vorteil, dass diese Lebens- beziehungsweise Rentenversicherung im Schadensfall beitragsfrei weiterläuft. Das heißt: Anstelle des Versicherungsnehmers sorgt dann die sogenannte Berufsunfähigkeitszusatzversicherung dafür, dass die Beiträge weitergezahlt werden. So werden die Leistungen aus diesen Verträgen im Falle einer Berufsunfähigkeit abgesichert.

Erwerbsunfähigkeitsversicherung

Die Erwerbsunfähigkeitsversicherung tritt in der Regel ein, wenn der Versicherte vollständig außerstande ist, irgendeine regelmäßige Erwerbstätigkeit auszuüben. Diese Form der Absicherung stellt für alle Versicherungsnehmer eine kostengünstige Alternative dar, die nur den schlimmsten aller Fälle (worst case) absichern wollen.

Private Pflege-Zusatzversicherung

Um den Abschluss privater Pflege-Zusatzversicherungen zu fördern, erhält der Versicherungsnehmer bei einem Mindestbeitrag von 180,00 € im Jahr eine staatliche Zulage von 60,00 €. Dadurch sollen in Zukunft die staatlichen Pflegekassen entlastet werden. Zudem kann diese private Versicherung die finanziellen Risiken im Falle einer eigenen Pflegebedürftigkeit absichern.

1.3.6.3 Staatlich geförderte Alterssicherung

Die private Altersvorsorge wird vom Staat gefördert, um Lücken bei der gesetzlichen Rentenversicherung auszugleichen (siehe Kapitel 1.3.5.5). Staatliche Zulagen erhalten vor allem Bürger, die in der gesetzlichen Rentenversicherung pflichtversichert sind, sowie alle aktiven Beamten, Richter und Soldaten.

Riester-Rente[1]

Gefördert werden Sparanlagen, aus denen vom 60. Lebensjahr (bei Vertragsabschluss nach dem 31. 12. 2011 nicht vor Vollendung des 62. Lebensjahrs) oder vom Beginn einer

Altersrente an eine lebenslange Rente fließt. Bei allen geförderten Anlagen muss garantiert sein, dass mindestens die eingezahlten Beiträge wieder ausgezahlt werden. Die Abtretung oder Übertragung von Forderungen aus dem Vertrag (also der auf den Vertrag eingezahlten Beträge nebst Zulagen) ist ausgeschlossen. Das Bundeszentralamt für Steuern mit Sitz in Bonn *(www.bzst.de)* prüft als Zertifizierungs-behörde,[2] ob die Altersvorsorgeprodukte (z. B. die Zusatzrentenversicherung eines privaten Versicherungsunternehmens) den gesetzlichen Anforderungen entspricht.

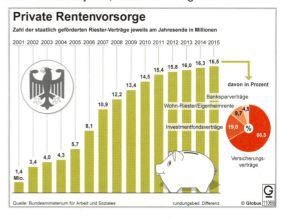

Private Rentenvorsorge

Zahl der staatlich geförderten Riester-Verträge jeweils am Jahresende in Millionen

2001 2002 2003 2004 2005 2006 2007 2008 2009 2010 2011 2012 2013 2014 2015

1,4 Mio. 3,4 4,0 4,3 5,7 8,1 10,9 12,2 13,4 14,5 15,4 15,8 16,0 16,3 16,5

davon in Prozent

Banksparverträge 4,9
Wohn-Riester/Eigenheimrente 9,7
Investmentfondsverträge 19,0 %
Versicherungsverträge 66,5

Quelle: Bundesministerium für Arbeit und Soziales   rundungsbed. Differenz   © Globus 11069

---

1 Diese Form der staatlich geförderten Alterssicherung wird als „Riester-Rente" bezeichnet. Walter Riester war von 1998 bis 2002 Arbeitsminister.

2 Zertifizieren (lat.) = amtlich bestätigen, bezeugen.

Auch die Schaffung selbst genutzten Wohneigentums (Eigentumswohnung oder Eigenheim) wird staatlich gefördert („Wohn-Riester"). Sobald man ein Objekt kaufen oder bauen möchte, kann das Geld dafür aus dem Riester-Vertrag entnommen werden. Beiträge und Zulagen können direkt zur Tilgung eines Bankkredits genutzt werden.

Die staatliche jährliche Grundzulage beträgt 175,00 € (für Ehegatten 350,00 €). Die Kinderzulage beläuft sich für vor 2008 Geborene auf jährlich 185,00 € je Kind. Für ab dem 1. Januar 2008 geborene Kinder wird eine jährliche Zulage von 300,00 € gewährt. Berufseinsteiger sowie Studenten, die das 25. Lebensjahr noch nicht vollendet haben, erhalten einen einmaligen Berufseinsteigerbonus in Höhe von 200,00 €, wenn sie einen Riester-Vertrag abschließen.

Um in den Genuss der staatlichen Förderung zu kommen, müssen bestimmte **Eigensparleistungen** erbracht werden. Sie berechnen sich wie folgt:

Eigenleistung = Maximal geförderte Sparleistung – Grundzulage – Kinderzulage

Die **Höchstgrenze der geförderten Sparleistung** beträgt 4 % des Bruttoeinkommens, höchstens jedoch 2 100,00 € jährlich.

Beispiel 1:	Beispiel 2:
Die ledige Frau Ina Leidl (kein Kind) verdient im Jahr 2019 brutto 25 000,00 €. Gefördert wird eine maximale Sparleistung von 4 % aus 25 000,00 € = 1 000,00 €. Die Eigenleistung beläuft sich dann auf 1 000,00 € abzüglich 175,00 € = 825,00 €.	Das Ehepaar Moosberger (2 Kinder im Alter von 12 und 14 Jahren) hat im Jahr 2019 ein Einkommen von 40 000,00 €. Gefördert wird eine Sparleistung von höchstens 4 % aus 40 000,00 € = 1 600,00 €. Die Eigenleistung beträgt dann 1 600,00 € abzüglich 2 · 175,00 € abzüglich 2 · 185,00 € = 880,00 €.

Wahlweise (alternativ) können die Sparleistungen bis zu höchstens 4 % vom Bruttoeinkommen, maximal 2 100,00 €, als Sonderausgaben abgesetzt werden. Ist der Steuervorteil höher als die jeweilige Grundzulage, wird die **Differenz** dem Steuerpflichtigen gutgeschrieben. Die Finanzämter sind zur Prüfung verpflichtet („Günstigervergleich").

Rürup-Rente[1]

Eine weitere staatlich geförderte Form der Altersvorsorge ist die sogenannte „Rürup-Rente". Die Vorsorge-Sparer erhalten hier keine staatlichen Zulagen, gefördert wird über Steuervorteile. Für Selbstständige ist die „Rürup-Rente" die einzige Möglichkeit, steuerbegünstigt zu sparen. Der Versicherungsvertrag muss bestimmte Kriterien erfüllen, um zu den begünstigten Altersvorsorgeaufwendungen zu zählen, z. B.:

- Es muss eine lebenslange Rente vereinbart werden.
- Die spätere Rentenzahlung muss monatlich erfolgen und darf nicht vor dem 60. Lebensjahr beginnen.
- Die Ansprüche aus dem Vertrag dürfen nicht vererblich, nicht übertragbar, nicht beleihbar, nicht veräußerbar und nicht kapitalisierbar sein.

Im Jahr 2019 können Altervorsorgeaufwendungen zu 88 % steuerlich als Sonderausgaben geltend gemacht werden. Bis zum Jahr 2025 steigt dieser Prozentsatz jährlich um jeweils zwei Prozentpunkte bis auf 100 %. Die jährlichen Höchstbeträge belaufen sich auf 24 305,00 € bei Alleinstehenden bzw. 48 610,00 € bei Verheirateten.

---

1 Bert Rürup, Volks- und Finanzwissenschaftler, ist u. a. Vorsitzender der Kommission für die Nachhaltigkeit in der Finanzierung der sozialen Sicherungssysteme.

Beispiel zur Altersvorsorge:

Jens Meister, 45 Jahre alt, alleinstehender selbstständiger Kaufmann, hat im Jahr 2019 ein Bruttojahreseinkommen von 100 000,00 €. Er zahlt keine Beiträge in ein berufsständisches Versorgungswerk oder zur gesetzlichen Rentenversicherung. Herr Meister zahlt jährlich 24 305,00 € in eine private Rentenversicherung („Rürup-Rente") ein.

Gesamtbeitrag zur gesetzlichen Rentenversicherung	0,00 €
+ Beiträge zur privaten Rentenversicherung („Rürup-Rente")	24 305,00 €
= Summe der Altersvorsorgeaufwendungen (max. 24 305,00 €)	24 305,00 €
Davon werden im Jahr 2019 nur 88 % berücksichtigt. (88 % von 24 305,00 €)	21 388,40 €
− abzüglich steuerfreier Arbeitgeberanteil zur Rentenversicherung	0,00 €
= steuerlich abzugsfähige Altersvorsorgeaufwendungen	21 388,40 €

Die späteren Renten aus steuerlich begünstigten Altersvorsorgeverträgen werden nachgelagert besteuert.

Zusammenfassung

- Das deutsche **Sozialversicherungssystem** ist in den letzten Jahren in Bedrängnis geraten. Die Gründe sind z. B.:
    - Überproportional steigende Kosten vor allem für Krankenhausaufenthalte, Arzneimittel, ärztliche Behandlung und Heil- und Hilfsmittel;
    - hohe Arbeitslosigkeit;
    - zunehmende Lebenserwartung der Bevölkerung;
    - zu niedrige Geburtenraten.

- Die Folge ist, dass entweder die **Beiträge der Sozialversicherung** weiter **erhöht** oder die **Leistungen gekürzt** werden müssen, um die wachsenden Finanzierungslücken zu schließen.

- Angesichts der bereits erfolgten und den zu erwartenden Leistungskürzungen ist es erforderlich, auch privat zur Sicherung eines angemessenen Lebensstandards z. B. im Falle einer **Erwerbsminderung** oder nach **Eintritt ins Rentenalter** vorzusorgen.

- Zwischen der Sozialversicherung und der Individualversicherung bestehen wesentliche Unterschiede:

Sozialversicherung	Individualversicherung
<ul><li>Es werden Risiken versichert, die mit der Arbeitsfähigkeit bzw. Berufsfähigkeit zusammenhängen.</li><li>Die Versicherung besteht kraft Gesetzes.</li><li>Die Beitragshöhe richtet sich nach dem Einkommen.</li><li>Versicherer sind die Sozialversicherungsträger.</li></ul>	<ul><li>Versichert werden alle versicherbaren Gefahren.</li><li>Die Versicherung beruht grundsätzlich auf freier Vereinbarung.</li><li>Die Beitragshöhe richtet sich nach dem Umfang des Risikos und der Leistung.</li><li>Versicherer sind private und öffentliche Versicherer.</li></ul>

- **Möglichkeiten der privaten Vorsorge** sind u. a. der Abschluss einer Unfallversicherung, einer Kapital bildenden Lebensversicherung, einer privaten Rentenversicherung, einer Berufsunfähigkeitsversicherung oder einer Erwerbsunfähigkeitsversicherung.

- Die **private Altersvorsorge fördert der Staat** mit nach dem Familienstand gestaffelten Zulagen.

ÜBUNGSAUFGABEN

1. Unterscheiden Sie zwischen Sozialversicherung und Privatversicherung!

2. Welche Ihnen bekannten Versicherungsarten sind besonders zur Sicherung eines angemessenen Lebensstandards im Falle einer Erwerbsminderung und nach Eintritt ins Rentenalter geeignet?

3. Interpretieren Sie das folgende Schaubild!

Quelle: In Anlehnung an Postbank AG.

4. Erläutern Sie unter Berücksichtigung des nachfolgenden Schaubildes das sogenannte Drei-Schichten-Modell der Altersversorgung. Recherchieren Sie gegebenenfalls die Ihnen unbekannten Begriffe!

Quelle: In Anlehnung an Deutsche Bank, o.J.

1.4 Rechtsformen der Unternehmen

1.4.1 Rechtliche Grundlagen

1.4.1.1 Handelsregister

Das *Handelsregister* ist ein amtliches Verzeichnis, das über wichtige Rechtsverhältnisse der Unternehmen Auskunft gibt. Es wird – ebenso wie das Genossenschafts- und das Partnerschaftsregister – vom Amtsgericht elektronisch geführt.

Die Landesregierungen sind ermächtigt, durch Rechtsverordnungen die Führung des Handelsregisters für mehrere Amtsgerichtsbezirke einem Amtsgericht zu übertragen, wenn dies einer schnelleren und rationelleren Führung des Handelsregisters dient [§ 376 II FamFG].[1] Rechtsgrundlage ist das Gesetz über elektronische Handels- und Genossenschaftsregister sowie das Unternehmensregister (EHUG).

Das *Unternehmensregister* enthält u. a. alle gesetzlich vorgeschriebenen Bekanntmachungen der Unternehmen, in die jedermann Einblick nehmen kann *(www.unternehmens register.de)*.

Das Handelsregister hat die Aufgabe, der Öffentlichkeit (z. B. den Lieferanten, Kunden, Kapitalgebern) die Rechtsverhältnisse der eingetragenen Unternehmen zugänglich zu machen. Die Einsichtnahme kann „vor Ort" oder über das Internet *(www.justiz.de)* erfolgen.

Das Handelsregister besteht aus **zwei Abteilungen** [§ 3 I HRV]:

Abteilung A [§ 3 II HRV]	Abteilung B [§ 3 III HRV]
■ Einzelkaufleute	■ Aktiengesellschaften
■ offene Handelsgesellschaften	■ Kommanditgesellschaften auf Aktien
■ Kommanditgesellschaften	■ Gesellschaften mit beschränkter Haftung
	■ Versicherungsvereine auf Gegenseitigkeit

Jeder Kaufmann[2] ist zur Eintragung ins Handelsregister verpflichtet. Kaufmann ist grundsätzlich jedes gewerbliche Unternehmen, es sei denn, es wird kein in kaufmännischer Weise eingerichteter Geschäftsbetrieb benötigt. Letzteres ist grundsätzlich bei Kleingewerbetreibenden (z. B. Inhaber eines Kiosk oder eines Imbissstands) der Fall. Aber auch Kleingewerbetreibende können die Kaufmannseigenschaft erwerben, indem sie sich freiwillig ins Handelsregister eintragen lassen.

Ins Handelsregister werden solche Tatsachen aufgenommen, die für die Geschäftspartner eines Kaufmanns von Bedeutung sein können. Dazu gehören vor allem

- die Firma (der Geschäftsname eines kaufmännischen Unternehmens),
- der Name der persönlich haftenden Gesellschafter,[3]
- der Sitz des Unternehmens,
- das Stammkapital einer Gesellschaft mit beschränkter Haftung (GmbH),[4]
- die Auflösung eines Unternehmens und
- die Löschung der Firma.

---

1 Gesetz über das Verfahren in Familiensachen und in den Angelegenheiten der freiwilligen Gerichtsbarkeit (FamFG).

2 Näheres zur Kaufmannseigenschaft siehe Kapitel 1.4.1.2.

3 Siehe Kapitel 1.4.3 und Kapitel 1.4.4.

4 Siehe Kapitel 1.4.6.

113

8 Hartmann -Hug- ISBN 978-3-8120-0522-7

Jede Änderung der eingetragenen Tatsachen muss zur Eintragung angemeldet werden. Auf Geschäftsbriefen müssen Firma, Sitz und Rechtsform des Unternehmens sowie das Registergericht und die Handelsregisternummer angegeben sein.

Die Handelsregisteranmeldungen werden durch Notare elektronisch an das Register übermittelt. Aus Gründen der Rechtssicherheit ist eine *öffentliche Beglaubigung* der Anmeldung erforderlich.

1.4.1.2 Der Kaufmann im Handelsrecht

Begriff Kaufmann

Im Wirtschaftsleben ist es von erheblicher Bedeutung, ob ein Geschäftspartner Kaufmann ist oder nicht. Kaufmann ist grundsätzlich jeder Gewerbetreibende (vgl. § 1 HGB). Ausgenommen sind lediglich die sogenannten Kleingewerbetreibenden, deren Unternehmen nach Art und Umfang einen in kaufmännischer Weise eingerichteten Geschäftsbetrieb *nicht* erfordert. Zur Abgrenzung zwischen einem kaufmännischen Unternehmen und einem Kleingewerbetreibenden gibt es keinen festen Maßstab. Im Zweifelsfall entscheiden die Gerichte unter Berücksichtigung der Art des Unternehmens, der Umsatz- und Beschäftigtenzahlen, des Betriebsvermögens und anderer Merkmale. Wer Kaufmann ist, muss sich beim zuständigen Amtsgericht ins Handelsregister eintragen lassen.

Arten der Kaufleute

Istkaufleute	Istkaufleute sind Gewerbetreibende, die kraft Gesetzes (also von vornherein) Kaufleute sind, gleichgültig, ob sie im Handelsregister eingetragen sind oder nicht. Die Eintragung wirkt lediglich *deklaratorisch.*[1]
Kannkaufleute	Kannkaufleute haben die Wahl, ob sie sich ins Handelsregister eintragen lassen wollen oder nicht. Das sind zum einen die Kleingewerbetreibenden und zum anderen die Inhaber land- und forstwirtschaftlicher Betriebe und/oder ihrer Nebenbetriebe. Bei den Letzteren ist Voraussetzung, dass sie einen nach Art und Umfang in kaufmännischer Weise eingerichteten Geschäftsbetrieb erfordern [§§ 2, 3 HGB]. Bei den Kannkaufleuten wirkt die Handelsregistereintragung *konstitutiv.*[2] Dies bedeutet, dass die Kaufmannseigenschaft erst mit der Handelsregistereintragung erworben wird.
Kaufleute kraft Rechtsform	Kaufleute kraft Rechtsform sind die juristischen Personen des Handelsrechts. Sie werden auch als Formkaufleute bezeichnet. Ein wichtiges Beispiel für einen Kaufmann kraft Rechtsform ist die Aktiengesellschaft (Kapitel 1.4.5). Die Handelsregistereintragung wirkt ebenfalls *konstitutiv.*

Wichtige Rechte und Pflichten des Kaufmanns

Kaufleute haben die Pflicht zu einer ordnungsgemäßen Buchführung. Sie müssen jährlich eine Inventur (Bestandsaufnahme des Vermögens und der Schulden) durchführen und eine Bilanz erstellen. Die Aufbewahrungspflicht für Geschäftsbücher beträgt 10 Jahre, die für Geschäftsbriefe 6 Jahre.

---

1 Deklaratorisch (lat.) = erklärend, rechtserklärend. Deklaration (lat.) = Erklärung, die etwas Grundlegendes enthält.

2 Konstitutiv (lat.) = rechtsbegründend, rechtschaffend. Konstitution (lat.) = Verfassung, Rechtsbestimmung.

Für Handelsgeschäfte der Kaufleute gelten eine Reihe von Sondervorschriften (vgl. §§ 343 ff. HGB), die von den weniger strengen Bestimmungen des BGB abweichen. Kaufleute müssen z. B. die ihnen gelieferten Waren unverzüglich untersuchen und Mängel dem Verkäufer gegenüber sofort rügen. Im gegenseitigen Geschäftsverkehr können Kaufleute für ihre Forderungen vom Tag der Fälligkeit an Zinsen verlangen. Nur Kaufleute können Prokura (eine besonders weitgehende Handlungsvollmacht) erteilen. Ein Bürgschaftsvertrag ist auch mündlich oder in elektronischer Form gültig, wenn er aufseiten des Bürgen ein Handelsgeschäft ist [§ 350 HGB].

1.4.2 Einzelunternehmen

Frau Ilona Katz ist gelernte Malerin. Nachdem ihr Arbeitgeber wegen Zahlungsunfähigkeit den Betrieb schließen musste und sie arbeitslos wurde, kam ihr eine Idee. Sie gründete eine Handwerkervermittlung für Privathaushalte mit dem Motto „Wir kommen sofort nach Ihrem Anruf". Ihr Unternehmen geht blendend, weil die von ihr vermittelten Handwerker das halten, was sie verspricht, seien es Malerarbeiten und Reparaturen an Elektrogeräten, sei es die Beseitigung eines Wasserrohrbruchs oder das Verlegen eines Elektrokabels. Frau Ilona Katz ist mit Aufnahme ihrer Tätigkeit Unternehmerin, und zwar Inhaberin eines Einzelunternehmens.

Gründung des Einzelunternehmens

Für die Gründung eines Einzelunternehmens gibt es keine besonderen Formvorschriften. Falls es sich nicht um den Betrieb eines Kleingewerbes handelt, ist eine Eintragung ins Handelsregister erforderlich. Die Firma des Einzelunternehmers muss die Bezeichnung „eingetragener Kaufmann" bzw. „eingetragene Kauffrau" oder eine allgemein verständliche Abkürzung dieser Bezeichnung (insbesondere „e. K.", „e. Kfm." oder „e. Kfr.") enthalten [§ 19 I Nr. 1 HGB].

Haftung

Für die Verbindlichkeiten des Unternehmens haftet der Einzelunternehmer unbeschränkt mit seinem Geschäfts- und Privatvermögen.

Kapitalaufbringung (Finanzierung)

Der Einzelunternehmer bringt das *Eigenkapital* selbst auf. Über die Höhe des Eigenkapitals gibt es keine gesetzlichen Vorschriften. Die Eigenkapitalbasis kann durch Ansparung von Gewinnen (durch *Selbstfinanzierung*) oder Aufnahme eines *stillen Gesellschafters* geschehen. (Bei der *„Stillen Gesellschaft"* tritt der Gesellschafter nach außen nicht in Erscheinung, wird also auch nicht ins Handelsregister eingetragen.)[1] Fremdkapital erhält der Einzelunternehmer i. d. R. von seinen Lieferanten (Lieferantenkredit) und den Banken (Bankkredit).

Informationen über Förderprogramme aus den Bereichen Existenzgründung und Beteiligungsfinanzierung erhalten Sie unter www.kfw.de.

Geschäftsführung (Innenverhältnis)

Der Einzelunternehmer trifft alle Entscheidungen allein, es sei denn, die Mitbestimmungsrechte der Belegschaft stehen dem entgegen.

---

1 Zur „Stillen Gesellschaft" siehe auch Kapitel 1.4.8.

▌Vertretung (Außenverhältnis)

Gegenüber Dritten (nach „außen") vertritt allein der Inhaber das Unternehmen. Er schließt alle das Unternehmen betreffenden Rechtsgeschäfte ab (z. B. Abschluss und Kündigung von Arbeitsverträgen, Abschluss von Kauf- und Mietverträgen). Selbstverständlich besteht für den Einzelunternehmer die Möglichkeit, sich durch Mitarbeiter vertreten zu lassen.

1.4.3 Offene Handelsgesellschaft (OHG)

Herr Karl Wagner ist seit Jahren Inhaber einer Kraftfahrzeugreparaturwerkstatt. Er plant, seinen Betrieb mit dem Handel von Neufahrzeugen zu vergrößern. Er kennt einen langjährigen Autoverkäufer, Herrn Wunsch, der bereit ist, sich an dem erweiterten Geschäft mit 150 000,00 € zu beteiligen und als mitarbeitender Gesellschafter mitzuwirken. Die von Wagner und Wunsch gegründete OHG wird im Handelsregister eingetragen.

▌Gründung

In der Regel erfolgt die Gründung einer offenen Handelsgesellschaft (OHG) durch einen Gesellschaftsvertrag zwischen zwei oder mehr Personen *(Personengesellschaft).* Formvorschriften bestehen nicht. Die Firma der OHG muss die Bezeichnung „offene Handelsgesellschaft" oder eine allgemein verständliche Abkürzung dieser Bezeichnung enthalten [§ 19 I Nr. 2 HGB].

▌Haftung

Den Gläubigern der OHG gegenüber haften die Gesellschafter unmittelbar und unbeschränkt (mit ihrem Geschäfts- und Privatvermögen). Außerdem haften die OHG-Gesellschafter solidarisch, d. h. „einer für alle und alle für einen". Da die OHG unter einer Firma betrieben wird, kann der Gläubiger die OHG auch als Ganzes verklagen. Man bezeichnet die OHG deshalb auch als *quasijuristische Person.*[1]

▌Kapitalaufbringung (Finanzierung)

Über die Höhe des Eigenkapitals bestehen keine gesetzlichen Vorschriften. Die Eigenkapitalbasis wird durch nicht entnommene Gewinne *(Selbstfinanzierung)* und/oder durch Aufnahme neuer Gesellschafter *(Beteiligungsfinanzierung)* vergrößert. Unter sonst gleichen Bedingungen ist die Kreditwürdigkeit einer OHG höher einzuschätzen als die einer Einzelunternehmung, da mindestens zwei Gesellschafter für die Geschäftsschulden haften. Sieht der Gesellschaftsvertrag keine andere Regelung vor, erhält jeder Gesellschafter einen Gewinnanteil von 4 % auf seine Kapitaleinlage. Der Rest wird – wie ein möglicher Verlust – zu gleichen Teilen („nach Köpfen") verteilt. Für private Zwecke kann jeder Gesellschafter 4 % seines Kapitalanteils entnehmen.

▌Geschäftsführung (Innenverhältnis)

Grundsätzlich sind alle OHG-Gesellschafter zur Geschäftsführung ermächtigt. Falls nichts anderes vereinbart ist, haben die Gesellschafter bei *gewöhnlichen Geschäften* (z. B. Waren bestellen, Rechnungen bezahlen) *Einzelgeschäftsführungsrecht* [§ 116 I HGB]. Bei *außergewöhnlichen Geschäften* (z. B. Aufnahme eines Gesellschafters, Grundstückskauf oder -verkauf) müssen hingegen alle Gesellschafter zustimmen (Gesamtgeschäftsführungsrecht).

---

1 Quasi (lat.) = als ob; die OHG wird so behandelt, als ob sie eine juristische Person sei.

Vertretung (Außenverhältnis)

Im Außenverhältnis besteht zum Schutz Dritter zwingend *Einzelvertretungsrecht* für gewöhnliche und außergewöhnliche Rechtsgeschäfte [§§ 125 f. HGB]. Ein im Gesellschaftsvertrag vereinbartes Gesamtvertretungsrecht (zwei oder mehrere Gesellschafter vertreten das Unternehmen gemeinsam) muss im Handelsregister eingetragen sein.

1.4.4 Kommanditgesellschaft (KG)

Nach einigen Jahren ist die Wagner & Wunsch OHG so gewachsen, dass ihre Eigenkapitalbasis nicht mehr ausreicht. Die potenziellen (möglichen) Kreditgeber verlangen einfach mehr Sicherheit. Die Herren Wagner und Wunsch beschließen daher, zusätzliche Gesellschafter aufzunehmen, die allerdings keinen allzu großen Einfluss auf die Geschäftsführung haben sollen. Als Unternehmungsform kommt daher die Kommanditgesellschaft infrage.

Gründung

Die Kommanditgesellschaft (KG) ist ebenso wie die OHG eine *Personengesellschaft.* Sie besteht aus mindestens einem vollhaftenden Gesellschafter *(Komplementär)* und einem teilhaftenden Gesellschafter *(Kommanditist).* Komplementär kann auch eine juristische Person sein, z. B. eine Gesellschaft mit beschränkter Haftung (GmbH). Die Kommanditgesellschaft firmiert dann als GmbH & Co. KG. Die Firma der KG muss die Bezeichnung „Kommanditgesellschaft" oder eine allgemein verständliche Abkürzung dieser Bezeichnung enthalten [§ 19 I Nr. 3 HGB].

Haftung

Für die Verbindlichkeiten der KG haften die Komplementäre wie die OHG-Gesellschafter, die Kommanditisten jedoch nur mit ihrer Einlage [§ 161 II i. V. m. §§ 128 ff., 171 HGB]. Soweit ein Kommanditist seine Einlage noch nicht geleistet hat, haftet er den Gesellschaftsgläubigern unmittelbar. *Vor der Eintragung ins Handelsregister* haftet der Kommanditist *unbeschränkt* und *unmittelbar* [§ 176 I HGB].

Kapitalaufbringung (Finanzierung)

Die Möglichkeit der KG, ihre Eigenkapitalbasis durch die Aufnahme neuer Kommanditisten zu vergrößern, erleichtert die *Fremdfinanzierung.* Für die Kreditgeber ist die KG deshalb i. d. R. kreditwürdiger als z. B. ein kleines Einzelunternehmen. Die *Selbstfinanzierung* der KG erfolgt dadurch, dass die Komplementäre einen Teil ihres Gewinnanteils im Unternehmen belassen. Die nicht ausgeschütteten Gewinnanteile der Kommanditisten stellen hingegen Fremdkapital dar *(interne Fremdfinanzierung).*

Falls nichts anderes vereinbart ist, erhält jeder Gesellschafter vom Gewinn bis zu 4 % seiner Kapitaleinlage. Der darüber hinausgehende Gewinn wird „angemessen" verteilt [§ 168 HGB]. Um Streitigkeiten zu vermeiden, wird in der Praxis die Gewinn- und Verlustverteilung im Gesellschaftsvertrag eindeutig geregelt.

Geschäftsführung (Innenverhältnis)

Die Geschäftsführung liegt allein bei den Komplementären. Sie ist wie bei der OHG geregelt. Die Kommanditisten haben lediglich ein Kontrollrecht, es sei denn, sie besitzen besondere Vollmachten.

Vertretung (Außenverhältnis)

Das Vertretungsrecht haben die Komplementäre. Es entspricht dem Vertretungsrecht der OHG-Gesellschafter (vgl. §§ 161 i. V. m. §§ 125 ff. HGB].

1.4.5 Aktiengesellschaft (AG)

Jeden Tag werden Sie unmittelbar und mittelbar mit Aktiengesellschaften konfrontiert, nicht nur durch ihre Produkte, sondern auch über die Nachrichten, die Sie in Zeitungen lesen und in den täglichen Nachrichten hören. Da ist von Aktienkursen, dem DAX, der Wertpapierbörse und von Fusionen die Rede. Sie hören von Dividendensätzen, von Vorstandsmitgliedern großer Aktiengesellschaften, die neu bestellt oder auch abgesetzt wurden. Schließlich können Sie im Rahmen des Vermögensbildungsgesetzes vermögenswirksame Leistungen Ihres Ausbildungsbetriebs sowie eigene Sparleistungen auch in Aktien oder in anderen Vermögensbeteiligungen anlegen. Kurz: Wer mitreden (und handeln) möchte, muss auch Grundkenntnisse über die Aktiengesellschaften besitzen.

Gründung

Die Aktiengesellschaft (AG) ist eine *juristische Person,* d. h. eine Personenvereinigung, der das Gesetz die Eigenschaft einer Person verleiht. Dies bedeutet, dass die AG *rechtsfähig* ist. Sie kann z. B. Rechtsgeschäfte abschließen, klagen oder verklagt werden. Die AG ist Gläubiger oder Schuldner, nicht etwa ihre Gesellschafter (Eigenkapitalgeber), die Aktionäre. Unternehmensformen, die nach dem Handelsrecht rechtsfähig (juristische Personen) sind, bezeichnet man als *Kapitalgesellschaften.*

Die Aktiengesellschaft kann von einer oder mehreren natürlichen oder juristischen Personen gegründet werden [§ 2 AktG]. Der bzw. die Gründer müssen eine *Satzung* (einen Gesellschaftsvertrag) errichten, die notariell beurkundet sein muss [§ 23 I AktG]. Die *Firma* muss die Bezeichnung „Aktiengesellschaft" oder eine allgemein verständliche Abkürzung dieser Bezeichnung enthalten.

Die Einlagen (Geld- oder Sachwerte) der Gründer werden anteilsmäßig in Aktien verbrieft (siehe Abb. auf S. 120).

Haftung

Das Vermögen der AG ist verselbstständigt, gehört also – rechtlich gesehen – niemandem. Daraus folgt, dass nur die AG für ihre Verbindlichkeiten haftet, nicht aber die Gesellschafter (die Anteilseigner).

Die Gründer einer AG erhalten für ihre Kapitaleinlagen *Aktien.* Das sind Wertpapiere, die ein Anteilsrecht am Reinvermögen (Eigenkapital) der Aktiengesellschaft verbriefen. Die Anteilseigner (engl. *shareholder*) heißen deshalb *Aktionäre.*

Kapitalaufbringung (Finanzierung)

Da die Aktionäre nicht für die AG haften, schreibt der Gesetzgeber ein *Mindestkapital* vor, das als *Grundkapital* (landläufig auch als *Aktienkapital*) bezeichnet wird. Das Grundkapital erscheint in den von den Aktiengesellschaften zu veröffentlichenden Bilanzen als „*gezeichnetes Kapital*" [§§ 266 III, 272 I HGB, § 152 I AktG]. Es muss mindestens 50 000,00 € betragen [§ 7 AktG].

Früher wurden Aktien grundsätzlich gedruckt, d. h., die Gründer oder späteren Käufer der Aktien konnten die Urkunden erhalten und z. B. zu Hause oder in einem Banksafe aufbewahren. Man bezeichnet solche gedruckten Papiere als *„effektive Stücke"*, weil sie tatsächlich (effektiv) bestanden. Der Handel mit Aktien in Papierform ist nicht mehr üblich. Effektive Stücke werden nur noch auf Wunsch ausgeliefert, weil der Handel schwierig ist. Der heutige Aktienhandel erfolgt nur noch virtuell[1]. Die Anteilsrechte (Wertrechte) der Aktionäre werden lediglich in das Aktienregister der Aktiengesellschaft eingetragen. Die Eigentumsübertragung auf einen Käufer erfolgt durch Löschung der Personalien des bisherigen Aktionärs und durch Neueintragung des Aktienkäufers (Näheres siehe § 10 II AktG). Aktien (und andere Wertpapiere) werden in der Regel von Banken in einem Wertpapierdepot[2] (Wertpapierdepotkonto) verwaltet. Über das Depot laufen Kauf und Verkauf von Wertpapieren, Übertragungen, der Einzug von Zinsen und Gewinnanteilen (bei Aktien Dividende genannt).

Um sich eine Vorstellung vom Wesen einer Aktie machen zu können, ist auf S. 120 eine gedruckte Aktie mit ihren Bestandteilen abgebildet.

Aktienarten nach der Übertragbarkeit der Aktien	
Namensaktien	**Inhaberaktien**
Auf den effektiven Stücken ist der Name des Aktionärs eingetragen. Außerdem werden sein Geburtsdatum und seine Adresse im Aktienregister der AG geführt. Nicht gedruckte Aktien sind stets Namensaktien. Die Bedeutung der Namensaktien in Deutschland nimmt zu, weil sie weltweit handelbar sind. (So sind z. B. in den USA nur Namensaktien zum Börsenhandel zugelassen.)	Der Eigentümer der Aktie bleibt unbekannt (anonym). Bis vor wenigen Jahren wurden in Deutschland die weitaus meisten Aktien als Inhaberaktien ausgegeben. Der Grund: Inhaberaktien sind leicht handelbar, weil bei effektiv Stücken die Eigentumsübertragung lediglich durch Einigung und Übergabe erfolgt [§§ 929 ff. BGB].

Aktienarten nach der Angabe der Beteiligungshöhe	
Nennwertlose Aktien (Stückaktien)	**Nennbetragsaktien**
Die Aktien besitzen keinen Nennwert. Sie drücken lediglich einen Anteil am Eigenkapital der AG aus (siehe Beispiel auf S. 121). Der auf die einzelne Stückaktie entfallende anteilige Betrag des Grundkapitals darf 1,00 € nicht unterschreiten [§ 8 III AktG].	Die Aktien haben einen Nennwert (Nominalwert), der den effektiven Stücken aufgedruckt ist. Der Mindestnennwert beträgt mindestens 1,00 €. Höhere Nennwerte müssen auf volle Euro lauten [§ 8 II AktG]. In Deutschland nimmt die Bedeutung der Nennbetragsaktien ab.

Das **Grundkapital der Aktiengesellschaft** ist zwar Teil des Eigenkapitals der Gesellschaft. Die tatsächliche Höhe des Eigenkapitals ist in der Regel höher, seltener niedriger. Ebenso kann der tatsächliche Wert einer Aktie ihren Nennwert bzw. ihren Anteilswert am Grundkapital übersteigen. In der Regel wird der Wert (der Preis der Aktie, also ihr Kurs) umso höher sein, je höher das Eigenkapital der Aktiengesellschaft ist und je günstiger deren Gewinnaussichten sind.

---

1 Virtuell (franz. virtuel) = Eigenschaft eines Gegenstands, der nicht in der Form besteht, in der er zu bestehen scheint. Man kann sich z. B. gut vorstellen, wie eine Aktie aussieht, welche Bestandteile sie hat. Der Aktienkäufer weiß, dass ihm die Aktie gehört und dass sie einen bestimmten Wert darstellt.

2 Depot (franz.) = Lager, Hinterlegungsort, Aufbewahrungsort.

Sammelaktie (eine Urkunde über 10 Stückaktien)

Dividendenscheinbogen mit anhängendem Erneuerungsschein

Dividendenscheinbogen

Gegen den abgetrennten Dividendenschein (Gewinnanteilschein) erhält der Aktionär jährlich – falls die Gesellschaft Gewinn ausschüttet – die entsprechende Dividende.

Erneuerungsschein (Talon)

Gegen Einsendung des Talons erhält der Aktionär einen neuen Dividendenscheinbogen mit Talon.

Beispiel:

Angenommen, fünf Personen (A, B, C, D und E) gründen eine Aktiengesellschaft mit einem Grundkapital (Aktienkapital) von 200 000,00 € zum 1. Januar d. J. Es werden 200 000 Stückaktien ausgegeben. Jeder Gründer übernimmt $\frac{1}{5}$ der Aktien und zahlt den Gegenwert (1,00 € je Aktie) auf das Bankkonto der neuen Gesellschaft ein.[1] Die Eröffnungsbilanz der AG hat dann folgendes Aussehen, wenn man die Kosten der Gründung außer Betracht lässt:

Aktiva	Eröffnungsbilanz	Passiva	Aktionäre
Bankguthaben 200 000,00 €		Gezeichnetes Kapital 200 000,00 € (200 000 Stück Aktien zum Anteilswert von 1,00 € je Stück)	40 000 Aktien → A, 40 000 Aktien → B, 40 000 Aktien → C, 40 000 Aktien → D, 40 000 Aktien → E

Im Laufe des ersten Geschäftsjahrs hat die neue Aktiengesellschaft Kredite in Höhe von 300 000,00 € aufgenommen und dafür die erforderlichen Vermögensgegenstände (Geschäftsausstattung, Waren) gekauft. Außerdem hat sie bereits einen Gewinn von 40 000,00 € erzielt. Die Aktionäre verzichten auf jede Gewinnausschüttung, um die Finanzkraft des Unternehmens zu stärken. Unter diesen Voraussetzungen sieht die Schlussbilanz wie folgt aus:

Aktiva	Schlussbilanz	Passiva	Aktionäre
Vermögen (Geschäftsausstattung, Waren, Forderungen, Bankguthaben, Kassenbestand) 540 000,00 €		Gezeichnetes Kapital 200 000,00 €	A, B, C, D, E
		Schulden 300 000,00 €	
		Gewinn 40 000,00 €	

Aus der Schlussbilanz erkennt man ohne Weiteres, dass das *Eigenkapital* der AG auf 240 000,00 € gestiegen ist, das *gezeichnete Kapital (Grundkapital)* aber unverändert blieb.

Die nicht ausgeschütteten Gewinne einer Aktiengesellschaft werden als Rücklagen bezeichnet. Das Gesetz sieht aus Gründen des Gläubigerschutzes vor, dass jährlich mindestens 5 % des Reingewinns der gesetzlichen Rücklage zuzuführen sind, bis die gesetzliche Rücklage zusammen mit der Kapitalrücklage 10 % des Grundkapitals erreichen [§ 150 II AktG].

Unser Beispiel lehrt weiterhin, dass der tatsächliche Wert der Aktien *über* ihrem Anteilswert liegen muss, denn der Anteil einer Aktie am Eigenkapital der Aktiengesellschaft beträgt am Jahresende rechnerisch nicht mehr 1,00 €, sondern 1,20 €. Da Aktien an den Wertpapierbörsen gekauft und verkauft werden, wird die Nachfrage nach denjenigen Aktien hoch sein, hinter denen ein hohes Eigenkapital steht. Infolgedessen wird auch der Preis der Aktie (Kurs) *über* dem Nennwert liegen.

---

1 In der Regel werden Aktien über dem Nennwert bzw. dem anteiligen Betrag am Grundkapital ausgegeben, um z. B. die Gründungskosten zu decken. Der übersteigende Betrag wird als Agio (it. = Aufgeld) bezeichnet.

Geschäftsführung (Innenverhältnis)

Der vom *Aufsichtsrat* (AR) kontrollierte und für 5 Jahre bestellte *Vorstand* (VS) hat die AG in eigener Verantwortung zu leiten. Falls der Vorstand mehrere Mitglieder hat, besteht gesetzlich die *Gesamtgeschäftsführungsbefugnis.* Dies bedeutet, dass alle Vorstandsmitglieder (Direktoren) gemeinsam handeln müssen. Anderweitige Regelungen müssen in der Satzung der AG (im Gesellschaftsvertrag) niedergelegt sein.

Einmal jährlich tritt die *Hauptversammlung* (die Versammlung der Aktionäre) zusammen und entlastet Vorstand und Aufsichtsrat. Die Hauptversammlung (HV) wählt – unter Berücksichtigung der Mitbestimmungsgesetze – den Aufsichtsrat auf 4 Jahre.[1]

Vertretung (Außenverhältnis)

Der Vorstand vertritt die AG nach außen, schließt z. B. Verträge ab, ernennt Bevollmächtigte und regelt den Verkehr mit den Behörden. Gesetzlich besteht *Gesamtvertretungsmacht.* Abweichende Bestimmungen (z. B. *Einzelvertretungsmacht*) müssen in der Satzung niedergelegt und im Handelsregister eingetragen sein.

1.4.6 Gesellschaft mit beschränkter Haftung

In den letzten Jahrzehnten hat die Rechtsform der Gesellschaft mit beschränkter Haftung (GmbH) zunehmende Verbreitung gefunden. Zurzeit gibt es in Deutschland rund 500 000 Gesellschaften mit beschränkter Haftung. Zum Vergleich: Dieser Zahl stehen rund 2,2 Mio. Einzelunternehmen und rund 7 900 Aktiengesellschaften einschließlich Kommanditgesellschaften auf Aktien gegenüber.

Gründung

Die Gesellschaft mit beschränkter Haftung (GmbH) ist – wie die AG auch – eine *juristische Person.* Die Gründung erfolgt durch eine oder mehrere Personen durch Gesellschaftsvertrag in notarieller Form. Die Firma muss die Bezeichnung *„Gesellschaft mit beschränkter Haftung"* oder eine allgemein verständliche Abkürzung dieser Bezeichnung enthalten [§§ 1, 4 GmbHG].

Die Gesellschaft kann in einem **vereinfachten Verfahren** gegründet werden, wenn sie höchstens drei Gesellschafter und einen Geschäftsführer hat. Für die Gründung im vereinfachten Verfahren ist das in der Anlage des GmbH-Gesetzes enthaltene **Musterprotokoll** (also ein Mustergesellschaftsvertrag) zu verwenden [§ 1 I a GmbHG], sodass die sonst teure notarielle Beurkundung viel günstiger wird.

Haftung

Wie bei jeder juristischen Person ist das Vermögen der GmbH verselbstständigt, d. h., dass die GmbH-Gesellschafter nicht persönlich für die Verbindlichkeiten der GmbH haften. Ebenso wie beim Aktionär besteht das einzige Risiko des GmbH-Gesellschafters darin, den Wert seines Geschäftsanteils bzw. seiner Geschäftsanteile ganz oder teilweise zu verlieren. Der Gesellschaftsvertrag kann jedoch eine beschränkte oder unbeschränkte Nachschusspflicht vorsehen [§§ 27 I, 28 I GmbHG].

---

1 Näheres zur Mitbestimmung durch den Aufsichtsrat siehe Kapitel 1.4.7, S. 123f.

Kapitalaufbringung (Finanzierung)

Gesetzlich ist ein Mindestnennkapital, das Stammkapital, in Höhe von 25 000,00 € vorgeschrieben [§ 5 I GmbHG]. Das Stammkapital wird in den offenzulegenden Bilanzen der GmbH als „gezeichnetes Kapital" bezeichnet [§§ 266 III, 272 I HGB]. Es setzt sich aus der Summe der Nennbeträge der Geschäftsanteile des Gesellschafters bzw. der Gesellschafter zusammen [§ 5 III GmbHG]. Der Nennbetrag jedes Geschäftsanteils muss mindestens auf einen Euro lauten [§ 5 II GmbHG]. Die Geschäftsanteile sind veräußerlich, vererblich und teilbar. Hierzu ist eine notarielle Beurkundung erforderlich [§ 15 III GmbHG]. Aus diesem Grunde sind GmbH-Anteile nicht börsenmäßig handelbar.

Unternehmergesellschaft (UG)

Eine Gesellschaft, die mit einem Stammkapital von unter 25 000,00 € gegründet wird, muss in der Firma die Bezeichnung *„Unternehmergesellschaft (haftungsbeschränkt)"* oder *„UG (haftungsbeschränkt)"* führen [§ 5a I GmbHG]. Die Unternehmergesellschaft – auch „Mini-GmbH" oder „Einstiegs-GmbH" genannt – ist eine geeignete Rechtsform für Existenzgründer, weil sie ohne bestimmtes Mindestkapital (z. B. mit einem Euro) gegründet werden kann. Die UG ist keine eigenständige Rechtsform, sondern eine Sonderform der GmbH.

Deswegen ist die UG verpflichtet, jedes Jahr ein Viertel des Gewinns zurückzustellen, bis der Betrag des Mindeststammkapitals in Höhe von 25 000,00 € erreicht ist [§ 5a III, V GmbHG]. Die Gesellschaft kann sich umfirmieren. Die Firma kann aber auch beibehalten werden.

Geschäftsführung (Innenverhältnis)

Die GmbH hat einen oder mehrere *Geschäftsführer,* die von der *Gesellschafterversammlung* auf zeitlich unbegrenzte Dauer bestellt werden. In der Gesellschafterversammlung gewährt jeder Euro eine Stimme [§ 47 II GmbHG]. Ist in der Satzung nichts anderes bestimmt, haben die Geschäftsführer *Gesamtgeschäftsführungsbefugnis.* Die Gesellschafterversammlung kontrolliert die Geschäftsführung, stellt den Jahresabschluss fest und entscheidet über die Verwendung des Reingewinns. Gesellschaften mit mehr als 500 Arbeitnehmern benötigen einen *Aufsichtsrat.*

Vertretung (Außenverhältnis)

Die Geschäftsführer der GmbH sind das Vertretungsorgan der GmbH. Gesetzlich besteht *Gesamtgeschäftsführungsbefugnis* (Näheres siehe §§ 35 ff. GmbHG).

1.4.7 Mitbestimmung in den Aufsichtsräten (Unternehmensverfassung)

Für die Mitbestimmung in den Aufsichtsräten gelten in Deutschland drei Gesetze, die sich nach ihrem Geltungsbereich und nach dem Umfang der Mitspracherechte der Arbeitnehmer richten. Die Vertreter der Arbeitnehmer werden von der Belegschaft, die Vertreter der Anteilseigner von der Hauptversammlung bzw. Gesellschafterversammlung gewählt.

Drittelbeteiligungs-gesetz	Dieses Gesetz regelt die Mitbestimmung in Kapitalgesellschaften (AG, GmbH, KGaA) und Genossenschaften mit 501 bis 2 000 Beschäftigten sowie in Versicherungsvereinen auf Gegenseitigkeit (VVaG) mit mehr als 500 Beschäftigten. Bei diesen Unternehmen setzt sich der Aufsichtsrat zu einem Drittel aus Arbeitnehmervertretern und zu zwei Dritteln aus Vertretern der Anteilseigner (z. B. Aktionäre, GmbH-Gesellschafter) zusammen (*„Drittelparität"*).
Mitbestimmungs-gesetz (1976)	Bei Kapitalgesellschaften und Genossenschaften mit mehr als 2 000 Arbeitnehmern wird der Aufsichtsrat je zur Hälfte aus Arbeitnehmervertretern und Vertretern der Anteilseigner besetzt. Dabei muss auf der Arbeitnehmerseite ein leitender Angestellter im Aufsichtsrat vertreten sein. Die Kapitalseite hat das Recht, den Aufsichtsratsvorsitzenden zu bestimmen, der bei Stimmengleichheit zwei Stimmen besitzt (*„gleichgewichtige Mitbestimmung"*).
Montan-mitbestimmungs-gesetz (1951)	Dieses Mitbestimmungsgesetz wird in Unternehmen der Montanindustrie (z. B. Bergbau, Eisen schaffende Industrie) angewendet, die in der Rechtsform der AG und GmbH geführt werden und mehr als 1 000 Beschäftigte haben. In den Montanunternehmen besteht der Aufsichtsrat aus 11 Mitgliedern, und zwar aus je 5 Vertretern der Arbeitnehmer und Kapitaleigner sowie einem „neutralen" Mitglied, auf das sich beide Seiten einigen müssen (*„paritätische Mitbestimmung"*).

Mitbestimmung in deutschen Unternehmen:
Wer sitzt im Aufsichtsrat?

Montan-Mitbestimmung (paritätische Mitbestimmung)

in Unternehmen im Bergbau und in der Eisen- und Stahlindustrie
mit mehr als **1 000** Beschäftigten
nach dem Montan-Mitbestimmungsgesetz von 1951

Arbeitnehmerseite
2 Betriebsangehörige
2 Gewerkschaftsvertreter
1 weiteres Mitglied

Neutral
11. Mitglied
von beiden Seiten gewählt,
in Pattsituationen ausschlaggebend!

Kapitalseite
4 Vertreter der Anteilseigner
1 weiteres Mitglied

Mitbestimmung in großen Kapitalgesellschaften

mit über **2 000** Mitarbeitern (hier: bis **10 000** Mitarbeiter)
nach dem Mitbestimmungsgesetz von 1976

Arbeitnehmerseite
4 Betriebsangehörige
(darunter 1 leitender Angestellter)
2 Gewerkschaftsvertreter

2. Stimme des Aufsichtsratsvorsitzenden,
in Pattsituationen ausschlaggebend!

Kapitalseite
6 Vertreter der Anteilseigner
(darunter 1 Aufsichtsratsvorsitzender mit zusätzlicher **2. Stimme** in Pattsituationen)

Stand 2014   © Globus 6671   Quelle: Hans-Böckler-Stiftung

1.4.8 Sonstige wichtige Rechtsformen der Unternehmen

Gesellschaft des bürgerlichen Rechts (GbR) **Rechtsgrundlage:** §§ 705–740 BGB	Die GbR ist eine Rechtsform des privaten Rechts (Personengesellschaft) ohne Rechtsfähigkeit, bei der sich die Gesellschafter zur Förderung eines gemeinsamen Zwecks vertraglich zusammenschließen (z. B. eine Arbeitsgemeinschaft von Bauunternehmern oder ein Konsortium[1] von Banken zur Emission[2] von Aktien). Für die Gesellschaftsschulden haften neben dem Gesellschaftsvermögen (Gesamthandsvermögen) grundsätzlich auch die Gesellschafter persönlich, unbeschränkt und unmittelbar als Gesamtschuldner.
Partnerschaftsgesellschaft (PG) **Rechtsgrundlage:** Partnerschaftsgesellschaftsgesetz (PartGG)	Die PG ist ebenfalls eine Rechtsform des privaten Rechts (Personengesellschaft), die für Angehörige der freien Berufe gedacht ist. Die Partner haften grundsätzlich wie die Gesellschafter der GbR. Die Haftung kann jedoch auf einzelne Partner beschränkt werden. (In der Praxis wird die Haftung häufig auf eine Berufshaftpflichtversicherung abgewälzt.) Zur Führung der Geschäfte ist jeder Partner berechtigt und verpflichtet. Die PG kann unter ihrem Namen klagen und verklagt werden. Im Gegensatz zur GbR muss die PG beim zuständigen Amtsgericht in das Partnerschaftsregister eingetragen werden. Die Bezeichnung der PG muss mindestens den Namen eines Partners und den Zusatz „und Partner" oder „Partnerschaft" enthalten.
Stille Gesellschaft (StG) **Rechtsgrundlage:** §§ 230–236 HGB und ergänzend die Vorschriften zur BGB-Gesellschaft §§ 705–740 BGB	Eine StG liegt vor, wenn sich jemand am Handelsgewerbe eines anderen mit einer in dessen Vermögen übergehenden Einlage aufgrund eines Gesellschaftsvertrags beteiligt, ohne dass die Beteiligung nach außen zum Ausdruck kommt. Es handelt sich also um eine „Innengesellschaft". Der stille Gesellschafter hat grundsätzlich keine Mitspracherechte und keine Haftpflicht gegenüber Dritten. Die Haftung des Geschäftsinhabers bzw. der Gesellschafter richtet sich nach der Rechtsform des Unternehmens. Durch Vertrag kann jedoch eine Beteiligung an der Unternehmensleitung vereinbart werden. Die Verlustbeteiligung kann durch Vertrag ausgeschlossen werden, nicht aber die Gewinnbeteiligung. Die stille Gesellschaft ist sowohl für Einzelunternehmen als auch für offene Handelsgesellschaften und Kommanditgesellschaften die ideale Form der Kapitalbeschaffung.
GmbH & Co. KG **Rechtsgrundlage:** §§ 116 –177 a HGB; GmbHG	Die GmbH & Co. KG ist eine Kommanditgesellschaft, an der eine GmbH als einziger voll haftender Gesellschafter beteiligt ist. Bei der echten (typischen) GmbH & Co. KG ist die GmbH Geschäftsführer, während die GmbH-Gesellschafter Kommanditisten sind. GmbH-Gesellschafter und Kommanditisten sind also die gleichen Personen. Bei der unechten (atypischen) GmbH & Co. KG sind die Kommanditisten andere Personen als die GmbH-Gesellschafter.
Kommanditgesellschaft auf Aktien (KGaA) **Rechtsgrundlage:** §§ 278–290 AktG	Die KGaA stellt eine Mischform aus Personengesellschaft und Kapitalgesellschaft dar, bei der mindestens ein Gesellschafter den Gläubigern gegenüber unbeschränkt haftet (Komplementär) und die übrigen am gezeichneten Kapital (Grundkapital) beteiligt sind, ohne persönlich für die Verbindlichkeiten der Gesellschaft zu haften (Kommanditaktionäre). Die Hauptversammlung besteht aus den Aktionären. Zum Vorstand wird i. d. R. der Komplementär bestellt. Der Vorstand kann auch aus mehreren Komplementären bestehen.

---

1 Konsortium (lat.) = Teilhaberschaft. Hier: vorübergehende Vereinigung von Unternehmen.

2 Emission (lat.) = Ausgabe, Abgabe. Hier: Ausgabe von Wertpapieren.

Eingetragene Genossenschaft (eG) **Rechtsgrundlage:** Genossenschafts-gesetz (GenG)	Die eingetragene Genossenschaft ist eine Gesellschaft mit nicht geschlossener Mitgliederzahl (mindestens drei), welche die Förderung der wirtschaftlichen Existenz ihrer Mitglieder durch gemeinschaftlichen Geschäftsbetrieb bezweckt, ohne dass diese persönlich für die Verbindlichkeiten der Genossenschaft haften. Rechtlich gesehen ist die eingetragene Genossenschaft eine juristische Person. Es lassen sich Produktionsgenossenschaften (z. B. in der Landwirtschaft), Fördergenossenschaften, Kreditgenossenschaften im Bankbereich oder Baugenossenschaften unterscheiden. Die Mitglieder zeichnen einen oder mehrere Geschäftsanteile.
	In der Satzung kann festgelegt werden, dass die Mitglieder (die Genossen) z. B. im Fall der Insolvenz Nachschüsse bis zu einer festgelegten Haftsumme zu leisten haben. Gesetzlich muss die Haftsumme mindestens so hoch wie der Geschäftsanteil sein.
	Die Organe der Genossenschaft sind die Generalversammlung (beschließendes Organ), der Vorstand (ausführendes Organ) und der Aufsichtsrat (überwachendes Organ). Genossenschaften mit nicht mehr als 20 Mitgliedern benötigen keinen Aufsichtsrat.
Versicherungs-verein auf Gegenseitigkeit (VVaG) **Rechtsgrundlage:** Versicherungs-aufsichtsgesetz §§ 15 ff. VAG	Ein VVaG betreibt die Versicherung seiner Mitglieder nach dem Grundsatz der Gegenseitigkeit, d. h., er verfolgt keine Gewinnerzielung, sondern einen möglichst prämiengünstigen Versicherungsschutz für seine versicherten Mitglieder. Die Organe des VVaG sind die Vollversammlung (beschließendes Organ), der Vorstand (ausführendes Organ) und der Aufsichtsrat (überwachendes Organ).

Zusammenfassung

- Das **Handelsregister** ist ein öffentliches Verzeichnis, das grundsätzlich beim Amtsgericht elektronisch geführt wird. Es besteht aus **zwei Abteilungen** [§ 3 I HRV]: In der Abteilung A werden die Einzelunternehmen und die Personengesellschaften registriert. Die Abteilung B enthält die Kapitalgesellschaften und die Versicherungsgesellschaften auf Gegenseitigkeit.

- Man unterscheidet folgende **Arten von Kaufleuten:**

Istkaufleute	Kannkaufleute	Kaufleute kraft Rechtsform (Formkaufleute)
Alle Gewerbebetriebe, die nach Art oder Umfang einen in kaufmännischer Weise eingerichteten Geschäftsbetrieb benötigen [§ 1 HGB]	1. Kleinbetriebe 2. Land- und forstwirtschaftliche Betriebe, die nach Art und Umfang eine kaufmännische Einrichtung benötigen [§§ 2, 3 HGB]	Juristische Personen des Handelsrechts [§ 6 I HGB; § 3 I AktG; § 13 III GmbHG; § 17 II GenG]
Eintragung ins Handels-register Pflicht	**Eintragung ins Handels-register freiwillig**	**Eintragung ins Handels-register Pflicht**
Eintragung wirkt deklaratorisch	Eintragung wirkt konstitutiv	

■ Die wichtigsten **Unternehmensformen** sind:

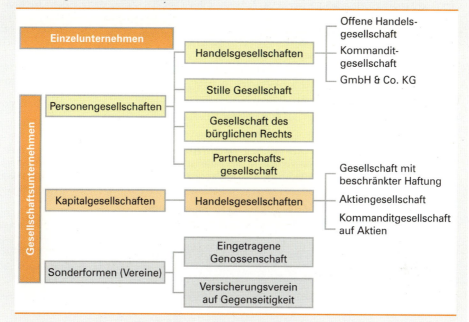

■ Merkmale der **Einzelunternehmung:**

■ Beim Einzelunternehmen werden alle Unternehmensfunktionen[1] wie z.B. Geschäftsführung und Vertretung von **einem Geschäftsinhaber** wahrgenommen.

■ Für die Verbindlichkeiten des Unternehmens **haftet der Einzelunternehmer** unbeschränkt mit seinem Geschäfts- und Privatvermögen.

■ Merkmale der **offenen Handelsgesellschaft (OHG):**

■ Die OHG ist eine **Personengesellschaft,** bei der bei keinem Gesellschafter die Haftung gegenüber den Gesellschaftsgläubigern beschränkt ist.

■ Die OHG-Gesellschafter **haften unbeschränkt, unmittelbar und solidarisch (gesamtschuldnerisch).**

■ Im **Innenverhältnis** (Verhältnis der Gesellschafter untereinander) gelten die gesetzlichen Vorschriften **und** die Vereinbarungen der Gesellschafter.

■ Im **Außenverhältnis** (Verhältnis der Gesellschafter zu Dritten) gelten ausschließlich die gesetzlichen Bestimmungen.

■ Merkmale der **Kommanditgesellschaft (KG):**

■ Die Kommanditgesellschaft (KG) ist eine **Personengesellschaft,** bei der bei mindestens einem Gesellschafter die Haftung gegenüber den Gesellschaftsgläubigern auf den Betrag einer bestimmten Vermögenseinlage begrenzt ist, während bei mindestens einem weiteren Gesellschafter keine Beschränkung der Haftung stattfindet.

■ Die **Komplementäre** haften wie die **OHG-Gesellschafter,** nämlich **unbeschränkt, unmittelbar** und **solidarisch (gesamtschuldnerisch).**

---

1 Funktion (lat.) = Aufgabe.

- Die **Komplementäre** haben das **Geschäftsführungsrecht**. Die **Kommanditisten** besitzen lediglich ein **Widerspruchsrecht** bei außergewöhnlichen Rechtsgeschäften sowie ein **Kontrollrecht**.

- Das alleinige **Vertretungsrecht** obliegt den **Komplementären**.

- Merkmale der **Aktiengesellschaft (AG)**:

  - Die Aktiengesellschaft (AG) ist eine **Kapitalgesellschaft**. Sie ist **rechtsfähig**.

  - Für die Verbindlichkeiten der AG **haftet** nur das **Gesellschaftsvermögen**.

  - Die **Organe** der AG sind die **Hauptversammlung** (beschließendes Organ), der **Vorstand** (ausführendes Organ) und der **Aufsichtsrat** (überwachendes Organ).

  - Dem **Vorstand** obligen die **Geschäftsführung** und die **Vertretung** der AG.

  - Das **gezeichnete Kapital** einer AG ist in **Nennwertaktien** oder **Stückaktien** (nennwertlose Aktien) zerlegt. Die **Aktien** verbriefen ein **Anteilsrecht** am **Eigenkapital** (Reinvermögen) der AG und **Mitgliedschaftsrechte** (z. B. Stimmrecht in der Hauptversammlung, Anspruch auf Dividende).

- Merkmale der **Gesellschaft mit beschränkter Haftung (GmbH)**:

  - Die Gesellschaft mit beschränkter Haftung (GmbH) ist eine **Kapitalgesellschaft**. Sie ist **rechtsfähig**.

  - Für die Verbindlichkeiten der GmbH **haftet** nur das **Gesellschaftsvermögen**. Im **Unterschied zur AG** kann jedoch der Gesellschaftsvertrag eine **beschränkte** oder **unbeschränkte Nachschusspflicht** vorsehen.

  - Die **Unternehmergesellschaft (haftungsbeschränkt)** ist die „Einstiegsgesellschaft" zur GmbH. Sie kann ohne bestimmtes Kapital (z. B. mit einem Euro) gegründet werden.

  - Die **Organe** der GmbH sind die **Gesellschafterversammlung** (beschließendes Organ), der oder die **Geschäftsführer** (ausführendes Organ) und – bei Gesellschaften mit über 500 Arbeitnehmern – der **Aufsichtsrat** (überwachendes Organ).

  - Dem **Geschäftsführer** bzw. den **Geschäftsführern** obliegen die **Geschäftsführung** und die **Vertretung** der GmbH.

  - Das **gezeichnete Kapital** (das Stammkapital) der GmbH ist in **Geschäftsanteile** zerlegt. Im **Unterschied zu den Aktien** sind Geschäftsanteile nicht börsenmäßig handelbar.

ÜBUNGSAUFGABEN

1. Der Installateurmeister Theo Kopf hat vor Jahren einen kleinen Reparaturbetrieb gegründet, der sich gut entwickelte. Heute beschäftigt er fünf Gesellen und zwei Angestellte. Sein Betrieb ist kaufmännisch voll durchorganisiert. Im Handelsregister ist Theo Kopf nicht eingetragen.

   1.1 Beurteilen Sie, ob Herr Kopf Kaufmann ist!

   Der Steuerberater Klug macht Herrn Kopf darauf aufmerksam, dass er seinen Gewerbebetrieb ins Handelsregister eintragen lassen muss.

   1.2 Machen Sie einen Vorschlag, wie die Firma lauten könnte!

   Herr Kopf lässt sich am 15. Februar 17 unter der Firma „Theo Kopf e. K. – Installateurfachbetrieb" ins Handelsregister eintragen.

   1.3 Welche Wirkung hat die Handelsregistereintragung?

2. Die Wirkung von Handelsregistereintragungen kann deklaratorisch oder konstitutiv sein.

   2.1 Erklären Sie, was hierunter zu verstehen ist!

   2.2 Bei welchen Kaufleuten wirkt die Handelsregistereintragung deklaratorisch, bei welchen konstitutiv?

3. Nennen Sie wesentliche Merkmale des Einzelunternehmens!

4. Arbeitsauftrag:

Erarbeiten Sie in Einzel- oder Gruppenarbeit die Vor- und Nachteile des Einzelunternehmens!

5. Die Herren Arndt, Brecht und Chaible sind sich darüber einig geworden, gemeinsam ein Groß-handelsunternehmen in der Rechtsform der OHG zu betreiben. Herr Arndt wurde beauftragt, zur Zusammenkunft am 15. Dezember schriftlich grundsätzliche Vorschläge zum Gesellschafts-vertrag vorzubereiten.

   5.1 Welche Gründe könnten die Herren Arndt, Brecht und Chaible bewogen haben, eine offene Handelsgesellschaft zu gründen?

   5.2 Wie könnte der Entwurf des Gesellschaftsvertrags aussehen?

   5.3 Erklären Sie das Wesen der offenen Handelsgesellschaft anhand von mindestens sechs wichtigen Merkmalen!

   5.4 Wie muss eine neu gegründete offene Handelsgesellschaft firmieren?

   5.5 Wie könnte die Firma des von Arndt, Brecht und Chaible gegründeten Unternehmens lau-ten? (Vier Beispiele!)

6. Entscheiden Sie folgenden Rechtsfall:

Bei der Müller & Schneider OHG richten sich Geschäftsführung und Vertretung nach den Vor-schriften des HGB. Während eines Urlaubs von Müller verkauft Schneider ein Betriebsgrund-stück. Als Müller zurückkehrt, macht er Schneider große Vorhaltungen. Er meint jedoch, dass alles nicht so schlimm sei. Der Kaufvertrag sei ohnedies nichtig, weil seine Zustimmung fehle.

7. Arbeitsauftrag:

Erarbeiten Sie in Einzel- oder Gruppenarbeit die Vor- und Nachteile der offenen Handelsgesell-schaft!

8. Fallstudie:

Frau Schrade betreibt die sich seit mehreren Generationen in Familienbesitz befindliche Maschinenfabrik A. Schrade e. Kfr. Vor allem mit ihren Wärmepumpen hatte sie einen beacht-lichen Geschäftserfolg.

Der ständige Zwang zu Neuerungen und der harte Preiskampf ließen Frau Schrade wenig Spiel-raum zur Selbstfinanzierung.[1] Deshalb musste sie verstärkt auf Fremdkapital ausweichen. Weite-re Investitionen will sie deshalb vorrangig mit Eigenkapital durchführen. Sie entschließt sich des-halb dazu, eine offene Handelsgesellschaft oder eine Kommanditgesellschaft zu gründen. Von den von ihr angesprochenen Personen sind ihrer Ansicht nach der langjährige und erfolgreiche Vertreter Moritz Mann und dessen Frau Laura Waggis-Mann die geeignetsten Partner. Herr Mann will als Komplementär, Frau Waggis-Mann als Kommanditist in die Maschinenfabrik A. Schrade e. Kfr. eintreten. Im zum 31. März 01 abgeschlossenen Gesellschaftsvertrag wird unter anderem Folgendes vereinbart:

a) Frau Schrade bringt ihr Unternehmen in die KG ein. Das Eigenkapital der Maschinenfabrik A. Schrade e. Kfr. beträgt 3 600 000,00 €. Herr Mann leistet 800 000,00 € in bar und bringt ein unbebautes Grundstück im Wert von 1 000 000,00 € ein. Die Einzahlung auf das Geschäfts-bankkonto und die Übereignung des Grundstücks auf die KG erfolgt zum 30. April 01.

b) Frau Waggis-Mann übernimmt eine Kommanditeinlage in Höhe von 500 000,00 €. Am 30. April 01 zahlt sie 300 000,00 € auf das Geschäftsbankkonto ein. Den Restbetrag will sie am 30. Mai überweisen.

c) Der Gesellschaftsvertrag setzt den Beginn der KG auf den 30. April 01 fest. Die Eintragung ins Handelsregister erfolgt am 14. Mai 01.

---

1 Selbstfinanzierung = Finanzierung aus nicht ausgeschütteten (einbehaltenen) Gewinnen.

129

9 Hartmann -Hug- ISBN 978-3-8120-0522-7

d) Bezüglich der Gewinn- bzw. Verlustverteilung wird Folgendes vereinbart: Die Kapitalanteile sollen mit 4 % verzinst werden. Reicht der Gewinn zu einer 4 %igen Verzinsung nicht aus, wird er im Verhältnis der Kapitalanteile verteilt. Ein die 4 % übersteigender Gewinn wird im Verhältnis von 4 : 4 : 1 (Schrade, Mann, Waggis-Mann) verteilt. Ein möglicher Verlust soll im Verhältnis der Kapitalanteile verteilt werden.

e) Im Gesellschaftsvertrag wird über die Höhe der Privatentnahmen nichts vereinbart. Die Höhe der Entnahmezinsen wird vertraglich auf 6 % p. a.[1] festgelegt.

8.1 Welche Rechtsform weist das Unternehmen von Frau Schrade auf?

8.2 Nennen Sie fünf wesentliche Merkmale der von Frau Schrade betriebenen Unternehmensform!

8.3 Welche Vor- und Nachteile sind mit der unter 8.1 und 8.2 beschriebenen Rechtsform verbunden?

8.4 Welche Vorteile hat Frau Schrade durch die Gründung der KG?

8.5 Welche Nachteile nimmt Frau Schrade durch die Gründung der KG auf sich?

8.6 Welche Gründe können Frau Waggis-Mann und Herrn Mann bewogen haben, als Gesellschafter in das Unternehmen von Frau Schrade einzutreten?

8.7 Wie kann die Firma der neu gegründeten KG lauten? Bilden Sie mindestens vier Beispiele!

8.8 Der Lieferer Karl Möck e. Kfm. hat gegen die Maschinenfabrik A. Schrade KG eine Forderung in Höhe von 125 000,00 €, die seit dem 10. Dezember 00 fällig und trotz zweimaliger Mahnung nicht beglichen worden ist. Als Möck davon hörte, dass zwei neue Gesellschafter in die Maschinenfabrik A. Schrade KG eingetreten sind, verlangt er von Frau Waggis-Mann am 20. März 01 die Zahlung. Beurteilen Sie, ob Frau Waggis-Mann zahlen muss!

8.9 Im Hinblick auf eine angekündigte Preiserhöhung kauft Frau Schrade am 25. April 01 im Namen der KG eine Schleifmaschine im Wert von 330 000,00 €, für die lt. Liefer- und Zahlungsbedingungen eine Vorauszahlung von 110 000,00 € zu leisten ist. Beurteilen Sie, ob Frau Schrade schon zu diesem Zeitpunkt den Kaufvertrag für die Gesellschaft abschließen durfte, ohne gegen den Gesellschaftsvertrag zu verstoßen!

8.10 Prüfen Sie, ob der von Frau Schrade abgeschlossene Kaufvertrag die KG rechtlich bindet oder ob Frau Schrade allein für die Verbindlichkeiten aus dem Kaufvertrag haftet!

8.11 Nach den anfänglichen Schwierigkeiten gestaltet sich die Zusammenarbeit zwischen Frau Schrade und Herrn Mann sehr gedeihlich. Die Geschäfte gehen gut. Der Reingewinn beträgt am Jahresende 590 000,00 €.

  8.11.1 Erläutern Sie, was das HGB zur Gewinn- und Verlustverteilung in einer KG vorsieht!

  8.11.2 Beurteilen Sie, ob die im Gesellschaftsvertrag vereinbarte Gewinn- und Verlustverteilung in einer KG sinnvoll ist!

8.12 Angenommen, Frau Schrade und Herr Mann haben im Jahr 01 keine Privatentnahmen getätigt. Außerdem wird unterstellt, dass Frau Waggis-Mann ihre Einlage vollständig zum 30. April 01 geleistet hat.
Berechnen Sie unter den genannten Bedingungen die Gewinnanteile der beiden Komplementäre und den des Kommanditisten Frau Schrade!

8.13 Die Geschäfte der KG gehen auch im Jahr 02 sehr gut. Der Reingewinn erhöhte sich um 5 % gegenüber dem Vorjahr. Frau Schrade entnahm für private Zwecke jeweils zum Monatsende 12 000,00 €. Herr Mann entnahm für seine private Lebenshaltung jeweils 18 000,00 € am Quartalsende.

  8.13.1 Berechnen Sie die Gewinnanteile aller Gesellschafter sowie die Höhe der Eigenkapitalanteile zum Jahresende 02!

  8.13.2 Prüfen Sie, ob sich die Höhe der Privatentnahmen im gesetzlichen Rahmen hielt!

---

1 Die Abkürzung p. a. bedeutet per annum (lat.) = je Jahr, jährlich.

9. **Fallstudie:**

Niklas Schwarzbauer aus Neustadt hatte vor 20 Jahren eine Idee: Er nahm den Großunternehmen der pharmazeutischen und kosmetischen Industrie die teure Aufgabe ab, Pröbchen zu verpacken und zu versenden. Sechs Jahre später holte er von namhaften Herstellern immer mehr Aufträge herein, sodass er neue Verpackungsmaschinen kaufte und von Jahr zu Jahr mehr Arbeitskräfte einstellen konnte. Zurzeit beschäftigt Niklas Schwarzbauer 620 Arbeitskräfte. Die Zukunftsaussichten sind so gut, dass Niklas Schwarzbauer eine Aktiengesellschaft gründet, um die Eigenkapitalbasis des Unternehmens zu erweitern.

9.1 Das Grundkapital der neu zu gründenden Aktiengesellschaft soll 10 Mio. € betragen. Die Aktien sollen auf den gesetzlichen Mindestnennwert lauten und zum Ausgabekurs von 1,70 € emittiert (ausgegeben) werden. Die Hälfte der Aktien will Niklas Schwarzbauer übernehmen, indem er sein Unternehmen in die AG einbringt.

    9.1.1 Welche Vorteile hat Herr Schwarzbauer durch die Gründung einer AG?

    9.1.2 Die neue AG soll „Verpackungs-Logistik AG" heißen. Entspricht diese Firma den Erfordernissen des Aktiengesetzes?

    9.1.3 Warum will Herr Schwarzbauer ausgerechnet 50 % der Aktien übernehmen?

    9.1.4 Wie hoch ist das Agio, wenn alle Aktien übernommen (verkauft) werden?

    9.1.5 Welche rechtlichen Erfordernisse muss Herr Schwarzbauer erfüllen, bevor die neue Aktiengesellschaft ins Handelsregister eingetragen wird?

    9.1.6 In der von Herrn Schwarzbauer und seinem Rechtsanwalt Herrn Dr. Winterhalder verfassten Satzung wird festgelegt, dass die AG von einem Vorstand geleitet und vertreten werden soll. Beurteilen Sie, ob diese Regelung rechtlich möglich ist!

9.2 Die Aktiengesellschaft wird zum 1. April 02 in das Handelsregister eingetragen. Sie wird damit Kaufmann kraft Rechtsform. Erläutern Sie, was hierunter zu verstehen ist!

9.3 Sämtliche Aktien wurden termingerecht untergebracht (verkauft). Zur ersten Hauptversammlung erscheinen 36 Aktionäre, die 80 % des Grundkapitals vertreten.

    9.3.1 Wie viel Stimmen hat Herr Schwarzbauer und wie viel Stimmen haben die in der Hauptversammlung erschienenen Aktionäre? Ziehen Sie das Gesetz zurate!

    9.3.2 Erarbeiten Sie mithilfe des Gesetzes fünf wichtige Aufgaben der Hauptversammlung!

9.4 Der Aufsichtsrat der Verpackungs-Logistik AG wird nach dem Drittelbeteiligungsgesetz gewählt. Die Satzung sieht für den Aufsichtsrat keine höhere Mitgliederzahl als das Aktiengesetz vor.

    9.4.1 Wie viel Aufsichtsratsmitglieder sind zu wählen?

    9.4.2 Wer wählt den Aufsichtsrat?

    9.4.3 Nennen und beschreiben Sie fünf wesentliche Aufgaben des Aufsichtsrats!

    9.4.4 Begründen Sie, warum der Aufsichtsrat kein Gehalt erhält, i. d. R. jedoch eine Tantieme!

9.5 Niklas Schwarzbauer wird vom Aufsichtsrat zum Vorstand bestimmt. Welche Funktionen werden hierdurch auf Herrn Schwarzbauer übertragen?

9.6 Aufgrund eines Buchungsfehlers wird die Eingangsrechnung des langjährigen Lieferers Erik Baumann, Verpackungsmaschinen GmbH, in Freiburg nicht beglichen. Erik Baumann wendet sich daher an Niklas Schwarzbauer persönlich und verlangt Zahlung. Beurteilen Sie die Rechtslage!

10. An der Krefelder Motorenfabrik Moosbrink GmbH sind folgende Gesellschafter beteiligt:

– Adam mit einem Geschäftsanteil, Nennwert 350 000,00 €,

– Brecht mit einem Geschäftsanteil, Nennwert 600 000,00 € und

– Czerny mit einem Geschäftsanteil, Nennwert 550 000,00 €.

10.1 Wie hoch ist das Stammkapital?

10.2 Informieren Sie sich im Gesetz, wie ein Reingewinn von 480 000,00 € zu verteilen ist!

10.3 Angenommen, nach der Gewinnausschüttung beträgt das Vermögen der Motorenfabrik Moosbrink GmbH 7,8 Mio. €. Die Schulden (Verbindlichkeiten) belaufen sich auf 3,0 Mio. €. Berechnen Sie die Geschäftsanteile der drei GmbH-Gesellschafter!

11. Vergleichen Sie das Einzelunternehmen, die OHG, die KG, die AG und die GmbH im Hinblick auf Haftung, Kapitalaufbringung, Geschäftsführung und Vertretung!

12. Projektvorschläge:

12.1 Vergleich der Ausbildungsbetriebe der Schülerinnen und Schüler unserer Klasse nach rechtlichen Gesichtspunkten!

12.2 Ich möchte mich nach der erfolgreich beendeten Berufsausbildung selbstständig machen. Was ist zu tun?

> *Hinweis:* Ziel des folgenden Textes ist eine grundlagenorientierte Hinführung zu den Themen Projekt(-arbeit) und Präsentation. Tiefer gehende Ausführungen zum Projektmanagement finden Sie in Kapitel 4, S. 387 ff. Zu weiterführenden Informationen zum Thema Präsentation siehe auch Speth/Hug, Geschäftsprozesse, 14. Auflage 2019, S. 69 ff.

Der Begriff Projekt ist auf das lateinische Wort projectum zurückzuführen und bedeutet wörtlich „das nach vorn Geworfene". Das Wort Projekt kann man daher mit „Entwurf" übersetzen.

Ein Projekt verlangt zunächst, dass mehrere Personen an der Lösung einer Aufgabe arbeiten. Dabei ist es durchaus möglich, dass sich die Gruppe das Thema selbst stellt. Es kann aber ebenso gut sein, dass das Thema durch den Projektleiter (in der Schule ist das i. d. R. die Lehrerin oder der Lehrer) gestellt wird.

Zu einem Projekt gehört weiterhin, dass die Aufgabenstellung (das „Problem") mehrere Gesichtspunkte aufweist, die i. d. R. aus verschiedenen Sach- und Fachgebieten stammen. Ein Projekt beinhaltet also eine komplexe[1] Aufgabe. Projekte, die man zu Beginn eines Lehrgangs durchführen möchte, sollten jedoch nicht zu umfassend sein, denn man kann nicht „alles" nachsehen, nachfragen, nachforschen und erkunden, wenn man ein Projekt in einer vernünftigen Zeit durchführen möchte. Mit zunehmendem Kenntnisstand wird man sich dann auch an schwierigere Aufgabenstellungen heranwagen können.

Ein weiteres Merkmal der Projektarbeit ist, dass die Teilnehmer ihre Vorgehensweise selbst mitbestimmen. Projektarbeit ist sozusagen handlungsorientiert. Gleichzeitig ist sie auch Zusammenarbeit (Teamarbeit).[2] Der Projektleiter nimmt die Rolle eines Moderators[3] ein. Er unterstützt die Gruppe beim Planen, bei der Durchführung und bei der Ergebnisfindung.

Die Projektarbeit wird dadurch abgerundet, dass das Ergebnis vor der Projektgruppe oder vor einer anderen Gruppe präsentiert[4] und besprochen wird.

---

1 Komplex (lat.) = vielfältig verflochten.

2 Team (engl.) = Gruppe, Mannschaft. Teamarbeit = Zusammenarbeit der Mitglieder einer Gruppe.

3 Moderator = eine Person, die eine Versammlung bzw. ein Gespräch leitet. Moderieren (lat.) heißt ursprünglich sich mäßigen. Im Englischen hat das Tätigkeitswort (Verb) *to moderate* die Bedeutung von „eine Gruppe leiten".

4 Präsentieren (frz.) = vorlegen, vorstellen.

Hierbei erhebt sich die nächste Frage. Was genau ist eine **„Präsentation"?** Spätlateinisch bedeutet preaesentare wörtlich „gegenwärtig machen, zeigen". Eine Präsentation heißt also, einen Sachverhalt einem (anwesenden) Publikum auf verständliche Weise *anschaulich* zu „vergegenwärtigen": Ein Vortrag wird durch *visuelle*[1] *Hilfsmittel* unterstützt.

Zur Visualisierung gibt es eine ganze Reihe von Medien.[2] Das älteste und immer noch wichtigste ist – zumindest in der Schule – die *Tafel.* Neben oder anstelle der Tafel können *Pinnwände*[3] und *Flipcharts*[4] eingesetzt werden. Ein Flipchart ist ein auf einem Gestell befestigter großer Papierblock, dessen Blätter nach oben umgeschlagen werden können. Ein weiteres Präsentations-Medium ist der *Overheadprojektor.*[5] Die Folien können mit Hand oder mithilfe eines speziellen Computerprogramms wie z.B. *PowerPoint*[6] erstellt werden. Schließlich sei noch das *Video* erwähnt. Bei dessen Einsatz braucht man allerdings einen *Beamer,*[7] also einen Video-Großbildprojektor.

Zum Thema „Präsentation" gibt es zahlreiche Bücher und Lehrgänge (Kurse), in denen u.a. *Präsentationstechniken* gelehrt werden. Dazu gehört z.B. die Wahl eines angemessenen *visuellen Konzepts.*[8] Entscheidend für eine gute Präsentation ist ein klarer Aufbau (eine schlüssige Struktur). Hierzu braucht man keine aufwendige „Multi-Media-Schau". Zur Darstellung des Begriffsbaums „Arten der Kapitalgesellschaften" genügt z.B. die Tafel. Um einen Handelsregisterauszug zu zeigen, bietet sich indessen der Overheadprojektor an.

Zu den Präsentationstechniken rechnet auch die *Bildgestaltung.* Soll z.B. der Overheadprojektor eingesetzt werden, muss man wissen, mit welchen Stiften zu arbeiten ist, welche Farben gut „herauskommen" und welche Farben man für bestimmte sich wiederholende Vorgänge oder Zustände sinnvollerweise verwendet. Sollen z.B. die Geld- und Güterkreisläufe dargestellt werden, empfiehlt es sich, für die Güterströme schwarz und für die Geldströme gelb zu verwenden.

Der Erfolg einer Präsentation hängt nicht nur von den verwendeten Medien ab, sondern in erster Linie von der vortragenden Person. Sie muss durch ihr persönliches Auftreten selbst dazu beitragen, Aufmerksamkeit und Interesse bei der Zuhörerschaft zu wecken.

Für den Ablauf der Präsentation gilt Folgendes: Die vortragende Person stellt sich selbst vor, nennt den Anlass, das Thema und die Hauptgliederungspunkte, gibt den Zeitbedarf, die Pausen und die mögliche Diskussionsphase bekannt.

Der Hauptteil der Präsentation muss logisch aufgebaut (strukturiert) sein. Die Aussagen sollen klar und verständlich sein. Die Teilnehmer sollen den Nutzen erkennen, den sie aus der Präsentation ziehen können. Auf diese Weise wird Aufmerksamkeit erzeugt.

Auch der Präsentationsabschluss sollte gut geplant sein. Er besteht in der Zusammenfassung der Ergebnisse und Erkenntnisse und gibt einen kurzen Ausblick in die Zukunft. Schließlich dankt die vortragende Person den Teilnehmern für ihre Aufmerksamkeit und leitet zur Diskussion[9] über.

---

1 Visuell (frz.) = das Sehen betreffend, sichtbar.

2 Medium = Mitteilungsmittel, Kommunikationsmittel.

3 Pinnwand = Fläche, auf der z.B. Zettel mithilfe von Nadeln (engl. pin) oder Reißnägeln angeheftet werden können.

4 Das Wort Flipchart setzt sich zusammen aus (engl.) to flip = drehen, wenden und chart = Karte, das auf einer Karte verzeichnete (z.B. Landkarte, Wetterkarte).

5 Overhead (engl.) = über Kopf. Projektor = Bildwerfer. Overheadprojektor = Tageslichtprojektor.

6 PowerPoint ist ein Computerprogramm (ein „Handwerkszeug") für die Entwicklung von Overhead-Folien, Bildschirmpräsentationen und Handzetteln (engl. handouts). Zum Erlernen der Präsentationstechnik mit PowerPoint sei das Lehrbuch von Marion Schröder: Präsentationen entwickeln und gestalten mit PowerPoint, Merkur Verlag 2017, empfohlen.

7 Beamer (engl.) = Video-Großbildprojektor (wörtl. „Strahler").

8 Konzept = Entwurf, erste Fassung.

9 Diskussion (griech.) = Meinungsaustausch.

133

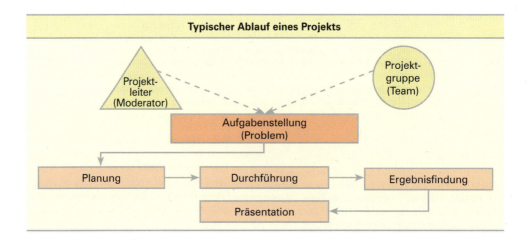

Typischer Ablauf eines Projekts

Projekt-leiter (Moderator)

Projekt-gruppe (Team)

Aufgabenstellung (Problem)

Planung → Durchführung → Ergebnisfindung

Präsentation

1.5 Kooperation und Unternehmenskonzentration

1.5.1 Wesen der Kooperations- und Konzentrationsformen

In einer Marktwirtschaft stehen die Unternehmen in einem mehr oder weniger harten Wettbewerb um die Käufer ihrer Leistungen (Sachgüter und Dienstleistungen). Um den Konkurrenzdruck zu mildern, arbeiten sie häufig mit anderen Unternehmen zusammen (sie kooperieren mit anderen Unternehmen), wobei sich die Zusammenarbeit (die Kooperation) auf den verschiedensten Gebieten vollziehen kann, beispielsweise im Einkauf (z. B. gemeinsame Beschaffung), in der Produktion (z. B. Schaffung gemeinsamer Normen) oder im Absatz (z. B. Gemeinschaftswerbung).

Kooperation ist somit *jede* Zusammenarbeit zwischen Unternehmen. Diese kann auf der einen Seite in sehr lockerer Form geschehen, auf der anderen Seite bis hin zum Aufkauf eines Unternehmens durch ein anderes führen. Die verschiedenen Möglichkeiten der Kooperation bezeichnet man als **Unternehmenszusammenschlüsse** oder auch als **Unternehmensverbindungen.**

Beispiele:

Eine lockere Verbindung stellt der **Fachverband** dar, der seine Mitgliedsunternehmen fachlich berät und nach außen vertritt, ohne dass ihre Selbstständigkeit eingeschränkt wird. Die engste Verbindung ist der **Trust** (siehe S. 140f.), bei dem zwei oder mehr Unternehmen zu einem einzigen verschmelzen.

Unternehmenszusammenschlüsse können zur Machtzusammenballung („Monopolisierung") führen. Man spricht in diesem Fall von **Unternehmenskonzentration.**[1] Marktbeherrschende Unternehmenszusammenschlüsse werden als **Kollektivmonopole**[2] bezeichnet.

---

1 Konzentration = Zusammenfassung; hier: Zusammenballung wirtschaftlicher Macht bei einem oder wenigen Unternehmen bzw. staatlichen Betrieben.

2 Kollektiv (lat.) = Gesamtheit, Zusammenschluss.

Der Begriff Monopolisierung bedeutet nicht unbedingt, dass am Ende des Konzentrationsprozesses nur ein Unternehmen **(Einzelmonopol, Individualmonopol)** bzw. nur eine Unternehmensgruppe **(Kollektivmonopol)** übrig bleibt. Vielmehr wird von Monopolisierung auch dann gesprochen, wenn der Konzentrationsprozess zur Marktbeherrschung eines Unternehmens bzw. eines Unternehmenszusammenschlusses führt. Mit anderen Worten: Mit Monopolisierung ist nicht nur die Entstehung von **„reinen Monopolen"**, sondern auch von **„Teilmonopolen"** gemeint. Ein Teilmonopol liegt vor, wenn ein starker Anbieter bzw. Nachfrager und einige schwache („kleine") Anbieter bzw. Nachfrager auf dem Markt auftreten.

Auch der Begriffsbildung der **„Monopolkommission"** liegt dieser weitgefasste Monopolbegriff zugrunde. Die Monopolkommission ist ein gemäß dem Gesetz gegen Wettbewerbsbeschränkungen (dem sogenannten „Kartellgesetz") eingerichteter Ausschuss zur regelmäßigen Begutachtung der Unternehmenskonzentrationen. Die Mitglieder der Monopolkommission werden auf Vorschlag der Bundesregierung vom Bundespräsidenten für vier Jahre berufen (Näheres siehe §§ 44 ff. GWB).

1.5.2 Ziele der Kooperationen

Ziele der Kooperationen können z. B. sein:

- **Kostensenkungen** (z. B. durch zwischenbetrieblichen Erfahrungsaustausch, gemeinsame Forschung und Produktentwicklung, gemeinsame Rationalisierungsmaßnahmen und Abstimmung des Produktionsprogramms);

- **Absatzsteigerung** (z. B. durch Gemeinschaftswerbung, gemeinsame Markenartikel und Gütezeichen);

- **Sicherung der Rohstoffversorgung** (z. B. durch gemeinsame Beschaffungsmarktforschung, gemeinsame Erschließung von Rohstoffvorkommen, vertragliche oder kapitalmäßige Bindung vorgelagerter Unternehmen);

- **Sicherung des Absatzes** (z. B. durch gemeinsame Absatzwerbung, gemeinsame Verkaufskontore und gemeinsame Preispolitik zur Abwehr der Konkurrenz);

- **Ausschaltung oder Beschränkung des Wettbewerbs** (z. B. durch Mengen- und Preisabsprachen);

- **Finanzierung** (z. B. gemeinsame Finanzierung großer Aufträge, zu denen ein einzelnes Unternehmen nicht in der Lage ist);

- **Globalisierung.**[1] Die Öffnung der Grenzen veranlasst die Unternehmen, die sich ergebenden Standortvorteile in den verschiedenen Ländern der Erde durch Unternehmenszusammenschlüsse aller Art zunutze zu machen.

- **Ausschaltung der Konkurrenz.** Das konkurrierende Unternehmen, dessen Rechte (z. B. Patente), technisches Wissen und sein Ruf auf dem Markt (Firmenwert, Goodwill) gehen auf den Käufer über.

Da die kleineren Industrie-, Handelsunternehmen und Handwerksbetriebe stark unter dem Konkurrenzdruck der Großunternehmen zu leiden haben, hat das Interesse der „Mittelstandsunternehmen" an einer zwischenbetrieblichen Zusammenarbeit in der letzten Zeit stark zugenommen.

---

1 Globus (lat.) = Erde. Globalisierung im wirtschaftlichen Sinne bedeutet zunehmende erdweite Verflechtung von Volkswirtschaften.

1.5.3   Arten der Unternehmenszusammenschlüsse (Überblick)

■ Unternehmenszusammenschlüsse (Unternehmensverbindungen) können so gestaltet sein, dass die kooperierenden Unternehmen ihre rechtliche und ihre wirtschaftliche Selbstständigkeit außerhalb der Vertragsabsprachen behalten. Hierzu gehören z. B. Interessengemeinschaften, Arbeitsgemeinschaften, Konsortien,[1] Gemeinschaftsunternehmen („Joint Ventures")[2] und **Kartelle.**[3]

■ Unternehmenszusammenschlüsse, bei denen ein oder mehrere Partner *ihre wirtschaftliche Selbstständigkeit* verlieren, bezeichnet das Aktiengesetz als *verbundene Unternehmen.* Zu ihnen gehören z. B. die **Konzerne.**

■ Zusammenschlüsse von zwei oder mehreren Unternehmen, die ihre rechtliche und ihre wirtschaftliche Selbstständigkeit aufgeben, heißen **Trusts.** Trusts entstehen durch **Verschmelzung (Fusion).**

Verbundene Unternehmen und Trusts können **vertikal,**[4] **horizontal**[5] oder **anorganisch**[6] sein.

Art der Verbindung	Erläuterung	Beispiel
vertikaler Zusammenschluss	Er liegt vor, wenn sich Unternehmen verschiedener Produktionsstufen zusammenschließen.	Forstwirtschaft, Sägerei, Möbelfabrik, Möbelgeschäft
horizontaler Zusammenschluss	Von horizontalem Zusammenschluss spricht man, wenn es sich um Unternehmen der gleichen Branche handelt.	Zusammenschluss mehrerer Möbelfabriken
anorganischer Zusammenschluss	Anorganisch ist ein Zusammenschluss dann, wenn an ihm Unternehmen unterschiedlichster Branchen beteiligt sind.	Sägerei, Brauerei, Lebensmittelfabrik, Maschinenfabrik. Man spricht auch von einem heterogenen, lateralen oder diagonalen Zusammenschluss.

---

1 Das Wort Konsortium (Mehrzahl: Konsortien) hängt mit dem lateinischen Wort Konsorte = Genosse, Mitglied zusammen. Ein Konsortium ist ein vorübergehender, loser Zweckverband von Unternehmen zur Durchführung von Geschäften, die mit großem Kapitaleinsatz und hohem Risiko verbunden sind. So schließen sich z. B. Banken zu Konsortien zusammen, um Aktien oder Obligationen großer Unternehmen zu platzieren, d. h. zu verkaufen.

2 Joint Ventures (engl. Gemeinschaftsunternehmen) sind eine Art der wirtschaftlichen Zusammenarbeit zwischen zwei oder mehreren voneinander unabhängigen Unternehmen – der sogenannten Gesellschafterunternehmen –, die sich darin niederschlägt, dass ein rechtlich selbstständiges Unternehmen gemeinsam gegründet oder erworben wird mit dem Ziel, Aufgaben im gemeinsamen Interesse der Gesellschafterunternehmen auszuführen.

3 Näheres siehe S. 137.

4 Vertikal = senkrecht.

5 Horizontal = waagerecht.

6 Anorganisch = nicht gewachsen, nicht zusammengehörend. Man spricht auch von einem heterogenen, lateralen oder diagonalen Zusammenschluss. Heterogen (lat.) = andersartig, ungleich; lateral (lat.) = seitlich, daneben; diagonal (griech.) = schräg laufend.

1.5.4 Unternehmenszusammenschlüsse auf vertraglicher Grundlage

1.5.4.1 Kartelle

Begriff

Das **Kartell** ist ein horizontaler vertraglicher Zusammenschluss von rechtlich selbstständig bleibenden Unternehmen eines Wirtschaftszweigs, deren wirtschaftliche Selbstständigkeit im Hinblick auf das Ziel, Markt und Wettbewerb im Wege von Absprachen zu beeinflussen, mehr oder weniger stark eingeschränkt ist.

Danach sind die kartellierten Unternehmen durch Verträge (Konventionen) miteinander verknüpft, wobei sie ihre rechtliche und ihre wirtschaftliche Selbstständigkeit außerhalb der Vertragsabsprachen nicht aufgeben.

Kartellarten

Kartellabsprachen können zahlreiche betriebliche Aufgabenbereiche betreffen.[1] So ist es z. B. möglich, die Absatzmengen der Kartellmitglieder zu beschränken (Quotenkartelle), die Absatzgebiete untereinander aufzuteilen (Gebietskartelle), gemeinsame Rationalisierungsmaßnahmen durchzuführen (Rationalisierungskartelle) oder den Vertrieb (Absatz) durch eine gemeinsame Vertriebsgesellschaft durchführen zu lassen (Syndikat).

Beispielhaft seien folgende Kartellarten erklärt:

Preiskartell	Hier vereinbaren mehrere oder alle Unternehmen einer Branche,[2] ihre Absatzpreise auf einen bestimmten Preis festzulegen (Kartellpreis) oder zumindest die vereinbarten Preisober- und/oder -untergrenzen einzuhalten. In Bezug auf die Preispolitik treten also die Kartellmitglieder nach außen wie ein Unternehmen (wie ein „Monopolist") auf. Der Preiswettbewerb (die Preiskonkurrenz) zwischen den Kartellmitgliedern wird somit aufgehoben. Das Kartell ist so in der Lage, auf dem Markt einen höheren Preis durchzusetzen als dies bei freier Konkurrenz möglich wäre. Man kann daher davon ausgehen, dass Kartellpreise in der Regel höher als die Preise bei freier Konkurrenz sind.
Rationalisierungs-kartell[3]	Ziel dieses Kartells ist, durch Rationalisierungsmaßnahmen im Beschaffungs-, Fertigungs- und Absatzbereich Kosten zu sparen. Rationalisierungskartelle gehen daher über reine Normen- und Typenkartelle[4] hinaus.

1.5.4.2 Syndikate

Syndikate sind Kartelle „höherer Ordnung" und stellen eine besondere Art des Rationalisierungskartells dar. So wird z. B. der Vertrieb dadurch rationalisiert, dass die Kartellmitglieder eine *gemeinsame* Vertriebsgesellschaft (meist in der Rechtsform einer GmbH) gründen, mit der sie Ablieferungsverträge schließen. Die Vertriebsgesellschaft verkauft die Produkte der Syndikatsmitglieder.

---

1 Zu den Kartellarten nach dem „Kartellgesetz" siehe S. 212 ff.

2 Branche = wörtl. Zweig. Hier: Wirtschaftszweig („Hutbranche", „Autobranche" usw.).

3 Rationalisierung = Inbegriff aller Maßnahmen, die der Kostensenkung dienen.

4 Unter Normung versteht man die Vereinheitlichung einzelner Teile (z. B. Profilmaße der Eisenträger, Schrauben oder Nieten) und nicht zusammengesetzter Endprodukte (z. B. DIN-Formate beim Schreibpapier). Typung (oder Typisierung) ist die Vereinheitlichung ganzer, zusammengesetzter Endprodukte (z. B. Schreibmaschinen, Autos, Werkzeugmaschinen).

Vorteil des Vertriebssyndikats ist, dass die Hersteller keinerlei Absatztätigkeit mehr auszuführen brauchen. Sie können sich somit ausschließlich auf die Beschaffung und die Fertigung konzentrieren.

Nachteil des Vertriebssyndikats ist die Tatsache, dass die Hersteller die Möglichkeit verlieren, ihre eigene Absatzpolitik zu betreiben. Kapitalschwächere Syndikatsmitglieder werden unter Umständen durch das Syndikat beherrscht, indem ihnen Preise, Produktionsmengen, Qualitäten und Konditionen vorgeschrieben werden.

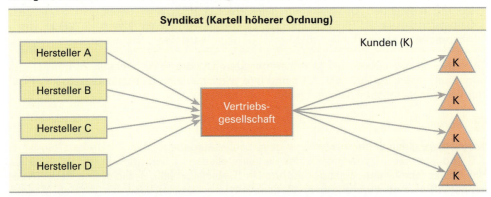

1.5.5 Unternehmenszusammenschlüsse mit Kapitalbeteiligung

1.5.5.1 Verbundene Unternehmen

Wie bei den Kartellen besteht der Zweck der „verbundenen Unternehmen" (vgl. § 15 AktG) darin, den Markt zu beherrschen. Aber auch andere Zielsetzungen sind denkbar, z. B. Kostensenkung durch Rationalisierungsmaßnahmen oder Gewinn- und Verlustausgleich innerhalb der verbundenen Unternehmen.

Verbundene Unternehmen entstehen durch

Kapitalbeteiligung

Eine Kapitalbeteiligung liegt vor,

■ wenn sich die Mehrheit der Anteile oder alle Anteile (z. B. Aktien) eines rechtlich selbstständigen Unternehmens in der Hand der „Hauptgesellschaft" befinden oder einem anderen Unternehmen die Mehrheit der Stimmrechte zusteht (Mutter-Tochter-Gesellschaft). Die Muttergesellschaft ist das herrschende Unternehmen, die Tochtergesellschaft das abhängige (vgl. §§ 16, 17 AktG) (Anteilsmehrheit);

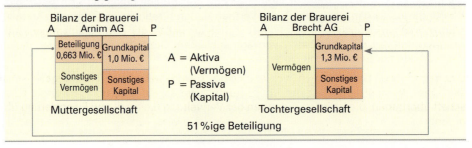

- wenn jedem Unternehmen mehr als 25 % der Anteile des anderen Unternehmens gehören (wechselseitige Beteiligung). Auch hier *kann* ein Unternehmen das herrschende sein (vgl. § 19 AktG).

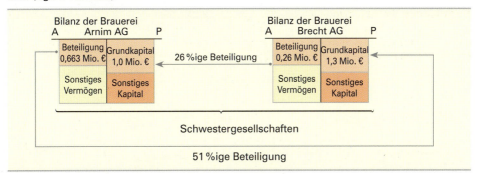

Abhängigkeitsverhältnisse

Das Aktiengesetz spricht von Abhängigkeitsverhältnissen, wenn ein herrschendes Unternehmen auf ein anderes rechtlich selbstständiges Unternehmen unmittelbar oder mittelbar einen beherrschenden Einfluss ausüben kann. Abhängigkeitsverhältnisse sind daher auch dann denkbar, wenn keine oder nur eine geringe Kapitalbeteiligung besteht. So können z. B. Zulieferbetriebe von einem Nachfragemonopol abhängig sein. § 17 AktG vermutet, dass ein in Mehrheitsbesitz stehendes Unternehmen von dem an ihm mit Mehrheit beteiligten Unternehmen auf jeden Fall abhängig ist, es sei denn, dass anderes nachgewiesen werden kann.

Konzerne

Von Konzernen spricht das Aktiengesetz dann,

- wenn ein herrschendes Unternehmen (die Muttergesellschaft) über ein oder mehrere rechtlich Selbstständige z. B. durch kapitalmäßige Bindung oder Beherrschungsvertrag abhängige Unternehmen (die Tochtergesellschaften) (siehe §§ 291, 308 ff. AktG) die *einheitliche Leitung* ausübt (Unterordnungskonzerne, vgl. § 18 I AktG);

- wenn rechtlich selbstständig bleibende Unternehmen, ohne dass sie voneinander kapitalmäßig oder durch Beherrschungsvertrag abhängig sind, unter *einheitlicher Leitung* zusammengefasst sind (Gleichordnungskonzerne, vgl. § 18 II AktG).

Konzerne sind horizontale, vertikale oder anorganische (diagonale, heterogene, laterale) Zusammenschlüsse von Unternehmen, die *rechtlich selbstständig* sind, ihre *wirtschaftliche Selbstständigkeit* aber aufgeben, indem sie sich einer *einheitlichen Leitung* unterstellen.

Das herrschende Unternehmen kann auch eine **„Dachgesellschaft" (Holdinggesellschaft)** sein. Hier werden die Aktien der Konzernunternehmen auf eine übergeordnete Gesellschaft übertragen, die lediglich Aufgaben der Verwaltung (Leitung) und Finanzierung übernimmt.

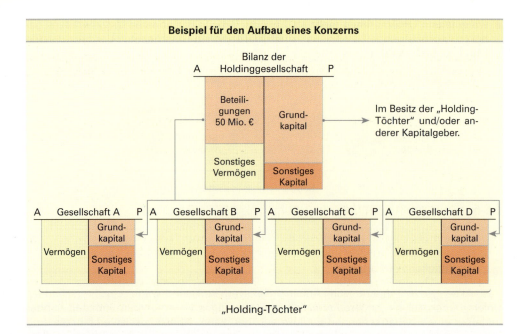

Beispiel für den Aufbau eines Konzerns

Verträge

Verträge sind dann gegeben

- wenn eine Aktiengesellschaft oder Kommanditgesellschaft auf Aktien durch einen Vertrag die Leitung ihrer Gesellschaft einem anderen Unternehmen unterstellt (Beherrschungsvertrag; vgl. § 291 AktG);

- wenn eine Aktiengesellschaft oder Kommanditgesellschaft auf Aktien durch Vertrag verpflichtet ist, ihren Gewinn ganz oder teilweise an ein anderes Unternehmen abzuführen (Gewinnabführungsvertrag bzw. Teilgewinnabführungsvertrag) oder eine Gewinngemeinschaft („Pool") zu bilden [§§ 291f. AktG];

- wenn eine Aktiengesellschaft oder Kommanditgesellschaft auf Aktien den Betrieb ihres Unternehmens an ein anderes Unternehmen verpachtet oder sonst überlässt (Betriebspachtvertrag, Betriebsüberlassungsvertrag; vgl. § 292 AktG).

Unternehmensverträge werden nur mit Zustimmung der Hauptversammlung wirksam, wobei der Beschluss einer Mehrheit von mindestens drei Viertel des bei der Beschlussfassung vertretenen Grundkapitals bedarf (Näheres siehe § 293 AktG).

1.5.5.2 Trusts

Trusts sind horizontale, vertikale oder anorganische Zusammenschlüsse mehrerer Unternehmen, die ihre rechtliche und wirtschaftliche Selbstständigkeit aufgeben.

Trusts entstehen durch **Verschmelzung (Fusion).** Dabei gibt es zwei Möglichkeiten:

■ **Fusion durch Aufnahme.** Sie liegt vor, wenn das Vermögen des übertragenden Unternehmens auf die übernehmende Gesellschaft übertragen wird. Praktisch bedeutet das, dass ein schwächeres Unternehmen durch ein stärkeres Unternehmen aufgekauft wird. Die Firma (der im Handelsregister eingetragene Name) des übertragenden Unternehmens wird gelöscht.

■ **Fusion durch Neubildung.** Bei dieser Art der Trustentstehung wird eine neue Gesellschaft gegründet, auf die die Vermögen der sich vereinigenden Unternehmen übertragen werden. Die Firmen aller übertragenden Unternehmen erlöschen.

1.5.6   Beurteilung der Unternehmenskonzentration

In der folgenden Übersicht werden die wichtigsten negativen und positiven Aspekte (Gesichtspunkte) der Unternehmenskonzentration gegenübergestellt.

Negative Aspekte	Positive Aspekte
■ Marktbeherrschende Unternehmen sind jederzeit in der Lage, das Angebot (oder die Nachfrage) künstlich zu verknappen; die Folgen sind überhöhte Preise, Versorgungsschwierigkeiten und der Verlust von Arbeitsplätzen.	■ Gerade weil die künstliche Verknappung zu erhöhten Preisen führt, wird eine Verknappungspolitik nicht die Regel sein. Bei überhöhten Preisen werden nämlich die Käufer auf Substitutionsprodukte ausweichen, sodass eine Verknappungsstrategie den marktbeherrschenden Unternehmen selbst schadet.
■ Marktbeherrschende Unternehmen nutzen ihre wirtschaftliche Machtstellung rücksichtslos aus, indem sie unangemessen hohe Preise fordern.	■ Hier gilt das Gleiche wie oben: Überhöhte Preisforderungen führen zur Substitutkonkurrenz. Außerdem sind die marktbeherrschenden Unternehmen in ihrer Preispolitik vorsichtig, weil gerade sie im Mittelpunkt der öffentlichen Kritik stehen. Erheblich drastischere Preiserhöhungen der Handwerksbetriebe nimmt die Öffentlichkeit kaum zur Kenntnis.
■ Fusionen, die der Marktbeherrschung dienen, verbilligen die Produktion nicht. Vielmehr entsteht ein riesiger Verwaltungsapparat, der die Stückkosten erhöht.	■ Von einer bestimmten Betriebsgröße an mag dieses Argument richtig sein. Tritt in der Realität aber diese Kostenprogression ein, werden die Trusts sich aus zur Dekonzentration schreiten, um ihre Rentabilität zu wahren oder zu vergrößern.
■ Marktbeherrschende Unternehmen haben keine oder nur geringe Konkurrenz. Dies führt dazu, dass notwendige Rationalisierungsmaßnahmen unterbleiben. Neue Erfindungen werden aufgekauft und verschwinden in den Schubladen. Die Monopolisierung ist fortschrittsfeindlich.	■ Gerade die Konzentration ermöglicht die Durchführung kostspieliger Forschungsvorhaben, weil die entsprechenden finanziellen Mittel bereitgestellt werden können. Dadurch fördert sie den technischen Fortschritt.

Negative Aspekte	Positive Aspekte
■ Wirtschaftliche Macht bringt politische Macht mit sich. Die Bestechung von Politikern beweist dies.	■ Die politischen Instanzen haben Mittel und Wege, durch eine entsprechende Gesetzgebung die Macht der marktbeherrschenden Unternehmen und Unternehmensverbindungen unter Kontrolle zu halten. Bestechungsversuche sind moralisch weniger verwerflich als die Bestechlichkeit der Politiker, die sich ebenso von anderen Organisationen (z. B. Gewerkschaften) bestechen lassen können.
■ Die vor allem durch Fusionen ermöglichte Zusammenfassung (Zusammenlegung) von Abteilungen haben Arbeitsplatzverluste zur Folge.	■ Insbesondere das extreme Unternehmenswachstum (Wachstum durch Fusionen) zu Synergieeffekten.[1]

Im Rahmen der Diskussion um die Globalisierung stehen auch die **multinationalen Konzerne** („Multis"), also Konzerne, die in mehreren Staaten ihre Niederlassungen und/oder Tochtergesellschaften besitzen, „unter Beschuss". Auch hier sind die Meinungen nicht einheitlich. Im Folgenden werden einige der üblichen Argumente der Gegner und der Verteidiger der Multis einander gegenübergestellt.[2]

Argumente der Gegner	Argumente der Befürworter
■ Multinationale Unternehmen sind mächtiger als Staaten. Sie beherrschen Wirtschaft und Politik der Staaten, in denen sie Fuß gefasst haben.	■ Die Beherrschungstheorie ist eine Fiktion. Die Staaten sitzen am längeren Hebel, weil sie mithilfe ihrer Gesetzgebung die Niederlassung eines Unternehmens verhindern oder von strengen Auflagen abhängig machen können.
■ Multinationale Unternehmen beuten die Entwicklungsländer aus. Die rücksichtslose Ausnutzung des technischen Vorsprungs verstärkt die Ausbeutung.	■ Viele Gastländer drängen auf Investitionen (= Kapitaleinfuhr), um Arbeitsplätze zu schaffen und technisches Wissen zu erwerben. Im Übrigen sind die Multis in den Gastländern gute Steuerzahler.
■ Multinationale Unternehmen sind die Hauptverantwortlichen für Währungs- und Kapitalmarktkrisen. Die Teilnahme an Währungsspekulationen beweist dies.	■ Gerade die multinationalen Konzerne haben großes Interesse an internationaler Stabilität, weil nur diese ihren Absatz langfristig garantiert. Beteiligen sie sich an internationalen Spekulationen, gehen sie ebenso wie andere Spekulanten entweder als Gewinner oder als Verlierer hervor.
■ Multinationale Unternehmen verstärken die Inflation. Vor allem ihre monopolistischen oder oligopolistischen Marktstrukturen sind die Ursache hierfür. Das treffendste Beispiel sind die Ölkrisen von 1974 und 1979.	■ Sowohl Wirklichkeit als auch Theorie beweisen, dass gerade auf oligopolistischen Märkten i. d. R. eine beträchtliche Preisstarrheit herrscht. Die Ölkrisen wurden von den Politikern in den Erdölförderländern, nicht von den Multis ausgelöst.

1 Synergie (griech.) = Zusammenwirken. Synergieeffekt = positive Wirkung, die sich aus dem Zusammenschluss von Unternehmen ergibt. Kostenersparnisse entstehen z. B. durch Zusammenlegung von Forschungs-, Marketing- und Stabsabteilungen.

2 Zusammengestellt nach Gruhler, W.: Die Multis – Mär und Wirklichkeit. dv-Sachbuchreihe, 1974.

Argumente der Gegner	Argumente der Befürworter
■ Multinationale Unternehmen sind gewerkschaftsfeindlich. Sie diskriminieren die gewerkschaftliche Arbeit, vernichten Arbeitsplätze, indem sie willkürlich Betriebsteile in Länder mit niedrigen Arbeitslöhnen verlagern.	■ Willkürliche Produktionsverpflanzungen sind i. d. R. nicht möglich, weil man einerseits ganze Produktionsstätten stilllegen, diese andererseits in einem anderen Land aufbauen müsste. Ferner sind die Gewerkschaften gegenüber den Multis nicht machtlos. Vielmehr kann ein Streik in einem Land wegen der gegenseitigen Abhängigkeit der Konzernunternehmen den gesamten Konzern treffen.

Die dargestellten Argumente für und gegen die nationalen und internationalen Oligopole und Monopole machen ausreichend deutlich, dass es sehr schwierig ist, mit gesetzlichen Maßnahmen den Wettbewerb auf nationaler Ebene zu erhalten und zu stärken.[1]

Zusammenfassung

■ Die wichtigsten **Unternehmenszusammenschlüsse** sind:

■ Jegliche Zusammenarbeit zwischen Unternehmen bezeichnet man als **Kooperation**.

■ Führen die Kooperationen (Unternehmenszusammenschlüsse, Unternehmensverbindungen) zur Machtzusammenballung, spricht man von **Unternehmenskonzentration** oder auch von **Monopolisierung**.

■ **Kooperationsziele** sind z. B. Kostensenkung, Absatzsteigerung, Sicherung der Rohstoffversorgung, Sicherung des Absatzes, Ausschaltung bzw. Beschränkung des Wettbewerbs, Finanzierung und Ausnutzung der Standortvorteile in verschiedenen Regionen der Erde (Globalisierung).

■ **Horizontale Zusammenschlüsse** liegen vor, wenn Unternehmen der gleichen Wirtschaftsstufe kooperieren (z. B. mehrere Zementfabriken).

■ Bei einem **vertikalen Zusammenschluss** kooperieren zwei oder mehr Unternehmen verschiedener, aber wirtschaftlich-technisch zusammengehörender Wirtschaftsstufen (z. B. Zuckerrübenanbauer, Zuckerfabrik).

■ Kooperieren Unternehmen verschiedener Branchen (Wirtschaftszweige), die wirtschaftlich und technisch nichts miteinander zu tun haben, handelt es sich um einen **anorganischen Zusammenschluss**.

---

1 Über die gesetzlichen Regelungen in der Bundesrepublik Deutschland siehe Kapitel 2.3.4.

ÜBUNGSAUFGABEN

1. Bilden Sie Arbeitsgruppen und stützen oder widerlegen Sie folgende Argumente für Unternehmenszusammenschlüsse und Großunternehmen:

   – Möglichkeit, große und kostspielige Forschungsvorhaben durchzuführen (z. B. Entwicklung neuer Technologien zur Energiegewinnung).

   – Durch den Einsatz moderner Fertigungsverfahren können trotz Lohnerhöhungen preiswerte Massengüter auf den Markt gebracht werden (Gesetz der Massenproduktion).

   – Bessere Versorgung der Verbraucher durch Erhöhung der Produktivität.

   – Stärkere Marktmacht auf den Weltmärkten, dadurch Sicherung von Arbeitsplätzen.

   – Finanzstarke Großbetriebe sind gute Steuerzahler; dadurch wird der Staat in die Lage versetzt, den Kollektivbedarf zu befriedigen.

   – Sicherung der Rohstoffversorgung.

   – Rationellere Energiewirtschaft.

2. Nebenstehende Abbildung zeigt die Konzentration mehrerer Unternehmen.

   2.1 Welche Konzentrationsformen liegen vor? Warum?

   2.2 In welchen Fällen handelt es sich um ein „Mutter-Tochter-Verhältnis"?

   2.3 In welchen Fällen handelt es sich um Schwestergesellschaften?

   2.4 Welche Unternehmen bilden einen

       2.4.1 organischen,

       2.4.2 anorganischen,

       2.4.3 horizontalen und

       2.4.4 vertikalen Zusammenschluss?

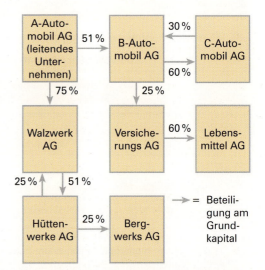

3. Ergänzen Sie die folgende Übersicht:

Konzentrations-formen / Merkmale	Kartell	Konzern	Trust
vertraglicher Zusammenschluss			
Kapitalverflechtung			
rechtliche Selbstständigkeit			
wirtschaftliche Selbstständigkeit			

2   Unternehmen und Gesamtwirtschaft

Die Unternehmen sind in die volkswirtschaftlichen und weltwirtschaftlichen Güter- und Geldströme „eingebettet" (Näheres siehe Kapitel 2.2.1 und Kapitel 2.2.2). Wissenschaftlich ausgedrückt: Sie stehen im Kontext[1] regionaler,[2] volks- und weltwirtschaftlicher Zusammenhänge. Deswegen müssen sie auch bei der Wahl ihrer Standorte natürliche, ökonomische und politische Bedingungen der Gesamtwirtschaft berücksichtigen.

2.1   Standort

2.1.1   Begriff Standort

> Unter **Standort** versteht man die örtliche Lage eines Betriebs.

Der Standort ist also der geografische Ort, an dem ein Betrieb seine Produktionsfaktoren[3] einsetzt, um seine Produkte (Sachgüter und Dienstleistungen) zu erstellen.

Die meisten Betriebe haben bei Neugründungen, aber auch bei der Gründung von Zweigbetrieben sowie bei Betriebsverlagerungen die Wahl zwischen mehreren Standorten. Lediglich die reinen Gewinnungsbetriebe, also Betriebe, die z.B. Kohle, Erdöl, Gas, Erze, Kies, Lehm und Ton fördern, sind an einen bestimmten Standort gebunden.

Die übrigen Betriebe haben i.d.R. die Wahl zwischen mehreren Standorten. Bei der Wahl des optimalen[4] (bestmöglichen) Standorts werden sogenannte Standortfaktoren herangezogen. Dabei müssen die Kostenvor- und Kostennachteile der infrage kommenden Standorte gegeneinander abgewogen werden. Dieser Abwägungsprozess wird als *Kosten-Nutzen-Analyse*[5] oder kurz als *Nutzwertanalyse* bezeichnet.

2.1.2   Standortfaktoren

Wesentliche Bestimmungsgründe für die Standortwahl (Standortfaktoren) sind:

- **Beschaffungsorientierte Standortfaktoren:** Hierbei geht es nicht nur um die Beschaffungsmöglichkeiten von Roh-, Hilfs- und Betriebsstoffen sowie Handelswaren, sondern auch um die Beschaffung von Grundstücken (z.B. die Größe, ihr Anschaffungspreis), von Arbeitskräften, von der technisch-wirtschaftlichen Infrastruktur[6] (z.B. Energieversorgung, Autobahnanschluss, Flughafennähe, Hafenanlagen).

---

1   Kontext (lat.) = Zusammenhang.

2   Region (lat.) = Gebiet, meist im Sinne von engerer Umgebung gebraucht. Regional = ein bestimmtes Gebiet betreffend.

3   Zur Wiederholung: Die betriebswirtschaftlichen Produktionsfaktoren sind die Elementarfaktoren (ausführende Arbeit, Betriebsmittel, Werkstoffe) und der dispositive Faktor (Leitung, Planung, Organisation und Überwachung). Faktor (lat.) = Mitbewirker. Produktionsfaktoren sind folglich alle Faktoren, die an der Produktion (Leistungserstellung) mitwirken. Der dispositive Faktor ist der anordnende Faktor. Disposition (lat.) = Anordnung, Verfügung.

4   Optimal (lat.) = bestmöglich. Optimum = das Beste, das Wirksamste.

5   Analyse = zergliedernde (bis ins Einzelne gehende) Untersuchung.

6   Infrastruktur (lat.) = wirtschaftlich-organisatorischer Unterbau einer arbeitsteiligen Wirtschaft. Die Vorsilbe „Infra…" bedeutet unter, unterhalb.

145

10 Hartmann -Hug- ISBN 978-3-8120-0522-7

■ Für bestimmte Betriebe spielt das Vorkommen *natürlicher* Energiequellen eine entscheidende Rolle *(energieorientierte Betriebe).* Hierzu gehören z. B. Elektrizitätswerke an Flüssen und Stauseen, Kohlekraftwerke und Stahlwerke.

■ Insbesondere bei der Beschaffung von Arbeitskräften sind mehrere Gesichtspunkte entscheidend. Einmal mag es sein, dass Betriebe deswegen in entferntere Gegenden ausweichen müssen, weil im Bereich der an sich günstigeren Standorte Arbeitskräftemangel herrscht. Werden vorwiegend ungelernte und angelernte Arbeitskräfte benötigt, werden Gegenden bevorzugt, in denen die Arbeitskosten (Löhne bzw. Gehälter und Entgeltnebenkosten) am niedrigsten sind. Andererseits kann es günstiger sein, sich gerade in solchen Gebieten niederzulassen, in denen bereits ähnliche Betriebe arbeiten (Zusammenballung, Agglomeration). Hier nämlich sind die etwa erforderlichen Facharbeitskräfte vorhanden. Man spricht deshalb auch von *arbeitsorientierten Betrieben.*

■ **Fertigungsorientierte Standortfaktoren:** Bei diesen Faktoren wird untersucht, ob z. B. der infrage kommende Boden für die geplanten Bauvorhaben geeignet ist (sandiger oder steiniger Untergrund, erdbebensicheres Gebiet oder nicht) und ob sich das Klima für die vorgesehene Produktion eignet.

■ **Absatzorientierte Standortfaktoren:** Diese Faktoren sind z. B. das Absatzpotenzial,[1] der Verkehr und die Absatzkontakte.[2] Das *Absatzpotenzial* wird u. a. bestimmt durch die Bevölkerungsstruktur,[3] die Kaufkraft der Kunden und dem sogenannten *Herkunftsgoodwill,*[4] d. h. dem Standort, der bezüglich der dort hergestellten Produkte einen guten Ruf hat (z. B. Stahl aus Solingen, Lebkuchen aus Nürnberg, Schinken aus Westfalen).

Je nach Wirtschaftszweig (Branche) kann auch die *Bevölkerungsstrukur* ein wichtiger Standortfaktor sein, z. B. für eine Kleiderfabrik mit Direktverkauf. In diesem Zusammenhang ist auch die Kaufkraft der künftigen Abnehmer zu untersuchen.

Ebenso wie bei der Beschaffung spielt der *Verkehr* bei der Analyse der Standortfaktoren eine wichtige Rolle. Untersucht werden müssen z. B. die Verkehrsanbindung (Eisenbahn, Straßen) einschließlich der Versandkosten.

Schließlich müssen bei der Abwägung der Vor- und Nachteile verschiedener infrage kommender Standorte die vorhandenen (oder nicht vorhandenen) Absatzhilfen (Handelsvertreter, Handelsmakler, Werbeagenturen, Messen) berücksichtigt werden.

■ **Staatlich festgelegte Standortfaktoren:** Die Staaten haben einen beträchtlichen Einfluss auf die Standortwahl der Betriebe, denn sie legen die Rahmenbedingungen[5] für die Wirtschaftssubjekte[6] fest. Einer der wichtigsten staatlich festgelegten Standortfaktoren ist also die *Wirtschaftsordnung* (Näheres siehe Kapitel 2.3).

In diesem Zusammenhang ist auch die Bedeutung der *Verlässlichkeit (Beständigkeit)* der staatlichen *Politik* (z. B. Wirtschafts- und Sozialpolitik) für die Güte eines Standorts zu erwähnen, denn die Unternehmen (Investoren) brauchen Planungssicherheit. Investitionsentscheidungen sind Entscheidungen für die Zukunft.

---

1 Potenzial (lat.) = Leistungsfähigkeit, Möglichkeit. Potenzielle Kunden = mögliche, infrage kommende Kunden.

2 Kontakt (lat.) = Berührung, Verbindung.

3 Struktur (lat.) = Aufbau, (inneres) Gefüge, Zusammenstellung.

4 Goodwill (engl.) = wörtl. „guter Wille". Mit dem Begriff Goodwill wird vor allem der gute Ruf eines Unternehmens bzw. sein Geschäftswert bezeichnet.

5 Zu den Rahmenbedingungen (den Ordnungsmerkmalen) der deutschen Wirtschaftsordnung siehe Kapitel 2.3.1.2 und Kapitel 2.3.1.3.

6 Wirtschaftssubjekte sind wirtschaftlich handelnde Menschen sowie ihre Organisationen wie z. B. private Haushalte, Unternehmen, Arbeitgeberverbände, Gewerkschaften, die Länder, der Bund (der Staat) und das Ausland (z. B. einzelne Staaten, eine Staatengemeinschaft wie die EU).

Ein weiterer Standortfaktor sind die *Steuern.* Vor allem international gibt es ein beträchtliches „Steuergefälle". (Die Länder, die im internationalen Vergleich am steuergünstigsten sind, werden als „Steueroasen" bezeichnet.)

Die Standortwahl der Betriebe wird weiterhin durch *außenwirtschaftliche Regelungen* der verschiedenen Staaten bzw. Staatengemeinschaften beeinflusst. Hierzu rechnen Zölle, Ein- und Ausfuhrbeschränkungen für bestimmte Güter, die Währungsordnung und Exportsubventionen.[1]

Eine wichtige Rolle spielen auch die unterschiedlichen *Umweltschutzmaßnahmen* in den verschiedenen Ländern. Auflagen zur Verminderung (Reduktion) von Umweltbelastungen verteuern die Produktion. Staatliche Umweltschutzvorschriften können sich auch auf die Produkte selbst beziehen, indem die Verwendung umweltschädlicher Bestandteile verboten oder zumindest eingeschränkt wird.

Nicht zuletzt tragen *staatliche Hilfen* dazu bei, die Standortwahl der Betriebe zu beeinflussen. Solche Hilfen sind z. B. Förderungsprogramme in Form von Investitionshilfen für strukturschwache Regionen (Regionalförderung), Hilfen bei der Existenzgründung, Förderung von Forschungs- und Entwicklungsvorhaben. Die genannten Maßnahmen zur *Wirtschaftsförderung* gehören zum großen Bereich der *Wachstums- und Strukturpolitik,* die im Kapitel 3.7 näher besprochen wird.

2.1.3 Staatliche Beeinflussung der Standortwahl

Notwendigkeit staatlicher Einflussnahme

Die staatlich festgelegten Standortfaktoren liegen nicht für alle Zeit fest. Die Regierungen sehen sich häufig gezwungen, diese aufgrund der sich ständig ändernden binnen- und außenwirtschaftlichen, technischen, sozialen[2] und demografischen[3] Bedingungen zu ändern. Auch kann es der Staat den Unternehmen und Kapitalgebern (Investoren) nicht einfach überlassen, ihre Standorte völlig frei zu wählen, denn es würde den Belangen des Umweltschutzes, des Naturschutzes und der *Infrastruktur* in aller Regel nur unzureichend Rechnung getragen werden. Schon allein deshalb muss der Staat die Standortwahl der Betriebe lenken: er betreibt *Raumordnungspolitik.* [4] Ein weiteres Ziel der Raumordnungspolitik ist, in strukturschwachen Gebieten *Arbeitsplätze* zu schaffen.

Mögliche Zielkonflikte

Bei der gleichzeitigen Verfolgung mehrerer politischer Ziele können immer *Zielkonflikte* auftreten. (Ein Zielkonflikt[5] liegt immer dann vor, wenn bestimmte wirtschaftspolitische Maßnahmen zwar der Erreichung eines der ins Auge gefassten Ziele dienlich ist, gleichzeitig aber die Erreichung eines anderen Ziels gefährdet.)

---

1 Subventionen (lat.) = zweckgebundene Unterstützung aus öffentlichen (staatlichen) Mitteln.

2 Sozial bedeutet in diesem Zusammenhang „die Gesellschaft betreffend". Gesellschaftliche (soziale) Veränderungen sind z. B. die zunehmende Erwerbstätigkeit der Frauen und die Einwanderung.

3 Demografie (griech.) = Bevölkerungswissenschaft. Demografische Veränderungen sind z. B. der Geburtenrückgang und die Zuwanderung.

4 Politik (griech.) = Staatskunst, Staatsführung, zielgerichtetes Handeln.

5 Mögliche Zielkonflikte bei der Verfolgung wirtschaftspolitischer Ziele werden ausführlich im Kapitel 3.3 besprochen.

2.1.4 Internationaler Standortwettbewerb

2.1.4.1 Abhängigkeit der Unternehmen vom Außenhandel

Der Außenhandel ist der wichtigste Teil der außenwirtschaftlichen Beziehungen einer Volkswirtschaft bzw. einer Wirtschaftsgemeinschaft. Aus der Sicht der Bundesrepublik Deutschland sowie der Mitgliedsländer der **Europäischen Union (EU)**[1] umfasst der Außenhandel den gewerbsmäßigen Güteraustausch (Sachgüter, Dienstleistungen, Rechte) mit **Drittländern** (Länder, die nicht der EU angehören) sowie den Transithandel.

Der Handel innerhalb der EU (der **Binnenhandel**) besteht aus dem **innergemeinschaftlichen Erwerb** (Käufe aus Mitgliedsländern) und den **innergemeinschaftlichen Lieferungen** (Verkäufe an Mitgliedsländer).

In der Statistik werden derzeit noch der innergemeinschaftliche Erwerb zur Einfuhr und die innergemeinschaftlichen Lieferungen zur Ausfuhr gerechnet.

Importabhängigkeit

Die Bundesrepublik Deutschland ist ein rohstoffarmes Land. Sie ist deshalb auf die Einfuhr zahlreicher Rohstoffe angewiesen (z. B. Erdöl, Erdgas, Baumwolle, Eisenerz, Rohphosphate). Daneben werden Nahrungsmittel importiert, die in Deutschland nicht, nicht in ausreichender Menge und/oder nicht in der gewünschten Qualität produziert werden können (z. B. Kaffee, Kakao, Ölfrüchte, Rohtabak, Wein).

Wichtige Importgüter sind aber auch Halb- und Fertigwaren, die in den Lieferländern kostengünstiger erzeugt werden können (z. B. Maschinenteile und Maschinen, feinmechanische und optische Geräte, unterhaltungselektronische Geräte, Kraftfahrzeuge).

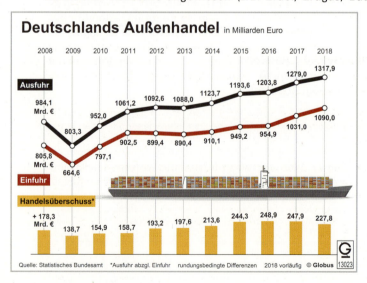

Deutschlands Außenhandel in Milliarden Euro

Quelle: Statistisches Bundesamt   *Ausfuhr abzgl. Einfuhr   rundungsbedingte Differenzen   2018 vorläufig   © Globus 13023

---

1 Zur EU siehe Kapitel 3.12.1.

Exportabhängigkeit

Die Beschäftigung (und damit der Lebensstandard) in der Bundesrepublik Deutschland hängt u. a. stark von der Ausfuhr ab.

Wichtige Ausfuhrgüter der Bundesrepublik Deutschland sind Fertigwaren wie z. B. Werkzeugmaschinen, Kraftfahrzeuge, chemische Erzeugnisse, feinmechanische Geräte, Glas- und Lederwaren sowie Halbwaren wie z. B. Gießerei- und Walzwerkerzeugnisse. Die Ausfuhr von Rohstoffen (z. B. Kohle, Kali, Tonerde) und von Nahrungs- und Genussmitteln (z. B. Fleischwaren, Geflügel, Wein) ist im Rahmen der Gesamtausfuhr hingegen von geringer Bedeutung.

Autos, Maschinen und Chemikalien waren auch im Jahr 2018 Deutschlands Exportschlager, zusammen machten sie 41 % aller Ausführen aus. Der Anteil von Autos und Zubehör an allen Exporten des letzten Jahres betrug gut 17 %, Maschinen folgten mit 15 % und auf Platz drei kamen chemische Erzeugnisse mit 9 %. Insgesamt erreichten die Exportgüter „Made in Germany" einen Wert von 1318 Mrd. Euro. Deutschlands wichtigste Kunden sind die USA, Frankreich und China; sie importieren 2018 Waren im Wert von 113, 105 und 93 Mrd. Euro aus Deutschland. Den größten Handelsüberschuss erzielte Deutschland gegenüber den USA. Dorthin verkauften deutsche Unternehmen im Jahr 2018 für fast 49 Mrd. Euro mehr Waren, als von dort nach Deutschland importiert wurden.

Deutschlands Export-Palette

Im Jahr 2018 haben deutsche Unternehmen Waren im Wert von 1318 Milliarden Euro exportiert, darunter

Autos u. Zubehör	230 Mrd. €
Maschinen	194
Chemische Erzeugnisse	118
Büromaschinen, EDV	116
Metalle u. Metallerzeugnisse	102
Elektr. Ausrüstungen	88
Pharma-Produkte u. a.	84
Luft-, Raumfahrzeuge	61
Nahrungs- u. Futtermittel	53
Gummi- u. Kunststoffwaren	47
Papier, Druckerzeugnisse	21
Bekleidung	20
Glas, Keramik	17
Mineralölprodukte	14
Textilien	12
Möbel	10

Quelle: Statistisches Bundesamt

© Globus 13289

2.1.4.2 Probleme der Abhängigkeit vom Außenhandel

Import- und Exportabhängigkeit können zu **wirtschaftlicher** und **politischer Abhängigkeit** eines Landes bzw. eines Währungsgebiets führen.

- Die wirtschaftliche Abhängigkeit zeigt sich z. B. in der konjunkturellen[1] Verbundenheit der am Welthandel beteiligten Staaten. Konjunkturelle Einbrüche bei den führenden Industrieländern bewirken aufgrund des Nachfragerückgangs zwangsläufig Beschäftigungsrückgänge bei den Handelspartnern.

- Ebenso wie die Konjunkturrückgänge können auch Inflationen[2] importiert werden. Erhöhen z. B. die Rohöl exportierenden Länder die Ölpreise, steigen in den Importländern die Preise für die Produkte, die aus Erdöl hergestellt oder zu deren Herstellung Erdöl benötigt wird.

- Weiterhin zeigt die Geschichte der Entwicklungsländer, dass die einseitige, durch die ehemaligen Kolonialmächte geförderte Spezialisierung auf die Förderung von Rohstoffen und die Erzeugung von Agrarprodukten („Plantagenwirtschaft") ein den Industrieländern vergleichbares Wachstum verhinderte.

---

1 Konjunktur = Wirtschaftslage. Konjunkturzyklus = mehr oder weniger regelmäßig wiederkehrende Schwankungen der Wirtschaftslage. Man rechnet mit einer Zyklusdauer von vier bis sechs Jahren. Konjunkturell = der Wirtschaftslage entsprechend.

2 Inflation (wörtl. Aufblähung) = Geldentwertung, lang anhaltendes Steigen der Preise.

- Eng mit der wirtschaftlichen Abhängigkeit ist die politische Abhängigkeit verflochten. So sind z. B. Länder, die auf Rohstoffzufuhren angewiesen sind, wirtschaftlich und politisch erpressbar. So können die Rohstoff exportierenden Länder beispielsweise versuchen, durch Preis- und/ oder Mengendiktate politische Entscheidungen in den Abnehmerländern zu beeinflussen.

- Die Globalisierung[1] bringt zwar Kostenvorteile, hat aber den Nachteil, dass aufgrund der Verlagerung von Produktionsstätten ins Ausland Arbeitsplätze verloren gehen.

Dieser sogenannte Arbeitsplatzexport kann z. B. folgende Gründe haben:

- Die soziale und politische Stabilität des Auslands wird höher eingeschätzt als die inländische.
- Die Umweltvorschriften (Umweltstandards)[2] sind im Ausland weniger streng als im Inland.
- Das Ausland fördert Gewerbeansiedlungen durch Steuererleichterungen und/oder Subventionen. Das Problem ist, dass der Staat den Unternehmen, die mit der Auslagerung von Produktionsstätten drohen, seinerseits Steuererleichterungen gewährt und/oder Subventionen zahlt. Die Folge ist, dass die Steuereinnahmen sinken.
- Im Ausland ist die „Regulierungsdichte"[3] (z. B. Bauvorschriften, Zulassungsverfahren, Behördenwege) geringer als im Inland.
- Die Arbeitskosten sind im Ausland niedriger als im Inland. Für die Konkurrenzfähigkeit ist allerdings nicht allein die absolute Höhe der Arbeitskosten maßgebend. Vielmehr muss die Arbeitsproduktivität berücksichtigt werden. Diese drückt aus, welche Gütermenge eine Arbeitskraft je Zeiteinheit (z. B. je Arbeitsstunde) erzeugt.

Beispiel:

Im Land A betragen die Arbeitskosten im Durchschnitt 15,00 GE,[4] im Land B hingegen 18,00 GE je Arbeitsstunde (h). Unter sonst gleichen Bedingungen erzeugt das Land A 400 Mio. t, das Land B 500 Mio. t eines Guts. Es ergibt sich folgende Vergleichsrechnung:

Länder	Arbeits-kräfte	Arbeits-kosten insgesamt in GE	Erzeugte Waren	Preis je t in GE	Erzeugter Warenkorb in GE	Arbeits-stunden je Arbeitskraft je Jahr	Arbeits-stunden insgesamt
A	20 Mio.	600 Mrd.	400 Mio. t	2000	800 Mrd.	2000	40 Mrd.
B	20 Mio.	720 Mrd.	500 Mio. t	2000	1000 Mrd.	2000	40 Mrd.

Länder	Arbeits-kosten je Stunde	Arbeitsproduktivität (mengenmäßig)	Arbeitsproduktivität (wertmäßig)	Arbeitskostenanteil je t und in % vom Verkaufspreis
A	15,00 GE	$\dfrac{400 \text{ Mio. t}}{40 \text{ Mrd. h}} = 0,01 \text{ t/h}$	$\dfrac{800 \text{ Mio. t}}{40 \text{ Mrd. h}} = 20 \text{ GE/h}$	1500 GE = 75 %
B	18,00 GE	$\dfrac{500 \text{ Mio. t}}{40 \text{ Mrd. h}} = 0,0125 \text{ t/h}$	$\dfrac{1000 \text{ Mio. t}}{40 \text{ Mrd. h}} = 25 \text{ GE/h}$	1440 GE = 72 %

Folgerung: Das Land B hat einen Wettbewerbsvorteil, obwohl seine absoluten Arbeitskosten (18,00 GE je Arbeitsstunde) höher sind als die des Landes A. Der Grund: Die Arbeitsproduktivität des Landes B ist höher als die des Landes A.

---

1 Globus (lat.) = Kugel, Erdkugel. Globalisierung = erdweite Öffnung der Märkte. Unter Globalisierung (der Wirtschaft) ist eine umfassende (erdweite) internationale Verflechtung der Unternehmen zu verstehen.

2 Standard (engl.) = Maßstab, Norm, Absprachenniveau.

3 Regulierung (lat.) = Regeln aufstellen, Regeln erlassen (z. B. durch Gesetze, Rechtsverordnungen, Verwaltungsvorschriften, Gemeindesatzungen, Gerichtsurteile).

4 GE = Geldeinheiten.

Arbeitgeber in der Schweiz zahlten im Jahr 2018 für eine Arbeitsstunde im Durchschnitt umgerechnet 51,53 Euro an Verdienst und Lohnnebenkosten. Damit war die Schweiz Spitzenreiter im internationalen Ranking der Arbeitskosten. Als Standort im Verarbeitenden Gewerbe bieten sich aus Kostengründen dagegen vor allem die Philippinen an. Mit nur 1,75 Euro die Stunde waren die Arbeitskosten im internationalen Vergleich im Jahr 2018 hier am niedrigsten. Deutschland war mit 41,01 Euro je geleisteter Stunde fünftteuerster Produktionsstandort im Vergleich von 42 Ländern. Hoch waren die Arbeitskosten vor allem in Westdeutschland (42,92 Euro je Stunde). Im Osten waren sie um 35 Prozent niedriger (27,84 Euro). Nach Angaben des Instituts der deutschen Wirtschaft Köln zählte Deutschland in den ersten sieben Jahren des neuen Millenniums zu den kostenstabilsten Standorten. Das ändert

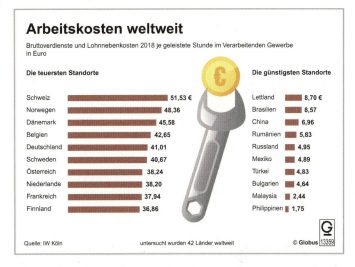

sich deutlich in den Krisenjahren 2007 bis 2011. Zwischen 2011 und 2018 war die Kostensteigerung nur in Österreich, den USA, Großbritannien und Schweden höher.

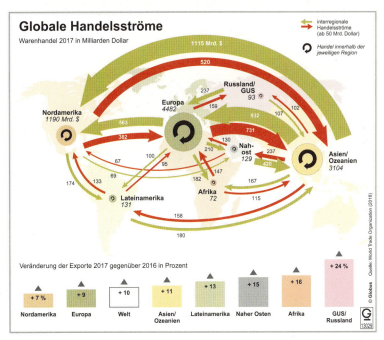

Der internationale Handel hat sich 2017 wieder belebt. Die weltweiten Ausfuhren stiegen um 10 % und erreichten einen Wert von 17,7 Billionen Dollar. Die größte Exportnation war China mit Ausfuhren im Wert von 2 263 Mrd. Dollar, gefolgt von den USA (1 546 Mrd. Dollar) und Deutschland mit 1 448 Mrd. Dollar.

2.2 Volkswirtschaftliche Gesamtrechnung

2.2.1 Begriff volkswirtschaftliche Gesamtrechnung

Der volkswirtschaftlichen Gesamtrechnung liegt der Kreislaufgedanke zugrunde, den der französische Arzt und Ökonom (Wirtschaftler) Francois Quesnay (1694–1774) entwickelt hat: Er verglich den Güterstrom in einer Volkswirtschaft mit dem Blutkreislauf. Heute werden im Kreislaufmodell zwei Ströme dargestellt, nämlich der Güterstrom einerseits und der Geldstrom andererseits, wobei die statistisch erfassbaren Geldströme zwischen den einzelnen Sektoren einer Volkswirtschaft (private Haushalte, Unternehmen, Ausland und Staat) die Daten liefern, die zur Erstellung der volkswirtschaftlichen Gesamtrechnung (VGR) erforderlich sind.

> Die **volkswirtschaftliche Gesamtrechnung** ist ein geschlossenes Buchhaltungssystem, das für einen abgelaufenen Zeitraum (z. B. Jahres-, Halbjahres-, Vierteljahreswert) die Ergebnisse der wirtschaftlichen Tätigkeiten einer Volkswirtschaft darstellt.

In der Bundesrepublik Deutschland wird die VGR vom Statistischen Bundesamt in Wiesbaden aufgestellt. Die ermittelten Daten ermöglichen die Überprüfung wirtschaftstheoretischer Aussagen. Sie sind außerdem erforderlich, um wirtschaftspolitische Ziele (siehe Kapitel 3.3) zu formulieren, den Umfang der Zielerreichung zu überprüfen und die notwendigen Maßnahmen zur Zielverwirklichung zu ergreifen.[1]

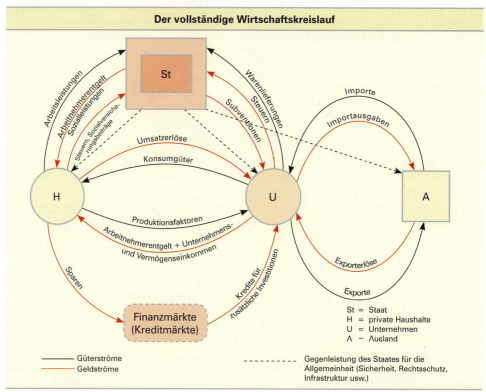

Der vollständige Wirtschaftskreislauf

St = Staat
H = private Haushalte
U = Unternehmen
A = Ausland

——— Güterströme
——— Geldströme

- - - - - - Gegenleistung des Staates für die Allgemeinheit (Sicherheit, Rechtsschutz, Infrastruktur usw.)

---

1 Siehe auch Kapitel 3.6 ff.

Erläuterungen zur Abbildung des Wirtschaftskreislaufs auf S. 152

■ Die Haushalte stellen den Unternehmen **Arbeitsleistungen** zur Verfügung und empfangen dafür von den Unternehmen Geldeinkommen in Form von Löhnen und Gehältern **(Arbeitnehmerentgelt)**.

■ Die Haushalte kaufen **Sachgüter** und **Dienstleistungen** bei den Unternehmen. Dafür erzielen die Unternehmen **Umsatzerlöse,** sei es in Form von Bargeld oder Forderungen.

■ Das **Sparen** der privaten Haushalte fließt über die Finanzmärkte (auf denen die Banken eine erhebliche Rolle spielen) den Unternehmen zu. Die gesparten Geldbeträge benötigen die Unternehmen für ihre zusätzlichen **Investitionen**.

■ Ein Teil des Haushaltseinkommens wird vom Staat in Form von **direkten Steuern** (vor allem Lohn- bzw. Einkommensteuer), **Sozialversicherungsbeiträgen** und anderen gesetzlichen **Abgaben** einbehalten. Hinzu treten die Steuern, die die Unternehmen zu entrichten haben.

■ Die Staatseinnahmen werden wieder ausgegeben. Sie fließen zum Teil den Haushalten in Form von Gehältern und Löhnen **(Arbeitnehmerentgelt)** für die Staatsbediensteten zu. Ein weiterer Teil wird für die Vergabe von **Staatsaufträgen** an die Unternehmen verwendet, die dadurch **Umsatzerlöse** erzielen. Für besonders förderungswürdige Zwecke erhalten die Unternehmen (oft auch Private) Geldbeträge, die nicht mehr zurückgezahlt werden müssen **(Subventionen)**.

■ Die Unternehmen verkaufen Dienstleistungen und Sachgüter an das Ausland **(Export)**. Hierfür erhalten sie Geldeinnahmen oder Forderungen. Ihre Umsatzerlöse nehmen zu und damit ihre Gewinne. (Auch die privaten Haushalte können „exportieren", etwa ihre Arbeitskraft, indem sie im Ausland als „Gastarbeiter" tätig sind.)

■ Die Unternehmen (manchmal auch die privaten Haushalte oder der Staat) importieren Dienstleistungen und Sachgüter. Für die Unternehmen stellt der **Import** einen Aufwand dar, sofern es sich nicht um Investitionen handelt, für die Haushalte Konsumausgaben. Für die ausländischen Exporteure bedeutet das, dass sie Geldeinnahmen erhalten bzw. dass Forderungen an die inländischen Importeure entstehen.

■ Der abgebildete Wirtschaftskreislauf stellt die **Idealform** einer Wirtschaft dar, weil die Geldströme allein der Leistungserstellung der Wirtschaftssubjekte im In- und Ausland dienen. Man spricht daher von der **realen** (wirklichen) **Wirtschaft**. In der realen Wirtschaft werden Werte geschaffen und verbraucht.

Es gibt jedoch einen Geldumlauf außerhalb der Realwirtschaft, der als **Finanzwirtschaft** bezeichnet wird. Die Finanzwirtschaft schafft keine Werte.

2.2.2 Grundbegriffe der volkswirtschaftlichen Gesamtrechnung

Selbst ein vereinfachtes Modell des Wirtschaftskreislaufs mit Geld- und Güterströmen wird zu kompliziert. Deswegen beschränkt man sich in der Regel auf die bildliche Darstellung des Geldkreislaufs (siehe S. 156).

2.2.2.1 Grundlegendes Kreislaufmodell

Prämissen

■ Dem nachstehend dargestellten Modell liegen folgende Annahmen zugrunde:

- ■ Die direkten Steuern der privaten Haushalte (H) und der Unternehmen (U) bleiben außer Betracht, ebenso die Sozialversicherungsabgaben.

- ■ Soweit der Staat (St) Sach- oder Dienstleistungen erbringt, wird er dem Sektor Unternehmen (U) zugerechnet.

- ■ Die Sozialleistungen des Staates werden nicht berücksichtigt, wohl aber die staatlichen Zuschüsse (Subventionen = Z) an die Unternehmen (U).

■ In unserem Modell werden somit noch folgende gesamtwirtschaftliche Größen verwendet:

■ Konsumausgaben der privaten Haushalte (C_{pr})	500 Mrd. GE[1]
■ Konsumausgaben des Staates (C_{St})	180 Mrd. GE
■ Arbeitnehmerentgelt (E_{nu} = Nichtunternehmereinkommen), d. h. Einkommen aus unselbstständiger Arbeit	450 Mrd. GE
■ Unternehmens- und Vermögenseinkommen (Unternehmenseinkommen = E_u)	198 Mrd. GE
■ Produktions- und Importabgaben (= Gütersteuern = indirekte Steuern = T_{ind})[2]	200 Mrd. GE
■ Subventionen (= Gütersubventionen = Zuschüsse an Unternehmen = Z)	20 Mrd. GE
■ Exporterlöse (Ex)	19 Mrd. GE
■ Importausgaben (Im)	11 Mrd. GE
■ Saldo der Erwerbs- und Vermögenseinkünfte zwischen In- und Ausland zuzüglich des Saldos aus empfangenen Subventionen aus der EU und geleisteten Produktions- und Importabgaben an die EU (F)[3]	2 Mrd. GE
■ Bruttoinvestitionen (I_{br})	250 Mrd. GE
■ Ersatzinvestitionen (Ab)	110 Mrd. GE

■ Unterstellt wird weiterhin, dass die Unternehmen ihre gesamten Gewinne an die privaten Haushalte ausschütten und der Staatshaushalt ausgeglichen ist. In diesem Fall erfolgt das gesamtwirtschaftliche Sparen (S) in den privaten Haushalten.

---

1 GE = Geldeinheiten (z. B. €, US-$, £).

2 T von „Tax" (engl.) = Steuer. Die Produktions- und Importabgaben sind Steuern und Zölle, die die Unternehmen nach dem Willen des Gesetzgebers in ihre Absatzpreise einkalkulieren und auf die Letztverbraucher überwälzen (indirekte Steuern). Die Steuerbelastung durch die indirekten Steuern wird durch die Subventionen an die Unternehmen (Gütersubventionen) verringert. Die Statistik saldiert daher die Gütersteuern mit den Gütersubventionen ($T_{ind} - Z$). Der Saldo zwischen den Gütersteuern und -subventionen heißt **Nettoproduktionsabgaben.**

3 Der Saldo F setzt sich wie folgt zusammen:

Aus dem Ausland bezogene Erwerbs- und Vermögenseinkommen	7 Mrd. GE
Von der EU erhaltene Subventionen	3 Mrd. GE
Aus dem Ausland bezogen	10 Mrd. GE
– An das Ausland bezahlte Erwerbs- und Vermögenseinkommen	5 Mrd. GE
– An die EU bezahlte Produktions- und Importabgaben	3 Mrd. GE
Saldo der Primäreinkommen aus der übrigen Welt (F)	2 Mrd. GE

Grundbegriffe

Zum Verständnis des nachstehenden Kreislaufbilds (S. 156) müssen folgende Grundbegriffe und Grundtatbestände bekannt sein:

- Die statistische Erfassung aller wesentlichen gesamtwirtschaftlichen Zahlungsströme (Kreislaufgrößen) bezeichnet man als **volkswirtschaftliche Gesamtrechnung (VGR).**

- In einer wachsenden (evolutorischen) Volkswirtschaft muss **gespart** werden, damit die zusätzlichen Investitionen (Nettoinvestitionen = I) finanziert werden können. Eine Wirtschaft, die alles verbraucht, was sie erzeugt, kann nicht wachsen (stationäre Wirtschaft).

- Aber auch eine stationäre Wirtschaft muss **investieren,** um den Bestand an Produktionsmitteln zu erhalten, denn im Laufe einer Wirtschaftsperiode (z. B. ein Jahr) verlieren die meisten materiellen und immateriellen Anlagegüter an Wert. So werden z. B. Kraftfahrzeuge, Maschinen und maschinelle Anlagen abgenutzt, sodass sie abgeschrieben und durch neue ersetzt werden müssen. Die Statistik rechnet u. a. auch die Ausgaben für Forschung und Entwicklung sowie die Ausgaben für Militärgüter zu den Investitionen. Soweit Investitionen zum Erhalt des Anlagebestands erforderlich sind, handelt es sich um **Ersatzinvestitionen (Reinvestitionen).** Sie werden in der volkswirtschaftlichen Gesamtrechnung mit den Abschreibungen (Ab) gleichgesetzt.

Die **Bruttoinvestitionen** (I_{br}) sind die gesamten Investitionen einer Volkswirtschaft während einer Periode. Sie setzen sich aus den **Ersatzinvestitionen** und den zusätzlichen Investitionen **(Erweiterungsinvestitionen = I)** zusammen. Die Erweiterungsinvestitionen – auch **Nettoinvestitionen** genannt – *vergrößern* den Anlagenbestand und damit die Kapazität der Volkswirtschaft.

Beispiel:	
Bruttoinvestitionen	250 Mrd. GE
− Reinvestitionen (Ab)	110 Mrd. GE
= Nettoinvestitionen	140 Mrd. GE

- Um einen geschlossenen Geldkreislauf zu erhalten, benötigt man eine **Vermögensänderungsrechnung.** Zur Erfassung der volkswirtschaftlichen Vermögensänderungen verwendet das **E**uropäische **S**ystem **V**olkswirtschaftlicher **G**esamtrechnungen (ESVG)[1] zwei **Vermögensänderungskonten,** nämlich das Konto *„Reinvermögensänderung durch Sparen und Vermögenstransfers"* und das *„Sachvermögensänderungskonto".* Aus Vereinfachungsgründen beschränken wir uns auf ein *zusammengefasstes Vermögensänderungskonto* (siehe Abbildung auf S. 156).

Das Vermögensänderungskonto sagt Folgendes aus:

- **Bruttoinvestitionen** (I_{br}) vergrößern das volkswirtschaftliche Gesamtvermögen. Sie werden (ebenso wie in der Bilanz eines einzelnen Unternehmens) auf der Sollseite (Aktivseite) des Vermögensänderungskontos erfasst.

  - Sind die **Exporterlöse** (Ex) *höher* als die **Importausgaben** (Im), so steigt per Saldo das volkswirtschaftliche Vermögen, weil die Forderungen gegenüber dem Ausland *höher* sind als die Verbindlichkeiten des Inlands gegenüber dem Ausland. Der Saldo aus Exporterlösen und Importausgaben (Ex – Im) wird als **Außenbeitrag** bezeichnet. Ein positiver Außenbeitrag wird deshalb auf der Sollseite (Aktivseite) des Vermögensänderungskontos erfasst, ein negativer Außenbeitrag auf der Habenseite (Passivseite).

---

1 Das ESVG ist ein Kontensystem der volkswirtschaftlichen Gesamtrechnungen, das für alle Mitgliedsländer der Europäischen Union (EU) verbindlich ist.

- Ist der Saldo der Erwerbs- und Vermögenseinkommen zwischen In- und Ausland zuzüglich des Saldos aus empfangenen Subventionen aus der EU und den geleisteten Produktions- und Importabgaben an die EU (F) positiv, so steigt das gesamtwirtschaftliche Vermögen. Der positive Saldo F wird infolgedessen auf der Sollseite (Aktivseite) des Vermögensänderungskontos gebucht. Ein negativer Saldo F erscheint auf der Habenseite (Passivseite) des Vermögensänderungskontos.

- Das gesamtwirtschaftliche Vermögen vermindert sich durch die **Abschreibungen** (Ab), denn diese stellen die in Zahlenwerten ausgedrückten Wertverluste der Ausrüstungen (z. B. maschinelle Anlagen), Bauten (z. B. Handelshäuser, Werkstätten) und „sonstigen Anlagen" (immaterielle Anlagen wie z. B. EDV-Software, Urheberrechte, Nutztiere und Pflanzen) dar. Die Abschreibungen müssen deshalb auf der Habenseite (der Passivseite) des Vermögensänderungskontos gebucht werden.

- Der **Saldo des Vermögensänderungskontos** zeigt das gesamtwirtschaftliche **Sparen** (S). Er steht zum *Ausgleich* auf der Habenseite des Vermögensänderungskontos. Ist der Vermögenszuwachs größer als die Vermögensminderung, *muss* die Differenz (der Saldo) gespart (nicht verbraucht) worden sein.

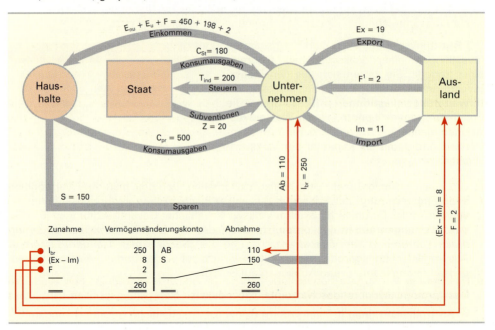

2.2.2.2 Inlandsprodukt, Nationaleinkommen und Volkseinkommen

Die nachfolgende Darstellung zeigt die Zusammensetzung der wichtigsten Messzahlen der gesamtwirtschaftlichen Leistung wie z. B. des Inlandsprodukts und des Nationaleinkommens.

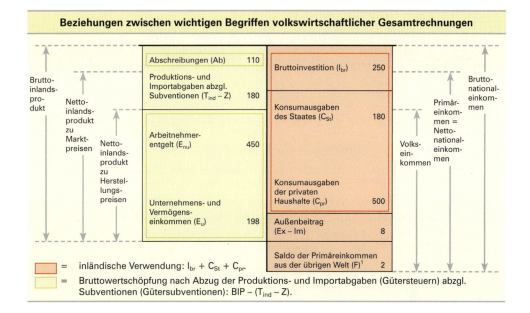

Beziehungen zwischen wichtigen Begriffen volkswirtschaftlicher Gesamtrechnungen

- $\blacksquare$ (roter Kasten) = inländische Verwendung: $I_{br} + C_{St} + C_{pr}$.
- $\blacksquare$ (gelber Kasten) = Bruttowertschöpfung nach Abzug der Produktions- und Importabgaben (Gütersteuern) abzgl. Subventionen (Gütersubventionen): $BIP - (T_{ind} - Z)$.

Erläuterungen zum Inlandsprodukt

- Vom **Bruttoinlandsprodukt (BIP)** wird gesprochen, weil in dieser Messgröße die Bruttoinvestitionen (I_{br}) enthalten sind. Das Bruttoinlandsprodukt ist daher größer als das Nettoinlandsprodukt, es sei denn, die Abschreibungen entsprechen den Bruttoinvestitionen (die Nettoinvestitionen sind null) oder sie übersteigen diese (die Nettoinvestitionen sind negativ).

- Zieht man vom Bruttoinlandsprodukt die Abschreibungen (Reinvestitionen = Ab) ab, erhält man das **Nettoinlandsprodukt**. In ihm sind nicht mehr die Bruttoinvestitionen (I_{br}), sondern die Nettoinvestitionen (I) enthalten.

  Da die Unternehmen in ihre Verkaufspreise für Anlage- und Konsumgüter die Gütersteuern abzüglich der Gütersubventionen ($T_{ind} - Z$) einkalkulieren, handelt es sich hier um das **Nettoinlandsprodukt zu Marktpreisen (NIP_M)**.

- Das um die Nettoproduktionsabgaben ($T_{ind} - Z$) verminderte Nettoinlandsprodukt zu Marktpreisen (NIP_M) ist das **Nettoinlandsprodukt zu Herstellungspreisen** (NIP_H), das auch als **Nettowertschöpfung** (W_n) bezeichnet wird. Wenn im Sprachgebrauch vom „Nettoinlandsprodukt" oder von der „Nettowertschöpfung" gesprochen wird, ist i. d. R. das Nettoinlandsprodukt zu Herstellungspreisen gemeint.

- Die **Bruttowertschöpfung** (W_{br}) ist die Summe aus dem Nettoinlandsprodukt zu Herstellungspreisen (NIP_H) und den Abschreibungen (Ab).

---

1 Siehe Fußnote 3 auf S. 154.

Erläuterungen zum Nationaleinkommen

■ Das **Bruttonationaleinkommen (BNE)** ergibt sich, indem zum Bruttoinlandsprodukt der Saldo der Erwerbs- und Vermögenseinkommen zwischen In- und Ausland zuzüglich des Saldos der empfangenen Subventionen aus der EU und den geleisteten Produktions- und Importabgaben an die EU (F) hinzugerechnet wird:

$$BNE = BIP + F$$

Von der *Verwendungsseite* her gesehen errechnet sich das Bruttonationaleinkommen wie folgt:

$$BNE = I_{br} + C_{St} + C_{pr} + (Ex - Im) + F$$

■ Zum **Primäreinkommen (Nettonationaleinkommen zu Marktpreisen = NNE_M)** gelangt man, wenn man vom Bruttonationaleinkommen (BNE) die Abschreibungen (Ab) absetzt.

■ Werden vom Primäreinkommen die Nettoproduktionsabgaben ($T_{ind} - Z$) abgezogen, ergibt sich das **Volkseinkommen (E),** das auch als Nettonationaleinkommen zu Herstellungspreisen (NNE_H) bezeichnet werden kann.

Das Verhältnis von Nettoinlandsprodukt (zu Herstellungspreisen) zum Volkseinkommen stellt sich in unserem Beispiel wie folgt dar:

Nettoinlandsprodukt zu Herstellungspreisen (Inlandskonzept)	
Im Inland geschaffenes Einkommen (648 Mrd. GE)	Vom Ausland bezogene Primäreinkommen (6 Mrd. GE)
Dem Ausland zugeflossene Primäreinkommen (4 Mrd. GE)	Inländern zugeflossen (650 Mrd. GE)
	Volkseinkommen (Inländerkonzept)

Der **Saldo** zwischen den vom Ausland bezogenen Einkommen und dem Ausland zugeflossenen Einkommen (F) beträgt **2 Mrd. GE.**

Somit gilt:

Nettoinlandsprodukt zu Herstellungspreisen (NIP_H)	648 Mrd. GE
+ Saldo der Primäreinkommen aus der übrigen Welt (F)	2 Mrd. GE
= Volkseinkommen (E)	650 Mrd. GE

Oder:

Volkseinkommen (E)	650 Mrd. GE
– Saldo der Primäreinkommen aus der übrigen Welt (F)	2 Mrd. GE
= Nettoinlandsprodukt zu Herstellungspreisen (NIP_H)	648 Mrd. GE

Entsprechendes gilt für das Verhältnis zwischen **Bruttoinlandsprodukt** und **Bruttonationaleinkommen:**

Bruttoinlandsprodukt (BIP)	938 Mrd. GE
+ Saldo der Primäreinkommen aus der übrigen Welt (F)	2 Mrd. GE
= Bruttonationaleinkommen (BNE)	__940 Mrd. GE__

Oder:

Bruttonationaleinkommen (BNE)	940 Mrd. GE
− Saldo der Primäreinkommen aus der übrigen Welt (F)	2 Mrd. GE
= Bruttoinlandsprodukt (BIP)	__938 Mrd. GE__

2.2.2.3 Nominelles und reales Inlandsprodukt

Steigendes Inlandsprodukt bedeutet noch nicht, dass die Volkswirtschaft tatsächlich im angezeigten Umfang mehr produziert hat. Das Wachstum kann ganz oder teilweise auf gestiegene Preise zurückzuführen sein. Das zu jeweiligen (tatsächlich gezahlten) Preisen bewertete Inlandsprodukt bezeichnet man als **nominelles**[1] **Inlandsprodukt.**

Will man die tatsächliche Mehrleistung einer Volkswirtschaft erfahren, muss man vom nominellen Inlandsprodukt die Preissteigerungen abziehen. Dann erhält man das **reale**[2] **Inlandsprodukt.** Die Bereinigung des nominellen Inlandsprodukts um die jeweiligen Inflationsraten bezeichnen die Statistiker als **Deflationierung.**

Die Berechnung der Entwicklung der realen Wirtschaftsleistung erfolgt in den Preisen des Vorjahres. Um langfristige Preisänderungen abzubilden, sind die Preisänderungen miteinander verkettet, d. h., die Preisänderungen von 2019 beziehen sich auf 2018, die von 2018 auf 2017 usw. Bei der Ermittlung der jährlichen Preisveränderungsraten wird außerdem auf die **hedonische**[3] **Preisermittlung** zurückgegriffen.

Beispiel:

Ein Standard-PC von heute ist nahezu ein anderes Produkt als vor fünf Jahren. Er rechnet schneller, hat eine größere Festplatte und einen leistungsfähigeren Arbeitsspeicher. Hedonische Preisindizes berücksichtigen solche Qualitätsveränderungen. Sie zeigen im Fall des Standard-PCs, dass sein Preis je Einheit „Rechenleistung" noch stärker gesunken ist als sein Marktpreis. Die allgemeine Inflationsrate wird nach unten korrigiert.

---

1 Nominell (oder „nominal") = dem Nennwert nach.

2 Real = wirklich, tatsächlich.

3 Hedonisch (griech.) = dem Lustprinzip folgend. Der Hedonismus ist eine in der Antike (lat. = klassisches Altertum und seine Kultur) begründete philosophische Lehre, nach welcher das höchste sittliche Prinzip das Streben nach Genuss ist. Im Zusammenhang mit der „hedonischen Preisermittlung" geht es darum, die Qualitätsverbesserungen der Güter und damit ihren gestiegenen Nutzwert bei der Ermittlung der Preisveränderungsraten zu berücksichtigen.

2.2.2.4 Entstehung, Verwendung und Verteilung der gesamtwirtschaftlichen Leistung

Entstehungsrechnung

Die Entstehungsrechnung erfasst die wirtschaftliche Leistung einer Periode nach ihren Quellen, d.h. nach den **Wirtschaftsbereichen** (z.B. produzierendes Gewerbe [ohne Baugewerbe], Baugewerbe, Handel, Gastgewerbe und Verkehr, Finanzierung, Vermietung und Unternehmensdienstleister, öffentliche und private Dienstleister).

Für die Bundesrepublik Deutschland galten für 2018 nebenstehende Zahlen (jeweilige Preise):

Entstehung des Bruttoinlandsprodukts in der Bundesrepublik Deutschland 2018
(in Mrd. €)

	Land- und Forstwirtschaft, Fischerei	22,9
+	Produzierende Gewerbe ohne Baugewerbe	788,2
+	Baugewerbe	160,8
+	Handel, Gastgewerbe und Verkehr	496,3
+	Finanzierung, Vermietung und Unternehmensdienstleister	768,2
+	Öffentliche und private Dienstleister	819,0
=	Bruttowertschöpfung	3 055,4
+	Gütersteuern	
–	Gütersubventionen	Saldo + 332,8
=	Bruttoinlandsprodukt	3 388,2
–	Abschreibungen	599,9
=	Nettoinlandsprodukt	2 788,3

Quelle: Statistisches Bundesamt (Hrsg.): VGR 2018, Wiesbaden 2019.

Verwendungsrechnung

Aus der Verwendungsrechnung kann entnommen werden, für welche Zwecke das Bruttoinlandsprodukt ausgegeben wurde.

Für die Bundesrepublik Deutschland ergaben sich für 2018 nebenstehende Zahlen (jeweilige Preise):

Verwendung des Bruttoinlandsprodukts in der Bundesrepublik Deutschland 2018
(in Mrd. €)

	Private Konsumausgaben		1 777,5
+	Konsumausgaben des Staates		663,0
+	Bruttoinvestitionen		
	Ausrüstungen	226,0	
	Bauten	352,6	
	Sonstige Anlagen	127,1	
	Vorratsveränderungen	8,3	714,0
+	Außenbeitrag (Exporte minus Importe)		233,7
=	Bruttoinlandsprodukt		3 388,2

Quelle: Statistisches Bundesamt, Bruttoinlandsprodukt 2018 für Deutschland, Begleitmaterial zur Pressekonferenz, Frankfurt a. M. 2019.

Verteilungsrechnung

Die Verteilungsrechnung ermittelt die Aufteilung des Volkseinkommens auf das Arbeitnehmerentgelt und das Unternehmens- und Vermögenseinkommen einschließlich des Saldos der Primäreinkommen aus der übrigen Welt.

Für die Bundesrepublik Deutschland ergaben sich für 2018 folgende Zahlen (jeweilige Preise):

Verteilung des Volkseinkommens (Zahlen in Mrd. €)	
Arbeitnehmerentgelt	1746,5
+ Unternehmens- und Vermögenseinkommen	785,6
= **Volkseinkommen**	**2532,1**

Quelle: Statistisches Bundesamt, Bruttoinlandsprodukt 2018 für Deutschland, Begleitmaterial zur Pressekonferenz, Frankfurt a. M. 2019.

Der prozentuale Anteil des Arbeitnehmerentgelts am Volkseinkommen (E) wird als **Lohnquote** bezeichnet. 2018 betrug die Lohnquote in Deutschland 69,0 %. Die Lohnquote stellt die materielle Einkommenslage der Arbeitnehmer schlechter dar als sie ist, weil in Deutschland rund die Hälfte aller Vermögenseinkommen (Zinsen, Mieten, Pachten) den Arbeitnehmerhaushalten zufließt.

Der prozentuale Anteil des Unternehmens- und Vermögenseinkommens heißt **Gewinnquote** (Profitquote). Sie belief sich in Deutschland 2018 auf 31,0 %.

2.2.2.5 Bedeutung des Inlandsprodukts

Aufgaben der Inlandsproduktberechnung

Das Inlandsprodukt dient – wie die weiteren Kennzahlen der volkswirtschaftlichen Gesamtrechnung – u. a. auch

- den Regierungen, die ihre wirtschaftspolitischen Erfolge oder Misserfolge z. B. am Wachstum des realen Inlandsprodukts ablesen können (Zeitvergleich);
- dem internationalen Wohlstandsvergleich;
- der Konjunktur- und Wachstumsmessung (Näheres siehe Kapitel 3.4.1.1).

Kritik an der traditionellen Inlandsproduktberechnung

Kritisch zu bemerken ist, dass das Inlandsprodukt (ebenso wie das Nationaleinkommen) ein einseitiger („eindimensionaler") Wohlstandsmaßstab ist. Das Inlandsprodukt enthält z. B. nicht die *sozialen Kosten:* Der Verbrauch an nicht regenerierbaren primären Rohstoffen und Energiequellen sowie die durch private Haushalte und Industrie verursachten *Umweltschäden* werden nicht bewertet und nicht vom Wert des Bruttoinlandsprodukts abgesetzt. Andererseits rechnen die Leistungen der privaten Haushalte (z. B. Hausarbeit, Leistungen der „Hobbyhandwerker" und „Hobbygärtner") sowie die Nutzungswerte langlebiger Konsumgüter nicht zum Bruttoinlandsprodukt bzw. -nationaleinkommen.

Umweltökonomische Gesamtrechnung

Es ist heute unstrittig, dass vor allem zur Lösung umweltpolitischer („ökologischer") Aufgaben die statistischen Informationen insbesondere über den Rohstoff- und Energieverbrauch, den Schadstoffausstoß, den Flächen- und Raumbedarf und die umweltpolitischen Maßnahmen verbessert werden müssen. Deswegen legt das Statistische Bundesamt in Wiesbaden seit einigen Jahren eine **umweltökonomische Gesamtrechnung (UGR)** vor, die die ökologischen und wirtschaftlichen Folgen des heutigen Wirtschaftens misst. Mit-

161

11 Hartmann -Hug- ISBN 978-3-8120-0522-7

hilfe der UGR soll der Geldwert aller **Leistungen** (z. B. Rohstoffe, Luft, Wasser) und aller **Belastungen** (z. B. Ausbeutung der Rohstoffvorräte, Luft- und Wasserverschmutzung) der Natur in einem bestimmten Zeitraum (z. B. ein Jahr) erfasst werden.

Zusammenfassung

- Der **Standort** ist die örtliche Lage eines Betriebs.

- Die **Standortfaktoren** der Industriebetriebe lassen sich wie folgt einteilen:

Beschaffungsorientierte Standortfaktoren	Fertigungsorientierte Standortfaktoren	Absatzorientierte Standortfaktoren	Staatlich festgelegte Standortfaktoren

- Die **Globalisierung** ermöglicht es den Unternehmen, die sich in den verschiedenen Ländern der Erde ergebenden Standortvorteile zunutze zu machen.

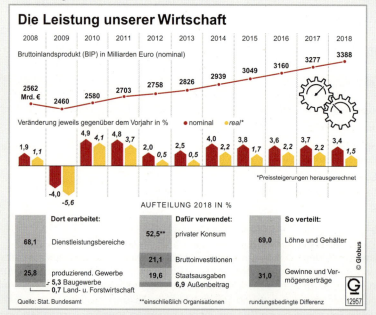

Die Leistung unserer Wirtschaft

Bruttoinlandsprodukt (BIP) in Milliarden Euro (nominal)

2008	2009	2010	2011	2012	2013	2014	2015	2016	2017	2018
2562 Mrd. €	2460	2580	2703	2758	2826	2939	3049	3160	3277	3388

Veränderung jeweils gegenüber dem Vorjahr in % ● nominal ● real*

	nominal	real
2008	1,9	1,1
2009	-4,0	-5,6
2010	4,9	4,1
2011	4,8	3,7
2012	2,0	0,5
2013	2,5	0,5
2014	4,0	2,2
2015	3,8	1,7
2016	3,6	2,2
2017	3,7	2,2
2018	3,4	1,5

*Preissteigerungen herausgerechnet

AUFTEILUNG 2018 IN %

Dort erarbeitet:
- 68,1 Dienstleistungsbereiche
- 25,8 produzierend. Gewerbe
- 5,3 Baugewerbe
- 0,7 Land- u. Forstwirtschaft

Dafür verwendet:
- 52,5** privater Konsum
- 21,1 Bruttoinvestitionen
- 19,6 Staatsausgaben
- 6,9 Außenbeitrag

So verteilt:
- 69,0 Löhne und Gehälter
- 31,0 Gewinne und Vermögenserträge

Quelle: Stat. Bundesamt   **einschließlich Organisationen   rundungsbedingte Differenz

© Globus   12957

- Die wichtigsten **Kennzahlen der gesamtwirtschaftlichen Leistung** sind neben dem Bruttoinlandsprodukt das **Bruttonationaleinkommen** und das **Volkseinkommen**. Sie werden mithilfe der volkswirtschaftlichen Gesamtrechnung ermittelt.

- Die **Entstehungsrechnung** zeigt, in welchen Wirtschaftsbereichen das Bruttoinlandsprodukt geschaffen wurde. Aus der **Verwendungsrechnung** ist zu entnehmen, für welche Zwecke das *Bruttoinlandsprodukt* ausgegeben wurde *(inländische Verwendung zuzüglich Außenbeitrag)*. Die **Verteilungsrechnung** ermittelt die Aufteilung des Volkseinkommens auf das Arbeitnehmerentgelt (Nichtunternehmereinkommen) einerseits und das Unternehmens- und Vermögenseinkommen andererseits.

- Die Messzahlen der gesamtwirtschaftlichen Leistung sind wichtige Indikatoren des *materiellen Wohlstands* einer Volkswirtschaft.

Weitere Informationen zu den volkswirtschaftlichen Gesamtrechnungen siehe www.destatis.de.

ÜBUNGSAUFGABEN

1.   1.1   Beschreiben Sie den Standort Ihres Ausbildungsbetriebs!

       1.2   Erkunden Sie die Gründe, die zur Wahl dieses Standorts geführt haben!

       1.3   Nennen Sie Vor- und Nachteile des Standorts Ihres Ausbildungsbetriebs! Begründen Sie Ihre Aussagen!

2.   Nennen Sie Gründe, warum Staaten Raumordnungspolitik betreiben!

3.   Angenommen, die Regierung eines Staates subventioniert seine Automobilindustrie, um ihre Konkurrenzfähigkeit zu erhalten. Welche wirtschaftlichen Folgen kann diese Entscheidung haben?

4.   Erklären Sie die Begriffe Bruttoinvestition, Reinvestition, Nettoinvestition, Produktions- und Importabgaben sowie Nettoproduktionsabgaben!

5.   Erläutern Sie folgende Symbole: BIP, BNE, C_{st}, C_{pr}, E, (Ex – Im), F und NNE!

6.   Das statistische Amt eines Landes liefert u. a. folgende gesamtwirtschaftlichen Daten (Zahlen in Mrd. GE):

     a)   Bruttowertschöpfung der Wirtschaftsbereiche einschließlich der Nettoproduktionsabgaben

Produzierendes Gewerbe (ohne Baugewerbe)	835	
Baugewerbe	200	
Handel, Gastgewerbe und Verkehr	600	
Sonstige Wirtschaftsbereiche	700	2 335

     b)   Saldo der Primäreinkommen aus der übrigen Welt[1]   + 16

     c)   Konsumausgaben der privaten Haushalte   1 300

     d)   Konsumausgaben des Staates   400

     e)   Bruttoinvestitionen   540

     f)   Außenbeitrag   + 95

     g)   Abschreibungen   300

     h)   Nettoproduktionsabgaben ($I_{ind} - Z$)   260

     i)   Arbeitnehmerentgelt   1 390

     j)   Unternehmens- und Vermögenseinkommen   385

     6.1   Berechnen Sie das Bruttoinlandsprodukt, das Nettoinlandsprodukt zu Marktpreisen, das Nettoinlandsprodukt zu Herstellungspreisen, das Bruttonationaleinkommen, die inländische Verwendung des Bruttonationaleinkommens, das Primäreinkommen und das Volkseinkommen! Der Saldo der Primäreinkommen aus der übrigen Welt entfällt je zur Hälfte auf das Arbeitnehmerentgelt und die Unternehmens- und Vermögenseinkommen.

     6.2   Stellen Sie die Entstehungs- und Verwendungsrechnung des Bruttoinlandsprodukts und die Verteilung des Volkseinkommens dar!

     6.3   Unter welcher Bedingung sind Brutto- und Nettoinlandsprodukt gleich groß? (Theoretischer Grenzfall.) Wie bezeichnet man eine Volkswirtschaft, in der dies der Fall ist?

     6.4   Unterscheiden Sie die Begriffe nominelles und reales Bruttoinlandsprodukt!

     6.5   Unter welcher Bedingung ist das Bruttonationaleinkommen kleiner als das Bruttoinlandsprodukt?

     6.6   Welche Bedeutung hat die Ermittlung der Messzahlen (Kennzahlen) der gesamtwirtschaftlichen Leistung?

     6.7   Welche Kritik wird an der herkömmlichen Berechnung der Messzahlen der gesamtwirtschaftlichen Leistung geübt?

---

1   Siehe Fußnote 3 auf S. 154.

7. Textauszug:

Maßstab menschliche Entwicklung

Entwicklungsstand und Wohlergehen eines Landes und seiner Menschen nur anhand des Bruttoinlandsprodukts zu messen, wird zu Recht als ungenügend empfunden. Vor allem für die Lebensverhältnisse in der Dritten Welt ist ein Maßstab, der sich allein an der marktbezogenen Wirtschaftsleistung orientiert, von beschränkter Aussagekraft. Aufschlussreicher erscheint eine Antwort auf die Frage, ob und inwieweit eine Steigerung des Bruttoinlandsprodukts zur **menschlichen Entwicklung** beiträgt. Das *UN-Entwicklungsprogramm (UNDP)* versteht darunter „einen Prozess, der die Möglichkeiten des Einzelnen erweitert", ihm also zu einem längeren und gesunden Leben, einem bestimmten Maß an Bildung und einem ausreichenden Einkommen verhilft. Schon ein flüchtiger Vergleich zwischen „armen" und „reichen" Ländern zeigt, dass wirtschaftlicher Erfolg nicht automatisch mit höherer **Lebensqualität** einhergeht. So ist es möglich, dass Länder mit niedrigem Bruttoinlandsprodukt ihrer breiten Bevölkerung einigermaßen befriedigende Lebensbedingungen bieten, während in viel wohlhabenderen Staaten manchmal extreme soziale Gegensätze herrschen.

Um solche Vergleiche auf eine feste, nachprüfbare Grundlage zu stellen, hat das UNDP einen besonderen Maßstab ausgearbeitet: den **Index der menschlichen Entwicklung.** Dabei wird für jedes Land ein Satz statistischer Kennzahlen, in denen sich die Lebenserwartung, das Bildungsniveau und das Pro-Kopf-Einkommen niederschlägt, zu einem einzigen Indexwert gebündelt.

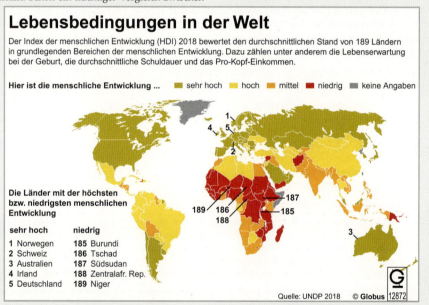

Lebensbedingungen in der Welt

Der Index der menschlichen Entwicklung (HDI) 2018 bewertet den durchschnittlichen Stand von 189 Ländern in grundlegenden Bereichen der menschlichen Entwicklung. Dazu zählen unter anderem die Lebenserwartung bei der Geburt, die durchschnittliche Schuldauer und das Pro-Kopf-Einkommen.

Hier ist die menschliche Entwicklung ...   sehr hoch   hoch   mittel   niedrig   keine Angaben

Die Länder mit der höchsten bzw. niedrigsten menschlichen Entwicklung

sehr hoch		niedrig	
1	Norwegen	185	Burundi
2	Schweiz	186	Tschad
3	Australien	187	Südsudan
4	Irland	188	Zentralafr. Rep.
5	Deutschland	189	Niger

Quelle: UNDP 2018   © **Globus** 12872

In Norwegen genießen die Menschen weltweit die besten Lebensbedingungen. Das geht aus dem Weltentwicklungsbericht der Vereinten Nationen hervor. Die zweitbesten Bedingungen finden sich in der Schweiz, gefolgt von Australien und Irland. Deutschland landet auf dem fünften Platz. Auf den letzten fünf Plätzen im Index stehen afrikanische Staaten. Schlusslicht auf Rang 189 ist Niger, das weltweit die schlechtesten Lebensbedingungen hat. Der Abstand zwischen dem erstplatzierten Norwegen und Niger ist riesig: Ein Kind, das heute in Norwegen geboren wird, hat eine Lebenserwartung von 82 Jahren und wird fast 18 Jahre in die Schule gehen. Im westafrikanischen Niger wird ein Kind durchschnittlich 60 Jahre alt und geht nur fünf Jahre zur Schule.

Arbeitsaufträge:

7.1 Welche Indikatoren bestimmen nach Meinung des UNDP den Wohlstand der Nationen?

7.2 Umschreiben Sie den Begriff Lebensqualität!

2.3 Soziale Marktwirtschaft

2.3.1 Ordnungsrahmen der sozialen Marktwirtschaft

2.3.1.1 Die soziale Marktwirtschaft als Realtyp einer Wirtschaftsordnung

Wird in der öffentlichen Diskussion von „sozialer Marktwirtschaft" gesprochen, ist immer die derzeit in der Bundesrepublik Deutschland bestehende Wirtschaftsordnung gemeint.

In der Wirklichkeit (Realität) bestehende Wirtschaftsordnungen werden als „Realformen" oder „Realtypen" bezeichnet, während Modelle „Idealformen" oder „Idealtypen" genannt werden, weil letztere nur in der „Idee", im Entwurf bestehen.

Das der sozialen Marktwirtschaft zugrunde liegende Menschenbild ist *dualistisch,* d.h., der Mensch wird *sowohl* als Individual- als auch als Kollektivwesen gesehen. (Man spricht deswegen auch von der dualistischen oder auch von der personalistischen Gesellschaftsauffassung.) Hieraus folgt bereits, dass die soziale Marktwirtschaft *zwischen* den beiden extremen Modellen der freien Marktwirtschaft[1] einerseits und der Zentralverwaltungswirtschaft[2] andererseits stehen muss. Schlagwortartig könnte man das Grundziel dieser Wirtschafts- und Gesellschaftsordnung wie folgt umreißen: „So viel Freiheit wie möglich, so viel staatlichen Zwang wie nötig", wobei man sich freilich immer darüber streiten kann, was möglich bzw. was nötig ist.

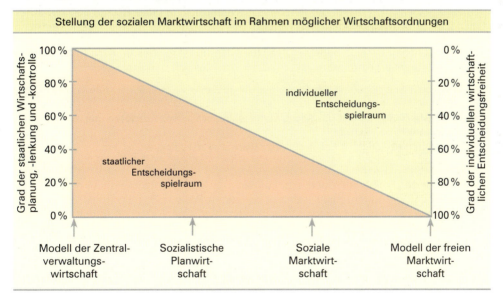

Stellung der sozialen Marktwirtschaft im Rahmen möglicher Wirtschaftsordnungen

---

Die **soziale Marktwirtschaft** ist eine Wirtschaftsordnung, die grundsätzlich den freien Markt bejaht, ohne die Nachteile der freien Marktwirtschaft in Kauf nehmen zu wollen.

---

1 Die freie Marktwirtschaft ist eine Idealform (eine Modellwirtschaft), in der der Staat nur eine Schutzfunktion hat und nicht in das Wirtschaftsgeschehen eingreift. Der freien Marktwirtschaft kam der Kapitalismus des 19. Jahrhunderts am nächsten.

2 In einer Zentralverwaltungswirtschaft wird der gesamte Wirtschaftsablauf durch eine zentrale staatliche Planungsbehörde gesteuert, d. h. geplant und kontrolliert. Siehe auch Fußnote 3 auf S. 166.

2.3.1.2 Grundgesetz und soziale Marktwirtschaft

In einem Rechtsstaat muss die Wirtschaftsordnung in eine Rechtsordnung eingebunden sein, die sich wiederum an der Verfassung, in der Bundesrepublik Deutschland also am Grundgesetz,[1] auszurichten hat.

Das Grundgesetz schreibt ausdrücklich *keine* bestimmte Wirtschaftsform vor, sondern lässt einen weiten Spielraum für denkbare Wirtschaftsordnungen.[2] Diese Tatsache ermöglicht es der Regierung bzw. dem Gesetzgeber (dem Bundestag und/oder den Landtagen), die als angemessen erscheinenden wirtschafts- und sozialpolitischen Maßnahmen zu ergreifen bzw. Gesetze zu beschließen. Allerdings enthält das Grundgesetz bestimmte Vorschriften (Normen), die gewissermaßen als „Eckpfeiler" auf der einen Seite eine reine Marktwirtschaft auf der anderen Seite eine reine Zentralverwaltungswirtschaft[3] ausschließen. Laut Grundgesetz sind daher die verschiedensten Mischformen möglich (siehe Abb. auf S. 165), von denen eine die soziale Marktwirtschaft ist.

Im Folgenden werden die wichtigsten Artikel des Grundgesetzes daraufhin untersucht, ob und inwieweit sich aus ihnen wirtschafts- und sozialpolitische Ziele in der sozialen Marktwirtschaft ableiten lassen.

> **Art. 2 GG:** (1) Jeder hat das Recht auf die freie Entfaltung seiner Persönlichkeit, soweit er nicht die Rechte anderer verletzt und nicht gegen die verfassungsmäßige Ordnung oder das Sittengesetz verstößt. (2) Jeder hat das Recht auf Leben und körperliche Unversehrtheit. Die Freiheit der Person ist unverletzlich. In diese Rechte darf nur aufgrund eines Gesetzes eingegriffen werden.

Im wirtschaftlichen Bereich bedeutet der Freiheitsgrundsatz, dass im Kern folgende Freiheitsrechte garantiert sind:

- **Gewerbefreiheit** (jeder hat das Recht, ein Unternehmen zu gründen, zu führen oder auch aufzulösen);
- **Vertragsfreiheit** (jeder hat das Recht, Verträge abzuschließen, aufzulösen und deren Inhalt frei zu gestalten);
- **Konsumfreiheit** (jeder hat das Recht, jede Ware dort zu kaufen, wo es ihm am günstigsten erscheint).

Nur wenn diese „Freiheiten" bestehen, können sich Märkte entwickeln, auf denen Angebot und Nachfrage durch einen sich frei bildenden Preis (z.B. Güterpreis) automatisch ins Gleichgewicht gebracht werden.[4] Umgekehrt: Soll eine Wirtschaft mithilfe des Preismechanismus gesteuert werden, müssen die Wirtschaftssubjekte in ihrer Entscheidungsfreiheit unbeeinträchtigt bleiben.

Andererseits begrenzt der Art. 2 GG die Freiheitsrechte dort, wo die Rechte anderer verletzt werden können. Wucherische (ausbeuterische) und sittenwidrige Rechtsgeschäfte sind verboten. Umfassende Arbeitsschutzgesetze schützen den einzelnen Arbeitnehmer.[5]

---

1 Grundgesetz für die Bundesrepublik Deutschland (GG) vom 23. Mai 1949.

2 Nach einem Urteil des Bundesverfassungsgerichts aus dem Jahre 1961. Quelle: PILZ, F.: Das System der Sozialen Marktwirtschaft, 1974, S. 29.

3 Im Modell der reinen Zentralverwaltungswirtschaft werden Einsatz der Produktionsfaktoren (einschließlich der Arbeitskräfte), Produktionsmengen und -qualitäten, Preise und Verbrauch von einer zentralen Stelle aus, also letztlich von der Regierung, geplant und verbindlich vorgeschrieben.

4 Das Wechselspiel von Angebot, Nachfrage und Preis bezeichnet man als Koordinationsmechanismus (selbsttätige Steuerung). Näheres siehe Kapitel 2.3.2.

5 Z.B. Kündigungsschutzgesetz, Arbeitszeitgesetz, Mutterschutzgesetz, Jugendarbeitsschutzgesetz, Arbeitsschutzgesetz, Sozialgesetzbücher usw.

Zum Schutze des Verbrauchers, der Nachbarschaft und der Allgemeinheit ist die **Gewerbefreiheit eingeschränkt.** So werden z. B. nach §§ 36 ff. ProdSG,[1] § 38 GewO, §§ 4 ff. BImSchG[1] und §§ 1 ff. 4. BImSchV[1] gefährliche Anlagen (Betriebe) und bestimmte Gewerbezweige staatlich überwacht. Selbst die Konsumfreiheit ist in manchen Bereichen eingeengt: Bestimmte Arzneimittel dürfen von den Apotheken nur gegen ärztliches Rezept abgegeben werden. Der Handel mit Rauschgiften aller Art ist verboten.

Schließlich ist auch das Umweltrecht ein Eingriff in die Gewerbefreiheit. Bei Nichteinhaltung gesetzlicher Umweltvorschriften drohen privatrechtliche Schadensersatzansprüche und verwaltungsrechtliche bzw. strafrechtliche Sanktionen.[2]

Beispiele für umweltschutzrechtliche Vorschriften:		
Schutzbereich	**Umweltschutzgesetze**	**Sanktionen**
Luftreinhaltung Lärmbekämpfung	Gesetz zum Schutz vor schädlichen Umwelteinwirkungen durch Luftverunreinigungen, Geräusche, Erschütterungen und ähnliche Vorgänge (Bundes-Immissionsschutzgesetz – BImSchG)[3]	Betriebsverbot [§§ 20, 25 BImSchG]; Freiheits- oder Geldstrafen [§§ 325, 325 a, 327 StGB]
Schutz vor gefährlichen Stoffen	Gesetz zum Schutz vor gefährlichen Stoffen (Chemikaliengesetz – ChemG) Chemikalien-Verbotsverordnung (ChemVerbotsV)	Verbot der Inverkehrbringung eines Stoffs [§ 17 ChemG, § 1 ChemVerbotsV]; Freiheits- oder Geldstrafen [§ 27 ff. ChemG, § 8 ChemVerbotsV]
Gewässerschutz	Umwelthaftungsgesetz (UmweltHG) Gesetz zur Ordnung des Wasserhaushalts (Wasserhaushaltsgesetz – WHG)	Gefährdungshaftung nach dem UmweltHG [§§ 1 ff. UmweltHG] sowie nach §§ 2 f., 89 f. WHG; Freiheits- oder Geldstrafen [§ 324 StGB]
Naturpflege Artenschutz Bodenschutz	Gesetz über Naturschutz und Landschaftspflege (Bundesnaturschutzgesetz – BNatSchG)	Geld- oder Freiheitsstrafen [§§ 324 a, 329, 330 StGB, § 30 a BNatSchG]

Der Kern des Art. 2 darf – wie bei den übrigen Grundrechten auch – jedoch nicht in seinem Wesensgehalt angetastet werden [Art. 19 II GG]. Dies aber bedeutet, dass die Wirtschafts- und Sozialpolitik in der sozialen Marktwirtschaft dafür Sorge tragen muss, dass der Privatinitiative ein breiter Raum gelassen wird. Dies ist Aufgabe der **Ordnungspolitik.** Das *Ziel* lautet: Sicherung des Wettbewerbs durch Beschränkung der Staatseingriffe auf die Fälle, bei denen der Markt seine Funktionen nicht mehr erfüllt, und Verhinderung der Monopolisierung (Konzentration) in der Wirtschaft. Hierbei bleibt nicht aus, dass Konflikte (Spannungen) im Verhältnis von „Freiheit" einerseits und „staatlicher Reglementierung" andererseits auftreten.

---

1 ProdSG = Gesetz über die Bereitstellung von Produkten auf dem Markt (Produktsicherheitsgesetz); BImSchG = Bundes-Immissionsschutzgesetz; 4. BImSchV = Vierte Verordnung über genehmigungsbedürftige Anlagen.

2 Sanktion (lat.) = wörtl. Vergeltung, mit positiven oder negativen Folgen antworten.

3 Immission (lat.) = Einleitung von Schadstoffen; das Einwirken von Luftverunreinigungen, Schadstoffen, Lärm, Strahlen u. Ä. auf Menschen, Tiere und Pflanzen.

Art. 12 GG: (1) Alle Deutschen haben das Recht, Beruf, Arbeitsplatz und Ausbildungsstätte frei zu wählen. Die Berufsausübung kann durch Gesetz oder aufgrund eines Gesetzes geregelt werden.[1] (2) Niemand darf zu einer bestimmten Arbeit gezwungen werden, außer im Rahmen einer herkömmlichen allgemeinen, für alle gleichen öffentlichen Dienstleistungspflicht.

Im Art. 12 GG wird der Freiheitsgrundsatz des Art. 2 GG fortgeführt, denn in einer vorwiegend auf Privatinitiative und Wettbewerb beruhenden Gesellschaftsordnung muss das Recht auf freie Wahl des Berufs, des Arbeitsplatzes und der Ausbildungsstätte im Grundsatz garantiert sein. Mehr noch: Es muss das Recht bestehen, dort seinen Arbeitsplatz (und seinen Wohnsitz) zu nehmen, wo es einem beliebt (vgl. Art. 11 GG: Recht auf Freizügigkeit).

Der Anspruch des Art. 12 ist ein schwieriges sozial- und wirtschaftspolitisches Problem. Das Recht auf freie Berufs-, Arbeitsplatz- und Ausbildungsstättenwahl ist in der Wirklichkeit dort begrenzt, wo es an Arbeits- und Ausbildungsplätzen fehlt. Ein gerichtlich durchsetzbares „Recht auf Arbeit" gibt es nach dem Grundgesetz nicht. Ein solches Recht kann es in einer (wenn auch staatlich gesteuerten) Marktwirtschaft nicht geben, weil kein Unternehmen und keine Behörde gezwungen werden kann, mehr Arbeitskräfte einzustellen als benötigt werden. Das viel zitierte „Recht auf Arbeit" beinhaltet jedoch eine moralische Verpflichtung des Staates. Die Aussage des Art. 12 GG stellt eine Aufforderung an den Staat dar, dafür Sorge zu tragen, dass genügend Arbeits- und Ausbildungsplätze zur Verfügung stehen. Das aus Art. 12 GG folgende wirtschafts- und sozialpolitische Ziel ist somit ein **hoher Beschäftigungsstand** und das (stetige) **Wirtschaftswachstum**.

Art. 9 GG: (1) Alle Deutschen haben das Recht, Vereine und Gesellschaften zu bilden. (2) Vereinigungen, deren Zweck oder deren Tätigkeit den Strafgesetzen zuwiderlaufen oder die sich gegen die verfassungsmäßige Ordnung oder gegen den Gedanken der Völkerverständigung richten, sind verboten. (3) Das Recht, zur Wahrung und Förderung der Arbeits- und Wirtschaftsbedingungen, Vereinigungen zu bilden, ist für jedermann und für alle Berufe gewährleistet …

Eng mit dem Freiheitsgrundsatz ist auch der Grundsatz der **Vereinigungsfreiheit** verknüpft. Im wirtschaftlichen Bereich bedeutet dies nicht nur das Recht zur Gründung von Handelsgesellschaften, sondern auch das Recht, Gewerkschaften (Arbeitnehmerverbände) und Arbeitgeberverbände zu gründen, die *autonom,* d.h. unabhängig von staatlicher Beeinflussung, Arbeitsbedingungen (z.B. Löhne, Arbeitszeit) aushandeln können. Wirtschaftspolitisches Ziel muss es daher sein, das Gleichgewicht der Kräfte (Macht der Gewerkschaften einerseits und Macht der Unternehmer andererseits) zu wahren und die Tarifautonomie[2] zu erhalten. Etwaige Lohnstopps für Angestellte und Arbeiter, wie sie in Zeiten starker Inflation gefordert werden, sind somit verfassungsrechtlich bedenklich. Mit dem Art. 9 GG wird also ein Stück freie Preisbildung – wirtschaftlich gesehen ist der Lohn der Preis für den Faktor Arbeit – garantiert, wenngleich die Preisbildung hier i.d.R. im Rahmen eines bilateralen (zweiseitigen) Monopols stattfindet.

---

1 Beispiele: Ärzte und Apotheker benötigen die Approbation (vom Staat verliehenes Recht zur Berufsausübung). Bei Handwerkern ist (noch) in vielen Fällen die Meisterprüfung (der „große Befähigungsnachweis") erforderlich, wenn sie z.B. Auszubildende beschäftigen.

2 Unter Tarifautonomie versteht man das Recht der Gewerkschaften und der Arbeitgeber, die Arbeitsbedingungen ohne staatliche Bevormundung zu vereinbaren.

> **Art. 14 GG:** (1) Das Eigentum und das Erbrecht werden gewährleistet. Inhalt und Schranken werden durch die Gesetze bestimmt. (2) Eigentum verpflichtet. Sein Gebrauch soll zugleich dem Wohle der Allgemeinheit dienen. (3) Eine Enteignung ist nur zum Wohle der Allgemeinheit zulässig. Sie darf nur durch Gesetz oder aufgrund eines Gesetzes erfolgen, das Art und Ausmaß der Entschädigung regelt ...

Das Eigentumsrecht umfasst das Privateigentum an Konsumgütern (z. B. Kleidung, Privatauto, Eigenheim, Eigentumswohnung) als auch an Produktionsmitteln (Kapital im volkswirtschaftlichen Sinne) einschließlich Grund und Boden.

Das Eigentumsrecht ist im Zusammenhang mit dem Freiheitsgrundsatz zu sehen. (Wer z. B. das Recht haben soll, ein Unternehmen zu gründen, muss auch das Recht haben, über die Produktionsmittel zu verfügen.)

Allerdings gewährt das Grundgesetz dem Gesetzgeber weitgehende Eingriffsrechte in das Privateigentum. Einmal soll das Eigentum dem Wohle der Allgemeinheit dienen (**„soziale Bindung des Eigentums"**), zum anderen ist eine Enteignung ausdrücklich erlaubt. Produktionsmittel, Grund und Boden und Naturschätze können verstaatlicht (in Gemeineigentum überführt) werden [Art. 15 GG]. Mithin wäre z. B. die Verstaatlichung der Schlüsselindustrien[1] verfassungskonform.[2]

Aus dem Art. 14 GG abzuleitende konkrete wirtschafts- und sozialpolitische Ziele, die für jede Bundesregierung bzw. für jeden Bundestag verbindlich sind, kann es daher nicht geben. Der Wunsch einer Regierung bzw. eines Parlaments nach mehr oder weniger Verstaatlichung hängt ausschließlich von den jeweils herrschenden Wertvorstellungen ab. Wer sich von staatlicher Steuerung und Lenkung mehr soziale Sicherheit und höheren Wohlstand verspricht, wird die Sozialisierung (Verstaatlichung) in sein Programm schreiben. Wer jedoch glaubt, dass diese Ziele mithilfe des Wettbewerbs leichter zu erreichen sind, wird der Sozialisierung ablehnend gegenüberstehen. In einer demokratischen Gesellschaft ist es also letztlich die Mehrheit der Wähler, die über die konkrete Ausgestaltung der Wirtschaftsordnung entscheidet.

> **Art. 3 GG:** (1) Alle Menschen sind vor dem Gesetz gleich. (2) Männer und Frauen sind gleichberechtigt. Der Staat fördert die tatsächliche Durchsetzung der Gleichberechtigung von Frauen und Männern und wirkt auf die Beseitigung bestehender Nachteile hin. (3) Niemand darf wegen seines Geschlechtes, seiner Abstammung, seiner Rasse, seiner Sprache, seiner Heimat und Herkunft, seines Glaubens, seiner religiösen oder politischen Anschauungen benachteiligt oder bevorzugt werden. Niemand darf wegen seiner Behinderung benachteiligt werden.

Der Art. 3 GG verlangt Gleichbehandlung in vergleichbaren Fällen. Man hat aus dem Gleichheitsgrundsatz des Grundgesetzes viele wirtschafts- und sozialpolitische Ziele abgeleitet. Folgende seien beispielhaft erwähnt:

- Gleicher Lohn für gleiche Arbeit, d. h. also auch zwischen Mann und Frau oder zwischen In- und Ausländern. Dass gerade hier für Staat, Gewerkschaften und Arbeitgeber noch viel zu tun bleibt, um die Kluft zwischen dem Anspruch der Verfassung und der Wirklichkeit zu überbrücken, ist offensichtlich.

---

1 Schlüsselindustrien sind die Basis für die nachfolgenden Wirtschaftsstufen. Zu den Schlüsselindustrien gehören z. B. die Eisen und Stahl schaffende und die chemische Industrie.

2 Konform = gleichlaufend, hier: verfassungsgemäß, im Einklang mit der Verfassung.

■ Gleiche Bildungs- und Berufschancen für alle („Chancengleichheit").

Maßnahmen zur Verwirklichung des Ziels der Chancengleichheit sind z. B. Bereitstellung von Mitteln zum Ausbau von Schulen, betrieblichen Ausbildungsstätten und Hochschulen; Maßnahmen zur Umschulung und Weiterbildung Erwachsener (z. B. durch die gesetzliche Arbeitsförderung, SGB III); Ausbildungsförderung für Schüler und Studenten nach dem Bundesausbildungsförderungsgesetz (BAföG).

■ Sozialverträgliche Einkommens- und Vermögensverteilung.[1]

Beispiele:

■ Die Mitbestimmung der Arbeitnehmer bzw. der Gewerkschaften in den Unternehmen ist ohne Zweifel ein Stück mehr „Gleichheit" und Demokratie. Sie bedeutet jedoch andererseits eine Einschränkung der Verfügungsgewalt (des Eigentumsrechts) über die Produktionsmittel.

■ Die progressive Lohn- bzw. Einkommensteuer dient unter anderem dazu, den mittleren und höheren Einkommensschichten Einkommen zu entziehen, um es den schlechter Verdienenden oder Mittellosen zuzuführen (z. B. Wohngeld, Ausbildungsförderung, Sozialhilfe). Mehr soziale Gleichheit (Gerechtigkeit) geht zulasten der Freiheit, hier also zulasten des Rechts, über das selbst Erarbeitete verfügen zu dürfen.

Da aber die Chance, durch Mehrleistung auch mehr verdienen zu können, ein wichtiger Antrieb („Motor") einer marktwirtschaftlichen Ordnung ist, muss es Ziel der Wirtschafts- und Sozialpolitik in der sozialen Marktwirtschaft sein, einen für alle Schichten tragbaren Kompromiss zwischen Gleichheitsprinzip einerseits und Leistungsprinzip andererseits zu finden („soziale Symmetrie").

Rund 1561 Euro weniger als ihre männlichen Kollegen verdienten Frauen im Jahr 2018 im Bereich „Kunst, Unterhaltung und Erholung". Das ist der größte geschlechterspezifische Abstand bei den durchschnittlichen Bruttolöhnen zwischen Männern und Frauen, wie aus Zahlen des Statistischen Bundesamtes hervorgeht. Ähnlich hoch ist der Verdienstunterschied mit rund 1528 Euro bei den Versicherungsdienstleistungen.

Sonderzahlungen wie Urlaubsgeld oder Prämien sind in den Zahlen nicht enthalten. Den höchsten Lohn im Vergleich der Branchen bekamen sowohl Frauen als auch Männer bei den Versicherungsdienstleistungen, den niedrigsten im Gastgewerbe. Die unterschiedlichen Verdienste zwischen den Branchen erklärt das Wirtschafts- und Sozialwissenschaftliche Institut (WSI) unter anderem damit, dass Frauen und Männer in den einzelnen Wirtschaftszweigen verschiedene Berufe ausüben. Die geschlechterspezifischen Verdienstabstände ließen sich zum Teil auf eine ungleiche Verteilung auf die Hierarchiestufen zurückführen, sagen die WSI-Experten.

---

1 Näheres siehe Kapitel 3.3.2.

2.3.1.3 Zusammenfassende Übersicht über die Ordnungsmerkmale der sozialen Marktwirtschaft

Aus den zuvor angestellten Überlegungen ergeben sich zwangsläufig die wichtigsten Ordnungsmerkmale der sozialen Marktwirtschaft. Die Gesamtheit aller Ordnungsmerkmale wird als **„Ordnungsrahmen"** bezeichnet. Die wichtigsten Ordnungsmerkmale sind:

Eigentumsrecht	Grundsätzlich steht das Privateigentum auch an den Produktionsmitteln (z. B. Grund und Boden, Fabriken mit ihren Einrichtungen, Handelshäuser usw.) unter dem Schutz des Staates. Staatseigentum ist möglich (z. B. Hafenanlagen, städtische Verkehrsbetriebe, Bildungseinrichtungen, Rundfunk) oder erwünscht. Die Sozialbindung des Eigentums (siehe Kapitel 2.3.1.2) ist zu beachten.
Vertragsfreiheit	Sie ist eine Grundvoraussetzung für die Funktionsfähigkeit einer am Wettbewerb ausgerichteten Wirtschaftsordnung. Märkte können nur dann ihre Aufgabe erfüllen, wenn über Vertragsbedingungen (z. B. Preise) frei verhandelt werden kann. In einer sozialen Marktwirtschaft muss folglich der Grundsatz der Vertragsfreiheit gelten. Andererseits muss die Rechtsordnung die Ausbeutung und Knebelung der sozial und wirtschaftlich Schwächeren und bestimmte gesellschaftspolitisch unerwünschte Rechtsgeschäfte verhindern. Sie enthält deshalb in vielen Gesetzen *zwingende Rechtsnormen,* die dem Gestaltungswillen der Vertragspartner entzogen sind, die somit nicht durch Vereinbarungen abgeändert werden können. Man denke hier z. B. an die Verbraucherschutzgesetzgebung. Eingeschränkt wird die Vertragsfreiheit auch durch das Verbot des Wuchers, das Verbot der Ausnutzung der Notlage eines anderen, durch die Kartellgesetzgebung, die Missbrauchsaufsicht, die Fusionskontrolle, das Unternehmensrecht usw.
Gewerbefreiheit	Grundsätzlich besteht Gewerbefreiheit, nicht jedoch für Gewerbezweige, die die Gesundheit und/oder die Sicherheit der Bevölkerung gefährden können (eingeschränkte Gewerbefreiheit). Die Gewerbefreiheit wird außerdem durch die Umweltschutzgesetzgebung (Auflagen, Grenzwertvorgaben, Produktionsbeschränkungen, Verbot der Produktion giftiger Stoffe) eingeschränkt.
Freie Berufs- und Arbeitsplatzwahl	Grundsätzlich bestehen freie Berufswahl, Arbeitsplatzwahl und Freizügigkeit. Um Fehlentwicklungen auf dem Arbeitsmarkt abzuschwächen, sind staatliche indirekte Lenkungsmaßnahmen erwünscht (Beihilfen zur Umschulung, Stellenvermittlung durch Agenturen für Arbeit, Berufsberatung, Bildungspolitik).
Konsumfreiheit	Jeder Bürger kann frei entscheiden, was, wann und wo er kaufen möchte. Die Konsumfreiheit endet jedoch bei gesundheitsgefährdenden Konsumgütern (z. B. Rauschgifte).
Freihandel	Grundsätzlich besteht Freihandel und freie Austauschbarkeit der Währungen. Eingriffe in den Außenhandel sind aus konjunkturpolitischen oder sonstigen politischen Gründen erlaubt und erwünscht (z. B. Auf- oder Abwertungen,[1] Freigabe der Wechselkurse, Devisenpolitik der Notenbank, Zollsatzänderungen, Verbot des Waffenhandels mit kriegsgefährdeten Gebieten usw.).

---

1 Aufwertung = Heraufsetzung des Wechselkurses (Preis für die Binnenwährung) durch die Regierung oder aufgrund zwischenstaatlicher (internationaler) Vereinbarung. Abwertung = Herabsetzung des Wechselkurses.

Zusammenfassung

- Die **soziale Marktwirtschaft** setzt sich zum Ziel, auf der Grundlage der Marktwirtschaft das Prinzip der Freiheit mit dem des sozialen Ausgleichs und der sozialen Gerechtigkeit zu verbinden.

- Wesentliche **Ordnungsmerkmale** der sozialen Marktwirtschaft sind:

  - Gewerbe-, Vertrags- und Konsumfreiheit. Einschränkungen zum Schutz des Einzelnen und/oder der Allgemeinheit sowie der Umwelt sind möglich.
  - Freier Wettbewerb, aber Verhinderung der Monopolisierung.
  - Freie Berufs- und Arbeitsplatzwahl.
  - Vereinigungsfreiheit.
  - Gewährleistung des Eigentums und des Erbrechts, jedoch Sozialbindung des Eigentums.
  - Verwirklichung des Gleichheitsgrundsatzes.

ÜBUNGSAUFGABEN

1. Stellen Sie mögliche Zielkonflikte in der sozialen Marktwirtschaft dar! Leiten Sie diese aus dem Spannungsverhältnis zwischen dem Ziel der größtmöglichen Freiheit einerseits und dem Ziel des sozialen Ausgleichs andererseits ab!

2. Beurteilen Sie folgende Zielsetzungen in der sozialen Marktwirtschaft aus der Sicht des Grundgesetzes:

   a) dezentrale Steuerung der Wirtschaft;

   b) gerechtere Einkommens- und Vermögensverteilung;

   c) Chancengleichheit;

   d) Mitbestimmung;

   e) Recht auf Arbeit;

   f) Sozialisierung (Verstaatlichung) der Produktionsmittel und des Grund und Bodens;

   g) Tarifautonomie.

3. **Textauszug:**

Was heißt heute sozial?

Kein anderer Begriff bestimmt heutzutage die politische Debatte so stark wie der des „Sozialen". Und es gibt anscheinend kaum eine schärfere Verurteilung von Reformkonzepten als durch das Prädikat „unsozial". Aber worin besteht eigentlich das Soziale in der sozialen Marktwirtschaft?

Eine erste Antwort finden wir bei Alfred Müller-Armack, einem der Begründer unserer Wirtschaftsordnung. Er hat es als die Leitidee der sozialen Marktwirtschaft bezeichnet, „auf der Basis der Wettbewerbswirtschaft die freie Initiative mit einem gerade durch die marktwirtschaftliche Leistung gesicherten sozialen Fortschritt zu verbinden".

Nach diesem Verständnis verdient sich die soziale Marktwirtschaft das Prädikat sozial zunächst deshalb, weil sie eine leistungsfähige Wirtschaftsordnung ist. Ihre Vorzüge kommen allen zugute; sie nutzen der Gemeinschaft: Nur eine leistungsfähige Wirtschaftsordnung schafft Wohlstand für breite Schichten der Bevölkerung.

Nur sie bietet ihnen die Chance, aus eigener Kraft am Wohlstand teilzuhaben. Und nur sie schafft die wirtschaftliche Basis für die notwendige Absicherung gegenüber den großen Lebensrisiken sowie die Solidarität mit den wirklich Schwachen. Soziale Marktwirtschaft ist also nicht primär ein Umverteilungskonzept, sondern in erster Linie ein Konzept für eine dauerhaft funktionsfähige Marktwirtschaft, die zugleich Teil und Grundlage des sozialen Ausgleichs ist.

Die Verbindung von marktwirtschaftlicher Freiheit und sozialem Ausgleich im Konzept der sozialen Marktwirtschaft ist im Laufe der Jahre immer häufiger missverstanden worden. Viele sehen heute die Marktwirtschaft und die Forderung nach sozialem Ausgleich fälschlicherweise als etwas Getrenntes, ja Gegensätzliches. Das Soziale kann nach dieser Auffassung nur außerhalb des Marktes, also durch staatliche Umverteilung oder durch Einschränkung des Wettbewerbs, erreicht werden. Soziale Gerechtigkeit wird dann oft gleichgesetzt mit Bestandsschutz und allein identifiziert mit der sogenannten Verteilungsgerechtigkeit.

Ein derartiges Verständnis von sozialer Marktwirtschaft verkennt jedoch zweierlei. Erstens: Ein zentrales Element der sozialen Gerechtigkeit ist die Leistungsgerechtigkeit. Das, was jemand erhält, muss immer in einem vernünftigen Verhältnis zu seiner Leistung stehen.

Zweitens: Jeder Versuch staatlicher Umverteilung, der die volkswirtschaftliche Leistungskraft überfordert, ist zum Scheitern verurteilt. Die notwendige soziale Sicherung darf nicht in erster Linie eine Frage der guten Absichten sein. Sie muss den ökonomischen Möglichkeiten Rechnung tragen und zugleich Eigeninitiative und Eigenverantwortung fördern.

Der Sozialstaat ist aber bei uns im Laufe der Jahre zu einem Wohlfahrtsstaat geworden, der die Menschen bevormundet, ihnen immer mehr Lasten aufbürdet und immer weniger Gestaltungsmöglichkeiten lässt. Es gibt unzählige Beispiele dafür, wie die angebliche soziale staatliche Versorgung die Selbsthilfe und Eigenvorsorge der Menschen ersetzt und so auch ihre Leistungsbereitschaft immer weiter zurückgedrängt hat.

Deutliche Zeichen dieser Entwicklung sind ein Sozialbudget, das rund ein Drittel all dessen beansprucht, was wir in unserem Land erwirtschaften, sowie eine Staatsquote von fast 50 Prozent. Die staatliche Umverteilung hat aus der sozialen Marktwirtschaft beinahe eine halbe Planwirtschaft gemacht. Ludwig Erhard hat schon früh vor dem „modernen Wahn des Versorgungsstaates" gewarnt, an dessen Ende der „soziale Untertan" und nicht der eigenverantwortliche Bürger steht.

Dass die soziale Marktwirtschaft solidarisch mit denen sein muss, die sich nicht selbst helfen können, steht außer Zweifel. Jedoch richten sich die Wirkungen des ausgeuferten Sozialstaates in der Praxis zu oft gerade gegen die Schwachen in der Gesellschaft. Das sichtbarste Zeichen dafür ist die hohe Arbeitslosigkeit. Ist es wirklich sozial, wenn etwa ein Übermaß an Regulierungen am Arbeitsmarkt die Beschäftigten schützt, gleichzeitig aber den mehr als vier Millionen Erwerbslosen Beschäftigungschancen nimmt? Ich meine nein.

Wir müssen uns bei der Definition des „Sozialen" wieder auf die ordnungspolitischen Grundsätze der sozialen Marktwirtschaft besinnen. Es kann nicht sozialstaatliche Aufgabe sein, Versorgung für alle zu gewährleisten und jedes denkbare Risiko für jeden Personenkreis abzudecken. Das ist falsch verstandene Solidarität, die der wirtschaftlichen Entwicklung und damit letztlich allen schadet.

Sozialstaatliche Umverteilung muss sich auf die wirklich Hilfsbedürftigen konzentrieren. Die elementarste Form des Sozialen liegt in der sozialen Marktwirtschaft aber darin, jedermann die Chance zu eröffnen, aus eigener Kraft am Wohlstand teilzuhaben. Die eigentliche soziale Frage unserer Zeit lautet daher: Wie schaffen wir mehr wirtschaftliche Dynamik und mehr Arbeitsplätze? Oder anders gewendet: Sozial ist heute vor allem, was mehr Beschäftigung schafft...

Wir müssen umsteuern und uns wieder stärker an Ludwig Erhards Prinzipien der Eigenverantwortung, des Wettbewerbs und der echten sozialen Verantwortung – also des Handelns zum Nutzen der Allgemeinheit und der Solidarität mit den wirklich Schwachen – orientieren. Denn wenn uns das nicht gelingt, dann ist eine der größten Erfolgsgeschichten der Bundesrepublik Deutschland – die soziale Marktwirtschaft – ernsthaft in Gefahr, an einer Inflation der Ansprüche zu scheitern.

Quelle: TIETMEYER, H.: Was heißt heute sozial? In: Handelsblatt Wirtschafts- und Finanzzeitung vom 31. Mai 2002.

3.1 Worin sieht der Verfasser das Wesentliche des „Sozialen" in einer sozialen Marktwirtschaft?

3.2 Der Verfasser ist der Meinung, dass der Begriff „sozial" häufig missverstanden wird. Worin besteht nach Ansicht des Verfassers das Missverständnis?

3.3 Welches sind die zentralen Elemente (Grundbestandteile) der sozialen Marktwirtschaft?

2.3.2 Der Markt als Ort der Preisbildung

Wenn wir den Begriff „Markt" hören oder lesen, denken wir meistens an einen sichtbaren Markt wie z. B. den Wochenmarkt oder an einen Börsensaal. Die meisten Märkte finden jedoch nicht an einem räumlich bestimmten Ort statt. Sie existieren vielmehr in unserer Vorstellung, indem wir das Angebot an bestimmten Gütern[1] und die Nachfrage nach diesen Gütern gedanklich zusammenfassen. So sprechen wir beispielsweise vom Schuhmarkt, vom Lebensmittelmarkt oder vom Grundstücksmarkt. In der Wirtschaftslehre wird daher der Markt als der *ökonomische Ort* des Zusammentreffens von Angebot und Nachfrage bezeichnet. Auf den Märkten bilden sich – falls keine staatlichen Eingriffe erfolgen – die Preise für die angebotenen bzw. nachgefragten Güter. Sieht man sich z. B. die Wochenmarktberichte einer Tageszeitung an, stellt man fest, dass die Preise für Gemüse oder Obst im Laufe des Jahres schwanken. Die Preise hängen also offenbar vom *Umfang* des Angebots einerseits und der Nachfrage andererseits ab.

2.3.2.1 Grundbegriffe der Preislehre

Bedürfnisse

Der Ursprung aller Nachfrage nach Gütern sind die menschlichen Bedürfnisse.

> Unter **Bedürfnissen** versteht man Mangelempfindungen der Menschen, die diese zu beheben bestrebt sind.

Die Bedürfnisse sind also die *Antriebe* (Motive) des wirtschaftlichen Handelns der Menschen. Ursprüngliches Ziel dieses Handelns ist, die eigene und auch fremde Existenz zu sichern (z. B. die Existenz der übrigen Familienmitglieder).

Bedarf

Bedürfnisse hat jeder Mensch. Ob er sie alle befriedigen kann, hängt in der Regel von seinem Vermögen und/oder von seinem Einkommen (Arbeitsentgelt, Rente, Pension, Arbeitslosengeld usw.), also der **Kaufkraft** ab.

> Die mit Kaufkraft versehenen Bedürfnisse bezeichnet man als **Bedarf.**

Nachfrage

Von Nachfrage wird hingegen gesprochen, wenn die auf dem *Markt* angebotenen Güter durch zahlungsbereite Käufer verlangt werden. So mag sich z. B. ein junger Angestellter eine Hi-Fi-Anlage, ein Motorrad und eine Digitalkamera wünschen. Sein Einkommen reicht nicht zum Kauf aller, wohl aber zum Kauf eines dieser Güter aus. Der Bedarf nach *allen* drei Produkten besteht dennoch. Entschließt sich der Angestellte zum Kauf der Digitalkamera, wird der Bedarf zur Nachfrage.

> Unter **Nachfrage** versteht man den auf dem Markt erscheinenden Bedarf.

---

1   Güter im volkswirtschaftlichen Sinne sind Sachgüter, Dienstleistungen und Rechte (z. B. Patente, Lizenzen).

Angebot

Ein innerer Verkaufswunsch eines Wirtschaftssubjekts ist (noch) kein Angebot. Dieses liegt erst dann vor, wenn der Verkaufswunsch nach außen, also gegenüber möglichen (potenziellen) Käufern geäußert wird.

> Unter **Angebot** versteht man die auf dem Markt erscheinenden Verkaufswünsche der Wirtschaftssubjekte.[1]

Begriff und Aufgabe des Marktes

> Unter **Markt** verstehen wir den ökonomischen Ort des Zusammentreffens von Angebot und Nachfrage.

Die **Aufgabe (Funktion)** des Marktes besteht darin, Angebot und Nachfrage zusammenzuführen und zum Ausgleich zu bringen.

Nicht alle Märkte sind in diesem Sinne funktionsfähig. Funktionsunfähige Märkte liegen z. B. vor, wenn

- die Angebotspreise für ein Gut so hoch liegen, dass kein Nachfrager imstande oder willens ist, die verlangten Preise zu bezahlen;
- Nachfragelücken bestehen, d. h., dass beim geltenden Preis nur ein Teil der angebotenen Gütermengen abgesetzt werden kann;
- Angebotslücken bestehen, d. h., dass beim geltenden Preis nur ein Teil der Nachfrage befriedigt werden kann.

Marktarten (Marktformen)

Je nachdem, von welchem Gesichtspunkt aus man die Märkte betrachtet, kann man verschiedene Einteilungen vornehmen, und zwar:

Einteilung der Marktarten	Erläuterung
▪ **nach dem Umfang der staatlichen Marktbeeinflussung**	▪ Freie Märkte (= Märkte ohne jeden Staatseingriff, wie sie im Modell der freien Marktwirtschaft vorausgesetzt werden); ▪ regulierte (gelenkte) Märkte (= Märkte, auf denen der Staat eingreift, wenn er seine politischen Ziele gefährdet sieht).[2]
▪ **nach dem Umfang der Marktzutrittsmöglichkeit**	▪ Offene Märkte (= Märkte, bei denen jedermann als Anbieter oder Nachfrager auftreten kann); ▪ geschlossene Märkte (= Märkte, auf denen nicht jedermann Zutritt hat). **Beispiel:** Der Staat verbietet den gewerblichen Transport von Briefen zugunsten einer Staatspost. Solche rechtlichen Beschränkungen widersprechen dem Modell der freien Marktwirtschaft.

---

1 Subjekt (lat.) = vernünftig handelnde Person. Wirtschaftssubjekte sind wirtschaftlich handelnde natürliche und juristische Personen (z. B. private Haushalte, Unternehmen, Staat).

2 Siehe auch Kapitel 2.3.3.

Einteilung der Marktarten	Erläuterung
■ **nach der Art der gehandelten Sachgüter und Leistungen**	■ Warenmärkte (= Märkte, auf denen Sachgüter gehandelt werden). Die Warenmärkte können wieder in Konsumgütermärkte und Produktionsgütermärkte eingeteilt werden; ■ Grundstücksmärkte (= Märkte, auf denen bebaute und unbebaute Grundstücke angeboten und nachgefragt werden); ■ Finanzmärkte (= Märkte, auf denen kurz-, mittel- oder langfristige Geldmittel gehandelt werden, also Geld- und Kapitalmärkte); ■ Arbeitsmärkte (= Märkte, auf denen die Nachfrage nach Arbeitskräften und das Angebot von Arbeitskräften aufeinandertreffen).
■ **nach räumlich-zeitlichen Gesichtspunkten**	■ Zentralisierte[1] Märkte (= Märkte, auf denen das gesamte Angebot und die gesamte Nachfrage an einem bestimmten Ort aufeinandertreffen; zentralisierte Märkte sind *Punktmärkte* wie z. B. Wochenmärkte, Großmärkte, Auktionen, Börsen). In der Regel sind zentralisierte Märkte zugleich *organisierte* Märkte, d. h. Märkte mit einer Marktordnung (z. B. Regelung des Beginns und des Endes einer Marktveranstaltung, Begrenzung des Teilnehmerkreises); ■ dezentralisierte Märkte (= Märkte, auf denen Angebot und Nachfrage weder am gleichen Ort noch zur gleichen Zeit aufeinandertreffen; die meisten Märkte der Wirklichkeit sind dezentralisierte und zugleich *unorganisierte* Märkte). **Beispiele:** Weinmarkt, Lebensmittelmarkt, Textilmarkt
■ **nach rein räumlichen Gesichtspunkten**	■ Norddeutsche Märkte; ■ deutsche Märkte; ■ europäische Märkte; ■ Weltmärkte.
■ **nach der Anzahl der Anbieter und Nachfrager (Marktformen im engeren Sinne)**	■ Polypolistische Märkte[2] (= vollständige Konkurrenz, d. h., unzählige Anbieter und Nachfrager treten auf dem Markt auf); ■ oligopolistische Märkte[3] (= Märkte, bei denen auf einer und/oder beiden Marktseiten nur wenige Konkurrenten vorhanden sind); ■ monopolistische Märkte[4] (= Märkte, bei denen sich auf einer und/oder beiden Marktseiten nur ein Marktbeteiligter befindet).
■ **nach der Einheitlichkeit bzw. Uneinheitlichkeit der Marktpreisbildung**	■ Vollkommene Märkte (= Märkte, auf denen es nur einen einheitlichen Preis für ein bestimmtes Gut geben kann); ■ unvollkommene Märkte (= Märkte, auf denen es für ein bestimmtes Gut unterschiedliche Preise gibt).

1 Von Zentrum = Mitte; zentralisieren = auf einen Punkt zusammenfassen.
2 Die Vorsilbe poly… bedeutet in Fremdwörtern „viel", z. B. in „Polygamie" die Vielehe.
3 Die Vorsilbe olig… bedeutet in Fremdwörtern „wenig", z. B. in „Oligarchie" die Herrschaft weniger.
4 Die Vorsilbe mono… bedeutet in Fremdwörtern „ein", z. B. in „Monotonie" die Eintönigkeit.

2.3.2.2 Nachfragerverhalten

Wir wissen aus unserer Lebenserfahrung, dass neben der Qualität der Preis eines Gutes, das wir zu kaufen beabsichtigen, eine entscheidende Rolle spielt. Wir wissen aber auch, dass die Kaufentscheidungen der einzelnen Verbraucher höchst unterschiedlich sind, ganz einfach deshalb, weil ihre Bedürfnisse und ihre Einkommen bzw. Vermögen verschieden sind.

▌Individuelle Nachfrage[1]

Wir beschränken uns im Folgenden auf den privaten Haushalt (den privaten Verbraucher) als Nachfrager nach Konsumgütern. Das **Nachfrageverhalten** des privaten Haushalts hängt von zahlreichen Faktoren ab.

▌Bestimmungsgründe der individuellen Nachfrage (Beispiele)

Stärke und Rangordnung der Bedürfnisse	Verfügbares Einkommen bzw. Vermögen	Preis des nachgefragten Gutes	Preise anderer Güter	
			Preise von Substitutionsgütern[3]	Preise von Komplementärgütern[4]
Die individuelle Nachfrage nach Gütern ist von Nachfrager zu Nachfrager unterschiedlich, weil Dringlichkeit und Rangordnung der Bedürfnisse (die Bedürfnisstrukturen)[2] verschieden sind.	Die individuelle Nachfrage wird durch das verfügbare Einkommen (z. B. Gehalt abzüglich Steuern und Sozialversicherungsabgaben) sowie die Höhe und Struktur des Vermögens bestimmt und begrenzt.	Bei gegebenem Einkommen und gegebenem Vermögen bestimmt u. a. der Preis eines Gutes, ob und in welcher Menge ein Gut nachgefragt wird.	Bei austauschbaren Gütern (Substitutionsgütern) wird ein Verbraucher bei steigendem Preis des Gutes A die Nachfrage nach dem Gut A einschränken oder ganz einstellen und seine Nachfrage nach dem Substitutionsgut B erhöhen.	Bei Komplementärgütern wird der Verbraucher seine Nachfrage einschränken, wenn der Preis eines oder mehrerer Komplementärgüter steigt.

Die „Bedürfnisstruktur" des privaten Haushalts ist keine gleichbleibende (konstante) Größe. Vielmehr ändert sie sich im Zeitablauf durch zahlreiche Umwelteinflüsse (z. B. soziale, wirtschaftliche, technische und politische Veränderungen). In wirtschaftlich und/oder politisch unsicheren Zeiten wird mancher private Nachfrager mehr als üblich sparen, weil er Angst vor der Zukunft (z. B. vor Arbeitslosigkeit oder Altersarmut) hat. Sieht er indessen der Zukunft positiv entgegen, wird er auch geneigt sein, mehr Geld als bisher auszugeben. Weitere Einflüsse auf die Bedürfnisstruktur des privaten Haushalts haben die Werbung, das Verhalten der Nachbarn, der Arbeitskollegen, das mehr oder weniger gute Vorbild prominenter (allgemein bekannter) Personen und die Medien.

---

1 Individuum = der Einzelne.

2 Struktur (lat.) = Zusammensetzung, Aufbau, Gliederung.

3 Substitutionsgüter sind austauschbare (gegenseitig ersetzbare) Güter. Beispiele: Butter und Margarine; Heizöl, Erdgas und Kohle; Superbenzin, Normalbenzin und Dieselöl; Metall und Kunststoff.

4 Komplementärgüter sind sich gegenseitig ergänzende Güter. Beispiele: Dieselfahrzeug – Dieselöl; Rohbauten – Installationen, Fenster usw.; Elektroherd – Elektrokochtöpfe.

177

■ Preis und Nachfrage

Lassen wir alle anderen Bestimmungsgründe der individuellen Nachfrage außer
Acht, dann kann man folgende Beziehungen zwischen Preis und nachgefragter
Menge annehmen (**„Gesetz der Nachfrage"**):

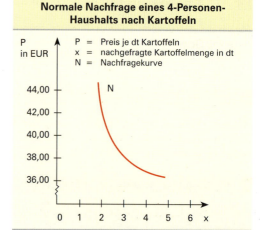

Normale Nachfrage eines 4-Personen-
Haushalts nach Kartoffeln

- ■ Mit steigendem Preis eines Gutes
  sinkt die Nachfrage nach diesem
  Gut.

- ■ Mit sinkendem Preis eines Gutes
  steigt die Nachfrage nach diesem
  Gut.

Das Gesetz der Nachfrage beschreibt das
normale Nachfrageverhalten eines priva-
ten Haushalts. Hiervon gibt es auch Ausnahmen. Nimmt ein Nachfrager z. B. den Preis
eines Gutes als Qualitätsmaßstab, wird er mit steigendem Preis mengenmäßig *mehr*, mit
sinkendem Preis mengenmäßig *weniger* nachfragen (**anomale Nachfrage**). Ähnliche Verhaltensweisen sind auch möglich, wenn ein privater Haushalt steigende (sinkende) Preise
erwartet.

Die **Nachfragekurven** sind von privatem Haushalt zu privatem Haushalt unterschiedlich,
weil die Bedürfnisstrukturen und die Einkommens- und Vermögensverhältnisse verschieden sind.

Beispiel:

Legt der Haushalt Müller weniger Wert auf
Teigwaren, sondern bevorzugt er Kartoffeln,
wird seine mengenmäßige Nachfrage nach
Kartoffeln nur geringfügig abnehmen, wenn
der Kartoffelpreis steigt. Man sagt, die Nach-

frage ist preisunelastisch. Preiselastisch ist
hingegen seine Nachfrage nach Teigwaren.
Steigen die Preise der Teigwaren, wird der
Haushalt Müller weniger oder gar keine Teigwaren mehr nachfragen.

Mögliche Nachfragekurven

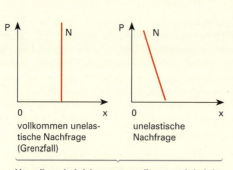

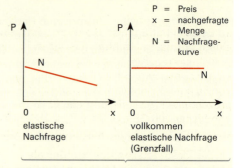

vollkommen unelas-
tische Nachfrage
(Grenzfall)

unelastische
Nachfrage

elastische
Nachfrage

vollkommen
elastische Nachfrage
(Grenzfall)

Vor allem bei lebensnotwendigen und bei le-
bensnotwendig erachteten Gütern (= Güter des
Zwangsbedarfs, z. B. Wasser, Medikamente, Süß-
stoff für Zuckerkranke, Heizöl).

Vor allem bei nicht lebensnotwendigen Gütern
(= Güter des Wahlbedarfs, z. B. Ferienreisen,
Zweitwagen, Theaterbesuche, Schnittblumen).

Die Aussage, dass eine bestimmte Nachfragekurve elastisch oder unelastisch sei, ist sehr allgemein, denn Nachfragekurven weisen an jedem auf ihr liegenden Punkt eine andere Elastizität auf. Angenommen, eine Nachfragekurve hat die in nachstehender Abbildung gezeigte Gestalt:

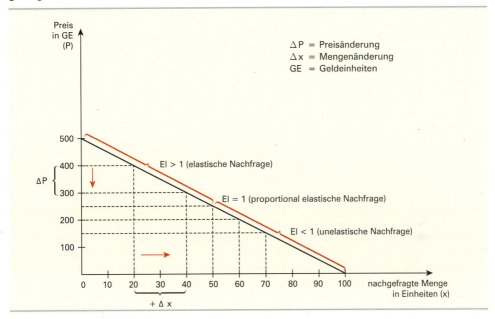

In obiger Abbildung beträgt z. B. bei einem Preis von 400 GE die nachgefragte Gütermenge 20 Einheiten. Sinkt der Preis auf 300 GE, steigt die nachgefragte Menge auf 40 Einheiten. Der Zuwachs der Gütermenge beträgt, bezogen auf die bisher nachgefragte Menge, 100 %. Die Preissenkung beläuft sich, bezogen auf den bisherigen Preis, auf –25 %. Dieser unmittelbare (direkte) Zusammenhang zwischen einer prozentualen Nachfrageänderung infolge einer prozentualen Preisänderung heißt **direkte Preiselastizität der Nachfrage.**

$$\text{Direkte Preiselastizität der Nachfrage} = \frac{\text{prozentuale Nachfrageänderung}}{\text{prozentuale Preisänderung}}$$

Im Beispiel beträgt also die direkte Preiselastizität der Nachfrage 100 % : –25 % = –4. Bei einem normalen Nachfrageverhalten ist die Elastizitätskennzahl stets negativ. Es hat sich jedoch eingebürgert, das Ergebnis mit –1 zu multiplizieren, d. h. *das negative Vorzeichen nicht zu beachten.* Sinkt also z. B. der Preis von 250 GE auf 200 GE, so steigt die Nachfrage von 50 auf 60 Einheiten. Die prozentuale Nachfrageänderung beläuft sich auf 20 % und die prozentuale Preisänderung auf 20 %. Die Elastizitätskennzahl ist 1. Sinkt der Preis weiter von bisher 200 GE auf 150 GE (= 25 %), so nimmt die Nachfrage von 60 auf 70 Einheiten zu (= $16^2/_3$ %). Die Preiselastizität der Nachfrage beträgt $^2/_3$.

Ist die Elastizitätskennzahl **größer als 1,** spricht man von **elastischer Nachfrage.** Ist sie **kleiner als 1,** ist die Nachfrage **unelastisch.** Bei einer Elastizitätskennzahl von **1** ist die Nachfrage **proportional elastisch.**

Marktnachfrage (Gesamtnachfrage für ein Gut)

Unterstellt man, dass sich die Mehrzahl aller Nachfrager nach dem „Gesetz der Nachfrage" verhalten, und fasst man gedanklich alle individuellen Nachfragekurven zusammen, erhält man die Marktnachfragekurve (Gesamtnachfragekurve nach *einem* Gut). Die Marktnachfragekurve zeigt, wie groß die mengenmäßige Nachfrage nach einem Gut bei unterschiedlichen Preisen dieses Gutes ist.

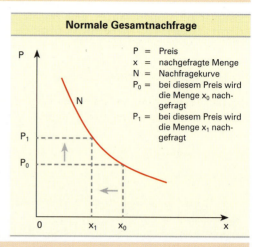

Normale Gesamtnachfrage

P = Preis
x = nachgefragte Menge
N = Nachfragekurve
P_0 = bei diesem Preis wird die Menge x_0 nachgefragt
P_1 = bei diesem Preis wird die Menge x_1 nachgefragt

Nachfrageverschiebungen

Eine Nachfragekurve gilt nur für einen bestimmten Zeitpunkt, denn in der Wirtschaft verändern sich die Nachfrageverhältnisse laufend, d.h., die Nachfragekurven *verschieben* sich. Solche Verschiebungen treten z.B. ein, wenn sich die Bedürfnisse ändern, die Preise anderer Güter steigen oder fallen, die Zahl der Nachfrager wächst oder schrumpft (z.B. aufgrund einer Bevölkerungszunahme oder -abnahme) oder die Einkommen steigen.

Zunehmende Nachfrage bedeutet, dass bei gegebenen Preisen mehr nachgefragt wird: Die Nachfragekurve verschiebt sich nach „rechts". Abnehmende Nachfrage bedeutet, dass bei gegebenen Preisen weniger nachgefragt wird: Die Nachfragekurve verschiebt sich nach „links".

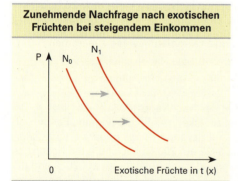

Zunehmende Nachfrage nach exotischen Früchten bei steigendem Einkommen

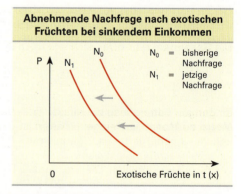

Abnehmende Nachfrage nach exotischen Früchten bei sinkendem Einkommen

N_0 = bisherige Nachfrage
N_1 = jetzige Nachfrage

Die Aussage, dass mit steigendem Einkommen die Nachfrage zu- und mit sinkendem Einkommen abnimmt, trifft nur auf die sogenannten superioren (höherwertigen) Güter zu. Bei inferioren (geringwertigen) Gütern nimmt die Nachfrage ab, wenn die Einkommen steigen.

Beispiele für superiore Güter:

Reis statt Getreideerzeugnisse, Butter statt Margarine, Gemüse statt Kartoffeln, Fisch statt Fleisch, exotische Früchte statt einheimisches Obst.

2.3.2.3 Anbieterverhalten

Während die Nachfrager das Interesse haben, zu möglichst niedrigen Preisen zu kaufen, ist das Interesse der Anbieter darauf gerichtet, zu möglichst hohen Preisen zu verkaufen. Die Interessenlagen der Marktpartner sind also entgegengesetzt.

Individuelles Angebot

Wir beschränken uns im Folgenden auf das Angebotsverhalten der privaten Betriebe (Unternehmen). Das individuelle Angebot wird von zahlreichen Faktoren mitbestimmt.

Bestimmungsgründe des individuellen Angebots (Beispiele)

Zielsetzung des Anbieters	Marktstellung des Anbieters	Tatsächliche und/oder erwartete Marktlage	Kosten und Kostenstruktur des Anbieters
Z. B. Gewinnmaximierung; Kostendeckung; Ausweitung des Marktanteils; Ausschaltung der Konkurrenz; Sicherung eines angemessenen Gewinns; Umweltschutz.	Polypolistisches;[1] oligopolistisches[1] oder monopolistisches[1] Verhalten.	Konjunkturlage; Absatzpreise der Konkurrenz; Stand und Entwicklung der Nachfrage; technische und/oder modische Entwicklung; Konkurrenzbedingungen.	Preise der Produktionsfaktoren (Kosten); technischer Stand (technisches Wissen) des Anbieters.

Die Kosten als Preisuntergrenze

Bei reproduzierbaren[2] Gütern stellen die Selbstkosten je Stück (Stückkosten) i.d.R. die Preisuntergrenze der Anbieter dar, denn auf längere Sicht muss jeder Anbieter seine Gesamtkosten decken, wenn er überleben (am Markt bleiben) will.

Die **Gesamtkosten** setzen sich aus **fixen Kosten** und **variablen[3] Kosten** zusammen.

Die fixen Kosten sind in ihrer absoluten Höhe von der Beschäftigung des Betriebs unabhängig. Sie fallen unter sonst gleichen Bedingungen von Periode zu Periode (z. B. von Monat zu Monat) in gleicher Höhe an.

Beispiele:

Pachten, Mieten und Arbeitsentgelte für die Stammbelegschaft, Grundsteuer.

Die absolute Höhe der variablen Kosten hängt von der Beschäftigung des Betriebs ab.

Beispiele:

Rohstoffverbrauch (im Industriebetrieb), Umsatz zu Einstandspreisen (Bezugspreisen) im Handelsbetrieb, Arbeitsentgelte für Leiharbeitskräfte.

---

1 Siehe Fußnoten 2 bis 4 auf S. 176.

2 Reproduzierbare Güter sind solche, die immer wieder in gleicher Art hergestellt werden können.

3 Variabel (lat., frz.) = beweglich, veränderlich.

Mit zunehmender Beschäftigung, d.h. mit zunehmender Kapazitätsauslastung,[1] sinken die Selbstkosten je Stück (Stückkosten), weil der Anteil der fixen Kosten an der einzelnen Leistungseinheit (z.B. Stückzahl eines bestimmten Erzeugnisses, verkaufte Waren) abnimmt. Mit abnehmender Beschäftigung tritt der umgekehrte Effekt ein. Man spricht vom **Gesetz der Massenproduktion**.

Beispiel:

Die Huber-KG kann maximal 500 Werkstücke je Periode herstellen. Die variablen Kosten je Stück betragen 200,00 €, die fixen Kosten 100 000,00 € je Periode.

Hergestellte Menge in Stück	Fixe Kosten in Euro	Variable Kosten in Euro	Gesamtkosten in Euro	Stückkosten in Euro
100	100 000	20 000	120 000	1 200
200	100 000	40 000	140 000	700
300	100 000	60 000	160 000	533
400	100 000	80 000	180 000	450
500	100 000	100 000	200 000	400

Unter bestimmten Bedingungen bieten die Unternehmen ihre Produkte (Sachgüter und Dienstleistungen) unter den Selbstkosten an. Dies ist z.B. bei der Überlegung der Fall, ob ein zusätzlicher Auftrag, der nur unter den Selbstkosten erteilt wird, angenommen werden soll oder nicht. Die absolute Preisuntergrenze sind dann die variablen Kosten.

Preis und Angebot

Im Folgenden beschränken wir uns auf die Betrachtung des Zusammenhangs zwischen Preis und Angebot. Die Wirtschaftstheorie sieht i.d.R. folgende Beziehungen zwischen Preis und Angebotsmenge („Gesetz des Angebots"):

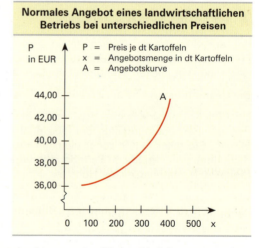

Normales Angebot eines landwirtschaftlichen Betriebs bei unterschiedlichen Preisen

P in EUR
P = Preis je dt Kartoffeln
x = Angebotsmenge in dt Kartoffeln
A = Angebotskurve

- Mit steigendem Preis eines Gutes steigt das Angebot für dieses Gut.

- Mit sinkendem Preis sinkt das Angebot für dieses Gut.

Das Gesetz des Angebots lässt sich wie folgt begründen: Mit steigenden Absatzpreisen wird der Anbieter versuchen, sein Angebot mengenmäßig auszuweiten, weil er sich zusätzliche Gewinne verspricht. Bei sinkenden Preisen wird er sein Angebot verringern oder (längerfristig) ganz aus dem Markt nehmen, weil die Gewinne sinken oder Verluste entstehen.

Das **Gesetz des Angebots** beschreibt das **normale Angebotsverhalten**. Es gibt jedoch **wesentliche Ausnahmen**. Nach dem **Gesetz der Massenproduktion** nehmen die Stückkosten bei zunehmender Produktion ab, bei abnehmender Produktion jedoch zu. Markt-

---

1 Kapazität = Leistungsfähigkeit eines Betriebs je Zeiteinheit.

starke Unternehmen mit hohem Fixkostenanteil werden daher versuchen, bei zurückgehender Nachfrage ihre Produktion und damit ihr Angebot bei *steigenden* Preisen zu drosseln, um ihre Stückkosten zu decken (**anomales Angebot**). Umgekehrt sind sie in der Lage, bei zunehmender Nachfrage ihr Angebot auszuweiten und die Absatzpreise zu *senken* (Beispiele: elektrische Küchengeräte, Smartphones, Tablet-PCs, Digitalkameras).

Die **Angebotskurven** sind von Anbieter zu Anbieter unterschiedlich, weil Zielsetzungen, Marktstellungen, Marktsituationen und Kostenstrukturen verschieden sind.

Beispiel:

Das Angebot ist in der Regel vollkommen elastisch, wenn ein Anbieter unterbeschäftigt ist, sodass er bei steigender Nachfrage nicht die Preise erhöhen möchte, um den Absatz nicht zu gefährden. Sein Angebot wird jedoch dann vollkommen unelastisch, wenn er an seiner Kapazitätsgrenze angelangt ist: Er kann die Preise erhöhen, nicht aber sein mengenmäßiges Angebot.

Mögliche Angebotskurven

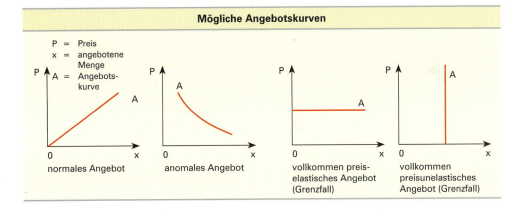

Marktangebot (Gesamtangebot für ein Gut)

Unterstellt man, dass sich die Mehrzahl aller Anbieter eines Gutes nach dem „Gesetz des Angebots" verhalten und fasst man gedanklich alle individuellen Angebotskurven zusammen, erhält man die Marktangebotskurve (Gesamtangebotskurve für *ein* Gut). Die Marktangebotskurve zeigt (wie alle Angebotskurven), wie groß das mengenmäßige Angebot für ein Gut bei unterschiedlichen Preisen dieses Gutes ist.

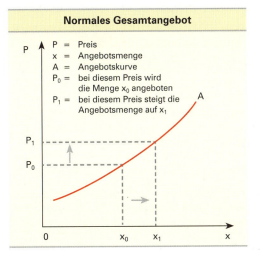

183

Angebotsverschiebungen

Das Marktangebot für ein Gut verschiebt sich im Laufe der Zeit aus verschiedensten Gründen. Nimmt z. B. die Zahl der Anbieter zu, nimmt auch das Angebot zu. Nimmt die Zahl der Anbieter ab, nimmt auch das Angebot ab, es sei denn, die Kapazitäten der Anbieter verändern sich.

Weitere Gründe für die Zunahme des Angebots sind z. B. der technische Fortschritt (aufgrund des Übergangs der Betriebe auf anlageintensivere Produktionsverfahren erweitern sich die Kapazitäten und damit das mögliche Angebot), die Zukunftserwartungen der Unternehmer (aufgrund zusätzlicher Investitionen nimmt das Angebot zu) und Faktorpreissenkungen (die bisherigen Mengen können nun zu niedrigeren Preisen angeboten werden). Das Umgekehrte gilt, wenn das Marktangebot abnimmt.

Zunehmendes Angebot bedeutet, dass bei gegebenen Preisen mehr angeboten wird: Die Angebotskurve verschiebt sich nach „rechts". Abnehmendes Angebot bedeutet, dass bei gegebenen Preisen weniger angeboten wird: Die Angebotskurve verschiebt sich nach „links".

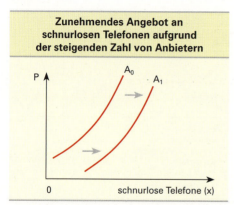

Zunehmendes Angebot an schnurlosen Telefonen aufgrund der steigenden Zahl von Anbietern

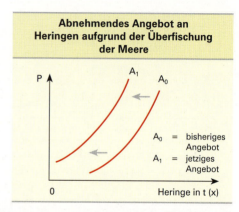

Abnehmendes Angebot an Heringen aufgrund der Überfischung der Meere

A_0 = bisheriges Angebot
A_1 = jetziges Angebot

Zusammenfassung

- Der **Markt** ist der ökonomische Ort des Zusammentreffens von Angebot und Nachfrage.

- Die **Nachfrage** nach einem Gut steigt (sinkt) mit sinkendem (steigendem) Preis dieses Gutes (normale Nachfrage).

- Das **Angebot** für ein Gut steigt (sinkt) mit steigendem (sinkendem) Preis des Gutes.

ÜBUNGSAUFGABEN

1. Unterscheiden Sie die Begriffe Bedürfnis, Bedarf und Nachfrage!

2. Teilen Sie die Märkte nach räumlich-zeitlichen Gesichtspunkten ein und geben Sie je 3 Beispiele!

3. Bearbeiten Sie folgende Aufgaben:

    3.1 Folgende Nachfragekurven sind gegeben:

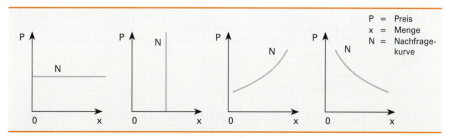

    Bezeichnen Sie diese Nachfragekurven mit den Begriffen normale, anomale, vollkommen elastische und vollkommen unelastische Nachfrage und nennen Sie jeweils ein praktisches Beispiel!

    3.2 Nennen Sie mindestens 5 Bestimmungsgründe der Nachfrage!

    3.3 Erklären Sie die Begriffe individuelle Nachfrage und Marktnachfrage!

    3.4 Zeigen Sie Gründe auf, die zur Erhöhung der Marktnachfrage (Verschiebung der Nachfragekurve nach „rechts") führen!

    3.5 Zeigen Sie Gründe auf, die zur Verringerung (Abnahme) der Marktnachfrage führen!

4. Landwirt Schorle vermarktet seine Produkte selbst. Sein Hofladen geht sehr gut. Da seine Erzeugnisse aufgrund der Qualität und Frische einen sehr guten Ruf haben, kann er höhere Preise als die in der Gegend ansässigen Lebensmittelanbieter verlangen.

In letzter Zeit stockt jedoch der Absatz von Milch, Schweinefleisch und Kartoffeln. Bei Frischgemüsen, Salaten und Obst hingegen weist der Absatz eine steigende Tendenz auf. Deswegen versucht Landwirt Schorle, den Absatz der drei erstgenannten Produkte durch Preissenkungen zu fördern. Für Gemüse, Salat und Obst erhöht er hingegen die Preise, um die starke Nachfrage zu nutzen und seinen Gewinn zu erhöhen.

Die Kunden reagieren mit ihren täglichen durchschnittlichen Einkäufen wir folgt:

Produkte	Bisheriger Preis	Neuer Preis	Bisheriger Absatz	Neuer Absatz
1 l Milch	0,50 €	0,45 €	40 l	41 l
1 kg Schweinefleisch	5,00 €	4,65 €	10 kg	13 kg
1 Bund Rettiche	1,60 €	1,80 €	10 Bunde	9 Bunde
1 Kopf Salat	1,00 €	1,20 €	25 Köpfe	22 Köpfe
1 kg Äpfel	1,40 €	1,50 €	18 kg	16 kg

    4.1 Berechnen Sie die direkte Preiselastizität der Nachfrage der Produkte!

    4.2 Stellen Sie fest, bei welchem (welchen) Produkt (Produkten) der Tagesumsatz aufgrund der Preisänderungen gestiegen oder gesunken ist!

4.3 Welcher Zusammenhang zwischen der direkten Preiselastizität und der Umsatzentwicklung besteht
   a) bei sinkenden und
   b) bei steigenden Preisen?

4.4 Bei welchen Preiselastizitäten (gleichbleibende Herstellkosten bei den einzelnen Produkten vorausgesetzt) lohnt es sich für den Landwirt, die Preise
   a) herauf- bzw.
   b) herabzusetzen?

5. Ein Winzer hat im vergangenen Jahr 100 hl Wein hergestellt. Seine Gesamtkosten beliefen sich auf 10 000 Geldeinheiten (GE). Er besitzt eine Stammkundschaft, die allerdings nicht bereit ist, jeden geforderten Preis zu zahlen. Seine Kunden reagieren auf Preissenkungen wie folgt:

Preis je Liter in GE:	1,90	1,80	1,70	1,60	1,50
nachgefragte Mengen (in l):	8 000	8 500	9 000	9 500	10 000

5.1 Berechnen Sie die Elastizitätskennzahlen, wenn der Winzer den Preis von 1,90 GE auf 1,80 GE, von 1,80 GE auf 1,70 GE, von 1,70 GE auf 1,60 GE und von 1,60 GE auf 1,50 GE senkt!

5.2 Welchen Preis wird der Winzer festsetzen, wenn er einen maximalen Umsatz erreichen will?

6. Folgende Angebotskurven sind gegeben:

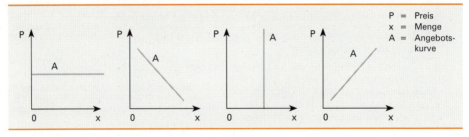

6.1 Bezeichnen Sie diese Angebotskurven mit den Begriffen normales, anomales, vollkommen elastisches und vollkommen unelastisches Angebot und nennen Sie jeweils ein praktisches Beispiel!

6.2 Nennen Sie mindestens 5 Bestimmungsgründe des Angebots!

6.3 Erklären Sie die Begriffe individuelles Angebot und Marktangebot!

6.4 Zeigen Sie Gründe auf, die zur Erhöhung des Marktangebots (Verschiebung der Angebotskurve nach „rechts") führen!

6.5 Zeigen Sie Gründe auf, die zur Verringerung (Abnahme) des Marktangebots führen!

2.3.2.4 Preisbildung bei vollkommener polypolistischer Konkurrenz

Sie lesen in der Tageszeitung den Wochenmarktbericht. Die Preise mancher Obst- und Gemüsesorten sind gestiegen, die Preise anderer Lebensmittel sind gefallen. Aus den Börsenberichten entnehmen Sie, dass die Preise (Kurse) von Wertpapieren und börsenmäßig handelbaren Waren ständigen Schwankungen unterliegen. In den letzten Jahren sind in manchen Regionen sogar die Preise für Immobilien gesunken. Die Preise anderer Güter wiederum sind nach unten starr.

In den folgenden Kapiteln erfahren Sie, warum sich auf bestimmten Märkten die Preise ständig ändern und warum sie auf anderen Märkten verhältnismäßig starr sind und sich allenfalls nach „oben" bewegen.

Gleichgewichtspreis

Ein Markt ist **polypolistisch,** wenn sehr viele Anbieter und Nachfrager auftreten (**vollständige** oder **polypolistische** Konkurrenz).

Um uns den Vorgang der **Preisbildung** auf einem polypolistischen Markt zu verdeutlichen, greifen wir zu einem einfachen Beispiel.

Beispiel:

Die Warenbörsen erhalten von den Käufern und Verkäufern Kauf- oder Verkaufsaufträge. Dabei können Käufer und Verkäufer ihre Aufträge limitieren, d.h. begrenzen. Ein Käufer kann z.B. den Makler beauftragen, eine bestimmte Warenmenge (z.B. 50 dt)[1] *höchstens* zu 62,00 € je Gewichtseinheit zu kaufen. Sollte der Kurs (der an der Börse festgelegte Preis) am Kauftag höher sein, wird der Auftrag nicht ausgeführt.

Ein Verkäufer kann den Makler beauftragen, eine bestimmte Warenmenge zu *mindestens* 61,00 € zu verkaufen. Ist der Kurs (Preis) am Verkaufstag niedriger, wird der Auftrag ebenfalls nicht ausgeführt.

Werden die Kauf- und Verkaufsaufträge nicht limitiert (nach oben oder unten begrenzt), werden die zum Kauf nachgefragten bzw. die zum Verkauf angebotenen Waren „bestens", d.h. zu dem am Abschlusstag gültigen Kurs (Preis) ge- oder verkauft.

Angenommen nun, bei einem Makler laufen für eine Weichweizensorte einheitlicher Qualität folgende Aufträge ein:

Kaufaufträge (= Nachfrage)	Verkaufsaufträge (= Angebot)
50 dt bestens	30 dt bestens
45 dt zu 61,00 EUR höchstens	45 dt zu 61,00 EUR mindestens
20 dt zu 62,00 EUR höchstens	85 dt zu 62,00 EUR mindestens
70 dt zu 63,00 EUR höchstens	40 dt zu 63,00 EUR mindestens
20 dt zu 64,00 EUR höchstens	35 dt zu 64,00 EUR mindestens

---

1   1 dt = 1 Dezitonne = 100 kg.

Der Makler hat nun die Aufgabe, festzustellen, bei welchem Preis (Kurs) der höchste Umsatz erzielt werden kann. Dazu muss festgestellt werden, welche Umsätze (= Menge · Preis) bei den einzelnen Preisen möglich sind:

In diesem Beispiel beträgt der vom Makler festgesetzte Preis 62,00 € je dt, weil hier der größtmögliche Umsatz getätigt werden kann. Man spricht vom **Gleichgewichtspreis.**

Mögliche Preise (Kurse)	Durchführbare Kaufaufträge (Nachfrage)	Durchführbare Verkaufsaufträge (Angebot)	Umsetzbare Menge
60,00 EUR	205 dt[1]	30 dt[3]	30 dt
61,00 EUR	205 dt	75 dt	75 dt
62,00 EUR	160 dt[2]	160 dt	160 dt
63,00 EUR	140 dt	200 dt	140 dt
64,00 EUR	70 dt	235 dt	70 dt

> Der **Gleichgewichtspreis (Einheitspreis)** bringt Angebot und Nachfrage zum Ausgleich, er „räumt den Markt".

Zu beachten ist aber, dass die Anbieter, die einen höheren Preis erzielen wollten, und die Nachfrager, die nur einen geringeren Preis bezahlen wollten, leer ausgehen.

Das obige Beispiel lässt sich auch grafisch veranschaulichen. Tragen wir an der x-Achse (waagerechte Achse des Koordinatensystems) die angebotenen bzw. nachgefragten Gütereinheiten (im Beispiel dt) und an der y-Achse (senkrechte Achse) die möglichen Preise (hier € je dt) ab, erhalten wir folgende **Angebots- und Nachfragekurven:**

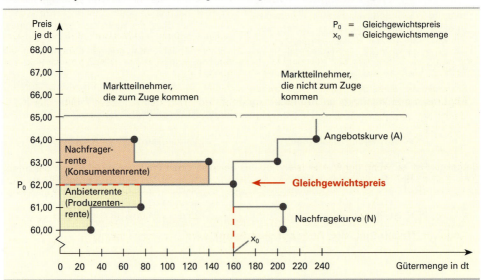

1 Bei einem Preis (Kurs) von 60,00 € wollen alle Auftraggeber kaufen, auch diejenigen, die eigentlich einen höheren Kurs zu zahlen bereit sind.

2 Bei einem Preis von 62,00 € kaufen die Auftraggeber nicht mehr, die höchstens 61,00 € anlegen wollten. Die Käufer, die nicht limitiert haben, kaufen jedoch auch zu diesem Kurs.

3 Es verkaufen nur die Auftraggeber, die nicht limitiert haben. Alle anderen wollen einen höheren Preis erzielen.

Wenn man sich nun vorstellt, dass sehr viele (theoretisch „unendlich" viele) Anbieter und Nachfrager auf dem Markt sind, verschwinden die „Treppen" aus der Angebots- und aus der Nachfragekurve. Es ergibt sich nachstehendes Bild.

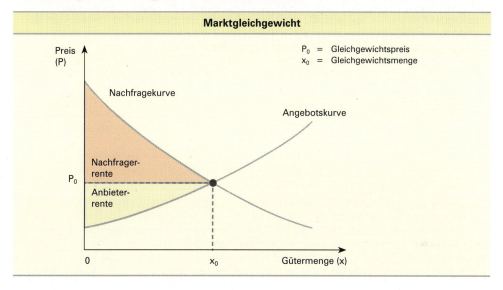

Marktungleichgewicht

1. Beim gegebenen Preis ist die Nachfrage größer als das Angebot

Jeder andere Preis als der Gleichgewichtspreis (Einheitspreis) kann den Markt nicht räumen. Angenommen, der Makler (siehe obiges Beispiel) setzt einen Kurs von 61,00 € je dt fest. Dann beträgt die Nachfrage 205 dt, das Angebot nur 75 dt (Unterangebot = Übernachfrage = Nachfrageüberhang = Angebotslücke). Der Makler wird also den Preis *heraufsetzen.*

Allgemein ausgedrückt: Ist bei einem gegebenen Preis das Angebot kleiner als die Nachfrage **(Angebotslücke, Nachfrageüberhang),** wird der Preis steigen.

2. Beim gegebenen Preis ist das Angebot größer als die Nachfrage

Umgekehrt ist es, wenn der Makler (siehe obiges Beispiel) einen Preis von 63,00 € je dt bestimmt. Dann beläuft sich das Angebot auf 200 dt, die Nachfrage lediglich auf 140 dt (Überangebot = Angebotsüberhang = Unternachfrage = Nachfragelücke). Der Makler wird also den Preis *herabsetzen.*

Allgemein ausgedrückt: Ist bei einem gegebenen Preis die Nachfrage kleiner als das Angebot **(Nachfragelücke, Angebotsüberhang),** wird der Preis sinken.

Bedingungen (Prämissen) des vollkommenen Marktes[1]

Aus unserem Modell lassen sich nun eine ganze Reihe von Erkenntnissen ableiten.

Zunächst haben wir festgestellt, dass für die Ware ein einheitlicher Preis, eben der *Einheitspreis* (Gleichgewichtspreis) besteht. Die Frage ist, unter welchen *Voraussetzungen* (Prämissen) ein solcher Einheitspreis entstehen kann.

■ Ein Einheitspreis entwickelt sich nur dann, wenn auf dem Markt vollkommen gleichartige Güter gehandelt werden: Die Güter müssen **homogen** sein.

Beispiele:

Banknoten, Aktien einer bestimmten Aktiengesellschaft, Edelmetalle, Baumwolle eines bestimmten Standards.

■ Angebot und Nachfrage müssen gleichzeitig an einem bestimmten Ort aufeinandertreffen (Punktmarkt).

Beispiel:

Nur die an einem bestimmten Tag bei einem Makler zusammenlaufenden Kauf- und Verkaufsaufträge bestimmen den Kurs (den Preis) des Tages.

■ Anbieter und Nachfrager müssen eine vollständige Marktübersicht (Markttransparenz) besitzen.

Beispiel:

Ein Haushalt hat dann eine vollständige Marktübersicht, wenn er die Preise und Qualitäten aller angebotenen Waren kennt. – Ein Anbieter besitzt die vollkommene Marktübersicht, wenn ihm die Kaufabsichten der Kunden bekannt sind. (Vollständige Markttransparenz findet sich folglich nur an der Börse.)

■ Anbieter und Nachfrager müssen sofort auf Änderungen der Marktsituation reagieren können.

Beispiel:

Der Börsenspekulant hat jederzeit die Möglichkeit, sich über Internet an der Börse über den Stand der Nachfrage, des Angebots und der Kurse zu informieren (Markttransparenz). Zugleich hat er die Möglichkeit, z.B. bei steigenden Kursen mehr anzubieten oder weniger nachzufragen (schnelle Reaktionsfähigkeit).

■ Käufer und Verkäufer dürfen sich nicht gegenseitig bevorzugen (Abwesenheit von Präferenzen = Bevorzugungen).

Beispiel:

Eine **sachliche Präferenz** liegt vor, wenn ein Käufer der Meinung ist, dass das Produkt des Herstellers A besser als das des Herstellers B ist, auch wenn beide Produkte objektiv gleich (homogen) sind. – Eine **zeitliche Präferenz** ist gegeben, wenn z.B. ein Käufer

---

1 Grundvoraussetzung der folgenden Modelle ist, dass die Marktteilnehmer (Anbieter und Nachfrager) nach dem ökonomischen Prinzip (rational) handeln.

den Lieferer A bevorzugt, weil dieser schneller liefern kann. – Von **räumlicher Präferenz** spricht man z. B., wenn die räumliche Nähe des Marktpartners zu Bevorzugungen führt. – **Persönliche Präferenzen** bestehen z. B. dann, wenn ein Kunde ein Geschäft aufgrund besonders kulanter und freundlicher Bedienung bevorzugt.

Fehlt nur eine der genannten Bedingungen, spricht man von einem *unvollkommenen Markt.* Es muss deutlich darauf hingewiesen werden, dass es in der Realität (Wirklichkeit) keine vollkommenen Märkte gibt. Das Modell des vollkommenen Polypols dient dazu, sich eine Vorstellung darüber zu verschaffen, welche Einflussfaktoren die Preisbildung in Marktwirtschaften beeinflussen und steuern. Es gibt nur wenige Beispiele für näherungsweise vollkommene Märkte. Als Beispiele seien hier die Börsen und vor allem die Computerbörsen wie z. B. **Eur**opean **Ex**change (Eurex) und E**x**change **E**lectronic **Tra**ding (Xetra) zu nennen. Hier treffen Angebot und Nachfrage über einen Zentralrechner zusammen, der die Geschäfte in Sekundenschnelle abwickelt.

2.3.2.5 Wechselwirkungen zwischen Angebot, Nachfrage und Preis

Die Steuerungsfunktion des Marktes lässt sich am besten verstehen, wenn man das Marktgeschehen im Zeitablauf betrachtet, in das Modell also Angebots- bzw. Nachfrageverschiebungen einbezieht.

Preisgesetze

Im Normalfall gelten folgende „Preisgesetze":

- Bei gleichbleibendem Angebot führt eine Nachfrageerhöhung zu steigenden Preisen.
- Bei gleichbleibendem Angebot führt eine Nachfragesenkung zu sinkenden Preisen.

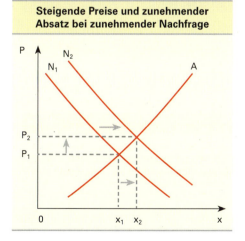

Steigende Preise und zunehmender Absatz bei zunehmender Nachfrage

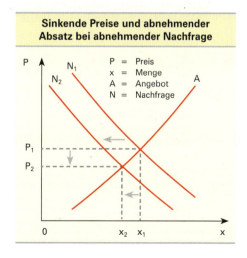

Sinkende Preise und abnehmender Absatz bei abnehmender Nachfrage

P = Preis
x = Menge
A = Angebot
N = Nachfrage

Desgleichen kann der Fall eintreten, dass das Angebot bei einem bestimmten Preis und bei gleichbleibender Nachfrage zu- oder abnimmt. So geht z.B. das Angebot landwirtschaftlicher Produkte bei Missernten zurück, während es bei Rekordernten zunimmt.[1]

Im Normalfall gelten folgende „Preisgesetze":

- Bei gleichbleibender Nachfrage führt eine Angebotserhöhung zu sinkenden Preisen.
- Bei gleichbleibender Nachfrage führt eine Angebotssenkung zu steigenden Preisen.

Sinkende Preise und zunehmender Absatz bei zunehmendem Angebot

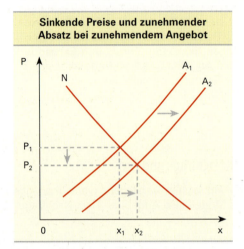

Steigende Preise und abnehmender Absatz bei abnehmendem Angebot

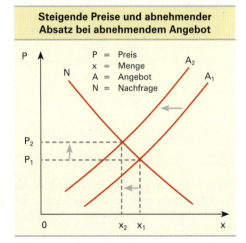

Diese **Preisgesetze** werden jedoch nur dann wirksam, wenn man von einer normalen Angebotskurve (also vom Gesetz des Angebots) und von einer normalen Nachfragekurve (also vom Gesetz der Nachfrage) ausgeht.

Außerdem gelten die Preisgesetze nur dann, wenn sich Angebot und Nachfrage „treffen", d.h. wenn zumindest ein Teil der Verkaufswilligen (des Angebots) und ein Teil der Kaufwilligen (der Nachfrage) zum Zuge kommen. Liegen z.B. die Preisvorstellungen *aller* Anbieter über denen *aller* Nachfrager, kann kein Einheitspreis entstehen.

Bedeutung der „Preisgesetze"

Die bisherigen Überlegungen zeigen, dass auf vollkommenen polypolistischen Märkten Preis, Angebot und Nachfrage die Volkswirtschaft selbsttätig (automatisch) *steuern.* Was für die Sachgüterpreise gilt, trifft auch auf die übrigen Marktpreise zu. So wird der Arbeitsmarkt über die Löhne (= Preise für Arbeitsleistungen) reguliert. Ist das Arbeitsangebot hoch, die Arbeitsnachfrage niedrig, wird eben der Lohn so lange sinken, bis der „Markt geräumt" ist. Gleichermaßen werden die Kreditmärkte mithilfe des Zinsmechanismus gesteuert. Ist das Kreditangebot niedrig, die Kreditnachfrage jedoch hoch, wird der Zins so lange steigen, bis auch hier die Kreditnachfrage dem Kreditangebot entspricht.

---

1 Grundvoraussetzung der folgenden Modelle ist, dass die Marktteilnehmer (Anbieter und Nachfrager) nach dem ökonomischen Prinzip (rational) handeln. Zum Thema Angebotsverschiebungen siehe Kapitel 2.3.2.3.

2.3.2.6 Preisfunktionen

In unserem Modell hat der Preis folgende Funktionen (Aufgaben):

Ausgleichsfunktion	„Der freie Preis räumt den Markt".[1] Der Gleichgewichtspreis ist der Preis, bei dem der höchstmögliche Umsatz erzielt wird. Alle Nachfrager, die den Gleichgewichtspreis bezahlen wollen (oder können), und alle Anbieter, die zum Gleichgewichtspreis verkaufen wollen (oder können), kommen zum Zuge.
Signalfunktion	Sie äußert sich darin, dass der freie Marktpreis den Knappheitsgrad eines Gutes anzeigt (= signalisiert). Steigt der Preis, so wird erkennbar, dass ■ sich entweder das Güterangebot bei gleichbleibender Nachfrage verknappt hat, ■ sich die Nachfrage bei gleichbleibendem Güterangebot erhöht hat, ■ die Nachfrage stärker als das Güterangebot gestiegen ist oder ■ das Angebot stärker als die Nachfrage gesunken ist. Der fallende Preis zeigt die gegenteilige Marktsituation.
Lenkungsfunktion	Der freie Marktpreis steuert das Angebot und damit die Produktion auf diejenigen Märkte hin, auf denen die größte Nachfrage herrscht und folglich die höchsten Preise (und damit Gewinne) erzielt werden können. **Beispiel:** Die zunehmende Nachfrage nach Bio-Lebensmitteln zulasten der konventionell[2] erzeugten führt dazu, dass immer mehr landwirtschaftliche Betriebe im In- und Ausland auf die Produktion von Bio-Produkten umstellen.
Erziehungsfunktion	Da der Preis bei vollkommener polypolistischer Konkurrenz vom einzelnen Nachfrager nicht beeinflussbar ist, zwingt er die Produzenten, ihre Kosten zu senken, wenn sie rentabel anbieten wollen. Die Verbraucher werden dazu erzogen, möglichst sparsam (möglichst preisgünstig) einzukaufen, wenn sie ihren Nutzen maximieren wollen.

Zusammenfassung

■ Auf einem **polypolistischen Markt** treten viele Anbieter und Nachfrager auf.

■ Das Steuerungsinstrument freier Märkte ist der **Preis,** der sich aufgrund der Angebots- und Nachfrageverhältnisse ergibt.

■ Ein **Gleichgewichtspreis (Einheitspreis)** entsteht nur dann, wenn auf einem freien polypolistischen Markt die **Prämissen (Voraussetzungen) der vollkommenen Konkurrenz** gegeben sind:

  ■ Homogenität der gehandelten Güter,

  ■ Punktmarkt,

  ■ Markttransparenz,

  ■ schnelle Reaktionsfähigkeit der Marktteilnehmer,

  ■ Abwesenheit von Präferenzen.

---

1 Kapitelüberschrift bei RÖPKE, W.: Die Lehre von der Wirtschaft, 11. Aufl. 1968, S. 182.

2 Konventionell (franz.) = althergebracht, herkömmlich, üblich.

13 Hartmann -Hug- ISBN 978-3-8120-0522-7

- Auf vollkommen polypolistischen Märkten gelten bei normalem Angebot und normaler Nachfrage folgende **„Preisgesetze"**:

  - Bei gleichbleibender Nachfrage steigt (sinkt) der Preis mit sinkendem (steigendem) Angebot.

  - Bei gleichbleibendem Angebot steigt (sinkt) der Preis mit steigender (sinkender) Nachfrage.

- Im Modell der vollkommenen polypolistischen Konkurrenz hat der **Preis** folgende **Funktionen**:

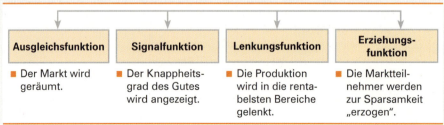

Ausgleichsfunktion	Signalfunktion	Lenkungsfunktion	Erziehungs-funktion
■ Der Markt wird geräumt.	■ Der Knappheitsgrad des Gutes wird angezeigt.	■ Die Produktion wird in die rentabelsten Bereiche gelenkt.	■ Die Marktteilnehmer werden zur Sparsamkeit „erzogen".

ÜBUNGSAUFGABEN

1. Auf einem Markt für Sammlerbriefmarken herrscht bezüglich einer bestimmten Marke folgende Nachfrage- und Angebotssituation:

Preis der Marke in €:	30,00	25,00	20,00	15,00	10,00	5,00
Nachgefragte Stücke in 100:	0	1	3	5	7	9
Angebotene Stücke in 100:	6,5	5,5	4,5	3,5	2,5	1,5

Lösungshinweis: Zeichnen Sie die Angebots- und Nachfragekurve je 5,00 € bzw. je 100 Stück ≙ 1 cm und bestimmen Sie den Gleichgewichtspreis und die zu diesem Preis umsetzbaren Stückzahlen!

1.1 Wie hoch ist der Gleichgewichtspreis?

1.2 Begründen Sie das Zustandekommen des Gleichgewichtspreises!

1.3 Ein Gleichgewichtspreis kann auch bei polypolistischer Konkurrenz nur unter bestimmten Bedingungen (Prämissen) zustande kommen. Nennen Sie diese Bedingungen!

2. Angenommen, auf einem Wochenmarkt treten folgende Anbieter frischer und absolut gleichwertiger Pfifferlinge auf, wobei jeder Anbieter 10 kg auf den Markt bringt.

Die Mindestpreisvorstellungen der Anbieter sind:

Anbieter:	A	B	C	D	E	F
Preis je kg in €:	10,00	11,00	12,00	13,00	14,00	15,00

Als Nachfrager treten 50 Marktbesucher auf, die höchstens Folgendes ausgeben und je 1 kg kaufen wollen:

Nachfrager:	1–10	11–20	21–30	31–40	41–50
Preisvorstellung je kg in €:	13,00	12,50	12,00	11,50	11,00

2.1 Zeichnen Sie die Angebots- und Nachfragekurve! Stellen Sie den Gleichgewichtspreis fest!

2.2 In diesem Beispiel haben wir zwar so getan, als ob es sich um einen vollkommenen polypolistischen Markt handle. In Wirklichkeit ist dies jedoch nicht der Fall. Warum nicht?

2.3 Warum kommt die Börse dem Modell des vollkommenen polypolistischen Marktes ziemlich nahe?

3. In den folgenden Fragen ist unterstellt, dass sich sowohl das Angebot als auch die Nachfrage „normal" verhalten, also preisreagibel sind. Wie entwickeln sich dann Preis und umgesetzte Menge, wenn

3.1 bei gleichbleibendem Angebot die Nachfrage zunimmt?

3.2 bei gleichbleibendem Angebot die Nachfrage abnimmt?

3.3 bei gleichbleibender Nachfrage das Angebot zunimmt?

3.4 bei gleichbleibender Nachfrage das Angebot abnimmt?

4. Erläutern Sie kurz die Preisfunktion auf einem freien (nicht vom Staat beeinflussten) polypolistischen Markt!

5. **Text 1:**[1]

Es gibt auf die Dauer weder unverkäufliche Mengen bei den Produzenten (kein Angebotsüberhang) noch eine Nachfrage, die bei diesem Preis nicht befriedigt wird (kein Nachfrageüberhang).

Man muss dabei aber sehen, dass die Koordination durch den Preis in einem bestimmten Sinn unsozial ist: Ein steigender Preis „rationiert" die Nachfrage und beschränkt in der Tendenz die Nachfrage der weniger Kaufkräftigen. Wegen dieser unsozialen Rationierungsfunktion des Preises werden bei der Koordination der Wirtschaftspläne von Produzenten und Konsumenten also eher die Bedürfnisse der kaufkräftigen Nachfrager berücksichtigt als die Wünsche aller Verbraucher. So wird teures Hundefutter produziert, während manche Menschen sich kein Fleisch kaufen können.

Text 2:[1]

Der Preis ist weiterhin ein ideales Instrument, die für die Entscheidungen von Produzenten und Konsumenten notwendigen Informationen zu liefern. Verschiebt sich z. B. die Nachfragekurve nach rechts (Erhöhung der Nachfrage), so wird bei dem alten Preis ein Nachfrageüberhang entstehen und die Konkurrenz unter den Nachfragern wird den Preis in die Höhe treiben …

Text 3:[1]

Die Information durch den Preis genügt jedoch nicht, es muss auch erreicht werden, dass die Produzenten das Gewünschte produzieren. Dazu ist ein Sanktionssystem erforderlich, das in einer Marktwirtschaft durch die freie Verfügbarkeit der erzielten Gewinne geschaffen wird. Anbieter, die sich einer veränderten Marktlage schneller anpassen als ihre Konkurrenten, werden durch vorübergehend höhere Gewinne oder geringere Verluste belohnt.

5.1 Welche Preisfunktion wird im Text 1 beschrieben?

5.2 Welche Kritik üben die Autoren dieses Textes an der beschriebenen Preisfunktion?

5.3 Von welcher Preisfunktion ist im Text 2 die Rede?

5.4 Erläutern Sie das Sanktionssystem in einer Marktwirtschaft!

6. Die Sektkellerei René Schilling S.A. in Kaysersberg hat sich entschlossen, den Absatzpreis je Flasche „Crément Classique Exclusive" von 35,00 € auf 45,00 € zu erhöhen. Daraufhin stieg der mengenmäßige Absatz dieser Sektsorte um zehn Prozent.

Erklären Sie die möglichen Zusammenhänge!

---

1 Textauszüge aus Basseler/Heinrich/Koch: Grundlagen der Volkswirtschaft, 11. Aufl. 1988, S. 212.

2.3.2.7 Preisbildung bei unvollkommener polypolistischer Konkurrenz

Auch im Modell der freien Marktwirtschaft kann man nicht davon ausgehen, dass die Märkte vollkommen sind. Es wäre im Grunde auch eine armselige Wirtschaftsgesellschaft, in der von jeder Güterart nur eine einzige Sorte hergestellt und angeboten wird.

> Ein **unvollkommener Markt** liegt vor, wenn eine, mehrere oder alle Voraussetzungen des vollkommenen Marktes (siehe S. 190 f.) fehlen.

Das äußere Merkmal des unvollkommenen Marktes ist, dass es für eine Güterart *unterschiedliche* Preise gibt.

Beispiele:

Eine bestimmte Brotsorte kostet in verschiedenen Bäckereien nicht dasselbe; für eine bestimmte Weinsorte muss man in Geschäften und Lokalen unterschiedliche Preise bezahlen.

Die Gründe für die Unvollkommenheit der Märkte sind im Einzelnen:

- Eine bestimmte Güterart wird in verschiedenen Qualitäten, Abmessungen, Aufmachungen, Farben usw. hergestellt. Das Gut ist heterogen (= verschiedenartig).
- Angebot und Nachfrage treffen weder am gleichen Ort noch zur gleichen Zeit zusammen (= dezentralisierte, nicht organisierte Märkte).
- Anbietern und Nachfragern fehlt die Marktübersicht. (Man weiß beispielsweise nicht, was die Milch im übernächsten Geschäft kostet.)
- Käufer und Verkäufer hegen persönliche, sachliche, räumliche oder zeitliche Präferenzen.

Die fast unüberschaubare Zahl eng verwandter Güter führt dazu, dass der Markt für die Nachfrager nur in Ausnahmefällen „vollkommen transparent" ist. Diese Tatsache allein erlaubt es den Anbietern bereits, ihre Preise innerhalb einer bestimmten Spanne festzusetzen, ohne bei Preiserhöhungen sofort alle Kunden an die Konkurrenz zu verlieren oder bei Preissenkungen alle Kunden gewinnen zu können. Deswegen ergibt sich bei zeichnerischer Darstellung des Angebots keine „Angebotskurve", sondern ein „Angebotsband".[1] Dieses drückt aus, dass unter den Bedingungen der unvollkommenen polypolistischen Konkurrenz ein Anbieter in der Lage ist, eine bestimmte Gütermenge innerhalb bestimmter Grenzen zu unterschiedlichen Preisen anzubieten.

Umgekehrt besitzen auch die Nachfrager keine eindeutige Preisvorstellung. (Will beispielsweise eine Mutter ihrem Kind einen Pullover kaufen, hat sie die Vorstellung, dass sie „etwa" 20,00 € bis 25,00 € ausgeben möchte. Die Nachfrage stellt sich also ebenfalls als ein „Band" dar.)

---

1 Vgl. Dahl, D.: Volkswirtschaftslehre, 2. Aufl. 1975, S. 179. Die Darstellung des unvollkommenen Polypols mithilfe von Angebots- und Nachfragebändern ist ebenso ein Modell wie die Veranschaulichung des vollkommenen Polypols mit den bekannten Angebots- und Nachfragekurven. Manche Autoren verwenden daher keine „Bänder", sondern zahlreiche einzelne Punkte, um die Verteilung der Anbieter bzw. Nachfrager in einem Koordinatensystem (Höhe des Preisniveaus einerseits sowie Angebots- und Nachfragemenge andererseits) deutlich zu machen. Andere verzichten überhaupt auf eine zeichnerische Darstellung des unvollkommenen Polypolmarkts.

Die Abbildung zeigt, dass es bei unvollkommener Konkurrenz (auch wenn sie vollständig, d.h. polypolistisch ist) *keinen* einheitlichen Preis geben kann. Es gibt lediglich eine Preisunter- und eine Preisobergrenze. Je heterogener (z.B. je undurchschaubarer) ein Markt ist, desto größer ist der mögliche Preisspielraum. Es lassen sich lediglich Durchschnittspreise für ein bestimmtes Gut errechnen.

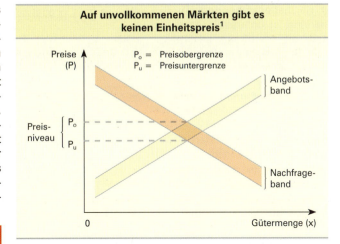

Auf unvollkommenen Märkten gibt es keinen Einheitspreis[1]

Beispiel:

Marktberichte in Tageszeitungen oder im Fernsehen.

Auf einem unvollkommenen Markt gibt es keinen Einheitspreis.

Es erhebt sich die Frage, ob auf unvollkommenen polypolistischen Märkten die „Preisgesetze" außer Kraft gesetzt sind. Soweit normales Angebots- und Nachfrageverhalten der Marktteilnehmer vorausgesetzt werden kann, gelten auch hier die Preisgesetze, allerdings nicht in Form einer Entwicklung zum Gleichgewichtspreis, sondern lediglich in einer Tendenz zu einem Durchschnittspreisniveau für ein bestimmtes Gut.

In der nebenstehenden Abbildung ist angenommen, dass sich das Angebot erhöht hat. Aufgrund dieser Tatsache entsteht bei dem zunächst noch hohen Preisniveau eine *Nachfragelücke.*[2] Im Zeitablauf merken die Anbieter, dass sie auf einem Teil ihrer Waren „sitzen bleiben". Verringern sie die bisher angebotene Gütermenge nicht, müssen sie die Preise senken, wenn sie ihre Lager räumen wollen.

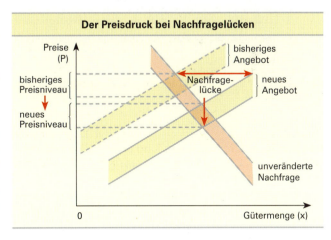

Der Preisdruck bei Nachfragelücken

Bei gegebener Nachfragelücke besteht auch auf unvollkommenen polypolistischen Märkten eine Tendenz zu Preissenkungen.

---

1 Abbildung nach Dahl, D., a.a.O., S. 179.

2 Beim geltenden Preis ist die Nachfrage zu gering bzw. das Angebot zu groß. Daher spricht man von einer „Nachfragelücke" oder von einem „Angebotsüberhang".

In der nebenstehenden Abbildung ist unterstellt, dass sich die Nachfrage erhöht hat. Es entsteht bei dem zunächst noch niedrigen Preisniveau eine *Angebotslücke*. Im Zeitablauf merken die Anbieter, dass ihre Lagerbestände abnehmen und/oder dass sie mit ihren Lieferungen nicht mehr nachkommen. Die Ware wird ihnen sozusagen „aus den Händen gerissen". Sie werden folglich ihre Preise erhöhen.

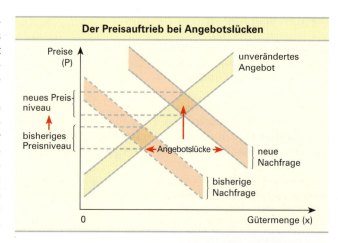

Der Preisauftrieb bei Angebotslücken

Bei gegebener Angebotslücke besteht auch auf unvollkommenen polypolistischen Märkten eine Tendenz zu Preissteigerungen.

ÜBUNGSAUFGABEN

1. Auch die polypolistischen Märkte der Wirklichkeit sind meistens unvollkommene Märkte.

   1.1 Erklären Sie den Begriff Polypol!

   1.2 Nennen und erläutern Sie die Prämissen des vollkommenen Marktes!

   1.3 Erklären Sie die Preisbildung auf einem unvollkommenen polypolistischen Markt!

   1.4 Begründen Sie, warum es auf unvollkommenen Märkten keinen Einheitspreis geben kann!

2. **Arbeitsauftrag:** Stellen Sie in vier Grafiken dar, wie sich das Preisniveau auf einem unvollkommenen polypolistischen Markt verändert, wenn unter sonst gleichen Bedingungen

   2.1 die Nachfrage zunimmt,

   2.2 die Nachfrage abnimmt,

   2.3 das Angebot zunimmt und

   2.4 das Angebot abnimmt!

3. Auf dem deutschen Rindfleischmarkt gingen in den vergangenen Jahren die Preise und die umgesetzten Mengen deutlich zurück!

   3.1 Begründen Sie diese Erscheinung!

   3.2 Stellen Sie den beschriebenen Sachverhalt mithilfe der Angebots- und Nachfragekurven dar!

4. Nennen Sie je ein Beispiel für a) persönliche, b) sachliche, c) räumliche und d) zeitliche Präferenzen!

2.3.2.8 Preisbildung des Monopols

Im Sprachgebrauch werden alle marktbeherrschenden Unternehmen bzw. staatlichen Betriebe als „Monopole" bezeichnet. Theoretisch liegt ein *Monopol* jedoch nur dann vor, wenn ein einziger Anbieter oder Nachfrager auf dem Markt ist.[1]

In einer freien Marktwirtschaft können Monopole beispielsweise entstehen

- aufgrund einer bahnbrechenden Erfindung, die eine besondere Marktstellung sichert,
- aufgrund des Alleineigentums an seltenen Rohstoffen und/oder
- aufgrund von Unternehmenszusammenschlüssen (Kollektivmonopole).[2]

Unternehmenszusammenschlüsse haben meistens den Zweck, den Wettbewerb (die Konkurrenz) zugunsten der beteiligten Unternehmen zu beschränken oder aufzuheben.[3]

Begriff Monopol

Im Folgenden wollen wir uns auf das Angebotsmonopol beschränken.

> Ein **Angebotsmonopol** liegt vor, wenn einem einzigen Anbieter eine Vielzahl von Nachfragern gegenübersteht.

Ein **vollkommenes Angebotsmonopol** ist gegeben, wenn der Monopolist nur ein *homogenes* Gut anbietet und darüber hinaus alle sonstigen Bedingungen des vollkommenen Marktes gegeben sind (siehe S. 190 f.). Das vollkommene Monopol ist somit ein theoretischer Grenzfall. Unter den Bedingungen des vollkommenen Marktes kann es nur *einen einheitlichen* Monopolpreis geben, ein Fall, der in Wirklichkeit nur äußerst selten anzutreffen sein wird.

In der Regel sind nämlich die Angebotsmonopolisten in der Lage, Preisdifferenzierung zu treiben, d. h. für ein und dasselbe Gut unterschiedliche Preise zu verlangen. So räumt ein Elektrizitätswerk Tag- und Nachtstromtarife ein. Darüber hinaus werden von Klein- und Großverbrauchern unterschiedliche Tarife verlangt. Monopole, die ihre Preise differenzieren (können), werden als **unvollkommene Monopole** bezeichnet.

Obwohl also das vollkommene (homogene) Angebotsmonopol in der Wirklichkeit kaum in reiner Form vorkommen dürfte, ist das Modell des vollkommenen Monopols geeignet, die mögliche *Absatzpolitik* eines marktstarken Anbieters zu veranschaulichen.

Da der Angebotsmonopolist definitionsgemäß der alleinige Anbieter eines Gutes ist, vereinigt er die *Gesamtnachfrage* für ein Gut auf sich. Dies bedeutet, dass er sich der Gesamtnachfrage (siehe Kapitel 2.3.2.2) gegenübersieht.[4] Diese Gesamtnachfragekurve wird auch als **Preis-Absatz-Kurve** bezeichnet, weil aus ihr ablesbar ist, welche *Gütermengen* die Käufer bei alternativen (unterschiedlichen) Monopolpreisen zu kaufen beabsichtigen.

---

1 Bei einem *Nachfragemonopol* sieht sich ein Nachfrager zahlreichen Anbietern gegenüber (z. B. Bundeswehr – Zuliefererbetriebe). Ein zweiseitiges Monopol (bilaterales Monopol) weist nur einen Anbieter und einen Nachfrager auf (z. B. näherungsweise Arbeitgeber einerseits und Gewerkschaften andererseits).

2 Kollektiv = Gesamtheit, Zusammenschluss.

3 Die Unternehmenszusammenschlüsse wurden im Kapitel 1.5.3 besprochen.

4 In den folgenden Überlegungen unterstellen wir, dass sich die Gesamtnachfrage für ein Gut „normal" verhält.

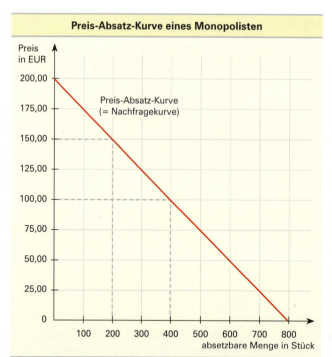

Preis-Absatz-Kurve eines Monopolisten

Beziehungen zwischen Absatzpreis und Absatzmenge

Preis in EUR	Absetzbare Menge in Stück
0,00	800
25,00	700
50,00	600
75,00	500
100,00	400
125,00	300
150,00	200
175,00	100
200,00	–

Bei einem Preis von z. B. 150,00 € kann der Monopolist 200 Stück absetzen; bei einem Preis von z. B. 100,00 € kann er 400 Stück absetzen (normale Nachfrage).

In der Realität kennt der Monopolist das Nachfrageverhalten seiner Kunden nicht genau, wenngleich mithilfe der heutigen Marktforschungsmethoden Aussagen darüber gemacht werden können, wie die Nachfrager auf geplante Preis- oder Angebotsmengenänderungen eines Monopolisten voraussichtlich reagieren werden. Die Preis-Absatz-Kurve des Monopolisten heißt daher auch „konjekturale[1] Preis-Absatz-Kurve".

Preispolitik

Im Gegensatz zum polypolistischen Anbieter, der aufgrund seiner verschwindend geringen Marktmacht den Absatzpreis als gegeben, d.h. als „Datum" hinnehmen muss, kann der Angebotsmonopolist den Absatzpreis für das von ihm angebotene Gut frei **(autonom)** bestimmen: Er kann **Preispolitik** betreiben.[2]

Unter **Preispolitik** versteht man das unmittelbare oder mittelbare Herauf- oder Herabsetzen der Absatzpreise.

Werden Preisnachlässe (Boni, Skonti) gewährt oder Zahlungsziele verlängert, liegen mittelbare (indirekte) Preissenkungen vor. Kürzungen oder Streichungen von Preisnachlässen oder Verkürzungen der Zahlungsziele sind indirekte Preiserhöhungen.

---

1 Konjektural = vermutet.

2 Der Anbieter auf einem vollkommenen polypolistischen Markt kann keine Preispolitik betreiben. Er muss sich vielmehr mit seiner Absatzmenge so an den Preis anpassen, dass er einen möglichst hohen Gewinn (bzw. einen möglichst geringen Verlust) erzielt. Er ist „Mengenanpasser", kann also nur Mengenpolitik betreiben.

Um feststellen zu können, welchen Preis ein Monopolist festlegen muss, um seinen Gewinn zu maximieren bzw. seinen Verlust zu minimieren, greifen wir zu einem vereinfachenden Beispiel. Folgende Voraussetzungen sollen gelten:

- Es herrschen die Bedingungen des vollkommenen Marktes.
- Dem Monopolisten ist die Preis-Absatz-Kurve bekannt. Sie verläuft „normal" und linear.
- Der Monopolist hat fixe und proportional-variable Kosten.
- Der Monopolist richtet sich nach dem (kurzfristigen) Gewinnmaximierungsprinzip (Gewinnmaximierungsmonopol).
- Der Monopolist bildet keine Lager (Produktionsmenge $\triangleq$ Angebotsmenge).
- Die Faktorpreise (die Kosten) sind konstant.

Beispiel:

Angenommen, ein Industriebetrieb mit Alleinvertriebsrecht stellt Spezialwerkzeuge her. Die fixen Kosten je Tag belaufen sich auf 20 000,00 €, die proportional-variablen Kosten je Stück auf 40,00 €. Die Beziehungen zwischen Absatzpreis und Absatzmenge seien die gleichen, wie sie in der Abb. auf S. 200 dargestellt wurden.

Preis je Stück (P)	Absetzbare Menge (x)	Umsatz (Menge · Kosten) (U = x · P)	Gesamtkosten (fixe + variable Kosten) (K)	Verlust bzw. Gewinn (U – K)	Stückkosten $\left(\dfrac{K}{x}\right)$
200,00	–	–	20 000,00	– 20 000,00	–
175,00	100	17 500,00	24 000,00	– 6 500,00	240,00
150,00	200	30 000,00	28 000,00	2 000,00	140,00
125,00	300	37 500,00	32 000,00	5 500,00	107,00
100,00	400	40 000,00	36 000,00	4 000,00	90,00
75,00	500	37 500,00	40 000,00	– 2 500,00	80,00
50,00	600	30 000,00	44 000,00	– 14 000,00	73,00
25,00	700	17 500,00	48 000,00	– 30 500,00	69,00
–	800	–	52 000,00	– 52 000,00	65,00

Aus obiger Tabelle ist ersichtlich, dass der Monopolist sein **Gewinnmaximum** bei einer Absatzmenge von 300 Stück bzw. bei einem Absatzpreis von 125,00 € je Stück erzielt. Hier ist der Unterschied zwischen Umsatz einerseits und Kosten andererseits am größten (siehe auch Abb. auf S. 202). Ist die Gewinnmaximierung oberstes Unternehmensziel, wird der Monopolist also einen Preis von 125,00 € je Stück festlegen **oder** 300 Stück je Periode anbieten.

Das **Umsatzmaximum** beträgt 40 000,00 €. Es wird bei einem Absatzpreis von 100,00 € je Stück bzw. bei einer Absatzmenge von 400 Stück erreicht. Das **Gewinnmaximum** liegt bei einer geringeren Absatzmenge als das Umsatzmaximum, weil das Unternehmen variable Kosten aufweist. Vom Gewinnmaximum an steigen bei zunehmendem Absatz die Gesamtkosten schneller als der Umsatz.

Wichtige Begriffe	
Absatz (x)	Verkaufte Menge in Stück, t, kg, l usw.
Umsatz (U)	Verkaufte Menge · Preis je Einheit (x · P).
Fixe Kosten (FK)	Beschäftigungsunabhängige Kosten. Sie bleiben in Bezug auf einen Zeitabschnitt (z. B. je Monat, je Quartal) gleich hoch (Gesamtbetrachtung). Je Leistungseinheit (z. B. je Stück) sinken die fixen Kosten mit steigender Produktion (Stückbetrachtung).
Variable Kosten (VK)	Beschäftigungsabhängige Kosten. Sie steigen oder sinken mit zunehmender oder abnehmender Produktion (Gesamtbetrachtung). Sofern es sich um proportional-variable Kosten handelt, bleiben sie je Leistungseinheit (z. B. je Stück) konstant (Stückbetrachtung).
Gesamtkosten (K)	Fixe Kosten + variable Kosten (FK + VK)

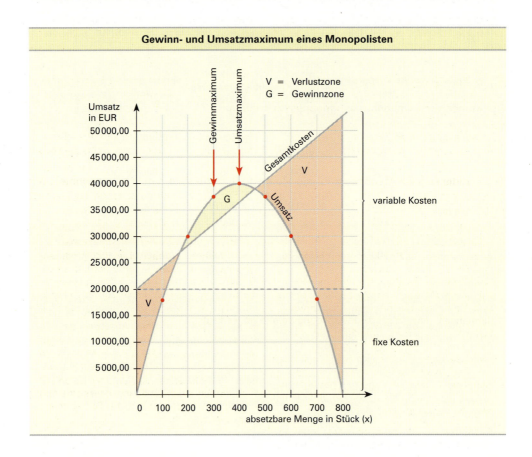

Gewinn- und Umsatzmaximum eines Monopolisten

V = Verlustzone
G = Gewinnzone

Die Tatsache, dass bei sinkendem Preis der Umsatz des Monopolisten zunächst steigt, bei weiteren Preissenkungen unter 100,00 € jedoch sinkt, hängt mit der Elastizität der Nachfrage zusammen. Hierunter versteht man das Verhältnis einer prozentualen Nachfragemengenänderung zu einer prozentualen Preisänderung. Senkt der Monopolist z. B. seinen Preis von 150,00 € um $16^2/_3$ % auf 125,00 €, so steigt die mengenmäßige Nachfrage von 200 auf 300 Stück, also um 50 %. Dies entspricht einer **Elastizitätskennzahl** von **3** (50 % : $16^2/_3$ %). Die Nachfrage ist **elastisch.**

Senkt jedoch der Monopolist seinen Absatzpreis von z. B. 75,00 € auf 50,00 €, also um $33^1/_3$ %, so steigt die mengenmäßige Nachfrage von bisher 500 auf 600 Stück, d. h. um 20 %. Die **Elastizitätskennzahl** beträgt **0,6** (20 % : $33^1/_3$ %). Die Nachfrage ist **unelastisch.**

Allgemein gilt:

- Ist die Elastizitätskennzahl größer als 1, spricht man von elastischer Nachfrage.

- Ist die Elastizitätskennzahl kleiner als 1, spricht man von unelastischer Nachfrage.

- Beträgt die Elastizitätskennzahl 1, spricht man von proportional elastischer Nachfrage.

Mengenpolitik

Der Monopolist kann auch Mengenpolitik betreiben.

Unter **Mengenpolitik** versteht man das Vergrößern oder Verkleinern der Angebotsmengen mit der Absicht, den Absatzpreis in der gewünschten Richtung zu verändern.

Entscheidet sich ein Monopolist für die Mengenpolitik, muss er den Preis hinnehmen, der sich auf dem Markt bildet. Die Festsetzung von Preis und Angebotsmenge zugleich ist nicht möglich.

Beispiel:

Angenommen, die Erdöl exportierenden Staaten (OPEC) setzen den Preis für Erdöl fest. Dann müssen sie abwarten, welche Mengen bei diesem Preis auf dem Weltmarkt absetzbar sind. Vereinbaren sie hingegen bestimmte Fördermengen, müssen sie die Preisbildung dem Weltmarkt überlassen. Unterstellt, sie würden Preis *und* Fördermengen (Angebotsmengen) festlegen, dann ergeben sich zwei Möglichkeiten, wenn man von dem unwahrscheinlichen Fall absieht, dass sie den Preis getroffen haben, zu dem die Käufer genau die geförderten Mengen zu kaufen bereit sind.

Fall 1: Der autonom festgelegte Monopolpreis ist in Bezug auf die geförderten (angebotenen) Mengen zu *hoch:* Die Erdölproduzenten bleiben auf einem Teil ihrer Fördermengen „sitzen". Wollen sie diese absetzen, müssen sie die überschüssigen Mengen auf freien Märkten (den „Spot-Märkten") zu niedrigeren Preisen verkaufen.

Fall 2: Der gewählte Preis ist in Bezug auf die geförderten (angebotenen) Mengen zu niedrig. Es entsteht eine Angebotslücke, sodass der Weltmarktpreis auch ohne Zutun der Produzenten steigt. Soll eine Preissteigerung vermieden werden, muss die Fördermenge gesteigert werden.

Wie das Gesetz der Massenproduktion lehrt, nehmen die Stückkosten bei zunehmender Beschäftigung ab, während sie bei rückläufiger Beschäftigung steigen. Kalkuliert ein Anbieter mit Stückkosten, so ist dies eine Erklärung dafür, dass in den modernen Volkswirtschaften auf den Märkten, die nur von einem oder wenigen Anbietern beherrscht werden, bei Nachfragerückgängen die Preise nicht sinken, sondern sogar steigen (Beispiele aus verschiedenen Rezessionsjahren:[1] Automobilpreise, Preise für Investitionsgüter aller Art). Umgekehrt erklärt sich auch, dass bei steigender Nachfrage die Preise bestimmter Massengüter im Laufe der Jahre absolut gesunken sind (z.B. Preise für Kühlschränke, Waschmaschinen, Fernsehgeräte, Taschenrechner).

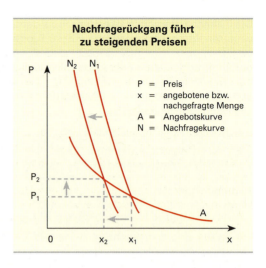

Nachfragerückgang führt zu steigenden Preisen

P = Preis
x = angebotene bzw. nachgefragte Menge
A = Angebotskurve
N = Nachfragekurve

2.3.2.9 Preisbildung des Oligopols

Ebenso wie beim Monopol beschränken wir unsere Überlegungen auf das Angebotsoligopol.[2]

Ein **Angebotsoligopol** liegt vor, wenn wenigen Anbietern (mindestens zwei) eine Vielzahl von Nachfragern gegenübersteht.

Auch bei dieser Marktform kann man zwischen **vollkommenen** und **unvollkommenen Oligopolen** unterscheiden. Sind die Bedingungen des vollkommenen Marktes gegeben (siehe S. 190f.), kann es auch nur *einen* Oligopolpreis geben.

Beispiel:

Drei Braunkohle-Bergwerke befinden sich an einem Ort. Die Qualität der Kohle ist vollkommen gleich. Alle drei Bergwerke haben die gleiche Kapazität. Für die Kunden bestehen daher weder sachliche noch räumliche oder andersartige Präferenzen.

Selbst näherungsweise vollkommene Oligopole sind in der Wirklichkeit selten: Es fehlen eine oder mehrere Voraussetzungen des vollkommenen Marktes (unvollkommene oder heterogene Oligopole).

Beispiel:

In einem Land befinden sich drei große Automobilwerke. Die Automobilhersteller versuchen, ihre Autos so zu gestalten, dass sie sich von denen ihrer Konkurrenten (Mitbewerber) unterscheiden (Leistung, Sicherheit, Formgestaltung).

---

1 Rezession = wirtschaftlicher Rückgang (Nachfragerückgang mit Arbeitslosigkeit).

2 Bei einem **Nachfrageoligopol** sieht sich eine kleine Zahl von Nachfragern (mindestens zwei) einer Vielzahl von Anbietern gegenüber (z.B. wenige Lebensmittelfabriken, viele Landwirte). Ein zweiseitiges Oligopol *(bilaterales Oligopol)* weist auf beiden Marktseiten nur wenige Teilnehmer (mindestens je zwei) auf (z.B. fünf Erzgruben und drei Hüttenwerke).

Beim unvollkommenen Oligopol sind – wie bei jedem unvollkommenen Markt – für eine Gütergattung unterschiedliche Preise möglich, weil die angebotenen Güter tatsächlich (objektiv) oder in den Augen der Kunden (subjektiv) unterschiedlich sind. Dennoch spielt bei der Preisgestaltung der Oligopolisten das Verhalten der Konkurrenten eine Rolle. Würde z. B. das Volkswagenwerk den Preis für einen „Golf" auf 50 000,00 € anheben, verlöre es wahrscheinlich so gut wie alle Kunden an Opel, Ford, Mercedes oder an einen ausländischen Produzenten.

Der Normalfall ist folglich, dass Oligopolisten gewisse Preisabstände zu halten pflegen. Preiserhöhungen erfolgen erst, wenn ein Oligopolist mit einer Preisheraufsetzung beginnt. Dieses „abgestimmte Verhalten" erfolgt stillschweigend, d. h. ohne ausdrücklichen Kartellvertrag (siehe Kapitel 1.5.4). Dabei kann die **Preisführerschaft** immer von dem gleichen Anbieter übernommen werden. Es kann aber auch sein, dass sich die einzelnen Oligopolisten in der Preisführerschaft abwechseln.

Beispiel:

Benzinpreise werden nicht an ein und demselben Tag angehoben. Vielmehr erhöhen die einzelnen Mineralölgesellschaften ihre Preise in zeitlicher Abstufung. Ebenso verfahren sie bei Preissenkungen.

Seit Anfang 2013 gilt das Markttransparenzgesetz. Autofahrer können sich täglich über die Spritpreise an den Tankstellen im Internet, mit Smartphone oder Navigationsgeräten informieren. Damit wird der Markt transparenter, sodass die früher üblichen Preisausschläge etwas eingeebnet werden, weil sich die Verbraucher die preiswerteste Tankstelle in ihrer Umgebung heraussuchen können. Das wird aber nichts an der oligopolistischen Struktur und der Verhaltensweise der Mineralölgesellschaften ändern.

In der Regel verhalten sich Oligopole „friedlich", d. h., sie stimmen ihr Verhalten stillschweigend aufeinander ab, um sich gegenseitig nicht zu schaden. In seltenen Fällen kommt es aber auch zu oligopolistischen „Kriegen", indem ein Oligopolist versucht, seine Konkurrenten dadurch aus dem Markt zu drängen, dass er Niedrigstpreise ansetzt. Er hofft, auf diese Weise die meisten Nachfrager zu gewinnen und die Mitbewerber zum Aufgeben zu zwingen. Führt der Preiskrieg zum Erfolg, bleibt der Billiganbieter also Sieger, wird er zum Monopolisten und kann den Preis so hoch setzen, dass er den höchstmöglichen Gewinn oder die höchstmögliche Eigenkapitalrentabilität erzielt.

Zusammenfassung

- Bei **vollkommener polypolistischer Konkurrenz** bildet sich auf dem Markt ein **Einheitspreis**. Bei **unvollkommener polypolistischer** Konkurrenz gibt es mehrere Preise für ein Gut.

- Bei **vollkommener oligopolistischer Konkurrenz** ergibt sich ein Einheitspreis durch **abgestimmtes Verhalten der Oligopolisten**. Bei **unvollkommener oligopolistischer Konkurrenz** entstehen **unterschiedliche Preise** für ein Gut. Die Oligopolisten müssen bei ihrer Preis- oder Mengenpolitik nicht nur die Reaktionen ihrer Kunden, sondern auch die ihrer Mitbewerber (Konkurrenten) beachten.

- Das **vollkommene Monopol** kann nur **einen Preis** für ein bestimmtes Gut verlangen. Es ist in der Preisfestsetzung unabhängig. Das **unvollkommene Monopol** kann seine **Absatzpreise differenzieren**.

ÜBUNGSAUFGABEN

1. **Fallstudie:** Ein vollkommenes Angebotsmonopol bietet nur einen Artikel an.

   1.1 Definieren Sie den Begriff Angebotsmonopol!

   1.2 Stellen Sie eine Tabelle entsprechend dem nachstehenden Muster auf! Die variablen Kosten betragen 5,00 € je Stück.

Absetzbare Menge	Preis je Stück	Umsatz	Fixe Kosten	Variable Kosten	Gesamt-kosten	Verlust bzw. Gewinn
5 000	10,00	50 000,00	10 000,00	25 000,00	35 000,00	+ 15 000,00
6 000	9,50		10 000,00			
7 000	9,00		10 000,00			
8 000	8,50		10 000,00			
9 000	8,00		10 000,00			
10 000	7,50		10 000,00			
11 000	7,00		10 000,00			
12 000	6,50		10 000,00			
13 000	6,00		10 000,00			
14 000	5,50		10 000,00			

   1.3 Entscheiden Sie, welchen Absatzpreis die Geschäftsleitung festlegen wird, wenn sie

   1.3.1 den maximalen Gewinn erzielen möchte oder

   1.3.2 den maximalen Umsatz anstrebt.

   1.4 Beantworten Sie – nachdem Sie die vorhergehende Tabelle ergänzt haben – folgende Fragen:

   1.4.1 Welche Tatsache ermöglicht es einem Monopolisten, selbstständige Preispolitik zu betreiben?

   1.4.2 Warum setzt ein Unternehmen, das die Möglichkeit der Preispolitik hat, häufig andere Mittel als die Preispolitik zum Zweck der Umsatzsteigerung ein?

   1.4.3 Wie kann sich eine Preissenkung auf den Umsatz auswirken?

   1.4.4 Wie kann sich eine Preiserhöhung auf den Umsatz auswirken?

   1.4.5 Warum kann der Gewinn auch dann abnehmen, wenn durch Preissenkungen ein höherer Absatz erzielt wird?

2. **Arbeitsauftrag:** Nennen Sie zu jeder Monopolart ein eigenes Beispiel!

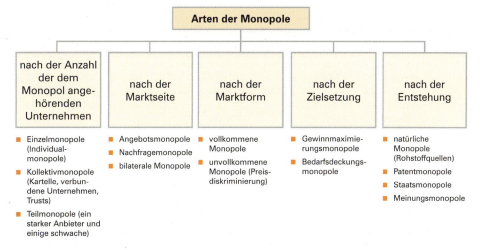

Arten der Monopole

nach der Anzahl der dem Monopol angehörenden Unternehmen	nach der Marktseite	nach der Marktform	nach der Zielsetzung	nach der Entstehung
■ Einzelmonopole (Individualmonopole)	■ Angebotsmonopole	■ vollkommene Monopole	■ Gewinnmaximierungsmonopole	■ natürliche Monopole (Rohstoffquellen)
■ Kollektivmonopole (Kartelle, verbundene Unternehmen, Trusts)	■ Nachfragemonopole	■ unvollkommene Monopole (Preisdiskriminierung)	■ Bedarfsdeckungsmonopole	■ Patentmonopole
■ Teilmonopole (ein starker Anbieter und einige schwache)	■ bilaterale Monopole			■ Staatsmonopole
				■ Meinungsmonopole

3. Ein Monopolist kann seine Monopolstellung verlieren, wenn er seine Absatzpreise zu hoch ansetzt.

3.1 Begründen Sie diese Aussage!

3.2 Definieren Sie den Begriff Angebotsoligopol!

3.3 Warum sind Oligopolisten in ihrer Preispolitik nicht voneinander unabhängig?

3.4 Warum ist bei Oligopolisten der Preiswettbewerb verhältnismäßig selten?

4. 4.1 Erläutern Sie, was unter Oligopol zu verstehen ist!

4.2 Erklären Sie den Begriff Preisführer!

5. Seit Jahren steigt in Deutschland der Wasserpreis, weil der Wasserverbrauch sinkt. Begründen Sie, warum dies so ist!

6. Das auf S. 201 beschriebene Industrieunternehmen macht einen Tagesumsatz von 400 Stück. Das brachte einen täglichen Gewinn von 4 000,00 €. Der neuen Geschäftsleitung ist der Gewinn zu niedrig. Sie beschließt daher, die betriebliche Kapazität um 25 % zu verringern, d.h. Betriebsteile abzustoßen und Arbeitsplätze abzubauen.

Erklären Sie, warum durch eine Verringerung der Ausbringung der Gewinn des Unternehmens erhöht werden kann!

2.3.3 Eingriffe des Staates in die Preisbildung

Aus dem Gebot der Sozialstaatlichkeit [Art. 20 I GG] folgt unter anderem, dass der Staat in das Wirtschaftsgeschehen eingreifen muss, wenn dies **sozial** geboten erscheint. Die freie Preisbildung kann – auch wenn die Märkte im Sinne der Theorie[1] gut funktionieren – nicht „sozial" sein, denn der Preis ist eine objektive Größe, die sich aufgrund der Angebots- und Nachfrageverhältnisse ergibt. Die vom Staat beeinflussten Preise bezeichnet man als administrierte oder administrative Preise.[2]

---

1 Siehe Kapitel 2.3.2.4 ff.

2 Administration (lat.) = Verwaltung; administrieren = verwalten.

Marktkonforme Staatseingriffe

Staatseingriffe, die den Preismechanismus (die Steuerungsfunktion der Preise) nicht außer Kraft setzen, bezeichnet man als **marktkonform** (systemkonform).[1]

Marktkonforme Eingriffe liegen vor, wenn der Staat die Nachfrage und/oder das Angebot erhöht oder senkt, die Preisbildung aber dem Markt überlässt. Man spricht daher auch von *indirekter* Markt- oder Preislenkung.

Überblick über mögliche marktkonforme Maßnahmen des Staates	
Erhöhung der Nachfrage	**Verringerung der Nachfrage**
1. Erhöhung der Staatsnachfrage;	1. Verringerung der Staatsnachfrage;
2. Steuersenkung (Wirtschaftssubjekte können mehr ausgeben);	2. Steuererhöhungen (Wirtschaftssubjekte können weniger ausgeben);
3. Verbesserungen der Abschreibungsmöglichkeiten (Unternehmen werden angeregt, mehr Investitionsgüter nachzufragen);	3. Abbau der Abschreibungsvergünstigungen (die Investitionsgüternachfrage wird gebremst);
4. Subventionen an Verbraucher (z. B. Wohngeld, Kindergeld).	4. Streichung und/oder Kürzung von Subventionen an Verbraucher.
Ziel: Verbesserung der Beschäftigungslage (Abbau der Arbeitslosigkeit).	*Ziel:* Dämpfung der Preissteigerungsraten (Inflationsbekämpfung).
Gefahr: Preissteigerungen (Inflation).	*Gefahr:* Unterbeschäftigung (Arbeitslosigkeit).
Erhöhung des Angebots	**Verringerung des Angebots**
1. Erhöhung des Angebots der staatlichen Betriebe;	1. Verringerung des Angebots der staatlichen Betriebe;
2. Subventionen an Produzenten;	2. Streichung und/oder Kürzung von Subventionen an Produzenten; Erhöhung der Kostensteuern;
3. Zollabbau (Erhöhung des Angebots von ausländischen Waren).	3. Zollerhöhungen (Verringerung des Angebots von ausländischen Waren).
Ziel: Dämpfung der Preissteigerungsraten (Inflationsbekämpfung).	*Ziel:* Verhinderung der Überproduktion.
Gefahr: Überproduktion, falls Preissenkungen ausbleiben.	*Gefahr:* Preissteigerungen und Unterbeschäftigung (Arbeitslosigkeit).

Marktkonträre Staatseingriffe

Staatseingriffe, die den Preismechanismus außer Kraft setzen, bezeichnet man als **marktkonträr** (systeminkonform).[2]

Der Preismechanismus wird dann außer Kraft gesetzt, wenn der Staat entweder die Produktions- bzw. Verbrauchsmengen durch Gesetz festlegt oder den Preis unmittelbar vorschreibt. Derartige Eingriffe *widersprechen* dem Wesen einer Marktwirtschaft.

---

1 Konform sein = in Einklang stehen mit etwas; marktkonforme Maßnahmen sind also solche, die mit der Idee der Marktwirtschaft in Einklang stehen, ihr nicht widersprechen.

2 Konträr = entgegengesetzt, widersprüchlich.

Marktkonträre Staatseingriffe	Erläuterung
Festsetzung von Produktionsmengen	Die staatliche Festsetzung von Produktionsmengen kann den Zweck haben, die Mindestversorgung der Bevölkerung zu sichern. Hierbei geht es der Regierung darum, die bisherigen Produktionsmengen möglichst zu erhalten oder zu erhöhen. Die Produzenten werden unter Strafandrohung gezwungen, ihre Produktionsmengen den entsprechenden staatlichen Behörden zu melden und an die gesetzlich vorgeschriebenen Stellen abzuliefern.
Festsetzung von Verbrauchsmengen[1]	Setzt der Staat die Verbrauchsmengen fest, will er eine gleichmäßige Versorgung der Wiederverwender und/oder der Letztverbraucher sichern. Die Festsetzung von Verbrauchsmengen ist – wie die Festsetzung der Produktionsmengen auch – vor allem in Kriegswirtschaften und/oder in Zentralverwaltungswirtschaften zu finden.
Staatliche Preisfestsetzung	Die vom Staat vorgeschriebenen Preise können *Höchstpreise, Festpreise* oder *Mindestpreise* sein.
■ **Höchstpreise**	Höchstpreise liegen *unter* dem Preis, der sich bei freier Preisentwicklung ergeben würde. Sie dienen demnach dem Schutz des *Verbrauchers.* Ist der Höchstpreis so niedrig, dass ein Teil der Produzenten nicht mehr kostendeckend anbieten kann, ist die Wirtschaft *unterversorgt.* **Beispiel:** Höchstmieten im sozialen Wohnungsbau. **Folge:** Es entstehen „schwarze Märkte", auf denen die knappen Waren zu überhöhten Preisen gehandelt werden.
■ **Mindestpreise**	Mindestpreise liegen *über* dem Preis, der sich bei freier Preisentwicklung ergeben würde. Sie dienen demnach dem Schutz des *Produzenten.* Durch den Mindestpreis werden die Produzenten zur Mehrproduktion angeregt, die die Verbraucher aufgrund des hohen Preises nicht restlos aufnehmen wollen oder können. Der Mindestpreis ist nur haltbar, wenn der Staat die Überschussproduktion aufkauft. **Beispiel:** Zum Schutz der Landwirtschaft sind in der Europäischen Union[2] (= EU) für Getreide Mindestpreise festgelegt. Liegt der Marktpreis unter dem Mindestpreis, muss die EU die Überproduktion aufkaufen, um die Preise zu stützen.[3] Die Mindestpreise werden daher auch als Interventionspreise[4] bezeichnet.
■ **Festpreise**	Festpreise können *über* oder *unter* dem Preis liegen, der sich bei freier Preisentwicklung ergeben würde. Liegt der Festpreis über dem Gleichgewichtspreis, wirkt er wie ein Mindestpreis; liegt er darunter, wirkt er wie ein Höchstpreis.

---

1 Die Festsetzung von Produktions- und Verbrauchsmengen bezeichnet man als **Kontingentierung**.

2 Mitgliedsländer sind Belgien, Bulgarien, Bundesrepublik Deutschland, Dänemark, Estland, Finnland, Frankreich, Griechenland, Großbritannien, Irland, Italien, Kroatien, Lettland, Litauen, Luxemburg, Malta, Niederlande, Österreich, Polen, Portugal, Rumänien, Schweden, Slowakei, Slowenien, Spanien, Tschechien, Ungarn, Zypern.

3 Die Nachteile der Mindestpreispolitik haben die Europäische Union 2005 dazu bewogen, die bisherige Agrarpolitik zu ändern. Auf den starken Druck Frankreichs hin blieben jedoch die bisherigen Mindestpreise für Getreide erhalten. Die Mindestpreise für Butter und Magermilchpulver wurden nur geringfügig gekürzt.

4 Intervenieren = eingreifen.

14 Hartmann -Hug- ISBN 978-3-8120-0522-7

Zusammenfassung

■ In einer (sozialen) Marktwirtschaft liegen **marktkonforme (systemkonforme) Staatseingriffe** vor, wenn der Preismechanismus nicht außer Kraft gesetzt wird. Man spricht auch von **indirekter (mittelbarer) Preislenkung.**

■ Greift in einer (sozialen) Marktwirtschaft der Staat in der Weise in den Marktmechanismus ein, dass er seine Funktionen (z. B. „automatische" Steuerung der Angebots- und Nachfragemengen, Preisbildung) nicht mehr erfüllen kann, spricht man von **direkter (unmittelbarer) Preislenkung.** Es handelt sich um **marktkonträre (systeminkonforme) Markteingriffe.**

■ Vom Staat beeinflusste Preise bezeichnet man als **administrierte** oder **administrative Preise.**

■ **Mögliche indirekte staatliche Eingriffe** sind z. B.:

　■ Erhöhung von Produktsteuern (z. B. Verbrauchsteuern) für umwelt- und/oder gesundheitsschädliche Produkte;

　■ Senkung von Produktsteuern für umweltfreundliche und/oder gesunde Produkte;

　■ Gewährung oder Abschaffung bzw. Senkung von Subventionen für Anbieter oder Nachfrager;

　■ Erhöhung bzw. Senkung (Verringerung) bzw. Streichung des Angebots staatlicher Leistungen;

　■ Erhöhung bzw. Senkung (Verringerung) der staatlichen Güternachfrage.

■ Mögliche direkte staatliche Eingriffe sind z. B.: die **Festlegung von Produktions- und Verbrauchsmengen** sowie die **Preisfestsetzung.**

■ Die Möglichkeiten der **direkten staatlichen Preispolitik** sind:

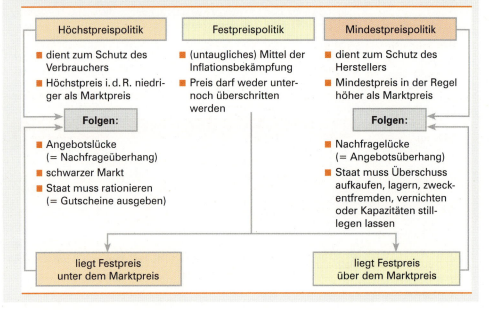

Höchstpreispolitik	Festpreispolitik	Mindestpreispolitik
■ dient zum Schutz des Verbrauchers ■ Höchstpreis i. d. R. niedriger als Marktpreis	■ (untaugliches) Mittel der Inflationsbekämpfung ■ Preis darf weder unter- noch überschritten werden	■ dient zum Schutz des Herstellers ■ Mindestpreis in der Regel höher als Marktpreis

Folgen:

■ Angebotslücke (= Nachfrageüberhang) ■ schwarzer Markt ■ Staat muss rationieren (= Gutscheine ausgeben)		■ Nachfragelücke (= Angebotsüberhang) ■ Staat muss Überschuss aufkaufen, lagern, zweckentfremden, vernichten oder Kapazitäten stilllegen lassen
liegt Festpreis unter dem Marktpreis		liegt Festpreis über dem Marktpreis

ÜBUNGSAUFGABEN

1. Im Prinzip ist auch in der sozialen Marktwirtschaft der Markt Steuerungsinstrument der Wirtschaft. Jedoch greift der Staat in Markt und Preisbildung mit marktkonformen und marktkonträren Maßnahmen ein! Erklären Sie diese beiden Begriffe!

2. Welche wirtschaftspolitischen Ziele verfolgt der Staat, wenn er (unmittelbar oder mittelbar)

    2.1 das Angebot erhöht,

    2.2 das Angebot verringert,

    2.3 die Nachfrage erhöht,

    2.4 die Nachfrage verringert?

3. Angenommen, ein Land X führt auf dem Wohnungsmarkt einen Preisstopp ein, wie in nebenstehender Abbildung dargestellt.

    3.1 Handelt es sich um eine marktkonforme oder um eine marktkonträre Maßnahme?

    3.2 Handelt es sich um einen Höchst- oder um einen Mindestpreis?

    3.3 Welche Wirkungen werden durch diese staatlichen Maßnahmen eintreten?

    Begründen Sie Ihre Antworten!

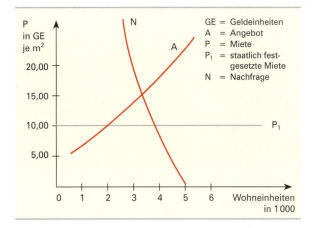

4. Angenommen, ein Land führt auf dem Weichweizenmarkt einen Preis von 60 GE je dt ein, der nicht unterschritten werden darf (siehe nebenstehende Abbildung).

    4.1 Handelt es sich um eine marktkonforme oder um eine marktkonträre Maßnahme?

    4.2 Handelt es sich um einen Höchst- oder um einen Mindestpreis?

    4.3 Welche Wirkungen werden durch diese Maßnahme eintreten?

    Begründen Sie Ihre Antworten!

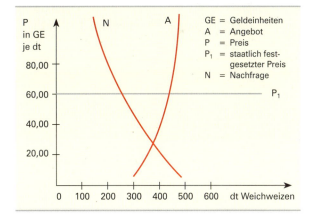

5. In einem Land werden für Milch und Milcherzeugnisse Quoten, d. h. einzelbetriebliche Erzeugungshöchstmengen festgelegt. Gleichzeitig wird beschlossen, die Interventionspreise (Mindestpreise) zu senken.

    5.1 Wie wirkt sich die Herabsetzung der Mindestpreise unter sonst gleichen Bedingungen aus? Belegen Sie Ihre Aussage anhand einer grafischen Darstellung!

5.2 Welche Folgen hat die Einführung von Produktionsquoten auf den Markt für Milchprodukte? Stützen Sie Ihre Feststellung mit einer grafischen Darstellung!

6. Angenommen, auf dem Markt für Sozialwohnungen besteht ein Nachfrageüberhang.

6.1 Stellen Sie diese Marktsituation grafisch dar!

6.2 Wie kann die Regierung versuchen, das Problem zu lösen?

2.3.4 Aufrechterhaltung des Wettbewerbs

2.3.4.1 Gesetz gegen Wettbewerbsbeschränkungen („Kartellgesetz")

Die Europäische Gemeinschaft und die Mitgliedstaaten sind dem „Grundsatz einer offenen Marktwirtschaft mit freiem Wettbewerb" verpflichtet [Art. 119f. AEUV].[1] Um einen fairen Wettbewerb zu gewährleisten und wirtschaftliche Machtzusammenballungen und -missbräuche zu verhindern, wurden im Zuge der europäischen Integration[2] die Wettbewerbsregeln der Art. 101–109 AEUV in den Mitgliedsländern in nationales Recht umgesetzt, in Deutschland vor allem im Gesetz gegen Wettbewerbsbeschränkungen (GWB).

■ Kartellkontrolle

■ Grundsätzliches Kartellverbot

Vereinbarungen zwischen Unternehmen, *Beschlüsse* von Unternehmensvereinigungen sowie aufeinander *abgestimmte Verhaltensweisen* zur Verhinderung, Einschränkung oder Verfälschung des Wettbewerbs sind verboten [§ 1 GWB]. Von diesem Verbot sind sowohl Beschränkungen des Wettbewerbs von Marktteilnehmern auf der gleichen Wirtschaftsstufe (horizontale Beschränkungen) als auch solche von Wettbewerbern verschiedener Wirtschaftsstufen (vertikale Beschränkungen) erfasst.

- *Vereinbarungen* sind Verträge, durch die sich eine oder mehrere (natürliche oder juristische) Personen zu einem Tun oder Unterlassen verpflichten (z.B. Preise zu erhöhen, bestimmte Personengruppen nicht zu beliefern, Produktionsquoten einzuhalten). Unter das Verbot fallen mündliche oder schriftliche Vereinbarungen.

- *Beschlüsse* sind einstimmig oder mehrheitlich mit Rechtsfolgewillen getroffene Entscheidungen der zuständigen Gremien (Organe) von Unternehmensvereinigungen. Sie binden die Mitglieder der Vereinigung.

- *Abgestimmte Verhaltensweisen* sind dadurch gekennzeichnet, dass eine verbindliche Übereinkunft zwischen den sich am Markt gleichförmig verhaltenden Unternehmen fehlt. Dies kann bereits durch gegenseitige Information über ihr künftiges Marktverhalten oder die Befolgung einer Empfehlung der Fall sein. (Beispiel: Alle führenden Mineralölgesellschaften erhöhen ohne formale Absprache innerhalb weniger Tage ihre Absatzpreise.)

---

1 AEUV = Vertrag über die Arbeitsweise der Europäischen Union.

2 Integration (lat. integratio = Wiederherstellung eines Ganzen). In diesem Zusammenhang bedeutet Integration die schrittweise Annäherung der EU-Mitgliedsländer, vor allem auf wirtschaftlichem und rechtlichem Gebiet.

Grundsätzlich verboten sind die sogenannten **Preisbindungen,** bei denen durch **vertikale Vereinbarungen** die Käufer daran gehindert werden, ihre Verkaufspreise selbst festzulegen. § 1 GWB gilt jedoch nicht für Zeitungen, Zeitschriften und Bücher (Näheres siehe § 30 GWB und § 3 BuchPrG).

Beispiel für eine verbotene Preisbindung:
Die Teigwarenfabrik Mehlert GmbH in Neustadt verpflichtet ihre Abnehmer (die Lebensmitteleinzelhändler) dazu, die Mehlert-Erzeugnisse nur zu den von der Mehlert GmbH festgelegten Preisen zu verkaufen.

■ **Legalausnahme[1]**

Kartelle müssen nicht bei einer Wettbewerbsbehörde[2] angemeldet und genehmigt werden. Vielmehr besteht ein System der **Legalausnahme:** Kartelle werden so lange als gesetzlich zulässig (legal) behandelt, wie sie nicht von einer Wettbewerbsbehörde oder einem Gericht als unzulässig angesehen werden.

■ **Sonstige Ausnahmen**

Freigestellte Vereinbarungen	Vom Kartellverbot des § 1 GWB freigestellt sind *Vereinbarungen* zwischen Unternehmen, *Beschlüsse von Unternehmensvereinigungen* oder *aufeinander abgestimmte Verhaltensweisen,* die unter angemessener Beteiligung der Verbraucher an dem entstehenden Gewinn[1] zur Verbesserung der Warenerzeugung oder -verteilung oder zur Förderung des technischen oder wirtschaftlichen Fortschritts beitragen. Die freigestellten Kartellabsprachen dürfen lediglich solche Beschränkungen enthalten, die für die Erreichung der oben genannten Ziele unerlässlich sind. Sie dürfen den beteiligten Unternehmen nicht die Möglichkeit eröffnen, für einen wesentlichen Teil der betreffenden Waren den Wettbewerb auszuschalten (Näheres siehe § 2 GWB und Art. 101 III AEUV).
Mittelstandskartelle	Vereinbarungen zwischen miteinander im Wettbewerb stehenden Unternehmen und Beschlüsse von Unternehmensvereinigungen, die die Rationalisierung[2] wirtschaftlicher Vorgänge durch zwischenbetriebliche Zusammenarbeit zum Gegenstand haben („Rationalisierungskartelle"), sind ebenfalls vom Kartellverbot nicht betroffen, wenn ■ dadurch der Wettbewerb auf dem Markt nicht wesentlich beeinträchtigt wird und ■ die Vereinbarung oder der Beschluss dazu dient, die Wettbewerbsfähigkeit kleinerer oder mittlerer Unternehmen, also von sogenannten *Mittelstandsunternehmen,* zu verbessern [§ 3 GWB].

Diese Regelung ist für die deutsche Wirtschaft von großer Bedeutung, denn sie lässt den mittelständischen Unternehmen bei ihren Vereinbarungen und Beschlüssen einen verhältnismäßig breiten Gestaltungsspielraum. Der „Mittelstand" setzt sich zusammen aus *kleinen Unternehmen* (bis zu 49 Mitarbeitern und einem Jahresumsatz von unter 12 Mio. € und *mittleren Unternehmen* (bis zu 249 Mitarbeitern und einem Jahresumsatz bis unter

---

1 Legal (lat.) = gesetzlich erlaubt. Legalausnahme = legaler Zustand, solange er nicht von einer zuständigen staatlichen oder zwischenstaatlichen Institution (z. B. Kartellbehörde, Gericht) für illegal (gesetzlich unzulässig) angesehen wird.

2 Die deutschen Wettbewerbsbehörden (Kartellbehörden) sind das Bundeskartellamt, das Bundesministerium für Wirtschaft und Technologie und die nach Landesrecht zuständigen obersten Landesbehörden wie z. B. das Wirtschaftsministerium. (Näheres zu den Kartellbehörden finden Sie in den §§ 48ff. GWB.) Die Vorschriften zu den Verfahren vor den Kartellbehörden stehen in den §§ 54ff. GWB.

1 Der Begriff „Gewinn" ist hier im Sinne von Zuwachs an Nutzen zu verstehen. Die Mehrung des Nutzens kann z. B. in einer verbesserten Versorgung der Bevölkerung, in einer Verringerung der Umweltbelastung oder in einem erhöhten Gesundheitsschutz der Allgemeinheit bestehen.

2 Ratio (lat.) = Vernunft. Rationalisierung bedeutet im wirtschaftlichen (ökonomischen) Sprachgebrauch: vereinheitlichen, straffen, das Zusammenwirken der Produktionsfaktoren zweckmäßiger als bisher gestalten. Unter Rationalisierung ist demnach der Ersatz überkommener Verfahren durch zweckmäßigere und besser durchdachte zu verstehen.

40 Mio. €). Danach gehören rund 99 % aller Unternehmen in Deutschland zum Mittelstand. Er erwirtschaftet rund 40 % des Umsatzes, beschäftigt rund 70 % aller Arbeitnehmer und bildet 80 % aller Auszubildenden aus.

Missbrauchsaufsicht

Über bestehende marktbeherrschende Unternehmen besteht, unabhängig davon, ob die Marktbeherrschung durch internes[1] oder externes[1] Unternehmenswachstum entstand, eine Missbrauchsaufsicht durch das Bundeskartellamt.

Eine missbräuchliche Ausnutzung einer marktbeherrschenden Stellung durch ein oder mehrere Unternehmen ist verboten [§ 19 I GWB].[2]

Ein **Missbrauch** liegt z. B. insbesondere dann vor, wenn ein marktbeherrschendes Unternehmen als Anbieter oder Nachfrager einer bestimmten Art von Waren oder gewerblichen Leistungen die Wettbewerbsmöglichkeiten anderer Unternehmen erheblich ohne sachlich gerechtfertigten Grund beeinträchtigt, Entgelte oder sonstige Geschäftsbedingungen fordert, die sich bei einem wirksamen Wettbewerb mit hoher Wahrscheinlichkeit nicht ergeben würden, oder sich weigert, einem anderen Unternehmen gegen ein angemessenes Entgelt Zugang zu den eigenen Netzen oder anderen Infrastruktureinrichtungen zu gewähren.[3] Ein Missbrauch ist auch dann gegeben, wenn es dem anderen Unternehmen aus rechtlichen oder tatsächlichen Gründen ohne die Mitbenutzung nicht möglich ist, auf dem vor- oder nachgelagerten Markt als Wettbewerber des marktbeherrschenden Unternehmens tätig zu werden (Näheres siehe § 19 II GWB).

Marktbeherrschend ist ein Unternehmen, wenn es als Anbieter oder Nachfrager einer bestimmten Art von Waren oder gewerblichen Leistungen auf dem sachlich und räumlich relevanten[4] Markt ohne Wettbewerber ist **oder** keinem wesentlichen Wettbewerb ausgesetzt ist **oder** im Verhältnis zu seinen Wettbewerbern eine überragende Marktstellung hat [§ 18 I GWB].

Hierbei sind insbesondere z. B. sein Marktanteil, seine Finanzkraft, sein Zugang zu den Beschaffungs- oder Absatzmärkten, Verflechtungen mit anderen Unternehmen sowie rechtliche oder tatsächliche Schranken für den Marktzutritt anderer Unternehmen zu berücksichtigen. Zwei oder mehr Unternehmen sind dann marktbeherrschend, wenn zwischen ihnen für eine bestimmte Art von Waren oder von gewerblichen Leistungen auf dem sachlich und räumlich relevanten Markt kein wesentlicher Wettbewerb besteht. (Näheres siehe § 18 V GWB.)

Vermutet wird eine Marktbeherrschung, wenn ein Unternehmen einen Marktanteil von mindestens 40 % hat [§ 18 IV GWB]. Eine Gesamtheit von Unternehmen gilt als marktbeherrschend, wenn drei oder weniger Unternehmen zusammen einen Marktanteil von mindestens 50 % oder fünf oder weniger Unternehmen zusammen einen Marktanteil von mindestens zwei Dritteln erreichen. Diese Vermutung gilt nicht, wenn die Unternehmen z. B. nachweisen, dass sie im Verhältnis zu den übrigen Wettbewerbern keine überragende Marktstellung haben (Näheres siehe § 18 VI und VII GWB).

---

1 Internes (inneres) Wachstum eines Unternehmens liegt vor, wenn ein Unternehmen aus eigener Kraft leistungsstärker wird. Externes (äußeres) Wachstum entsteht durch den Aufkauf fremder Unternehmen, also durch Fusionen.

2 Die Unternehmen haben deshalb die Möglichkeit, unmittelbar bei einem Zivilgericht zu klagen (z. B. wenn ein Unternehmen aufgrund seiner Marktstellung wesentlich überhöhte Preise verlangt). Das Bundeskartellamt oder eine andere Behörde muss somit nicht vorher tätig werden.

3 Zweck dieser gesetzlichen Regelung ist z. B., den Wettbewerb auf früheren monopolistischen Märkten dadurch zu fördern, dass bedeutende Netze bzw. Infrastrukturen wie z. B. Leitungsnetze für Strom und Nachrichten, Flughäfen und Medien grundsätzlich von allen Wettbewerbern genutzt werden können.

4 Relevanz (lat.-frz.) = Wichtigkeit, Erheblichkeit; relevant = bedeutsam, wichtig.

Wettbewerbsregeln

Wettbewerbsregeln setzen Maßstäbe für ein lauteres und leistungsgerechtes Verhalten der Unternehmen auf den Märkten. Diese Regeln können von Wirtschafts- und Berufsvereinigungen aufgestellt und bei der Kartellbehörde zur Anerkennung eingereicht werden. (Näheres siehe § 24 GWB.)

Die Kartellbehörde hat nicht beteiligten Unternehmen der gleichen Wirtschaftsstufe, Wirtschafts- und Berufsvereinigungen der durch die Wettbewerbsregeln betroffenen Lieferanten und Abnehmer, Bundesorganisationen der beteiligten Wirtschaftsstufen sowie mit öffentlichen Mitteln geförderten Verbraucherverbänden Gelegenheit zur Stellungnahme zu geben [§ 25 GWB].

Die Kartellbehörde muss einen *Antrag ablehnen,* wenn die Wettbewerbsregel gegen die Bestimmungen des GWB, des UWG (siehe S. 217 ff.) oder eine andere Rechtsvorschrift verstößt [§ 26 GWB]. Von der Kartellbehörde anerkannte Wettbewerbsregeln sind im Bundesanzeiger oder im elektronischen Bundesanzeiger (www.bundesanzeiger.de) zu veröffentlichen.

Fusionskontrolle (Zusammenschlusskontrolle)

Anmelde- und Anzeigepflicht

Alle Unternehmenszusammenschlüsse sind **vor ihrem Vollzug** beim Bundeskartellamt anzumelden [§ 39 I GWB]. Sie unterliegen bis zur Freigabe durch das Bundeskartellamt dem **Vollzugsverbot** [§ 41 I GWB]. (Zur Ausnahme siehe § 41 II GWB.) Die zur Anmeldung verpflichteten einzelnen Unternehmen müssen in ihrer Anmeldung dem Bundeskartellamt die Form des Zusammenschlusses mitteilen. Weitere Angaben sind von den beteiligten Unternehmen z. B. zur Firma, zum Niederlassungsort, zur Art ihres Geschäftsbetriebs, zu ihren Umsatzerlösen im Inland sowie in der Europäischen Union und über ihre Marktanteile zu machen (Näheres siehe § 39 II, III GWB).

Geltungsbereich der Zusammenschlusskontrolle

Die Vorschriften des GWB über die Zusammenschlusskontrolle gelten, wenn im letzten Geschäftsjahr vor dem Zusammenschluss die beteiligten Unternehmen insgesamt weltweit Umsatzerlöse von mehr als 500 Millionen € und mindestens ein beteiligtes Unternehmen im Inland Umsatzerlöse von mehr als 25 Millionen € erzielt haben [§ 35 I GWB]. (Zu den Ausnahmen siehe § 35 II, III GWB.)

Zusammenschlüsse

Unternehmenszusammenschlüsse liegen z. B. in folgenden Fällen vor (Näheres siehe § 37 GWB):

- Erwerb des gesamten oder eines wesentlichen Teils des Vermögens eines anderen Unternehmens;
- Erwerb der unmittelbaren oder mittelbaren Kontrolle über andere Unternehmen durch Rechte, Verträge oder andere Mittel;
- Erwerb von Anteilen an einem anderen Unternehmen, wenn diese Anteile allein oder zusammen mit sonstigen, dem Unternehmen bereits gehörenden Anteilen a) 50 % oder b) 25 % des Kapitals oder der Stimmrechte des anderen Unternehmens erreichen.

215

■ Grundsätze für die Beurteilung von Unternehmenszusammenschlüssen

Unternehmenszusammenschlüsse, von denen zu erwarten ist, dass diese eine markt-beherrschende Stellung begründen oder verstärken, sind vom Bundeskartellamt zu untersagen, es sei denn, die beteiligten Unternehmen können nachweisen, dass durch ihren Zusammenschluss auch Verbesserungen der Wettbewerbsbedingungen eintre-ten und dass diese Verbesserungen die Nachteile der Marktbeherrschung überwiegen [§ 36 I GWB].

■ Verfahren der Zusammenschlusskontrolle

Die Untersagung von Unternehmenszusammenschlüssen ist grundsätzlich nur innerhalb einer Frist von 4 Monaten seit Eingang der vollständigen Fusionsanmeldung möglich (Näheres siehe § 40 GWB).

■ Ministererlaubnis

Auf Antrag kann der Bundesminister für Wirtschaft und Technologie die Erlaubnis zu einem vom Bundeskartellamt untersagten Zusammenschluss erteilen, wenn dieser von gesamtwirtschaftlichem Vorteil ist oder durch ein überragendes Interesse der Allgemein-heit gerechtfertigt ist. Die Erlaubnis darf nur erteilt werden, wenn der Zusammenschluss die marktwirtschaftliche Ordnung nicht gefährdet [§ 42 I GWB].

Bekanntmachungen

Folgende Tatbestände sind im Bundesanzeiger oder im elektronischen Bundesanzeiger bekannt zu machen *(www.bundesanzeiger.de)*:

Die Einleitung des Hauptprüfungsverfahrens durch das Bundeskartellamt, Anträge auf Er-teilung einer Ministererlaubnis, die Ministererlaubnis, die Ablehnung oder Änderung einer Ministererlaubnis, die Verfügungen des Bundeskartellamts über die Freigabe oder Unter-sagung von angemeldeten Unternehmenszusammenschlüssen und weitere wichtige, die Kartelle und Fusionen betreffende Tatbestände (Näheres siehe § 43 GWB).

Sanktionen[1] zum Schutz des Wettbewerbs

Das Bundeskartellamt kann den Unternehmen und Unternehmenszusammenschlüssen ein nach den Vorschriften des GWB verbotenes Verhalten untersagen [§ 32 GWB]. Weitere Sanktionen sind die Verpflichtung zum Schadensersatz, der Unterlassungsanspruch [§ 33 GWB] sowie die Mehrerlösabschöpfung [§ 34 GWB].

Das Bußgeldverfahren bei einer Ordnungswidrigkeit (z. B. Geldbuße, gerichtliches Verfah-ren) ist in den §§ 81 ff. GWB geregelt. Vorschriften zu bürgerlichen Rechtsstreitigkeiten (z. B. Zuständigkeit der Landgerichte, Benachrichtigung und Beteiligung des Bundeskar-tellamts) enthalten die §§ 87 ff. GWB.

---

1 Sanktion = Zwangsmaßnahmen.

2.3.4.2 Lauterkeitsrecht[1]

Auch Gesetze wie z. B. das HGB, das Gesetz gegen den unlauteren Wettbewerb (UWG), die Preisangabenverordnung (PAngV) und das Gesetz über den Schutz von Marken und sonstigen Kennzeichen (MarkenG) haben zum Ziel, den Wettbewerb zu sichern. Im Folgenden sollen Fälle dargestellt werden, die vorwiegend vom Gesetz gegen den unlauteren Wettbewerb (UWG) geregelt werden.

Beispiele für Verstöße gegen den lauteren Wettbewerb

- Die eigene Firma (Firmenkern und -zusatz) führt zu Verwechslungen mit anderen Firmen. Jede neue Firma muss sich daher von allen anderen an demselben Ort (in der gleichen Gemeinde) bereits bestehenden und im Handelsregister (bzw. Genossenschaftsregister) eingetragenen Firmen deutlich unterscheiden (vgl. § 30 HGB). Geschützt ist die Firma als Name auch nach § 12 BGB.

- Fremde Marken als schutzfähige Zeichen,[2] geschäftliche Bezeichnungen (Unternehmenskennzeichen und Werktitel)[3] sowie geografische Herkunftsangaben[4] sind ebenfalls geschützt und dürfen ohne Genehmigung des berechtigten Inhabers nicht benutzt werden (Näheres siehe §§ 1 ff. MarkenG, insbesondere §§ 14 ff., 127 f.).

- Die Benutzung gleicher (oder ähnlicher) Firmen oder Marken anderer Unternehmen ist eine irreführende geschäftliche Handlung, wenn bei den Kunden der Eindruck erweckt werden soll, dass es sich um ein und dasselbe Unternehmen und/oder das gleiche Produkt handelt (vgl. § 5 II UWG).

- Es werden geschäftliche Handlungen[5] vorgenommen, die die Entscheidungsfähigkeit der Verbraucher durch Ausübung von Druck, in menschenverachtender Weise oder durch sonstigen unangemessenen unsachlichen Einfluss beeinträchtigen [§ 4a I UWG].

> **Beispiel:**
>
> Bei einer sogenannten „Kaffeefahrt" werden die Teilnehmer während der Verkaufsveranstaltung nicht aus dem Raum hinausgelassen. Teilnehmer, die nicht kaufen wollen, werden vor allen Anwesenden mit folgender Bemerkung bloßgestellt: „Kostenlos mitfahren tun Sie, aber kaufen wollen Sie nicht!"

- Der Wettbewerbscharakter von geschäftlichen Handlungen wird verschleiert [§ 5a VI UWG].

> **Beispiel:**
>
> In einer Zeitung erscheint ein Artikel über ein garantiert schlank machendes Präparat (Mittel), ohne dass ersichtlich wird, dass es sich um Werbung handelt.

---

1 Lauter heißt so viel wie geschäftlich anständig, fair.

2 Als **Marken** können alle **Zeichen,** insbesondere Wörter einschließlich Personennamen, Abbildungen, Buchstaben, Zahlen, Hörzeichen, dreidimensionale Gestaltungen einschließlich der Form einer Ware oder ihrer Verpackung geschützt werden (Näheres siehe § 3 MarkenG).

3 **Unternehmenskennzeichen** sind Zeichen, die im geschäftlichen Verkehr als Name, Firma oder als besondere Bezeichnung eines Geschäftsbetriebs oder eines Unternehmens benutzt werden (Näheres siehe § 5 II MarkenG). **Werktitel** sind die Namen oder besonderen Bezeichnungen von Druckschriften, Filmwerken, Tonwerken, Bühnenwerken oder sonstigen vergleichbaren Werken (§ 5 III MarkenG).

4 Geschützte **geografische Herkunftsangaben** sind die Namen von Orten, Gegenden, Gebieten oder Ländern sowie sonstige Angaben oder Zeichen, die im geschäftlichen Verkehr zur Kennzeichnung der geografischen Herkunft von Waren oder Dienstleistungen benutzt werden (Näheres siehe §§ 126 ff. MarkenG).

5 Eine geschäftliche Handlung im Sinne des UWG ist jede Handlung einer Person mit dem Ziel, zugunsten des eigenen oder eines fremden Unternehmens den Absatz oder den Bezug von Waren oder die Erbringung oder den Bezug von Dienstleistungen einschließlich unbeweglicher Sachen, Rechte und Verpflichtungen zu fördern [§ 2 I Nr. 1 UWG].

■ Die persönlichen oder geschäftlichen Verhältnisse eines Mitbewerbers werden herabgesetzt oder verunglimpft [§ 4 Nr. 1 UWG].

> **Beispiel:**
>
> Der Gastwirt Kon Winienz erzählt ständig seinen Gästen, dass der Pleitegeier auf dem Dach der Adlerwirtin säße.

■ Über Waren, Dienstleistungen oder das Unternehmen eines Mitbewerbers oder über den Unternehmer werden unwahre Behauptungen verbreitet, die geeignet sind, den Betrieb oder den Kredit des Unternehmens zu schädigen [§ 4 Nr. 2 UWG].

> **Beispiel:**
>
> Der konventionell (althergebracht) erzeugende Landwirt Alt behauptet wahrheitswidrig von seinem Nachbarn, dem nach biologischen Grundsätzen arbeitenden Landwirt Jung, dass dieser nachts sein Gemüse mit Fungiziden[1] und Pestiziden[2] spritze.

■ Es werden *unwahre* und/oder *irreführende* Angaben über die geschäftlichen Verhältnisse des eigenen Unternehmens verbreitet [§ 5 I Nr. 3 UWG].

> **Beispiel:**
>
> Die Bezeichnung „Größte Goldschmiede Deutschlands" ist dann unlauter, wenn es Konkurrenten mit höherem Umsatz gibt. Kann aber nachgewiesen werden, dass das eigene Unternehmen tatsächlich den höchsten Umsatz in der Bundesrepublik Deutschland erzielt, ist die Bezeichnung zulässig.

■ Unlauter handelt auch, wer *irreführend wirbt.* So ist es z. B. unzulässig, wenn mit der Herabsetzung eines Preises geworben wird, sofern der Preis nur für eine unangemessen kurze Zeit gefordert worden ist [§ 5 IV UWG].

> **Beispiel:**
>
> Ein Schuhgeschäft bietet Wanderschuhe zu 120,00 € an. Nach 3 Tagen setzt es den Preis auf 99,00 € herab. In den Zeitungsanzeigen des Schuhgeschäfts steht zu lesen: „Wanderschuhe der Marke G + W für nur 99,00 statt 120,00 €".

■ Eine unzulässige geschäftliche Handlung liegt auch vor, wenn die Ware nicht in angemessenem Umfang zur Befriedigung der zu erwartenden Nachfrage vorgehalten (vorhanden) ist (vgl. Nr. 5 des Anhangs[3] zum UWG).

> **Beispiel:**
>
> Eine Lebensmittelkette bietet in seinen Prospekten vom 15. Juli frische Pfifferlinge zum Preis von 9,99 € je Körbchen an. Jede Filiale erhält nur 10 Körbchen. Bereits eine halbe Stunde nach Geschäftsöffnung sind die Pfifferlinge ausverkauft.

■ Es wird *unlauter vergleichend geworben.* Unlauter ist die vergleichende Werbung z. B. dann, wenn sie

   ■ sich nicht auf Waren oder Dienstleistungen für den gleichen Bedarf oder dieselbe Zweckbestimmung bezieht,

---

1 Fungizid (lat.) = Mittel zur Pilzbekämpfung.

2 Pestizid (lat.) = Mittel zur Schädlingsbekämpfung.

3 Im Anhang zu § 3 III UWG sind 30 Tatbestände geschäftlicher Handlungen aufgeführt, die stets unzulässig sind.

- den Ruf des von einem Mitbewerber verwendeten Kennzeichens in unlauterer Weise ausnutzt oder beeinträchtigt oder

- eine Ware oder Dienstleistung als Imitation[1] oder Nachahmung einer unter einem geschützten Kennzeichen vertriebenen Ware oder Dienstleistung darstellt. (Näheres siehe § 6 UWG.)

■ Unzulässig sind auch *unzumutbare Belästigungen.* Eine unzumutbare Belästigung liegt z. B. bei einer erfolgten Werbung vor, obwohl erkennbar ist, dass der Empfänger diese Werbung nicht wünscht [§ 7 I UWG].

Beispiel:

Frau Sonntag hat an ihrem Briefkasten ein Schild mit der Aufschrift „Bitte keine Werbung einwerfen". Dennoch findet sie im Briefkasten täglich einen Werbeprospekt eines ortsansässigen Handelshofs vor.

■ Eine unzumutbare Belästigung ist z. B. auch anzunehmen

- bei einer Werbung mit Telefonanrufen gegenüber Verbrauchern ohne deren Einwilligung,

- bei einer Werbung unter Verwendung von automatischen Anrufmaschinen, Faxgeräten oder elektronischer Post, ohne dass eine Einwilligung des Adressaten (Empfängers) vorliegt oder

- bei der Werbung mit Nachrichten, bei der die Identität[2] des Absenders verschleiert oder verheimlicht wird oder bei der keine gültige Adresse vorhanden ist, an die der Empfänger eine Aufforderung zur Einstellung solcher Nachrichten[3] richten kann, ohne dass hierfür andere als die Übermittlungskosten nach den Basistarifen entstehen (Näheres siehe § 7 UWG).

Rechtsfolgen bei Verstößen gegen die Wettbewerbsbestimmungen

Beseitigungs- und Unterlassungsanspruch	Wer unzulässige geschäftliche Handlungen vornimmt, kann auf Beseitigung und bei Wiederholungsgefahr auf Unterlassung in Anspruch genommen werden. Der Anspruch auf Unterlassung besteht bereits dann, wenn eine Zuwiderhandlung gegen § 3 oder § 7 UWG droht [§ 8 I UWG].
	Diese Ansprüche stehen jedem Mitbewerber, rechtsfähigen Verbänden zur Förderung gewerblicher oder selbstständiger beruflicher Interessen, Verbraucherschutzverbänden sowie den Industrie- und Handelskammern zu [§ 8 III UWG].
Schadensersatz	Wer vorsätzlich oder fahrlässig eine nach § 3 oder § 7 UWG unzulässige geschäftliche Handlung vornimmt, ist den Mitbewerbern zum Ersatz des daraus entstehenden Schadens verpflichtet. Gegen verantwortliche Personen von periodischen (regelmäßig erscheinenden) Druckschriften kann der Anspruch auf Schadensersatz nur bei einer vorsätzlichen Zuwiderhandlung geltend gemacht werden [§ 9 UWG].
Gewinnabschöpfung	Wer vorsätzlich eine nach § 3 oder § 7 UWG unzulässige geschäftliche Handlung vornimmt und hierdurch zulasten einer Vielzahl von Abnehmern einen Gewinn erzielt, kann von den zur Geltendmachung eines Unterlassungsanspruchs Berechtigten auf Herausgabe dieses Gewinns an den Bundeshaushalt in Anspruch genommen werden (Näheres siehe § 10 UWG).

---

1 Imitation (lat.) = Nachahmung (oft minderwertiger Art).

2 Identität (lat., frz.) = vollkommene Gleichheit.

3 Eine Nachricht im Sinne des UWG ist jede Information, die zwischen einer endlichen Zahl von Beteiligten über einen öffentlich zugänglichen Kommunikationsdienst ausgetauscht oder weitergeleitet wird (Näheres siehe § 2 I Nr. 4 UWG).

Zusammenfassung

- Die Wirtschaftsordnung der Bundesrepublik Deutschland ist eine **Wettbewerbswirtschaft,** denn in ihr spielt der Wettbewerb eine herausragende Rolle als Steuerungsinstrument für das Wirtschaftsgeschehen.

- In einer **marktwirtschaftlichen Ordnung** regulieren sich Angebot und Nachfrage durch ein System beweglicher Preise im Wettbewerb der Unternehmen.

- Ein funktionierender (störungsfrei verlaufender) Wettbewerb setzt vor allem die **Entscheidungsfreiheit** der Anbieter und Nachfrager voraus.

- Zum **Schutz des freien Austauschs der Leistungen** und der **Unabhängigkeit der Marktteilnehmer** (der Unternehmen, der privaten und öffentlichen Haushalte und des Auslands) hat der Gesetzgeber verschiedene **wettbewerbsordnende Gesetze** erlassen, die Wettbewerbsbeschränkungen und -verfälschungen verhindern sollen.

- Der **Aufrechterhaltung des Wettbewerbs** dient vor allem das **Gesetz gegen Wettbewerbsbeschränkungen** (kurz: GWB oder auch „Kartellgesetz").

- Das GWB regelt die **Kartellbildung,** die staatliche **Missbrauchsaufsicht** über bestehende marktbeherrschende Unternehmen sowie die staatliche **Fusionskontrolle** (Zusammenschlusskontrolle). Eine zentrale Rolle spielt in diesem Zusammenhang das **Bundeskartellamt.**

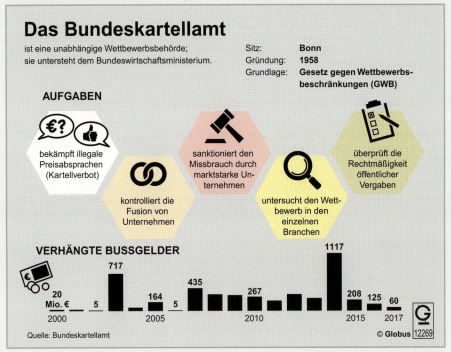

Das Bundeskartellamt

ist eine unabhängige Wettbewerbsbehörde; sie untersteht dem Bundeswirtschaftsministerium.

Sitz: **Bonn**
Gründung: **1958**
Grundlage: **Gesetz gegen Wettbewerbsbeschränkungen (GWB)**

AUFGABEN

€? 👍 bekämpft illegale Preisabsprachen (Kartellverbot)

kontrolliert die Fusion von Unternehmen

sanktioniert den Missbrauch durch marktstarke Unternehmen

untersucht den Wettbewerb in den einzelnen Branchen

überprüft die Rechtmäßigkeit öffentlicher Vergaben

VERHÄNGTE BUSSGELDER

20 Mio. € — 5 — 717 — 164 — 5 — 435 — 267 — 1117 — 208 — 125 — 60

2000 — 2005 — 2010 — 2015 — 2017

Quelle: Bundeskartellamt

© Globus 12269

- Das **Gesetz gegen den unlauteren Wettbewerb** verbietet alle Wettbewerbshandlungen, die geeignet sind, den Wettbewerb zum Nachteil der Mitbewerber, der Verbraucher oder der sonstigen Marktteilnehmer erheblich zu beeinträchtigen.

ÜBUNGSAUFGABEN

1. Textauszug:

Nie wieder Ölwechsel?

Mit Urteil vom 25.01.2013 untersagte das Landgericht Dessau-Roßlau auf Antrag der Wettbewerbszentrale dem Hersteller einer als „Öldialyse" bezeichneten Apparatur zur Reinigung von Motorenölen eine ganze Reihe von Werbeaussagen, die allesamt dem Leser suggerierten,[1] der von den Fahrzeugherstellern vorgeschriebene Ölwechsel sei weitgehend obsolet[2] geworden, da die „Öldialyse"[3] in der Lage sei, das vorhandene Altöl soweit zu filtern, dass es in den Motor zurückgeführt ebenso gut wie neues Öl sei.

Nach kritischen Äußerungen aus Fachkreisen beanstandete die Wettbewerbszentrale die Werbung für dieses System, verbunden mit der Aufforderung an den Hersteller, wissenschaftlich gesicherte Nachweise für die Wirksamkeit zu erbringen. Da dieses außergerichtlich nicht gelang, wurde Klage zum Landgericht Dessau-Roßlau erhoben, die zu dem nunmehr vorliegenden Urteil führte, wonach der Beklagten unter Androhung von Ordnungsgeld bis zu 250 000,00 € untersagt wurde, weiter zu werben mit Aussagen wie „Das so gereinigte Öl erfüllt dann genauso seine Schmierfunktion für den Motor wie neues. Ein ähnliches Verfahren hat sich vielfach bewährt." oder aber „Werden die Additive bei der Öldialyse nicht entfernt? Die Additive[4] sind zu klein, um bei der Öldialyse rausfiltriert zu werden...". Ebenfalls untersagt wurde die Angabe „Die Firma ... garantiert die Schmierfähigkeit des gereinigten Öls unter Einhaltung der entsprechenden Spezifikationen der Motorenhersteller." sowie der Hinweis „Die Gewährleistung bleibt erhalten, auch wenn Sie die Öldialyse einsetzen."

Quelle: www.n-tv.de vom 3. Januar 2013.

Gegen welche gesetzliche Vorschrift hat das werbende Unternehmen nach Ansicht des Gerichts verstoßen?

2. Ein Teilbereich der Wirtschaftspolitik ist die Wettbewerbspolitik.

2.1 Warum ist der Staat in der sozialen Marktwirtschaft dazu aufgerufen, Wettbewerbspolitik zu betreiben?

2.2 Welche Ziele verfolgt der Staat mit der Wettbewerbspolitik?

2.3 Das Gesetz gegen Wettbewerbsbeschränkungen enthält u.a. Vorschriften zur Kartell- und zur Fusionskontrolle. Nennen und erläutern Sie hierzu die wichtigsten Vorschriften!

3. 3.1 Erläutern Sie die Begriffe Kooperation und Konzentration!

3.2 Welche Ziele verfolgen die Unternehmen durch Kooperation und Konzentration?

3.3 Erklären Sie den Begriff Kartell!

3.4 Unterscheiden Sie fünf Kartellarten!

3.5 Warum können nationale Vorschriften zur Erhaltung des Wettbewerbs die internationale Konzentration nur in geringem Maß kontrollieren?

---

1 Suggerieren (lat.) = einreden, beeinflussen.

2 Obsolet (lat.) = veraltet.

3 Dialyse (griech.) = Trennung, Reinigung. In der Medizin bedeutet Dialyse „Blutwäsche".

4 Additiv (engl.) = Zusatz.

3 Staatliche Prozesspolitik

Schlagzeilen aus Tageszeitungen: „Eine Mehrwertsteuer für die Börse." – „Eurogruppe erhöht den Druck auf Griechenland." – „Amerikanischer Präsident fordert Aufwertung des Euro." – „Japans Notenbank soll eine Konjunkturspritze in Höhe von 10 Billionen Yen finanzieren." – „Grünes Licht für Megafusion in der Bierbranche." Alle diese Nachrichten haben etwas mit hoheitlicher Einflussnahme auf das Wirtschaftsgeschehen, also mit Wirtschaftspolitik zu tun. Die Träger der Wirtschaftspolitik sind vor allem die Regierungen mit den *Parlamenten* und die *Zentralbanken*.

3.1 Abgrenzung des Begriffs Prozesspolitik

Die Wirtschaftspolitik wird in **Ordnungspolitik** einerseits und **Prozesspolitik** andererseits eingeteilt. Die Ordnungspolitik hat zum einen die Aufgabe, der Wirtschaft einen verlässlichen Ordnungsrahmen zu geben (siehe Kapitel 2.3.1). Zum anderen hat sie zum Ziel, die Funktionsfähigkeit der Märkte zu erhalten und die Entstehung von Marktmacht zu verhindern bzw. bestehende Marktmacht zu begrenzen (Näheres siehe Kapitel 2.3.4).

Die Prozesspolitik (auch Verlaufspolitik) kann *kurzfristig* oder *langfristig* angelegt sein. Die kurzfristige Prozesspolitik wird als **Konjunkturpolitik** bezeichnet (siehe Kapitel 3.4).

Die langfristige Prozesspolitik besteht aus **Wachstums-** und **Strukturpolitik**[1] (siehe Kapitel 3.7). Hierzu gehören z. B. die Investitions- und Sparförderung, die Bildungspolitik, die Gesundheitspolitik, die Bevölkerungspolitik, die Förderung des technischen Fortschritts, die Umweltpolitik,[2] die Außenwirtschaftspolitik einschließlich Entwicklungshilfepolitik sowie die Anpassung wirtschaftspolitischer Entscheidungen an die Vorgaben supranationaler[3] Organisationen wie z. B. der Europäischen Union (EU)[4] oder internationaler Institutionen wie z. B. der Welthandelsorganisation (WTO).[5]

Nicht nur wegen des Beitritts zu internationalen Verträgen und supranationalen Organisationen, sondern auch angesichts der zunehmenden internationalen Verflechtung der Volkswirtschaften (Globalisierung)[6] stößt die nationale Wirtschaftspolitik zunehmend an die Grenzen ihrer Möglichkeiten. Früher erfolgte der Austausch von Waren, Dienstleistungen und Rechten (z. B. Lizenzen) in der Weise, dass der Exporteur die im Inland hergestellten Güter an den ausländischen Importeur lieferte. Heute ist es so, dass zahlreiche Hersteller nicht nur im Inland, sondern auch im Ausland (in Kundennähe) produzieren lassen, sodass es zu einem **Wettbewerb der Standorte** kommt. Die präzise weltweite Steuerung wird durch die hoch entwickelte Informationstechnik ermöglicht.

Ein weiteres Merkmal der Globalisierung ist, dass die Übertragungen von Kapital für Investitions- oder reine Anlagezwecke schneller gewachsen sind als die Weltproduktion. Nur ein Bruchteil aller Devisengeschäfte steht in einem unmittelbaren Zusammenhang mit Zahlungsvorgängen im internationalen Waren- und Dienstleistungsverkehr.

---

1 Struktur (lat.) = Aufbau, Zusammensetzung. Näheres siehe Kapitel 3.5.3.3 und Kapitel 3.7.

2 Siehe Kapitel 3.8.

3 Supranational (lat.) = übernational, mehrere Nationen betreffend.

4 Die Europäische Union wird ausführlich im Kapitel 3.12.1 behandelt.

5 Zur Welthandelsorganisation (WTO) siehe Kapitel 3.11.2.

6 Siehe Kapitel 2.1.4.2.

Beispiel:

„Jährlich werden Güter und Dienstleistungen im Wert von über 56 Billionen € produziert. Die Umsätze der Börsen mit Aktien sind geringfügig geringer. Doch unglaubliche 810 Billionen € bewegen die Devisenhändler, und auf den hoch-riskanten Derivatemärkten werden jährlich 569 Billionen Dollar umgesetzt."[1]

3.2 Mittel staatlicher Einflussnahme

Die Mittel staatlicher Einflussnahme[2] sind nahezu unüberschaubar. Gesetzliche Regelungen finden sich im Grundgesetz (z. B. Vorschriften zur Eigentumsordnung, zu den Persönlichkeits- und Freiheitsrechten), im bürgerlichen Recht (z. B. Vorschriften zum Schutze beschränkt geschäftsfähiger Personen), im Arbeitsrecht (z. B. Vorschriften zum Jugendarbeitsschutz), im Handelsrecht, in der Verbraucherschutzgesetzgebung, im Mitbestimmungsrecht (z. B. Betriebsverfassungsgesetz), im Tarifvertragsrecht und im Außenwirtschaftsrecht.

Es gibt kaum eine staatliche Maßnahme, die nicht unmittelbar oder mittelbar (gewollt oder ungewollt) in die wirtschaftlichen Abläufe eingreift. Die Einstellung von mehr oder weniger Beamten wirkt sich unmittelbar auf den Arbeitsmarkt aus. Die Förderung von Forschung und Lehre belastet den Staatshaushalt, verhindert andererseits die Abwanderung hoch qualifizierter Fachleute.

Wird z. B. die Schulzeit verlängert, verändert sich das Arbeitsangebot. Werden staatliche Zuschüsse für kulturelle Einrichtungen gekürzt, werden Arbeitsplätze vernichtet. Werden die Renten erhöht, nimmt die Nachfrage nach Konsumgütern zu, falls nicht gleichzeitig die Beitragssätze zur Rentenversicherung steigen.

Eine Senkung der Unternehmenssteuern kann die Verlagerung von Produktionsstätten ins Ausland verhindern, sodass ein Arbeitsplatzabbau vermieden wird. Um ein weiteres Beispiel zu nennen: Eine Erhöhung der Umsatzsteuer verteuert die Konsumgüter, sodass unter sonst gleichen Bedingungen die Konsumgüternachfrage sinkt. Die Umsätze der Einzelhandels- und deren Zulieferbetriebe nehmen ab.

Steuerpolitik kann auch ein Mittel der Umweltpolitik sein: Umweltschädliche Produkte und Verfahren werden hoch besteuert, umweltfreundliche hingegen gar nicht oder sie werden sogar bezuschusst (subventioniert).

Schließlich ist Steuerpolitik auch ein Mittel der Sozialpolitik. So steigen z. B. die Lohn- bzw. die Einkommensteuersätze schneller als die Einkommen (Steuerprogression).[3]

---

1 Quelle: http://www.3sat.de/page/?source=/ard/dokumentationen/163263/index.html [Zugriff vom 03.02.2017]

2 Näheres siehe Kapitel 3.3.3 und Kapitel 3.6.

3 Progression (lat.) = wörtl. Fortschritt. Steuerprogression = der Steuersatz steigt schneller als z. B. das Einkommen.

3.3 Wirtschaftspolitische Ziele und ihre Zielbeziehungen

3.3.1 Ziele des Stabilitätsgesetzes

3.3.1.1 Überblick

Politik ist zielgerichtetes Handeln. Der Staat muss sich also Ziele setzen, nach denen er seine Wirtschaftspolitik ausrichtet. Bestimmte „Eckpfeiler" setzt das Grundgesetz mit seinen Forderungen nach größtmöglicher Freiheit einerseits und sozialer Gerechtigkeit andererseits. In diesem weit gespannten Rahmen ist der Staat in seinen Zielsetzungen und Maßnahmen frei.

Nach § 1 des Gesetzes zur Förderung der Stabilität und des Wachstums der Wirtschaft vom 8. Juni 1967 („Stabilitätsgesetz") haben Bund und Länder bei ihren wirtschafts- und finanzpolitischen Maßnahmen die Erfordernisse des **gesamtwirtschaftlichen Gleichgewichts** zu beachten. Gesamtwirtschaftliches Gleichgewicht liegt vor, wenn alle Produktionsfaktoren vollbeschäftigt sind und sich alle Märkte (z. B. Arbeits-, Kredit-, Gütermärkte) ausgleichen.

Aus diesem **Oberziel** leitet das Stabilitätsgesetz [§ 1 S. 2 StabG] folgende **Unterziele** ab:

- Stabilität des Preisniveaus,
- hoher Beschäftigungsstand,
- außenwirtschaftliches Gleichgewicht und
- stetiges und angemessenes Wirtschaftswachstum.

Die hier genannten Ziele sind **quantitative Ziele,** weil sie sich in Zahlen erfassen lassen. Weitere wichtige, nicht ausdrücklich im Stabilitätsgesetz erwähnte **qualitative Ziele** sind:

- sozial verträgliche Einkommens- und Vermögensverteilung und
- Erhaltung der natürlichen Lebensgrundlagen (Umweltschutz).

3.3.1.2 Hoher Beschäftigungsstand

Begriff Beschäftigung

Unter **Beschäftigung** verstehen wir im Folgenden den Grad der Kapazitätsausnutzung einer Volkswirtschaft.

Die Messung der volkswirtschaftlichen Kapazität (Leistungsfähigkeit) ist immer problematisch. Messen wir die Kapazität an der Ausstattung der Wirtschaft mit Produktionsanlagen, so kann eine Wirtschaft vollbeschäftigt sein, obwohl es Arbeitslose gibt, ganz einfach deshalb, weil im Verhältnis zu den gegebenen Arbeitsplätzen zu viel Arbeitskräfte vorhanden sind. Umgekehrt mag es möglich sein, dass eine Wirtschaft alle Arbeitskräfte beschäftigt und außerdem noch offene Stellen besitzt. In diesem Fall sind die sachlichen Produktionsfaktoren unterbeschäftigt. Die vollständige Ausnutzung ist nur durch die Einstellung ausländischer Arbeitskräfte möglich.

Um den genannten Schwierigkeiten aus dem Weg zu gehen, beurteilt man die Beschäftigungslage in einer Volkswirtschaft meist an den Arbeitslosenzahlen *und* den offenen Stellen.

- **Vollbeschäftigung** ist gegeben, wenn die Arbeitslosenquote (Anteil der Arbeitslosen an den beschäftigten Erwerbspersonen) nicht mehr als rund 2 % beträgt.
- **Überbeschäftigung** liegt vor, wenn die Zahl der offenen Stellen erheblich über der Zahl der Arbeitslosen liegt.
- **Unterbeschäftigung** ist gegeben, wenn die Arbeitslosenquote höher als rund 2 % ist und die Zahl der offenen Stellen niedriger als die Arbeitslosenzahl ist.

Eine einheitliche Berechnungsformel für die Arbeitslosenquote gibt es nicht. Die Bundesagentur für Arbeit stellt bei der Berechnung der Arbeitslosenquote die Zahl der Arbeitslosen der Zahl der Erwerbspersonen gegenüber. Jeder, der mindestens eine Stunde pro Woche eine Tätigkeit gegen Entgelt ausführt, zählt als erwerbstätig, also auch der „Ein-Euro-Jobber".[1]

$$ALQ = \frac{\text{Arbeitslosenzahl} \cdot 100}{\text{Anzahl der Erwerbspersonen}}$$

Unter Erwerbspersonen sind die selbstständigen und die unselbstständigen Erwerbspersonen *zuzüglich der Arbeitslosen* zu verstehen. Demnach besteht die Anzahl der abhängigen Erwerbspersonen aus den abhängig Beschäftigten und den Arbeitslosen.

---

1 Empfänger von Arbeitslosengeld II (Alg II) können gemeinnützige Tätigkeiten ausüben, für die sie eine Aufwandsentschädigung von ein bis zwei Euro je Stunde erhalten. Dieser Verdienst wird, anders als etwa bei Minijobs, nicht auf das Arbeitslosengeld II angerechnet. Wer aber einen solchen Job ausschlägt, dem kann das Alg II zeitweise gekürzt werden, jungen Arbeitslosen unter 25 Jahren wird es ganz gestrichen. Ein-Euro-Jobs sollen vor allem von Kommunen oder Wohlfahrtsverbänden geschaffen werden. Sie erhalten dafür einen pauschalen Zuschuss von der Bundesagentur für Arbeit. Sozialabgaben müssen sie nicht entrichten. (Näheres siehe § 16 SGB II und die dort genannten weiteren gesetzlichen Vorschriften, die Sie z. B. auch im Internet unter *www. sozialgesetzbuch.de* nachlesen können.)

225

15 Hartmann -Hug- ISBN 978-3-8120-0522-7

Probleme der Überbeschäftigung

- Die Unternehmen werben gegenseitig Arbeitskräfte ab.
- Dadurch steigen die Effektivlöhne schneller als die Produktivität.
- Die Folge sind Preiserhöhungen und damit Beeinträchtigungen der Exportchancen.
- Die Leistungsbereitschaft der Arbeitnehmer sinkt, die Produktqualität nimmt ab.
- Der Krankenstand ist in Zeiten der Überbeschäftigung hoch (schlechte „Arbeitsmoral").

Probleme der Unterbeschäftigung[1]

- Drohende Arbeitslosigkeit bewirkt einen Rückgang der Nachfrage.
- Die Steuereinnahmen des Staates gehen zurück, sodass dieser seine Aufgaben nicht mehr in vollem Umfang erfüllen kann.
- Die Familien der Arbeitslosen kommen in finanzielle Schwierigkeiten.
- Sinkende Beitragseinnahmen der Sozialversicherungsträger und zugleich steigende Ausgaben (z. B. der Arbeitslosenversicherung), steigende Lohnnebenkosten der Unternehmen durch Erhöhung der Beitragssätze, dadurch Gefährdung der internationalen Wettbewerbsfähigkeit, Verschärfung einer bestehenden Arbeitslosigkeit.
- Soziale Konflikte können sich verstärken (z. B. Radikalisierung).

3.3.1.3 Stabilität des Preisniveaus

 Eine *absolute* **Stabilität des Preisniveaus** (Geldwertstabilität) liegt vor, wenn sich das Preisniveau[2] überhaupt nicht verändert.

Auch bei absoluter Preisniveaustabilität (kurz: Preisstabilität) können sich die Preise der einzelnen Güter verändern. Bedingung ist jedoch, dass Preissteigerungen einzelner Wirtschaftsgüter durch die Preissenkungen anderer Wirtschaftsgüter ausgeglichen werden.

Die Europäische Zentralbank strebt eine *relative* Preisstabilität an. Sie ist gegeben, wenn die Preissteigerungsrate in der WWU im Durchschnitt mehrerer Jahre nahe oder knapp unter 2 % liegt. (Näheres siehe Kapitel 3.9.3.)

Inflationsraten[3] (Preissteigerungsraten), die über der genannten Zielvorstellung liegen, bringen erhebliche Nachteile mit sich. Die Sparer werden dann geschädigt, wenn die Preissteigerungen höher als die Sparzinsen sind. Hingegen werden die Schuldner und die Besitzer von Realvermögen (z. B. von Grundstücken, Betriebsvermögen und Anteilsrechten wie z. B. Aktien) bevorzugt. Steigt das inländische Preisniveau schneller als das ausländische, wird der Export beeinträchtigt, sodass die Arbeitsplätze in Gefahr geraten. (Näheres siehe Kapitel 3.9.7.7.)

---

1 Näheres zum Thema Unterbeschäftigung (Arbeitslosigkeit) siehe Kapitel 3.5.

2 Preisniveau = gewogener Durchschnitt aller Güterpreise.

3 Inflationsraten = Preissteigerungsraten (prozentuale durchschnittliche Preissteigerungen in Bezug auf das Vorjahr). Unter Inflation (lat. Aufblähung) versteht man eine lang anhaltende Steigerung des Preisniveaus.

3.3.1.4 Außenwirtschaftliches Gleichgewicht

> Unter **außenwirtschaftlichem Gleichgewicht** versteht man den mittelfristigen Ausgleich der Zahlungsbilanz.

Die Zahlungsbilanz ist die Gegenüberstellung aller in Geld messbaren Transaktionen (Bewegungen, Übertragungen) zwischen In- und Ausland. Sind die Zahlungsströme ins Inland größer als die Zahlungsströme ins Ausland, spricht man von Zahlungsbilanzüberschuss. Sind die Zahlungsströme vom Inland ins Ausland größer als die Zahlungsströme vom Ausland ins Inland, handelt es sich um ein Zahlungsbilanzdefizit. Im ersten Fall liegt eine **aktive Zahlungsbilanz,** im zweiten eine **passive Zahlungsbilanz** vor.

Da die Hauptursachen von Zahlungsbilanzungleichgewichten meistens in einem anhaltenden Missverhältnis von *Importen* und *Exporten* liegen, wollen wir uns auf die Wirkungen von Export- bzw. Importüberschüssen beschränken.

Exportüberschüsse	Sie führen zu Devisenüberschüssen,[1] weil die Exporteure die eingenommenen Devisen in der Regel bei den Banken in Binnenwährung umtauschen. Die Banken wiederum refinanzieren sich bei der Zentralbank. Somit steigt der Geldumlauf in der Binnenwirtschaft. Bei bestehender Vollbeschäftigung steigt das Preisniveau („importierte Inflation").[2]
Importüberschüsse	Sie haben die gegenteilige Wirkung. Die Importeure zahlen die Importe entweder in Binnen- oder in Fremdwährung. Wird in Binnenwährung gezahlt, tauschen die im Devisenausland ansässigen Exporteure ihre Erlöse in ihre eigene Währung um. Wird in Fremdwährung gezahlt, müssen die Importeure die benötigten Devisen im eigenen Währungsgebiet kaufen. In beiden Fällen schrumpft der Devisenvorrat der Binnenwirtschaft: Die Zahlungsbilanz wird passiv. Die abnehmende Geldmenge bremst zwar den Preisauftrieb, gefährdet aber die Arbeitsplätze.

Es scheint, als ob laufende Exportüberschüsse volkswirtschaftlich wünschenswerter als Importüberschüsse seien. Indessen ist es so, dass die Überschüsse eines Teils der Handelspartner die Defizite des anderen Teils sind. Auf die Dauer werden sich also die Defizitländer wehren müssen, indem sie ihre Währungen abwerten oder Importbeschränkungen einführen. Daraus folgt, dass es im Interesse eines störungsfreien Außenhandels notwendig ist, außenwirtschaftliches Gleichgewicht herbeizuführen.

Für Länder, die einer Währungsunion angehören (z. B. die Bundesrepublik Deutschland, Frankreich, Italien) besteht allenfalls ein *mittelbarer* Zusammenhang zwischen der Entwicklung ihrer nationalen Zahlungsbilanzen und der Geldmenge. Die oben gemachten Aussagen gelten nur dann für das gesamte Währungsgebiet (z. B. für das „Euroland"), wenn der Saldo der zusammengefassten (aggregierten) Zahlungsbilanzen *aller* Mitgliedstaaten der Währungsunion im Gleichgewicht bzw. im Ungleichgewicht sind. Zahlungsbilanzdefizite bzw. -überschüsse, die auf den innergemeinschaftlichen Handel (Intrahandel) zurückzuführen sind, haben keinen Einfluss auf die Geldmenge.

---

1 Devisen = Zahlungsmittel (z. B. Schecks und Wechsel) in Fremdwährung.

2 Weil bei Exportüberschüssen gegenüber Fremdwährungsländern der Geldumlauf im eigenen Währungsgebiet steigt und dort zugleich das Güterangebot sinkt, spricht man auch vom **doppelt inflationären Effekt** der **Exportüberschüsse.**

3.3.1.5 Mögliche Zielkonflikte[1] (magisches Dreieck)

Die Forderung, dass die Wirtschaftspolitik gleichzeitig einen hohen Beschäftigungsstand, Preisniveaustabilität (Geldwertstabilität) und außenwirtschaftliches Gleichgewicht anzustreben habe, ist leicht zu erheben, aber schwierig zu erfüllen. Je nach Ausgangslage besteht **Zielharmonie**[2] oder **Zielkonflikt**. Von Zielharmonie spricht man, wenn bestimmte wirtschaftspolitische Maßnahmen der Erreichung mehrerer Ziele dienlich sind. Ein Zielkonflikt liegt vor, wenn die Ergreifung einer bestimmten Maßnahme die Wirtschaft zwar einem Ziel näher bringt, sie dafür aber von anderen Zielen entfernt. **Zielindifferenz**[3] ist gegeben, wenn durch die Verfolgung eines wirtschaftspolitischen Ziels die Verfolgung anderer wirtschaftspolitischer Ziele weder gefährdet noch gefördert wird.

Um mögliche Konfliktsituationen aufzuzeigen, sei einmal von einer unterbeschäftigten Wirtschaft, zum anderen von einer vollbeschäftigten Wirtschaft ausgegangen.

Unterbeschäftigte Wirtschaft	Ist eine Wirtschaft unterbeschäftigt, liegt in der Regel folgende Situation vor: Die Zahl der Arbeitslosen übersteigt die Anzahl der offenen Stellen; der Preisauftrieb ist gedämpft, sofern die Gewerkschaften trotz Unterbeschäftigung keine überhöhten Lohnforderungen durchsetzen. Die Investitionsneigung der Unternehmen ist gering, weil der entsprechende Absatz fehlt. Die Steuereinnahmen des Staates reichen nicht aus, um die Staatsausgaben zu finanzieren. Angenommen nun, die Wirtschaft soll mithilfe von Exportförderungsmaßnahmen (z. B. Exportsubventionen, Abwertung)[4] belebt werden. War die Zahlungsbilanz bisher ausgeglichen, kann somit das Ziel des außenwirtschaftlichen Gleichgewichts *nicht* angestrebt werden. Das Ziel der Preisstabilität hingegen ist in dieser Situation nicht gefährdet, weil die unterbeschäftigte Wirtschaft zunächst zu konstanten Preisen anbieten kann.
Vollbeschäftigte Wirtschaft	Bestehen in einer vollbeschäftigten Wirtschaft hingegen Zahlungsbilanzüberschüsse, wird in der Regel folgende Situation gegeben sein: Das Preisniveau steigt verhältnismäßig schnell; die Staatseinnahmen decken die Ausgaben, sodass auch die Parlamente ausgabefreudig sind. Angenommen nun, es soll die Inflationsrate (z. B. durch Ausgabenkürzungen des Staates) gesenkt werden. Damit nimmt die Nachfrage ab und die Beschäftigung geht zurück. Die Politik der Preisstabilisierung steht also der Vollbeschäftigung entgegen. Mehr noch: Hat die Politik der Preisstabilisierung Erfolg und inflationiert das Ausland schneller als das Inland, wird der Export noch mehr steigen, sodass auch das Ziel des außenwirtschaftlichen Gleichgewichts nicht erreicht werden kann.

Es ist ersichtlich, dass in der Regel die gleichzeitige Verfolgung der genannten Ziele nicht möglich ist. Man spricht daher vom **„magischen Dreieck"**. Nur ein Magier, also ein Zauberer, könnte gleichzeitig Vollbeschäftigung, Preisstabilität und außenwirtschaftliches Gleichgewicht erreichen.

1 Konflikt (lat.) = Zusammenstoß, Widerstreit, Zwiespalt.
2 Harmonie (griech.-lat.) = Übereinstimmung, Einklang.
3 Indifferenz (lat.) = „Keinen Unterschied habend"; indifferent = unbestimmt, unentschieden, gleichgültig, teilnahmslos.
4 Abwertung = Herabsetzung des Wechselkurses der eigenen Währung (der Binnenwährung).

3.3.1.6 Stetiges und angemessenes Wirtschaftswachstum

Begriff Wirtschaftswachstum

> Ein **stetiges Wirtschaftswachstum** liegt vor, wenn das Wachstum des realen Brutto-inlandsprodukts keine oder nur geringe Konjunkturschwankungen[1] aufweist.

Das Wirtschaftswachstum ist in allen Wirtschaftsordnungen ein wesentliches Ziel der Wirtschaftspolitik, denn nur dann, wenn die Produktion wirtschaftlicher Güter schneller als die Bevölkerung wächst, kann der materielle Lebensstandard pro Kopf der Bevölkerung erhöht werden. Wirtschaftliches Wachstum ist umso wichtiger, je geringer der Entwicklungsstand und damit der Lebensstandard einer Volkswirtschaft ist.

Schwieriger als der Begriff des stetigen Wirtschaftswachstums ist der Begriff des *angemessenen Wirtschaftswachstums* zu bestimmen, denn was unter „angemessen" zu verstehen ist, kann nur politisch entschieden werden. Derzeit würde ein jährliches Wirtschaftswachstum von 3 % im Bundesdurchschnitt als großer wirtschaftspolitischer Erfolg gewertet werden.

Bedingungen des quantitativen Wirtschaftswachstums

Das Wachstum der Wirtschaft – gemessen an der Höhe des realen Bruttoinlandsprodukts – ist vor allem auf folgende Faktoren zurückzuführen:

- ausreichend zur Verfügung stehende Rohstoff- und Energiequellen (Ressourcen);
- hohe Sparrate, die hohe Investitionen ermöglicht;
- gute Ausbildung der arbeitenden Bevölkerung („Know-how");
- ausgebaute Infrastruktur;
- optimistische Zukunftserwartungen der Wirtschaftssubjekte;
- sicherer (steigender) Absatz mit angemessenen Unternehmensgewinnen.

Grenzen des Wirtschaftswachstums

Die Bedingungen des Wirtschaftswachstums machen zugleich seine möglichen Grenzen sichtbar: Die Rohstoff- und Energievorräte der Erde sind begrenzt, die Bevölkerungszahl der hoch industrialisierten Länder stagniert oder schrumpft und die Umweltbelastung durch Schadstoffe nimmt zu. Hinzu kommt, dass in den Industrieländern die materiellen Grundbedürfnisse weitgehend befriedigt sind.

3.3.1.7 Mögliche Zielkonflikte (magisches Viereck)

Die Ziele des „magischen Dreiecks" harmonieren nun keineswegs immer mit dem Ziel des stetigen Wirtschaftswachstums. Da z. B. hohe Sparraten erforderlich sind, um die notwendigen Investitionen zu finanzieren, widerspricht dieser Zustand bei Unterbeschäftigung dem Ziel der Vollbeschäftigung. Soll nämlich eine Wirtschaft aus der Depression[2] herausgeführt werden, ist es erforderlich, unter anderem die Konsumgüternachfrage anzuregen, d. h. die Sparrate zu senken.

---

1 Konjunktur: Schwankungen der wirtschaftlichen Aktivitäten, vor allem der Beschäftigung. (Näheres siehe Kapitel 3.4.)

2 Depression (lat.) = Niedergeschlagenheit, länger anhaltende Unterbeschäftigung. Siehe auch S. 241.

Die Ziele des „magischen Dreiecks" und das Ziel des stetigen Wachstums bilden daher das **„magische Viereck"**.

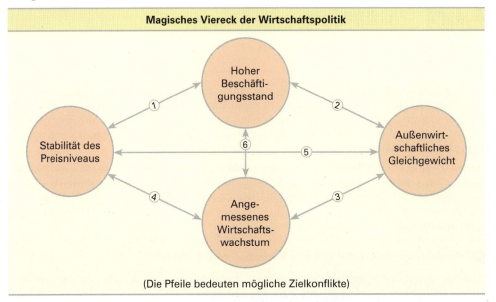

Magisches Viereck der Wirtschaftspolitik

Hoher Beschäftigungsstand

① ②

Stabilität des Preisniveaus

⑥ ⑤

Außenwirtschaftliches Gleichgewicht

④ ③

Angemessenes Wirtschaftswachstum

(Die Pfeile bedeuten mögliche Zielkonflikte)

3.3.2 Sozial verträgliche Einkommens- und Vermögensverteilung

Zielsetzung

Das wirtschafts- und sozialpolitische Ziel einer sozial verträglichen Einkommens- und Vermögensverteilung läuft darauf hinaus, die Einkommen und Vermögen in Zukunft *gleichmäßiger* unter die großen sozialen Gruppen der Arbeitnehmer einerseits und der Selbstständigen („Unternehmer") einschließlich der sonstigen Vermögensbesitzer andererseits zu verteilen. Bezüglich der Einkommenspolitik des Staates bedeutet das, die *Lohnquote* (Anteil der Arbeitnehmer am Gesamteinkommen) zu erhöhen.

Das Ziel einer sozial verträglichen Einkommens- und Vermögensverteilung wird deswegen als Einheit gesehen, weil Einkommens- und Vermögensverteilung eng zusammenhängen. Dies ist einmal deswegen der Fall, weil die Bezieher hoher Einkommen leichter Vermögen bilden können als die Bezieher niedrigerer Einkommen, zum anderen aber auch deshalb, weil die Eigentümer der Produktionsfaktoren Boden und Kapital auch die Bodenrente und den Kapitalzins beziehen. Sind diese Vermögensbestandteile in den Händen weniger Haushalte konzentriert, fließen diesen auch entsprechend hohe Einkommen zu.

Die Verfolgung des Ziels einer sozial verträglichen Einkommensverteilung ist für die Regierung der Bundesrepublik Deutschland deswegen schwierig, weil Tarifautonomie besteht, d. h., weil die Tarifpartner das Recht haben, Löhne und Gehälter (kurz: den Lohn) selbstständig und ohne staatliche Einmischung zu vereinbaren. Dennoch verbleiben dem Staat eine Reihe von wirtschafts- und sozialpolitischen Maßnahmen vor allem vermögenspolitischer Art. Hierzu gehören die Einführung eines Investivlohns (= Gewinnausschüttungen an Arbeitnehmer, die im eigenen oder in fremden Unternehmen investiert werden), der

Ausbau des Vermögensbildungsgesetzes und Sparförderungsmaßnahmen. Hinzu kommt die Steuerpolitik, mit deren Hilfe die Einkommen *umverteilt* werden: Hohe Einkommen werden überproportional hoch, niedrigere Einkommen nur gering oder überhaupt nicht direkt besteuert **(Steuerprogression).**

Mögliche Zielkonflikte

Eine Änderung der Einkommens- und Vermögensverteilung ist dann am leichtesten erreichbar, wenn die Volkswirtschaft regelmäßig wächst. Dann nämlich können die Zuwächse an Vermögen und Einkommen zugunsten der Arbeitnehmer verlagert (umverteilt) werden, ohne dass die Investitionstätigkeit leidet. In einer stagnierenden Wirtschaft bei Unterbeschäftigung führen die Lohnerhöhungen lediglich zu einer Erhöhung der Stückkosten in allen Bereichen, was zu weiteren Preissteigerungen beiträgt. Zwar mag eine Lohnerhöhung bei der Konsumgüterindustrie zu höheren Umsätzen (bei steigenden Preisen) beitragen, in der Investitionsgüterindustrie wird sich jedoch der Konsumzuwachs kaum als höhere Nachfrage nach Investitionsgütern bemerkbar machen, solange die Konsumgüterindustrie selbst unterbeschäftigt ist; denn kein Unternehmen wird Erweiterungsinvestitionen vornehmen, wenn seine Kapazität ohnehin nicht ausgelastet ist. Zwischen den Zielen „Wachstum", „Preisniveaustabilität" und „sozial verträgliche Einkommens- und Vermögensverteilung" können somit erhebliche Zielkonflikte bestehen.

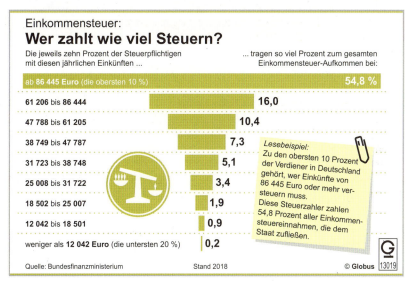

Einkommensteuer:
Wer zahlt wie viel Steuern?

Die jeweils zehn Prozent der Steuerpflichtigen mit diesen jährlichen Einkünften ...

... tragen so viel Prozent zum gesamten Einkommensteuer-Aufkommen bei:

Jährliche Einkünfte	Anteil am Aufkommen
ab **86 445 Euro** (die obersten 10 %)	**54,8 %**
61 206 bis 86 444	**16,0**
47 788 bis 61 205	**10,4**
38 749 bis 47 787	**7,3**
31 723 bis 38 748	**5,1**
25 008 bis 31 722	**3,4**
18 502 bis 25 007	**1,9**
12 042 bis 18 501	**0,9**
weniger als **12 042 Euro** (die untersten 20 %)	**0,2**

Lesebeispiel:
Zu den obersten 10 Prozent der Verdiener in Deutschland gehört, wer Einkünfte von 86 445 Euro oder mehr versteuern muss.
Diese Steuerzahler zahlen 54,8 Prozent aller Einkommensteuereinnahmen, die dem Staat zufließen.

Quelle: Bundesfinanzministerium   Stand 2018   © **Globus** 13019

Wer wenig verdient, zahlt wenig Steuern, wer viel verdient, wird vom Finanzamt stärker zur Kasse gebeten. So ist das Steuersystem in Deutschland aufgebaut. Es berücksichtigt die sogenannte Leistungsfähigkeit der Steuerzahler; das führt zu einer progressiv wachsenden Steuerbelastung. Denn mit den Einkommen steigen auch die Steuersätze bis zu einem Höchstsatz von derzeit 42 % (bzw. 45 % bei Einkünften über 265 326 Euro für Ledige bzw. 530 652 Euro für Verheiratete). So tragen die obersten zehn Prozent der Steuerzahler über die Hälfte zum gesamten Einkommensteuer-Aufkommen in Deutschland bei. Das sind die Verdiener mit Einkünften ab rund 86 400 Euro im Jahr. Die nächsten zehn Prozent der Steuerpflichtigen – das sind Verdiener zwischen 61 200 und 86 400 Euro – tragen etwa ein Sechstel (16 %) der Einkommensteuerlast. Wer weniger als 12 000 Euro pro Jahr verdient, muss dank der Freibeträge praktisch keine Einkommensteuer zahlen. Das trifft auf immerhin jeden fünften Steuerpflichtigen in Deutschland zu.

3.3.3 Erhaltung der natürlichen Lebensgrundlagen

Das wirtschafts- und sozialpolitische Ziel, die Umwelt lebenswert zu erhalten und/oder zu verbessern, ist ein *qualitatives* Ziel.

Wird in den Zielkatalog einer **sozialen Marktwirtschaft** das Ziel des Umweltschutzes aufgenommen, müssen – ebenso wie dies zur Erreichung sozialer Ziele erforderlich ist – **staatliche Eingriffe** erfolgen, die die Marktbedingungen so verändern, dass **Nachfrage** und **Angebot** in der gewünschten Weise gelenkt werden. **Marktkonforme Maßnahmen** müssen hierbei die Regel, **marktkonträre Maßnahmen** die Ausnahme bilden.

Marktkonforme Maßnahmen

Mithilfe marktkonformer Maßnahmen strebt der Staat eine preisgesteuerte Beeinflussung des Verhaltens der Wirtschaftssubjekte an. Mithilfe von Steuern, Abgaben und Zöllen (sogenannten **„Ökosteuern"**) sollen als umweltschädigend erkannte Maßnahmen und Produkte so stark belastet werden, dass in absehbarer Zeit sowohl Nachfrage als auch Angebot reagieren werden. Umgekehrt sollen alle als umweltschonend erkannten Maßnahmen und Produkte so stark entlastet (erforderlichenfalls auch subventioniert) werden, sodass sich Nachfrage und Produktion in die gewünschte Richtung bewegen.

Beispiel: CO_2-Steuer[1]

Die Schülerbewegung „Fridays for Future" fordert eine CO_2-Steuer. Demnach würden Produkte in dem Umfang teurer, wie ihre Herstellung klimaschädliche Treibhausgase verursacht. Die Steuer auf klimaschädliche Treibhausgase soll 180 € pro Tonne CO_2 betragen. Folgende Produkte würden sich dadurch z. B. verteuern:

- Ein Liter Milch belastet das Klima mit 920 Gramm Kohlendioxid – umgerechnet wären das 17 Cent Preisaufschlag.

- Ein Liter Benzin würde um 43 Cent teurer, ein Kilo Rindfleisch um 2,58 €.

- Besonders treffen würde es Flugreisende. Wäre die CO_2-Steuer bei Inlandsflügen noch überschaubar, müsste man für einen Flug von Frankfurt via Dubai nach Auckland in Neuseeland 2 107 € mehr bezahlen, denn der Flug – hin und zurück – produziert pro Passagier 11,71 Tonnen CO_2.

Die Steuer könnte, so die Hoffnung, das Verhalten der Konsumenten beeinflussen. „Wenn klar wird, was uns der Klimawandel wirklich kostet, dann entsteht Druck auf die Industrie, klimafreundlichere Technologien zu entwickeln", sagte Carla Reemtsma, Mitorganisatorin der Schülerproteste, unserer Zeitung gestern.

Die Steuereinnahmen sollen nicht nur in den Umweltschutz fließen, sondern auch soziale Härten mindern. „Die Mehreinnahmen könnten durchaus für mehr soziale Gerechtigkeit sorgen", sagte Reemtsma. „Schließlich stoßen Haushalte mit niedrigeren Ausgaben deutlich weniger CO_2 aus, weil sie zum Beispiel kaum Fernreisen machen können. So könnte die Politik mit dem Geld denen, die weniger haben, helfen und so abfedern, wenn sich auch Produkte des täglichen Bedarfs oder Lebensmittel durch die Abgabe verteuern. Die Energiesteuer in der Schweiz könnte da ein Vorbild sein." Dort fließen die Einnahmen über die Krankenversicherung an die Bürger zurück.

Deutschland wäre nicht das erste europäische Land, das eine CO_2-Steuer einführt. In Finnland gibt es sie ebenfalls, Schweden verlangt mit 110 € pro Tonne bisher am meisten.

---

1 Vgl. hier und im Folgenden: https://www.merkur.de/politik/forderung-von-fridays-for-future-co2-steuer-was-sie-kostet-was-sie-bringt-12183713.html, zuletzt aktualisiert am 27. 07. 2019.

In der Literatur finden sich z. B. folgende Vorschläge zur Erhebung von Umweltabgaben:

- Ökoproduktsteuern z. B. auf Batterien, tropisches Holz, umweltschädliche Waschmittel und Streusalz,
- Ökoabgaben für umweltschädliche Spritzmittel,
- eine progressive Besteuerung des Stromverbrauchs privater Haushalte.

Marktkonträre Maßnahmen

Die Umweltpolitik kommt ohne marktkonträre Maßnahmen nicht aus. Marktkonträre Maßnahmen sind **Verbote** und die Vorgabe von **Grenzwerten**.

- Umweltschädliche Produkte, auf die vollständig verzichtet werden kann, müssen verboten werden (z. B. umweltschädliche Treibgase in Sprühdosen).
- Einzelschadstoffe, die mit technischen Mitteln auf einen bestimmten Stand reduziert werden können, sind mithilfe von Grenzwerten zu verringern (z. B. Schadstoffe in Autoabgasen).

Das Problem der Vorgabe von Grenzwerten ist, dass sie auch noch unterboten werden können, die Wirtschaftssubjekte aber nicht einsehen, dass sie die Kosten für eine weitere Verringerung von Schadstoffen tragen sollen, wenn dies nicht gesetzlich vorgeschrieben ist.

Die **wirtschaftlichen Folgen** der skizzierten Umweltpolitik sind Beschäftigungsrückgänge in den umweltbelastenden Wirtschaftszweigen und positive Beschäftigungseffekte in den Umweltschutzindustrien. Viele Wirtschaftswissenschaftler sind der Meinung, dass die positiven Beschäftigungseffekte überwiegen, d. h., dass langfristig der Umweltschutz **kein „Jobkiller"** ist.

Kurzfristig führt der Strukturwandel in bestimmten Bereichen sicher zu sozialen Härten, die der Staat – also die Allgemeinheit – ausgleichen muss.

3.3.4 Mögliche Zielkonflikte (magisches Sechseck)

Mit dem industriellen Wachstum steigt auch der Verschmutzungsgrad. Die Folgen sind verkürzte Lebenserwartung, Zerstörung der Erholungsgebiete, Vernichtung des ökologischen Gleichgewichts und Rückgang der land-, fisch- und forstwirtschaftlichen Produktion. Zwischen dem wirtschaftspolitischen Ziel der „Erhaltung einer lebenswerten Umwelt" und dem Wachstumsziel besteht somit ein unauflöslicher Zielkonflikt, soweit sich das Wachstum auf die materielle Produktion bezieht. Wird hingegen das Wachstum gebremst, um die Umwelt zu schonen, geraten das Vollbeschäftigungsziel und eventuell das außenwirtschaftliche Gleichgewicht in Gefahr. Somit wird deutlich, dass alle wirtschafts- und sozialpolitischen Ziele miteinander zusammenhängen **(magisches Sechseck)**.

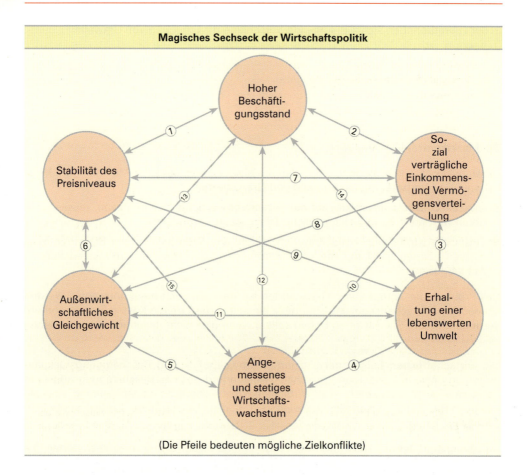

Magisches Sechseck der Wirtschaftspolitik

(Die Pfeile bedeuten mögliche Zielkonflikte)

3.3.5 Wirtschaftspolitische Kompromisse

Da es häufig nicht möglich ist, alle wirtschaftspolitischen Ziele *gleichzeitig* zu erreichen, müssen sich die politischen Instanzen (z. B. Bundesregierung, Länderregierungen) in erster Linie mit demjenigen wirtschaftspolitischen Ziel auseinandersetzen, das am meisten gefährdet erscheint. Anders ausgedrückt: Die politischen Instanzen müssen *Prioritäten*[1] setzen.

Herrscht z. B. Arbeitslosigkeit, wird man versuchen, den Beschäftigungsstand zu erhöhen, selbst wenn dadurch die Preisstabilität und das außenwirtschaftliche Gleichgewicht gefährdet werden. Herrscht hingegen Inflation bei Vollbeschäftigung, wird die Wirtschaftspolitik versuchen müssen, die Preissteigerungsrate herabzudrücken, auch auf die Gefahr hin, dass Arbeitslosigkeit entsteht.

---

1 Priorität = Vorrangigkeit.

Zusammenfassung

- Die wirtschaftspolitischen **Ziele des Stabilitätsgesetzes** sind:
  - (1) **Stabilität des Preisniveaus,**
  - (2) **hoher Beschäftigungsstand,**
  - (3) **außenwirtschaftliches Gleichgewicht** und
  - (4) **stetiges und angemessenes Wirtschaftswachstum.**

- Die Ziele (1) bis (3) sind kurzfristig zu erreichen. Das Ziel (4) ist ein nur langfristig zu erreichendes Ziel.

- Weitere nicht im Stabilitätsgesetz genannten langfristigen Ziele sind
  - (5) eine **sozial verträgliche Einkommens- und Vermögensverteilung** und
  - (6) die **Erhaltung der natürlichen Lebensgrundlagen.**

- Die Ziele (1) bis (3) bilden das sogenannte **„magische Dreieck"**, die Ziele (1) bis (4) das **„magische Viereck"** und die Ziele (1) bis (6) das **„magische Sechseck"**, denn man müsste ein Zauberer (Magier) sein, wenn man alle Ziele gleichzeitig erreichen könnte.

- Es gibt folgende Zielbeziehungen:
  - Zielharmonie,
  - Zielkonflikt und
  - Zielindifferenz.

- **Zielharmonie** liegt vor, wenn zwei oder mehr Ziele mit ein und denselben wirtschaftspolitischen Maßnahmen erreicht werden können.

- Von einem **Zielkonflikt** spricht man, wenn mit einer wirtschaftspolitischen Maßnahme ein Ziel (oder ein Zielbündel) nur zulasten eines anderen Ziels (oder Zielbündels) erreicht werden kann.

- Eine **Zielindifferenz** ist gegeben, wenn durch die Verfolgung eines wirtschaftspolitischen Ziels die Erreichung anderer wirtschaftspolitischer Ziele weder negativ noch positiv beeinflusst wird.

- Da bei der Verfolgung wirtschaftspolitischer Ziele häufig Zielkonflikte bestehen, müssen die politischen Instanzen (z. B. die Regierung, die Länderregierungen, die Europäische Zentralbank) **Kompromisse** eingehen.

ÜBUNGSAUFGABEN

1. Bearbeiten Sie folgende Prüfungsaufgaben:
   - 1.1 Das Oberziel der Wirtschaftspolitik der Bundesrepublik Deutschland ist nach § 1 StabG das „gesamtwirtschaftliche Gleichgewicht". Was ist hierunter zu verstehen?
   - 1.2 Welche quantitativen Ziele werden im § 1 StabG genannt?
   - 1.3 Warum ist die Vollbeschäftigung ein wichtiges Ziel der Wirtschaftspolitik?
   - 1.4 Unter welchen Bedingungen liegt Vollbeschäftigung vor?
   - 1.5 Erklären Sie das wirtschaftspolitische Ziel „Preisniveaustabilität"!
   - 1.6 Begründen Sie, warum der Staat für außenwirtschaftliches Gleichgewicht sorgen sollte!
   - 1.7 Welche möglichen Zielkonflikte können zwischen den Zielen „hoher Beschäftigungsstand", „Stabilität des Preisniveaus" und „außenwirtschaftliches Gleichgewicht" bestehen?
   - 1.8 Erklären Sie, was unter stetigem Wirtschaftswachstum zu verstehen ist!
   - 1.9 Nennen Sie neben dem Ziel des stetigen Wirtschaftswachstums noch weitere langfristige Ziele der Wirtschaftspolitik!

1.10 Welche Zielkonflikte können sich zwischen dem Ziel des stetigen Wirtschaftswachstums einerseits und den kurzfristigen Zielen des „magischen Dreiecks" ergeben?

1.11 Die möglichen Zielkonflikte erfordern, dass der Staat wirtschaftspolitische Kompromisse schließen muss. Was heißt das?

2. **Textauszug:**

„An dieser Stelle tritt mit voller Kraft die *zweite* Grundwahrheit hervor, die wir wissen sollten:

Es ist das Gesetz der Interdependenz.

Auf eine kurze Formel gebracht: Alles hängt mit allem zusammen. Das wirtschaftliche Leben steht nicht für sich allein. Die Ordnung der Wirtschaft ist vielmehr Teil einer alles umfassenden Gesamtordnung.

Es gibt nicht
hier: die Wirtschaft, auf sich selbst beschränkt und von allem Übrigen abgetrennt,
dort: die Politik,

dort: die Kultur.

Die Ordnung der Wirtschaft ist mit den Ordnungen des Staates, des Rechts, des geistigen Lebens verflochten.

Und wie keine dieser Ordnungen aus einzelnen Punkten besteht, die unabhängig voneinander existieren, so besteht auch das Ganze unseres Lebens nicht aus isolierten Bereichen.

Ein großer Zusammenhang geht durch alles hindurch. Und jedes Einzelne kann nur aus dem Zusammenhang heraus verstanden werden.

Was immer an Wesentlichem geschieht, hat seine Folgen oft weit von dem ursprünglichen Ausgangspunkt entfernt. Und die Folgen haben wieder ihre Rückwirkungen.

In dieser gegenseitigen Bedingtheit liegt das alles durchdringende, kaum je genug beachtete Gesetz der Interdependenz.".

Quelle: EUCKEN-ERDSIEK, E.: Die Ordnung, in der wir leben, 1961, S. 32.

Arbeitsaufträge:

2.1 Erklären Sie mit eigenen Worten, was unter dem „Gesetz der Interdependenz" zu verstehen ist!

2.2 Bringen Sie Beispiele dafür, wie die Wirtschaftsordnung mit den Ordnungen des Rechts und des geistigen Lebens verflochten ist!

3. Beurteilen Sie, ob in den nachstehenden Fällen Zielharmonie, Zielindifferenz oder Zielkonflikt besteht!

3.1 In einer Volkswirtschaft wirkt das „Gesetz der Massenproduktion". Die Wirtschaft ist unterbeschäftigt. Die Regierung beschließt, die Staatsausgaben (bei gleichbleibenden Einnahmen) zu erhöhen. Ihre vorrangigen wirtschaftspolitischen Ziele sind zzt. der Abbau der Arbeitslosigkeit und die Preisniveaustabilität.

3.2 In einer mit dem Ausland stark verflochtenen Volkswirtschaft übersteigen die Exporte seit längerer Zeit die Importe. Die Wirtschaft ist unterbeschäftigt. Die Regierung beschließt die Senkung der Importzölle und die Aufhebung bisheriger Exportförderungsmaßnahmen. Ihre vorrangigen wirtschaftspolitischen Ziele sind zz. außenwirtschaftliches Gleichgewicht, Preisniveaustabilität und Vollbeschäftigung.

3.3 In einer vollbeschäftigten Volkswirtschaft steigen die Preise jährlich um ca. 10 %. Es bestehen laufende Exportüberschüsse. Das Wirtschaftswachstum beträgt im kommenden Jahr voraussichtlich 3 %. Der Grad der Umweltverschmutzung ist sehr hoch, sodass die Lebenserwartung der Bevölkerung zu sinken beginnt. Die derzeitige Einkommens- und Vermögensverteilung wird als „gerecht" empfunden.

Die Regierung beschließt, die Grenzen weiter zu öffnen, um die Importe zu steigern. Die sechs magischen Ziele der Wirtschaftspolitik werden von der Regierung als gleichrangig betrachtet.

4.

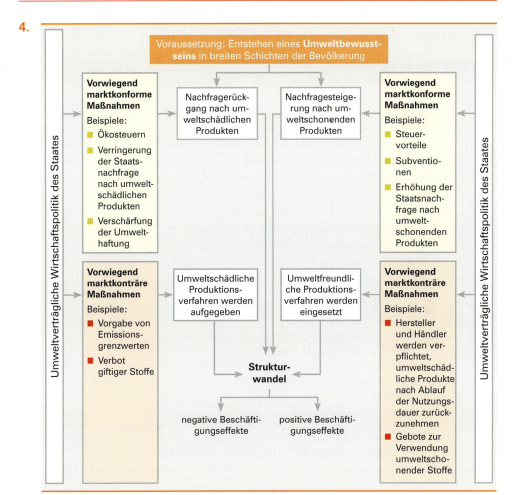

Arbeitsauftrag:

Betrachten Sie obige Abbildung und beantworten Sie folgende Fragen:

4.1 Was ist unter einer Ökosteuer zu verstehen?

4.2 Wie wirkt sich die Erhebung einer Ökosteuer auf die Angebotskurve eines Produkts aus?

4.3 Welche Wirkungen ergeben sich auf einem polypolistischen Markt im Hinblick auf den Preis sowie die absetzbare Menge des mit einer Ökosteuer belasteten Produkts?

4.4 Wie kann der Staat selbst durch sein Nachfrageverhalten Einfluss auf die Produktion umweltfreundlicher Produkte nehmen? Nennen Sie ein Beispiel!

5. Ökosteuern und -abgaben, Verbote und die Vorgabe von Grenzwerten sollen zu einem umweltverträglichen Wirtschaften beitragen.

Beispiele:

a) Erhebung einer Abwasserabgabe, die mit zunehmendem Reinheitsgrad der Abwässer sinkt.

b) Abschaffung der Kraftfahrzeugsteuer und Erhöhung der Mineralölsteuer.

c) Verbot umweltschädlicher Produkte (z. B. umweltschädlicher Treibgase in Sprühdosen).

d) Begrenzung der zulässigen Rußzahlen bei Ölfeuerungsanlagen.

e) Fahrverbot für Kraftfahrzeuge mit Benzinmotoren ohne Katalysator.

f) Stromsteuer auf Atomstrom und Strom aus Verbrennungskraftwerken.

g) Vorgabe von Abgasgrenzwerten (z. B. für Kraftwerke, Autos).

h) Subventionen zur Gewinnung von Erdwärme.

i) Steuererleichterung für Dieselfahrzeuge mit Rußfilter.

j) Herstellungsverbot asbesthaltiger Werkstoffe.

k) Einführung des Dosenpfands.

l) Importverbot für genmanipulierte Lebensmittel.

5.1 Begründen Sie, welche der genannten Maßnahmen als marktkonform und welche als marktkonträr zu bezeichnen sind!

5.2 Angebot und Nachfrage nach einem umweltschädlichen Gut A verhalten sich normal. Das Gut A wird mit einer Ökosteuer belegt. Stellen Sie mithilfe der Angebots- und Nachfragekurve dar, wie sich Preis und Absatzmenge des Gutes A verändern!

5.3 Wie könnte sich die Ökosteuer auf das Produkt A auf die Nachfrage nach dem Substitutionsgut B auswirken?

5.4 Bilden Sie zwei eigene Beispiele für den unter 5.3 beschriebenen Substitutionseffekt!

6. Welche Zusammenhänge drücken die nachfolgenden Abbildungen aus?

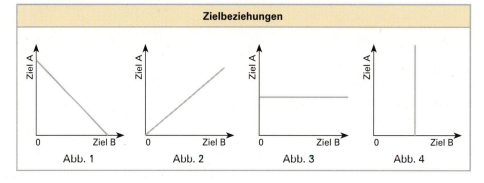

3.4 Konjunktur

3.4.1 Konjunkturzyklus[1]

3.4.1.1 Abgrenzung des Konjunkturbegriffs

Das Phänomen[2] ist den Menschen seit jeher bekannt: Die wirtschaftliche Entwicklung vollzieht sich nicht regelmäßig, sondern in „Schwankungen". Selbst die Bibel berichtet von den „sieben fetten und den sieben mageren Jahren".

> Mittelfristige Wirtschaftsschwankungen werden als **Konjunkturschwankungen** bezeichnet. Man rechnet heute mit einer Zyklendauer von rund 5 bis 8 Jahren.

Der **Konjunkturverlauf** wird im Allgemeinen an den Schwankungen des realen Bruttoinlandsprodukts gemessen. Dabei werden Konjunkturschwankungen als *Abweichungen* vom **Trend**[3] angesehen. Der Trend stellt die *langfristige* Entwicklung der Kapazität (Leistungsfähigkeit) einer Volkswirtschaft, gemessen am realen Bruttoinlandsprodukt, dar.

In wachsenden Volkswirtschaften ist der Trend „nach oben" gerichtet. In stagnierenden (stationären) Volkswirtschaften verändert sich die gesamtwirtschaftliche Kapazität im Zeitablauf nicht („Nullwachstum"). Schrumpfende Volkswirtschaften weisen einen „nach unten" gerichteten Trend auf.

Beispiel:

Betrug das reale Bruttoinlandsprodukt (BIP_r) eines Landes im Jahr 01 800 Mrd. Geldeinheiten (GE) und beläuft sich die Wachstumsrate (= jährliche prozentuale Zunahme des realen Bruttoinlandsprodukts) auf 4,5 %, so ergibt sich folgender **Wachstumspfad,** wie der *Trend* auch genannt wird:[4]

Jahr	BIP_r in Mrd. GE
01	800
02	836
03	874
04	913
05	954
06	997
07	1 042

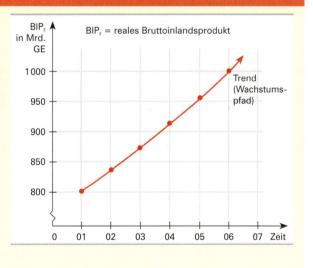

Ist die tatsächliche Leistung der Wirtschaft *höher* als die durch den Trend gekennzeichnete Normalleistung, herrscht **Überbeschäftigung**. Es werden z. B. Überstunden geleistet,

---

1 Zyklus = regelmäßig wiederkehrender Ablauf.

2 Phänomen = Erscheinung.

3 Trend = Entwicklungsrichtung.

4 In diesem Beispiel handelt es sich um ein exponentielles Wachstum, eine spezielle Art des stetigen Wachstums, weil das Bruttoinlandsprodukt von Jahr zu Jahr um den gleichen Prozentsatz zunimmt.

im Haushalt arbeitende Personen für Halbtagsbeschäftigungen geworben, Schüler und Studenten mit „Ferienjobs" beschäftigt und ausländische Arbeitskräfte eingestellt. Liegt hingegen die tatsächliche Kapazitätsausnutzung unter der Normalbeschäftigung, liegt **Unterbeschäftigung** vor (sog. **konjunkturelle Arbeitslosigkeit**).[1]

Auch der Trend selbst unterliegt **langfristigen Schwankungen,** die als „lange Wellen" bezeichnet werden. Der Begriff ist auf den Russen N. D. Kondratieff zurückzuführen, der 1926 die Theorie aufstellte, dass sich die Wirtschaft in Form „langer Wellen" fortentwickle, wobei die Dauer dieser Wellen rund 50 bis 60 Jahre beträgt. Die Ursachen dieser sogenannten „Kondratieff-Wellen" liegen in tief greifenden strukturellen[2] Wandlungen der Wirtschaft, die durch technische Neuerungen hervorgerufen wurden und werden (z. B. Dampfmaschinen, Eisenbahnen, Flugzeuge, Raumfahrt, Mikroelektronik).

Neben den langfristigen strukturellen und den mittelfristigen konjunkturellen Schwankungen der wirtschaftlichen Aktivitäten gibt es die jahreszeitlich wiederkehrenden **saisonalen Schwankungen.** Sie haben ihre Ursachen in erster Linie im Klimawechsel der Jahreszeiten. So sind beispielsweise die Bau-, Land-, Forst- und Transportwirtschaft im Winter mehr oder weniger stark betroffen. Die Jahreszeiten beeinflussen ferner die Bekleidungs- und Getränkeindustrie sowie den Brennstoffhandel. Auch die Lage besonderer Festtage (Ostern, Weihnachten) sowie die traditionellen Ferienzeiten beeinflussen den Umsatz (die Beschäftigung) vieler Wirtschaftsbereiche (z. B. Einzelhandel, Reiseveranstalter).

3.4.1.2 Merkmale des Konjunkturverlaufs

Kein Konjunkturzyklus ist dem anderen gleich, denn die sozialen, technischen und wirtschaftlichen Bedingungen sind laufenden Änderungen unterworfen. Dennoch gibt es besonders hervorstechende Gemeinsamkeiten (= typische Merkmale), die im Folgenden kurz erläutert werden.

Konjunkturphasen	Merkmale
Aufschwung	Der konjunkturelle Aufschwung ist durch zunehmende Kapazitätsauslastung und abnehmende Arbeitslosigkeit gekennzeichnet. Da die Unternehmen jetzt mit sinkenden Stückkosten arbeiten, bleibt trotz steigender Nachfrage nach Konsum- und Investitionsgütern das Preisniveau weitgehend stabil, sofern nicht Materialpreise und/oder Löhne unverhältnismäßig steigen. Da die Käufer von Aktien steigende Unternehmensgewinne erwarten, klettern auch die Aktienkurse in die Höhe (Effektenhausse). Zu Beginn des Aufschwungs ist der Kreditmarkt noch flüssig, d. h., die Kreditinstitute besitzen genügend finanzielle Mittel zur Kreditgewährung. Somit bleiben die Zinsen noch verhältnismäßig niedrig, sieht man von möglichen Eingriffen der Zentralbank[3] ab.
Oberer Wendepunkt	Bevor die Konjunktur „umkippt", tritt die Situation der **Konjunkturüberhitzung** ein, die als **Boom** oder **Hochkonjunktur** bezeichnet wird. Auf den Kreditmärkten werden die Mittel knapp. Die Zinsen steigen. Damit beginnen die Wertpapierkurse zu sinken. Die Preissteigerungsraten erhöhen sich. Ebenso steigen die Löhne verhältnismäßig schnell, weil die Arbeitskräfte knapp sind: Die Gewerkschaften haben eine starke Stellung. Infolge der

---

1 Näheres siehe Kapitel 3.5.2.2.

2 Struktur = Aufbau.

3 Näheres siehe Kapitel 3.10.

Konjunkturphasen	Merkmale
	erhöhten Kosten nehmen die Unternehmergewinne ab. Die Investitions-güternachfrage geht zurück, während die Nachfrage nach Konsumgütern noch steigt. Im Investitionsgüterbereich finden die ersten Betriebsstilllegungen und Entlassungen statt. Die **Krise** (**oberer Wendepunkt** des Konjunkturverlaufs) tritt ein, der Abschwung wird eingeleitet.
Abschwung	Die allgemeine Grundhaltung der Verbraucher und Unternehmer ist pessimistisch. Die allseits zu beobachtende Kaufzurückhaltung führt zu Umsatzeinbußen, zu weiteren Betriebsstilllegungen, Vergleichen und Insolvenzen. Die Arbeitslosenzahl steigt. Die abnehmende Kreditnachfrage führt zu sinkenden Zinssätzen. Der früher zu beobachtende kräftige Rückgang des Preisniveaus während der **Rezession,** wie heute der Abschwung auch bezeichnet wird, ist heute in der Regel nicht mehr gegeben, weil viele Faktoren einen generellen Preisrückgang verhindern.[1] So steigen z.B. die Stückkosten, die Rohstoffpreise und die Löhne. (Auch in Zeiten der Unterbeschäftigung pflegen die Gewerkschaften Lohnerhöhungen durchzusetzen, wenngleich die Steigerungsraten meistens niedriger als in Zeiten der Vollbeschäftigung sind.)
Unterer Wendepunkt	Kommt der Abschwung zum Stillstand und beginnt sich die Konjunktur wieder zu erholen, nimmt die Nachfrage also wieder zu, ist der untere Wendepunkt – die sogenannte **Talsohle** – überschritten.

Ein lang anhaltender wirtschaftlicher Tiefstand wird als **Depression**[2] bezeichnet. Die Depression ist keine konjunkturelle Erscheinung, sondern Ausdruck einer tief greifenden strukturellen Krise.[3]

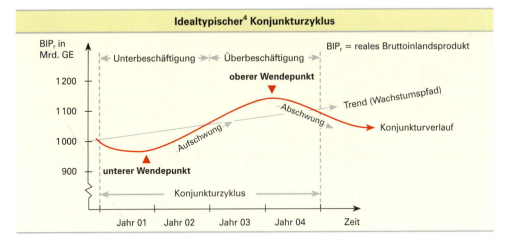

Idealtypischer[4] Konjunkturzyklus

---

1 Gründe sind z.B. gewinnunabhängige Steuern, Starrheit der Löhne, langfristige Lieferverträge mit festen Preisen, hoher Fixkosten-anteil an den Produktionskosten.

2 Depression (lat.) = wörtl. Niedergeschlagenheit, traurige Stimmung.

3 Krise, auch Krisis (griech., lat.) = Entscheidungssituation, in der sich die Lage zum Guten oder auch zum Schlechten entwickeln kann. Im Sprachgebrauch wird unter Krise i.d.R. eine schlechte, nicht zufriedenstellende Lage bezeichnet.

4 Idealtypisch (griech.-lat.) = ein nur in der Vorstellung vorkommendes Modell bestimmter sich ähnlnder oder sich wiederholender Ereignisse oder Merkmale. So gab es z.B. bei den verschiedenen Konjunkturzyklen der Bundesrepublik Deutschland stets Aufschwünge, Hochkonjunkturen, Abschwünge (Rezessionen) und Tiefpunkte (untere Wendepunkte), die sich jedoch im Hinblick auf ihre Verläufe (Stärke, Dauer) unterschieden.

241

16 Hartmann -Hug- ISBN 978-3-8120-0522-7

Konjunkturzyklus in der Wirklichkeit

Wirtschaftswachstum in Deutschland[1]
Veränderung des preisbereinigten Bruttoinlandsprodukts gegenüber dem Vorjahr in %

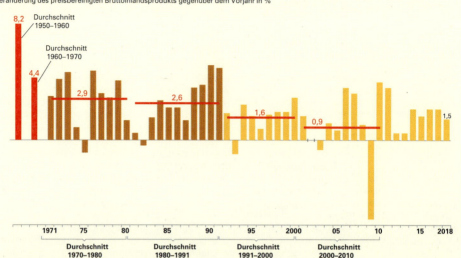

1 Die Ergebnisse von 1950 bis 1970 (Früheres Bundesgebiet) sind wegen konzeptioneller und definitorischer Unterschiede nicht voll mit den Ergebnissen von 1970 bis 1991 (Früheres Bundesgebiet) und den Angaben ab 1991 (Deutschland) vergleichbar. Die preisbereinigten Ergebnisse von 1950 bis 1970 (Früheres Bundesgebiet) sind in Preisen von 1991 berechnet. Die Ergebnisse von 1970 bis 1991 (Früheres Bundesgebiet) sowie die Angaben ab 1991 (Deutschland) werden in Preisen des jeweiligen Vorjahres als Kettenindex nachgewiesen. Bei der VGR-Revision 2014 wurden zudem nur die Ergebnisse für Deutschland bis 1991 zurückgerechnet; Angaben vor 1991 sind unverändert geblieben.

Quelle: Statistisches Bundesamt, Volkswirtschaftliche Gesamtrechnungen 2018, Wiesbaden 2019.

Determinanten[1] des Konjunkturverlaufs

Faktoren, die den Konjunkturaufschwung auslösen können:	Faktoren, die den Konjunkturabschwung auslösen können:
■ Ausweitung des Geldangebots (Kreditangebots) durch die Zentralbank: sinkende Zinssätze – steigende Kreditnachfrage.	■ Verknappung des Geldangebots (Kreditangebots) durch die Zentralbank: steigende Zinssätze – sinkende Kreditnachfrage.
■ Steigende private und staatliche Investitionsgüternachfrage.	■ Sinkende private und staatliche Investitionsgüternachfrage.
■ Steigende private und staatliche Konsumgüternachfrage.	■ Sinkende private und staatliche Konsumgüternachfrage.
■ Steigender Außenbeitrag (Export > Import).	■ Sinkender Außenbeitrag (Export < Import).
■ Zahlungsbilanzüberschüsse.	■ Zahlungsbilanzdefizite.
■ Optimistische Zukunftserwartungen der Wirtschaftssubjekte.	■ Pessimistische Zukunftserwartungen der Wirtschaftssubjekte.
■ Positive politische Ereignisse (z. B. Beendigung von Kriegen, Abschluss wichtiger Friedensverträge).	■ Negative wirtschaftliche oder politische Ereignisse (z. B. Generalstreiks, Währungsspekulationen, Überschuldung wirtschaftlich bedeutsamer Staaten, Bankenzusammenbrüche, Kriege, Terroranschläge).

1 Determinanten = Ursachen, Gründe, Bestimmungsgründe.

Zusammenfassender Überblick über die Konjunkturphasen								
Konjunktur-phasen	**Auftrags-bestände/ Produktion**	**Konjunktu-relle Arbeits-losigkeit**	**Lohn-entwick-lung**	**Zinsen**	**Wert-papier-kurse**	**Preis-entwick-lung**	**Spar-nei-gung**	**Zukunfts-erwar-tungen**
■ **Aufschwung**	steigend	noch hoch	mäßige Lohnerhö-hungen	noch niedrig	hoch	geringe Preissteige-rungsraten	sin-kend	optimis-tisch
■ **Boom** (= Hoch-konjunktur, Überkonjunk-tur, Über-beschäftigung)	bei Konsum-gütern noch steigend; bei Investi-tionsgütern stagnierend oder sin-kend	sinkend	kräftige Lohnerhö-hungen	stei-gend	sin-kend	hohe Preissteige-rungsraten	niedrig	optimis-tisch
■ **oberer Wendepunkt** (Konjunktur-gipfel)	bei Kon-sumgütern stagnie-rend; bei Investiti-onsgütern sinkend	gleich-bleibend	kräftige Lohnerhö-hungen ("Lohn-lag")[1]	hoch	niedrig	hohe Preissteige-rungsraten	niedrig	abwartend bis pessi-mistisch
■ **Abschwung** (= Rezession, Niedergang)	sinkend	steigend	mäßige Lohnerhö-hungen (Inflations-ausgleich); u. U. Abbau über-tariflicher Leistungen	lang-sam sin-kend	lang-sam stei-gend	abnehmen-de Preisstei-gerungs-raten (auf poly-polistischen Märkten u. U. sin-kende, auf oligopolis-tischen und monopo-listischen Märkten weiter steigende Preise)	stei-gend	pessi-mistisch
■ **unterer Wendepunkt** (Talsohle)	auf niedrigem Niveau verharrend	hoch	mäßige Lohnerhö-hungen; geringe über-tarifliche Leistungen	niedrig	hoch	geringere Preissteige-rungsraten; Kosten-inflation (Stagflation) jedoch möglich	hoch	abwartend oder vor-sichtiger Optimis-mus

---

1 Lag (engl.) = Verschiebung, Verzögerung.

3.4.2 Konjunkturindikatoren

Im vorigen Kapitel haben wir das reale Bruttoinlandsprodukt als Maßstab verwendet, um Konjunkturschwankungen zu erfassen. Das wirtschaftliche Auf und Ab lässt sich jedoch mithilfe weiterer Größen messen. Bestimmte wirtschaftliche Erscheinungen lassen sogar Rückschlüsse auf die künftige Entwicklung zu, dienen also der Konjunkturprognose.[1]

> Daten, die den Konjunkturverlauf messen und/oder Voraussagen (Prognosen) für künftige Entwicklungen zulassen, werden als **Konjunkturindikatoren**[2] bezeichnet.

Realwirtschaftliche Konjunkturindikatoren

Realwirtschaftliche[3] Konjunkturindikatoren beziehen sich vor allem auf die Entwicklung der volkswirtschaftlichen Gesamtnachfrage (Inlandsnachfrage nach Konsum- und Investitionsgütern, Exportgüternachfrage) sowie den Arbeitsmarkt:

Entwicklung der Arbeitslosenzahlen und offenen Stellen	Steigende Arbeitslosenzahlen und sinkende offene Stellen zeigen an, dass die Wirtschaft unterbeschäftigt ist. Die Unternehmen werden sich bei den Investitionen zurückhalten, weil sie eine stagnierende oder gar zurückgehende Konsumgüternachfrage erwarten. Die umgekehrte Reaktion tritt ein, wenn die Bundesagentur für Arbeit eine steigende Zahl offener Stellen meldet und wenn die Arbeitslosenzahlen zurückgehen.
Entwicklung der Konsumgüternachfrage	Steigt der private Konsum (angezeigt durch steigende Einzelhandelsumsätze), ist eine positive Entwicklung des wirtschaftlichen Geschehens zu erwarten, weil in der Folge die Großhandelsumsätze und schließlich die Umsätze der Herstellerbetriebe steigen werden. Ist die Wirtschaft vollbeschäftigt, werden Preissteigerungen eintreten. Stagnierende oder sinkende Einzelhandelsumsätze bewirken das Gegenteil.
Entwicklung der Investitionsgüternachfrage	Steigt die Investitionsgüternachfrage (angezeigt durch steigende Umsätze und/oder Auftragsbestände in der Investitionsgüterindustrie), kann eine Erhöhung der Beschäftigung erwartet werden, die auch nicht ohne Einfluss auf die Arbeitsnachfrage bleiben wird. Bei Vollbeschäftigung können steigende Preise (zunächst in der Investitionsgüterindustrie) und steigende Löhne vorausgesagt werden. Sinkende Investitionsgüternachfrage lässt den gegenteiligen Schluss zu.
Entwicklung des Außenhandels	Nimmt der Export schneller als der Import zu, ist auf eine Belebung der Konjunktur zu schließen. Eine vollbeschäftigte Wirtschaft muss mit Preissteigerungen rechnen, weil die Gesamtnachfrage (Auslands- und Inlandsnachfrage) das Gesamtangebot der Volkswirtschaft übersteigt. Steigen die Importe schneller als die Exporte, ist der gegenteilige Effekt wahrscheinlich.
Entwicklung der Staatsausgaben und -einnahmen	Aus dem Staatshaushaltsplan kann entnommen werden, in welchem Verhältnis die Staatsausgaben zu den Staatseinnahmen stehen werden. Strebt der Staat große zusätzliche Konsum- oder Investitionsvorhaben an, ohne die Steuern zu erhöhen, ist eine Belebung der Wirtschaftstätigkeit wahrscheinlich. Auch in diesem Fall sind Preiserhöhungen zu erwarten, wenn die Wirtschaft vollbeschäftigt ist. Voraussichtliche Steuererhöhungen indessen können die Investitionstätigkeit der Unternehmen vermindern.

---

1 Prognose = Voraussage, Vorausschau.

2 Indikator = Anzeiger.

3 Real = wirklich; von lat. res = Sache. Realwirtschaftliche Vorgänge finden auf Güter- und Arbeitsmärkten statt.

Entwicklung der Lagerbestände	Steigen die Lagerbestände der Unternehmen über das saisonal übliche Maß, so liegt Überproduktion vor. Es kann der Schluss gezogen werden, dass die Unternehmen ihre Produktion drosseln werden, was einen Konjunkturabschwung bewirken kann. Nehmen die Lagerbestände ab, ist das Gegenteil der Fall.
	Diese Aussage gilt jedoch nicht uneingeschränkt. Es mag nämlich sein, dass die Unternehmen ihre Lagerbestände bewusst abbauen, weil sie sinkende Umsatzzahlen erwarten, und ihre Lagerbestände aufstocken, weil ein Konjunkturanstieg eingesetzt hat.
Kapazitäts- auslastung und Auftragsbestände	Steigende Auftragsbestände kündigen einen Konjunkturaufschwung an. Die Auslastung der Kapazität folgt der Entwicklung der Auftragsbestände.
Vertrauens- indikatoren	Für die Beurteilung zukünftiger Entwicklungen spielen die Erwartungen der Unternehmen und der Verbraucher eine große Rolle. Nimmt das Vertrauen in eine (positive) wirtschaftliche Entwicklung zu, ist mit einer steigenden Konsum- und Investitionsgüternachfrage zu rechnen.

Finanzwirtschaftliche Konjunkturindikatoren

Geldpolitik	Als Konjunkturindikator zählt auch die (vermutete) künftige Geldpolitik einer Zentralbank. Aufgrund von Zinssenkungen kann die Konjunktur belebt, aufgrund von Zinserhöhungen ein „Überschäumen" der Konjunktur verhindert werden.
Wechselkurse	Steigende Wechselkurse (Mengennotierung) verteuern die Binnenwährung. Der Export in Fremdwährungsländer wird gebremst, die Konjunktur wird gebremst bzw. negativ beeinflusst. Sinken die Wechselkurse, wird die Binnenwährung für die Devisenausländer billiger. Es ist zu erwarten, dass die Exporte steigen und die Konjunktur angekurbelt wird.

Bedeutung

Voraussagen über die mutmaßliche Konjunkturentwicklung liefern Unterlagen für die Wirtschaftspolitik. So kann die Regierung ihre konjunkturpolitischen Entscheidungen – vorausgesetzt, die Prognosen stimmen – rechtzeitig treffen.

Es muss aber an dieser Stelle auf die Problematik derartiger Voraussagen hingewiesen werden. Denn wenn, wie häufig angenommen wird, die Konjunktur einen streng zyklischen Verlauf hat, braucht man keine Konjunkturvoraussagen. Andererseits ist klar, dass Vorhersagen die Wirtschaftssubjekte veranlassen, ihre Dispositionen zu ändern. Die Folge ist, dass der vorhergesagte Verlauf nicht eintreten kann, eben *weil* sich die Grundlagen der Vorhersage geändert haben.

In bestimmten Situationen kann eine Prognose auch dazu führen, dass die vorausgesagte Entwicklung durch die Prognose selbst verstärkt wird. Prophezeit ein Institut z. B. steigende Preise, wird die Inflation geradezu herbeigeredet, weil die Wirtschaftssubjekte veranlasst werden, jetzt zu relativ niedrigen Preisen mehr nachzufragen, wodurch die Preise erst zu steigen beginnen. Pessimistische Voraussagen können sich deshalb bewahrheiten, weil durch die Voraussage der allgemeine Pessimismus erst hervorgerufen wird.

Beispiel:

Sagt ein Institut zunehmende Arbeitslosigkeit voraus, werden die Arbeitnehmer mehr sparen, um sich einen Notgroschen zurückzulegen: Die Konsumgüternachfrage stagniert oder geht zurück. Die Unternehmen investieren nur zögernd – ein Verhalten, das als „Attentismus"[1] bezeichnet wird –, weil sie ihre Absatzmöglichkeiten pessimistisch beurteilen.

Nicht selten werden Prognosen durch unvorhersehbare Ereignisse hinfällig. Dazu gehören z. B. überhöhte Tarifabschlüsse, eine starke Aufwertung der eigenen Währung (der Binnenwährung), Bankenzusammenbrüche mit einer daraus folgenden Vertrauenskrise, Tierseuchen, Terroranschläge, Kriege und Epidemien.[2]

Die führenden Wirtschaftsforschungsinstitute haben ihre Prognose für das Wirtschaftswachstum 2019 deutlich nach unten korrigiert. Gingen sie im vergangenen Herbst noch von einem Plus von 1,9 % aus, erwarten sie nun nur noch ein Wachstum von 0,8 %. Hauptgrund für die Wachstumsdelle ist nach Angaben der Wirtschaftsforscher die Abkühlung der Weltwirtschaft. Die schwelenden Handelskonflikte zwischen den USA und China bzw. den USA und der EU sowie ein schwächeres Wachstum in China beeinflussen die wirtschaftliche Entwicklung ebenso negativ wie die Unsicherheiten mit dem Brexit, also dem geplanten Austritt Großbritanniens aus der Europäischen Union. Das belastet vor allem die exportorientierten Industrieunternehmen. Für 2020 sind die führenden Wirtschaftsforschungsinstitute wieder optimistischer, sie erwarten dann eine Beschleunigung des Wachstumstempos auf 1,8 %.

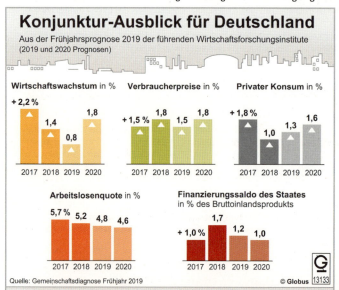

Konjunktur-Ausblick für Deutschland

Aus der Frühjahrsprognose 2019 der führenden Wirtschaftsforschungsinstitute (2019 und 2020 Prognosen)

Wirtschaftswachstum in %
+ 2,2 % — 1,4 — 0,8 — 1,8
2017 2018 2019 2020

Verbraucherpreise in %
+ 1,5 % — 1,8 — 1,5 — 1,8
2017 2018 2019 2020

Privater Konsum in %
+ 1,8 % — 1,0 — 1,3 — 1,6
2017 2018 2019 2020

Arbeitslosenquote in %
5,7 % — 5,2 — 4,8 — 4,6
2017 2018 2019 2020

Finanzierungssaldo des Staates in % des Bruttoinlandsprodukts
+ 1,0 % — 1,7 — 1,2 — 1,0
2017 2018 2019 2020

Quelle: Gemeinschaftsdiagnose Frühjahr 2019
© Globus 13133

Zusammenfassung

- Mittelfristige Schwankungen der wirtschaftlichen Aktivitäten heißen **Konjunkturschwankungen.**
- Ein **Konjunkturzyklus** dauert rund vier bis fünf Jahre.
- Vom Auf und Ab der Konjunktur sind die kurzfristigen **saisonalen Schwankungen** und die langfristigen **Kondratieff-Wellen** zu unterscheiden.
- Im Allgemeinen wird der **Konjunkturverlauf** an den Schwankungen des **realen Bruttoinlandsprodukts** gemessen.
- Der Konjunkturverlauf wird in folgende Phasen (Zeitabschnitte) eingeteilt:
    - **Aufschwung,**
    - **Boom (Hochkonjunktur)** und
    - **Abschwung.**

---

1 Attentismus = abwartende Haltung (frz. attendre = warten, abwarten).

2 Epidemie (griech.) = Massenerkrankung, Seuche.

- Die **Konjunkturprognose** stützt sich auf die Beobachtung der Konjunkturindikatoren.

- Man unterscheidet zwischen **realwirtschaftlichen** und **finanzwirtschaftlichen Konjunkturindikatoren.**

ÜBUNGSAUFGABEN

1. In nebenstehender Abbildung sind die wesentlichen Phasen (Abschnitte) des typischen Konjunkturverlaufs mit den Ziffern I bis V versehen.

1.1 Erklären Sie den Begriff Konjunktur!

1.2 Benennen Sie die einzelnen Konjunkturphasen!

1.3 Beschreiben Sie kurz das Wesen der einzelnen Konjunkturphasen!

1.4 Welche Faktoren können den Konjunkturaufschwung auslösen? Begründen Sie Ihre Antworten!

1.5 Welche Faktoren können den Konjunkturabschwung auslösen? Begründen Sie Ihre Antworten!

2. Am Ende eines der vergangenen Jahre verhießen verschiedene Konjunkturindikatoren wenig Gutes. Auch die Verbraucher sahen wenig optimistisch in die Zukunft.

2.1 Definieren Sie den Begriff Konjunkturindikatoren!

2.2 Nennen und beschreiben Sie mindestens fünf wichtige Konjunkturindikatoren!

3. Betrachten Sie zunächst die beiden folgenden Konjunkturindikatoren:

Quelle: Schlaglichter der Wirtschaftspolitik, Monatsbericht August 2019, hrsg. vom Bundesministerium für Wirtschaft und Energie (BMWi), Stand: 24.07.2019.

3.1 Bestimmen Sie, ob es sich bei den dargestellten Konjunkturindikatoren um real- oder finanzpolitische Konjunkturindikatoren handelt!

3.2 Nehmen die dargestellten Konjunkturindikatoren den kommenden Konjunkturverlauf vorweg (sogenannte Frühindikatoren), beschreiben sie den augenblicklichen Stand der Konjunktur (sogenannte Präsenzindikatoren) oder „hinken" sie der konjunkturellen Entwicklung hinterher (sogenannte Spätindikatoren)?

3.5 Beschäftigung und Arbeitslosigkeit

3.5.1 Arbeitsmarktdaten

Begriff Arbeitslosigkeit

Eine einheitliche national und international gültige Definition des Begriffs Arbeitslosigkeit gibt es nicht. Wir halten uns hier an die Arbeitsmarktstatistik der Bundesagentur für Arbeit: Als arbeitslos gilt, wer trotz Arbeitsfähigkeit und Arbeitswilligkeit nicht in einem Beschäftigungsverhältnis steht. Die Bundesagentur für Arbeit rechnet zu den Arbeitslosen alle Personen, die das 15., aber noch nicht das 65. Lebensjahr[1] vollendet haben, die beschäftigungslos sind oder nur eine kurzzeitige Beschäftigung (zz. weniger als 15 Stunden je Woche) ausüben und ein versicherungspflichtiges, mindestens 15 Wochenstunden umfassendes Beschäftigungsverhältnis suchen. Als arbeitslos gilt außerdem nur, wer sich persönlich bei der Bundesagentur für Arbeit oder einem Träger der Grundsicherung[2] arbeitslos gemeldet hat, der Arbeitsvermittlung zur Verfügung steht und nicht arbeitsunfähig erkrankt ist.[3]

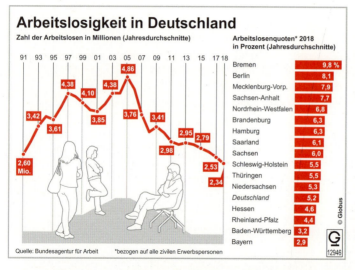

Arbeitslosigkeit in Deutschland

Zahl der Arbeitslosen in Millionen (Jahresdurchschnitte)

91	2,60 Mio.
	3,42
	3,61
97	4,38
99	4,10
	3,85
03	4,38
05	4,86
07	3,76
09	3,41
	2,98
11	2,95
13	2,79
15	2,53
17 18	2,34

Arbeitslosenquoten* 2018 in Prozent (Jahresdurchschnitte)

Bremen	9,8 %
Berlin	8,1
Mecklenburg-Vorp.	7,9
Sachsen-Anhalt	7,7
Nordrhein-Westfalen	6,8
Brandenburg	6,3
Hamburg	6,3
Saarland	6,1
Sachsen	6,0
Schleswig-Holstein	5,5
Thüringen	5,5
Niedersachsen	5,3
Deutschland	5,2
Hessen	4,6
Rheinland-Pfalz	4,4
Baden-Württemberg	3,2
Bayern	2,9

Quelle: Bundesagentur für Arbeit   *bezogen auf alle zivilen Erwerbspersonen

© Globus 12946

Die Arbeitslosigkeit in Deutschland ist im vergangenen Jahr weiter gesunken. Die Arbeitslosenquote sank von 5,7 % (2017) auf 5,2 % (2018). In Westdeutschland waren im Jahresdurchschnitt 1,76 Mio. Menschen arbeitslos gemeldet, dies entsprach einer Quote von 4,8 %. Im Osten waren es rund 581 000; damit lag die ostdeutsche Jahresquote bei 6,9 % (2017: 7,6 %). Für 2019 erwartet der Sachverständigenrat einen weiteren Rückgang der Arbeitslosenquote in Deutschland auf unter 5 %. Die Beschäftigung könnte 2019 um 400 000 auf 45,3 Mio. Erwerbstätige zunehmen.

Neben dieser sogenannten **registrierten Arbeitslosigkeit** gibt es eine **verdeckte Arbeitslosigkeit,** die z. B. Personen betrifft, die von Kurzarbeit betroffen sind, die an Maßnahmen der Arbeitsförderung (z. B. Fort- und Weiterbildungskurse, Trainingsmaßnahmen) teilnehmen, sich im Vorruhestand befinden oder Altersübergangsgeld beziehen. Auch Arbeit-

---

1 In dem Gesetz zur Anpassung der Regelaltersgrenze an die demografische Entwicklung und zur Stärkung der Finanzierung der gesetzlichen Rentenversicherung wurde eine sukzessive Anhebung der Regelaltersgrenze von 65 auf 67 Jahre beschlossen. Beginnend im Jahr **2012** wird die Altersgrenze zunächst sukzessive um einen Monat pro Geburtsjahrgang und dann ab **2024** sukzessive um **zwei** Monate pro Geburtsjahrgang bis zur Regelaltersgrenze von 67 Jahren angehoben. Für alle ab 1964 Geborenen gilt die Regelaltersgrenze von 67 Jahren.
   Die Datenaufbereitungsverfahren und Veröffentlichungen der Statistik sind auf die feste Altersgrenze von 65 Jahren ausgelegt und werden – wo nötig – an die oben beschriebene flexible Altersgrenze angepasst. In allen betroffenen Statistiken werden Personen bis zur neuen flexiblen Regelaltersgrenze erfasst. Anpassungen sind insbesondere für die Arbeitslosenstatistik notwendig.

2 Die Grundsicherung ist im Sozialgesetzbuch (SGB) geregelt. Sie umfasst die Grundsicherung für Arbeitsuchende (SGB II), die Sozialhilfe für nicht erwerbsfähige Hilfebedürftige (SGB XII) und die Grundsicherung im Alter und bei Erwerbsminderung (SGB XII).

3 Zur Berechnung der Arbeitslosenquote siehe Kapitel 3.3.1.2.

nehmer, die bei Arbeitgebern beschäftigt sind, die einen Eingliederungszuschuss erhalten, zählen zu den verdeckt Arbeitslosen.

Statistisch kaum erfassbar ist die sogenannte **stille Reserve.** Man versteht darunter den Teil des Erwerbspersonenpotenzials, der weder erwerbstätig noch arbeitslos gemeldet ist, aber bereit ist, eine Arbeit aufzunehmen. Die zur stillen Reserve gehörenden Erwerbspersonen würden, falls sich die Gelegenheit bietet (z. B. bei einer Belebung des Arbeitsmarkts), eine Stelle annehmen.

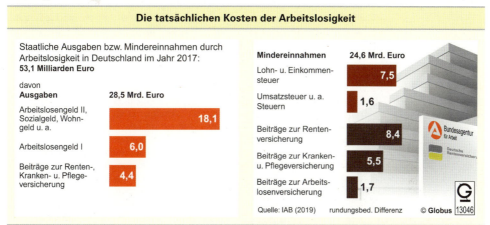

Die tatsächlichen Kosten der Arbeitslosigkeit

Staatliche Ausgaben bzw. Mindereinnahmen durch Arbeitslosigkeit in Deutschland im Jahr 2017:
53,1 Milliarden Euro

davon
Ausgaben   **28,5 Mrd. Euro**

Arbeitslosengeld II, Sozialgeld, Wohngeld u. a. — **18,1**
Arbeitslosengeld I — **6,0**
Beiträge zur Renten-, Kranken- u. Pflegeversicherung — **4,4**

Mindereinnahmen   **24,6 Mrd. Euro**

Lohn- u. Einkommensteuer — **7,5**
Umsatzsteuer u. a. Steuern — **1,6**
Beiträge zur Rentenversicherung — **8,4**
Beiträge zur Kranken- u. Pflegeversicherung — **5,5**
Beiträge zur Arbeitslosenversicherung — **1,7**

Quelle: IAB (2019)   rundungsbed. Differenz   © Globus 13046

Begriff offene Stellen

Die offenen Stellen sind die der Arbeitsverwaltung (den Agenturen für Arbeit) als zu besetzende angezeigte Stellen. Die Veränderung der offenen Stellen können als Indikator für künftige Entwicklungen auf dem Arbeitsmarkt gelten. Nimmt die Zahl der offenen Stellen zu, deutet dies auf eine Belebung des Arbeitsmarkts hin. Nimmt die Zahl der offenen Stellen ab, ist mit weiter steigender Arbeitslosigkeit zu rechnen.

3.5.2 Ursachen und Arten der Arbeitslosigkeit

Die Arbeitslosigkeit kann nach verschiedenen Gesichtspunkten eingeteilt werden. Einteilungsgesichtspunkte sind z. B. ihre durchschnittliche Dauer oder ihre Ursachen, die statistische Erfassbarkeit (verdeckte bzw. offene Arbeitslosigkeit). Im Folgenden werden die Formen der Arbeitslosigkeit nach ihren Ursachen und nach ihrer Dauer unterschieden.

3.5.2.1 Friktionelle[1] Arbeitslosigkeit

Durch Wechsel des Arbeitsplatzes, Umstrukturierungen in den Unternehmen und durch die oft zeitaufwendige Suche nach einer angemessenen Beschäftigung bleibt auch in Zeiten der Vollbeschäftigung eine niedrige Arbeitslosenquote erhalten. Die Tatsache, dass Leute eine Arbeit aufgegeben und eine andere noch nicht aufgenommen haben, führt sozusagen zu „Reibungsverlusten" auf dem Arbeitsmarkt.

---

1 Friktio (lat.) = Reibung.

3.5.2.2 Nachfragebedingte Arbeitslosigkeit

Kurz- und mittelfristige Nachfrageschwankungen können die Zahl der Arbeitslosen erhöhen oder verringern. Kurzfristige Nachfrageschwankungen sind i. d. R. saisonal,[1] mittelfristige i. d. R. konjunkturell[2] bedingt. Man unterscheidet deshalb auch zwischen saisonaler (saisoneller) und konjunktureller Arbeitslosigkeit.

Saisonale Arbeitslosigkeit	Als saisonale Arbeitslosigkeit werden die durch den Wechsel der Jahreszeiten hervorgerufenen Beschäftigungsrückgänge bezeichnet. Wirtschaftszweige, die unter saisonaler Arbeitslosigkeit leiden, sind z. B. das Baugewerbe, die Landwirtschaft und die Gewerbe, die vom Tourismus abhängig sind (z. B. das Hotel- und Gaststättengewerbe). Um die wahre Entwicklung auf dem Arbeitsmarkt beurteilen zu können, müssen die Arbeitslosenzahlen um die saisonal bedingten Einflüsse bereinigt werden.
Konjunkturelle Arbeitslosigkeit	Die konjunkturelle Arbeitslosigkeit ist nur *eine* von zahlreichen Arten der Arbeitslosigkeit. Die konjunkturelle Arbeitslosigkeit ist, soweit sie auf „normale" konjunkturelle Ausschläge zurückzuführen ist, wirtschaftspolitisch verhältnismäßig unproblematisch, weil sie im Laufe eines Konjunkturaufschwungs mehr oder weniger „automatisch" abgebaut wird. Anders hingegen verhält es sich bei weltweiten Rezessionen, die durch einzelstaatliche Maßnahmen kaum zu bekämpfen sind. In diesem Fall werden Produktionsstätten mit ihren Arbeitsplätzen vernichtet. *Strukturelle Arbeitslosigkeit* (siehe Kapitel 3.5.2.4) ist die Folge.

3.5.2.3 Angebotsbedingte Arbeitslosigkeit

Die angebotsbedingte Arbeitslosigkeit hat viele Ursachen, von denen hier nur einige genannt werden können. Letztlich handelt es sich um Einflussfaktoren, die unmittelbar oder mittelbar die Kosten der Unternehmen negativ beeinflussen.

Lohnkostenbedingte[3] Arbeitslosigkeit	Die Löhne und Gehälter sowie die Lohnzusatzkosten sind auf vielen Teilmärkten des Arbeitsmarkts (z. B. für gering qualifizierte Arbeit) so hoch, dass sie von Unternehmen und Behörden nicht mehr bezahlt werden können **(lohnkostenbedingte Arbeitslosigkeit)**. 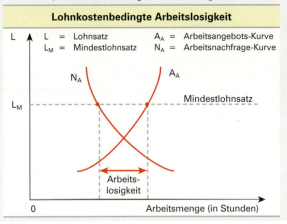

---

1 Saison (frz.) = Hauptbetriebszeit, Zeit der höchsten Umsätze.

2 Siehe Kapitel 3.4.1.1.

3 Wenn in der Öffentlichkeit von „Lohnkosten" und „Lohnzusatzkosten" die Rede ist, sind im Allgemeinen mit dem Begriff Löhne alle Arbeitsentgelte, also die Löhne (für Arbeiter) und die Gehälter (für Angestellte) gemeint.

Andererseits wird einfache Arbeit von manchen Arbeitsuchenden nicht angenommen, weil sie als nicht lohnend und als unattraktiv angesehen wird (**„freiwillige Arbeitslosigkeit"**).

Die lohnkostenbedingte Arbeitslosigkeit ist umso größer, je höher der Mindestlohn über dem Marktlohn liegt. (Der Marktlohn ist der Lohn, der sich auf einem freien Arbeitsmarkt bilden würde.) Der Mindestlohn kann tarifvertraglich oder gesetzlich festgelegt sein. In Deutschland gibt es bereits gesetzlich vorgeschriebene Mindestlöhne z.B. für das Bauhauptgewerbe, das Dachdeckerhandwerk, die Gebäudereinigung, das Elektrohandwerk und für die Briefdienstleister. Für diese Wirtschaftszweige (Branchen) gilt auch das *Entsendegesetz,* wonach die Mindestarbeitsbedingungen auch für die Arbeitnehmer gelten, die von im Ausland ansässigen Arbeitgebern zur grenzüberschreitenden Erbringung von Dienstleistungen nach Deutschland entsandt werden.

Geplant ist, dass künftig das Entsendegesetz für alle in Tarifverträgen festgelegten Mindeststandards gelten soll. Darüber hinaus ist ein „Mindestarbeitsbedingungsgesetz" in Vorbereitung, wonach für alle Branchen, für die keine tarifvertraglichen Regelungen gelten, staatliche (gesetzliche) Mindestlöhne eingeführt werden können.

Durch sonstige Produktionskosten verursachte Arbeitslosigkeit

Die im Vergleich zum Ausland zu hohen Kosten (Steuerkosten, Kosten des Umweltschutzes) veranlassen zahlreiche Unternehmen, im Ausland produzieren zu lassen („Global Sourcing").[1] Die Folge der **Globalisierung der Märkte** ist, dass vor allem in den Hochlohnländern wie der Bundesrepublik Deutschland die Arbeitslosigkeit zunimmt. Schlagwortartig wird vom **„Arbeitsplatzexport"** gesprochen.

Gesetzliche und administrative[2] Hemmnisse

Staatliche Regulierungen wie z.B. strenge Kündigungsvorschriften halten zahlreiche Unternehmen von Neueinstellungen ab. Bei Nachfragebelebungen werden vielmehr Überstunden geleistet. Viele Unternehmen würden mehr Arbeitskräfte einstellen, wenn die gesetzlichen Kündigungsfristen weniger rigide[3] wären.

Zudem ist die bürokratische Regelungsdichte vor allem in Deutschland so hoch, dass viele unternehmerische Vorhaben nur langsam, gar nicht oder in einem fremden Land mit weniger Bürokratie durchgeführt werden.[4]

Beispiele:

Möglichkeiten des Bürokratieabbaus sind z.B. die Verkürzung behördlicher Antragsverfahren, Vereinfachung der Steuergesetzgebung sowie der Steuerformulare, Abbau steuerlicher Ausnahmeregelungen, Überprüfung von Gesetzen und Verordnungen auf ihre Notwendigkeit, Abbau von nicht mehr notwendigen behördlichen Stellen oder die Verringerung statistischer Erhebungen.

---

1 Global Sourcing (engl.) = wörtl. „Erdausschöpfung", d.h. erdweit die (günstigsten) Quellen nutzen. (Global = erdweit; source = Quelle.)

2 Administrativ (lat.) = zur Verwaltung gehörend, von (staatlichen) Behörden verwaltet und angeordnet.

3 Rigid (lat.) = steif, streng, starr.

4 Gadum, J.W.: Deutschland braucht mehr Unternehmer, in: Der Tagesspiegel, Berlin vom 24. Februar 1997, zitiert in: Deutsche Bundesbank, Auszüge aus Presseartikeln, Nr. 13 vom 5. März 1997, S. 2.

Reformstau	Neben der Bürokratiebarriere führt auch die Nichtdurchführung notwendiger Reformen zu einem ungünstigen Investitionsklima. In der Bundesrepublik Deutschland stehen z. B. folgende Reformen aus: eine gründliche Änderung des Steuerrechts, eine auf die Zukunft ausgerichtete Reform des gesamten Sozialversicherungssystems sowie gesetzliche Maßnahmen zur Senkung der Lohnnebenkosten.
	Die unklaren Rahmenbedingungen erschweren eine strategische (langfristige) Planung der Unternehmen und lassen das Vertrauen in die Politik schwinden.
Geringe Flexibilität	Ein möglicher Entstehungsgrund für Arbeitslosigkeit ist auch eine geringe Flexibilität des Arbeitsmarkts, wenn es in einem Land z. B. an Teilzeitarbeitsplätzen fehlt sowie an der Möglichkeit, unbezahlten Urlaub zu nehmen oder in auftragsstarken Zeiten mehr und in auftragsarmen Zeiten weniger zu arbeiten.
	Hinzu kommt ein weitgehender Kündigungsschutz für Arbeitnehmer, d. h. vor allem lange Kündigungsfristen.
Führungsfehler	Führungsfehler (Managementfehler) liegen z. B. vor, wenn es die Geschäftsleitung versäumt hat, Fertigungsverfahren und/oder die Produkte rechtzeitig an die sich verändernden Marktbedingungen anzupassen. Arbeitsplatzverluste entstehen auch dann, wenn Manager nach kurzfristiger Gewinnmaximierung streben, ohne an die zukünftige Entwicklung und die Sicherheit des Unternehmens zu denken, hohe Eigenkapitalrenditen zum Ziel haben, indem sie das Eigenkapital möglichst niedrig halten oder risikoreiche Geschäfte eingehen (spekulieren).
Mangelnde Risikobereitschaft	Die Schaffung neuer zukunftsträchtiger Arbeitsplätze wird beeinträchtigt, weil große Teile der Gesellschaft zu Recht oder zu Unrecht Angst vor den Auswirkungen der technologischen Entwicklung haben. So wird z. B. der Bau von Straßen, Brücken, Kanälen, Hochgeschwindigkeitszügen, Fabriken und Flugplätzen aus politischen und/oder aus Umweltschutzgründen behindert, verhindert oder verzögert.
Außenwirtschaftliche Bedingungen	Manche Ursachen der Arbeitslosigkeit sind nicht eindeutig entweder kurz- oder langfristiger Natur. Dies gilt z. B. für die Wechselkursentwicklung. Unter **Wechselkurs** versteht man das Austauschverhältnis zwischen zwei Währungen.

> **Beispiele:**
>
> Ein Euro entspricht 1,12 US-Dollar. Ein Euro entspricht 1,07 Schweizer Franken.

Je niedriger der Kurs ist, desto billiger sind die Exportprodukte für Devisenausländer. Je höher der Kurs, desto teurer sind die Exportprodukte für die Importeure in Fremdwährungsgebieten. Steigt also der Kurs, nehmen die Exportchancen ab und damit die Beschäftigung in der Exportwirtschaft. Sinkt der Kurs, nimmt die Beschäftigung zu. Kurzfristige Kursänderungen wirken sich folglich nicht nachhaltig auf den Arbeitsmarkt aus; sie sind wie die Konjunkturschwankungen zu beurteilen und werden auch oft durch Konjunkturschwankungen ausgelöst.

	Anders ist es, wenn die Binnenwährung *langfristig* unterbewertet ist (z. B. aufgrund staatlicher Wechselkursfestlegungen). Dann stellt sich die Exportwirtschaft auf eine hohe Auslandsnachfrage ein. Wird der Kurs nach Jahren korrigiert, entstehen Überkapazitäten, weil der Export sinkt. Es kommt zu einer strukturellen Arbeitslosigkeit (Kapitel 3.5.2.4).
Zinspolitik der Zentralbank	Hält die Zentralbank eines Wirtschaftsgebiets die Zinssätze hoch (um z. B. das Preisniveau stabil zu halten), sind die Finanzierungskosten für Investitionen hoch. Die Unternehmen halten sich mit ihren Investitionen zurück, sodass weniger Arbeitsplätze ersetzt werden bzw. neu entstehen, als dies bei einem niedrigen Zinsniveau der Fall wäre.

3.5.2.4   Strukturelle Arbeitslosigkeit

Im Gegensatz zu den *kurzfristigen* Ursachen der Arbeitslosigkeit wie z. B. die konjunkturell bedingten Nachfragerückgänge ist die strukturelle[1] Arbeitslosigkeit auf *langfristig* wirkende Faktoren zurückzuführen.[2]

Strukturelle Arbeitslosigkeit entsteht – allgemein gesagt – immer dann, wenn sich eine Volkswirtschaft nicht oder nicht mehr im sogenannten „strukturellen Gleichgewicht" (Güterangebot = Güternachfrage; Arbeitsangebot = Arbeitsnachfrage) befindet. Ein **strukturelles Ungleichgewicht** liegt demnach vor, wenn Wirtschaftsstufen und/oder -bereiche nicht aufeinander abgestimmt sind und/oder wenn sich Arbeitsangebot und -nachfrage nicht in allen Sektoren der Wirtschaft ausgleichen.

Die Strukturen einer Wirtschaft liegen nie fest. Zum Beispiel führen die sich weiter entwickelnde Technik, politische Ereignisse, Zu- und Abwanderungen und die sich ändernden Einstellungen und Bedürfnisse der Menschen zu einem ständigen **Strukturwandel**. Bezieht sich der Strukturwandel auf einzelne Wirtschaftsbereiche (z. B. Bergbau, Schiffbau, Textilindustrie), spricht man von **sektoralem Strukturwandel**. Bezieht sich der Strukturwandel auf ganze Regionen (z. B. der Strukturwandel in den östlichen Bundesländern), handelt es sich um einen **regionalen Strukturwandel**.

Sättigungstendenzen

In den sechziger und siebziger Jahren des vorigen Jahrhunderts konnte man noch davon ausgehen, dass Hochkonjunktur zugleich Vollbeschäftigung bedeutete. Aber schon in der Hochkonjunktur 1979 sank die Arbeitslosenquote nicht mehr unter 5,4 %. Selbst beim Wiedervereinigungsboom von 1990 betrug die Arbeitslosenquote 8,3 %. Die Ursache der hohen Wachstumsraten in den sechziger und siebziger Jahren ist – unter vielen anderen – auch in den Entwicklungen zu suchen, die vom kräftigen Wirtschaftswachstum nach dem Ende des Zweiten Weltkriegs ausgingen. Europa war weitgehend zerstört und musste wieder aufgebaut werden. Die Masseneinkommen nahmen schnell zu und damit auch der Massenkonsum. Immer mehr private Haushalte waren in der Lage, sich mit langlebigen Konsumgütern wie Waschmaschinen, Kühlschränken, Spülmaschinen, Elektrogeräten aller Art, Fernsehern und Autos auszustatten. Die Industrie wuchs entsprechend der Nachfrage. Seit den achtziger Jahren machen sich zunehmend Sättigungstendenzen bemerkbar, sodass die Nachfrage nicht mehr im gleichen Maße wuchs und wächst. In

---

1   Struktur (lat.) = Bau, Aufbau, Gliederung.

2   Die möglichen Maßnahmen zur Bekämpfung der Arbeitslosigkeit werden im Kapitel 3.5.3 beschrieben.

bestimmten Branchen gelingt es jedoch der Industrie zunehmend, diesen Sättigungstendenzen durch technische Entwicklungen oder neues Design entgegenzuwirken (z. B.: TV-Geräte, Tablet-PC, Handys, Smartphones, Automobilbranche).

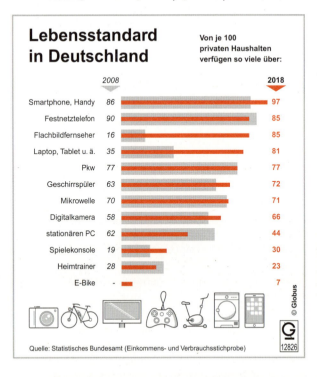

Lebensstandard in Deutschland

Von je 100 privaten Haushalten verfügen so viele über:

	2008	2018
Smartphone, Handy	86	97
Festnetztelefon	90	85
Flachbildfernseher	16	85
Laptop, Tablet u. ä.	35	81
Pkw	77	77
Geschirrspüler	63	72
Mikrowelle	70	71
Digitalkamera	58	66
stationären PC	62	44
Spielekonsole	19	30
Heimtrainer	28	23
E-Bike	–	7

© Globus 12826

Quelle: Statistisches Bundesamt (Einkommens- und Verbrauchsstichprobe)

Ein mobiles Telefon, ein Festnetztelefon und ein Flachbildfernseher gehören zum Standardhaushalt im Jahr 2018. Flachbildfernseher zählten 2008 fast noch als Rarität, mittlerweile steht in 85 % aller deutschen Haushalte mindestens ein Gerät. Gleichzeitig gibt es immer mehr Haushalte, die mehrere Flachbildfernseher haben: 2008 besaßen 9 % der Haushalte ein Zweitgerät, Anfang 2018 waren es schon 30 %. Auch Navigationsgeräte haben sich rasend schnell ausgebreitet: Fast die Hälfte aller Haushalte hat eins, 2008 waren es noch 21 %. Allerdings dürfte ihr Anteil in den nächsten Jahren wieder sinken, weil viele Menschen sich über Kartenprogramme auf ihren Smartphones durch die Straßen navigieren lassen. Auch stationäre Computer zählen zu den Geräten im Haushalt, die langsam aus den Wohnungen verschwinden. Ihr Anteil fiel von 62 auf 44 %. Diese und viele weitere Zahlen rund um die Ausstattung und das Einkommen der Privathaushalte in Deutschland stammen aus der Einkommens- und Verbrauchsstichprobe (EVS), die alle fünf Jahre in rund 60 000 Haushalten durchgeführt wird.

Wirtschaftspolitische Entscheidungen

Staatsverschuldung	Die Schuldenpolitik vieler Staaten führt und führte zu einer so hohen Belastung der Staatshaushalte mit Zins- und Tilgungszahlungen, dass für beschäftigungsfördernde Staatsausgaben keine Mittel mehr übrig bleiben. Im Gegenteil: Um den Staatshaushalt auszugleichen, müssen die Staatsausgaben weiter gesenkt und die Abgaben weiter erhöht werden.
	Außerdem tragen die öffentlichen Haushalte trotz Unterbeschäftigung wesentlich zur Dämpfung der Nachfrage bei, indem sie zur Deckung ihrer Mindereinnahmen die Beiträge, Gebühren und Steuern in die Höhe schrauben. Schließlich verhindert die Überschuldung der öffentlichen Haushalte eine antizyklische Konjunkturpolitik.[1] Eine Fiskalpolitik[2] im Sinne einer Konjunktur- und Wachstumspolitik wird unmöglich. Die Haushaltspolitik wird kurzsichtig und wirkt prozyklisch,[3] verstärkt also die Unterbeschäftigung.

---

1 Die antizyklische Konjunkturpolitik verlangt, dass der Staat in wirtschaftlich guten Zeiten finanzielle Reserven bildet, um in konjunkturell schwachen Zeiten die Staatsnachfrage erhöhen zu können und die Beschäftigung zu fördern. Antizyklisch heißt, entgegen dem Konjunkturverlauf zu handeln. Neuerdings spricht man vom „atmenden Haushalt".

2 Unter Fiskalpolitik versteht man die Einnahmen- und Ausgabenpolitik des Staates mit dem Ziel, die Konjunktur zu beeinflussen.

3 Prozyklisch heißt, die jeweilige Konjunkturphase in der gleichen Richtung zu beeinflussen. Ein Konjunkturaufschwung wird durch staatliche Ausgabensteigerung, ein Konjunkturabschwung durch Sparmaßnahmen und Steuererhöhungen verstärkt.

Schlanker Staat	Die staatlichen Sparmaßnahmen beeinflussen nicht nur die Gesamtnachfrage negativ, sondern unmittelbar auch die Beschäftigung. Ein Beispiel ist das hoch verschuldete Griechenland, das seit 2010 zu drastischen Kürzungen der Staatsausgaben sowie Steuererhöhungen greifen musste. Die Arbeitslosigkeit stieg bis Anfang 2013 auf rund 27 % und beträgt zzt. (2017) über 21 %.
Subventionspolitik	Strukturelle Ungleichgewichte entstehen z. B., wenn der Staat nicht mehr konkurrenzfähige Wirtschaftszweige durch Subventionen am Leben hält. Mit zunehmender Staatsverschuldung nimmt der Zwang zum Sparen zu. Subventionen müssen mehr oder weniger kurzfristig gestrichen werden. Statt einer langfristigen Anpassung veralteter Wirtschaftszweige erfolgt die Schließung nicht mehr konkurrenzfähiger Betriebe, sodass schlagartig weitere Arbeitskräfte freigesetzt, d. h. entlassen werden müssen.
	Die Subventionierung veralteter Wirtschaftszweige bewirkt außerdem, dass der Anschluss der Volkswirtschaft an konkurrierende Volkswirtschaften mit zukunftsträchtigen und arbeitsplatzschaffenden Technologien verpasst wird.
	„Deutschland hat durchaus zu Recht den Ruf, ein großes Erfinderland zu sein. Auch im 20. Jahrhundert sind beispielsweise Telefax, Computer, Kreiskolbenmotor, elektronischer Uhrenantrieb, Video 2000, Mikroprozessoren, Compactdisc oder das Antitumormittel Interferon von deutschen Erfindern und Unternehmen entwickelt worden. In Produkte umgesetzt und erfolgreich vermarktet wurden alle genannten deutschen Erfindungen in den USA oder Japan."[1]

Unzureichende Ausbildung

Zu den langfristig wirkenden Ursachen der Arbeitslosigkeit ist auch ein unzureichender Ausbildungsstand der Arbeitskräfte zu rechnen. Und mit diesem ist es in vielen Industrieländern mit Ausnahme Japans nicht zum Besten bestellt. So wurde bei internationalen Schulleistungstests (z. B. bei PISA-Studien[2]) festgestellt, dass in Mathematik und in den Naturwissenschaften die Schüler vieler Industrieländer nur einen Mittelplatz einnehmen.

Beispiel:

Die PISA-Studien sind internationale Schulleistungstests, die seit dem Jahr 2000 in den meisten Mitgliedsländern der OECD[3] und weiteren Staaten durchgeführt werden. (Im Jahr 2015 waren es 72 Länder.) Das Ziel der Untersuchungen ist, die für Alltag und Beruf wichtigen Kenntnisse und Fähigkeiten der 15-jährigen Schülerinnen und Schüler zu ermitteln. Die Studien finden alle 3 Jahre statt. Gegenüber der ersten PISA-Studie haben sich die deutschen Schüler im Jahr 2015 leicht verbessert: Im Fach Mathematik lagen sie auf Platz 16, in Naturwissenschaften ebenfalls auf Platz 16 und beim Leseverständnis auf Platz 11.

---

1 Schlaffke, W.: Arbeit für alle?, a. a. O., S. 3.

2 PISA (**P**rogramme for **I**nternational **S**tudent **A**ssessment).

3 OECD = **O**rganization for **E**conomic **C**ooperation and **D**evelopment. Die OECD hat 34 Mitgliedstaaten, die sich zu demokratischen und marktwirtschaftlichen Grundsätzen bekennen.

Eine gute Ausbildung ist der beste Schutz vor Arbeitslosigkeit. Das belegt eine aktuelle Auswertung der Bundesagentur für Arbeit. Im Jahr 2018 erreichte die Arbeitslosenquote durchschnittlich 4,8 Prozent in den westdeutschen und 6,9 Prozent in den ostdeutschen Bundesländern. Deutlich stärker waren Personen ohne Ausbildung von Arbeitslosigkeit betroffen; ihre Quote lag bei 17 bzw. fast 29 Prozent. Das heißt: Rund jeder sechste Ungelernte im Westen und beinahe jeder dritte Ungelernte im Osten war arbeitslos. Ganz anders die Erwerbstätigen mit qualifiziertem Abschluss: So lagen die Arbeitslosenquoten der Erwerbspersonen mit betrieblicher Berufsausbildung bei 2,8 und 5,2 Prozent; unter den (Fach-)Hochschulabsolventen waren sogar nur 2,0 und 3,0 Prozent ohne Arbeit. Die besser Ausgebildeten haben nicht nur ein geringeres Risiko, arbeitslos zu werden; ihre Chancen sind auch größer, wenn es darum geht, wieder einen neuen Job zu finden.

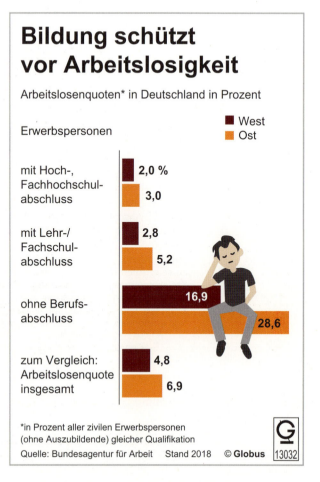

Bildung schützt vor Arbeitslosigkeit

Arbeitslosenquoten* in Deutschland in Prozent

Erwerbspersonen

■ West
■ Ost

mit Hoch-, Fachhochschulabschluss 2,0 % / 3,0

mit Lehr-/ Fachschulabschluss 2,8 / 5,2

ohne Berufsabschluss 16,9 / 28,6

zum Vergleich: Arbeitslosenquote insgesamt 4,8 / 6,9

*in Prozent aller zivilen Erwerbspersonen (ohne Auszubildende) gleicher Qualifikation
Quelle: Bundesagentur für Arbeit   Stand 2018   © Globus   13032

Steigende Arbeitsproduktivität und Automatisierungsrisiken

Unter **Arbeitsproduktivität** versteht man das Verhältnis von Ausbringungsmenge zum Arbeitseinsatz in einem Zeitabschnitt. Der Arbeitseinsatz kann z. B. an der Zahl der Arbeitskräfte oder (genauer) in geleisteten Arbeitsstunden gemessen werden.

Der Produktivitätsanstieg ist vor allem auf den *technischen Fortschritt* zurückzuführen, der sich in der Substitution[1] von menschlicher Arbeit durch Maschinenarbeit äußert, also den Verlust von Arbeitsplätzen bewirkt **(technologische Arbeitslosigkeit).**

---

1 Substitution (lat.) = Austausch. Substituieren = austauschen, ersetzen.

Der technische Fortschritt als „Jobkiller" sollte indessen nicht überschätzt werden. Empirische[1] Untersuchungen zeigen, dass gerade innovationsfreudige[2] Unternehmen und Branchen eine günstige Beschäftigungslage aufweisen. Technologischer Wandel und Rationalisierungsinvestitionen erhöhen die Produktivität und ermöglichen somit Kostensenkungen. Sie erhöhen die Flexibilität[3] der Unternehmen, führen zur Verbesserung vorhandener Produkte sowie zu neuen Produkten. Die neuen Maschinen, Automaten und Produktionsanlagen ihrerseits müssen erst einmal produziert werden; dadurch werden Arbeitsplätze geschaffen oder erhalten.

Man muss sich nur einmal vorstellen, was passieren würde, wenn einzelne Unternehmen oder ganze Branchen auf technische Neuerungen und auf die laufende Modernisierung des Produktionsapparats verzichten würden – in der Annahme, dass dann keine Arbeitsplätze „wegrationalisiert" werden müssten. Bekanntlich schläft die Konkurrenz nicht. Innovationsfreudigere Unternehmen – gerade auch solche im Ausland – würden sehr bald auf moderneren und effizienteren Anlagen produzieren. Da ihre Stückkosten niedriger wären, könnten sie nicht nur bessere Produkte anbieten, sondern diese auch noch zu einem günstigeren Preis. Über kurz oder lang würden die Unternehmen mit veralteten Produktionsanlagen und Produkten ihre Wettbewerbsfähigkeit verlieren. ... Im Falle eines Auflösungsbeschlusses im Rahmen eines Insolvenzverfahrens wären alle Arbeitsplätze verloren. Der Verzicht auf Innovationen und Rationalisierungsinvestitionen ist also keine Lösung.[4]

Die nachfolgende Tabelle listet eine Auswahl an Berufen mit dem höchsten bzw. niedrigsten Automatisierungsrisiko auf. (Dabei bezeichnet 0 das geringste Automatisierungsrisiko, 1 dagegen das höchste Risiko.) Die Tabelle zeigt auf, dass im Rahmen des **digitalen Wandels in der Arbeitswelt** zunehmend auch der Dienstleistungsbereich von **Automatisierungsrisiken** betroffen ist.

Höchstes Automatisierungsrisiko		Geringstes Automatisierungsrisiko	
Wahrscheinlichkeit	Beruf	Wahrscheinlichkeit	Beruf
0,99	Telefonverkäufer	0,0031	Sozialarbeiter im Bereich psychische Gesundheit und Substanzmissbrauch
0,99	Steuerberater	0,0040	Choreographen
0,98	Versicherungssachverständiger, Kfz-Schäden	0,0042	Mediziner
0,98	Schiedsrichter und andere Sportoffizielle	0,0043	Psychologen
0,98	Anwaltsgehilfen	0,0055	Personalmanager
0,97	Servicekräfte in Restaurant, Bar und Café	0,0065	Computer-Systemanalytiker
0,97	Immobilienmakler	0,0077	Anthropologen und Archäologen
0,97	Zeitarbeiter im Agrarsektor	0,0100	Schiffs- und Schiffbauingenieure
0,96	Sekretäre und Verwaltungsassistenten, außer in den Bereichen Recht, Medizin und Führungsebene von Unternehmen	0,0130	Vertriebsleiter
0,94	Kuriere und Boten	0,0150	Leitende Angestellte

Quelle: Klaus Schwab, Die Vierte Industrielle Revolution, 2016, S. 61 (Auszug).

---

1 Empirie (griech.) = Erfahrung; empirisch = durch Erfahrung gewonnen (z. B. mithilfe einer statistischen Erhebung).

2 Innovation (lat.) = Erneuerung.

3 Flexibel (lat.) = beweglich. Flexibilität = Beweglichkeit, Anpassungsfähigkeit.

4 Vgl. Wilke, G.: Produktivitätssteigerung = höhere Arbeitslosigkeit? In: Kontrovers, Arbeitsmarktpolitik, a. a. O., S. 28f.

257

17 Hartmann -Hug- ISBN 978-3-8120-0522-7

Räumliche und berufliche Immobilität[1]

Im vierten Quartal 2018 betrug in Deutschland der Bestand an offenen Arbeitsstellen fast 1,5 Mio. Man fragt sich, worin die Ursachen liegen, dass es trotz der Arbeitslosigkeit so viele offene Stellen gibt. Die Ursachen liegen hauptsächlich in der räumlichen und/oder beruflichen Immobilität der Arbeitskräfte.

Räumliche Immobilität	Im Grenzfall kann es sein, dass in einer Periode das gesamte Arbeitsangebot der gesamten Arbeitnachfrage entspricht und dennoch Arbeitslosigkeit besteht. Dies kann darauf zurückzuführen sein, dass in einer Region die Arbeitsnachfrage das Arbeitsangebot übersteigt, während in einer anderen die umgekehrte Situation vorliegt.
	Beispiel:
	In Hamburg werden dringend Baufacharbeiter gesucht; in Augsburg hingegen sind zahlreiche Baufacharbeiter arbeitslos. Die Arbeitslosigkeit könnte theoretisch beseitigt werden, wenn die Arbeitslosen bereit wären, in Hamburg zu arbeiten.
Berufliche Immobilität	Das Beschäftigungsproblem muss auch unter dem Blickwinkel der qualitativen (beruflichen) Mobilität gesehen werden, denn es gibt im Grunde ebenso viele Arbeitsmärkte wie es Berufe gibt. Klaffen qualitative Arbeitsnachfrage und qualitatives Arbeitsangebot auseinander, ist „der" Arbeitsmarkt im Ungleichgewicht.
	Beispiel:
	Auf dem Arbeitsmarkt besteht ein Mangel an qualifizierten Facharbeitskräften, während es an Stellen für geringer qualifizierte Personen fehlt.
	Die berufliche Immobilität beruht in erster Linie auf einer unzureichenden Aus- und Weiterbildung (Näheres siehe S. 255 f.).

Änderung der Wirtschaftsordnung

Die Transformation (Umwandlung) der Zentralverwaltungswirtschaft der ehemaligen DDR in eine marktwirtschaftliche Ordnung führte zum Zusammenbruch des Beschäftigungssystems in den östlichen Bundesländern. Die Ursachen für die hohe Arbeitslosigkeit sind mit dieser Feststellung allein jedoch nicht erklärt. Folgende Faktoren spielen z. B. eine Rolle:

- Es fehlte eine angemessene Infrastruktur als Voraussetzung für das reibungslose Funktionieren der Wirtschaft.
- Verwaltungsdefizite verhinderten ein reibungsloses Funktionieren der Wirtschaft.
- Die gravierendsten Umweltschäden, die das zentralverwaltungswirtschaftliche System hinterließ, mussten und müssen unter hohem Kostenaufwand beseitigt werden.
- Die Anlagen in Industrie, im Handwerk und in der Landwirtschaft waren größtenteils veraltet und unrentabel, sodass die betroffenen Betriebe in der neu eingeführten Konkurrenzwirtschaft nicht überlebensfähig waren.
- Die Handelsverbindungen zu den ehemaligen Ostblockländern wurden weitgehend unterbrochen, sodass der Export und damit die Beschäftigung zurückgingen.

---

1 Immobilität (lat.) = Unbeweglichkeit; Mobilität = Beweglichkeit; Bereitschaft und Fähigkeit, sich an fremden Orten niederzulassen.

■ Die Lohnpolitik, die die möglichst schnelle Angleichung der „Ostlöhne" an die „West-löhne" anstrebte und anstrebt, führte und führt zur lohnkostenbedingten Arbeitslosig-keit (siehe Kapitel 3.5.2.3).

■ Die Transferleistungen westlicher Bundesländer trugen zur Staatsverschuldung bei.

Weiterhin wirken *alle Ursachen,* die die Beschäftigungskrise in den westlichen Bundeslän-dern und in vielen anderen europäischen Ländern herbeigeführt haben, auch in den neuen Bundesländern.

Sich selbst verstärkende Prozesse

Von Konjunkturrückgang zu Konjunkturrückgang – so jedenfalls die bisherige Entwick-lung – wird der Sockel der Arbeitslosigkeit höher.[1] Was kann die Ursache für diese Erscheinung sein?

Sockel-arbeitslosigkeit	Wenn die Zahl der Arbeitslosen zunimmt, werden die Arbeitgeber bei der Auswahl und Einstellung neuer Arbeitskräfte anspruchsvoller. Die Wieder-beschäftigungschancen für weniger qualifizierte Personen werden entspre-chend geringer. Die Folge ist, dass sich bei diesen Personen die Zeit der Arbeitslosigkeit verlängert. Je länger aber die Arbeitslosigkeit ist, desto mehr lässt die Leistungsfähigkeit der Arbeitslosen nach, wenn sie nicht laufend trainiert wird. Psychische Schäden kommen hinzu. Die Chancen einer Wiedereinstellung sinken weiter, „weil die Arbeitgeber bei ihren Ein-stellungsentscheidungen eine längere Arbeitslosigkeit als Signal für man-gelnde Leistungsfähigkeit und Leistungsbereitschaft werten."[2]
Schattenwirtschaft	Zur Schattenwirtschaft (Untergrundwirtschaft, hidden economy) rechnen alle wirtschaftlichen Betätigungen, für die legal oder illegal keine Steuern entrichtet und keine Sozialversicherungsabgaben abgeführt werden. Die Bereiche der Schattenwirtschaft werden statistisch nicht (z.B. Hausarbeit) bzw. nur als Schätzgröße (z.B. Lieferungen und Leistungen durch Gewer-betreibende ohne Rechnung) erfasst.

Beispiel:

■ Zum *legalen Bereich der Schattenwirtschaft* gehören die Tätigkeiten der Hobbygärt-ner, die Selbstversorgung, die Nachbarschaftshilfe sowie die ehrenamtlichen Tätigkeiten in Hilfsorganisationen und nicht wirtschaftlichen Vereinen.

■ *Illegale Bereiche der Schat-tenwirtschaft* sind Schwarz-arbeit, die illegale Beschäfti-gung von Ausländern oder kriminelle Aktivitäten wie z.B. Drogenhandel.

Die *Schwarzarbeit* ist nicht zuletzt die *Folge* einer von der Bevölkerung als *zu hoch* empfundenen Belastung mit direkten Steuern (Einkommen- bzw. Lohnsteuer, Kirchensteuer, Solidaritätszuschlag) und Sozialversicherungs-abgaben. Sie ist aber zugleich auch eine *Ursache* steigender Arbeitslosig-keit, weil sie an die Stelle der legalen Arbeit tritt. In der Folge sinken die Staatseinnahmen aus direkten Steuern und die Einnahmen der Sozialver-sicherungsträger. Der Staat muss die Steuersätze anheben (meist werden

---

1 Effekte wie die von Rezession zu Rezession steigende Arbeitslosigkeit werden als Hysterese oder Hysteresis bezeichnet. Unter Hyste-rese (griech.) versteht man das Zurückbleiben einer Wirkung hinter dem jeweiligen Stand der sie bedingenden veränderlichen Kraft.

2 Albeck, H.: Die Ursache für die Langzeitarbeitslosigkeit, in: Wirtschaftsdienst 1995, S. 238 f., zitiert in: Kontrovers, Arbeitsmarktpoli-tik, a.a.O., S. 25.

die indirekten Steuern wie z. B. Umsatzsteuer und/oder Mineralölsteuer erhöht). Die Sozialversicherungsträger müssen ihre Beitragssätze erhöhen, um die Einnahmeausfälle auszugleichen. Ein *sich selbst verstärkender Prozess* ist in Gang gesetzt: Die steigenden Abgaben erhöhen den Anreiz zur Schwarzarbeit.

Schwarzarbeit in Deutschland
Ausmaß der Schattenwirtschaft in Milliarden Euro (Schätzungen)

Quelle: IAW / Prof. Schneider   *Bruttoinlandsprodukt   © Globus 13072

Die Schattenwirtschaft in Deutschland wird laut Schätzungen im laufenden Jahr einen Umfang von rund 319 Mrd. Euro erreichen – das sind 6 Mrd. Euro weniger als 2018. Damit setzt sich der Trend zu weniger Schwarzarbeit weiter fort. Seit 2010 gibt es in absoluten Zahlen einen Rückgang gegenüber dem Vorjahr. Ihren Höhepunkt erlebte die Schwarzarbeit 2003: Damals erreichte ihr „Umsatz" geschätzte 370 Mrd. Euro, der Anteil der Schwarzarbeit gemessen an der offiziellen Wirtschaftsleistung stieg auf 16,7 %. Im laufenden Jahr wird er schätzungsweise 9,1 % betragen. Gründe für die Abnahme der Schattenwirtschaft sehen Experten in der weiterhin positiven Entwicklung auf dem Arbeitsmarkt, aber auch in der Entlastung von Kleinselbstständigen bei der Krankenversicherung. – Bei der Berechnung der Schwarzarbeit greifen die Wissenschaftler auf Größen wie beispielsweise den Bargeldumlauf zurück. Denn Schwarzarbeiter werden in der Regel bar bezahlt. Nimmt also der Bargeldumlauf zu, könnte das ein Indiz für mehr Schwarzarbeit sein. Außerdem werden noch Faktoren wie beispielsweise steigende oder sinkende Steuern oder Sozialabgaben berücksichtigt.

Zusammenfassung

■ Als **arbeitslos** gelten alle bei der Arbeitsverwaltung registrierten nicht erwerbstätigen Personen.

■ Die **Arbeitslosenquote** (ALQ) wird wie folgt berechnet:

$$ALQ = \frac{\text{Arbeitslosenzahl} \cdot 100}{\text{Anzahl der Erwerbspersonen}}$$

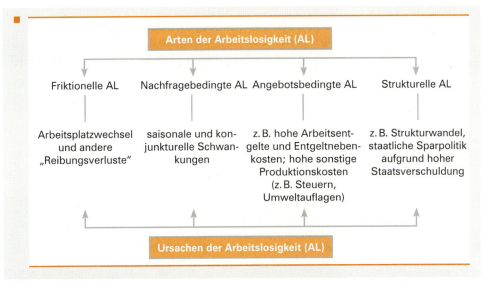

ÜBUNGSAUFGABEN

1. Welche Ursachen der Arbeitslosigkeit werden in nachstehenden Textauszügen angesprochen?

Textauszug 1:

Furcht vor Werksaufgabe

BRÄUNLINGEN (bkr/weg). Die Gewerkschaft IG Metall und der Bräunlinger Betriebsrat des Garnherstellers Coats befürchten mittelfristig eine Schließung des Standorts.

Wie berichtet will das Unternehmen Färberei, Lager, Produktion und Versand nach Ungarn verlagern. 90 Arbeitsplätze würden dadurch wegfallen. Der Vertrieb bliebe in Bräunlingen. Coats sagt, immer mehr Kunden würden nach Osteuropa abwandern...

Quelle: Badische Zeitung vom 26. Januar 2013.

Textauszug 2:

Air Berlin und Renault streichen Jobs

BERLIN/PARIS/JOHANNESBURG (dpa). Die verlustbringende Fluggesellschaft Air Berlin treibt ihren Sparkurs voran und streicht bis Ende 2014 rund 900 Stellen. Auch betriebsbedingte Kündigungen seien nicht ausgeschlossen, teilte Deutschlands zweitgrößte Fluggesellschaft am Dienstag in Berlin mit. Bis Ende 2014 will das Unternehmen 400 Millionen Euro einsparen.

Der zweitgrößte französische Autobauer Renault will wegen der Absatzkrise 7500 Stellen in Frankreich abbauen. Die Jobs sollen nach Angaben des Konzerns vom Dienstag in Paris bis Ende 2016 gestrichen werden. 5700 Stellen sollen mit dem Ausscheiden von Mitarbeitern wegfallen. Renault beschäftigt rund 44000 Menschen in seinem Heimatland.

Der weltgrößte Platinförderer Anglo American Platinum will in Südafrika die Förderung deutlich kürzen. Von Minen-Stilllegungen und anderen Sparmaßnahmen sind bis zu 14000 von zuletzt knapp 57000 Mitarbeitern betroffen.

Quelle: Badische Zeitung vom 16. Januar 2013.

Textauszug 3:

Sunways streicht Jobs

Der Solarzellenbauer Sunways will wegen der schwierigen Lage in der Branche 100 Arbeitsplätze abbauen. Wie die Firma in Konstanz mitteilte, könnten 40 Prozent der 265 Stellen gestrichen werden. Sunways steht wie viele Solarfirmen durch Billigkonkurrenz aus China erheblich unter Druck und schrieb zuletzt rote Zahlen. AFP

Quelle: Badische Zeitung vom 15. Dezember 2012.

Textauszug 4:

Firmen wollen Jobs kappen

BERLIN/FRANKFURT (dpa). Der Konjunkturabschwung bei den EU-Nachbarn könnte bald auch den deutschen Arbeitsmarkt treffen. 28 Prozent der deutschen Unternehmen planen nach einer Umfrage des Instituts der deutschen Wirtschaft (IW) im kommenden Jahr einen Stellenabbau. Lediglich 20 Prozent wollten neue Arbeitsplätze schaffen. Auch nach Ansicht der Bundesbank ist der Aufwärtstrend am Arbeitsmarkt zum Stillstand gekommen. Sie sieht eine „tiefsitzende Verunsicherung" in den Chefetagen der Unternehmen, die die Wirtschaftsentwicklung bremsen dürfte.

IW-Direktor Michael Hüther sagte am Montag in Berlin, die deutsche Wirtschaft bewege sich „am Rand der Stagnation", drohe aber nicht in eine Rezession abzurutschen. „Die insgesamt negativen Beschäftigungsaussichten in Deutschland zeigen sich in allen Wirtschaftsbereichen", stellte er fest. Das IW geht für 2013 von 0,75 Prozent Wirtschaftswachstum in Deutschland aus. Die Bundesbank kommt zum gleichen Ergebnis. „Die Zuversicht, dass sich die Konjunktur kurzfristig beleben könnte, geht in immer mehr Bereichen der Wirtschaft verloren", schreibt die Notenbank in ihrem Monatsbericht. Derzeit trotzten nur der Wohnungsbau und der private Konsum den dämpfenden Einflüssen. Hingegen habe die Konjunktur bei den Investitionen jeden Schwung verloren.

Quelle: Badische Zeitung vom 20. November 2012.

Textauszug 5:

Massive Überkapazitäten

DUISBURG/LINZ (dpa). In der europäischen Stahlindustrie könnten durch den Abbau von Überkapazitäten in den nächsten Jahren bis zu 100 000 Arbeitsplätze in Gefahr geraten. Schätzungen gingen davon aus, dass im Zuge einer Anpassung der Kapazitäten an den langfristigen Bedarf von den europaweit rund 400 000 Arbeitsplätzen der Branche „20 bis 25 Prozent" gestrichen werden müssten, sagte der Präsident des europäischen Stahlverbands Eurofer und Chef des österreichischen Stahlkonzerns Voestalpine, Wolfgang Eder.

„Um Angebot und Nachfrage in Europa wieder in die Balance zu bringen, wird es notwendig sein, Kapazitäten in erheblichem Umfang aus dem Markt zu nehmen", sagte Eder. Hintergrund sei eine Auslastung der Branche in Europa von derzeit lediglich 70 bis 75 Prozent. Bei einer Rohstahlkapazität von rund 210 Millionen Tonnen liege der Verbrauch 2012 lediglich bei 140 bis 145 Millionen Tonnen. Auch in Zeiten einer besseren Konjunktur sei realistischerweise ein Bedarf von nur 150 bis 160 Millionen Tonnen an Stahlprodukten in Europa zu erwarten. „Die Fakten sprechen eine sehr deutliche Sprache", sagte Eder.

Quelle: Badische Zeitung vom 19. November 2012.

Textauszug 6:

Linde erwägt Dresdner Werk zu schließen

Der Gaskonzern Linde hat seit Längerem ein massives Sparprogramm angekündigt, doch zu möglichen Stellenstreichungen bislang geschwiegen. Laut einem Medienbericht ist das Aus des Werks in Dresden bereits beschlossen.

Der Industriegasekonzern Linde prüft im Rahmen seiner jüngst angekündigten Sparpläne eine Schließung seines Standorts in Dresden. Die Niederlassung mit rund 500 Mitarbeitern der Anlagenbausparte werde möglicherweise aufgegeben, sagte ein Konzernsprecher am Mittwoch. „Das ist eine Option." Darüber werde mit den Arbeitnehmervertretern verhandelt.

Quelle: www.n-tv.de/wirtschaft/Linde-erwaegt-Dresdner-Werk-zu-schliessen ... [Zugriff vom 03.02.2017].

Textauszug 7:

Job-Hammer: Roboter ersetzen die Hälfte der deutschen Arbeitsplätze

Die Digitalisierung verändert die Arbeitswelt von Grund auf. Laut Experten ist in 20 Jahren jeder Zweite ohne Arbeit. Das trifft auch Deutschland hart! Während der technische Wandel früher neue Arbeitsfelder schuf, ist das bei der Industrie 4.0 anders.

Stellen Sie sich mal vor, Ihr Auto fährt von alleine. Toll! Und was machen dann Millionen von Taxi- und Lkw-Fahrern? Was wird aus Postboten, wenn das Paket bald mit selbstfahrenden Autos, Robotern oder Drohnen kommt? So verlockend die Errungenschaften einer neuen, einer softwaregesteuerten Welt für Firmen und Verbraucher auf den ersten Blick sind: Wer in sich geht und sich die Folgen der digitalen Ära, einer „Industrie 4.0", vor Augen führt, den überkommt ein ungutes Gefühl.

[...] Welcher Umbruch auf die Gesellschaft zukommt, deutet sich bereits in vielen Bereichen der Wirtschaft an. Software scannt Röntgenbilder nach Tumoren, auf den Straßen rollen selbstfahrende Autos. Computer stellen Anlagedepots zusammen und prüfen Immobilienkredite.

Der Alptraum für Zehntausende von Beschäftigten: Das händische Übertragen von Papierdaten wird gleich mitabgeschafft. Wer glaubt, im Bürozimmer sicherer zu sein als der Monteur am Band, der irrt. Die Stühle wackeln in vielen Branchen – ob bei Banken und Versicherern, in Personal- und Vertriebsabteilungen, im Vorstandsvorzimmer und im kaufmännischen Bereich. Die Oxford-Ökonomen Osborne und Frey schätzen, dass bald neun von zehn Sachbearbeitern überflüssig sind. [...]

Quelle: https://www.focus.de/finanzen/boerse/zukunft-der-arbeit-die-neue-german-angst_id_6816692.html?drucken=1
[27.03.2017].

2. Viele Ursachen der Arbeitslosigkeit bedingen einander. Formulieren Sie Beispiele!

3.5.3 Arbeitsmarktsteuerung

Die Ursachen konjunktureller und struktureller Arbeitslosigkeit sind nicht immer zu trennen. So wirken sich z.B. Störungen, die die Angebotsseite betreffen, nicht nur auf den (mittelfristigen) Konjunkturverlauf aus, sondern auch auf die (langfristige) strukturelle Entwicklung der Volkswirtschaft. Daher müssen sich auch konjunkturpolitische und strukturpolitische Maßnahmen ergänzen. Lediglich aus theoretischer und systematischer Sicht können (und müssen) Konjunktur- und Strukturpolitik getrennt betrachtet werden.

Die meisten Ursachen der heutigen Massenarbeitslosigkeit sind interdependent, d. h. gegenseitig abhängig.

Beispiel:

Hohe Lohnkosten führen zu verstärkten Rationalisierungsmaßnahmen. Die teure menschliche Arbeit wird durch Maschinenarbeit substituiert (ersetzt). Arbeitsplatzabbau ist die Folge (technologische Arbeitslosigkeit). Infolgedessen steigen die Transferausgaben des Staates. Hat der Staat keine finanziellen Reserven gebildet, müssen die Sozialversicherungsbeiträge und/oder die Steuern erhöht werden, was wiederum zulasten der Konsumausgaben geht. Die Wirtschaft erhält einen weiteren Dämpfer, mit der Folge, dass die Steuereinnahmen hinter den Erwartungen zurückbleiben.

Die Arbeitslosigkeit hat – wie im Kapitel 3.5.2 an Beispielen gezeigt wurde – *viele Ursachen.* Zur Bekämpfung der Arbeitslosigkeit müssen deswegen ebenso viele Strategien eingesetzt werden. Die Anwendung einseitiger „Rezepte", wie man sie immer wieder hören kann, ist von vornherein zum Scheitern verurteilt.

3.5.3.1 Kurzfristige nachfrageorientierte Maßnahmen

In Ländern mit hoher Arbeitslosigkeit wird immer wieder vorgeschlagen, die Unterbeschäftigung (Arbeitslosigkeit) mit staatlichen **Beschäftigungsprogrammen** zu bekämpfen.

Unter einem Beschäftigungsprogramm versteht man die einmalige Finanzierung von Investitionen durch die öffentliche Hand. Solche Beschäftigungsprogramme können sich z. B. auf den Wohnungsbau, den Bau von Schulen und Universitäten, Krankenhäusern, Straßen, Schifffahrtswegen usw. beziehen. Die Befürworter von Beschäftigungsprogrammen erhoffen sich eine *Multiplikatorwirkung (Vervielfältigungswirkung)* dieser zusätzlichen Staatsausgaben.

Beispiel:

Der Staat fördert den Straßenbau. Die Bauunternehmen stellen mehr Arbeitskräfte ein. Das Einkommen der Arbeitskräfte steigt. Damit nehmen auch die Konsumausgaben zu. Der Einzelhandel, später der Großhandel und die Herstellungsbetriebe verzeichnen Umsatzzuwächse. Unter sonst gleichen Bedingungen werden zusätzliche Arbeitskräfte eingestellt. Gleichzeitig steigen die Staatseinnahmen (Steuern, Sozialversicherungsbeiträge usw.).

Hat der Staat **Rücklagen,** ist ein Beschäftigungsprogramm sicherlich eine Möglichkeit, die Arbeitslosigkeit in bestimmten Bereichen zu verringern. Bei bestehenden Haushaltsüberschüssen schaden Beschäftigungsprogramme auch dann nicht, wenn sie sich als „Strohfeuer" erweisen sollten, die erhoffte Multiplikatorwirkung also ausbleibt.

Ist der Staat, wie dies in vielen Ländern der Fall ist, **verschuldet,** führt das Auflegen von Beschäftigungsprogrammen zur weiteren Staatsverschuldung – langfristig eine weitere Ursache der Arbeitslosigkeit (Näheres siehe Kapitel 3.5.2.4). Positive und negative Wirkungen der Beschäftigungsprogramme gleichen sich aus. Vollkommen negativ sind Beschäftigungsprogramme dann, wenn die erhoffte „Initialzündung" (die Multiplikatorwirkung) ausbleibt.

3.5.3.2 Langfristige angebotsorientierte Maßnahmen[1]

Senkung der Arbeitskosten[2]

Senkung der Entgeltzusatzkosten

Die Arbeitskosten setzen sich aus den Arbeitsentgelten (Löhne und Gehälter) und den Entgeltzusatzkosten (häufig als Lohnnebenkosten oder Lohnzusatzkosten bezeichnet) zusammen. Da in der Bundesrepublik Deutschland Tarifautonomie[3] herrscht, hat der Staat auf die Höhe der Arbeitsentgelte keinen unmittelbaren Einfluss. Er kann lediglich versuchen, die Gewerkschaften und Arbeitgeber in gemeinsamen Gesprächen zum Maßhalten zu bewegen.

Einen unmittelbaren Beitrag zur Senkung der Arbeitskosten hat der Staat, wenn er dafür sorgt, dass die gesetzlichen Entgeltzusatzkosten (z. B. die Sozialversicherungsbeiträge[4] der Arbeitgeber) gesenkt werden. Dies kann nur durch eine weitere Reformierung der Kranken- und Rentenversicherung geschehen.

Arbeitskosten in der M+E-Industrie

Durchschnitt je Vollzeitbeschäftigten im Jahr 2017

	Ostdeutschland		Westdeutschland	
	in Euro	in Prozent	in Euro	in Prozent
Entgelt für geleistete Arbeit	30.430	77,5	43.805	75,0
+ Entgelt für arbeitsfreie Tage	6.825	17,4	9.880	16,9
⤷ Feiertage	1.250	3,2	1.975	3,4
Urlaub	3.785	9,6	5.625	9,6
Krankheit	1.715	4,4	2.120	3,6
Sonstige arbeitsfreie Zeiten	75	0,2	160	0,3
+ Sonderzahlungen	2.005	5,1	4.685	8,0
⤷ Fest vereinbarte Sonderzahlungen	1.915	4,9	4.545	7,8
Vermögenswirksame Leistungen	90	0,2	140	0,2
= Bruttoentgelt	39.260	100,0	58.370	100,0
+ Arbeitgeberpflichtbeiträge zur Sozialversicherung	7.205	18,4	9.830	16,8
⤷ Rentenversicherung	3.370	8,6	4.795	8,2
Arbeitslosenversicherung	535	1,4	760	1,3
Kranken- und Pflegeversicherung	2.850	7,3	3.725	6,4
Unfallversicherung	450	1,1	550	0,9
+ Betriebliche Altersversorgung	255	0,6	2.260	3,9
+ Sonstige Personalzusatzkosten	1.850	4,7	3.015	5,2
= Personalkosten insgesamt	48.570	123,7	73.475	125,9
Nachrichtlich:				
Personalzusatzkosten	18.140	59,6	29.670	67,7
Gesetzlich bedingte Personalkosten	13.370	27,5	18.665	25,4

Ostdeutschland: ohne Berlin; Prozentangaben: in Prozent des Bruttolohns/-gehalts, außer Personalzusatzkosten: in Prozent des Entgelts für geleistete Arbeit, gesetzlich bedingte Personalkosten: in Prozent der Personalkosten; gesetzlich bedingte Personalkosten: gesetzlicher Mindesturlaub, gesetzliche Feiertage, Entgeltfortzahlung im Krankheitsfall, gesetzliche Sozialversicherungsbeiträge der Arbeitgeber und sonstige gesetzliche Aufwendungen abzüglich Erstattungen

Quellen: Statistisches Bundesamt, Institut der deutschen Wirtschaft
© 2018 IW Medien / iwd

iwd

Quelle: https://www.iwd.de/artikel/hohe-arbeitskosten-in-der-m-e-industrie-401827/ vom 17. 09. 2018.

---

1 Näheres zur angebotsorientierten Wirtschaftspolitik siehe Kapitel 3.6.2.

2 Siehe auch Fußnote 3 auf S. <?>.

3 Autonomie = Unabhängigkeit. Tarifautonomie bedeutet, dass die Arbeitgeber und die Gewerkschaften die Tarifverträge unabhängig, d. h. ohne staatliche Einmischung, abschließen können.

4 Näheres zur Finanzierung der Sozialversicherung siehe Kapitel 1.3.5.8.

Für den Arbeitgeber zählt nicht nur das, was auf der Lohnabrechnung steht. Aus den Arbeits- und Tarifverträgen, aus gesetzlichen Bestimmungen und aus der Sozialversicherung entstehen noch weitere Personalkosten. Zu den gewichtigsten Zusatzkosten gehört der Arbeitgeberanteil zur Sozialversicherung (Renten-, Kranken-, Arbeitslosen- und Pflegeversicherung). Aber auch freiwillige Leistungen wie beispielsweise Jubiläums-Gratifikationen fließen in die Berechnung der Personalzusatzkosten ein.

Im Jahr 2017 musste ein Unternehmer in der westdeutschen Industrie im Durchschnitt 73 475,00 € für eine Vollzeitkraft aufwenden. In Ostdeutschland war der Betrag mit 48 570,00 € um mehr als ein Drittel niedriger. Je 100,00 € Lohn bzw. Gehalt beliefen sich die Kosten in Westdeutschland auf 125,90 €, in Ostdeutschland auf 123,70 €.

Kombilöhne[1]

Arbeitslose mit niedriger Qualifikation haben es besonders schwer, auf dem Arbeitsmarkt eine Arbeitsstelle zu bekommen, und wenn, dann zu einem Lohnsatz, der unter dem Niveau der sozialen Grundsicherung liegt. Zu einem solchen Lohn wird jedoch kein Arbeitsuchender eine Stelle antreten.

Kombilöhne sollen Arbeitslosen ermöglichen auch eine Arbeit anzunehmen, deren Entlohnung niedriger ist als die staatliche Grundleistung.

In Deutschland z. B. wird ein niedriges Einkommen auf die Höhe des Arbeitslosengelds II „aufgestockt". Sofern das Einkommen aus dem Beschäftigungsverhältnis oder aus selbstständiger Tätigkeit aufgestockt wird, handelt es sich um einen Kombilohn im eigentlichen Sinne. Personen, deren niedriges Einkommen aus Sozialleistungen stammt, werden als „unechte Aufstocker" bezeichnet.

Eine besondere Form des Kombilohns ist die vor allem in den USA verwirklichte **negative Einkommensteuer,** die auch als Negativsteuer oder als Bürgergeld bezeichnet wird.

> **Beispiel:**
>
> Ein Steuertarif setzt sich aus einem proportionalen Satz, zum Beispiel 30 % und einem festen Anspruchsbetrag von 8 000 Geldeinheiten (GE) zusammen. Bei einem Einkommen von 60 000 GE ergibt sich somit eine Steuerpflicht von 18 000 GE abzüglich 8 000 GE Bürgergeld = 10 000 GE. Verdient eine steuerpflichtige Person nur 20 000 GE, ergibt sich eine Negativsteuer von 6 000 GE − 8 000 GE = −2 000 GE, die vom Finanzamt ausbezahlt wird.

Die Gefahr besteht darin, dass die Arbeitgeber bereits bestehende Arbeitsplätze beim Ausscheiden der bisherigen Stelleninhaber in Kombilohn-Arbeitsplätze umwandeln und/oder zusätzliche neu geplante Beschäftigungsverhältnisse möglichst in Form von Kombilohn-Arbeitsplätzen anbieten.

Senkung der sonstigen Produktionskosten

Im Rahmen einer angebotsorientierten Wirtschaftspolitik[2] wird auch die Herabsetzung bzw. die Abschaffung von bestimmten Unternehmensteuern wie z. B. der Gewerbesteuer gefordert. Steuersenkungen werden als erforderlich erachtet, um die Gewinnsituation der Unternehmen zu verbessern, sodass sie den Herausforderungen der Globalisierung besser begegnen können.

---

1 Kombilöhne = Abkürzung von Kombinationslohn. Kombination (lat.) = Zusammenstellung.
2 Näheres zur angebotsorientierten Wirtschaftspolitik siehe Kapitel 3.6.2.

Deregulierung

Unter Deregulierung versteht man den weitgehenden Rückzug des Staates aus bisher von ihm wesentlich bestimmten Bereichen sowie eine Lockerung des engmaschigen Regelwerks von Schutzmaßnahmen für die Arbeitnehmer (z.B. Lockerung des Kündigungsschutzes). Von der Deregulierung (zu der auch die Entbürokratisierung gehört) verspricht man sich eine Freisetzung unternehmerischer Kräfte, weil sie die Unternehmen in die Lage versetzt, beweglicher auf die Herausforderungen des Marktes zu reagieren und so die Beschäftigung zu stabilisieren oder sogar neue Arbeitsplätze zu schaffen.

Zur Deregulierung gehört auch die Privatisierung von bisherigen Staatsunternehmen mit der Begründung, dass weniger staatliche Aufgaben auch weniger staatliche Ausgaben und damit weniger Steuern bedeuten. Die Befürworter der Deregulierung sind der Ansicht, dass es viele Bereiche gibt, in denen der private Bereich wirtschaftlicher arbeitet als der Staat. „Wo Private leistungsfähiger sind, soll der Staat diesen seine Aktivität überlassen."[1]

Durchführung notwendiger Reformen

Eine Ursache der wachsenden Arbeitslosigkeit ist das Hinauszögern notwendiger struktureller wirtschaftlicher und sozialer Reformen, ein Verhalten, für das sich das Wort **„Reformstau"** durchgesetzt hat. Während z.B. die Niederlande und Dänemark in den vergangenen Jahren einschneidende Änderungen vor allem in der Sozialgesetzgebung durchführten und so die Arbeitslosigkeit wesentlich senken konnten, tun sich z.B. Frankreich und die Bundesrepublik Deutschland mit aufeinander abgestimmten Reformen schwer.

■ Beispiel Steuerreform

Dringend notwendig ist z.B. eine Vereinfachung der viel zu komplizierten Steuergesetzgebung. Legale Steuervergünstigungen müssten mit dem Ziel abgeschafft werden, die Steuereinnahmen an das Wirtschaftswachstum (das steigende Inlandsprodukt) zu koppeln, sodass die öffentlichen Haushalte nicht weiter gezwungen werden, eine restriktive Wirtschaftspolitik (Sparpolitik) mit all ihren negativen Auswirkungen auf den Arbeitsmarkt zu betreiben.

■ Beispiel Rentenreform

Wichtig ist auch eine nachhaltige **Rentenreform,** die vor Altersarmut schützen soll.

Beispiel:
In der Diskussion steht derzeit eine steuerfinanzierte Zuschussrente (Lebensleistungsrente). Gedacht ist, sehr niedrige Renten auf einen Betrag von rund 850,00 € monatlich aufzustocken. Bezugsberechtigt soll sein, wer eine bestimmte Zeit (z.B. 30, 35 oder 40 Jahre) Rentenversicherungsbeiträge bezahlt hat.

---

1 Sieber, H.: Geht den Deutschen die Arbeit aus? München 1994, S. 58f., zitiert in: Kontrovers, Arbeitsmarktpolitik, a.a.O., S. 72.

Flexibilisierung der Arbeit

Im Folgenden werden zwei Möglichkeiten zur Flexibilisierung[1] der Arbeit vorgestellt, nämlich die **Zeitarbeit** und die **Teilzeitarbeit**.

Zeitarbeit	Ebenso wie die Teilzeitarbeit trägt auch die *Zeitarbeit (Arbeitnehmerüberlassung, Personalleasing, Leiharbeit, Personalleihe)* zur Flexibilisierung der Arbeit bei. Gewerbsmäßige Zeitarbeitsunternehmen (Verleiher) überlassen anderen Unternehmen (den Entleihern) Arbeitskräfte. Der Arbeitsvertrag wird zwischen dem Verleiher und den Arbeitskräften abgeschlossen. Der Verleiher schließt mit dem Entleiher einen Arbeitnehmerüberlassungsvertrag ab. Das leihende Unternehmen zahlt an den Verleiher die vereinbarten Entgelte.

Die Leiharbeit gibt Arbeitslosen eine gute Chance, wieder in die Berufstätigkeit zurückkehren zu können.

Leiharbeiter in Deutschland

Zahl der Leiharbeiter und ausgewählte Reformen der Arbeitnehmerüberlassung

1982 Verbot von Leiharbeit im Baugewerbe

1994 Überlassungshöchstdauer: 9 Monate

1997 Überlassungshöchstdauer: 12 Monate

2002 Überlassungshöchstdauer: 24 Monate

2003 Wegfall der Überlassungshöchstdauer, Lockerung des Entleihverbots im Baugewerbe

2012 Einführung eines Mindestlohns

2017 Neueinführung Überlassungshöchstdauer: 18 Monate, gleicher Lohn bei gleicher Arbeit nach 9 Monaten

1973 34 Tsd. · 29 · 138 · 213 · 326 · 327 · 908 · 1043 Tsd.

13265 © Globus   Stichtag jeweils 30. Juni   Quelle: Bundesagentur für Arbeit

Die Zahl der Leiharbeiter in Deutschland ist im Vergleich zum Vorjahr leicht gesunken. Etwas mehr als eine Million Zeitarbeiter zählte die Bundesagentur für Arbeit zur Mitte des Jahres 2018. Das waren knapp zwei Prozent weniger als im Juni 2017. Im langjährigen Trend werden es aber immer mehr. Vor rund 20 Jahren entsprach die Zahl der Leiharbeiter mit rund 253 000 nur etwa einem Viertel der heutigen Zahl. Immer wieder kam es zu Reformen in der Arbeitnehmerüberlassung: So wurde zum Beispiel mehrmals die Überlassungshöchstdauer erhöht, also die Zeitspanne, für die der Arbeitnehmer höchstens an ein Unternehmen ausgeliehen werden darf. 2003 fiel diese Regelung ganz weg, wurde aber 2017 wieder eingeführt. Außerdem gibt es seit 2012 einen Mindestlohn. Es wurden jeweils die Daten aus dem Juni herangezogen, da saisonale Schwankungen in der Beschäftigungsstatistik laut Bundesarbeitsagentur in diesem Monat als gering gelten.

Teilzeitarbeit	Bei der Teilzeitarbeit arbeitet die Arbeitskraft weniger als die betriebliche bzw. tarifliche Arbeitszeit bei entsprechender Kürzung des Arbeitsentgelts.

Teilzeitarbeit gibt es in verschiedenen Formen, z. B. in Form der *Halbtagsarbeit.* Möglich ist auch, dass nur an *bestimmten Tagen in der Woche* (z. B. an 3 oder 4 Arbeitstagen) gearbeitet wird.

---

1 Flexibilisierung = Erhöhung der Beweglichkeit; flexibilisieren = beweglich machen.

Der Arbeitsnehmer hat – unabhängig davon, welcher Berufsgruppe er angehört und welche leitende Stellung er im Unternehmen hat – gegenüber seinem Arbeitgeber grundsätzlich einen Anspruch auf Teilzeitarbeit [§ 6 TzBfG]. Der Anspruch auf Teilzeitarbeit muss nicht mit der Betreuung von Kindern oder anderen familiären Pflichten begründet werden. Auch andere Beweggründe wie z. B. eine Aus- oder Weiterbildung, die Gesundheit, der Übergang in den Ruhestand oder die Wahrnehmung von ehrenamtlichen Aufgaben können Motive für die gewünschte Teilzeitarbeit sein.

Mit der sogenannten Brückenteilzeit wird es dem Arbeitnehmer unter bestimmten Voraussetzungen ermöglicht, aus einer zeitlich befristeten Teilzeitarbeit in die vorherige Arbeitszeit zurückzukehren [§ 9 a TzBfG].

Quelle: www.bundesregierung.de/aktuelles/brückenteilzeit

Um Teilzeitarbeit beanspruchen zu können, muss das Arbeitsverhältnis eines Arbeitnehmers länger als sechs Monate bestanden haben und der Arbeitgeber in der Regel mehr als 15 Arbeitnehmer beschäftigen [§ 8 I, VII TzBfG]. Zudem können Arbeitgeber Arbeitszeitverkürzungen ablehnen [§ 8 IV, S. 1 TzBfG]. Berechtigte Gründe sind insbesondere eine durch die Arbeitszeitverkürzung verursachte wesentliche Beeinträchtigung der Organisation, des Arbeitsablaufs oder der Sicherheit im Betrieb und/oder unverhältnismäßig hohe Kostensteigerungen für den Arbeitgeber [§ 8 IV, S. 2 TzBfG].

3.5.3.3   Strukturpolitische Maßnahmen

Sektorale und regionale Strukturpolitik

Teilbereiche der Strukturpolitik sind die sektorale[1] und regionale[2] Strukturpolitik. Es handelt sich dabei um langfristige Maßnahmen zur Sicherung des Wachstums und der Beschäftigung.

---

1 Sektor (lat.) = wörtl. Ausschnitt; hier: Wirtschaftszweig, Wirtschaftsbereich.

2 Region (lat.) = Gebiet, Landschaft. Regional = auf ein Gebiet bezogen.

■ **Sektorale Strukturpolitik**

Die sektorale Strukturpolitik fördert (oder bremst) *gezielt* bestimmte Wirtschaftszweige. Zu den Bereichen der sektoralen Strukturpolitik gehören u. a. die Landwirtschaftspolitik, die Fischereiwirtschaftspolitik, die Energiepolitik, die Verkehrspolitik, die Bergbaupolitik und die Außenwirtschaftspolitik.

Strukturpolitik darf keine **Strukturerhaltungspolitik** sein. Hierunter versteht man eine **Subventionspolitik,** die veraltete Wirtschaftszweige zu erhalten versucht. Dennoch wurde (und wird) in vielen Industrieländern Strukturerhaltungspolitik betrieben, obwohl nachweisbar ist, wie kostspielig diese Strukturkonservierung langfristig für die Gesellschaft insgesamt ist und auf welches Wirtschaftswachstum (und damit Arbeitsplätze) verzichtet werden muss.[1]

Eine Strukturpolitik, die der Erhaltung und Schaffung von Arbeitsplätzen dient, muss vielmehr hochtechnologie-intensive Wirtschaftszweige fördern. „Wenn Deutschland langfristig von dem Arbeitsplatzzuwachs profitieren will, den Schlüsseltechnologien trotz aller Rationalisierungswirkungen im Saldo bescheren, dann müssen Wirtschaft und Staat der Weiterentwicklung von Basistechnologien einen neuen, weitaus höheren Stellenwert einräumen … Die Felder sind schon abgesteckt, auf denen heute und morgen erfolgreich für den Weltmarkt produziert werden kann:

■ Mikroelektronik, Informations- und Kommunikationstechnik, Multimedia,
■ Bio- und Gentechnik,
■ Nanoelektronik,[2]
■ Optoelektronik,[3]
■ neue Werkstoffe,
■ Hochtemperatur-Supraleitung,
■ neue Energien, Solarenergie,
■ Luft- und Raumfahrt."[4]

■ **Regionale Strukturpolitik**

Regionale Strukturpolitik liegt vor, wenn die wirtschaftliche Entwicklung einzelner Landesteile gezielt gefördert wird, z.B. durch Maßnahmen, die die Ansiedlung neuer Betriebe zum Ziel haben.

Eine der wichtigsten Voraussetzungen für die Gründung neuer Betriebe ist eine ausgebaute **Infrastruktur.** Darunter versteht man die Gesamtheit aller privaten und öffentlichen Einrichtungen eines Wirtschaftsraums, die der Allgemeinheit (also auch den Wirtschaftsbetrieben) zur Verfügung stehen.

Beispiel:

Öffentliche und private Straßen, Eisenbahnlinien, Kanäle bzw. kanalisierte Flüsse, Häfen, Krankenhäuser, Schulen, Energieversorgungseinrichtungen, Telekommunikationsnetze, Trink-, Industrie- und Abwassernetze, Kläranlagen, öffentliche Verwaltungen und Polizei.

---

1 Vgl. Clapham, R.: Strukturen und Prozesse in der Industriegesellschaft, in: Stammen, Th. u. a.: Grundwissen Politik, 1991, S. 89 ff., zitiert in: Kontrovers, Arbeitsmarktpolitik, a. a. O., S. 73.
2 Nano… (griech.) = ein Milliardstel einer Einheit, z. B. Nanometer = 10^{-9} Meter.
3 Opto… (lat.) = auf die Sehkraft bezogen, z. B. Optometer = Sehweitenmesser.
4 Schlaffke, W.: Arbeit für alle?, a. a. O., S. 3.

Alle Maßnahmen, die dem Ausbau der Infrastruktur dienen, sind zugleich dazu geeignet, eine bestehende Arbeitslosigkeit zu verringern, und zwar

- durch die Bautätigkeit selbst und
- durch die Ansiedlung neuer Betriebe.

Solide Haushaltspolitik

Eine solide Haushaltspolitik liegt vor, wenn sich längerfristig die Einnahmen und Ausgaben des Staates ausgleichen.[1]

Die Ausgaben des Bundes sollen im kommenden Jahr auf 359,9 Milliarden Euro steigen. So steht es im Haushaltsentwurf 2020, den der Bundesfinanzminister vorgelegt hat. Gegenüber 2019 wäre das ein Anstieg von 3,5 Milliarden Euro. Das mit Abstand meiste Geld soll dem Ministerium für Arbeit und Soziales zur Verfügung stehen. Mit 148,6 Milliarden Euro wird allein dieser Etat 41 Prozent des gesamten Haushalts 2020 ausmachen. Davon sollen allein 101,8 Milliarden Euro an die Rentenversicherung fließen, die damit der größte Ausgabenbereich im Bundeshaushalt ist. Die höchste prozentuale Steigerung ist beim Etat des Bundesumweltministeriums vorgesehen (plus 14,8 Prozent). Wie bereits seit 2014 soll der Bund auch im Jahr 2020 und in den folgenden drei Jahren ohne neue Schulden auskommen.

Ein ausgeglichener Staatshaushalt ist die Voraussetzung für die Schaffung von Arbeitsplätzen im Dienstleistungsbereich (Handel, Nachrichtenwesen, Kreditinstitute, Versicherungen, gewerbliche Serviceleistungen, soziale und persönliche Dienste).

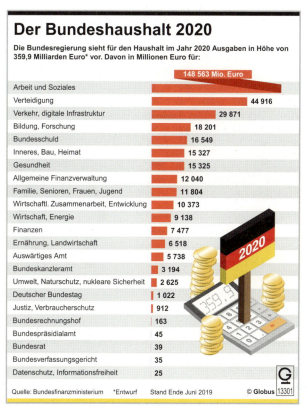

Der Bundeshaushalt 2020

Die Bundesregierung sieht für den Haushalt im Jahr 2020 Ausgaben in Höhe von 359,9 Milliarden Euro* vor. Davon in Millionen Euro für:

Arbeit und Soziales	148 563 Mio. Euro
Verteidigung	44 916
Verkehr, digitale Infrastruktur	29 871
Bildung, Forschung	18 201
Bundesschuld	16 549
Inneres, Bau, Heimat	15 327
Gesundheit	15 325
Allgemeine Finanzverwaltung	12 040
Familie, Senioren, Frauen, Jugend	11 804
Wirtschaftl. Zusammenarbeit, Entwicklung	10 373
Wirtschaft, Energie	9 138
Finanzen	7 477
Ernährung, Landwirtschaft	6 518
Auswärtiges Amt	5 738
Bundeskanzleramt	3 194
Umwelt, Naturschutz, nukleare Sicherheit	2 625
Deutscher Bundestag	1 022
Justiz, Verbraucherschutz	912
Bundesrechnungshof	163
Bundespräsidialamt	45
Bundesrat	39
Bundesverfassungsgericht	35
Datenschutz, Informationsfreiheit	25

Quelle: Bundesfinanzministerium   *Entwurf   Stand Ende Juni 2019   © Globus 13301

Ein ausgeglichener Staatshaushalt ist eine Voraussetzung für eine erfolgreiche Beschäftigungspolitik, weil

- *kurzfristig* die **konjunkturelle Arbeitslosigkeit** mithilfe zusätzlicher Staatsaufträge (durch Erhöhung der Staatsnachfrage nach Konsum- und Investitionsgütern) und
- *langfristig* die **strukturelle Arbeitslosigkeit** durch ausreichende Zukunftsinvestitionen (z. B. Investitionen in Bildung und Forschung)

bekämpft werden können.

---

1 Ein langfristig ausgeglichener Staatshaushalt ist z. B. die Voraussetzung für eine antizyklische Finanzpolitik. (Näheres siehe Kapitel 3.6.1.)

Verbesserung der Ausbildung

Im Kapitel 3.5.2.4 wurde gesagt, dass u. a. eine unzureichende Ausbildung Ursache von Arbeitslosigkeit sein kann. So steht z. B. in der Bundesrepublik Deutschland dem Mangel an Facharbeitskräften ein Überschuss von gering qualifizierten Personen gegenüber. Hieraus folgt, dass eine vorausschauende Bildungspolitik dazu beitragen kann, den auf Ausbildungsdefizite zurückzuführenden Teil der Arbeitslosigkeit zu verringern.

Allgemeine Bildungspolitik

Um die Wettbewerbsfähigkeit der deutschen Wirtschaft (und damit auch die Arbeitsplätze) erhalten zu können, müssen die staatlichen und privaten Investitionen in Bildung, Forschung und Entwicklung verstärkt (und nicht gekürzt) werden.

Im Jahr 2016 gaben die öffentlichen Haushalte der Bundesländer durchschnittlich 7 100 Euro für die Ausbildung eines Schülers aus. Das waren 2 100 Euro mehr als noch vor zehn Jahren. An öffentlichen allgemeinbildenden Schulen lagen die Ausgaben bei 7 700 Euro je Schüler, an beruflichen Schulen bei 4 900 Euro. Die sehr niedrigen Kosten von 3 100 Euro je Schüler bei den Berufsschulen im Dualen System sind vor allem auf den Teilzeitunterricht zurückzuführen. Ganz oben in der Statistik landeten nach Berechnungen des Statistischen Bundesamtes die Hauptschulen mit Pro-Kopf-Ausgaben von 9 300 Euro. Für die Berechnung werden die Ausgaben für Personal, der laufende Sachaufwand wie Miete und Ausstattung sowie die Höhe der Investitionen auf die Zahl der Schüler umgerechnet. Dass es so große Unterschiede

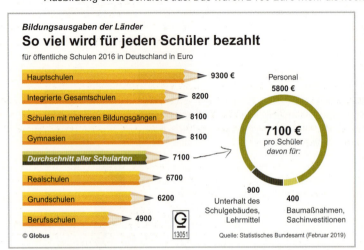

sowohl zwischen den Schularten als auch zwischen Bundesländern gibt, liegt an einer Vielzahl von Faktoren: Wie viele Schüler kommen auf einen Lehrer, wie groß sind die Klassen und wie lange werden die Schüler betreut?

Nun ist natürlich eine Erhöhung der Bildungsausgaben für Schulen und Hochschulen nicht zwangsläufig mit einer Verbesserung des Bildungsstands der Schülerinnen und Schüler bzw. der Studierenden verbunden. Es muss vielmehr ein Umdenken in der gesamten Gesellschaft stattfinden. Es muss von den Bildungspolitikern, den Eltern und den Schülerinnen und Schülern akzeptiert werden, dass Lesen, Rechnen und Schreiben und das Denken in Zusammenhängen Grundvoraussetzungen für den Erwerb weiterer Qualifikationen darstellen, dass Lernen eben Mühe und Arbeit bedeutet, also mit Anstrengung verbunden ist. Die Schule kann nicht nur „Spaßschule" (keine „Funveranstaltung") sein, die mangelnde Leistung durch gute Noten oder gar wohlgeformte Umschreibungen kaschiert. Es muss weiterhin akzeptiert werden, dass Menschen unterschiedlich begabt sind und deswegen auch unterschiedliche Schulen und Ausbildungsstätten benötigen.

Und schließlich müssen die in Deutschland lebenden jungen Ausländer besser in die Gesellschaft integriert werden (allerdings müssen deren Eltern diese Integration auch wollen), damit sich ihre Chancen in Schule, Ausbildung und Beruf verbessern.

■ Unterstützung der Ausbildung, Fortbildung und Umschulung durch die BA

Die Bundesagentur für Arbeit hat den Auftrag, nicht nur die einmal eingetretene Arbeitslosigkeit (z. B. durch **Arbeitsplatzvermittlung**) und deren Folgen (z. B. durch Arbeitslosengeld, Kurzarbeitergeld, Insolvenzgeld) zu beseitigen, sondern vor allem Arbeitslosigkeit zu *verhindern* (= **aktive Arbeitsmarktpolitik**).

Hierzu gehören folgende, teilweise bereits im Kapitel 1.3.5.6 besprochenen Maßnahmen:

■ Berufs- und Arbeitsmarktberatung durch die Agenturen für Arbeit [§ 19 I Nr. 1 SGB I];

■ Ausbildungs- und Arbeitsvermittlung durch die Agenturen für Arbeit [§ 19 I Nr. 2 SGB I];

■ Arbeitsmarkt- und Berufsforschung [§ 282 SGB III];

■ Förderung der Arbeitsaufnahme, z. B. durch einen Zuschuss zu den Bewerbungs-, Reise- und Umzugskosten sowie durch die Übernahme von Lehrgangskosten und Prüfungsgebühren [§§ 44 ff. SGB III];

■ Förderung der Teilhabe behinderter Menschen am Arbeitsleben, um ihre Erwerbsfähigkeit zu erhalten, zu verbessern, herzustellen oder wiederherzustellen und ihre Teilhabe am Arbeitsleben zu sichern[1] [§ 10 SGB I].

■ Förderung der beruflichen Aus- und Weiterbildung [§§ 59 ff., 77 ff. SGB III]:

Im Rahmen der **beruflichen Ausbildung** wird die Ausbildung in Betrieben und in überbetrieblichen Einrichtungen, die Teilnahme an Grundausbildungs- und Förderungslehrgängen sowie andere berufsvorbereitende Maßnahmen dadurch gefördert, dass Jugendliche und Erwachsene *Zuschüsse* und *Darlehen* erhalten können, falls sie oder ihre Unterhaltsverpflichteten (z. B. die Eltern) die für die Ausbildung erforderlichen Mittel nicht selbst aufbringen können.

Maßnahmen der **beruflichen Weiterbildung** sind vor allem:

■ Förderung des beruflichen Aufstiegs (**Aufstiegsfortbildung**),[2]

■ Anpassung der Kenntnisse und Fähigkeiten an die beruflichen Anforderungen (**Anpassungsfortbildung**),

■ Eingliederungszuschüsse für Arbeitgeber bei Einarbeitung förderungsbedürftiger Arbeitnehmerinnen und Arbeitnehmer, deren Vermittlung wegen in ihrer Person liegender Gründe erschwert ist,

■ Ermöglichung einer bisher fehlenden beruflichen Abschlussprüfung,

■ Heranbildung und Fortbildung von Ausbildungskräften und

■ die Wiedereingliederung älterer arbeitsloser Personen in das Berufsleben.

Bei den genannten Maßnahmen können die Kosten der Fortbildung ganz oder teilweise von der Bundesagentur für Arbeit übernommen werden (Lehrgangskosten, Kosten für Lernmittel, Fahrkosten, Kosten für Arbeitskleidung, Kranken- und Unfallversicherung sowie Unterkunft und Verpflegung bei auswärtiger Unterbringung).

Gefördert werden Personen, die in der Arbeitslosenversicherung versichert sind oder künftig versichert werden und deren Fähigkeiten und bisherige Tätigkeit erwarten lassen, dass sie an der Fortbildungsmaßnahme erfolgreich teilnehmen werden.

---

1 Die Wiederherstellung der Arbeitsfähigkeit wird als Rehabilitation bezeichnet.

2 Der individuellen Förderung der beruflichen Aufstiegsfortbildung dient vor allem das Gesetz zur Förderung der beruflichen Aufstiegsfortbildung (Aufstiegsfortbildungsförderungsgesetz – AFBG), das z. B. finanzielle Leistungen zum Lebensunterhalt und die Übernahme von Fortbildungskosten regelt (Näheres siehe §§ 1 ff. AFBG). Siehe auch im Internet unter *www.bmbf.de*.

273

Maßnahmen der beruflichen **Umschulung** haben zum Ziel, den Übergang in eine andere berufliche Tätigkeit zu ermöglichen. Die Förderung geschieht durch Zuschüsse und Darlehen. Dabei soll i. d. R. die Umschulungsmaßnahme nicht länger als zwei Jahre dauern.

Können umzuschulende Arbeitnehmer und Arbeitnehmerinnen mit Vermittlungshemmnissen erst nach einer Einarbeitungszeit die volle Leistung erbringen, kann auch den *Arbeitgebern* ein Zuschuss für diese Arbeitskräfte gewährt werden (Eingliederungszuschuss).

3.5.3.4 Öffentlich geförderte Beschäftigung

Mit der öffentlich geförderten Beschäftigung finanziert die Allgemeinheit (der Staat) die Einstellung von Arbeitskräften, die ohne diese Hilfe keinen Arbeitsplatz erhalten können. Dazu gehören z. B. die Arbeitsgelegenheiten mit Mehraufwandsentschädigung und Arbeitsverhältnisse, die durch Zuschüsse zum Arbeitsentgelt gefördert werden.

Arbeits-gelegenheiten mit Mehr-aufwands-entschädigung [§ 16 d SGB II]	**Erwerbsfähige Leistungsberechtigte** können zur Erhaltung oder Wiedererlangung ihrer Beschäftigungsfähigkeit, die für eine Eingliederung in Arbeit erforderlich ist, in **Arbeitsgelegenheiten zugewiesen** werden, wenn die darin verrichteten Arbeiten ■ zusätzlich sind, ■ im öffentlichen Interesse liegen und ■ wettbewerbsneutral sind. Arbeiten sind **zusätzlich,** wenn sie ohne die Förderung nicht, nicht in dem vorgesehenen Umfang oder erst zu einem späteren Zeitpunkt durchgeführt würden. Arbeiten liegen **im öffentlichen Interesse,** wenn das Arbeitsergebnis der Allgemeinheit dient. Arbeiten sind **wettbewerbsneutral,** wenn durch sie eine Beeinträchtigung der Wirtschaft infolge der Förderung nicht zu befürchten ist **und** die Erwerbstätigkeit auf dem allgemeinen Arbeitsmarkt weder verdrängt noch in ihrer Entstehung verhindert wird. Den erwerbsfähigen Leistungsberechtigten ist während einer solchen Arbeitsgelegenheit zuzüglich zum Arbeitslosengeld II von der Agentur für Arbeit eine **angemessene Entschädigung für Mehraufwendungen** zu zahlen.
Arbeitsverhält-nisse durch Zuschüsse zum Arbeitsentgelt [§ 16 e SGB II]	**Arbeitgeber** können für die Beschäftigung von zugewiesenen erwerbsfähigen Leistungsberechtigten **durch Zuschüsse zum Arbeitsentgelt gefördert** werden, wenn zwischen dem Arbeitgeber und der erwerbsfähigen leistungsberechtigten Person **ein Arbeitsverhältnis** begründet wird. Der Zuschuss richtet sich nach der Leistungsfähigkeit des erwerbsfähigen Leistungsberechtigten und beträgt **bis zu 75 % des berücksichtigungsfähigen Arbeitsentgelts**. Eine Förderung ist u. a. ausgeschlossen, wenn zu vermuten ist, dass der Arbeitgeber die Beendigung eines anderen Beschäftigungsverhältnisses veranlasst hat, um eine Förderung im o. g. Sinne zu erhalten.

Die **Nachteile** des zweiten Arbeitsmarkts sind, dass er vom Steuerzahler subventioniert und erforderlichenfalls durch eine weitere Staatsverschuldung finanziert werden muss. Außerdem geht der Wettbewerb zulasten rentabel arbeitender Betriebe. Insbesondere für die Beschäftigungsgesellschaften gilt, dass sie die Entwicklung moderner Wirtschaftsstrukturen behindern und unrentable Produktionsverhältnisse konservieren.

3.5.3.5 Existenzgründungsförderung[1]

Arbeitnehmer, die sich selbstständig machen wollen, können zur Sicherung des Lebensunterhalts und zur sozialen Sicherung in der Zeit nach der Existenzgründung einen Gründungszuschuss erhalten.

Bei der Aufnahme der selbstständigen Tätigkeit müssen Existenzgründer u. a. noch einen
Restanspruch auf Arbeitslosengeld von mindestens 90 Tagen haben und Kenntnisse und
Fähigkeiten zur Ausübung der selbstständigen Tätigkeit darlegen.

Der Gründungszuschuss wird in zwei Phasen geleistet. Für 9 Monate wird der Zuschuss in
Höhe des zuletzt bezogenen Arbeitslosengelds zur Sicherung des Lebensunterhalts und
monatlich 300,00 € gewährt. Für weitere 6 Monate können 300,00 € monatlich geleistet
werden.

3.5.3.6 Ergänzende beschäftigungspolitische Maßnahmen

Verhinderung des Sozialmissbrauchs

Man redet nicht gern darüber: aber zur Bekämpfung der Arbeitslosigkeit gehört z. B. auch
die Verhinderung des Sozialmissbrauchs (z. B. die überhöhte Abrechnung von ärztlichen
Leistungen, der ungerechtfertigte Bezug von Arbeitslosengeld, Arbeitslosengeld II sowie
die Bekämpfung der Schwarzarbeit).

Überhöhte oder ungerechtfertigte Abrechnungen durch Ärzte erhöhen die Krankenkassen-
beiträge der Arbeitnehmer und Arbeitgeber. Der ungerechtfertigte Bezug von Transferleistungen belastet ebenfalls die Arbeitnehmer und Arbeitgeber, weil letztlich z. B. die Arbeits-
losenversicherungsbeiträge und/oder die Steuern erhöht werden müssen. Schwarzarbeit
schließlich entzieht dem Staat Steuern, den Sozialversicherungen Beiträge und steht in
Konkurrenz zu regulären Arbeitsplätzen. Eine Ursache des Missbrauchs des Sozialsystems
ist sicherlich ein Schwinden des Unrechtsbewusstseins in weiten Teilen der Bevölkerung.
Erforderlich ist ein Umdenken und Umerziehen. Betrug ist nun einmal ethisch verwerflich.
Politik, Arbeitgeber, Gewerkschaften, Kirchen, Wohlfahrtsverbände und nicht zuletzt Lehrer und Hochschullehrer könnten dazu beitragen, ein **Umdenken** zu bewirken.

Ein zweites (aber zweitrangiges) Mittel zur Eindämmung des Sozialmissbrauchs ist die
Kontrolle. Sie erfordert unter Umständen die Einstellung von Personal durch die öffentlichen Arbeitgeber (z. B. durch die Gemeinden). Dies kann durchaus eine ökonomisch
sinnvolle Investition sein, denn jede Kontrollperson kann den öffentlichen Kassen ein
Mehrfaches dessen einbringen, was sie kostet.

---

1 Näheres zur Existenzgründungsförderung siehe z. B. *www.arbeitsagentur.de.*

Berufliche Qualifizierung

Arbeitgebern, die ungelernte Arbeitnehmer für eine Qualifizierung freistellen und ihnen das Gehalt weiterzahlen, wird der Lohn ganz oder teilweise erstattet. Dies soll die Bereitschaft der Arbeitgeber stärken, ungelernte Arbeitnehmer zu qualifizieren.

Die Arbeitswelt wird sich in den kommenden Jahren spürbar wandeln. Digitalisierung und Künstliche Intelligenz sind nur zwei Stichwörter, die in diesem Zusammenhang eine wichtige Rolle spielen. Das bedeutet auch, dass sich die Anforderungen an die Mitarbeiter in den Unternehmen spürbar verändern werden. Viele Beschäftigte nutzen die Möglichkeiten, sich weiterzubilden, um ihr Wissen zu erweitern und auf den neuesten Stand zu bringen. Nach einer Umfrage des Deutschen Industrie- und Handelskammertages (DIHK) stehen bei den Motiven auch das berufliche Fortkommen und ein höheres Einkommen ganz weit oben. So gaben mehr als zwei Drittel der Befragten an, dass sie sich weiterbilden, um auf der Karriereleiter aufzusteigen. Etwa jeder zweite (46 %) sieht auch die Chance auf ein höheres Gehalt. Viele geben auch an, dass sie die Aussicht, etwas Neues zu lernen und die beruflichen Kenntnisse zu erweitern, zur Weiterbildung motiviert. Etwa jeder neunte Befragte sah darin auch eine Chance, seinen Arbeitsplatz sicherer zu machen.

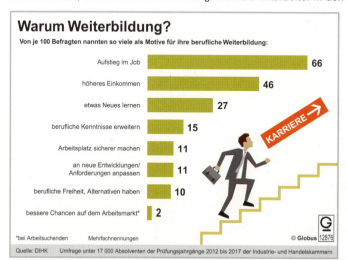

Warum Weiterbildung?

Von je 100 Befragten nannten so viele als Motive für ihre berufliche Weiterbildung:

Aufstieg im Job	66
höheres Einkommen	46
etwas Neues lernen	27
berufliche Kenntnisse erweitern	15
Arbeitsplatz sicherer machen	11
an neue Entwicklungen/Anforderungen anpassen	11
berufliche Freiheit, Alternativen haben	10
bessere Chancen auf dem Arbeitsmarkt*	2

*bei Arbeitsuchenden   Mehrfachnennungen   © Globus 12876

Quelle: DIHK   Umfrage unter 17 000 Absolventen der Prüfungsjahrgänge 2012 bis 2017 der Industrie- und Handelskammern

---

Zusammenfassung

Ursachen der Arbeitslosigkeit	Mögliche Bewältigungsstrategien
■ **Kurzfristige Ursachen** ■ Arbeitsplatzwechsel ■ Umstrukturierungen in den Unternehmen ■ Saisonschwankungen ■ **Mittelfristige Ursachen** ■ Konjunkturabschwünge	■ **Kurzfristige Hilfsmaßnahmen** (keine Gegensteuerung erforderlich) ■ Kurzarbeitergeld ■ Winterausfallgeld ■ Arbeitslosengeld ■ **Konjunkturpolitik des Staates und der Zentralbank** (Erhöhung der Staatsausgaben, Senkung der Staatseinnahmen, Senkung der Leitzinssätze durch die Zentralbank,[1] Offenmarktkäufe)

---

1   Näheres siehe Kapitel 3.9.2 und Kapitel 3.10.

Ursachen der Arbeitslosigkeit	Mögliche Bewältigungsstrategien
Angebotsprobleme<ul><li>Kostenbelastungen (Lohnkosten, Lohnnebenkosten, Zinskosten, Unternehmenssteuern)</li><li>Globalisierung (Gewinnverlagerung ins Ausland, Arbeitsplatzexport, Konkurrenz billiger ausländischer Ware und billiger ausländischer Arbeitskräfte)</li><li>Bürokratie, d.h. gesetzliche und administrative Hemmnisse (z.B. Umweltschutzauflagen, Genehmigungsverfahren, Bauvorschriften)</li><li>Ungünstiges Investitionsklima (Reformstau, geringe Flexibilität der Arbeit, Führungsfehler, mangelnde Risikobereitschaft, außenwirtschaftliche Bedingungen)</li></ul>**Strukturelle Ursachen**<ul><li>Sättigungstendenzen</li><li>Wirtschaftspolitische Entscheidungen (Staatsverschuldung, Entwicklung zum schlanken Staat, Subventionen)</li><li>Unzureichende Ausbildung</li><li>Steigende Arbeitsproduktivität</li><li>Berufliche und räumliche Immobilität der Arbeitskräfte</li><li>Änderung der Wirtschaftsordnung</li><li>Sich selbst verstärkende Prozesse (steigende Sockelarbeitslosigkeit, Schattenwirtschaft)</li></ul>	**Angebotsorientierte Strategien**<ul><li>Kostensenkung (Senkung der Entgeltnebenkosten, Senkung der Unternehmenssteuern, Senkung der Leitzinssätze)</li><li>Deregulierung und Entbürokratisierung (Lockerung arbeitsrechtlicher Vorschriften, Verkürzung und Vereinfachung der Genehmigungsverfahren, Privatisierung)</li><li>Durchführung von Reformen (z.B. Steuerreform, Reform des Sozialversicherungssystems)</li><li>Flexibilisierung der Arbeit (Förderung von Zeit- und Teilzeitarbeit)</li><li>Erhöhung der Risikobereitschaft (verlässliche Gesetzgebung)</li></ul>**Strukturpolitische Strategien**<ul><li>Sektorale Strukturpolitik</li><li>Regionale Strukturpolitik</li><li>Solide Haushaltspolitik</li><li>Verbesserung der Ausbildung</li><li>Unterstützung der Ausbildung, Fortbildung und Umschulung durch die Bundesagentur für Arbeit</li><li>Förderung von Existenzgründungen</li><li>Öffentlich geförderte Beschäftigung (Arbeitsgelegenheiten mit Mehraufwandsentschädigung)</li><li>Sonstige Maßnahmen (Beschäftigungsprogramme, Verhinderung des Sozialmissbrauchs, Eindämmung der Schattenwirtschaft)</li></ul>

ÜBUNGSAUFGABEN

1. **Textauszug:**

TOKIO/PEKING. Es ist ein großes Wort, mit dem Japans Premier am Freitag das wichtigste Projekt seiner Regierung auf den Weg bringt. Nichts Geringeres als einen „Raketenstart" soll die japanische Wirtschaft erleben, gezündet durch ein mächtiges Konjunkturpaket. Es wird den enormen Schuldenberg der drittgrößten Volkswirtschaft erhöhen.

Mit 10,3 Billionen Yen, umgerechnet 89 Milliarden Euro, will Tokio neue Arbeitsplätze schaffen, der krisengeschüttelten Exportwirtschaft helfen und die Konjunktur aus dem Deflationsstrudel befreien.

„Das wird unser Wachstum um zwei Prozent steigern und 600 000 neue Jobs schaffen", verspricht der Premier. Der Stimulus sei einer der größten der japanischen Geschichte und die stärkste Konjunkturspritze seit dem Ausbruch der Finanzkrise im Herbst 2008. Die drittgrößte Volkswirtschaft der Welt droht derzeit erneut in die Rezession abzugleiten. Das Konjunkturprogramm bedeutet, dass Japan, das bereits mit weit mehr als dem Doppelten seiner jährlichen Wirtschaftsleistung verschuldet ist, im laufenden Haushaltsjahr weitere Schulden von rund 43 Milliarden Euro aufnehmen muss...

Quelle: Badische Zeitung vom 12. Januar 2013.

1.1 Erläutern Sie, was unter einem staatlichen Beschäftigungsprogramm zu verstehen ist!

1.2 Die Befürworter staatlicher Beschäftigungsprogramme sagen, dass diese eine positive Multiplikatorwirkung haben. Bringen Sie ein eigenes Beispiel!

1.3 Unter welcher Bedingung kann sich ein Beschäftigungsprogramm längerfristig auch negativ auf die wirtschaftliche Entwicklung eines Landes auswirken?

2. Wie wirken sich vergleichsweise sehr hohe Arbeitskosten auf eine Volkswirtschaft aus?

3. Manche Anhänger einer angebotsorientierten Wirtschaftspolitik treten dafür ein, die Arbeitskosten durch niedrigere Sozialversicherungsbeiträge zu senken. Welche Probleme würde eine solche Maßnahme mit sich bringen?

4. Erklären Sie den Begriff „Flexibilisierung der Arbeit"!

5. Erläutern Sie, was unter sektoraler und regionaler Strukturpolitik zu verstehen ist! Bilden Sie je ein Beispiel!

6. 6.1 Was ist unter Ausbildung, Weiterbildung und Umschulung zu verstehen? Bilden Sie je ein Beispiel!

6.2 Welche Bedeutung haben die unter 6.1 genannten Maßnahmen für den Einzelnen und für die Gesamtwirtschaft?

3.6 Wirtschaftspolitische Konzepte[1]

Nach wie vor streiten sich Wirtschaftswissenschaftler und Wirtschaftspolitiker darüber, wie eine „richtige" Wirtschaftspolitik auszusehen hat. Zwei gegensätzlich scheinende Lehrmeinungen – sogenannte „Schulen" – stehen einander gegenüber. Die eine hängt der nachfrageorientierten, die andere der angebotsorientierten Wirtschaftspolitik an.

3.6.1 Nachfrageorientierte Wirtschaftspolitik[2]

Die ideale Grundlage der nachfrageorientierten Wirtschaftspolitik ist, wenn der Staat (genauer z. B. die Bundesregierung, die Länder und die Gemeinden) eine antizyklische[3] Finanzpolitik[4] betreibt.

Begriff antizyklische Fiskalpolitik	
Erhöhung der Staatseinnahmen und Senkung der Staatsausgaben	Besteht Inflationsgefahr, kann der Staat die Steuern erhöhen und die zusätzlichen Einnahmen bei der Zentralbank oder bei den Kreditinstituten stilllegen (**Konjunkturausgleichsrücklage**). Dem Wirtschaftskreislauf wird Geld entzogen, die Inflation wird gebremst.
	Die Kürzung von Staatsausgaben (z. B. Einstellungs- und Beförderungsstopp im öffentlichen Dienst, Verringerung der Staatsausgaben für öffentliche Investitionen) wirkt in die gleiche Richtung: Die nachfragewirksame Geldmenge wird geringer, der Preisauftrieb wird gedämpft.

---

1 Konzept (lat.) = Plan, Programm.

2 Siehe auch Kapitel 3.5.3.1.

3 Antizyklisch = dem Konjunkturzyklus entgegengesetzt.

4 Unter „Fiskus" versteht man heute den Staat schlechthin, insoweit er es mit Staatseinnahmen (vor allem Steuern), Staatsausgaben oder Staatsvermögen zu tun hat („Einheit von Fiskus und Staat"). Das Wort Fiskus kommt aus dem Lateinischen und bedeutet Korb, Geldkorb, Kasse. Fiskalpolitik ist somit Wirtschaftspolitik mit Geldmitteln aus der „Staatskasse".

Senkung der Staatseinnahmen und Erhöhung der Staatsausgaben	Ist die Wirtschaft unterbeschäftigt, kann der Staat die Steuern senken und den Einnahmeausfall durch **Auflösung der Konjunkturausgleichsrücklage** oder durch Kreditaufnahme decken. Dem Wirtschaftskreislauf wird zusätzliches Geld zugeführt. Der Staat erwartet, dass aufgrund dieser Maßnahmen die Nachfrage nach Konsum- und Investitionsgütern steigt und so die Arbeitslosigkeit abgebaut wird.

Beispiel:

Fragt der Staat z. B. mehr Bauleistungen nach, erhöht sich die Beschäftigung in der Bauindustrie. Diese wiederum kann mehr Baumaterialien, mehr Maschinen, mehr Kraftfahrzeuge und mehr Arbeitskräfte nachfragen (Multiplikatorwirkung zusätzlicher Staatsausgaben).

Die echte antizyklische Fiskalpolitik sorgt also für einen ausgeglichenen Staatshaushalt, weil sie Mindereinnahmen und Mehrausgaben aus den Rücklagen decken kann, die in Zeiten guter Konjunktur gebildet wurden. Man spricht auch von einem **„atmenden Haushalt"**. Die antizyklische Fiskalpolitik ist im wahrsten Sinne des Wortes **Konjunkturpolitik**.

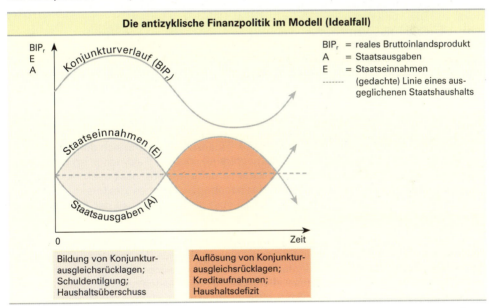

Die antizyklische Finanzpolitik im Modell (Idealfall)

BIP$_r$ = reales Bruttoinlandsprodukt
A = Staatsausgaben
E = Staatseinnahmen
------- (gedachte) Linie eines ausgeglichenen Staatshaushalts

Bildung von Konjunkturausgleichsrücklagen; Schuldentilgung; Haushaltsüberschuss

Auflösung von Konjunkturausgleichsrücklagen; Kreditaufnahmen; Haushaltsdefizit

Begriff nachfrageorientierte Wirtschaftspolitik

Die dargestellte „antizyklische Finanzpolitik" ist die konsequente Anwendung des von JOHN MAYNARD KEYNES[1] verbreiteten Gedankenguts. Nach KEYNES und seinen Anhängern ist die **Einnahmen- und Ausgabenpolitik** der Regierung (d. h. die Politik des Fiskus = Fiskalpolitik) das **Hauptmittel,** mit dem man erfolgreich lenkend in den Konjunkturverlauf eingreifen kann **(Fiskalismus).** Durch die Steigerung der Staatsausgaben und/oder durch

---

1 John Maynard Keynes, britischer Volkswirtschaftler (1883–1946), legte in seinem Hauptwerk „Die allgemeine Theorie der Beschäftigung, des Zinses und des Geldes" die Grundlagen der nachfrageorientierten Wirtschaftspolitik.

Steuersenkungen ist der Staat in der Lage, die Wirtschaft aus einem konjunkturellen Tal herauszuführen und die Arbeitslosigkeit zu bekämpfen. Auf der anderen Seite sehen die Fiskalisten in einer Verringerung der Staatsausgaben und/oder in Steuererhöhungen Möglichkeiten, inflationäre Tendenzen zurückzudrängen.

Da sich die so angewandte Fiskalpolitik hauptsächlich auf die gesamtwirtschaftliche Nachfrage auswirkt, spricht man von einer **nachfrageorientierten Wirtschaftspolitik**.

Im einfachsten Fall[1] lässt sich die nachfrageorientierte Wirtschaftspolitik wie in der nebenstehenden Abbildung darstellen. Wird die gesamtwirtschaftliche Nachfrage (Konsumgüternachfrage der privaten Haushalte, Staatsnachfrage, Investitionsgüternachfrage) erhöht, nimmt die Beschäftigung (gemessen am realen Bruttoinlandsprodukt) zu. Die konjunkturelle Arbeitslosigkeit nimmt ab. Verhält sich das gesamtwirtschaftliche Angebot normal, besteht Inflationsgefahr, wenn die Produktionskapazitäten voll ausgelastet sind.

Modell der nachfrageorientierten Wirtschaftspolitik

P = Preisniveau
BIP_r = reales Bruttoinlandsprodukt
A = Angebot
N = Nachfrage

Grenzen der antizyklischen Fiskalpolitik

Problematisch ist die antizyklische Fiskalpolitik (Finanzpolitik), wenn sich die Wirtschaft im Zustand der Stagflation befindet. Wird die nachfragewirksame Geldmenge erhöht, steigen die Preise noch stärker, ohne dass eine Garantie dafür besteht, dass auch die Beschäftigung zunimmt. Wird auf eine Erhöhung der nachfragewirksamen Geldmenge verzichtet, ist zwar die Inflationsgefahr geringer; dafür ist aber auch kein Abbau der Arbeitslosigkeit zu erreichen **(Zielkonflikt)**.

Eine wirkungsvolle staatliche Konjunkturpolitik setzt auch die Bewältigung einer Reihe von **Abstimmungsproblemen** (Koordinierungsproblemen) voraus. So müssen z. B. der Bund, die Länder und – wenn möglich – die Gemeinden „am gleichen Strang" ziehen, d. h. die der jeweiligen konjunkturellen Situation entsprechenden Maßnahmen ergreifen. Die konjunkturpolitischen Maßnahmen dürfen auch nicht zu spät erfolgen. Häufig ist es in der Praxis jedoch so, dass von der Beschlussfassung bis zur Realisierung geraume Zeit verstreicht, sodass konjunkturfördernde Maßnahmen erst dann wirksam werden, wenn man sie eigentlich nicht mehr bräuchte, konjunkturdämpfende Maßnahmen erst dann greifen, wenn sich die Konjunktur bereits im Abschwung befindet. In diesem Fall wirken die wirtschaftspolitischen Maßnahmen eher prozyklisch.[2]

---

1 Die gesamtwirtschaftliche Nachfrage (N) und das gesamtwirtschaftliche Angebot (A) verhalten sich normal.

2 Prozyklisch = den Konjunkturprozess verstärkend.

Das wirtschaftspolitische Konzept des Stabilitätsgesetzes[1]

Das Stabilitätsgesetz gründet auf dem Konzept der antizyklischen Finanzpolitik. („Spare in der Zeit, dann hast du in der Not"). Im Folgenden sind die wichtigsten Vorschriften des Stabilitätsgesetzes zusammengefasst.

Der § 1 StabG sieht vor, dass Bund und Länder bei ihren wirtschafts- und finanzpolitischen Maßnahmen die Erfordernisse des gesamtwirtschaftlichen Gleichgewichts zu beachten haben. Die Maßnahmen sind so zu treffen, dass sie im Rahmen der marktwirtschaftlichen Ordnung gleichzeitig zur **Stabilität des Preisniveaus,** zu einem **hohen Beschäftigungsstand** und **außenwirtschaftlichen Gleichgewicht** bei **stetigem und angemessenem Wirtschaftswachstum** beitragen („Magisches Viereck"; siehe hierzu auch Kapitel 3.3.1.7).

Jahresbericht der Bundesregierung (§ 2 StabG)	Die Bundesregierung muss dem Bundestag und dem Bundesrat jedes Jahr im Januar einen Jahreswirtschaftsbericht vorlegen, in welchem die wichtigsten wirtschaftspolitischen Ziele für das laufende Jahr darzulegen sind (Jahresprojektion).[2]
	Die Jahresprojektion bedient sich der Mittel und der Form der volkwirtschaftlichen Gesamtrechnung (siehe Kapitel 2.2), gegebenenfalls mit Alternativrechnungen.[3] Des Weiteren muss die Regierung die geplante Wirtschafts- und Finanzpolitik darlegen.
Konzertierte Aktion (§ 3 StabG)	Im Falle der Gefährdung eines der Ziele des magischen Vierecks stellt die Regierung für ein abgestimmtes Verhalten (konzertierte Aktion) den Gebietskörperschaften, Gewerkschaften und Unternehmensverbänden Orientierungsdaten zur Verfügung, die vor allem die gesamtwirtschaftlichen Zusammenhänge der gegebenen Situation enthalten.
Außenwirtschaftliche Störungen (§ 4 StabG)	Können Störungen des außenwirtschaftlichen Gleichgewichts nicht durch binnenwirtschaftliche Maßnahmen oder nur durch Beeinträchtigung der übrigen Ziele des magischen Vierecks abgewehrt werden, hat die Bundesregierung alle Möglichkeiten der internationalen Koordination[4] zu nutzen.
Eingehen von Verpflichtungen (§ 5 I StabG)	Im Bundeshaushalt sind Umfang und Zusammensetzung der Ausgaben und der Ermächtigungen zum Eingehen von Verpflichtungen (Kreditaufnahmen) so zu bemessen, wie es zur Erreichung der Ziele des magischen Vierecks erforderlich ist.
Antizyklische Finanzpolitik	Das Stabilitätsgesetz setzt eine antizyklische Finanzpolitik voraus: ■ **Konjunkturdämpfung.** Bei einer die volkswirtschaftliche Leistungsfähigkeit übersteigenden Nachfrageausweitung, also in der Hochkonjunktur, sollen Mittel zur Tilgung von Schulden oder zur Zuführung an eine Konjunkturausgleichsrücklage[5] verwendet werden (§ 5 II StabG). Die Konjunkturausgleichsrücklage ist bei der Deutschen Bundesbank anzusammeln (§ 7 I StabG). ■ **Konjunkturförderung.** Die Bundesregierung kann bestimmen, dass bei einem Konjunkturrückgang zusätzliche Ausgaben geleistet werden. Zu ihrer Deckung sollen die notwendigen Mittel der Konjunkturausgleichsrücklage entnommen werden (§ 6 II StabG).

1 Siehe auch Kapitel 3.3.1.

2 Projektion (lat. proiectum = das nach vorn Geworfene). Hier: Entwurf, Planung, Vorhaben.

3 Alternative (lat.) = weitere Möglichkeit(en), hier z.B. Umweltökonomische Gesamtrechnungen (S. 161f.) oder der Index der menschlichen Entwicklung (S. 164).

4 Koordinieren (lat.) = in ein Gefüge einbauen, aufeinander abstimmen. Koordination = Zusammenarbeit.

5 Siehe S. 278f.

Deficit-Spending[1]

Die Regierungen (und die Parlamente) neigen dazu, in konjunkturell guten Zeiten die Mehreinnahmen auszugeben anstatt sie zu sparen, also in die Konjunkturausgleichsrücklage einzustellen. In konjunkturell schlechten Zeiten muss folglich der Staat Kredite aufnehmen, um die Konjunktur zu stützen. Man spricht von **Deficit-Spending**.

Werden in Zeiten der Hochkonjunktur bereits bestehende Schulden nicht ausreichend abgebaut und keine Konjunkturausgleichsrücklagen gebildet, nehmen die Staatsschulden von Konjunkturrückgang zu Konjunkturrückgang zu. Die staatliche Konjunkturpolitik besteht dann nur noch aus einem immer umfangreicher werdenden Deficit-Spending. Der wachsende Schuldendienst (Zins- und Tilgungszahlungen) verkleinert zunehmend die finanzielle Manövriermasse, die zur Konjunkturförderung eingesetzt werden kann. (Es wurde also gewissermaßen nach dem Leitsatz verfahren: „Spare in der Not, dann hast du Zeit dazu".)

Schließlich erreicht die Staatsverschuldung eine Höhe, die politisch und wirtschaftlich nicht mehr vertretbar ist. Die Regierungen sind gezwungen, die Staatseinnahmen (z. B. durch Steuererhöhungen) zu steigern und die Staatsausgaben zu kürzen (z. B. durch den Abbau von Subventionen und Sozialausgaben), und dies auch dann, wenn sich die Wirtschaft in einer Rezession und/oder Strukturkrise befindet. Eine übermäßige Staatsverschuldung ist das Ende staatlicher Konjunkturpolitik. Im Gegenteil: Weil gerade im Konjunkturrückgang gespart werden muss, verstärken die staatlichen Sparmaßnahmen die Rezession.

Der deutsche Staat konnte seine Schulden 2018 weiter reduzieren: Gegenüber Ende 2017 sank die Verschuldung um 52 Mrd. Euro auf 2063 Mrd. Euro. Das entsprach einer Höhe von 60,9 % des Bruttoinlandsprodukts (der sogenannten Maastricht-Quote). Ende 2017 hatte die Quote noch 64,5 % betragen. Das geht aus Berechnungen der Deutschen Bundesbank hervor. Der größte Teil des Rückgangs der Staatsschulden entfiel nach Angaben der Bundesbank auf die Gebietskörperschaften (Bund, Länder und Gemeinden), die Schulden in Höhe von 36 Mrd. Euro abbauen konnten. Die staatlichen „Bad Banks" trugen mit 16 Mrd. Euro zum Schuldenabbau bei. Die Bundesregierung geht davon aus, dass Ende 2019 die Staatsschuldenquote auf unter 60 % sinken wird. Damit hätte Deutschland das Maastricht-Ziel (Staatsverschuldung von höchsten 60 % des Bruttoinlandsprodukts) erreicht.

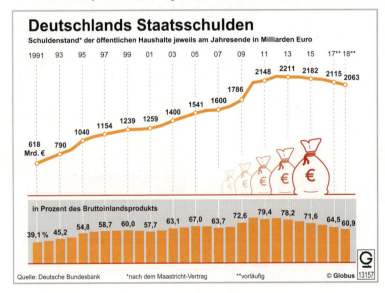

Deutschlands Staatsschulden

Schuldenstand* der öffentlichen Haushalte jeweils am Jahresende in Milliarden Euro

1991	93	95	97	99	01	03	05	07	09	11	13	15	17**	18**
618 Mrd. €	790	1040	1154	1239	1259	1400	1541	1600	1786	2148	2211	2182	2115	2063

in Prozent des Bruttoinlandsprodukts

39,1 %	45,2	54,8	58,7	60,0	57,7	63,1	67,0	63,7	72,6	79,4	78,2	71,6	64,5	60,9

Quelle: Deutsche Bundesbank   *nach dem Maastricht-Vertrag   **vorläufig   © Globus 13157

---

1 Deficit (engl.) = Fehlstand, Defizit. To spend (engl.) = (Geld) ausgeben.

Heutige Bedeutung des Stabilitätsgesetzes

Zahlreiche Kannvorschriften des Stabilitätsgesetzes werden in der Bundesrepublik Deutschland seit Jahren praktisch nicht mehr angewendet. Der Hauptgrund: Regierungen und Parlamente haben es versäumt, in „guten Zeiten" (in der Hochkonjunktur) vorhandene Schulden zu tilgen und Konjunkturausgleichsrücklagen zu bilden. Wahltaktisch zahlt es sich kurzfristig besser aus, Steuersenkungen zu beschließen, Subventionen zu gewähren und überhaupt Ausgaben zu erhöhen, also „Wahlgeschenke" zu machen. Die in der Hochkonjunktur erforderliche Sparpolitik ist hingegen unpopulär (d. h. bei der Bevölkerung und bei den Verbänden unbeliebt) und daher schwer durchsetzbar.

Die Folge der Defizitpolitik bei guter Konjunktur ist, dass in der Rezession keine staatlichen Ersparnisse vorhanden sind, um die Konjunktur zu stützen. Im Gegenteil: Die Staatsschulden müssen, um die gesetzlichen und vertraglichen nationalen und internationalen Verpflichtungen erfüllen zu können, weiter erhöht werden. Außerdem werden Staatsausgaben gekürzt und Steuern erhöht, alles Maßnahmen, die prozyklisch wirken, also die Rezession noch verstärken.

Auch die vom Stabilitätsgesetz vorgesehene „konzertierte Aktion" findet in der Bundesrepublik Deutschland nicht mehr statt. Ein möglicher Grund ist, dass die Meinungen der Regierung, der Gewerkschaften und der Unternehmensverbände darüber, welches die „richtige" Wirtschaftspolitik ist, zu weit auseinander gehen.

Spanien war im Jahr 2018 der größte Defizit-Sünder in der Eurozone. Das Loch in der Staatskasse betrug nach Berechnungen der europäischen Statistikbehörde Eurostat 2,7 % der spanischen Wirtschaftsleistung (des Bruttoinlandsprodukts). Frankreich folgt an zweiter Stelle mit einem Defizit von 2,6 %. Damit liegen beide Länder aber noch im „grünen Bereich", denn der Vertrag von Maastricht erlaubt ein Defizit bis zu 3 % der Wirtschaftsleistung. Griechenland, das in den vergangenen Jahren oft sehr große Defizite aufwies, wird 2018 voraussichtlich mit einem Überschuss von 0,6 % abschließen. Allerdings hält Griechenland bei der Staatsverschuldung weiterhin den Negativrekord: Ende 2018 summierten sich Griechenlands Schulden auf über 180 % der jährlichen Wirtschaftsleistung. Angestrebt sind laut Maastrichter Vertrag jedoch nur maximal 60 %.

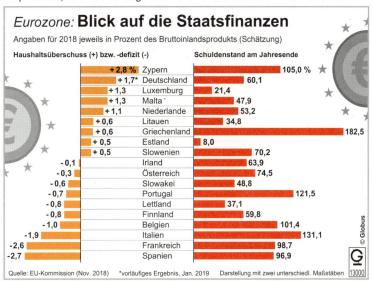

Eurozone: **Blick auf die Staatsfinanzen**

Angaben für 2018 jeweils in Prozent des Bruttoinlandsprodukts (Schätzung)

Haushaltsüberschuss (+) bzw. -defizit (-)   Schuldenstand am Jahresende

Land	Haushaltsüberschuss/-defizit	Schuldenstand
Zypern	+ 2,8 %	105,0 %
Deutschland	+ 1,7*	60,1
Luxemburg	+ 1,3	21,4
Malta	+ 1,3	47,9
Niederlande	+ 1,1	53,2
Litauen	+ 0,6	34,8
Griechenland	+ 0,6	182,5
Estland	+ 0,5	8,0
Slowenien	+ 0,5	70,2
Irland	-0,1	63,9
Österreich	-0,3	74,5
Slowakei	-0,6	48,8
Portugal	-0,7	121,5
Lettland	-0,8	37,1
Finnland	-0,8	59,8
Belgien	-1,0	101,4
Italien	-1,9	131,1
Frankreich	-2,6	98,7
Spanien	-2,7	96,9

Quelle: EU-Kommission (Nov. 2018)   *vorläufiges Ergebnis, Jan. 2019   Darstellung mit zwei unterschiedl. Maßstäben

© Globus 13000

3.6.2 Angebotsorientierte Wirtschaftspolitik

Begriffe angebotsorientierte Wirtschaftspolitik und Monetarismus

Die **angebotsorientierte Wirtschaftspolitik** beruht auf dem **Monetarismus**.[1] Angebotsorientierte Maßnahmen können kurzfristiger Natur sein (z. B. erhöhte Abschreibungsmöglichkeiten für einen begrenzten Zeitraum). Es handelt sich dann um konjunkturpolitische Maßnahmen. Die angebotsorientierte Wirtschaftspolitik kann auch mittel- und langfristig angelegt sein (z. B. eine Reform des Steuerrechts zugunsten der Unternehmen). Auf eine Langzeitwirkung angelegte politische Entscheidungen gehören zum Bereich der Struktur- und Wachstumspolitik.[2]

Die These der **Monetaristen** ist, dass die Arbeitslosigkeit durch den Staat (genauer: durch die Regierungen) selbst verschuldet wird. Der Staat muss sich deshalb bei Eingriffen in den Wirtschaftsablauf zurückhalten, für bessere wirtschaftliche Rahmenbedingungen sorgen und den Abbau der Arbeitslosigkeit den Selbstheilungskräften des Marktes überlassen.

Die **monetaristische Theorie** geht davon aus, dass eine enge Beziehung zwischen der Beschäftigung (der Entwicklung des realen Bruttoinlandsprodukts) einerseits und der Geldmenge andererseits besteht:

- Steigt die Geldmenge, wird über die zusätzlich finanzierte Nachfrage die Wirtschaft angekurbelt; das Inlandsprodukt steigt, die Arbeitslosigkeit nimmt längerfristig ab.
- Wird das Geldmengenwachstum gestoppt, kann die mögliche zusätzliche Nachfrage nicht finanziert werden; die Preissteigerungsraten werden geringer; die Güterproduktion stagniert oder geht zurück. Die Arbeitslosigkeit nimmt zu.

Aus diesen beiden Thesen folgt, dass eine **Verstetigung des Geldmengenwachstums** auch zu einer **Verstetigung des Wirtschaftswachstums** führen muss. Die führende Rolle in der Wirtschaftspolitik muss also die **Zentralbank** (Notenbank) eines Landes bzw. einer Währungsunion haben.

Die **Geldpolitik der Zentralbank** (Kapitel 3.10) wird ergänzt durch eine **angebotsorientierte Wirtschaftspolitik** der Regierung: Um die Beschäftigung zu erhöhen, müssen die Kosten der Unternehmen (der Anbieter) gesenkt werden.

Einzelmaßnahmen bzw. -forderungen einer angebotsorientierten Wirtschaftspolitik sind z. B.:

- Die Löhne und die Lohnnebenkosten (vor allem Sozialversicherungsbeiträge) dürfen nicht im selben Maße wie die Produktivität steigen.
- Die Kostensteuern müssen gesenkt und die Abschreibungsmöglichkeiten verbessert werden.
- Gesetze, die die wirtschaftlichen Tätigkeiten der Unternehmen einschränken, sollen vereinfacht oder außer Kraft gesetzt werden (Deregulierung, „Entstaatlichung").[3]
- Bislang öffentliche Betriebe sind zu privatisieren und in den freien Wettbewerb zu entlassen.
- Die Ansprüche auf Sozialleistungen sollen reduziert (gekürzt) werden. An ihre Stelle sollen Eigeninitiative und Selbstverantwortung treten.

---

1 Monetär (lat.) = geldlich, das Geld betreffend. Der Monetarismus ist eine Theorie, die sich mit der Wirkung von Geldmengenänderungen befasst. Hauptvertreter des Monetarismus ist der amerikanische Nobelpreisträger Milton Friedman.

2 Siehe auch Kapitel 3.5.2.3 Angebotsbedingte Arbeitslosigkeit und Kapitel 3.5.3.2 Langfristige angebotsorientierte Maßnahmen.

3 Näheres siehe Kapitel 3.5.3.2.

Die Wirkungen der angebotsorientierten Wirtschaftspolitik lassen sich ebenso wie die der nachfrageorientierten Wirtschaftspolitik mithilfe der gesamtwirtschaftlichen Angebotskurve und der gesamtwirtschaftlichen Nachfragekurve darstellen. Im einfachsten Fall verhalten sich Angebot und Nachfrage normal. Eine Senkung der Kosten führt zu einer Zunahme des Angebots. Bei unverändertem Nachfrageverhalten nimmt die Beschäftigung zu. Außerdem wird ein Druck auf die Preise ausgeübt.

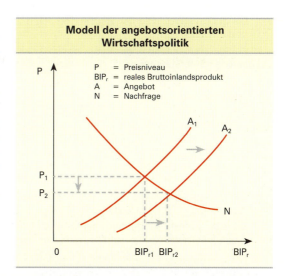

Modell der angebotsorientierten Wirtschaftspolitik

P = Preisniveau
BIP_r = reales Bruttoinlandsprodukt
A = Angebot
N = Nachfrage

Grenzen der angebotsorientierten Wirtschaftspolitik

Der Monetarismus in Verbindung mit der angebotsorientierten Wirtschaftspolitik zeigt erst auf mittlere Sicht Auswirkungen. Die Begrenzung des Geldmengenwachstums durch die **Zentralbank** zum Zweck der Inflationsbekämpfung führt dazu, dass unrentable Unternehmen aus dem Markt ausscheiden müssen und dadurch die Arbeitslosigkeit erhöht wird. Der **Staat** seinerseits versucht dem entgegenzuwirken, indem er die Angebotsbedingungen zu verbessern sucht. Dies bedeutet z. B. Senkung der Unternehmensteuern, Senkung der Beitragssätze zu den Sozialversicherungen, Lockerung des Kündigungsschutzes und/ oder Verlängerung der Arbeitszeiten ohne Lohnausgleich (also Senkung der Arbeitsentgelte). Die Herabsetzung der Unternehmensteuern kann sich der Staat jedoch nur dann „leisten", wenn er nicht verschuldet ist. Verschuldete Staaten müssen dann weitere Kredite aufnehmen und/oder die Einnahmen erhöhen, was wiederum wachstums- und damit beschäftigungsschädlich ist. Genau so wie bei der Nachfragepolitik stößt die Angebotspolitik umso schneller an ihre Grenzen, je höher die Staatsverschuldung zum Ausgangszeitpunkt ist.

Angebotsbedingungen verbessern heißt häufig auch, bisherige „Sozialstandards" (z. B. Kündigungsschutz, umfassender Kostenersatz im Fall von Krankheit, frühes Renteneintrittsalter) zum Nachteil der Betroffenen zu verändern. Dies führt zu heftigen Protesten innerhalb der Parteien und der Interessenverbände (z. B. der Gewerkschaften). Es wundert daher nicht, wenn die Angebotspolitik oft schon in ihren Ansätzen scheitert, weil sie politisch nur schwer oder überhaupt nicht durchsetzbar ist.

Zusammenfassung

- Eine staatliche Wirtschaftspolitik, die ihre Ziele durch Beeinflussung der Gesamtnachfrage zu erreichen sucht, bezeichnet man als **nachfrageorientierte Wirtschaftspolitik.**
- Die nachfrageorientierte Wirtschaftspolitik basiert auf der **antizyklischen Fiskalpolitik.**
- Die antizyklische Fiskalpolitik ist darauf gerichtet, in wirtschaftlich guten Zeiten (im Aufschwung und in der Hochkonjunktur) finanzielle Reserven **(Konjunkturausgleichsrücklagen)** anzulegen, um in der Rezession die erforderlichen Mittel zur Nachfragebelebung bereitstellen zu können.

- Die Überzeugung, dass der Staat in der Lage ist, durch seine Einnahmen- und Ausgabenpolitik die Wirtschaft in seinem Sinne steuern zu können, bezeichnet man als **Fiskalismus**.

- Der Fiskalismus fand in der Bundesrepublik Deutschland z.B. seinen Niederschlag im sogenannten **Stabilitätsgesetz**.

- Das Stabilitätsgesetz wird nicht mehr angewendet, weil aufgrund der hohen **Staatsverschuldung** die Regierungen nicht mehr in der Lage sind, in Zeiten des Konjunkturrückgangs die Steuern zu senken und die Ausgaben zu erhöhen.

- Eine Nachfragepolitik, die auf einen langfristig ausgeglichenen Staatshaushalt verzichtet (die in der Rezession nicht auf finanzielle Reserven zugreifen kann), nennt man **Deficit-spending**.

- Die nachfrageorientierte Wirtschaftspolitik findet ihre **Grenzen,** wenn ein Staat stark verschuldet ist. Der Grund: Die Ausweitung der Staatsausgaben in wirtschaftlich schwierigen Zeiten führt zu immer höherer Staatsverschuldung.

- Die **angebotsorientierte Wirtschaftspolitik** basiert auf dem **Monetarismus**.

- Der Monetarismus ist davon überzeugt, dass sich der Staat wirtschaftspolitisch zurückhalten sollte. Nach Meinung der **Monetaristen** hat vor allem die **Zentralbank** die Aufgabe, die Wirtschaft mithilfe der Geldpolitik auf Wachstumskurs zu halten.

- Nach Auffassung der Monetaristen ist es **Aufgabe des Staates**, die Angebotsbedingungen (vor allem die Kostensituation der Unternehmen) langfristig konstant (unverändert) zu lassen oder zu verbessern. Die angebotsorientierte Wirtschaftspolitik ist mittel- und langfristig angelegt. Ihre Maßnahmen gehören deswegen zur Wachstums- und Strukturpolitik.

- Auch die Angebotspolitik findet ihre **Grenzen** in einer möglicherweise bestehenden Staatsverschuldung sowie in ihrer politischen Durchsetzbarkeit.

ÜBUNGSAUFGABEN

1. Die in nebenstehender Abbildung dargestellte Fiskalpolitik sollte der Staat verfolgen.

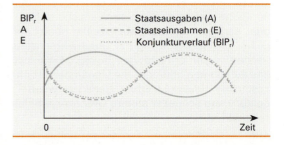

   1.1 Begründen Sie die Forderung nach einer derart gestalteten Fiskalpolitik!

   1.2 Während der Hochkonjunktur soll der Staat Konjunkturausgleichsrücklagen bilden oder Staatsschulden vorzeitig tilgen (zurückzahlen).

   Welche Auswirkungen auf den Konjunkturverlauf kann diese Rücklagenpolitik haben? Begründen Sie Ihre Feststellungen!

   1.3 Die antizyklische Finanzpolitik ist eine nachfrageorientierte Konjunkturpolitik. Begründen Sie diese Feststellung!

   1.4 Erläutern Sie Wirkung, Vor- und Nachteil der nachfrageorientierten Wirtschaftspolitik!

   1.5 Erklären Sie, was unter „Deficit-Spending" zu verstehen ist!

   1.6 Begründen Sie, warum in Staaten mit hohen Haushaltsdefiziten eine antizyklische Finanzpolitik nicht möglich ist!

2. Die angebotsorientierte Finanzpolitik beruht auf dem Monetarismus.

   2.1 Erläutern Sie den Begriff Monetarismus!

   2.2 Nennen Sie drei angebotsorientierte Maßnahmen des Staates!

   2.3 Erläutern Sie Wirkung, Vor- und Nachteile der angebotsorientierten Wirtschaftspolitik!

3. Setzen Sie sich mit nachfolgenden Texten auseinander!

Textauszug 1:

„Sicher ist, dass sich die nachfrageorientierte Wirtschaftspolitik auch auf das Angebot auswirkt und dass umgekehrt eine angebotsorientierte Wirtschaftspolitik nicht ohne Wirkung auf die Nachfrage bleibt."

Textauszug 2:

„Manche Fragen der Volkswirtschaftstheorie hören sich für den Praktiker so an, wie wenn jemand wissen will, ob der linke oder aber der rechte Schuh wichtiger ist. Für einen Menschen mit zwei Beinen sind selbstverständlich beide Schuhe gleich wichtig. Keine der beiden Möglichkeiten ist von vornherein völlig unwichtig, wenn man **Angebotspolitik** und **Nachfragepolitik** vergleicht und dabei die sachlogische innere Verknüpfung bedenkt. Wie es überhaupt dazu kommen konnte, die Alternativen als unvereinbar wie Feuer und Wasser zu sehen, ist unter zwei Blickrichtungen verständlich. Zum Ersten tendieren Theoretiker von Berufs wegen dazu, alles auf ein Entweder-oder hin zu analysieren. Im Entweder-oder lässt sich trefflich streiten; man kann Kontroversen austragen und dadurch in die Literatur eingehen. Zum Zweiten bringt jede Vereinfachung, die bei den ökonomisch Oberflächlichen zur einseitigen Übertreibung gerät, notwendigerweise nach einer gewissen Zeit einen überbetonten Gegenstandpunkt zum Vorschein.

Die Interdependenz nachfrageseitiger und angebotsseitiger Störungen oder Schwächen des Wachstumsprozesses ist nur sehr schwer exakt zu modellieren. Man macht also mit starken Worten und eingängigen Schlagworten auf Sachverhalte aufmerksam, die dabei zu wenig bedacht werden. Um das Jahr 1980 herum geschah dies, um einer verbreiteten Verengung des Blickes auf die aus Keynesschen Kreislaufüberlegungen oberflächlich abgeleiteten Politikempfehlungen entgegenzuwirken. Obwohl eigentlich stets Nachfrage und Angebot bei wirtschaftspolitischen Konzeptionen der Wachstumspolitik berücksichtigt werden wollen, mussten die „Fünf Weisen" 1981 mit den folgenden Ausführungen für eine stärkere Hinwendung zur so genannten **„Angebotspolitik"** werben: ‚Am meisten Skepsis begegnet die Angebotspolitik in Zeiten sehr schwacher Gesamtnachfrage. Warum sollte aufgrund verbesserter Angebotsbedingungen Produktion und Investition zunehmen, wenn es allgemein an Nachfrage mangelt? Die Nachfrage ist freilich keine Größe, die gegeben ist oder unabhängig vom Angebot entsteht. Es wird leicht aus den Augen verloren, dass in entwickelten Marktwirtschaften die Nachfrage keineswegs auch nur normalerweise einen Vorlauf gegenüber dem Angebot hat. Im Gegenteil, zu großen Teilen entwickeln sich Angebot und Nachfrage im Gleichschritt und in wichtigen Teilen des Marktgeschehens hat das Angebotshandeln einen Vorlauf. Das Angebot, das Produzieren, schafft über das Einkommen, das dabei erzielt wird, kaufkräftige Nachfrage.

Im Vorlauf ist Angebotshandeln überall dort, wo investiert, also künftige Produktion vorbereitet wird, oder wo für künftigen Bedarf Lager gehalten werden. Hier ist erwartete Nachfrage, nicht die aktuelle, in der Führungsrolle. Und es ist nicht die erwartete Nachfrageexpansion als Teil künftiger allgemeiner Nachfrageexpansion, die zählt. Es genügt, dass das einzelne Unternehmen darauf setzt, sich im Produkt- und Preiswettbewerb zusätzliche Nachfrage sichern zu können' (Sachverständigenrat 1981, S. 143)."

Quelle: WAGNER, A.: Volkswirtschaft für jedermann. Die marktwirtschaftliche Demokratie, dtv, o. Jg., S. 127 f.

Aufgaben:

3.1 Welche Wirkungen kann das Angebot auf die Nachfrage, welche Wirkungen die Nachfrage auf das Angebot ausüben?

3.2 Wie begründet der Verfasser bzw. der Sachverständigenrat im Text 2 den Gegensatz zwischen der Angebots- und der Nachfragepolitik?

3.3 Im Text 2 wird gefragt, warum aufgrund verbesserter Angebotsbedingungen Produktion und Investition zunehmen sollen, wenn es allgemein an Nachfrage mangelt. Versuchen Sie eine Antwort auf diese Frage zu geben!

3.7 Wachstums- und Strukturpolitik

3.7.1 Begriff und Bedingungen des Wirtschaftswachstums

Weiteres wirtschaftliches Wachstum oder „Nullwachstum":[1] Diese beiden entgegengesetzten Wahlentscheidungen werden seit Beginn der siebziger Jahre – vor allem seit der Club of Rome[2] seine düsteren Prophezeiungen veröffentlichte – mit Heftigkeit diskutiert. Was aber ist das eigentlich – wirtschaftliches Wachstum?

Wachstumsmessung

Ebenso wie der Wohlstand einer Volkswirtschaft an der Höhe des realen Bruttoinlandsprodukts (BIP), die Konjunktur an den Schwankungen des Bruttoinlandsprodukts gemessen wird, ist es üblich, das wirtschaftliche Wachstum als langfristige durchschnittliche Entwicklung des (realen) Bruttoinlandsprodukts anzusehen. In diesem Sinne liegt ein positives Wirtschaftswachstum vor, wenn das Bruttoinlandsprodukt positive Zuwachsraten aufweist, ein „Nullwachstum", wenn das Bruttoinlandsprodukt konstant bleibt, und ein wirtschaftlicher Niedergang, wenn das Bruttoinlandsprodukt langfristig von Jahr zu Jahr sinkt.

Für die Statistiker und Wirtschaftspolitiker ist es im Einzelfall sehr schwierig, positive oder negative „Wachstumsraten" als Konjunkturerscheinung und/oder Wachstumserscheinung zu interpretieren. In den Massenmedien und im Sprachgebrauch der Politiker wird daher meist auch die Zunahme des realen Bruttoinlandsprodukts als „Wachstum" bezeichnet, obwohl man von einem echten Wirtschaftswachstum nur dann sprechen dürfte, wenn die Leistungsfähigkeit der Volkswirtschaft, also ihre Kapazität, zugenommen hat. Solange eine Volkswirtschaft unterbeschäftigt ist, d. h. Arbeitslosigkeit herrscht und/oder Kapazitäten brachliegen, stellt eine Zunahme des realen Bruttoinlandsprodukts lediglich eine konjunkturelle und/oder saisonale Erscheinung dar.

Die Zunahme des realen Bruttoinlandsprodukts nützt dem Einzelnen wenig, wenn sie nicht wenigstens mit der Bevölkerungsentwicklung Schritt hält. In vielen armen Ländern findet ein ständiger Wettlauf zwischen Mehrerzeugung und Bevölkerungswachstum statt. Aus diesem Grund muss das Wirtschaftswachstum auch an der Entwicklung des Bruttoinlandsprodukts je Einwohner gemessen werden. Zu ähnlichen Vergleichswerten gelangt man, wenn man das Nettosozialprodukt zu Faktorkosten, also das Volkseinkommen je Einwohner, als Maßstab verwendet (Pro-Kopf-Einkommen).

Mögliche Maßstäbe zur Wachstumsmessung sind:

- die **Entwicklung des Bruttoinlandsprodukts** im Zeitablauf;
- die **Entwicklung des Pro-Kopf-Einkommens** im Zeitablauf.

---

1 Der Ausdruck „Nullwachstum" ist zwar üblich geworden, ist jedoch in sich widersinnig. Kein Wachstum heißt Stagnation (= Stillstand). Ebenso ist der Begriff „negatives Wachstum" im Grunde falsch, weil hier eben kein Wachstum (kein „Größerwerden"), sondern ein Schrumpfungsprozess vorliegt.

2 Der „Club of Rome" ist eine lose Vereinigung hervorragender Wissenschaftler und Praktiker aus den verschiedensten Fachrichtungen und Berufen, der sich zur Aufgabe gemacht hat, auf die Gefahren hinzuweisen, die der Menschheit in der Gegenwart und in der Zukunft des ungehemmten Wirtschaftswachstums drohen.

Wachstumsarten

Zyklisches Wachstum

Hier handelt es sich um ein Wachstum, das durch zyklische (konjunkturelle) Abweichungen vom Wachstumspfad (Trend) gekennzeichnet ist.

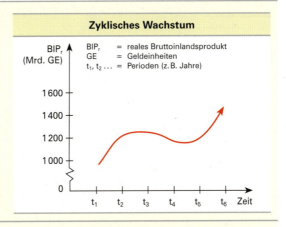

Stetiges Wachstum

Das stetige (störungsfreie) Wachstum kann sich auf unterschiedliche Weise vollziehen:

■ Exponentielles Wachstum

Beim exponentiellen Wachstum wird Jahr für Jahr eine bestimmte **Wachstumsrate** (= Prozentsatz, um den das reale Bruttoinlandsprodukt jährlich zunimmt) erzielt.

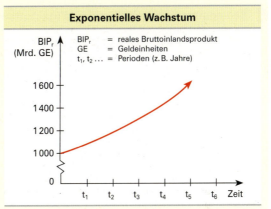

■ Lineares Wachstum

Lineares Wachstum liegt vor, wenn Jahr für Jahr der absolute Zuwachs des realen Bruttoinlandsprodukts gleich hoch ist. In diesem Fall nehmen die Wachstumsraten ab.

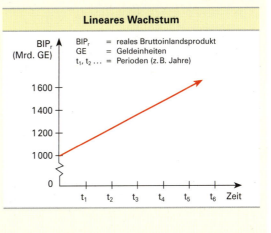

Periode	Exponentielles Wachstum		Lineares Wachstum	
	BIP$_r$ insgesamt	Wachstumsrate	BIP$_r$ insgesamt	Wachstumsrate
t_0	1000	–	1000	–
t_1	1100	10 %	1100	10,0 %
t_2	1210	10 %	1200	9,1 %
t_3	1331	10 %	1300	8,3 %
t_4	1464	10 %	1400	7,7 %
t_5	1610	10 %	1500	7,1 %
t_6	1771	10 %	1600	6,7 %

289

19 Hartmann -Hug- ISBN 978-3-8120-0522-7

Organisches Wachstum

Hier handelt es sich um ein Wachstum, wie es überall in der organischen[1] Natur vorkommt. Man bezeichnet diese Gesetzmäßigkeit als Ertragsgesetz. Das organische Wachstum ist dadurch gekennzeichnet, dass es zunächst überproportional, dann unterproportional verläuft, um schließlich zur Stagnation (zum „Nullwachstum") überzugehen.

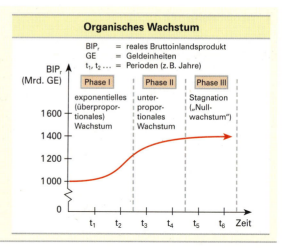

Bedingungen des quantitativen Wirtschaftswachstums

Das am realen Bruttoinlandsprodukt gemessene Wirtschaftswachstum ist ein **quantitatives Wachstum,** weil die Verbesserungen oder Verschlechterungen der allgemeinen Lebensumstände (die „Lebensqualität") nicht oder nur unzureichend erfasst werden.

Die wichtigsten Bedingungen des quantitativen Wirtschaftswachstums sind:

- stetige Neuinvestitionen (Nettoinvestitionen), die aus hohen Ersparnissen finanziert werden sollten;
- ausreichend zur Verfügung stehende Rohstoff- und Energiequellen (Ressourcen);
- gute Ausbildung der arbeitenden Bevölkerung („Human Capital");
- gute Gesundheit der arbeitenden Bevölkerung;
- Bevölkerungswachstum;
- technischer Fortschritt;
- ausgeglichene Wirtschaftsstruktur;
- ausgebaute Infrastruktur;
- optimistische Zukunftserwartungen der Wirtschaftssubjekte und
- optimale Auslastung der Produktionskapazitäten.

3.7.2   Wachstums- und strukturpolitische Maßnahmen

Investitions- und Sparförderung

Eine Wirtschaft, in der die gesamte Erzeugung verbraucht wird, kann nicht wachsen (stationäre Wirtschaft). Somit kann der Staat das Wachstum einmal dadurch fördern, dass er den Sparwillen der Bevölkerung stärkt. Dies kann durch die Steuergesetzgebung (z. B.

---

1 Organ (griech.) = Körperteil; organisch = belebt, lebendig. Ein organisches Wachstum ist ein natürliches Wachstum. („Die Bäume wachsen nicht in den Himmel.")

Abzugsfähigkeit von Lebensversicherungsbeiträgen als Sonderausgaben) oder durch Vermögensbildungsgesetze geschehen. Ferner ist auch die Politik der Preisstabilisierung geeignet, die Sparneigung der Bevölkerung zu erhalten, weil die Ersparnisse nicht durch Inflationsverluste aufgezehrt werden.

Die **Bedeutung der Investitionen** für das wirtschaftliche Wachstum ist deswegen so groß, weil zusätzliche Investitionen

- zusätzliches Einkommen schaffen (Einkommenseffekt) und
- die Kapazität der Volkswirtschaft erweitert wird (Kapazitätseffekt).

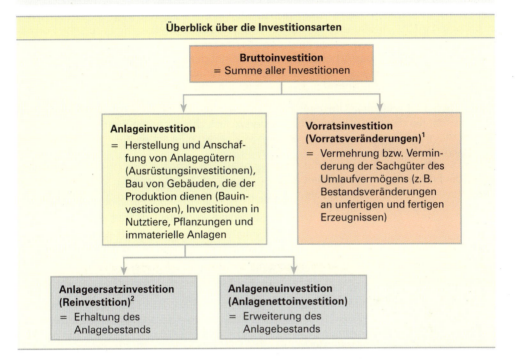

Überblick über die Investitionsarten

Bruttoinvestition
= Summe aller Investitionen

Anlageinvestition
= Herstellung und Anschaffung von Anlagegütern (Ausrüstungsinvestitionen), Bau von Gebäuden, die der Produktion dienen (Bauinvestitionen), Investitionen in Nutztiere, Pflanzungen und immaterielle Anlagen

Vorratsinvestition (Vorratsveränderungen)[1]
= Vermehrung bzw. Verminderung der Sachgüter des Umlaufvermögens (z.B. Bestandsveränderungen an unfertigen und fertigen Erzeugnissen)

Anlageersatzinvestition (Reinvestition)[2]
= Erhaltung des Anlagebestands

Anlageneuinvestition (Anlagenettoinvestition)
= Erweiterung des Anlagebestands

Eine hohe Sparrate allein vermag jedoch die Investitionen nicht zu sichern, denn die Unternehmen müssen die Ersparnisse auch investieren *wollen.* Investitionswille ist nur vorhanden, wenn Gewinnaussichten bestehen. Voraussetzung hierzu ist politische Stabilität nach innen und außen. Eine *maßvolle Steuerpolitik* und – falls Investitionsrückgänge drohen – die Einräumung von Vergünstigungen (z.B. direkte Subventionen, Sonderabschreibungen) beeinflussen ebenfalls die Investitionsbereitschaft der Wirtschaft positiv.

---

1 Der Begriff „Vorratsinvestition" meint immer Nettoinvestitionen bei Vorräten (Waren, unfertige und fertige Erzeugnisse, Roh-, Hilfs- und Betriebsstoffe). Wenn die Vorratsinvestitionen gleich null sind, bedeutet das nicht, dass die Unternehmen nichts in die Vorräte investiert hätten. In diesem Fall ist in der betrachteten Periode (z.B. ein Jahr) lediglich der Zu- und Abgang (bei konstanten Preisen) gleich hoch. Vorratsinvestitionen können auch negativ sein. In diesem Fall wurden mehr Vorräte abgesetzt bzw. verbraucht als eingekauft bzw. neu produziert wurden.

Sind die Anlageinvestitionen negativ, ist in einer bestimmten Periode ein Teil der Ersatzinvestitionen unterlassen worden.

2 Es ist wahrscheinlich, dass die Ersatzinvestitionen Verbesserungen beinhalten (Verbesserungsinvestitionen), sodass selbst dann eine Steigerung der Produktion möglich ist, wenn die Nettoinvestitionen gleich null sind.

Bildungspolitik

Mit der Einführung immer neuerer, komplizierterer Produktionsverfahren steigen die Ansprüche an das fachliche Können der Arbeitskräfte. Die Ausbildung in Schule und Betrieb wird immer wichtiger, und zwar sowohl im Interesse des Einzelnen, damit er in der heutigen Berufs- und Arbeitswelt bestehen kann, als auch im Interesse der gesamten Volkswirtschaft, weil jeder nicht beschäftigte Arbeitswillige die mögliche Leistung der Volkswirtschaft schmälert. Staatliche und private Bildungsausgaben werden deshalb als „Bildungsinvestitionen" bezeichnet.

Zur Verhinderung oder Abkürzung struktureller Arbeitslosigkeit trägt auch die aktive Arbeitsmarktpolitik der Bundesagentur für Arbeit in Nürnberg bei. Die berufliche **Fortbildung** knüpft an die durch Ausbildung oder Berufserfahrung bereits erworbenen Kenntnisse und Fertigkeiten der Arbeitskräfte an. Sie dient dazu, die vorhandenen Qualifikationen zu erhalten, zu erweitern oder der technischen Entwicklung anzupassen sowie einen beruflichen Aufstieg (z. B. zum Handwerks- oder Industriemeister) zu ermöglichen.

Im Rahmen der beruflichen **Umschulung** geht es um die Vermittlung von Kenntnissen und Fertigkeiten, die den Übergang in einen *anderen* aussichtsreicheren Beruf ermöglichen.

Gesundheitspolitik

Auch die Erhaltung der Gesundheit der Arbeitskräfte ist Teil der Wachstumspolitik. Maßnahmen sind z. B.

- Jugendschutz,
- Jugendarbeitsschutz,
- Gesundheitsaufklärung,
- Schutzvorschriften am Arbeitsplatz,
- Ausbildung von Ärzten und Pflegepersonal,
- Förderung der medizinischen Forschung und
- Ausbau der Leistungen der Sozialversicherungen.

Bevölkerungspolitik

Ein stetiges Wachstum kann nur dann verwirklicht werden, wenn bei gleichbleibendem technischem Stand und gleichbleibender Gesamtarbeitszeit die arbeitsfähige Bevölkerung wächst oder wenn die arbeitende Bevölkerung nicht schneller schrumpft als die Arbeitsproduktivität zunimmt. Auch von der Nachfrageseite her trägt eine konstante Bevölkerungsentwicklung zur Stabilisierung des Wachstums bei.

Starke Geburtenrückgänge wie z. B. in der Bundesrepublik Deutschland rufen Strukturkrisen hervor, weil ganze Industriezweige mit Überkapazitäten zu kämpfen haben.

Kurzfristig betroffen sind z. B.

- die Nahrungsmittelindustrie (Baby-Nahrung),
- die Textilindustrie (Kinderkleidung),
- Schulbuchverlage oder
- Industriezweige, die Einrichtungsgegenstände für Kindergärten und Schulen herstellen.

Mittel- und langfristig sehen sich u. a.

- die Bauindustrie,
- die Möbelhersteller,
- die Hersteller von Küchengeräten aller Art und
- die Unterhaltungsindustrie

einer sinkenden Nachfrage gegenüber.

Die Bevölkerungspolitik in den Industrieländern muss dazu beitragen, die Bevölkerungszahl möglichst stabil zu halten. Dies geschieht einmal durch die Familienpolitik (z. B. finanzielle Entlastung der Familien mit Kindern) sowie durch eine gezielte Einwanderungspolitik (z. B. Anerkennung ausländischer Berufsabschlüsse, Erleichterung der Einbürgerung). Ein Beispiel für einen Staat mit einer erfolgreichen Familienpolitik ist Frankreich. Während in Deutschland jährlich nur 8,5 Kinder je 1 000 Einwohner zur Welt kommen, sind es in Frankreich 12,3 Kinder je 1 000 Einwohner.

Forschungspolitik (Förderung des technischen Fortschritts)

Bei gleichbleibender oder schrumpfender Bevölkerung kann das reale Wachstum des Bruttoinlandsprodukts nur erreicht werden, wenn der technische Fortschritt dazu beiträgt, die Produktivität zu erhöhen. Aus diesem Grund wurde der staatlichen Förderung der Forschung in den letzten Jahren erhöhtes Gewicht beigemessen. Insbesondere werden mittlere Betriebe gefördert, die aus eigenen Kräften nicht in der Lage sind, die erforderlichen Mittel für Forschungsaufgaben alleine aufzubringen.

Da die Ausgaben für zukunftsträchtige technische Entwicklungen das langfristige Wirtschaftswachstum sichern helfen, werden diese Ausgaben auch als „Zukunftsinvestitionen" bezeichnet.

Die Förderung kleinerer und mittelgroßer Betriebe ist zugleich Strukturpolitik (auch als „Mittelstandspolitik" bezeichnet), weil diese Betriebe in die Lage versetzt werden, sich gegenüber den Großunternehmen zu behaupten. In diesem Zusammenhang ist auch die Entwicklung von **Umsetzungsstrategien hinsichtlich des digitalen Wandels** zu sehen.

Die 5 Handlungsfelder der Digitalstrategie				
Digitale Kompetenz	**Infrastruktur und Ausstattung**	**Innovation und digitale Transformation**	**Gesellschaft im digitalen Wandel**	**Moderner Staat**
Ins Wissen der Menschen investieren, vom Kindergarten bis ins Seniorenalter	Gigabitfähige Netze für Stadt und Land bis Ende 2025	Breite und branchen-übergreifende Förderung der Industrie 4.0	Höhere Lebensqualität, mit Sicherheit	Alle Verwaltungsleistungen werden digital

Quelle: Bundesministerium für Wirtschaft und Energie, Schlaglichter der Wirtschaftspolitik, Monatsbericht Dezember 2018, S. 9f.

Sektorale und regionale Strukturpolitik

Die vorstehend genannten Maßnahmen sind langfristige globale Mittel des Staates, um das Wirtschaftswachstum zu sichern. Werden ganz bestimmte Bereiche der Wirtschaft gezielt gefördert (oder gebremst), spricht man von **sektoraler Strukturpolitik**.

Wird die Entwicklung einzelner Landesteile durch gezielte Maßnahmen beeinflusst, handelt es sich um **regionale Strukturpolitik**.

Die sektorale und die regionale Strukturpolitik wurden im Kapitel 3.5.3.3 besprochen.

> **Beispiele:**
>
> Zu den Bereichen der sektoralen Strukturpolitik gehören u. a. die Landwirtschaftspolitik, die Fischereiwirtschaftspolitik, die Energiepolitik, die Verkehrspolitik und die Außenwirtschaftspolitik.

Infrastrukturpolitik

Eine der wichtigsten Voraussetzungen für die Gründung neuer Betriebe ist die Infrastruktur. Darunter versteht man die Gesamtheit aller privaten und öffentlichen Einrichtungen eines Wirtschaftsraums, die der Allgemeinheit (also auch den Wirtschaftsbetrieben) zur Verfügung stehen.

> **Beispiele:**
>
> Private und öffentliche Straßen, private und öffentliche Eisenbahnlinien, Kanäle bzw. kanalisierte Flüsse, Häfen, Krankenhäuser, Schulen, Energieversorgungseinrichtungen, Telefonnetze, Trink-, Industrie- und Abwassernetze, Kläranlagen, öffentliche Verwaltungen, Polizei usw.

Alle Maßnahmen, die dem Ausbau der Infrastruktur dienen, sind zugleich dazu geeignet, eine etwa bestehende Arbeitslosigkeit zu verringern, und zwar

- durch die Bautätigkeit selbst und
- durch die Ansiedlung neuer Betriebe.

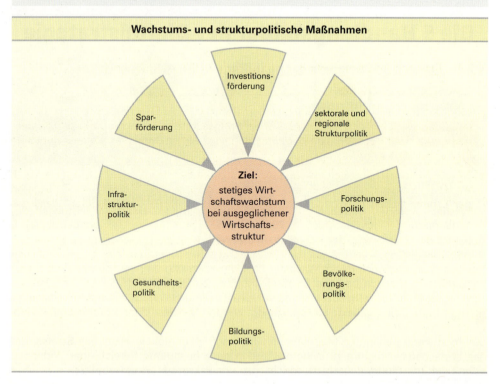

Wachstums- und strukturpolitische Maßnahmen

Investitions-förderung

sektorale und regionale Strukturpolitik

Spar-förderung

Infra-struktur-politik

Ziel: stetiges Wirtschaftswachstum bei ausgeglichener Wirtschaftsstruktur

Forschungs-politik

Gesundheits-politik

Bevölke-rungs-politik

Bildungs-politik

3.7.3 Bedeutung des Wirtschaftswachstums

Ohne Zweifel birgt das ungehemmte quantitative Wirtschaftswachstum erhebliche Gefahren für die Menschheit in sich. Dennoch kennen wir bis heute noch keinen anderen Weg, dringende wirtschafts- und sozialpolitische Probleme anders als über das Wirtschaftswachstum zu lösen.

Das Wirtschaftswachstum hat folgende positive Auswirkungen:

- Wirtschaftswachstum (gemessen am realen Bruttoinlandsprodukt) erhöht den Lebensstandard der Bevölkerung, sofern die Wachstumsrate größer ist als die Wachstumsrate der Bevölkerung. In den meisten Teilen der Erde ist allein im Hinblick auf die realen Bedingungen des Bevölkerungswachstums Wirtschaftswachstum notwendig.
- Wirtschaftswachstum hilft, Arbeitsplätze zu sichern und zu vermehren.
- Wirtschaftswachstum ermöglicht es, die Entwicklungshilfe zu erhöhen, ohne dass der Lebensstandard der Geberländer vermindert werden muss.
- Durch Wirtschaftswachstum können die Ziele einer sozialverträglichen Einkommens- und Vermögensverteilung ohne allzu harte Konflikte leichter erreicht werden, weil nur der Zuwachs, nicht aber die Substanz umverteilt werden muss.
- Die Sozialversicherungen sind durch die Versicherten nur dann ohne nennenswerte Beitragserhöhungen finanzierbar, wenn die Wirtschaft wächst.
- Die hohen Kosten des Umweltschutzes können nur dann aufgebracht werden, wenn die zusätzlichen Mittel auch verdient werden.
- Die Entwicklung neuer Verfahren zur Energiegewinnung, Wiederverwendung von Abfällen (Recycling) und der Übergang zu einer umweltschonenderen Abfallbeseitigung ("Entsorgung") kostet Geld.

3.7.4 Grenzen und Gefahren des quantitativen Wirtschaftswachstums

Das **quantitative Wachstum** findet seine Grenzen vor allem aus folgenden Gründen:

- Nicht regenerierbare (wieder herstellbare) Rohstoff- und Energiequellen werden ausgebeutet, wobei in den volkswirtschaftlichen Gesamtrechnungen und in den Kostenrechnungen der Betriebe auch noch so getan wird, als ob dieser Verzehr an natürlichen Produktionsfaktoren kostenlos sei;
- private Haushalte und Betriebe belasten in steigendem Maße mit ihren Abfällen (z. B. Abgasen, Verpackungsmaterialien, Abwässern, giftigen oder radioaktiven Abfällen, in der Landwirtschaft verwendeten Giftmitteln) die natürliche Umwelt derart, dass das ökologische Gleichgewicht[1] gestört oder gar zerstört wird.

Dabei ist die **Zerstörung der natürlichen Umwelt** keineswegs auf die hoch industrialisierten Länder beschränkt. Auch die Entwicklungsländer tragen in ihrem verständlichen Wunsch nach wirtschaftlichem Wachstum zur Umweltzerstörung bei, die sich bereits jetzt bemerkbar zu machen beginnt. So führt die rücksichtslose Abholzung der Urwälder im Amazonasgebiet zu weltweiter Klimaveränderung. Die des Waldes beraubten Böden können nur kurze Zeit als Weideland verwendet werden, weil der dünne Humusboden weggeschwemmt wird.

---

1 Die Ökologie ist die Wissenschaft von den Wechselwirkungen zwischen den Lebewesen untereinander und ihren Beziehungen zur übrigen Umwelt.

Jeden Tag hinterlassen die Menschen ihre Spuren auf der Erde. 99 Millionen Tonnen Kohlendioxid belasten täglich die Atmosphäre und treiben den Klimawandel voran. Gleichzeitig werden 35 600 Hektar Wald vernichtet. Aufgrund von Dürre und Bodenverschlechterung gehen jährlich rund zwölf Millionen Hektar Ackerland verloren; das sind 33 000 Hektar Flächenverlust täglich. Auf dieser Fläche hätten 20 Millionen Tonnen Getreide angebaut werden können. 2,6 Milliarden Menschen sind nach Angaben der Vereinten Nationen direkt von der Landwirtschaft und fruchtbaren Böden abhängig. Immer knapper werden die Ressourcen an Trinkwasser und Fisch. Die Ernährungs- und Landwirtschaftsorganisation der Vereinten Nationen (FAO) beziffert den Fischfang für das Jahr 2014 auf 93,4 Millionen Tonnen. Für die Tagesbilanz bedeutet das, dass täglich 256 000 Tonnen Fisch aus den Meeren und Seen gezogen werden. Und der Müllberg wächst jeden Tag um 3,6 Millionen Tonnen. Allerdings bildet die Grafik nur eine Seite der Umweltbelastung ab. Mit einer Vielzahl von nationalenund internationalen Maßnahmen wird versucht, die Belastung und Zerstörung der Natur zu verrin-

Tagesbilanz der globalen Umweltzerstörung

Jeden Tag ...

belasten 99 Millionen Tonnen **Kohlendioxid** die Atmosphäre.

werden 35 600 Hektar **Wald** vernichtet.

werden 11 Milliarden Kubikmeter **Frischwasser** verbraucht.

nimmt das verfügbare **Ackerland** um 33 000 Hektar ab.

werden 256 000 Tonnen **Fisch** aus Seen und Meeren gefangen.

kommen drei neue **Pflanzen- und Tierarten** auf die „Rote Liste" der bedrohten Arten.

produzieren die Menschen 3,6 Millionen Tonnen **Müll.**

Stand 2015 oder jüngster verfügbarer
Quelle: FAO, Weltbank, IUCN u.a.
© Globus 11564

gern. Zum Beispiel wurden im Durchschnitt der Jahre 2010 bis 2015 jährlich auch 3,3 Millionen Hektar neuer Wald auf der Erde gepflanzt. So steht der täglichen Abholzungsfläche von rund 33 000 Hektar eine neue Waldfläche von 9 000 Hektar gegenüber. Zwar bleibt die negative Waldbilanz bestehen, aber sie verringert sich auf 24 000 Hektar am Tag.

3.7.5 Qualitatives Wirtschaftswachstum

Die Diskussion um die Gefahren des rein quantitativen Wirtschaftswachstums hat die Forderung nach einem **„qualitativen Wachstum"** aufkommen lassen, das z. B. mithilfe der folgenden sozialen Indikatoren[1] gemessen werden kann:

- Verbrauch bzw. Verbrauchsminderung an Rohstoffen durch Rohstoff schonende Produktionsverfahren;
- Verminderung der Umweltbelastung durch Verringerung der Schadstoffemissionen (= Ausstoß von Schadstoffen) der privaten Haushalte und der Betriebe;
- Verringerung der Umweltverschmutzung durch verstärktes Recycling (= Rückführung von Abfällen in den Produktionsprozess);
- Ausweitung des tertiären Sektors,[2] z. B. durch verstärkte Pflege und Betreuung kranker, behinderter und alter Menschen, durch Maßnahmen zur Erhöhung der öffentlichen Sicherheit und des Rechtsschutzes für die Bürger oder durch Intensivierung der Weiterbildungs- und Umschulungsmaßnahmen.

Während sich also die Grenzen des Wachstums im primären Sektor (Landwirtschaft, Fischwirtschaft, Forstwirtschaft) und im sekundären Sektor (Sachgüter produzierende Industrie und Handwerk) immer deutlicher abzeichnen, sind Wachstumsgrenzen im Dienstleistungsbereich nicht sichtbar.

---

1 Indikator (lat.) = Anzeiger.

2 Tertiärer Sektor = dritter Sektor (Dienstleistungsbereich).

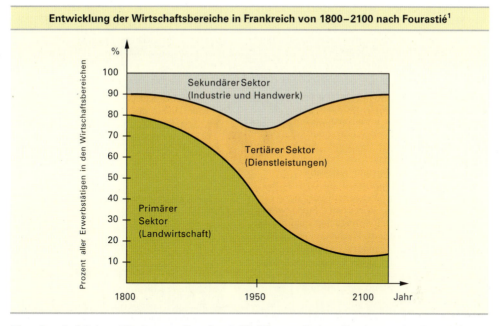

Entwicklung der Wirtschaftsbereiche in Frankreich von 1800–2100 nach Fourastié[1]

Ein wirtschaftliches Wachstum, das durch Einführung Rohstoff schonender Produktions-verfahren, durch Umweltschutzinvestitionen und durch Ausweitung des Dienstleistungs-bereichs gekennzeichnet ist, wird als **qualitatives Wachstum** bezeichnet. Ein Programm allerdings, das anstelle des quantitativen Wachstums das qualitative Wachstum setzt, kostet Geld. Qualitatives Wachstum wird zulasten des materiellen Lebensstandards gehen müssen. Andererseits wird es die Lebensqualität erhöhen *und* zugleich Arbeitsplätze durch die Entwicklung und die Anwendung neuer umweltfreundlicher Produktionsverfahren schaffen. Zwischen den Zielen „qualitatives Wachstum" und „Umweltschutz" besteht so unter Umständen Zielharmonie.

Ein Ansatz für eine **ökologische Neuausrichtung** bildet das Leitbild der **Green Economy,** welche eine international wettbewerbsfähige, umwelt- und sozialverträgliche Wirtschaft anstrebt. Die Bundesregierung nimmt zur Umsetzung dieses Leitbildes eine umfassende ökologische und zugleich kosteneffiziente Modernisierung der gesamten Wirtschaft und ihrer Sektoren in den Blick, um damit die Wettbewerbsfähigkeit des Standorts Deutschland zu stärken. Letztlich soll die „Green Economy" als Wachstumsmotor dienen. Dazu wurde in einem Agendaprozess mit den großen Wirtschaftsverbänden, Gewerkschaften, Verbraucherorganisationen und NGOs (Nichtregierungsorganisationen) die Forschungs-agenda Green Economy erarbeitet.

Die Idee einer Green Economy ist insofern erfolgversprechend, dass das **Umweltbe-wusstsein** der Bevölkerung und somit die **Akzeptanz für Umweltpolitik** in der jüngeren Vergangenheit **gestiegen** ist und zukünftig sicherlich auch weiter zunehmen dürfte. Denn schließlich halten immer größere Bevölkerungskreise die zunehmende Umweltverschmut-zung aus heutiger Sicht für eines der gravierendsten **Zukunftsprobleme.**

---

1 Quelle: GASSER, Ch.: Unternehmensführung im Strukturwandel, Krise der Dynamik, Zürich 1974, S. 67.

Green Economy: Gesellschaftlicher Wandel

Das Ziel der Green Economy ist eine nachhaltige Wirtschaft, die natürliche Ressourcen schont und die Umwelt weniger belastet. [. . .]

Die Green Economy verbindet Ökologie und Ökonomie: Wirtschaft muss international wettbewerbsfähig sein, genauso aber auch umwelt- und sozialverträglich. Die Green Economy steigert die gesellschaftliche Wohlfahrt, bekämpft Armut und strebt soziale Gerechtigkeit an. Vor dem Hintergrund anerkannter ökologischer Grenzen soll auf Basis eines umfassenden Verständnisses der Zusammenhänge in Wirtschaft, Finanzwesen und Politik ein umweltverträgliches qualitatives und somit nachhaltiges Wachstum ermöglicht werden. Ziel ist, veränderte, nachhaltige Produktions- und Konsumweisen zu entwickeln, um weltweit und insbesondere für kommende Generationen Wohlstand und eine hohe Lebensqualität zu sichern.

Der Weg zur Green Economy führt über einen Veränderungsprozess, der die gesamte Gesellschaft betrifft. Es geht um eine umfassende ökologische Modernisierung der gesamten Wirtschaft und ihrer Sektoren. Faktoren einer umweltverträglichen Wirtschaft sind Ressourcenverbrauch, Emissionsreduktion, Steigerung von Energie- und Rohstoffproduktivität sowie nachhaltige Gestaltung von Produkten, Versorgungssystemen und Infrastrukturen. Fragen nach Lebens- und Arbeitsbedingungen, Konsummustern, Produktlebenszyklen und Finanzierungsmodellen stehen damit in direktem Zusammenhang.

Green Economy ist eine gemeinsame Aufgabe

Im Jahr 2012 war Green Economy das zentrale Thema des UN-Nachhaltigkeitsgipfels Rio+20. Im Anschluss daran hat das Bundesforschungsministerium gemeinsam mit dem Bundesministerium für Umwelt, Naturschutz, Bau und Reaktorsicherheit eine Agenda zur Green Economy gestartet [. . .], die auf der Green Economy Konferenz am 18. November 2014 in Berlin der Öffentlichkeit vorgestellt wurde. Die Agenda umfasst folgende Handlungsfelder:

- Produktion und Ressourcen: Rohstoffe, Wasser und Land
- Nachhaltigkeit und Finanzdienstleistungen
- Nachhaltiger Konsum
- Nachhaltige Energieversorgung und -nutzung in der Wirtschaft
- Nachhaltige Mobilitätssysteme
- Infrastrukturen und intelligente Versorgungssysteme für die Zukunftsstadt

[. . .] Darüber hinaus ist Nachhaltiges Wirtschaften ein Teil der neuen Hightech-Strategie der Bundesregierung, die die Lebensqualität in Deutschland sichert.

Quelle: Bundesministerium für Bildung und Forschung.

Zusammenfassung

- Das an der Entwicklung des realen Bruttoinlandsprodukts gemessene **quantitative Wachstum** steht mit den Zielen des Umweltschutzes im Widerspruch (Zielkonflikt).
- **Wachstumsformen** (-arten) sind:
  - a) quantitatives Wachstum als
    - aa) zyklisches Wachstum,
    - ab) stetiges Wachstum in Form des exponentiellen, linearen und organischen Wachstums;
  - b) qualitatives Wachstum.
- **Qualitatives Wachstum** kann den Zielkonflikt zwischen Wirtschaftswachstum einerseits und Umweltschutz andererseits lösen (Zielharmonie) oder zumindest mildern.
- Wichtige **Voraussetzungen** des **stetigen Wirtschaftswachstums** sind:
  - stetige Neuinvestitionen (Nettoinvestitionen),
  - hohe Sparquote,
  - gut ausgebildete Bevölkerung (Human Capital),

- gute Gesundheit der Bevölkerung,
- stetiges Wachstum der Bevölkerung,
- ausgewogene Wirtschaftsstruktur und
- ausgebaute Infrastruktur.

■ Die wichtigsten **wachstumspolitischen Maßnahmen** des Staates sind daher:
  - Investitions- und Sparförderung,
  - Bildungspolitik,
  - Gesundheitspolitik,
  - Bevölkerungspolitik,
  - Förderung des technischen Fortschritts,
  - sektorale und regionale Strukturpolitik,
  - Infrastrukturpolitik.

ÜBUNGSAUFGABEN

1. Textauszug:

„Noch nie vollzog sich Wirtschaftswachstum in Marktwirtschaften als bloße Aufblähung des starr zusammengesetzten Produktionsapparats oder Gütersortiments vergangener Zeiten. Wachstum und Strukturwandel gehören zusammen; Wachstum vollzieht sich stets nur mit Strukturwandel. Wäre dies anders, müsste sich der Wachstumsprozess alle paar Jahre in krisenhafter Weise festfahren. Stets und ständig treten im Wirtschaftsprozess Hemmnisse, Hindernisse und auch Grenzen auf, die überwunden oder umgangen werden. Wenn in unserer Zeit einer Ausdehnung, ja sogar der Aufrechterhaltung jener Produktionsprozesse Grenzen gezogen sind, die Umweltgüter verbrauchen, so werden sich – solange der Marktmechanismus seinen Innovationszwang entfaltet – einerseits umweltsparende Innovationen finden, andererseits Wachstumsschübe in ganz anderen Bereichen der Volkswirtschaft vollziehen, etwa demnächst bei der Alten- und Krankenversorgung durch gegenseitige Dienstleistungen der Menschen."

Quelle: WAGNER, A.: Makroökonomik. Volkswirtschaftliche Strukturen II, 1990, S. 11.

1.1 Erklären Sie die unterstrichenen Begriffe!

1.2 Wie kann das quantitative Wirtschaftswachstum gemessen werden? Welche Aussagekraft haben die von Ihnen genannten Messgrößen?

1.3 Welche Bereiche des qualitativen Wirtschaftswachstums werden in dem zitierten Text angesprochen?

1.4 Begründen Sie, warum Wachstum und Strukturwandel zusammengehören!

1.5 Welche Vorteile hat das Wirtschaftswachstum im Hinblick auf weitere wirtschafts- und sozialpolitische Zielsetzungen des Staates?

1.6 Nennen und beschreiben Sie vier wachstums- und strukturpolitische Maßnahmen des Staates!

1.7 Worin unterscheidet sich das qualitative Wirtschaftswachstum vom quantitativen Wirtschaftswachstum?

1.8 Erörtern Sie die Gefahren, die das quantitative Wirtschaftswachstum mit sich bringt!

1.9 Inwiefern vermag das qualitative Wirtschaftswachstum den Zielkonflikt zwischen den Zielen „Wachstum" und „Erhaltung einer lebenswerten Umwelt" zu mildern oder gar zu lösen?

2. Interpretieren Sie nachstehende Textauszüge (Häuptling Seattle, 1855, in seiner Stellungnahme an den Präsidenten der Vereinigten Staaten zu dessen Angebot, die Gebiete seines Stammes zu kaufen)!

„Wenn wir unser Land verkaufen, so müsst Ihr Euch daran erinnern und Eure Kinder lehren: Die Flüsse sind unsere Brüder – und Eure –, und Ihr müsst von nun an den Flüssen Eure Güte geben, so wie jedem anderen Bruder auch ... Wir wissen, dass der weiße Mann unsere Art nicht versteht. Ein Teil des Landes ist ihm gleich jedem anderen, denn er ist ein Fremder, der kommt in der Nacht und nimmt von der Erde, was immer er braucht. Die Erde ist sein Bruder nicht, sondern Feind, und wenn er sie erobert hat, schreitet er weiter. Er lässt die Gräber seiner Väter zurück – und kümmert sich nicht. Er stiehlt die Erde von seinen Kindern – und kümmert sich nicht. Seiner Väter Gräber und seiner Kinder Geburtsrecht sind vergessen. Er behandelt seine Mutter, die Erde, und seinen Bruder, den Himmel, wie Dinge zum Kaufen und Plündern, zum Verkaufen wie Schafe oder glänzende Perlen. Sein Hunger wird die Erde verschlingen und nichts zurücklassen als eine Wüste ...

Ich bin ein Wilder und verstehe es nicht anders. Ich habe tausend verrottende Büffel gesehen, vom weißen Mann zurückgelassen – erschossen aus einem vorüberfahrenden Zug. Ich bin ein Wilder und kann nicht verstehen, wie das qualmende Eisenpferd wichtiger sein soll als der Büffel, den wir nur töten, um am Leben zu bleiben. Was ist der Mensch ohne die Tiere? Wären alle Tiere fort, so stürbe der Mensch an großer Einsamkeit des Geistes. Was immer den Tieren geschieht – geschieht bald auch den Menschen. Alle Dinge sind miteinander verbunden. Was die Erde befällt, befällt auch die Söhne der Erde ...

Es ist unwichtig, wo wir den Rest unserer Tage verbringen. Es sind nicht mehr viele. Noch wenige Stunden, ein paar Winter – und kein Kind der großen Stämme, die einst in diesem Land lebten oder jetzt in kleinen Gruppen durch die Wälder streifen, wird mehr übrig sein, um an den Gräbern eines Volkes zu trauern – das einst so stark und voller Hoffnung war wie das Eure. Aber warum soll ich trauern über den Untergang meines Volkes; Völker bestehen aus Menschen – nichts anderem. Menschen kommen und gehen wie die Wellen im Meer.

Auch die Weißen werden vergehen, eher vielleicht als alle anderen Stämme. Fahret fort, Euer Bett zu verseuchen, und eines Nachts werdet Ihr im eigenen Abfall ersticken. Aber in Eurem Untergang werdet Ihr hell strahlen – angefeuert von der Stärke des Gottes, der Euch in dieses Land brachte – und Euch bestimmte, über dieses Land und den roten Mann zu herrschen ...“

3. **Textauszug:**

Jenseits eines bestimmten Punktes ist es jedoch unmöglich, die Auswirkungen unserer wirtschaftlichen Entscheidungen auf die Umwelt mit einem Preisschild zu versehen. Reine Luft, sauberes Wasser, der Sonnenaufgang im Nebel über einem Gebirgssee, die Fülle des Lebens auf dem Land, in der Luft und im Wasser – der Wert dieser Dinge ist unschätzbar. Es wäre wirklich zynisch zu folgern, dass es, weil solche Schätze keinen Preis haben, vernünftig sei, Entscheidungen unter der Annahme zu treffen, dass sie wertlos wären. Wie Oscar Wilde sagte: „Ein Zyniker ist ein Mensch, der von allem den Preis und von nichts den Wert kennt".

Quelle: Gore, Al: Wege zum Gleichgewicht. Ein Marshallplan für die Erde, 4. Aufl. 1992, S. 191.

3.1 Erläutern Sie die Aussage des Textauszugs!

3.2 Im oben genannten Buchtitel kommt der Begriff „Marshallplan" vor. Was ist hierunter zu verstehen?

Lösungshinweis: Ziehen Sie gegebenenfalls Ihr Geschichtsbuch zurate.

3.8 Umweltpolitik

Im vorigen Kapitel wurde bereits auf den Zusammenhang zwischen quantitativem Wirtschaftswachstum und Umweltzerstörung hingewiesen, die sich u. a. in Schäden zeigt, die aufgrund der **Luftverschmutzung, Wasserverunreinigung, Bodenverseuchung** und **Lärmbelästigung** entstehen.

Die Umweltschäden sind schwer messbar, daher auch nicht im Inlandsprodukt bzw. Nationaleinkommen enthalten. Wohl aber gehen die Reparaturkosten – soweit Umweltschäden überhaupt reparabel sind – in Messzahlen der gesamtwirtschaftlichen Leistung ein (z. B. Arztkosten, Kosten der Wiederaufforstung, Kosten der Wasseraufbereitung, Beseitigung sogenannter Altlasten usw.).

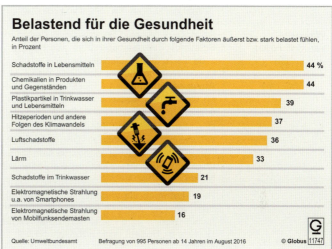

Belastend für die Gesundheit

Anteil der Personen, die sich in ihrer Gesundheit durch folgende Faktoren äußerst bzw. stark belastet fühlen, in Prozent

Schadstoffe in Lebensmitteln	44 %
Chemikalien in Produkten und Gegenständen	44
Plastikpartikel in Trinkwasser und Lebensmitteln	39
Hitzeperioden und andere Folgen des Klimawandels	37
Luftschadstoffe	36
Lärm	33
Schadstoffe im Trinkwasser	21
Elektromagnetische Strahlung u.a. von Smartphones	19
Elektromagnetische Strahlung von Mobilfunksendemasten	16

Quelle: Umweltbundesamt   Befragung von 995 Personen ab 14 Jahren im August 2016   © Globus 11747

3.8.1 Ursachen und Wirkungen der Umweltbelastung

Luftverschmutzung	Die Luft wird mit zahlreichen Stoffen belastet, z. B. mit anorganischen Gasen (Schwefeldioxid,[1] Stickoxide, Kohlenmonoxid, Kohlendioxid), Staub und flüchtigen organischen Verbindungen.

- **Kohlendioxid** (CO_2) wird – außer seiner natürlichen Entstehung (z. B. durch Pflanzenatmung) – hauptsächlich bei der Verbrennung fossiler Stoffe (Kohle, Erdöl) sowie durch die Brandrodung der Regenwälder an die Atmosphäre abgegeben. Die Zunahme der CO_2-Konzentration in der Luft verstärkt den Treibhauseffekt und führt zur Erhöhung der Temperatur an der Erdoberfläche, also zu einer Veränderung des Erdklimas.

- **Kohlenmonoxid** (CO) entsteht bei unvollständiger Verbrennung in Motoren und Feuerungsanlagen. Das Kohlenmonoxid ist für die meisten Tiere und für den Menschen giftig.

- **Stickstoffoxide** sind Oxide des Stickstoffs, also vor allem Stickstoffmonoxid (NO) und Stickstoffdioxid (NO_2). Stickstoffoxide (kurz: Stickoxide) entstehen bei Verbrennungsvorgängen durch Oxidation des Stickstoffs, der in den Brennstoffen und in der Verbrennungsluft enthalten ist, z. B. in Kraftwerken, in Flugzeugturbinen und Automotoren. Katalysatoren verringern die Stickoxide. Stickoxide tragen u. a. zum sauren Regen – ein wichtiger Verursacher des Waldsterbens – bei.

---

1 Oxide (griech.) = Sauerstoffverbindungen. Ein Monoxid ist eine Verbindung mit einem Sauerstoffatom; ein Dioxid ist eine Verbindung mit zwei Sauerstoffatomen.

- **Schwefeldioxid** (SO_2) wird bei der Verbrennung schwefelhaltiger Substanzen wie z. B. Braunkohle, Steinkohle und Öl freigesetzt. Schwefeldioxid ist die Hauptursache für den sauren Regen.

- **Organische Verbindungen** stammen aus dem Kraftfahrzeugverkehr (Formaldehyd-Emissionen, Kraftstoffverdunstung), aus Lecks in der Chemie und der Mineralölindustrie und aus dem Einsatz von Lösemitteln bei Lacken, Farben, Klebern usw.

Wasser-verunreinigung	Schwefeldioxid und Stickoxide oxidieren in der Atmosphäre teilweise zu Schwefel- bzw. Salpetersäure, die mit dem Regenwasser wieder auf die Erde niedergehen. Sie waschen Nährstoffe aus dem Boden und setzen giftige Schwermetalle frei. Auf diese Weise werden – auch ohne unmittelbare Abwassereinleitungen – Flüsse, Seen und Meere belastet. In Skandinavien wurden die Flüsse und Seen hauptsächlich durch die sauren Niederschläge geschädigt (Fischsterben).
	Die übermäßige Düngung mit Gülle und Handelsdünger belastet die Gewässer u. a. mit Nitrat. Die Gefahr für die Nord- und Ostsee rührt hauptsächlich aus der landwirtschaftlichen Düngung. Weiterhin belasten Pflanzenschutzmittel nicht nur die Böden, sondern auch Flüsse, Seen und Meere.
	Hinzu kommen die unmittelbaren Einleitungen in die Gewässer mit mehr oder weniger ausreichend vorgeklärten Abwässern aus privaten Haushalten, Handel und Industrie. Ferner tragen Chemieunfälle zur weiteren Gewässer-, Boden- und Luftbelastung bei.
Bodenverseuchung	Luftverschmutzung und Bodenverseuchung hängen eng zusammen, denn die in die Luft abgegebenen Schadstoffe kehren – häufig in chemisch umgewandelter Form – mit dem Regen wieder zur Erde und in die Gewässer zurück (z. B. Radioaktivität).
	Unmittelbar wird der Boden durch Düngemittel, Pflanzenschutzmittel und Insektenvertilgungsmittel verseucht, mit der Folge, dass auch das Grundwasser in Mitleidenschaft gezogen wird.
	Bei der Abwasserbehandlung in Kläranlagen fällt Schlamm als Restprodukt an. Wegen seines Gehalts an organischen Substanzen, Phosphor und Stickstoff eignet sich der Klärschlamm prinzipiell für die Verwendung in der Landwirtschaft. Da er häufig zu hohe Schadstoffmengen (Schwermetalle) enthält, darf er jedoch nur in begrenztem Maß genutzt werden. Wird er dennoch ausgebracht, wird der Boden zusätzlich belastet.
Lärmbelastung	Die Hauptursachen der Lärmbelastung sind die zunehmende Technisierung und die hohe Besiedlungsdichte.
	Als Lärm werden alle Geräusche bezeichnet, die den Menschen stören, belästigen oder gesundheitlich gefährden können. Das menschliche Ohr kann Schallschwingungen zwischen etwa 16 Hertz[1] (tiefe Töne) und 20 000 Hertz (hohe Töne) wahrnehmen, und zwar umso lauter, je mehr Energie die durch die Luft übertragenen Schallwellen aufweisen. Die Stärke des Schalls wird in Dezibel (dB) gemessen. Ein Anstieg des Lärmpegels um 10 dB bedeutet eine Verdoppelung der Lautstärke.

---

1 Hertz (Hz) ist die Einheit einer Frequenz (Schwingung) eines periodischen (immer wiederkehrenden) Vorgangs. Die Bezeichnung geht auf Heinrich Rudolf Hertz (1857 – 1894) zurück. Hertz war Physiker. Seine Untersuchungen bilden die Grundlage der Hochfrequenztechnik.

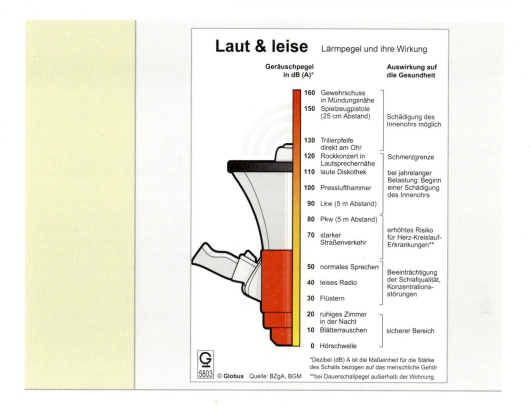

Laut & leise Lärmpegel und ihre Wirkung

Geräuschpegel in dB (A)*		Auswirkung auf die Gesundheit
160	Gewehrschuss in Mündungsnähe	
150	Spielzeugpistole (25 cm Abstand)	Schädigung des Innenohrs möglich
130	Trillerpfeife direkt am Ohr	
120	Rockkonzert in Lautsprechernähe	Schmerzgrenze
110	laute Diskothek	
100	Presslufthammer	bei jahrelanger Belastung: Beginn einer Schädigung des Innenohrs
90	Lkw (5 m Abstand)	
80	Pkw (5 m Abstand)	
70	starker Straßenverkehr	erhöhtes Risiko für Herz-Kreislauf-Erkrankungen**
50	normales Sprechen	Beeinträchtigung der Schlafqualität, Konzentrationsstörungen
40	leises Radio	
30	Flüstern	
20	ruhiges Zimmer in der Nacht	
10	Blätterrauschen	sicherer Bereich
0	Hörschwelle	

5803 © Globus Quelle: BZgA, BGM

*Dezibel (dB) A ist die Maßeinheit für die Stärke des Schalls bezogen auf das menschliche Gehör
**bei Dauerschallpegel außerhalb der Wohnung

3.8.2 Möglichkeiten staatlicher Umweltpolitik

3.8.2.1 Ge- und Verbote

Auflagen in Form von **Ge-** und **Verboten** sind marktkonträre Maßnahmen der staatlichen Umweltpolitik. Die Chemikalien-Verbotsverordnung beispielsweise regelt die Verbote und Beschränkungen des Inverkehrbringens von gefährlichen Stoffen allgemein und von besonders gefährlichen Stoffen im Speziellen (z. B. Asbest, Formaldehyd, Benzol, Arsen-, Quecksilber- und Cadmiumverbindungen, Teerölen).

Gebote sind Vorgaben für gefährliche Anlagen und für mögliche Emittenten umweltschädigender Stoffe. Leitgesetz für den Umweltpflegebereich „Immissionsschutz"[1] (Luftreinhaltung und Lärmbekämpfung) ist das Gesetz zum Schutz vor schädlichen Umwelteinwirkungen durch Luftverunreinigungen, Geräusche, Erschütterungen und ähnliche Vorgänge (Bundes-Immissionsschutzgesetz = BImSchG). Es wird durch das Gesetz zur Vermeidung von Luftverunreinigungen durch Bleiverbindungen in Ottokraftstoffen für Kraftfahrzeugmotore (Benzinbleigesetz – BzBlG) und das Gesetz zum Schutz gegen Fluglärm (Fluglärmgesetz) ergänzt. Der Schutz vor Gefahren der Kernenergie und der schädlichen Wirkung ionisierender Strahlen obliegt dem Gesetz über die friedliche Verwendung der Kernenergie und den Schutz gegen ihre Gefahren (Atomgesetz).

---

1 Immission = das Einwirken von Luftverunreinigungen, Schadstoffen, Lärm, Strahlen usw. auf Menschen, Tiere und Pflanzen.

Ge- und Verbote (Auflagen) sind erforderlich, wo es um die unmittelbare Gefahrenabwehr geht. Der Erfolg soll durch Strafen und Bußgelder gesichert werden. Der Nachteil der Auflagen besteht darin, dass sie den umwelttechnischen Fortschritt hemmen, denn ist der Stand der Technik in einem Gesetz bzw. in einer Verordnung einmal festgeschrieben, gibt es für die Verursacher keinen Grund mehr, die vorgegebenen Grenzwerte mit einer fortgeschrittenen und möglicherweise teureren Technik zu unterschreiten.

3.8.2.2 Umweltabgaben

Umweltabgaben sind marktkonforme Instrumente der Umweltpolitik. Abgaben lassen sich u.a. in Steuern und Sonderabgaben einteilen.

Steuern	Sie sind dadurch gekennzeichnet, dass es sich um Geldleistungen der Bürger handelt, für die der Staat keine konkrete Gegenleistung erbringt. Sie werden zur *allgemeinen Finanzierung eines öffentlichen Haushalts* herangezogen. Das schließt nicht aus, dass Steuern der Erreichung bestimmter wirtschafts- und sozialpolitischer Ziele dienen können, z.B. verteilungspolitischen, beschäftigungspolitischen, wachstumspolitischen oder strukturpolitischen Zielen.
Umweltsteuern (Ökosteuern)	Sie haben den Zweck, umweltpolitischen Zielen zu dienen. Sie sollen die Nachfrage der Wirtschaftssubjekte in umweltfreundlichere Bahnen lenken. Sie fließen in den allgemeinen Staatshaushalt und *können* dazu verwendet werden, an anderer Stelle die Steuerbelastung der Bürger und der Unternehmen zu verringern (z.B. Subventionierung umweltschonender Produkte).
Sonderabgaben	Sie dürfen nur erhoben werden, wenn eine besondere Beziehung zwischen dem Kreis der Abgabenpflichtigen und dem mit der Abgabe verfolgten Zweck besteht. Belastet man also z.B. Industriebetriebe mit einer Abwasserabgabe, müssen die eingenommenen Mittel für den Bau von Kläranlagen oder für einen ähnlichen Zweck eingesetzt werden.
Umweltsonderabgaben	Sie wirken im Übrigen wie Umweltsteuern. Ihr Vorteil ist, dass sie der Umwelt wieder zugute kommen. Nachteilig ist, dass sie die Steuerlastquote erhöhen.

Beispiel:

Der NABU[1] (**Na**turschutz**bund** Deutschland e.V.) hat Ende 2009 u.a. den Vorschlag gemacht, auf Getränkeverpackungen eine Umweltabgabe zu erheben, um den Absatz umweltbelastender Verpackungen einzudämmen. Die Mittel dieser Sonderabgaben könnten zur Förderung umweltfreundlicher Unternehmen verwendet werden.

3.8.2.3 Umweltzertifikate

Mithilfe von Umweltzertifikaten soll eine zu starke Beanspruchung der natürlichen Umwelt verhindert werden. Die Ausgabe der Zertifikate (= Berechtigungen) erfolgt durch eine staatliche Behörde. Die Summe der Nutzungsrechte wird von Staats wegen so gewählt,

---

1 Der NABU möchte Menschen dafür begeistern, sich durch gemeinschaftliches Handeln für die Natur einzusetzen.

dass in einer Region ein bestimmtes Immissionsvolumen[1] je Periode nicht überschritten wird. Man spricht von der **„Glocke"** oder von einer **„Deckelung"**. Die Nutzungsrechte (Zertifikate) werden börsenmäßig gehandelt. Der Preis ergibt sich aufgrund von Angebot und Nachfrage.

- Als **Anbieter** treten solche Betriebe auf, denen es bei dem Preis, den sie für ihre Zertifikate am Markt erzielen können, rentabler erscheint, ihre Emissionen[2] durch Einbau von emissionsmindernden Maßnahmen zu verringern (z. B. durch Einbau von Filtern, Abgasreinigungsanlagen, Katalysatoren, Bau von Kläranlagen usw.).

- Als **Nachfrager** erscheinen die Betriebe, deren Vermeidungskosten höher sind als die Kosten des Zertifikatkaufs. Es kann sich hierbei um Betriebe mit veralteter Technik handeln. Zusatzbedarf an Nutzungsrechten kann auch bei Betriebserweiterungen oder Neugründungen entstehen.

Die **Glockenpolitik** trägt dazu bei, dass Produktionskosten, die bislang der Allgemeinheit angelastet wurden (= externe Kosten, Social Costs), internalisiert werden (= interne Kosten).

Fällt die unentgeltliche Nutzung und Benutzung von Produktionsfaktoren der Allgemeinheit zur Last, spricht man von *externen Kosten.* Leitet z. B. ein Betrieb ungereinigte Abwässer in einen Fluss, werden u. a. die Fischwirtschaft, die Wasserwirtschaft und die privaten Haushalte geschädigt, weil die Wasserqualität abnimmt.

Unter *internen Kosten* versteht man den in Geld gemessenen und bezahlten Verbrauch von Produktionsfaktoren zum Zweck der Leistungserstellung. Externe Kosten werden dann zu internen Kosten, wenn z. B. der Staat die Betriebe durch entsprechende Auflagen zwingt, ihre umweltschädigenden Emissionen (z. B. Abwässer) zu reinigen *(Internalisierung externer Kosten).*

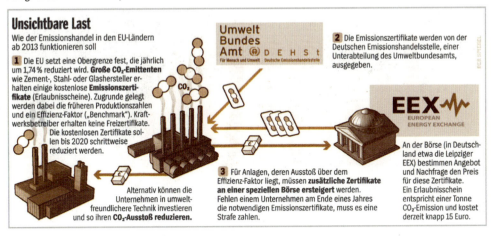

Unsichtbare Last

Wie der Emissionshandel in den EU-Ländern ab 2013 funktionieren soll

1 Die EU setzt eine Obergrenze fest, die jährlich um 1,74 % reduziert wird. **Große CO₂-Emittenten** wie Zement-, Stahl- oder Glashersteller erhalten einige kostenlose **Emissionszertifikate** (Erlaubnisscheine). Zugrunde gelegt werden dabei die früheren Produktionszahlen und ein Effizienz-Faktor („Benchmark"). Kraftwerksbetreiber erhalten keine Freizertifikate. Die kostenlosen Zertifikate sollen bis 2020 schrittweise reduziert werden.

Alternativ können die Unternehmen in umweltfreundlichere Technik investieren und so ihren **CO₂-Ausstoß reduzieren.**

Umwelt Bundes Amt Ⓐ **D E H S t**
Für Mensch und Umwelt Deutsche Emissionshandelsstelle

2 Die Emissionszertifikate werden von der Deutschen Emissionshandelsstelle, einer Unterabteilung des Umweltbundesamts, ausgegeben.

EEX
EUROPEAN ENERGY EXCHANGE

3 Für Anlagen, deren Ausstoß über dem Effizienz-Faktor liegt, müssen **zusätzliche Zertifikate an einer speziellen Börse ersteigert** werden. Fehlen einem Unternehmen am Ende eines Jahres die notwendigen Emissionszertifikate, muss es eine Strafe zahlen.

An der Börse (in Deutschland etwa die Leipziger EEX) bestimmen Angebot und Nachfrage den Preis für diese Zertifikate. Ein Erlaubnisschein entspricht einer Tonne CO₂-Emission und kostet derzeit knapp 15 Euro.

Die Glockenpolitik hat gegenüber der Festlegung von Grenzwerten den Vorteil, dass die Wirtschaft eines Staates oder die einer ganzen Staatengruppe auf *marktkonforme* Weise zu einem von Jahr zu Jahr sinkenden Gesamtausstoß von umweltschädlichen Stoffen

---

1 Immissionsvolumen = Umfang der zugelassenen Schadstoffeinleitung in die Umwelt.

2 Emission (lat.) = Ausstoß (z. B. Rauch, Abgase, Staub, Abwässer).

20 Hartmann -Hug- ISBN 978-3-8120-0522-7

gelenkt wird. Seit 1. Januar 2005 ist der **Emissionshandel**[1] in der Europäischen Union eingeführt. Er beschränkt sich zunächst auf Kohlendioxid (CO_2).[2]

In der **ersten Phase des EU-Emissionshandels (2005–2007)** wurden in Deutschland die Zertifikate kostenlos abgegeben, wobei die Bundesregierung den Unternehmen einen jährlichen Kohlendioxidausstoß von 499 Mio. t zugestand. Da tatsächlich nur 474 t emittiert wurden, waren die Zertifikate praktisch folgen- und damit wertlos.

Für die **zweite Handelsphase (2008–2012)** wurde daher die erlaubte Gesamtmenge der CO_2-Emissionen auf 452 t verringert. Außerdem wurde ein Teil der Emissionszertifikate nicht mehr kostenlos abgegeben, sondern versteigert.

Aber auch in der zweiten Handelsphase war der Preis der Zertifikate zu niedrig: Er sank 2012 auf rund 16,00 €. Aber erst bei einem Preis von etwa 20,00 € lohnt es sich für die Produzenten eher, in klimafreundliche Techniken zu investieren, um CO_2 zu sparen, als sich Zertifikate zu kaufen.

Für die aktuell laufende **dritte Handelsperiode des EU-ETS[3] (2013–2020)** wurde eine europaweite Emissionsobergrenze (Cap) von insgesamt 15,6 Milliarden Emissionsberechtigungen festgelegt. Diese Berechtigungen werden auf die acht Jahre der Handelsperiode verteilt, allerdings nicht gleichmäßig. Vielmehr wird die Menge jedes Jahr um rund 38 Millionen Berechtigungen reduziert. Hierdurch ergibt sich ein sinkender Verlauf des Caps (siehe Abb. „Gesamt-Cap und Emissionen im Europäischen Emissionshandel").

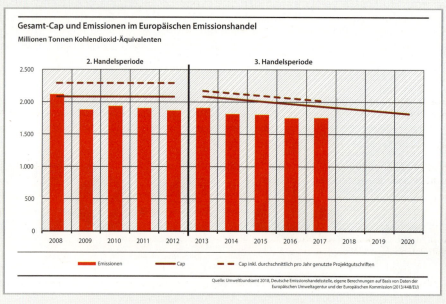

Gesamt-Cap und Emissionen im Europäischen Emissionshandel

Millionen Tonnen Kohlendioxid-Äquivalenten

Quelle: Umweltbundesamt 2018, Deutsche Emissionshandelsstelle, eigene Berechnungen auf Basis von Daten der Europäischen Umweltagentur und der Europäischen Kommission (2013/448/EU)

Quelle: https://www.umweltbundesamt.de/daten/klima/der-europaeische-emissionshandel#textpart-2; [Zugriff vom 30.01.2019]

1 Emission (lat.) = in der Technik: Ausstoßen (Ablassen) von Gasen, Ruß, Abwässern usw. in die Umwelt. Emissionshandel = Handel mit Umweltzertifikaten (Emissionsberechtigungen). Der Emissionshandel ist im Gesetz zur Neugestaltung des Umweltinformationsgesetzes und zur Änderung der Rechtsgrundlagen zum Emissionshandel vom 22. Dezember 2004 geregelt. Das Management (die Führung) des Emissionshandels obliegt dem Umweltbundesamt (UBA), bei dem sich die Deutsche Emissionshandelsstelle (DEHSt) befindet, die die jährliche Zuteilung an die betreffenden Unternehmen auf deren Antrag hin übernimmt. Beim DEHSt wird auch das nationale Emissionshandelsregister geführt, in dem die Emissionszertifikate und der Handel mit ihnen verbucht werden.

2 Vor allem Kohlendioxid wird für den erdweiten (globalen) Temperaturanstieg (den „Treibhauseffekt") verantwortlich gemacht. Wenn der Anstieg nicht aufgehalten wird, werden nach den Prognosen der Klimaforscher katastrophale Klimaveränderungen eintreten.

3 EU-ETS = Europäischer Emissionshandel.

Das Management (die Führung) des Emissionshandels obliegt dem Umweltbundesamt (UBA), bei dem sich die Deutsche Emissionshandelsstelle (DEHSt) befindet, die die jährliche Zuteilung an die betreffenden Unternehmen auf deren Antrag hin übernimmt. Beim DEHSt wird auch das nationale Emissionshandelsregister geführt, in dem die Emissionszertifikate und der Handel mit ihnen verbucht werden.

3.8.2.4 Umweltverträglichkeitsprüfung

Die Umweltverträglichkeitsprüfung (UVP) ist ein Instrument der Umweltvorsorgepolitik. Sie soll sicherstellen, dass vor Entscheidungen über öffentliche und private Vorhaben deren Umweltauswirkungen frühzeitig geprüft und angemessen berücksichtigt werden.

Die Umweltverträglichkeitsprüfung muss die Folgen abschätzen, die ein Vorhaben (z. B. Bau eines Kraftwerks, einer Fernstraße, eines Flughafens) auf Menschen, Tiere und Pflanzen, Boden, Wasser, Luft, Klima und Landschaft sowie Kultur- und sonstige Sachgüter haben kann.

Die Ergebnisse der Umweltverträglichkeitsprüfung sind bei der Entscheidungsfindung über die Zulassung eines Vorhabens zu berücksichtigen.

Das Gesetz über die Umweltverträglichkeitsprüfung (UVPG) ist seit 1990 in Kraft. Es basiert auf der Richtlinie des Rates der EG vom Juni 1985.

3.8.2.5 Staatliche Zuschüsse

Ebenso wie die Erhebung von Abgaben ist die Bezuschussung (Subventionierung) umweltschonender Produktionsverfahren und Produkte eine marktkonforme Maßnahme der Umweltpolitik. Umweltsubventionen sollen das Angebot verbilligen und so die Nachfrage auf umweltschonende Produkte umlenken.

Die staatliche Förderung kann aus unmittelbaren Zuschüssen (direkten Subventionen), Krediten oder Bürgschaften bestehen.

Beispiel:

Förderung von Vorhaben zum Schutz der Umwelt unter besonderer Berücksichtigung der mittelständischen Wirtschaft nach § 2 I UStiftG (Gesetz zur Errichtung einer Stiftung „Deutsche Bundesstiftung Umwelt").

Eine weitere Form staatlicher Bezuschussung ist die indirekte Subventionierung in Form von Steuervergünstigungen und öffentlichen Entschädigungen.

Beispiele:

Erhöhte Absetzungen für Wirtschaftsgüter, die dem Umweltschutz dienen [§ 7 d EStG]. – Erstattung für bauliche Schallschutzmaßnahmen nach § 9 FluglärmG.

3.8.2.6 Umwelthaftungsrecht

Das Umwelthaftungsrecht hat die Aufgabe, die Umweltgefährdung von Produktionsanlagen und Produkten zu überprüfen und durch Vorsorgemaßnahmen die finanziellen Risiken und somit die Entstehung von Ersatzansprüchen zu vermindern. Je strenger die Haftungsvorschriften sind, desto mehr wird der Staat vom Erlass immer neuer Umweltvorschriften entlastet. Umweltkosten werden internalisiert (von den Unternehmen übernommen), auch dann, wenn sie sich versichern lassen. Die Versicherungsunternehmen werden hohe Risiken mit hohen Versicherungsbeiträgen, niedrige Risiken mit niedrigen Beiträgen belasten.

Das Haftungsrecht allein kann nur dort zum Zuge kommen, wo ein unmittelbarer Zusammenhang zwischen **Verursacher** und **Wirkung** besteht.

Beispiel:
Ein Landwirt spritzt seine Obstanlage mit für Fische gefährlichen Substanzen. Daraufhin sterben alle Fische im nahe gelegenen Teich.

In allen Fällen, in denen mehrere Ursachen zu Umweltschäden führen, kann das Umwelthaftungsrecht nicht weiterführen.

Beispiel:
Nach derzeitigen Kenntnissen hat das Waldsterben mehrere Ursachen, z. B. den sauren Regen, der wiederum aus zahlreichen Quellen stammt, die Ozonbelastung bei trockenen Sonnentagen, Monokultur und Wildverbiss. Die geschädigten Waldeigentümer können deshalb keine Schadensersatzansprüche geltend machen.

Für die Bundesrepublik Deutschland gilt das **Umwelthaftungsgesetz (UmweltHG),** das 1991 in Kraft getreten ist. Durch das UmweltHG wurde eine umfassende Gefährdungshaftung eingeführt. Das bedeutet, dass der Betreiber einer Anlage für Schäden an Personen und Sachen auch dann haftet, wenn ihn kein Verschulden trifft. Das Gesetz bestimmt, dass sich die Betreiber bestimmter Anlagen um eine Deckungsvorsorge kümmern müssen, damit sie ihren gesetzlichen Verpflichtungen im Fall eines Schadens nachkommen können. § 15 UmweltHG sieht allerdings eine Haftungshöchstgrenze vor, die die Unternehmen vor dem wirtschaftlichen Ruin schützen soll.

Das **Gesetz über die Haftung für fehlerhafte Produkte (Produkthaftungsgesetz)** dient in erster Linie dem Verbraucherschutz. Wird durch den Fehler eines Produkts jemand getötet, sein Körper oder seine Gesundheit verletzt oder eine Sache beschädigt, ist der **Hersteller** verpflichtet, dem Geschädigten den daraus entstehenden Schaden zu ersetzen. Im Fall der Sachbeschädigung gilt dies nur, wenn die fehlerhafte Sache für den privaten Ge- und Verbrauch bestimmt und hierzu von dem Geschädigten hauptsächlich verwendet worden ist.

3.8.2.7 Umweltstrafrecht

Dem Umweltstrafrecht obliegt es, umweltschädigendes Verhalten als Straftaten oder Ordnungswidrigkeiten zu ahnden. Ordnungswidrigkeiten unterscheiden sich von den Straftaten dadurch, dass sie nicht mit einer Kriminalstrafe (Freiheitsstrafe, Geldstrafe), sondern mit einer *Geldbuße* belegt werden.

Straftatbestände finden sich vor allem im 29. Abschnitt des Strafgesetzbuches (StGB) „Straftaten gegen die Umwelt" [§§ 324–330 d StGB].

Beispiele:

- Wer unter Verletzung verwaltungsrechtlicher Pflichten Stoffe in den *Boden* einbringt, eindringen lässt oder freisetzt und diesen dadurch in einer Weise, die geeignet ist, die Gesundheit eines anderen, Tiere, Pflanzen oder andere Sachen von bedeutendem Wert oder ein Gewässer zu schädigen, oder in bedeutendem Umfang verunreinigt oder sonst nachteilig verändert, wird mit Freiheitsstrafe bis zu fünf Jahren oder mit Geldstrafe bestraft [§ 324 a StGB].

- Wer beim Betrieb einer Anlage, insbesondere einer Betriebsstätte oder Maschine, unter Verletzung verwaltungsrechtlicher Pflichten Veränderungen der *Luft* verursacht, die geeignet sind, außerhalb des zur Anlage gehörenden Bereichs die Gesundheit eines anderen, Tiere, Pflanzen oder andere Sachen von bedeutendem Wert zu schädigen, wird mit Freiheitsstrafe bis zu fünf Jahren oder mit Geldstrafe bestraft. Der Versuch ist strafbar [§ 325 StGB].

- Wer beim Betrieb einer Anlage, insbesondere einer Betriebsstätte oder Maschine, unter Verletzung verwaltungsrechtlicher Pflichten *Lärm* verursacht, der geeignet ist, außerhalb des zur Anlage gehörenden Bereichs die Gesundheit eines anderen zu schädigen, wird mit Freiheitsstrafe bis zu drei Jahren oder mit Geldstrafe bestraft [§ 325 a StGB].

Ordnungswidrigkeiten sind in den einzelnen Umweltgesetzen geregelt.

Beispiel:

Wer eine Anlage entgegen einer vollziehbaren Untersagung nach § 25 BImSchG betreibt, kann mit Geldbuße bis zu 50 000,00 € belegt werden [§ 62 I Nr. 6 BImSchG].

3.8.2.8 Auswirkungen der Umweltschutzpolitik auf Unternehmen und Verbraucher

Lange Zeit haben wir die Natur als kostenlosen Produktionsfaktor angesehen. Die Nutzung von Luft, Boden, Wasser usw. wurde nicht mit den Preisen versehen, die den tatsächlichen Knappheitsverhältnissen entsprechen. Die Kosten der Inanspruchnahme dieser Produktionsfaktoren sind somit nicht in die Kostenrechnungen (Kalkulationen) der Wirtschaftssubjekte (Unternehmen, private und öffentliche Haushalte) eingegangen, sondern wurden auf die Allgemeinheit abgewälzt (Social Costs). Außerdem wurden Investitionen zur Erhaltung der Umwelt lange Zeit vernachlässigt.

Die Einführung von Umweltschutzanforderungen zur Sicherung der Umwelt kostet Geld, schlägt sich also bei den Verursachern als Kosten nieder. Dadurch wird – falls in den übrigen wichtigen Handelsländern keine ähnlichen Umweltschutzanforderungen gestellt werden – die Konkurrenzfähigkeit der Hersteller beeinträchtigt. Arbeitsplatzverluste durch Absatzrückgang und durch Abwanderung von Betrieben in Länder mit geringeren Umweltschutzvorschriften und -abgaben können die Folge sein.

Andererseits bedeutet die Ausrichtung der Umweltpolitik am **Verursacherprinzip,**[1] verbunden mit einer zunehmenden Durchsetzung des **Vorsorgeprinzips**[2] eine einzelwirt-

---

1 Das Verursacherprinzip ist die Grundregel der Umweltpolitik der Bundesrepublik Deutschland, wonach derjenige für den Ausgleich für Umweltschäden aufkommen muss, der für ihre Entstehung verantwortlich ist.

2 Das Vorsorgeprinzip ist ein Grundsatz der Umweltpolitik, wonach das Entstehen von Umweltbelastungen im Voraus vermieden oder zumindest auf ein tolerierbares (vertretbares) Maß reduziert (vermindert) werden soll. In diesem Sinne dienen die Genehmigungsverfahren nach der 4. BImSchV der Verwirklichung des Vorsorgeprinzips. Bei diesem Verwaltungsverfahren werden die Zulässigkeit von Projekten (Vorhaben) geprüft und die entsprechenden Auflagen festgelegt. Die Entscheidungsgrundlagen bilden Informationen über Stoffströme, die Abgasreinigung, die Messwerte, die Abfallvermeidungs- und Verwertungsmaßnahmen sowie die Abfallbeseitigung.

schaftliche und eine gesamtwirtschaftliche Chance, eben weil an die technische, organisatorische und finanzielle Leistungsfähigkeit der Unternehmen hohe Anforderungen gestellt werden. So ist z. B. in der Bundesrepublik Deutschland eine bedeutende Umweltschutzindustrie entstanden, die auch einen wichtigen Beitrag zur Sicherung und Schaffung von Arbeitsplätzen leistet. Weil in Deutschland die Umweltschutzvorschriften besonders intensiv vorangetrieben wurden, besitzen die deutschen Anlagenhersteller erhebliche Wettbewerbsvorteile auf den internationalen Märkten, auf denen eine wachsende Nachfrage nach moderner Umweltschutztechnik entsteht. Insofern trägt der Umweltschutz auch wesentlich zur Modernisierung der Volkswirtschaft bei.

Aber nicht nur der Staat ist in der Lage, die Wirtschaft zu umweltschonenderem Verhalten zu zwingen, sondern auch die Verbraucher. Sie nämlich bestimmen durch ihr Nachfrageverhalten mit, welche Konsumgüter hergestellt, importiert und vom Handel angeboten werden. Werden vorzugsweise umweltschonende Produkte nachgefragt, werden sich die Anbieter auf die neue Marktsituation einstellen: Das Angebot an umweltschädigenden Produkten wird sich verringern, während die Angebotsvielfalt an umweltfreundlicheren Konsumgütern zunehmen wird.

Der Erfolg der Umweltpolitik und des umweltfreundlicheren Verhaltens der Verbraucher darf jedoch nicht nur in erster Linie in den wirtschaftlichen Effekten (= Wirkungen) wie Nachfrage, Angebot, Beschäftigung, Wachstum und Außenhandel gesehen werden. Der eigentliche Nutzen des Umweltschutzes liegt vielmehr in der **Erhaltung der natürlichen Lebensgrundlagen** selbst und damit auch in der **langfristigen Sicherung der Produktionsgrundlagen**.

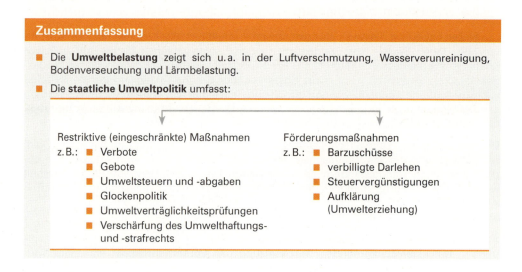

Zusammenfassung

- Die **Umweltbelastung** zeigt sich u. a. in der Luftverschmutzung, Wasserverunreinigung, Bodenverseuchung und Lärmbelastung.

- Die **staatliche Umweltpolitik** umfasst:

Restriktive (eingeschränkte) Maßnahmen
z. B.:
- Verbote
- Gebote
- Umweltsteuern und -abgaben
- Glockenpolitik
- Umweltverträglichkeitsprüfungen
- Verschärfung des Umwelthaftungs- und -strafrechts

Förderungsmaßnahmen
z. B.:
- Barzuschüsse
- verbilligte Darlehen
- Steuervergünstigungen
- Aufklärung (Umwelterziehung)

ÜBUNGSAUFGABEN

1. Erläutern Sie an zwei selbst gewählten Beispielen, warum die Messung von Umweltschäden schwierig ist!

2. Erklären Sie den Zusammenhang zwischen Luft-, Wasser- und Bodenverunreinigung an einem eigenen Beispiel!

3. Begründen Sie, warum marktkonforme Eingriffe des Staates im Bereich des Umweltschutzes durch Ge- und Verbote ergänzt werden müssen!

4. Erklären Sie den Unterschied zwischen Umweltsteuern und Umweltsonderabgaben!

5. Zeigen Sie mithilfe einer normalen Angebots- und Nachfragekurve die Wirkung einer Umweltabgabe für ein Gut auf den Preis und die absetzbare Menge dieses Gutes!

6. Worin besteht der Vorteil der Glockenpolitik gegenüber der staatlichen Vorgabe von Grenzwerten?

7. Die Umweltverträglichkeitsprüfung ist ein Instrument der Umweltpolitik. Begründen Sie diese Aussage!

8. Zeigen Sie mithilfe normaler Angebots- und Nachfragekurven die Wirkung staatlicher Umweltsubventionen für ein Gut auf den Preis und die absetzbare Menge dieses Gutes!

9. Das Umwelthaftungsgesetz geht vom Verursacherprinzip aus und begründet eine Gefährdungshaftung. Was heißt das?

10. Erkunden Sie die Umweltschutzmaßnahmen Ihres Ausbildungsbetriebs und berichten Sie hierüber in Ihrer Klasse!

11. Stellen Sie in Ihrer Klasse in einer gemeinsamen Diskussion mögliche Widersprüche (Zielkonflikte) zwischen den Unternehmenszielen Gewinnmaximierung, Arbeitsplatzsicherung und Umweltschutz zusammen! Wählen Sie hierzu eine Moderatorin bzw. einen Moderator!

Hinweis: Wählen Sie aus Ihrer Klasse einen (weiblichen oder männlichen) Moderator. Seine Aufgabe ist, mit der Gruppe zu diskussieren, um ein gemeinsames Ergebnis zu erarbeiten. Eine weitverbreitete *Moderationstechnik* ist die *Metaplan-Methode.*[1] Diese Methode geht auf das in US-amerikanischen Großraumbüros praktizierte Verfahren zurück, bei dem Notizen, Ideen, Hinweise und Fragen mit Zetteln auf eine Pinnwand angebracht werden. Mitarbeiter des Unternehmens Metaplan[2] haben diese Moderationstechnik weiterentwickelt und in Deutschland durch Trainings bekannt gemacht.

Die Metaplan-Methode fußt im Wesentlichen auf drei Modulen (Bausteinen):

1. Der erste Baustein ist die weitgehende *Visualisierung* der Inhalte dieser Diskussion. Pinnwände, Kärtchen in verschiedenen Formen und Farben, Filzstifte und Klebepunkte ermöglichen das schnelle Zusammentragen, Strukturieren und Bearbeiten der Aussagen der Teilnehmer.

2. Der zweite Baustein ist die Führung der Gruppe durch die moderierende Person. Man spricht in diesem Zusammenhang von der *Prozessplanung.* Die Moderatorin (der Moderator) sollte grundsätzlich keinen Einfluss auf den Inhalt der Diskussion nehmen, andererseits jedoch dafür Sorge tragen, dass das gewünschte Ergebnis innerhalb der gewünschten Zeit erreicht wird.

---

1 Klebert, K; Schrader, E.; Straub, W.G., 1987: Kurzmoderation: Anwendung der Moderationsmethode in Betrieb, Schule und Hochschule, Kirche und Politik, Sozialbereich und Familie bei Besprechungen und Präsentationen, 2. Aufl. 1987, Hamburg.

2 Metaplan GmbH, Goethestraße 16, D-25451 Quickborn.

3. Der dritte Baustein der Metaplan-Methode ist daher die Lenkung des Meinungsbildungsprozesses durch die moderierende Person. Hierzu müssen bestimmte *Kommunikationsregeln* eingehalten werden. Da der Moderator sowohl Sprecher als auch Zuhörer ist, muss er sich wechselseitig auf beide „Rollen" einstellen.

Für den Sprecher gelten vor allem folgende Regeln:

- Jeder Gesprächspartner sollte von seinen eigenen Gedanken sprechen und hierzu die Ich-Form verwenden. Der Grund: Der Teilnehmer soll seine eigene Meinung zum Thema zum Ausdruck bringen.

- Verallgemeinerungen („immer", „nie", „alle") sind zu vermeiden, denn Verallgemeinerungen führen häufig zu Widerspruch und lenken vom eigentlichen Inhalt der Diskussion ab.

- Es ist unbedingt zu vermeiden, dass einem anderen Gesprächspartner negative Eigenschaften, Meinungen, Einstellungen oder Aussagen zugeschrieben werden. Kennzeichen solcher „Herabstufungen" sind z. B. Äußerungen wie „langweilig", „grundsätzlich falsch" oder „völlig daneben".

- Wichtig ist außerdem, dass der Sprecher beim Thema bleibt. Andernfalls besteht die Gefahr, dass das gewünschte Ergebnis nicht innerhalb der vorgegebenen Zeit erreicht wird.

- Schließlich sollte jeder Sprecher seine Einstellungen, Gedanken und – je nach Thema – auch seine Gefühle unmittelbar und ehrlich äußern. Dadurch kann das häufig zu beobachtende „negative Gedankenlesen" vermieden werden, also Äußerungen, die die möglichen Reaktionen des Gesprächspartners vorwegnehmen. Hierzu gehören z. B. folgende Bemerkungen: „Ich weiß jetzt schon, dass du mir heftig widersprechen wirst" oder „Mir ist jetzt schon klar, dass du meine Vorschläge ablehnen wirst".

Für den Zuhörer gelten folgende Kommunikationsregeln:

- Dem Sprecher sollte gezeigt werden, dass ein Interesse an dessen Ausführungen besteht. Dies kann nichtsprachlich (nonverbal) durch einen entsprechenden Blickkontakt oder z. B. durch zustimmendes Nicken geschehen. Auch rein sprachlich kann der Zuhörer den Sprecher ermuntern (motivieren), weiterzureden. Solche ermunternden Aussagen sind z. B. „Ich hätte noch gerne mehr darüber gewusst" oder „Nenne mir bitte ein Beispiel!".

- Positiv ist auch, wenn der Zuhörer die wesentlichen Aussagen des Sprechers mit eigenen Worten zusammenfasst. Damit macht er deutlich, dass er den Sprecher verstanden hat. Die Diskussion gewinnt an Klarheit.

- Der Zuhörer sollte ruhig fragen, wenn er die Ausführungen des Sprechers nicht versteht. So wird vermieden, dass vorschnelle Urteile gefällt und voreilige Interpretationen (Auslegungen des Gesagten) vorgenommen werden.

- Eine weitere wichtige Regel ist, den Sprecher zu stärken. Hierzu dienen u. a. folgende Aussagen: „Einleuchtend, was du gesagt hast" oder „Es freut mich, dass du mir eine klare Antwort gegeben hast".

Eine *Diskussion* ist nur dann fruchtbar, wenn die Teilnehmer *Argumente*[1] haben. Argumente sind Aussagen, die eine Behauptung *(These)*[2] begründen. Das Argument kann aus einer logischen Begründung oder aus einer nachgewiesenen Tatsache bestehen.

Bei einer *einfachen Argumentation* folgt der These mindestens ein Argument (Begründung und/oder Beweis). Der *These* „Die Höhe der Arbeitskosten ist der Hauptgrund für die Industrieunternehmen, ihre Produktion (oder Teile davon) ins Ausland auszulagern" folgt z. B. das *Argument:* „Ich habe eine Statistik vorliegen, aus der hervorgeht, dass 45 % der Industriebetriebe wegen

---

1 Argument (lat) = Beweismittel, Beweisgrund. Argumentation = Beweisführung, Begründung.
2 These (griech.) = Behauptung, aufgestellter Lehrsatz.

der hohen Arbeitskosten ihre Produktion ins Ausland verlagern." Besonders wirksam ist, wenn der Sprecher sein Argument visualisieren kann.

Eine *erweiterte Argumentation* liegt vor, wenn der Behauptung jeweils mindestens eine Begründung bzw. ein Beweis sowie ein Beispiel folgen. Beispiel: „Ein neugeborenes Kind kann Erbe sein *(These)*, weil es rechtsfähig ist *(Begründung)*. Das steht im § 1 BGB *(Beweis)*. Dies ist u. a. der Fall, wenn die Mutter bei der Geburt des Kindes stirbt *(Beispiel)"*.

3.9 Das Geldwesen in der Europäischen Wirtschafts- und Währungsunion

3.9.1 Geschichtliche Entwicklung

Die Schaffung der WWU[1] wurde 1991 von den Staats- und Regierungschefs der EU-Länder[2] in **Maastricht** beschlossen. Der Maastricht-Vertrag trat 1993 in Kraft.

Die **Wirtschafts- und Währungsunion (WWU)** wurde in mehreren Stufen verwirklicht. Zum 1. Januar 1994 wurde das **Europäische Währungsinstitut (EWI)** in Frankfurt a. M. errichtet. Es hatte die Aufgabe, die Strukturen der **Europäischen Zentralbank (EZB)** vorzubereiten.

Im Juni 1998 wurde das EWI aufgelöst. An seine Stelle trat die EZB, die ihre Funktionen seit dem 1. Januar 1999 wahrnimmt.

Anfang 1998 fiel die Entscheidung durch die Staats- und Regierungschefs der EU über die Teilnahme der Länder von Beginn an.

Die Teilnehmer hätten nach dem Maastricht-Vertrag folgenden Kriterien (auch **„Maastricht-Kriterien"** oder **„Konvergenzkriterien"**[3] genannt) genügen sollen:

- Preisanstieg höchstens 1,5 Prozentpunkte über dem Preisanstieg der drei stabilsten Länderwährungen.
- Haushaltsdefizit höchstens 3 % der Wirtschaftsleistung.
- Staatsverschuldung nicht höher als 60 % der Wirtschaftsleistung.
- Langfristiger Zinssatz höchstens 2 Prozentpunkte über dem durchschnittlichen Zinssatz der drei preisstabilsten Länder.

Obwohl die „Maastricht-Kriterien" von vielen EU-Ländern nicht vollständig erfüllt wurden, hat die Europäische Kommission Anfang des Jahres 1998 elf Länder zur Teilnahme an der WWU empfohlen. Diese Länder waren Belgien, Deutschland, Finnland, Frankreich, Irland, Italien, Luxemburg, Niederlande, Österreich, Portugal und Spanien.

Dänemark, Großbritannien und Schweden wollen der WWU (noch) nicht beitreten. Griechenland durfte wegen seines zu hohen Defizits des Staatshaushalts zunächst nicht teilnehmen und wurde erst am 1. Januar 2001 zwölftes WWU-Mitglied. Am 1. Januar 2007 wurden Slowenien, am 1. Januar 2008 Malta und Zypern, am 1. Januar 2009 die Slowakei, am 1. Januar 2011 Estland, am 1. Januar 2014 Lettland und am 1. Januar 2015 Litauen in den Währungsverbund aufgenommen.

---

1 Mitgliedsländer der Europäischen Wirtschafts- und Währungsunion (WWU, auch EWWU oder EWU abgekürzt) sind folgende Mitgliedsländer der Europäischen Union (EU): Belgien, Bundesrepublik Deutschland, Estland, Finnland, Frankreich, Griechenland, Irland, Italien, Lettland, Litauen, Luxemburg, Malta, Niederlande, Österreich, Portugal, Slowakei, Slowenien, Spanien und Zypern.

2 Zur EU siehe Kapitel 3.12.1.

3 Konvergenz = Annäherung.

Die nicht teilnehmenden EU-Länder werden als „Outs"[1] bezeichnet. Zwischen den Euroländern und den Outs bleibt das Europäische Währungssystem, das als **W**echsel**k**ursmechanismus II (WKM II) bezeichnet wird, erhalten.[2]

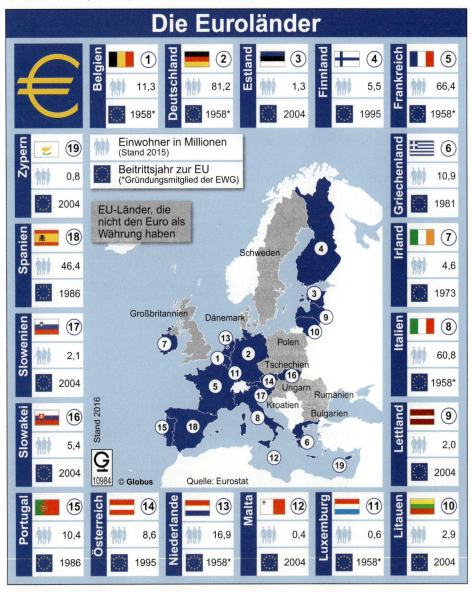

Die Euroländer

Land	Einwohner (Mio.)	Beitrittsjahr
Belgien ①	11,3	1958*
Deutschland ②	81,2	1958*
Estland ③	1,3	2004
Finnland ④	5,5	1995
Frankreich ⑤	66,4	1958*
Zypern ⑲	0,8	2004
Griechenland ⑥	10,9	1981
Spanien ⑱	46,4	1986
Irland ⑦	4,6	1973
Slowenien ⑰	2,1	2004
Italien ⑧	60,8	1958*
Slowakei ⑯	5,4	2004
Lettland ⑨	2,0	2004
Portugal ⑮	10,4	1986
Österreich ⑭	8,6	1995
Niederlande ⑬	16,9	1958*
Malta ⑫	0,4	2004
Luxemburg ⑪	0,6	1958*
Litauen ⑩	2,9	2004

Einwohner in Millionen (Stand 2015)
Beitrittsjahr zur EU (*Gründungsmitglied der EWG)
EU-Länder, die nicht den Euro als Währung haben

Schweden, Großbritannien, Dänemark, Polen, Tschechien, Ungarn, Rumänien, Kroatien, Bulgarien

Stand 2016
© Globus 10984
Quelle: Eurostat

Zwölf EU-Länder haben zum 1. Januar 2002 den Euro als Bargeld eingeführt. Seitdem ist die Zahl der Euroländer auf 19 angewachsen. Zuletzt kam Litauen im Jahr 2015 hinzu und löste seine nationale Währung Litas durch den Euro ab. Die Eurozone hat heute über 338 Mio. Einwohner (EU insgesamt: 508 Mio. Einwohner).

---

1 Outs (engl.) = draußen Gebliebene, Außenstehende.

2 Zum WKM II siehe Kapitel 3.11.1.2.

Fiskalpakt

Der Fiskalpakt sieht u. a. vor, dass die Euroländer eine **Schuldenbremse** in ihrem nationalen Recht verankern. Das gesamtstaatliche **strukturelle Defizit** darf die Obergrenze von 0,5 % des nominellen Bruttoinlandsprodukts (BIP) nur übersteigen, wenn die Staatsverschuldung unter 60 % liegt. Das strukturelle Defizit ist das um konjunkturelle oder Einmalfaktoren wie z. B. Umweltkatastrophen bereinigte Defizit eines Staates. Bei der Berechnung des strukturellen Defizits werden also z. B. Ausgaben für Konjunkturprogramme, Einzahlungen beim ESM oder Ausgaben zur Beseitigung von Sturm-, Hochwasser- oder Erdbebenschäden herausgerechnet.

Der Fiskalpakt beinhaltet z. B. folgende Regeln:

- Der Staatshaushalt muss grundsätzlich ausgeglichen sein.
- Das jährliche *strukturelle Haushaltsdefizit* darf nicht höher als 0,5 % des nominellen Bruttoinlandsprodukts sein. Hierunter versteht man ein Defizit, das nicht auf konjunkturelle Schwankungen zurückzuführen ist, wenn also z. B. eine Regierung Ausgaben beschließt, die nicht durch die Kürzung anderer Ausgaben oder einer Erhöhung der Staatseinnahmen ausgeglichen (kompensiert) werden. Eine antizyklische Finanzpolitik bleibt unberührt.
- Die Mitgliedstaaten sind verpflichtet, ihre Ausgaben so lange zu verringern, bis die von der EU-Kommission vorgeschlagenen Grenzen erreicht sind.
- Die Einhaltung der Regeln durch die Mitgliedsländer wird durch den Europäischen Gerichtshof (EGH) überprüft.
- Mitglieder des Fiskalpakts, die die Regeln verletzen, müssen der EU-Kommission und dem Europäischen Rat Bericht erstatten, mit welchen Maßnahmen sie ihr über die vorgeschriebenen Grenzen hinausgehendes Defizit verringern wollen.

Weitere Finanzmarktreformen

EU-Finanzmarkt-aufsicht	Da in der Finanzmarktkrise Schwächen bei der Überwachung der Stabilität des gesamten Finanzsystems sichtbar wurden, hat die EU ein neues Finanzaufsichtssystem erhalten. Dadurch soll die **Widerstandsfähigkeit des Finanzsystems** in Krisenzeiten erhöht werden.
Koordinierte Stresstests	Um bei Turbulenzen auf den Finanzmärkten das Insolvenzrisiko von Finanzinstituten (Banken und Versicherungen) zu mindern, veranlasst die Europäische Bankenaufsichtsbehörde Stresstests. Bei diesen werden bestimmte Szenarien, z. B. über mögliche Ausfälle von Gläubigern oder Kurseinbrüche an den Wertpapiermärkten, vorgegeben. Dann wird geprüft, welche Konsequenzen sich aus diesen Marktveränderungen für das einzelne Finanzinstitut ergeben.
Neue Eigenkapital-regeln	Die Banken müssen seit 2018 deutlich **mehr Eigenkapital** vorhalten **und** einen **zusätzlichen Kapitalpuffer** anlegen, um etwaige Verluste selbst auffangen zu können. Die neuen Eigenkapitalanforderungen nach **Basel III** sehen ein **höheres Kernkapital** (Grundkapital, Rücklagen) vor.

Schuldenbremse

In Deutschland steht die Schuldenbremse seit 2009 im Grundgesetz [Art. 115 GG]. Danach soll bis spätestens 2016 die Neuverschuldung (das Haushaltsdefizit) auf 0,35 % des nominellen BIP begrenzt werden.

Seit 2016 darf das Defizit der Bundesländer 0,35 % nicht übersteigen. Ab 2020 ist eine Nettokreditaufnahme den Bundesländern grundsätzlich verboten.

Zu bemerken ist, dass „Schuldenbremsen", die sich lediglich auf die Verringerung der Defizite (der Nettokreditaufnahmen) eines Staates beziehen, die vorhandenen Staatsschulden nicht verringern. Verringert wird lediglich die jährliche Schuldenzunahme.

Europäischer Stabilisierungsmechanismus (ESM)

Der **E**uropäische **S**tabilisierungs**m**echanismus (umgangssprachlich auch „dauerhafter Europäischer Rettungsschirm" oder „Euro-Rettungsschirm" genannt) trat Ende September 2012 in Kraft. Das bisherige EFSF-Programm (**E**uropäische **F**inanz**s**tabilisierungs**f**azilität) endete am 30. Juni 2013, wobei aber die bereits bestehenden Programme weiterlaufen.

Der ESM hat die Aufgabe, hoch verschuldete Euroländer, die sich die notwendigen Kredite wegen des hohen Ausfallrisikos nicht mehr oder nur zu sehr hohen Zinsen auf den Anleihemärkten[1] beschaffen können, mit finanziellen Mitteln zu unterstützen. Im Notfall können Kredite in Höhe von bis zu 702 Mrd. € gegen Auflagen vergeben werden. Solche Auflagen sind vor allem Spar- und Reformvorschriften. Sie stellen Eingriffe in die staatliche Selbstständigkeit (Souveränität)[2] der unterstützten Länder dar, sodass sie abschreckender wirken als die bisherigen Regeln wie z. B. die des Stabilitätspakts.

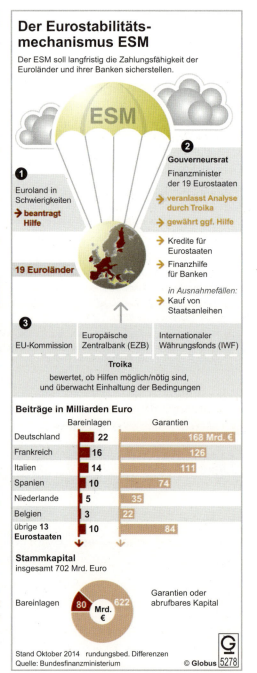

Der Eurostabilitätsmechanismus ESM

Der ESM soll langfristig die Zahlungsfähigkeit der Euroländer und ihrer Banken sicherstellen.

ESM

❶ Euroland in Schwierigkeiten
➔ **beantragt Hilfe**

19 Euroländer

❷ Gouverneursrat
Finanzminister der 19 Eurostaaten
➔ **veranlasst Analyse durch Troika**
➔ **gewährt ggf. Hilfe**

➔ Kredite für Eurostaaten
➔ Finanzhilfe für Banken

in Ausnahmefällen:
➔ Kauf von Staatsanleihen

❸ EU-Kommission | Europäische Zentralbank (EZB) | Internationaler Währungsfonds (IWF)

Troika
bewertet, ob Hilfen möglich/nötig sind, und überwacht Einhaltung der Bedingungen

Beiträge in Milliarden Euro

	Bareinlagen	Garantien
Deutschland	22	168 Mrd. €
Frankreich	16	126
Italien	14	111
Spanien	10	74
Niederlande	5	35
Belgien	3	22
übrige 13 Eurostaaten	10	84

Stammkapital
insgesamt 702 Mrd. Euro

Bareinlagen 80 | 622 Mrd. € | Garantien oder abrufbares Kapital

Stand Oktober 2014   rundungsbed. Differenzen
Quelle: Bundesfinanzministerium   © Globus 5278

---

1 Auf Anleihemärkten werden festverzinsliche Wertpapiere, also auch Staatsanleihen gehandelt. Sie sind ein Teil der Kreditmärkte (Finanzmärkte).

2 Souveränität (lat., franz.) = Unabhängigkeit. Hier: Das Recht eines Staates, seine Hoheitsrechte unabhängig von anderen Staaten oder Staatenvereinigungen ausüben zu können.

Der ESM darf z. B. Staatsanleihen von Euroländern kaufen. Die zahlungsfähigen Euroländer geben Garantien über 622 Mrd. € und zahlen 80 Mrd. € in den Rettungsfonds[1] ein. Deutschland muss seit 2013 jährlich in 5 Jahresraten insgesamt rund 22 Mrd. € überweisen und bürgt für 168 Mrd. €.

Strategie Europa 2020

Im Bereich der Wirtschaftspolitik wurde vereinbart, konsequenter als bisher auf das Instrument der verstärkten Zusammenarbeit zurückzugreifen. So hat der Europäische Rat unter der Bezeichnung **Europa 2020** eine Wachstumsstrategie entworfen, um zukünftigen Krisensituationen besser begegnen zu können. Die Kommission hat Kernziele vorgeschlagen, um die strategischen Ziele zu erreichen.

Hauptziele der Strategie 2020

- **Intelligentes Wachstum**
  Entwicklung einer auf Wissen und Innovation gestützten Wirtschaft.
- **Nachhaltiges Wachstum**
  Förderung einer ressourcenschonenden, ökologischen und wettbewerbsfähigen Wirtschaft.
- **Integratives Wachstum**
  Förderung einer Wirtschaft mit hoher Beschäftigung und ausgeprägtem sozialen und territorialen Zusammenhalt.

3.9.2 Europäische Zentralbank (EZB)

Verantwortlich für die Geldpolitik (Steuerung der Geldmenge und der Zinssätze) in den Mitgliedstaaten der Europäischen **W**irtschafts- und **W**ährungs**u**nion (WWU)[2] ist die **E**uropäische **Z**entralbank **(EZB)**. Die Organe der EZB sind das Direktorium, der EZB-Rat und der Erweiterte EZB-Rat.

Direktorium	Das Direktorium besteht aus dem Präsidenten, dem Vizepräsidenten und vier weiteren Mitgliedern. Dem Direktorium obliegt die Geschäftsführung, d. h., - es führt die vom EZB-Rat beschlossene Geldpolitik aus, - verwaltet die Währungsreserven der Mitgliedstaaten, - führt Devisengeschäfte[3] durch und - sorgt für funktionierende Zahlungssysteme.
Europäischer Zentralbankrat (EZB-Rat)	Der Europäische Zentralbankrat (EZB-Rat) setzt sich aus dem *Direktorium* und den *Präsidenten der nationalen Notenbanken* der WWU-Mitgliedstaaten zusammen. Der EZB-Rat trifft mit einfacher Stimmenmehrheit die geldpolitischen Entscheidungen und erlässt Weisungen und Leitlinien für die Zentralbanken der Teilnehmer.
Erweiterter EZB-Rat	Dem Erweiterten EZB-Rat gehören der *EZB-Rat* und die *Zentralbank-Präsidenten* der Staaten der Europäischen Union (EU) an, die (noch) nicht Mitglieder der WWU sind.

---

1 Fonds (franz. = Grund, Grundstock) ist im Deutschen ein Fachwort des Geldwesens und bedeutet Geld-, Vermögensreserve.
2 WWU-Länder = Mitgliedsländer des Euro-Währungsraums. Die Mitgliedsländer der WWU (des sogenannten „Eurolands") können Sie aus der Fußnote 1 auf S. 313 entnehmen. Die Europäische Währungsunion wird auch mit EWWU oder EWU abgekürzt.
3 Devisen (lat., franz.) = Zahlungsmittel in Fremdwährung.

Damit die EZB ihre Aufgaben erfüllen kann, ist sie mit einer dreifach gesicherten Unabhängigkeit (Autonomie) ausgestattet [Art. 282 III AEUV]:[1]

- Sie ist **institutionell unabhängig.** Nach Art. 130 AEUV darf weder die EZB noch eine nationale Zentralbank noch ein Mitglied ihrer Beschlussorgane Weisungen von EU-Organen oder von den Regierungen der Mitgliedstaaten einholen oder entgegennehmen.

- Sie ist **personell unabhängig.** Der Präsident und die übrigen geschäftsführenden Direktoren der EZB werden von den Regierungen, vertreten durch die Staats- bzw. Regierungschefs der Mitgliedstaaten, für i. d. R. acht Jahre gewählt. Eine Amtsenthebung kann nur durch den Europäischen Gerichtshof erfolgen. Die im EZB-Rat vertretenen Präsidenten der nationalen Zentralbanken werden für eine Amtszeit von mindestens fünf Jahren berufen.

- Sie ist **operativ unabhängig.** Die EZB entscheidet autonom über ihre geldpolitischen Maßnahmen.

3.9.3 Europäisches System der Zentralbanken (ESZB)

Das **E**uropäische **S**ystem der **Z**entral**b**anken **(ESZB)** besteht aus der *Europäischen Zentralbank* und den *nationalen Zentralbanken der Mitgliedstaaten der Europäischen Union.* Vorrangiges Ziel des ESZB ist die Preisniveaustabilität [Art. 127 AEUV]. Ebenso wie die EZB im Einzelnen, ist das ESZB im Ganzen von Weisungen politischer Instanzen unabhängig.

Öffentliche Haushalte sollen vom ESZB nicht finanziert werden.

Das ESZB unterstützt die allgemeine Wirtschaftspolitik der Mitgliedsländer, aber nur, soweit dies ohne Beeinträchtigung der Preisniveaustabilität möglich ist.

---

1 Artikel 282 III AEUV (Vertrag über die Arbeitsweise der Europäischen Union) lautet wörtlich: „Die Europäische Zentralbank besitzt Rechtspersönlichkeit. Sie allein ist befugt, die Ausgabe des Euro zu genehmigen. Sie ist in der Ausübung ihrer Befugnisse und der Verwaltung ihrer Mittel unabhängig. Die Organe, Einrichtungen und sonstigen Stellen der Union sowie die Regierungen der Mitgliedstaaten achten diese Unabhängigkeit."

Stabilitätsziel

Nach der Definition der EZB liegt Preisniveaustabilität (kurz: Preisstabilität) vor, wenn der Anstieg des **H**armonisierten **V**erbraucher**p**reis**i**ndex[1] (HVPI) im Durchschnitt mehrerer Jahre nahe oder knapp unter 2 % liegt. Zur Preisstabilität gehört aber auch die Vermeidung einer Deflation.[2] Deswegen wird von der EZB eine Inflationsrate (Preissteigerungsrate) von jährlich weniger als 1 % als problematisch angesehen.

Zwei-Säulen-Strategie[3]

Um mögliche Gefahren für die Preisstabilität rechtzeitig feststellen und die notwendigen Maßnahmen zur Abwehr ergreifen zu können, untersucht der EZB-Rat regelmäßig die wirtschaftliche Lage von zwei Seiten her (Zwei-Säulen-Strategie): An erster Stelle steht eine breit angelegte **wirtschaftliche Analyse** zur Ermittlung der kurz- und mittelfristigen Risiken für die Preisstabilität. Die sich daraus ergebenden Inflationsanzeichen werden in einem zweiten Schritt anhand der **monetären Analyse** aus mittel- und langfristiger Perspektive (Sicht) ermittelt. Ein wichtiger Bestandteil dieser Analyse ist die Bewertung der Geldmengenentwicklung.[4] Richtschnur zur längerfristigen Beurteilung des Geldmengenwachstums ist der sogenannte **Referenzwert,**[5] der in längeren Zeitabständen von der EZB überprüft wird. Der Referenzwert wird in Prozent der Geldmenge M3 ausgedrückt.[6]

Beispiel:

Erwartet die EZB ein jährliches reales Wirtschaftswachstum von 3 % und eine jährliche Preissteigerungsrate (Inflationsrate) von 1,5 %, legt der EZB-Rat einen Referenzwert von 4,5 % für das jährliche Wachstum der Geldmenge M3 fest.[7]

Zur geldpolitischen Strategie der EZB gehört aber auch die Transparenz (Verständlichkeit, Durchschaubarkeit), mit der sie ihre Analysen und geldpolitischen Entscheidungen darlegt und begründet. Auf diese Weise kann sie das Vertrauen in die Stetigkeit und Prinzipienfestigkeit ihrer Politik stärken.

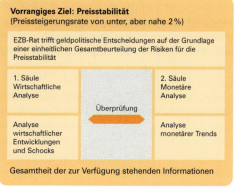

Quelle: Deutsche Bundesbank (Hrsg.): Geld und Geldpolitik, Frankfurt a. M. 2014.

---

1   Index (lat.) = Anzeiger. Indices = Mehrzahl von Index. „Harmonisierter" Preisindex deswegen, weil die statistischen Methoden zur Ermittlung der Preisveränderungsraten u. a. in den Mitgliedsländern der WWU aufeinander abgestimmt sind.

2   Deflation (lat.) = Zusammenziehung. Hier: Langanhaltendes Sinken des Preisniveaus. (Näheres zum Thema Deflation siehe Kapitel 3.9.7.8.)

3   Strategie (griech.-lat.) = genauer Plan des eigenen Vorgehens, um ein militärisches, politisches, wirtschaftliches oder ein anderes Ziel zu erreichen, indem man diejenigen Faktoren, die in die eigene Aktion hineinspielen könnten, von vornherein einzukalkulieren versucht. Wenn von strategischen Zielen die Rede ist, sind meistens langfristig zu erreichende Ziele gemeint.

4   Zum Begriff Geldmenge siehe Kapitel 3.9.5.

5   Referenz (frz. référence, engl. reference) = Empfehlung, Referenzwert = empfohlener Wert.

6   Zur Geldmenge M3 siehe Kapitel 3.9.5.

7   Der Vollständigkeit halber sei erwähnt, dass die EZB bei der Festlegung des Referenzwerts auch die langsame Abnahme der Umlaufgeschwindigkeit des Geldes mit einem Zuschlag berücksichtigt. (Zur Umlaufgeschwindigkeit des Geldes siehe Kapitel 3.9.7.2.)

3.9.4 Deutsche Bundesbank

Die währungspolitischen Entscheidungen des EZB-Rats werden i. d. R. dezentral durch die nationalen Zentralbanken – in der Bundesrepublik Deutschland durch die Deutsche Bundesbank – verwirklicht. Nur wenn der EZB-Rat Ermessensspielräume zulässt, hat eine nationale Zentralbank wie z. B. die Deutsche Bundesbank gestalterische Möglichkeiten der Umsetzung.

Die Deutsche Bundesbank ist wie die übrigen nationalen Zentralbanken der EU integraler Bestandteil[1] des ESZB. Sie wirkt an der Erfüllung seiner Aufgaben mit dem vorrangigen Ziel mit, die Preisniveaustabilität zu gewährleisten. Sie verwaltet z. B. die Währungsreserven der Bundesrepublik Deutschland, sorgt für die bankmäßige Abwicklung des Zahlungsverkehrs im Inland und mit dem Ausland und trägt zur Stabilität der Zahlungs- und Verrechnungssysteme bei [§ 3 BBankG].

Leitendes **Organ der Deutschen Bundesbank** ist der **Vorstand.** Er leitet und verwaltet die Bank [§ 7 I BBankG] und vertritt die Deutsche Bundesbank gerichtlich und außergerichtlich (Näheres siehe § 11 BBankG). Der Vorstand besteht aus dem Präsidenten und dem Vizepräsidenten sowie vier weiteren Mitgliedern, die alle eine besondere fachliche Eignung haben müssen [§ 7 II BBankG]. Die Mitglieder des Vorstands werden vom *Bundespräsidenten* bestellt. Die Bestellung des Präsidenten und des Vizepräsidenten sowie eines weiteren Mitglieds erfolgt auf Vorschlag der *Bundesregierung,* die der übrigen drei Mitglieder auf Vorschlag des *Bundesrats* im Einvernehmen mit der Bundesregierung [§ 7 III BBankG].

Der Vorstand fasst seine Beschlüsse mit einfacher Mehrheit der abgegebenen Stimmen. Bei Stimmengleichheit gibt die Stimme des Vorsitzenden den Ausschlag [§ 7 V BBankG].

Die Deutsche Bundesbank hat 9 **Hauptverwaltungen,** die jeweils von einem dem Vorstand der Deutschen Bundesbank unterstehenden **Präsidenten** geleitet werden [§ 8 I, II BBankG]. Bei jeder Hauptverwaltung besteht ein **Beirat,** der regelmäßig mit dem Präsidenten der Hauptverwaltung zusammentrifft und mit ihm über die Durchführung der in seinem Bereich anfallenden Arbeit berät (Näheres siehe § 9 BBankG).

Die Deutsche Bundesbank darf **Filialen** unterhalten, die der zuständigen Hauptverwaltung unterstehen [§ 10 BBankG].

Die neun Hauptverwaltungen sind zuständig für folgende Gebiete [§ 8 I BBankG]:

- Baden-Württemberg,
- Bayern,
- Berlin und Brandenburg,
- Bremen, Niedersachsen und Sachsen-Anhalt,
- Hamburg, Mecklenburg-Vorpommern und Schleswig-Holstein,
- Hessen,
- Nordrhein-Westfalen,
- Rheinland-Pfalz und Saarland sowie
- Sachsen und Thüringen.

Die Deutsche Bundesbank ist bei der Ausübung ihrer Befugnisse, die ihr nach dem BBankG zustehen, von Weisungen der Bundesregierung unabhängig. Soweit dies unter Wahrung ihrer Aufgabe als Bestandteil des ESZB möglich ist, unterstützt die Deutsche Bundesbank die allgemeine Wirtschaftspolitik der Bundesregierung [§ 12 BBankG].

---

1 Integraler Bestandteil = vollständig eingegliederter Bestandteil.

Die Deutsche Bundesbank berät die Bundesregierung in Angelegenheiten von wesentlicher währungspolitischer Bedeutung und erteilt ihr auf Verlangen Auskunft [§ 13 I BBankG].

Einen Überblick zu den **Kerngeschäftsfeldern** der Deutschen Bundesbank gibt folgende Abbildung.

Bei der Entscheidung darüber, ob die jeweiligen Aufgaben des Eurosystems zentral oder dezentral umgesetzt werden, folgt die EZB dem **Grundsatz der Dezentralisierung,** d. h., dass die EZB die nationalen Zentralbanken zur Durchführung von Geschäften, die zu den Aufgaben des Eurosystems gehören, immer dann in Anspruch nimmt, wenn dies möglich und sachgerecht er-

Kerngeschäftsfelder der Bundesbank

Deutsche Bundesbank: Stabilität sichern				
Bargeld	Finanz- und Währungs- system	Geldpolitik	Banken- aufsicht	Unbarer Zahlungs- verkehr
Effiziente Bargeld- versorgung und -infra- struktur	Stabiles Finanz- und Währungs- system	Preisstabi- lität und Währungs- system	Funktions- fähigkeit der deutschen Kredit- und Finanzdienst- leistungs- institute	Sicherheit und Effizienz von Zahlungsver- kehrs- und Abwicklungs- systemen
Internationale Kooperation/Mitgliedschaft in internationalen Gremien				
Forschung/wirtschaftspolitische Analyse				

Quelle: Geld und Geldpolitik 2007, Deutsche Bundesbank, Frankfurt am Main 2007.

scheint. Um sicherzustellen, dass der dezentrale Ansatz das reibungslose Funktionieren des Eurosystems nicht behindert, müssen die nationalen Zentralbanken bei der Aufgabenerfüllung als operative Organe der EZB gemäß den Leitlinien und Weisungen der EZB handeln.

3.9.5 Geldmengenbegriffe

Es sind folgende Geldmengenbegriffe (Geldarten) zu unterscheiden:

- **Bargeld.** Hierunter fallen Münzen und Banknoten.
  - **Münzen.** Die in der Bundesrepublik Deutschland umlaufenden Euromünzen sind durchweg Scheidemünzen, weil ihr Materialwert niedriger als ihr Nennwert ist (unterwertig ausgeprägte Münzen).

    Die deutschen Euromünzen werden im Auftrag der Bundesregierung von den staatlichen Prägeanstalten geprägt und von der Deutschen Bundesbank in Umlauf gebracht. (Das Gleiche gilt für die Münzen der übrigen WWU-Länder, die von den jeweiligen Regierungen geprägt und von den zuständigen nationalen Zentralbanken ausgegeben werden.)[1]
  - **Banknoten.** Das alleinige Recht zur Schaffung von Banknoten besitzt die Europäische Zentralbank.
- **Sichteinlagen.** Hierunter versteht man die Summe aller täglich fälligen Einlagen der privaten Haushalte, der Unternehmen (Nichtbankenunternehmen) und des Staates bei den Banken.

---

1 Das Recht, Münzen ausgeben zu können, liegt bei den Mitgliedstaaten der WWU. Im Gegensatz zu den Euro-Banknoten besitzen die Euromünzen eine Seite mit nationalen Motiven (z. B. die deutschen Euromünzen das Brandenburger Tor oder den Bundesadler).

321

21 Hartmann -Hug- ISBN 978-3-8120-0522-7

Die Summe aus **Bargeldumlauf** und **täglich fälligen Einlagen** bezeichnet die EZB mit dem Symbol **M1.**[1] Die Geldmenge M1 ist das am engsten gefasste monetäre Aggregat.[2]

M1 = Bargeldumlauf + täglich fällige Einlagen

Indem man zur Geldmenge M1 die **kurzfristigen Einlagen,** d. h. die Einlagen mit vereinbarter Laufzeit von bis zu zwei Jahren und die Einlagen mit vereinbarter Kündigungsfrist von bis zu drei Monaten hinzuzählt, erhält man die Geldmenge **M2.**

M2 = M1 + kurzfristige Einlagen

Die weitgefasste Geldmenge **M3** ergibt sich, indem man zu M2 bestimmte **marktfähige Verbindlichkeiten des Bankensektors**[3] (z. B. Schuldverschreibungen mit einer Laufzeit von weniger als zwei Jahren, Geldmarktpapiere wie z. B. Bankakzepte und Repogeschäfte)[4] hinzurechnet.

M3 = M2 + sonstige marktfähige Verbindlichkeiten des Bankensektors

Zusammenfassung

- Die **Konvergenzkriterien (Maastricht-Kriterien)** für die Aufnahme in die Europäische Wirtschafts- und Währungsunion (WWU) sind Preisstabilität, gesunde Staatsfinanzen, stabile Wechselkurse und wirtschaftliche Konvergenz.
- Träger der Geldpolitik in der WWU ist das **Eurosystem.**
- Das **Eurosystem** umfasst
  - die **EZB** und
  - die **nationalen Zentralbanken der Euroländer.**
- Der Europäischen **Wirtschafts- und Währungsunion (WWU)** gehören derzeit 19 Länder der Europäischen Union (EU) an.
- Die **Europäische Zentralbank (EZB)** ist zuständig für das Eurogeld. Ihre Hauptaufgabe ist, für die Geldwertstabilität in der WWU zu sorgen. Sie ist institutionell, personell und operativ **unabhängig.**
- Das **Europäische System der Zentralbanken (ESZB)** besteht aus
  - der **Europäischen Zentralbank** (EZB) und
  - den **nationalen Zentralbanken** der Mitgliedsländer der Europäischen Union.
- Die **Deutsche Bundesbank** ist die nationale Zentralbank der Bundesrepublik Deutschland. Sie ist integraler Bestandteil des ESZB.
- Um die Stabilität des Euro zu sichern, wurde zwischen den Mitgliedsländern der Europäischen Union ein **Stabilitätspakt** geschlossen. Der Pakt verpflichtet die beteiligten Staaten zu einer dauerhaften Haushaltsdisziplin.

---

1 M von money (engl.) = Geld.

2 Aggregieren (lat.) = zusammenfassen, zusammenzählen. Aggregat = Zusammenfassung.

3 Der Fachausdruck für Bankensektor heißt Sektor der **M**onetären **Fi**nanzinstitute **(MFI-Sektor).** Er umfasst vor allem die nationalen Zentralbanken, die EZB, Kreditinstitute und andere Finanzinstitute. Der MFI-Sektor wird auch als „Geldschöpfungssektor" bezeichnet. Das Gegenstück des MFI-Sektors ist der Nichtbankensektor (Nicht-MFI-Sektor). Er ist der „Geldhaltungssektor". Zu ihm gehören z. B. die privaten Haushalte, alle Unternehmen, die keine Bankgeschäfte betreiben und – mit gewissen Ausnahmen – der Staat.

4 Die Kreditinstitute können sich beim ESZB finanzielle Mittel beschaffen, indem sie beleihungsfähige Wertpapiere an das ESZB für eine bestimmte Zeit verkaufen. Diese Geschäfte bezeichnet man als **Pensions-** oder **Repogeschäfte.** Repo ist die Abkürzung für Repurchase (engl. Rückkauf). Das „o" am Ende hat sich wegen der Aussprache durchgesetzt (Näheres zu den Pensionsgeschäften des ESZB siehe Kapitel 3.10.2.1).

- Das **Stabilitätsziel** der EZB gilt als erreicht, wenn die Preissteigerungsrate (die Inflationsrate) in der WWU im Durchschnitt mehrerer Jahre nahe oder knapp unter 2 % liegt.

- Um einer möglichen **Deflation** vorzubeugen, sollte nach Auffassung der EZB die Preissteigerungsrate nicht unter 1 % sinken.

- Das jährlich angestrebte Geldmengenwachstum wird von der EZB als sogenannter **Referenzwert** in Prozent der Geldmenge M3 ausgedrückt.

ÜBUNGSAUFGABEN

1. Textauszug:

Seit 1. Januar 1999 gibt es an den Geld- und Kapitalmärkten den Euro, wenn auch die D-Mark noch bis zum 31. Dezember 2001 als fester Bestandteil des Euro weiterexistierte. Und ab 1. Januar 1999 ging auch die geldpolitische Generalzuständigkeit auf den europäischen Zentralbankrat über, der die für die Gestaltung der Instrumente und die Regelung der Zuständigkeiten bindenden Beschlüsse fasst. Das alles heißt nicht, dass die Deutsche Bundesbank oder ihr Vorstand überflüssig sind, wie bisweilen in Kommentaren fälschlich zu lesen ist.

Im Gegenteil! Die Ausführung der Geldpolitik in Deutschland bleibt auch in Zukunft weitgehend in den Händen der Deutschen Bundesbank.

Im Euroland gibt es nämlich seit dem 1. Juni 1998 ein System der Europäischen Zentralbanken (ESZB), und das wird auch in Zukunft gelten. Dieses System ist nicht einfach mit der internen Struktur der Bundesbank, also dem Verhältnis von Vorstand und Hauptverwaltungen, zu vergleichen. Die Bundesbank ist ein zwar gegliedertes, aber letztlich eigenständiges Institut. Das europäische System setzt sich dagegen aus weiterhin rechtlich selbstständigen nationalen Zentralbanken und aus der mit ihren Kapital- und Devisenreserven arbeitenden EZB zusammen, wobei die geldpolitische Entscheidungskompetenz allerdings eindeutig beim EZB-Rat (nicht beim EZB-Direktorium) liegt ...

Quelle: TIETMEYER, H.: Nach einer Rede vom 8. Juli 1998, zitiert in Deutsche Bundesbank, Auszüge aus Presseartikeln vom 10. Juli 1998, S. 1.

1.1 Erklären Sie die unterstrichenen Begriffe!

1.2 Welche Aufgaben hat der Europäische Zentralbankrat, welche der Vorstand der EZB?

2. Textauszug:

Die Mitglieder des EZB-Rats, das sind der Präsident, der Vizepräsident, die Mitglieder des EZB-Direktoriums und die Präsidenten der teilnehmenden nationalen Zentralbanken, handeln unabhängig von Weisungen nationaler Regierungen und Institutionen, wie auch unabhängig von europäischen Organen oder Einrichtungen der Gemeinschaft. Dies bedeutet aber nicht, dass die EZB damit zum „Staat

im Staate" wird und ohne jegliche Kontrolle, quasi willkürlich agiert. Zum einen ist die Unabhängigkeit an ihre Aufgabe „Sicherung der Preisstabilität" gebunden. Zum anderen unterliegt die EZB der Kontrolle vor allem der öffentlichen Meinung. Zudem enthält der Maastricht-Vertrag[1] relativ genau festgelegte Berichtspflichten gegenüber dem Ministerrat und dem Europäischen Parlament.

---

1 Im Jahr 1991 einigten sich die Staats- bzw. Regierungschefs der EU-Länder in Maastricht (Niederlande) auf die Schaffung einer Europäischen Wirtschafts- und Währungsunion (WWU).

Gemeinsames Geld verlangt eine gemeinsame Geldpolitik. Entsprechend ist das ESZB verantwortlich für den gesamten Euro-Raum und damit in der Tat eine supranationale Institution. Darüber hinaus gibt es im ESZB auch den Erweiterten Rat, der die sogenannten „Outs" einbezieht. Er soll die Mitgliedstaaten, die noch nicht an der Währungsunion teilnehmen, an den Euro-Raum heranführen. Der Erweiterte Rat der EZB hat vor allem Beratungs-, aber auch gewisse Mitwirkungspflichten etwa bei Fragen der Bankenaufsicht.

Wie wir in unserem letzten Monatsbericht eingehend dargelegt und begründet haben, hat die Orientierung an einem Geldmengenkonzept gerade beim Beginn der Währungsunion und beim Aufbau stabilitätspolitischer Glaubwürdigkeit entscheidende Vorteile. Die Geldmengenstrategie erleichtert das Abgrenzen der Verantwortungsbereiche. Sie verdeutlicht, dass die EZB nur für die monetären Rahmenbedingungen verantwortlich ist, nicht aber für fiskal-[1] und lohnpolitische Entscheidungen,

welche die Preisentwicklung kurzfristig auch erheblich beeinflussen können. Mit Ankündigen eines Geldmengenziels kann sie die Öffentlichkeit über den geldpolitischen Kurs informieren sowie die Bildung und Verankerung von Inflationserwartungen auf dem von ihr angepeilten Niveau erleichtern.

Zugleich gibt sich die EZB mit einem Geldmengenziel eine eigene Orientierung. Sie unterliegt dann einem eigenen Disziplinierungszwang. Abweichungen von ihrem Zielpfad bedürfen dann einer überzeugenden Rechtfertigung. Andererseits darf man natürlich nicht übersehen, dass die monetäre[2] Basis vor allem zu Beginn der Währungsunion möglicherweise noch besondere Unsicherheiten und Unregelmäßigkeiten aufweisen kann. Neben der Geldmenge im Mittelpunkt könnten daher auch andere Indikatoren mit ins Kalkül gezogen werden. Ein unmittelbares Preisziel als ergänzender Indikator steht sicherlich nicht im Widerspruch zur Orientierung an einem Geldmengenziel.

Quelle: Tietmeyer, H.: Die Geldpolitik der Europäischen Zentralbank, In: Deutsche Bundesbank, Auszüge aus Presseartikeln vom 13. Februar 1998.

2.1 Erklären Sie die unterstrichenen Begriffe!

2.2 Inwiefern unterliegt die Europäische Zentralbank einer Kontrolle?

3.

Geldmengenaggregate in Mrd. Euro

	Bargeld-umlauf	Täglich fällige Einlagen	Einlagen mit vereinbarter Laufzeit von bis zu 2 Jahren	Einlagen mit vereinbarter Kündigungsfrist von bis zu 3 Monaten	Repo-geschäfte	Geldmarkt-fonds-anteile	Schuld-verschrei-bungen bis zu 2 Jahren
	1	2	3	4	5	6	7
					Bestände		
Jahr 01	453,3	2 439,0	1 037,4	1 634,9	243,2	619,4	101,2
Jahr 02	579,0	3 095,4	1 402,5	1 551,6	268,5	631,4	198,7
Jahr 03	794,0	3 909,2	1 794,6	1 912,6	178,4	568,7	123,2
Jahr 04	843,2	3 949,1	1 841,2	1 958,4	144,5	535,5	206,6
Jahr 05	862,5	4 255,3	1 798,7	2 074,4	126,4	483,6	185,9

Quelle: Monatsberichte der Europäischen Zentralbank, mehrere Jahrgänge.

3.1 Berechnen Sie die Geldmengen (Geldmengenaggregate) M1, M2 und M3 für das Jahr 01 und für das Jahr 05!

3.2 Ausgangspunkt ist das Jahr 05. 10 Jahre zuvor betrug die Geldmenge M3 5 078,4 Mrd. €. Um wie viel Prozent hat sich die Geldmenge M3 in den letzten 10 Jahren verändert?

1 Unter „Fiskus" versteht man heute den Staat schlechthin, insoweit er es mit Staatseinnahmen (vor allem Steuern), Staatsausgaben oder Staatsvermögen zu tun hat („Einheit von Fiskus und Staat"). Das Wort Fiskus kommt aus dem Lateinischen und bedeutet Korb, Geldkorb, Kasse. Fiskalpolitik ist somit Wirtschaftspolitik mit Geldmitteln aus der „Staatskasse".

2 Monetär = geldmäßig, finanziell.

3.9.6 Exkurs:[1] Geldschöpfung und -vernichtung

3.9.6.1 Geldproduzenten im Überblick

Wenn wir in den folgenden Kapiteln von „Geld" sprechen und nichts anderes gesagt wird, sind unter Geld die in der Geldmenge M1 zusammengefassten Erscheinungsformen des Geldes (Münz-, Noten- und Giralgeld) zu verstehen. Mit „Zentralbank" oder „Notenbank" bezeichnen wir eine Bank, die das alleinige Recht zur Ausgabe von Banknoten besitzt. Die nationalen Zentralbanken der WWU sind in diesem Sinne keine Zentralbanken, weil sie kein Notengeld schaffen können.

> **Geld schöpfen** (produzieren) können in der Europäischen Wirtschafts- und Währungs-
> union die *Mitgliedstaaten* (vertreten durch die Regierungen), die *Europäische Zentral-
> bank* (EZB) und die *Geschäftsbanken.*

- Ein **Staat** ist Geldproduzent, weil die Regierung Münzen prägen lassen kann, die von der jeweiligen nationalen Zentralbank in Umlauf gebracht werden. Der *Münzgewinn* (= der Unterschied zwischen den niedrigeren Prägekosten und dem höheren Nominal-wert) fließt dem Staat zu. Sind die Präge- und Umtauschkosten (z.B. beim Umtausch abgenutzter Münzen) höher als die dem Staat gutgeschriebenen Nominalwerte (Nenn-werte), muss der Staat die Verluste tragen.

- Die **Europäische Zentralbank** schafft („produziert") Notengeld (und Giralgeld), indem sie Aktiva (vor allem in Form von Forderungsrechten) erwirbt (siehe Kapitel 3.9.6.2).

- Die **Geschäftsbanken (Kreditinstitute)** schöpfen Geld, weil sie in der Lage sind, mehr Kredite zu gewähren, als sie an Einlagen besitzen (siehe Kapitel 3.9.6.3).

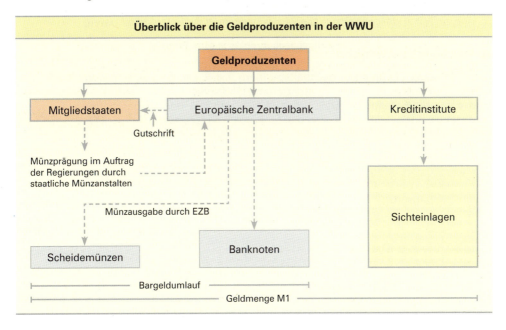

---

[1] Die in diesem Kapitel dargestellten Zusammenhänge sind zwar kein Prüfungsstoff. Es empfiehlt sich jedoch, trotzdem das Kapitel durchzuarbeiten, weil es Kenntnisse vermittelt, die das Verständnis für die im Kapitel 3.10 (Geldpolitisches Instrumentarium der EZB) besprochenen Zusammenhänge erheblich erleichtern.

3.9.6.2 Geldschöpfung und -vernichtung durch eine Zentralbank

■ Eine Zentralbank schöpft (produziert) Noten- bzw. Buchgeld, indem sie Aktiva (z. B. Gold, Devisen, Wertpapiere) kauft oder beleiht.

■ Umgekehrt vernichtet die Zentralbank Geld, wenn sie Aktiva verkauft. Geld wird auch vernichtet, wenn Schuldner der Zentralbank (i. d. R. Kreditinstitute)[1] ihre Verbindlichkeiten bei der Zentralbank tilgen.

Möglichkeiten der Geldschöpfung und -vernichtung

■ An- und Verkauf von Wertpapieren

Durch den Ankauf von Wertpapieren (z. B. Schuldverschreibungen von Banken, Industrie- und Handelsunternehmen sowie der öffentlichen Hand, Wechsel) schöpft eine Zentralbank Geld, durch den Verkauf vernichtet sie Geld.

Der Kauf bzw. Verkauf von Wertpapieren wird von einer Zentralbank im Rahmen der sogenannten Offenmarktpolitik[2] eingesetzt (Näheres siehe Kapitel 3.10.2).

■ Ausgabe von Wertpapieren

Verkauft (emittiert)[3] eine Zentralbank eigene Schuldverschreibungen, verringert sie die umlaufende Geldmenge; sie schöpft – wie man sagt – Liquidität[4] ab. Tilgt sie die Schuldverschreibungen oder kauft sie diese vor Fälligkeit zurück, nimmt die umlaufende Geldmenge zu. Mit anderen Worten: Die Zentralbank stellt mehr Liquidität bereit.

■ Beleihung von Wertpapieren

Eine Zentralbank kann ihren Geschäftspartnern (i. d. R. Banken) verschiedene Kreditmöglichkeiten (Fazilitäten)[5] gegen refinanzierungsfähige Sicherheiten anbieten. Sicherheiten sind vor allem Schuldverschreibungen, Aktien und aus Handelsgeschäften stammende Wechsel (Handelswechsel), die an die Zentralbank verpfändet werden. (Die Verpfändung erfolgt durch *Einigung* zwischen der Bank [dem Schuldner, Pfandgeber, Verpfänder] und der Zentralbank [dem Gläubiger] darüber, dass dem Gläubiger das Pfandrecht zustehen soll und durch *Übergabe* des Pfands [z. B. der Wertpapiere] an den Gläubiger.) Eigentümer des Pfands bleibt der Schuldner (Verpfänder), Besitzer wird der Gläubiger.[6]

Durch die Inanspruchnahme von Fazilitäten bei der Zentralbank wird die Geldmenge vermehrt, durch die Tilgung wird sie vermindert.

---

1 Banken sind Unternehmen, die Bankgeschäfte betreiben, wenn der Umfang dieser Geschäfte einen in kaufmännischer Weise eingerichteten Geschäftsbetrieb erfordert. Zu den Banken gehören z. B. die Genossenschaftsbanken, die Sparkassen, die Geschäftsbanken (z. B. Deutsche Bank AG, Commerzbank AG) und die Deutsche Postbank AG (Näheres siehe § 1 KWG und 2 PTNeuOG).

2 Der Begriff Offenmarktpolitik ist geschichtlich zu verstehen. Er stammt aus England, wo es den offenen Markt für Staatsanleihen gab, auf dem die englische Zentralbank im Rahmen der „open market policy" mit jedermann handelte.

3 Emittieren = herausgeben.

4 Liquidität (lat.) = wörtl. Flüssigkeit, hier: Zahlungsmittel, Kaufkraft.

5 Fazilität (lat.) = Möglichkeit. Fazilität (eigentlich „Kreditfazilität") bedeutet die Möglichkeit, einen Kredit aufnehmen zu können. Einlagenfazilität ist die Möglichkeit, Geld bei einer Zentralbank anlegen zu können (Näheres siehe Kapitel 3.10.3).

6 Ein Kredit, der gegen Hinterlegung von Pfändern gewährt wird, heißt Lombard-Kredit. Das Wort Lombard stammt aus Italien, weil in der Lombardei bereits im Mittelalter derartige Geschäfte getätigt wurden. (Oberitalien war im Mittelalter Zentrum des europäischen Handels.)

■ **An- und Verkauf von Gold und Devisen**[1]

Durch den Ankauf von Gold oder Devisen schöpft eine Zentralbank Geld, durch den Verkauf vernichtet sie Geld.

Eine Zentralbank muss Devisen in Binnenwährung umtauschen, weil die Exporteure des Währungsgebiets die aus den Ausfuhren erlösten Devisen bei den Geschäftsbanken in Binnenwährung (z. B. Euro) eintauschen, um ihre Verpflichtungen (z. B. Lohnzahlungen, Steuerzahlungen, Zahlung der Liefererrechnungen) in der Binnenwährung erfüllen zu können. Die Geschäftsbanken refinanzieren sich bei der Zentralbank. Wird in Binnenwährung fakturiert,[2] ergibt sich letztlich der gleiche Effekt: Die gebietsfremden Importeure tauschen ihre Devisen (z. B. US-$) in Binnenwährung (z. B. Euro), um ihre Rechnungen begleichen zu können.

Der umgekehrte Vorgang ergibt sich, wenn Waren in das eigene Währungsgebiet eingeführt (importiert) werden. In diesem Fall brauchen die Importeure Devisen, die sie sich bei den Banken beschaffen. Diese wiederum kaufen die erforderlichen Devisen bei der Zentralbank. Wird in Binnenwährung (z. B. Euro) fakturiert, tauschen die gebietsfremden Exporteure ihre Erlöse in die ausländische Währung (z. B. US-$) um, um ihren Verpflichtungen nachkommen zu können.

Beispiel:

Die Bilanz einer Zentralbank weist auf der Aktivseite ihr Vermögen und auf der Passivseite den Banknotenumlauf, das Eigenkapital (Grundkapital und Rücklagen) sowie ihre Schulden (Verbindlichkeiten) aus.

Aktiva		Vereinfachte Bilanz einer Zentralbank (in Mrd. GE)		Passiva
Gold	14	Banknotenumlauf		235
Devisen und sonstige Währungs-		Einlagenfazilitäten		56
reserven	115	Grundkapital und Rücklagen		12
Fazilitäten	62	Sonstige Passiva		47
Wertpapiere	150			
Sonstige Aktiva	9			
	350			350

■ **Vorgang der Geldschöpfung und -vernichtung durch eine Zentralbank**

Der Vorgang der Geldschöpfung einer Zentralbank wird im Folgenden anhand stark vereinfachter Geschäftsfälle und Buchungen dargestellt. Die Vereinfachung besteht vor allem darin, dass die Gutschriften der Zentralbank unmittelbar in Banknoten abgerufen werden.

---

1 Devisen sind Zahlungsmittel eines fremden Währungsgebiets. Für den Euroraum sind z. B. auf US-$ oder Yen lautende Zahlungsmittel (z. B. Schecks, Wechsel, Zahlungsanweisungen) Devisen.

2 Fakturieren (lat.) = in Rechnung stellen. Faktura = Rechnung.

Beispiel:

① Eine neu gegründete Zentralbank kauft Gold im Wert von 2,8 Mrd. GE. (Buchung: Konto Gold an Konto Notenumlauf 2,8 Mrd. GE.)

Aktiva		Zentralbankbilanz	Passiva
Gold	2,8	Banknoten-umlauf	2,8

② Die Zentralbank kauft Devisen im Wert von 3 Mrd. GE, die aus Exporterlösen der Unternehmen stammen. (Buchung: Konto Devisen an Konto Notenumlauf 3 Mrd. GE.)

Aktiva		Zentralbankbilanz	Passiva
Gold	2,8	Banknoten-umlauf	5,8
Devisen	3,0		

③ Die Zentralbank kauft Wertpapiere im Wert von 4 Mrd. GE. (Buchung: Konto Wertpapiere an Konto Notenumlauf 4 Mrd. GE.)

Aktiva		Zentralbankbilanz	Passiva
Gold	2,8	Banknoten-umlauf	9,8
Devisen	3,0		
Wertpapiere	4,0		

④ Die Zentralbank verkauft Wertpapiere im Wert von 0,7 Mrd. GE. (Buchung: Konto Notenumlauf an Konto Wertpapiere.)

Aktiva		Zentralbankbilanz	Passiva
Gold	2,8	Banknoten-umlauf	9,1
Devisen	3,0		
Wertpapiere	3,3		

⑤ Die Zentralbank beleiht Wertpapiere im Wert von 1,5 Mrd. GE. (Buchung: Konto Forderungen an Konto Notenumlauf 1,5 Mrd. GE.)

Aktiva		Zentralbankbilanz	Passiva
Gold	2,8	Banknoten-umlauf	10,6
Devisen	3,0		
Wertpapiere	3,3		
Forderungen	1,5		

3.9.6.3 Geldschöpfung und -vernichtung durch die Banken

Um die Geldpolitik der Europäischen Zentralbank – insbesondere die Mindestreserve-politik – verstehen zu können, muss man die Geldschöpfungs- und -vernichtungsmöglich-keiten der Banken kennen.

Die Banken können kein Bargeld, wohl aber Giralgeld schöpfen.

Passive Giralgeldschöpfung

Zahlt ein Bankkunde auf sein Girokonto ein, so erhöhen sich die Sichteinlagen und der Kassenbestand des Geldinstituts. Es ist neues Giralgeld entstanden, über das der Einzah-ler verfügen kann.

Giralgeld entsteht ferner durch Ankauf oder Beleihung von Vermögenswerten durch ein Kreditinstitut (z. B. Wechseldiskontierung, Ankauf von Wertpapieren, Gold und Devisen).

Von *passiver* Giralgeldschöpfung wird deswegen gesprochen, weil hier ursprünglich nicht das Geldinstitut, sondern der Einzahler tätig wird.

Aktive Giralgeldschöpfung

Aktive Giralgeldschöpfung (Kreditschöpfung) liegt vor, wenn die Kreditinstitute ihrerseits Kredite gewähren. Die Kreditschöpfung wird dadurch möglich, dass die Kreditinstitute erfahrungsgemäß nur einen Teil der Sichteinlagen (Geldeinlagen der Bankkunden auf Girokonten) als *Reserve* in *bar* halten müssen. Den Rest, die sog. *Überschussreserve,* können sie wieder als Kredite gewähren. Fließen die ausgeliehenen Gelder wieder in das Kreditbankensystem zurück, entstehen neue Einlagen, die zum größten Teil wieder als Kredite zur Verfügung gestellt werden können.

> **Beispiel:**
>
> Angenommen, ein Bankkunde legt bei sei-ner Bank A einen Barbetrag in Höhe von 12 500,00 € ein. Unter der Bedingung (Prämis-se), dass *alle* Banken eine *Barreserve* in Höhe von 20 % ihrer Sichteinlagen halten, die Kre-ditnachfrager alle von den Banken angebote-nen Kredite auch in Anspruch nehmen und die erhaltenen Kredite auch vollständig wieder bei einer Bank einbezahlt werden, ergibt sich fol-gender Prozess (Verlauf):
>
> - Bei der Bank A entsteht zunächst eine Sichteinlage in Höhe von 12 500,00 €, der ein Barbestand (Kassenbestand) in gleicher Höhe entspricht.
> - Die Bank behält davon 20 % als Barreserve ein; die Überschussreserve (80 %) in Höhe von 10 000,00 € wird an einen neuen Kre-ditnehmer ausbezahlt (siehe Bilanz 2 der Bank A).
>
> - Der Kreditnehmer bezahlt mit dem Kredit-betrag seine Verbindlichkeiten. Sein Gläu-biger zahlt den Betrag (entsprechend der Prämissen dieses Modells) bei der Bank B ein, die nunmehr über eine Sichteinlage in Höhe von 10 000,00 € verfügt (siehe Bilanz 1 der Bank B).
> - Die Bank B behält nun wiederum 20 % (= 2 000,00 €) als Barreserve ein. Ihre Über-schussreserve beträgt 8 000,00 €, die sie erneut an einen Kreditnehmer auszahlen kann.
> - Der Vorgang der Giralgeldschöpfung wie-derholt sich viele (theoretisch unendlich viele) Male, indem immer wieder die Über-schussreserven ausgeliehen werden.

Vermögen	Bilanz 1 der Bank A		Kapital
Kasse	12 500,00	Sichteinlage	12 500,00

Vermögen	Bilanz 2 der Bank A		Kapital
Barreserve	2 500,00	Sichteinlage	12 500,00
Debitor[1]	10 000,00		
	12 500,00		12 500,00

Vermögen	Bilanz 1 der Bank B		Kapital
Kasse	10 000,00	Sichteinlage	10 000,00

Vermögen	Bilanz 2 der Bank B		Kapital
Barreserve	2 000,00	Sichteinlage	10 000,00
Debitor	8 000,00		
	10 000,00		10 000,00

Vermögen	Bilanz 1 der Bank C		Kapital
Kasse	8 000,00	Sichteinlage	8 000,00

Vermögen	Bilanz 2 der Bank C		Kapital
Barreserve	1 600,00	Sichteinlage	8 000,00
Debitor	6 400,00		
	8 000,00		8 000,00

Vermögen	Bilanz 1 der Bank D		Kapital
Kasse	6 400,00	Sichteinlage	6 400,00

Vermögen	Bilanz 2 der Bank D		Kapital
Barreserve	1 280,00	Sichteinlage	6 400,00
Debitor	5 120,00		
	6 400,00		6 400,00

Vermögen	Bilanz 1 der Bank E		Kapital
Kasse	5 120,00	Sichteinlage	5 120,00

Vermögen	Bilanz 2 der Bank E		Kapital
Barreserve	1 024,00	Sichteinlage	5 120,00
Debitor	4 096,00		
	5 120,00		5 120,00

Vermögen	Bilanz 1 der Bank F		Kapital
BBK	4 096,00	Sichteinlage	4 096,00

---

1 Debitor = (Bank)schuldner.

Der gleiche Zusammenhang lässt sich wie folgt tabellarisch darstellen:

Banken	Einlagen abzüglich Barreserven	=	Überschussreserven und damit mögliche Kreditschöpfung
A	12 500,00 EUR	2 500,00 EUR	10 000,00 EUR
B	10 000,00 EUR	2 000,00 EUR	8 000,00 EUR
C	8 000,00 EUR	1 600,00 EUR	6 400,00 EUR
D	6 400,00 EUR	1 280,00 EUR	5 120,00 EUR
E	5 120,00 EUR	1 024,00 EUR	4 096,00 EUR
F	4 096,00 EUR	819,20 EUR	3 276,80 EUR
G	3 276,80 EUR	655,36 EUR	2 621,44 EUR
H	2 621,44 EUR	524,29 EUR	2 097,15 EUR
I	2 097,15 EUR	419,43 EUR	1 677,72 EUR
J	1 677,72 EUR	335,54 EUR	1 342,18 EUR
K	1 342,18 EUR	268,44 EUR	1 073,74 EUR
L	1 073,74 EUR	214,75 EUR	858,99 EUR
M	858,99 EUR	171,80 EUR	687,19 EUR
N	687,19 EUR	137,43 EUR	549,76 EUR
O	549,76 EUR	109,96 EUR	439,80 EUR
P	439,80 EUR	87,96 EUR	351,84 EUR
Q	351,84 EUR	70,37 EUR	281,47 EUR
R	281,47 EUR	56,29 EUR	225,18 EUR
restliche Banken	1 125,92 EUR	225,18 EUR	900,74 EUR
Summe	62 500,00 EUR	12 500,00 EUR	50 000,00 EUR

Es wird ersichtlich, dass das Kreditbankensystem eine zusätzliche Geldmenge, und zwar in Form von Giralgeld, in Höhe von 50 000,00 € aufgrund einer ursprünglichen Bareinlage von 12 500,00 € geschaffen hat. Die Geldschöpfung beträgt im Beispiel das Fünffache der ursprünglichen Überschussreserve. Der Giralgeldschöpfungsmultiplikator[1] beträgt somit 5. Da der Barreservesatz 20 %, also $\frac{1}{5}$ der Sichteinlagen betrug, ist der Geldschöpfungsmultiplikator der reziproke[2] Wert des Barreservesatzes.

Allgemein:

$$\text{Giralgeldschöpfungsmultiplikator} = \frac{1}{\text{Barreservessatz}}$$

Die mögliche Giralgeldschöpfung beträgt:

$$\text{Mögliche Giralgeldschöpfung} = \frac{\text{Überschussreserve}}{\text{Barreservesatz}}$$

Zu beachten ist, dass in Wirklichkeit die tatsächliche Giralgeldschöpfung niedriger ist, weil nicht das gesamte aus den Banken abgeflossene Bargeld wieder zurück in den Bankensektor fließt. Ob *tatsächlich* ein Kreditschöpfungsprozess in Gang gesetzt wird, hängt außerdem von der Kreditnachfrage ab. In Zeiten wirtschaftlicher Unsicherheit werden die Banken trotz eventuell niedriger Zinsen auf einem Teil ihrer Überschussreserven „sitzen bleiben", weil die Wirtschaft (Unternehmen und private Haushalte) die Aufnahme von Krediten scheut.

---

1 Multiplikator = Vervielfacher.

2 Reziproker Wert = Kehrwert; reziprok = wechselseitig, gegenseitig.

Giralgeldvernichtung

Durch die Kreditinstitute geschöpftes Giralgeld wird vernichtet, indem

- die Kreditinstitute Sichteinlagen an die Einleger auszahlen oder
- die Kreditnehmer die ihnen von den Kreditinstituten gewährten Kontokorrentkredite tilgen.

Zusammenfassung

- **Geldproduzenten** sind der **Staat** (Münzen), die **Europäische Zentralbank** (Noten- und Giralgeld) und die **Kreditinstitute** (Giralgeld).

- Die **Europäische Zentralbank schöpft Bar-** und/oder **Giralgeld,** indem sie Aktiva erwirbt oder beleiht; sie **vernichtet Geld,** indem sie Aktiva verkauft. Außerdem wird Zentralbankgeld vernichtet, indem von der Zentralbank gewährte Kredite getilgt werden.

- Die **aktive Giralgeldschöpfung der Kreditinstitute** besteht darin, dass sie mehr Kredite gewähren können als sie Einlagen besitzen.

- Ist eine ausreichende Geldnachfrage (Kreditnachfrage) vorhanden, wird ein **Giralgeldschöpfungsmultiplikator** in Gang gesetzt (multiple Giralgeldschöpfung).

ÜBUNGSAUFGABEN

1. Nennen Sie die Geldproduzenten in der WWU! Welche Geldformen können von diesen geschöpft (produziert) werden?

2. Die vereinfachte Zentralbankbilanz eines Währungsgebiets hat folgendes Aussehen (Zahlen in Mrd. GE):

Aktiva		Zentralbankbilanz	Passiva
Gold und Devisen	90	Banknotenumlauf	75
Wertpapiere	20	Sichteinlagen der Kreditinstitute	60
Forderungen	15	Sonstige Passiva	20
Sonstige Aktiva	30		
	155		155

Erstellen Sie die Zwischenbilanz (den Zentralbankausweis), nachdem Sie folgende Transaktionen („Geschäftsfälle") gebucht haben:

a) Die Zentralbank verkauft Devisen im Wert von 8 Mrd. GE gegen eigene Banknoten (bar).

b) Die Zentralbank gewährt Kredite in Höhe von 2 Mrd. GE (bar).

c) Die Banken rufen Notengeld in Höhe von 3 Mrd. GE ab.

d) Die Banken legen überschüssige Mittel bei der Zentralbank bar ein (1 Mrd. GE).

e) Die Zentralbank kauft Gold im Wert von 4 Mrd. GE (bar).

f) Die Banken rufen Notengeld in Höhe von 5 Mrd. GE bar ab.

g) Die Zentralbank erwirbt von den Banken Wertpapiere im Wert von 6 Mrd. GE und schreibt diesen den Gegenwert gut.

3. Welche „Geschäftsvorfälle" (Transaktionen) können folgenden Veränderungen in der Zentral-bankbilanz zugrunde liegen:

a) Goldbestand nimmt zu,

b) Devisenbestand nimmt ab,

c) Notenumlauf nimmt zu,

d) Notenumlauf nimmt ab,

e) Forderungen an Banken nehmen zu,

f) Forderungen an Banken nehmen ab,

g) Bestand an Wertpapieren nimmt ab.

4. Angenommen, eine Bank besitzt eine Überschussreserve in Höhe von 200 000 GE. Alle Banken halten eine Barreserve in Höhe von 25 % der Sichteinlagen. Die Kreditnachfrage ist vollkommen elastisch (jeder angebotene Kredit wird in Anspruch genommen). Die Zentralbank enthält sich jeglicher Einflussnahme. Das von den Banken ausgeliehene Bargeld fließt vollständig in das Ban-kensystem zurück.

4.1 Wie hoch ist der Giralgeldschöpfungsmultiplikator?

4.2 Wie hoch ist die mögliche Giralgeldschöpfung des Bankensystems?

4.3 Warum sind in Wirklichkeit die Giralgeldschöpfungsmöglichkeiten geringer als in dem im Kapitel 3.9.6.3 beschriebenen Modell?

5. Banken können zwar kein Notengeld, wohl aber Giralgeld schöpfen. Erklären Sie die aktive und passive Giralgeldschöpfung der Banken!

6. Welche Gefahr kann darin bestehen, dass die Banken Giralgeld schöpfen können? Begründen Sie Ihre Antwort!

7. Wie wird das von den Banken geschöpfte Giralgeld wieder vernichtet?

3.9.7 Binnenwert des Geldes

3.9.7.1 Handelsvolumen

In einer Geldwirtschaft gibt es ebenso viele Preise, wie es Güter gibt. Will man nun den *Wert* aller in einer Periode (z. B. in einem Jahr) hergestellten und umgesetzten (verkauften) Güter feststellen, muss man jedes umgesetzte Gut mit seinem jeweiligen Preis vervielfachen. Möchte man feststellen, ob die umgesetzte (angebotene und verkaufte) Gütermenge im Folgejahr gleich geblieben, gestiegen oder gesunken ist, muss man mit den alten Preisen *(„konstanten Preisen")* rechnen, denn bei Preisverän-derungen erhielte man sonst ein falsches Bild. (Die Gütermenge an sich kann man nämlich nicht fest-stellen, denn die verschiedenartigsten Güter kann man nicht addieren.) Das Jahr, dessen Güterpreise man wählt, bezeichnet man als *Basisjahr.* [1]

> Die Summe aller während einer Periode umgesetzten Güter, bewertet zu konstanten Preisen, bezeichnet man als **Handelsvolumen** (= H).

Aus praktischen Gründen wird das Handelsvolumen meistens mit dem *realen Brutto-inlandsprodukt* gleichgesetzt.

---

1 Basis = Grundlage, hier: Ausgangspunkt.

In der WWU entwickelte sich das reale Bruttoinlandsprodukt wie folgt:[1]

Jahr	2008	2009	2010	2012	2014	2016	2017	2018
Reale Veränderung des BIP gegenüber dem Vorjahr	+ 0,5 %	− 4,5 %	+ 2,1 %	− 0,9 %	+ 1,4 %	+ 1,9 %	+ 2,4 %	+ 1,9 %

Beispiel:

Angenommen, in einer Volkswirtschaft werden nur 5 Güterarten erzeugt und umgesetzt, und zwar Kohle, Stahl, Getreide, Kleidung und Bauleistungen. Sie werden zu den Preisen eines Ausgangsjahrs (= Basisjahr) bewertet. Nur so lässt sich feststellen, wie sich die Gütermenge von Jahr zu Jahr entwickelte.

In der Volkswirtschaft erzeugte und umgesetzte Güter	Jahr 00 (Basisjahr)			Jahr 01			Jahr 02		
	Umgesetzte Gütermengen (in Mio. Mengeneinheiten)	Preise je Einheit in GE	Wert der umgesetzten Güter in Mio. GE	Umgesetzte Gütermengen (in Mio. Mengeneinheiten)	Konstante Preise (Basisjahr) in GE	Wert der umgesetzten Güter zu konstanten Preisen (in Mio. GE)	Umgesetzte Gütermengen (in Mio. Mengeneinheiten)	Konstante Preise (Basisjahr) in GE	Wert der umgesetzten Güter zu konstanten Preisen (in Mio. GE)
Kohle	10 t	400	4 000	10 t	400	4 000	11 t	400	4 400
Stahl	20 t	750	15 000	20 t	750	15 000	22 t	750	16 500
Getreide	50 t	500	25 000	50 t	500	25 000	60 t	500	30 000
Kleidung	200 Stück	100	20 000	200 Stück	100	20 000	250 Stück	100	25 000
Bauten	60 m³	600	36 000	60 m³	600	36 000	73,5 m³	600	44 100
Handelsvolumen ➤			100 000	Handelsvolumen ➤		100 000	Handelsvolumen ➤		120 000

Das Beispiel zeigt, dass die Gütermenge (das Handelsvolumen) im Jahr 01 gegenüber dem Jahr 00 konstant (gleich geblieben) ist, während sie im Jahr 02 gegenüber dem Vorjahr um 20 % zunahm.

3.9.7.2 Geldmenge

Auch hier müssen wir vereinfachen, um zu einem eindeutigen Ergebnis zu gelangen. Wenn im vorigen Beispiel im Jahr 02 das Handelsvolumen 120 000 GE betrug, wurde zum Kauf dieser Güter auch die *Geldmenge* in Höhe von 120 000 GE benötigt, falls wir unterstellen, dass das gesamte Handelsvolumen in einem Zuge nachgefragt und gekauft wurde. Diese sogenannte *nachfragewirksame* Geldmenge ist in der Regel nicht mit der Gesamtgeldmenge der Wirtschaft gleichzusetzen, weil die Wirtschaftssubjekte einen Teil ihrer Einnahmen nicht wieder ausgeben, sondern sparen. Von der Gesamtgeldmenge ist also die Ersparnis (die dem Geldkreislauf entzogene Sparsumme) abzuziehen.

Nun entspricht es aber nicht der Wirklichkeit, dass die gesamte Gütermenge, die in einem Jahr erzeugt wird, auf *ein* Mal umgesetzt wird. Vielmehr *verteilen* sich die Umsätze über das ganze Jahr hinweg.

---

1 Quelle: www.ec.europa.eu/eurostat [Zugriff vom 14.08.2019].

Beispiele:

Lassen wir einmal die Umsätze zwischen den Unternehmen außer Acht. Vergessen wir auch, dass es einen Staatshaushalt gibt und dass die Haushalte sparen. Nehmen wir unter diesen Bedingungen an, dass die privaten Haushalte im Jahr 120 000 GE verdienen und dass ihnen dieses Geld nur *ein Mal* im Jahr ausbezahlt wird, dann wird tatsächlich eine Geldmenge (Buch- und Giralgeld) in Höhe von 120 000 GE benötigt: Den privaten Haushalten fließen ein Mal im Jahr 120 000 GE zu, die sie im gleichen Jahr zum Kauf von Gütern bei den Unternehmen verwenden. Die *Umlaufgeschwindigkeit* des Geldes ist 1.

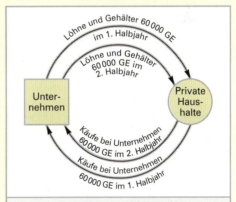

Mit einer Geldmenge von 120 000 GE wird im Jahr ein Umsatz von 120 000 GE bewirkt. Die Umlaufgeschwindigkeit des Geldes ist 1.

Wenn wir unterstellen, dass die Löhne und Gehälter im Jahr *zwei Mal* ausbezahlt werden, kommt die Wirtschaft mit 60 000 GE aus. Der Grund: Mit der ersten Gehaltszahlung kaufen die privaten Haushalte Güter im Wert von ebenfalls 60 000 GE. Der gleiche Vorgang wiederholt sich danach im zweiten Halbjahr, weil die privaten Haushalte die zweite Lohnzahlung wiederum zum Kauf von Gütern im Wert von 60 000 GE verwenden. Mit einer Geldmenge von 60 000 GE wird also ein jährlicher Umsatz von 120 000 GE getätigt. Die Umlaufgeschwindigkeit des Geldes ist also 2.

Würden die Gehälter und Löhne z. B. 12-mal im Jahr ausbezahlt *und* wieder ausgegeben, könnte man mit einer Geldmenge von 10 000 GE einen jährlichen Umsatz von 120 000 GE bewirken. Die *Umlaufgeschwindigkeit* des Geldes beträgt dann 12.

Mit einer Geldmenge von 60 000 GE werden im Jahr Umsätze von 120 000 GE bewirkt. Die Umlaufgeschwindigkeit des Geldes ist 2.

Die nachfragewirksame Geldmenge setzt sich aus dem für Kaufzwecke bereitgestellten Bar- und Giralgeld, multipliziert mit seiner Umlaufgeschwindigkeit, zusammen.

Nachfragewirksame Geldmenge = Geldmenge (M)[1] · Umlaufgeschwindigkeit (U)

---

1 Die international übliche Abkürzung M kommt von money (engl.) = Geld.

3.9.7.3 Preisniveau

Beispiel:

Angenommen, im Jahr 01 sei die nachfragewirksame Geldmenge von 100 000 GE auf 120 000 GE gestiegen, während die zu konstanten Preisen gemessene Gütermenge unverändert blieb. Man sagt, dass sich das *reale* (= wirkliche) Handelsvolumen nicht verändert hat. *Ein* möglicher Grund hierfür ist, dass die Wirtschaft vollbeschäftigt ist, sodass aufgrund der gestiegenen Nachfrage nicht mehr angeboten werden *kann*.

Die Folge der gestiegenen Nachfrage (Geldmenge) ist, dass die Unternehmen ihre Preise so lange anheben, bis auf den Märkten wieder Gleichgewicht herrscht.[1]

Der Faktor, um den sich die Preise *aller* Güter im Durchschnitt verändern müssen, lässt sich leicht errechnen, indem man die nachfragewirksame Geldmenge durch das zu konstanten Preisen gemessene Handelsvolumen teilt:

$$\text{Veränderungsfaktor des Preisniveaus (P)} = \frac{120\,000}{100\,000} = \underline{\underline{1{,}2}}$$

Allgemein gilt:

$$P = \frac{M \cdot U}{H}$$

Die Zahl für P = 1,2 bedeutet, dass sich gegenüber dem Vorjahr das *Preisniveau* um das 1,2-Fache oder um 20 % erhöht hat. Wäre die nachfragewirksame Geldmenge (M · U) z. B. um 50 % auf 150 000 GE gestiegen, ergäbe sich eine Preissteigerungsrate von 50 %, sofern das Handelsvolumen konstant geblieben ist.

Steigt im Jahr 02 die Geldmenge z. B. auf 150 000 GE und das Handelsvolumen (zu konstanten Preisen) auf 120 000 GE, ergibt sich:

$$P = \frac{150\,000}{120\,000} = \underline{\underline{1{,}25}}$$

Dies sagt aus, dass sich im Jahr 02 das Preisniveau gegenüber dem Jahr 00 (Basisjahr) um das 1,25-Fache oder um 25 % erhöht hat.

- Die Entwicklung des Preisniveaus (die Höhe der Güterpreise) hängt weitgehend von der Entwicklung der nachfragewirksamen Geldmenge ab.

- Steigt die nachfragewirksame Geldmenge schneller als das Handelsvolumen (die Menge der zu konstanten Preisen bewerteten Güter), steigt in einer freien Marktwirtschaft das Preisniveau.

- Steigt die nachfragewirksame Geldmenge im gleichen Maße wie das Handelsvolumen, wird in einer Marktwirtschaft das Preisniveau gleich bleiben.

---

1 Dies ist natürlich nur in einer freien Wirtschaft möglich. Werden vom Staat Höchstpreise vorgeschrieben, können die Preise nicht im erforderlichen Umfang steigen. Es entsteht Übernachfrage, sodass der Staat rationieren muss.

Eine *Umkehrung* der letzten beiden Sätze ist jedoch nicht möglich. Eine Verringerung der nachfragewirksamen Geldmenge wird in der heutigen Wirtschaft nur selten und dann nur auf Teilmärkten zu *Preissenkungen* führen. Hierfür gibt es viele Gründe.

Zum einen *steigen* bei zurückgehender Produktion die Stückkosten der Betriebe, sodass die Betriebe, falls sie marktstark genug sind, sogar die Preise erhöhen können. Zum anderen gibt es viele Kosten, die trotz schwindender Nachfrage nicht sinken. Hierzu gehören einige Steuern (z. B. Grundsteuer, Kfz-Steuer), die tariflich oder staatlich festgelegten Mindestlöhne der Arbeitskräfte oder die Importpreise der Rohstoffe. Sinkt also die nachfragewirksame Geldmenge, wird nicht das Preisniveau fallen, sondern das Güterangebot abnehmen. Somit entsteht *Unterbeschäftigung* (Arbeitslosigkeit).

3.9.7.4 Kaufkraft

Mit steigendem Preisniveau *sinkt* die Kaufkraft, denn mit einer Geldeinheit kann man jetzt *weniger* Güter kaufen als zuvor.

Beispiel:

Angenommen, vom Jahr 00 bis zum Jahr 01 steigt die nachfragewirksame Geldmenge von 100 000 GE auf 150 000 GE, während das Handelsvolumen von bisher 100 000 GE konstant bleibt. Die Veränderung des Preisniveaus beträgt 50 %:

$$P = \frac{M \cdot U}{H} = \frac{150\,000}{100\,000} = \underline{\underline{1{,}5}}$$

Die *Kaufkraft* hat sich gegenüber dem Vorjahr wie folgt verändert:

$$K = \frac{H}{M \cdot U} = \frac{100\,000}{150\,000} = \frac{2}{3}$$

Dies besagt, dass man sich im Jahr 01 mit einer Geldeinheit nur noch $^2/_3$ der Gütermenge des Jahres 00 kaufen konnte. Die *Kaufkraft* des Geldes ist also um $^1/_3$ ($\cong$ 33$^1/_3$ %) *gesunken.*

Die **Kaufkraft** ist der reziproke (umgekehrte) Wert des Veränderungsfaktors des Preisniveaus.

Steigen die Preise z. B. um 100 %, beträgt die Kaufkraft einer Geldeinheit nur noch 50 %.

3.9.7.5 Verkehrsgleichung des Geldes

Aus der Formel zur Berechnung des Veränderungsfaktors des Preisniveaus lässt sich die **Fischersche Verkehrsgleichung des Geldes** (auch **Quantitätsgleichung**[1] oder **Tauschgleichung** genannt) ableiten, indem man die ganze Gleichung mit H (= Handelsvolumen) multipliziert:

$$\textbf{P} \cdot \textbf{H} = \textbf{M} \cdot \textbf{U}$$

Die praktische Bedeutung der Quantitätsgleichung ist gering. Sie definiert lediglich, dass der Wert des Handelsvolumens zu tatsächlichen Preisen der nachfragewirksamen Geldmenge gleich ist.

---

1 Quantität = Menge; die Quantitätsgleichung ist die formelmäßige Darstellung der *Quantitätstheorie,* die besagt, dass die Entwicklung der *Geldmenge* weitgehend Richtung und Umfang der wirtschaftlichen Entwicklung (des Handelsvolumens und dessen Preise) bestimmt.

337

3.9.7.6 Geldwertmessung (Verbraucherpreisindex)

Den einzelnen Verbraucher interessiert es weniger, wie sich das *allgemeine* Preisniveau verändert. Selbst die Preissteigerungen bei bestimmten Luxusgütern kümmern den durchschnittlichen Verbraucher nicht: Ihm ist es gleichgültig, ob irgendein Luxus-Auto nunmehr statt 80 000,00 € stolze 100 000,00 € kostet. Selbst bei den Gütern des täglichen Bedarfs wirken sich Preissteigerungsraten bei den einzelnen Gütern unterschiedlich auf das Budget des privaten Haushalts aus. Steigt z. B. der Preis für eine Streichholzschachtel von 0,25 € auf 0,50 €, also um 100 %, ist dies für den Einzelnen wenig bedeutsam. Klettern indessen die Preise für Heizmaterialien auf das Doppelte, trifft dies die einzelnen Bürger recht empfindlich.

Warenkorb

Um ermitteln zu können, wie sich die Preisveränderungen der Konsumgüter (landläufig auch als „Lebenshaltungskosten" bezeichnet) auf die privaten Haushalte auswirken, hat das Statistische Bundesamt in Wiesbaden neben anderen Indizes[1] den *Verbraucherpreisindex* (VPI) entwickelt. Dieser Preisindex erfasst die Preisänderungen bei 650 Gruppen von Sachgütern und Dienstleistungen (**„Warenkorb"**), die im privaten Haushalt gekauft werden. Da nicht alle Güter das gleiche Gewicht im Warenkorb besitzen, hat das Statistische Bundesamt ein **„Wägungsschema"** erstellt, das von Zeit zu

Zeit den neuen Verbrauchsstrukturen angepasst werden muss.[2] Die Waren nämlich, die von einem durchschnittlichen Haushalt heute gekauft werden, sind z. T. nicht mehr die gleichen wie z. B. 10 Jahre zuvor. Außerdem verschiebt sich der prozentuale Anteil bestimmter Ausgabearten zugunsten anderer.

Das Wägungsschema wird entwickelt, indem man für ein Basisjahr die durchschnittlichen Ausgaben eines durchschnittlichen Haushalts für verschiedene Sachgüter und Dienstleistungen in Prozenten seiner Gesamtausgaben ermittelt.

---

1 Indizes = Mz. von Index; ein Index ist wörtlich ein „Anzeiger". Der Preisindex zeigt also Preisveränderungen an.
   Wichtige Preisindizes sind z. B.: Index der Einkaufspreise landwirtschaftlicher Betriebsmittel, Index der Grundstoffpreise, Index der Großhandelsverkaufspreise und der Index der Einzelhandelspreise.

2 Die letzte Umstellung des Wägungsschemas auf neuere Verbrauchsverhältnisse erfolgte Anfang 2019 Basisjahr ist das Jahr 2015.

Beispiel:

Um den Vorgang der Preisindexberechnung deutlich zu machen, sei ein sehr vereinfachtes Wägungsschema zugrunde gelegt (5 statt 650 Positionen):

Warenkorb	Wägungsschema Jahr 00		Preise		
			01	02	03
1. Nahrungsmittel	615,00 GE	41 %	615,00 GE	615,00 GE	615,00 GE
2. Kleidung	600,00 GE	40 %	600,00 GE	660,00 GE	660,00 GE
3. Wohnung	150,00 GE	10 %	200,00 GE	200,00 GE	200,00 GE
4. Brennstoffe	60,00 GE	4 %	60,00 GE	60,00 GE	180,00 GE
5. Dienstleistungen	75,00 GE	5 %	75,00 GE	75,00 GE	75,00 GE
Gesamtausgaben	1 500,00 GE	100 %	1 550,00 GE	1 610,00 GE	1 730,00 GE

Die Indexzahlen werden wie folgt ermittelt:

Das Basisjahr 00 wird mit 100 Punkten angesetzt. Die angenommene Verteuerung der Wohnungsausgaben um 50,00 GE im Jahr 01 ($\cong 33^{1}/_{3}$ %) bewirkt bei Konstanz aller anderen Preise eine Erhöhung der Lebenshaltungskosten um 3,3 Punkte auf 103,3.[1]

Steigen im Jahr 02 z. B. die Preise für Kleidung um 10 %, erhöhen sich die Lebenshaltungskosten um 4 Punkte auf 107,3 Punkte.[2]

Die angenommene Steigerung der Brennstoffkosten um 200 % im Jahr 03 bewirkt allein eine Steigerung der Lebenshaltungskosten auf 115,3 Punkte.

Insgesamt gilt also, dass sich Preissteigerungen bei bestimmten Waren und Diensten auf den Verbraucherpreisindex umso stärker auswirken, je größer ihr prozentualer Anteil (ihr „Gewicht") an den Gesamtausgaben eines durchschnittlichen Haushalts ist.

Der **Verbraucherpreisindex** für die **Bundesrepublik Deutschland** entwickelte sich wie folgt (Basisjahr 2015):

Jahr	2010	2011	2012	2013	2014	2015	2016	2017	2018
Verbraucher-preisindex	93,2	95,2	97,1	98,5	99,5	100,0	100,5	102,0	103,8

Quelle: Statistisches Bundesamt, mehrere Jahrgänge; www.bundesbank.de

Der **Harmonisierte Verbraucherpreisindex (HVPI)**[3] für das Euro-Währungsgebiet (Basisjahr 2015) weist folgende Kennzahlen aus:

Jahr	2010	2011	2012	2013	2014	2015	2016	2017	2018
HVPI	93,2	95,5	97,5	99,1	99,3	100,0	100,4	102,1	104,0

Quelle: Monatsberichte der Europäischen Zentralbank, mehrere Jahrgänge; Statistisches Bundesamt.

---

1 Berechnung: 1 500,00 GE (00) $\cong$ 100 Punkte
1 550,00 GE (01) $\cong$ x Punkte

$$x = \frac{100 \cdot 1550}{1500} = 103,3 \text{ Punkte}$$

2 Berechnung: 1 500,00 GE (00) $\cong$ 100 Punkte
1 610,00 GE (02) $\cong$ x Punkte

$$x = \frac{100 \cdot 1610}{1500} = 107,3 \text{ Punkte}$$

3 Siehe auch Kapitel 3.3.1.3.

Der **Preisindex** bezieht sich auf ein Basisjahr, dessen Preisniveau mit 100 % (100 „Punkten") angesetzt wird. Ein Steigen des Preisniveaus wird durch eine Erhöhung des Prozentsatzes (der „Punkte"), ein Sinken des Preisniveaus durch eine Verringerung des Prozentsatzes (der „Punkte") angezeigt. Beträgt z.B. im Jahr 02 der Preisindex 110, so bedeutet das, dass das Preisniveau gegenüber dem Jahr 00 (dem Basisjahr) um 10 % gestiegen ist.

Die **Preisveränderungsrate (Preissteigerungsrate)** drückt aus, um wie viel Prozent sich das Preisniveau einer Periode **gegenüber dem Preisniveau der Vorperiode** verändert hat, z.B. im laufenden Jahr gegenüber dem Vorjahr, im Monat Mai gegenüber dem Monat April oder im Monat Juni 01 gegenüber dem Monat Juni 00.

Beträgt z.B. der Preisindex des Jahres 02 **110** und der Preisindex des Jahres 03 **115,5**, so beläuft sich die Preisveränderungsrate auf 5 %.[1]

Steigt das Preisniveau (ist die Preisveränderungsrate positiv), spricht man von der **Inflationsrate**. In unserem Beispiel beträgt die Inflationsrate folglich 5 %. **Sinkt das Preisniveau** (ist die Preisveränderungsrate negativ), spricht man von der **Deflationsrate**.

Reallohn[2]/Nominallohn[3]

Die Entwicklung eines Preisindex lässt im Allgemeinen keine Aussage darüber zu, ob sich der materielle *Lebensstandard* der Arbeitnehmer (und Arbeitgeber) verbessert oder verschlechtert hat. Neben der Qualitätsverbesserung der angebotenen Güter muss vor allem die Entwicklung des *Nettolohns* berücksichtigt werden.

Was dem Arbeitnehmer am Monatsende nach Abzug der Lohn- und Kirchensteuer sowie der Sozialversicherungsbeiträge verbleibt, nennt man *Nettolohn.* Dieser Nettolohn entspricht längst nicht dem, was der Arbeitgeber für die Arbeitskraft aufzuwenden hat. Zu berücksichtigen ist nämlich, dass der Arbeitgeber eine Reihe von gesetzlichen, tariflichen und freiwilligen **Lohnnebenkosten** zu tragen hat. Der auf der Lohnabrechnung des Arbeitnehmers erscheinende Betrag heißt **Bruttolohn**.

Den *Nettolohn,* so wie er tatsächlich in der **Lohnabrechnung**[4] „genannt" wird, bezeichnet man als **Nominallohn.**

Dieser Nominallohn sagt nichts darüber aus, wie viel sich ein Arbeitnehmer dafür kaufen kann. Steigt z.B. der Nominallohn *schneller* als das Preisniveau, nimmt der Lebensstandard trotzdem zu. Mit anderen Worten: Der **Reallohn** (real = wirklich) ist gestiegen. Steigen Preise und Nettolohn im gleichen Maße, hat sich der Reallohn *nicht* verändert. Steigen indessen die Nominallöhne schwächer als die Preise, nimmt der Reallohn (die Kaufkraft) ab.

---

1 Berechnung: 110,0 Punkte $\cong$ 100 % $x = \dfrac{100 \cdot 5,5}{110} = \underline{5\,\%}$

               5,5 Punkte $\cong$ x %

2 Real = wirklich, tatsächlich.

3 „Nominal" kommt von „nominell", d.h. dem Namen nach, dem Nennwert nach.

4 Unter „Lohn" ist in der Volkswirtschaftslehre stets das Arbeitsentgelt der Arbeitnehmer zu verstehen.

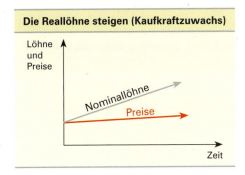

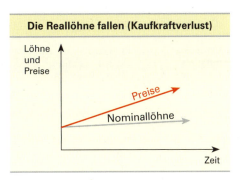

3.9.7.7 Inflation[1]

In manchen Geschichtsbüchern findet sich folgender Satz: „Als die große Inflation, die 1923 ihren Höhepunkt fand, hereinbrach ...". Dieser Satz ist falsch, denn Inflationen sind keine Naturereignisse, sondern sie werden von Menschen gemacht, und zwar am allerwenigsten „von den Leuten", sondern vor allem von den für Wirtschaft und Politik Verantwortlichen.

Begriff Inflation

Unter **Inflation** versteht man ein anhaltendes Steigen des Preisniveaus.

Steigen hin und wieder die Preise einzelner Güter bzw. Gütergruppen, so liegt noch keine Inflation vor. Im Winter steigen beispielsweise die Preise für landwirtschaftliche Produkte, weil – bei gleichbleibender Nachfrage – das Angebot abnimmt.

Arten und Ursachen der Inflation

Inflationsarten nach der Erkennbarkeit

Inflationsarten	Erläuterung	Beispiel:
Offene Inflation	Hier steigt das Preisniveau „offen" gemäß den Marktbedingungen. Der Staat schreibt weder Fest- noch Höchstpreise vor bzw. passt diese laufend an die Marktgegebenheiten an.	Die große deutsche Inflation von 1914 bis 1923 war eine offene Inflation. Sie war auf eine unmäßige Geldmengenvermehrung durch die damalige Regierung zurückzuführen. Folgende Zahlen geben einen Eindruck: Der Dollarkurs betrug Ende April 1923 29 800,00 Mark, Ende Mai 70 000,00 Mark, Ende Juli 1 100 000,00 Mark, acht Tage später 4 869 000,00 Mark; am 9. Oktober wurde die Milliardengrenze überschritten. Am 20. November belief sich der Dollarkurs[2] auf rund 4,2 Billionen Mark.

---

1 Inflation (lat.) = Aufblähung; hier: Aufblähung der nachfragewirksamen Geldmenge.

2 Unter „Kurs" versteht man das Austauschverhältnis zwischen der Binnenwährung (z. B. Euro) und einer Fremdwährung (z. B. US-$). In diesem Fall handelt es sich um eine Preisnotierung, in der der Kurs ausdrückt, wie viel Einheiten der Binnenwährung man für eine Einheit der Außenwährung bezahlen muss.

Inflationsarten	Erläuterung	Beispiel:
Verdeckte Inflation	In diesem Fall schreibt der Staat Höchst- und/oder Festpreise vor, ohne diese an die tatsächlichen Marktverhältnisse anzupassen. Das Preisniveau wird verhältnismäßig stabil gehalten. Die Leute können aber mit ihrem „Geld" wenig anfangen, weil das Güterangebot zu gering ist. Der Staat muss rationieren[1] (z. B. Lebensmittelmarken ausgeben).	Eine verdeckte (gestoppte) Inflation herrschte in Deutschland von 1939 bis 1948. Preise und Löhne waren vom Staat vorgeschrieben (Preis- und Lohnstopp). Verdeckte Inflationen sind daran erkennbar, dass „schwarze Märkte" entstehen, auf denen die knappen Waren gesetzeswidrig zu Wucherpreisen gehandelt werden.

■ **Inflationsarten nach der Schnelligkeit der Geldentwertung**

Inflationsarten	Erläuterung	Beispiele:
Schleichende Inflation	Diese Art der Inflation ist durch verhältnismäßig niedrige, aber lang anhaltende Preissteigerungen gekennzeichnet. Von schleichender Inflation kann man sprechen, wenn die Preissteigerungsrate nicht höher ist als der Zinssatz für Spargelder.	Die Wirtschaft der Bundesrepublik Deutschland ist durch eine schleichende Inflation gekennzeichnet.
Galoppierende Inflation	Liegt die Preissteigerungsrate im Durchschnitt über dem Zins für langfristige Geldanlagen (etwa über 6 bis 8 %), liegt eine galoppierende Inflation vor. Bei jährlichen Preissteigerungsraten von mehr als 50 % spricht man von **Hyperinflation.**	Die deutsche Inflation von 1918 bis 1923 war eine Hyperinflation.

■ **Inflationsarten nach ihrer Ursache**

Nachfrageinflationen[2] (nachfrageinduzierte[3] Inflationstypen)	
Binnennachfrage-inflation	Die privaten Haushalte, die Unternehmen und/oder der Staat sparen zu wenig und/oder nehmen Kredite auf, um ihre Ansprüche zu finanzieren.
Außennachfrage-inflation	Laufende Exportüberschüsse gegenüber Fremdwährungsgebieten führen zu Deviseneinnahmen, die nicht wieder für Importzwecke benötigt werden. Die Exporteure tauschen die Devisen bei den Banken in Binnenwährung um, sodass die Geldmenge steigt. Die dieser Geldmenge gegenüberstehenden „Gütermengen" wurden indessen in Fremdwährungsgebiete exportiert, sodass also letztlich das Preisniveau im eigenen Währungsgebiet steigen muss. Da Exportüberschüsse gegenüber Fremdwährungsgebieten in der Regel vor allem dann entstehen, wenn dort die Inflationsraten *höher* als im eigenen Währungsgebiet sind (die Exportwaren werden für die gebietsfremden Importeure relativ billiger), spricht man von **importierter Inflation.** (Die Inflation wird sozusagen vom Fremdwährungsgebiet ins eigene Währungsgebiet „hereingetragen".)

1 Rationieren = in „Rationen" einteilen, d.h. Mengenzuteilungen vornehmen.

2 Die Nachfrage- und Angebotsinflationen nennt man auch Anspruchsinflationen, weil die Ansprüche der Wirtschaftssubjekte schneller wachsen als das Handelsvolumen.

3 Induzieren = auslösen, beeinflussen.

Angebotsinflationen[1] (angebotsinduzierte Inflationstypen)	
Kosteninflation	Die Gewerkschaften setzen überhöhte Lohnforderungen durch (Lohnkosteninflation), der Staat erhöht die Steuern (Steuerkosteninflation) oder im eigenen Währungsgebiet ansässige Rohstofflieferer erhöhen ihre Preise (Rohstoffkosteninflation). Die Unternehmen erhöhen die Preise, um die gestiegenen Kosten zu decken.
	Steigen die Preise der in fremden Währungsgebieten ansässigen Lieferer (z. B. Rohstofflieferer) unverhältnismäßig stark an, liegt eine **Importkosteninflation** vor. Sie ist eine weitere Art der „importierten Inflation".
Gewinninflation	Unternehmen, die eine starke Marktstellung besitzen (Oligopole, Monopole), erhöhen ihre Absatzpreise auf Kosten der Verbraucher. Die Gewerkschaften setzen daraufhin einen „Inflationsausgleich" durch (**„Preis-Lohn-Spirale"**).

■ Inflationsarten nach der Berechnung

Allgemeine Inflation	Der Preisindex wird aufgrund einer möglichst repräsentativen (typischen), d. h. von den meisten Verbrauchern benötigten und gekauften Anzahl von Waren ermittelt (s. S. 338 f.).
Kerninflation	Bei der Berechnung der Kerninflationsrate wird der „Warenkorb" auf solche Güter beschränkt, die nicht ständigen Preisänderungen unterworfen sind. Zu den Gütern mit besonders starken Preisschwankungen gehören z. B. Brennstoffe wie Heizöl, Diesel, Benzin und viele Lebensmittel.

Wirkungen der Inflation

Die Wirkungen der Inflation sind im Wesentlichen als negativ zu beurteilen. Die wohl schlimmste Folge ist die **Stagflation,** d. h. Stagnation[2] mit Inflation. Sie entsteht z. B. dadurch, dass in einer Wirtschaft mit Außenhandel die Unternehmen die gestiegenen Kosten aus Konkurrenzgründen nicht mehr voll auf die Preise überwälzen können, sodass ihre Gewinne sinken bzw. Verluste größer werden. Dies führt dazu, dass nicht mehr ausreichend investiert wird: Die Güterproduktion *stagniert* und es entsteht Arbeitslosigkeit bei steigenden Preisen.

Von **Reflation** wird gesprochen, wenn das Preisniveau bei zurückgehender Beschäftigung (in der Rezession)[3] steigt (Rezession mit Inflation). Der Reflation können z. B. folgende Ursachen zugrunde liegen: Der Staat erhöht trotz Rezession die Kostensteuern; die Importpreise steigen; die Unternehmen erhöhen ihre Absatzpreise, weil ihre Stückkosten aufgrund des Gesetzes der Massenproduktion gestiegen sind (siehe auch Kapitel 2.3.2.8).

Weitere Folgen der Inflation sind:

- **Schuldner werden begünstigt,** weil der reale Wert der Kreditaufnahme im Laufe der Zeit sinkt. Dies gilt insbesondere dann, wenn die Inflationsrate (= jährliche Preissteigerung in Prozent) höher als der Kreditzinssatz ist. Umgekehrt werden die Gläubiger (Sparer) geschädigt.

- **Eigentümer von Sachvermögen** (u. U. auch Besitzer von Grundstücken, Unternehmen usw.) **können** im Gegensatz zu den Geldbesitzern (Kontensparern) **ihr Vermögen erhalten.** Geht man davon aus, dass die Arbeitnehmer i. d. R. ihre Ersparnisse auf Sparbüchern oder in fest-

---

1 Siehe Fußnote 1 auf S. 341.

2 Stagnation = Stillstand.

3 Rezession (lat.) = „das Zurückgehen", Rückgang.

verzinslichen Wertpapieren anlegen, während die Selbstständigen und die Unternehmen ihr Vermögen in Sachwerten investiert haben, verschiebt sich die Vermögensverteilung zugunsten der Selbstständigen und der Unternehmen. **Soziale Ungleichheit wird also durch die Inflation vergrößert.**

- Inflation löst **„Flucht in die Sachwerte"** aus. Die Angst vor weiterer Geldentwertung führt in der Anfangsphase der Inflation zu steigender Nachfrage, was wiederum die Inflation anheizt („Inflationsmentalität").

- Soziale Gruppen, die nicht von starken Interessenverbänden vertreten werden, hinken mit ihren Einkommen hinter der allgemeinen Preis- und Lohnentwicklung her.

- In der Anfangsphase der Inflation steigen die Steuereinnahmen der öffentlichen Körperschaften (des „Staates"). Dies verführt die Parlamente dazu, **staatlichen Ausgabesteigerungen** zuzustimmen. Die gesetzlich fixierten Ausgaben können kaum mehr zurückgenommen werden, sodass im Laufe der Zeit immer größere **Haushaltsdefizite**[1] entstehen, die dann durch Steuererhöhungen und Ausgabekürzungen ausgeglichen werden müssen.

- Steuererhöhungen verringern die gesamtwirtschaftliche Nachfrage, falls die zusätzlichen Steuereinnahmen nicht wieder ausgegeben, sondern zur Schuldentilgung verwendet werden. Die Beschäftigung geht zurück. Steuerausfälle sind die Folge.

- Die **Angst vor Arbeitslosigkeit** lässt die Sparquote ansteigen, sodass auch die **Konsumgüternachfrage stagniert** oder gar zurückgeht.

3.9.7.8 Deflation[2]

Deflation im traditionellen Sinne

Unter **Deflation** im traditionellen Sinne versteht man ein anhaltendes Sinken des Preisniveaus, verbunden mit zunehmender Arbeitslosigkeit und einem Rückgang des realen Bruttoinlandsprodukts. Man spricht in diesem Zusammenhang auch von einer Depression.[3]

Beispiel:

Die deutsche Deflation von 1930 bis 1932 brachte dem Deutschen Reich rund 6 Millionen Arbeitslose. Sie wurde im Wesentlichen dadurch erzeugt, dass der damalige Reichskanzler Brüning[4] den Staatshaushalt an das durch Exportrückgänge geschrumpfte Handelsvolumen laufend anpasste, indem er die Staatsausgaben drastisch senkte.

Ursachen der Deflation im traditionellen Sinne

- **Kürzungen der Staatsausgaben** (z. B. um die in den Vorjahren entstandenen Haushaltsdefizite auszugleichen).

- **Pessimistische Zukunftserwartungen der Wirtschaftssubjekte,** die z. B. durch Sparmaßnahmen des Staates oder politische Instabilität ausgelöst werden können. Die Folgen sind Kaufzurückhaltung (überhöhtes Sparen), fehlende Investitionsneigung der Unternehmen und sinkende Umlaufgeschwindigkeit des Geldes.

---

1 Defizit = Fehlbetrag. Ein Haushaltsdefizit entsteht, wenn der Staat seine Ausgaben teilweise durch Kreditaufnahmen finanziert.

2 Deflation (lat.) = Zusammenziehung; hier: Zusammenziehung (Abnahme) der nachfragewirksamen Geldmenge.

3 Depression (lat.) = Druck, Niedergeschlagenheit, hier: wirtschaftlicher Niedergang.

4 Bekannter deutscher Finanzpolitiker der Weimarer Republik, von 1930 bis 1932 deutscher Reichskanzler.

Wirkungen der Deflation im traditionellen Sinne

Die Deflation im traditionellen (= althergebrachten) Sinne ist das „Gegenteil" der Inflation: Die Preise sinken (die Kaufkraft steigt).

Sinkendes Preisniveau bewirkt, dass Unternehmen und private Haushalte mit ihren Käufen eine abwartende Haltung einnehmen, weil sie weiter sinkende Preise erwarten: Sie *sparen.* Arbeitsplätze gehen verloren, die Einkommen sinken.

Wesen der heutigen Deflationen

Lange Zeit wurden Deflationen im traditionellen Sinne heute nicht mehr für so wahrscheinlich gehalten wie früher, weil die sogenannten *institutionellen Starrheiten* (wie z. B. Mindestlöhne, einkommens- bzw. gewinnunabhängige Steuern, langfristig vereinbarte Miet- und Pachtzinsen, langfristige Lieferverträge, gesetzlich festgelegte Staatsausgaben usw.) ein drastisches Sinken des Preisniveaus verhinderten. Nachfragerückgänge bewirkten deshalb außer auf bestimmten Teilmärkten in erster Linie einen *Rückgang der Beschäftigung* (d. h. zunehmende *Arbeitslosigkeit*)[1] bei sinkender Inflationsrate oder bei Preisniveaustabilität.

Besonders die Regierungen hoch verschuldeter Staaten fürchten Deflationen, denn ein sinkendes Preisniveau heißt steigender Geldwert. Sinken die Preise z. B. um 2 %, steigt der Geldwert um genau 2,04 %. Da die angehäuften Staatsschulden zu vergleichsweise hohen Zinssätzen aufgenommen wurden, besteht im schlimmsten Fall die Gefahr, dass Schuldnerstaaten zahlungsunfähig werden. Aus diesem Grund drängen sie ihre Zentralbanken (Notenbanken), zusätzliches Geld zu schöpfen (in den Zeitungen ist häufig vom „Anwerfen der Notenpresse" zu lesen) und vor allem die Zinssätze deutlich zu senken. Die Regierungen werden damit in die Lage versetzt, billige Kredite aufzunehmen und die höher verzinslichen Staatsschulden zu tilgen. Dadurch gewinnen sie Zeit, um notwendige Reformen (z. B. Erhöhung des Rentenalters, Verbesserung der Infrastruktur, Bekämpfung der Korruption, Lockerung arbeitsrechtlicher Vorschriften) durchzuführen. Wenn indessen die Regierungen der sich in Zahlungsschwierigkeiten befindlichen Länder die notwendigen Reformen nicht vornehmen, können auch die Zentralbanken die wirtschaftlichen Probleme nicht lösen. Denn für die Wirtschafts- und Finanzpolitik sind die Regierungen, aber nicht die Zentralbanken zuständig. Daher gilt der häufig zitierte Satz, dass eine Zentralbank mit der Niedrigzins- oder gar Nullzinspolitik sowie dem Kauf von Staatsanleihen lediglich „Zeit kauft".

Die Niedrigzins- bzw. Nullzinspolitik der Zentralbanken führt auch dazu, dass die Sparer Geld verlieren (man spricht von „stiller Enteignung" bzw. „finanzieller Repression"). Betragen z. B. die Guthabenzinsen 0,75 % und die Inflationsrate 1,5 %, verlieren die Sparer jährlich 0,75 % ihrer Ersparnisse.

Zusammenfassung

- Das **Handelsvolumen** (H) ist die Summe aller während einer Periode umgesetzten Güter, bewertet zu konstanten Preisen.

- Die **nachfragewirksame Geldmenge** (M · U) ist das von den Wirtschaftssubjekten für Nachfragezwecke bereitgestellte Bar- und Giralgeld, multipliziert mit seiner Umlaufgeschwindigkeit.

---

1 Näheres zum Thema Arbeitslosigkeit siehe Kapitel 3.3.1.2 und Kapitel 3.5.

■ Unter **Preisniveau** versteht man den gewogenen Durchschnitt aller Güterpreise.

■ Die **Verkehrsgleichung des Geldes** lautet:

$$P \cdot H = M \cdot U$$

■ Die **Kaufkraft** drückt aus, wie viel Gütereinheiten man für eine Geldeinheit kaufen kann.

■ Der **Preisindex** besagt, um wie viel Prozent die Preise gegenüber dem *Basisjahr* gestiegen sind.

■ Die **Preissteigerungsrate** sagt aus, um wie viel Prozent die Preise gegenüber dem *Vorjahr* gestiegen sind.

■ Der **Nominallohn** ist der Lohn, den ein Arbeitnehmer tatsächlich ausbezahlt bekommt (Nettolohn).

■ Der **Reallohn** sagt aus, welche Gütermenge ein Arbeitnehmer für seinen Nettolohn tatsächlich kaufen kann.

■ Unter **Inflation** versteht man ein lang anhaltendes Steigen des Preisniveaus.

■ Man unterscheidet u. a. folgende **Inflationsarten:**

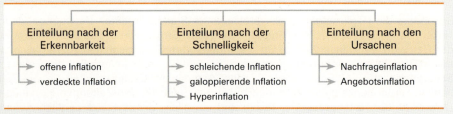

Einteilung nach der Erkennbarkeit	Einteilung nach der Schnelligkeit	Einteilung nach den Ursachen
→ offene Inflation → verdeckte Inflation	→ schleichende Inflation → galoppierende Inflation → Hyperinflation	→ Nachfrageinflation → Angebotsinflation

■ Unter **Deflation** im traditionellen Sinne versteht man ein anhaltendes Sinken des Preisniveaus.

■ **Heutige Deflationen** sind durch Beschäftigungsrückgänge bei einem relativ starren Preisniveau gekennzeichnet.

ÜBUNGSAUFGABEN

1. Erklären Sie folgende Begriffe:

1.1 Handelsvolumen,

1.2 nachfragewirksame Geldmenge und

1.3 Preisniveau.

2. Wie kann die Entwicklung des Preisniveaus von der Entwicklung der nachfragewirksamen Geldmenge einerseits und der Entwicklung des Handelsvolumens andererseits abhängen?

3. Geben Sie einige Gründe an, warum in der heutigen Wirtschaft das Preisniveau selten sinkt, sondern meistens steigt!

4. Welche Aussage trifft die Quantitätsgleichung (Verkehrsgleichung)?

5. Erklären Sie den Unterschied zwischen Kaufkraft und Preisniveau!

6.

Jahr	Handels-volumen (in Preisen des Jahres 00)	Nachfrage-wirksame Geld-menge (M · U)	Veränderungs-faktor des Preisniveaus gegenüber dem Jahr 00	Handels-volumen zu tatsächlichen Preisen	Preis-index	Preissteige-rungsrate
00	100 000,00 GE	100 000,00 GE	–	100 000,00 GE	100	–
01	120 000,00 GE	120 000,00 GE				
02	140 000,00 GE	154 000,00 GE				
03	140 000,00 GE	168 000,00 GE				
04	130 000,00 GE	162 500,00 GE				
05	150 000,00 GE	200 000,00 GE				

6.1 Berechnen Sie die fehlenden Werte!

6.2 Wie hoch ist der jährliche Kaufkraftverlust gegenüber dem Jahr 00?

6.3 Wie hoch ist der jährliche Kaufkraftverlust gegenüber dem jeweiligen Vorjahr?

7. Unterscheiden Sie zwischen Reallohn und Nominallohn!

8. Erklären Sie den Begriff Inflation!

9. Nennen Sie mindestens drei wichtige Inflationsursachen!

10. Welche wirtschaftlichen und sozialen Folgen hat die Inflation?

11. Textauszug:

Preisverfall in Euroland

BERLIN. Nun ist es amtlich: Die Lebenshaltung kostet die Menschen in der Eurozone etwas weniger als ein Jahr zuvor. Über die Folgen dieser negativen Inflationsrate debattieren nun Ökonomen.

Um von einer Deflation zu sprechen, reicht ein Preisrutsch von einem Monat auf den anderen nicht aus. Dazu muss sich die Inflationsrate klar ins Negative umkehren – und das für längere Zeit.

Der Preisrückgang beruht laut Eurostat vor allem auf den niedrigen Energiepreisen. Diese sind im Jahresvergleich um 6,3 Prozent gefallen. Wegen des hohen Angebotes auf den Weltmärkten kostet ein Fass Erdöl jetzt weniger als 50 Dollar. Vor sechs Monaten war es noch mehr als das Doppelte. Der Effekt ist auch an deutschen Tankstellen zu sehen: Man bekommt den Liter Superbenzin nun beispielsweise für 1,30 Euro, nicht für 1,70 Euro. Auch unverarbeitete Nahrungsmittel wurden im europäischen Durchschnitt etwas billiger. Bei allen übrigen Waren blieben die Preise stabil oder stiegen leicht – verarbeitete Lebensmittel, Alkohol und Tabak wurden insgesamt beispielsweise um 0,6 Prozent teurer, Dienstleistungen um 1,2 Prozent.

Quelle: Badische Zeitung vom 8. Januar 2015.

11.1 Erklären Sie den Begriff Deflation!

11.2 Erklären Sie, warum man im vorliegenden Fall nicht von einer Deflation sprechen kann!

11.3 Erläutern Sie eine weitere mögliche Ursache einer Deflation!

12. Der Verbraucherpreisindex eines Landes entwickelte sich wie folgt:

Jahr	t_1	t_2	t_3	t_4	t_5	t_6	t_7
Index	97,9	100,0	101,6	102,7	103,8	106,3	105,2

Berechnen Sie die jährlichen Preisveränderungsraten!

3.10 Geldpolitisches Instrumentarium der Europäischen Zentralbank (EZB)

3.10.1 Mindestreservepolitik

Wesen der Mindestreservepolitik

Die Mindestreservepflicht der Banken bemisst sich nach der Höhe ihrer Verbindlichkeiten gegenüber Nichtbanken aus täglich fälligen Einlagen (Sichteinlagen), Einlagen mit vereinbarter Laufzeit, Einlagen mit vereinbarter Kündigungsfrist, Repogeschäften (siehe S. 351 f.), ausgegebenen Schuldverschreibungen und ausgegebenen Geldmarktpapieren. Die Mindestreservesätze sind der prozentuale Anteil der Mindestreserven am Wert der genannten Verbindlichkeiten der Banken. Sie können je nach Art der Verbindlichkeiten unterschiedlich hoch sei.

Zum Verständnis des Zusammenhangs genügt es, wenn wir die Mindestreserven für Sichteinlagen betrachten. Dabei ist es wichtig zu wissen, dass die Banken zwar kein Bargeld (Münz- und Notengeld), wohl aber Giralgeld schaffen (schöpfen) können, weil sie *mehr* Geld ausleihen können, als sie Einlagen besitzen. Der Grund: Es ist kaum zu erwarten, dass *alle* Bankkunden gleichzeitig ihr Geld abheben wollen. Es genügt vielmehr, wenn die Banken eine verhältnismäßig geringe Bargeldsumme zur Auszahlung bereithalten (siehe Kapitel 3.9.6.3).

Beispiel:

Angenommen, ein Bankkunde zahlt auf sein Girokonto 10 000,00 € ein. Der Mindestreservesatz der Zentralbank beträgt 10 %. Ferner pflegen die Banken 20 % der Sichteinlagen als Barreserve (Kassenreserve für Auszahlungszwecke) zu halten. Die Bank kann nunmehr 7 000,00 € ausleihen, falls sich ein Kreditnachfrager findet.

Erhöht die EZB den Mindestreservesatz auf beispielsweise 15 %, muss die Bank bei einer Einlage von 10 000,00 € eine Barreserve von 2 000,00 € und eine Mindestreserve von 1 500,00 € halten, sodass sich ihre Giralgeldschöpfungsmöglichkeit auf 6 500,00 € vermindert.

Da der Giralgeldschöpfungsmultiplikator unter den im Kapitel 3.9.6.3 entwickelten Modellbedingungen dem reziproken Wert des Barreservesatzes (einschließlich des Mindestreservesatzes) entspricht, beträgt der gesamte Kreditschöpfungsspielraum der Banken *nach* der Mindestreservesatzerhöhung 18 571,00 €.[1] **Vorher** belief sich der Kreditschöpfungsspielraum auf 23 333,00 €.[2]

Aus dem Beispiel folgt:

- Je höher die Mindestreservesätze, desto geringer sind die Giralgeldschöpfungsmöglichkeiten der Banken.

- Je niedriger die Mindestreservesätze, desto höher sind die Giralgeldschöpfungsmöglichkeiten der Banken.

---

1 $6\,500,00\ € : \frac{35}{100} = 18\,571,00\ €.$

2 $7\,000,00\ € : \frac{30}{100} = 23\,333,00\ €.$

■ **Erhöhung der Mindestreservesätze.** Ist die Wirtschaft vollbeschäftigt und besteht Inflationsgefahr,[1] erhöht die EZB die Mindestreservesätze. Die Banken können *weniger* Giralgeld anbieten. Kaufwünsche der Wirtschaftssubjekte können nur in geringerem Umfang erfüllt werden. Die Nachfrage nach Sachgütern und Dienstleistungen wird gebremst, die Inflationsgefahr verringert.

■ **Senkung der Mindestreservesätze.** Ist die Wirtschaft unterbeschäftigt, senkt die EZB die Mindestreservesätze. Die Banken können mehr Giralgeld anbieten. Kaufwünsche der Wirtschaftssubjekte können erfüllt werden. Die Nachfrage nach Gütern wird gefördert. Die EZB hofft, dass die Wirtschaft angekurbelt wird.

Bedeutung der Mindestreservepolitik[2]

Es wird häufig gesagt, dass die Mindestreservepolitik ein Schwert mit einer stumpfen und mit einer scharfen Seite ist. Die scharfe Seite ist die Erhöhung der Mindestreservesätze: Erhalten die Wirtschaftssubjekte nur Kredite im Rahmen des von der EZB gewünschten Umfangs, *können* sie ihre Nachfrage nicht beliebig ausdehnen: Wo kein Geld ist, ist keine Nachfrage. Senkt indessen die EZB die Mindestreservesätze, zeigt sich die stumpfe Seite der Waffe. Die Banken haben zwar mehr Geld. Wenn aber niemand dieses Geld in Form von Krediten haben möchte, steigt auch die Nachfrage nicht.

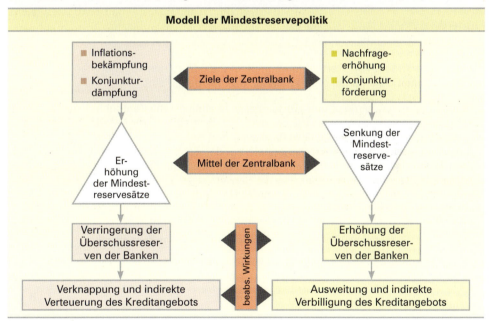

Modell der Mindestreservepolitik

---

1 Inflation (lat.) = wörtl. Aufblähung. Unter Inflation versteht man ein ständiges Steigen des Preisniveaus.

2 Seit ihrem Bestehen hat die Europäische Zentralbank die Mindestreservesätze nicht verändert (variiert), d. h. keine Mindestreservepolitik betrieben. Der Mindestreservesatz für täglich fällige Einlagen und Einlagen mit vereinbarter Laufzeit oder Kündigungsfrist von bis zu 2 Jahren sowie für Schuldverschreibungen mit einer Laufzeit bis zu 2 Jahren belief sich bis 18. Januar 2012 unverändert auf 2 % und danach auf 1 %. Für Einlagen mit vereinbarter Laufzeit oder Kündigungsfrist von mehr als 2 Jahren, Repogeschäfte (siehe Fußnote 4 auf S. 322) und Schuldverschreibungen mit einer Laufzeit von mehr als 2 Jahren beträgt der Mindestreservesatz 0 %.

3.10.2 Offenmarktpolitik

Die Offenmarktpolitik spielt eine wichtige Rolle in der Geldpolitik der Europäischen Zentralbank bzw. des Systems der Europäischen Zentralbanken. Offenmarktgeschäfte werden eingesetzt, um **Zinssätze** und **Liquidität** (die Geldmenge) am Markt zu steuern und um **Signale** zu setzen.

3.10.2.1 Instrumente der Offenmarktpolitik

Es stehen fünf Arten von Instrumenten zur Durchführung von Offenmarktgeschäften zur Verfügung:

- definitive Käufe von Schuldverschreibungen,
- befristete Transaktionen,
- Emissionen von Schuldverschreibungen,
- Devisenswapgeschäfte und
- Hereinnahme von Termineinlagen.

Definitive Käufe und Verkäufe von Wertpapieren

Der definitive[1] Kauf oder Verkauf von Wertpapieren[2] ist ein mögliches Instrument einer Zentralbank zur Beeinflussung der Geldmenge und des Zinsniveaus.

Die definitiven Käufe von Wertpapieren rechnet die EZB zu den sogenannten **„strukturellen Operationen"**. Sie finden unregelmäßig, d. h. bei Bedarf statt.

Durch den Kauf bzw. Verkauf von Wertpapieren beeinflusst die Zentralbank die Zinssätze. Technisch geschieht das in der Weise, dass die Zentralbank vom Marktzinssatz abweichende Abgabe- und Annahmesätze (Verkaufs- und Ankaufssätze) fixiert (festlegt) und es den Banken überlässt, wie viele Papiere sie bei der Zentralbank kaufen bzw. an sie verkaufen wollen. Ist z. B. der Kreditmarkt flüssig, kann die Zentralbank die Abgabesätze über den Marktzinssatz hinaus erhöhen. Für die Banken ist es dann vorteilhaft, überschüssige Mittel nicht auf dem Markt anzubieten, sondern in Wertpapieren anzulegen. Der Geldmarkt „verknappt sich" und der Zinssatz steigt.

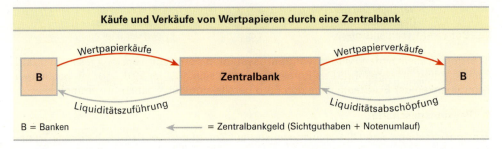

Käufe und Verkäufe von Wertpapieren durch eine Zentralbank

Wertpapierkäufe — Zentralbank — Wertpapierverkäufe

B — Liquiditätszuführung — Zentralbank — Liquiditätsabschöpfung — B

B = Banken   = Zentralbankgeld (Sichtguthaben + Notenumlauf)

---

1 Definitiv (lat.) = wörtl. bestimmt. Hier: Ein endgültiger Kauf ohne Nebenbedingungen wie z. B. Rücknahmevereinbarungen.

2 Zu den Offenmarktpapieren siehe Kapitel 3.9.6.2.

Somit lässt sich Folgendes festhalten:

- **Verkauf von Wertpapieren.** Ist die Wirtschaft vollbeschäftigt und besteht Inflationsgefahr, verkauft die Zentralbank Wertpapiere am offenen Markt. Dem Geldmarkt wird Liquidität entzogen. Die Überschussreserven der Banken verringern sich und damit das Geldangebot. Zusätzliche Nachfrage kann nicht finanziert werden. Es ist zu erwarten, dass die inflationäre Entwicklung gebremst wird.

- **Kauf von Wertpapieren.** Ist die Wirtschaft unterbeschäftigt, kauft die Zentralbank Wertpapiere am offenen Markt. Dem Geldmarkt wird Liquidität zugeführt. Die Überschussreserven der Banken erhöhen sich und damit das Geldangebot. Zusätzliche Geldnachfrage kann also finanziert werden.

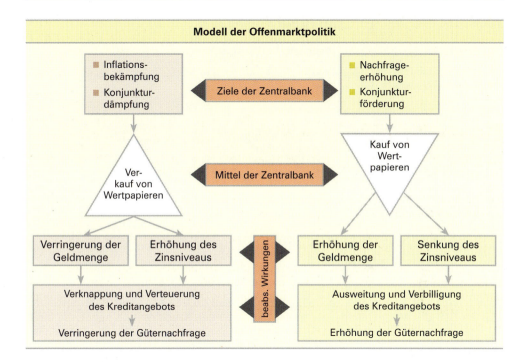

Modell der Offenmarktpolitik

Befristete Transaktionen

Befristete Transaktionen werden vom **Eurosystem** in Form von Pensionsgeschäften und Pfandkrediten durchgeführt. Das Eurosystem setzt sich aus der EZB und den nationalen Zentralbanken der EU-Staaten, die den Euro bereits eingeführt haben, zusammen.[1]

Pensionsgeschäfte

Pensionsgeschäfte sind Offenmarktgeschäfte auf Zeit (daher der Begriff „befristete Transaktionen"), weil den Kreditinstituten nur für eine im Voraus feststehende Zeit Zentralbankgeld (Sichtguthaben oder Bargeld) zur Verfügung gestellt wird. Von Pensionsgeschäften

---

1 Siehe Kapitel 3.9.2.

spricht man deshalb, weil das Eurosystem Wertpapiere mit der Maßgabe kauft, dass die Kreditinstitute die Papiere nach Ablauf einer bestimmten Zeit (z. B. nach 28 Tagen) wieder zurückkaufen. Die Papiere werden von den Kreditinstituten beim Eurosystem sozusagen „in Pension" gegeben. Die Pensionsgeschäfte unterscheiden sich also von den definitiven Käufen durch die **Rücknahmevereinbarung** zwischen dem Kreditnehmer und dem Eurosystem. Sie werden deswegen auch als **Repogeschäfte**[1] bezeichnet.

Praktisch vollzieht sich ein Pensionsgeschäft wie folgt:

Die Kreditinstitute verkaufen Wertpapiere an das Eurosystem. Da die Pensionsgeschäfte i. d. R. von den nationalen Zentralbanken durchgeführt werden, verkaufen z. B. die deutschen Kreditinstitute Wertpapiere an die Deutsche Bundesbank gegen Gutschrift auf dem Konto der Hauptverwaltung mit der Verpflichtung, diese Papiere zu einem späteren festgelegten Zeitpunkt wieder zurückzukaufen. Die Verzinsung besteht darin, dass das ESZB den Rückkaufbetrag höher festlegt als den Ankaufsbetrag.

Wertpapierpensionsgeschäft

Das Eurosystem bietet Pensionsgeschäfte an: Laufzeit 20 Tage, Pensionssatz 3 %. Bank A verkauft Wertpapiere für 3 Mio. €.

Die Kreditvergabe erfolgt im **Tenderverfahren.**[2] Es ist zwischen dem Mengentender und dem Zinstender zu unterscheiden.

1. Mengentender

Beim Mengentender legt eine Zentralbank den Zinssatz fest. Seit Oktober 2008 verwendet z. B. die EZB das Mengentenderverfahren. Die bietenden Kreditinstitute nennen in ihren Geboten die Kreditbeträge, die sie bei der Zentralbank aufnehmen wollen. Die Zentralbank setzt einen internen Höchstbetrag für das gesamte Kreditvolumen fest. Bei Überzeichnung (die Kreditinstitute wollen mehr Kredite aufnehmen als die Zentralbank zur Verfügung stellen will) wird anteilig zugeteilt (repartiert).

Beispiel:

Angenommen, das Ausschreibungsvolumen der EZB beträgt 20 Mrd. €. Die Gebote der Kreditinstitute belaufen sich auf 25 Mrd. €. Sie erhalten daher 80 % ihrer Gebote zugeteilt.

Durch das Herauf- bzw. Heruntersetzen des Pensionssatzes wird das gesamte Zinsniveau (gewissermaßen der gewogene Durchschnitt aller Zinssätze) beeinflusst, weil die Zinssätze interdependent, d. h. gegenseitig abhängig sind.

---

1 Siehe Fußnote 4 auf S. 322.

2 Das Wort Tender hängt mit dem englischen Wort „to tend" (Kurzform von „to attend") und dem lateinischen Wort attendere (vgl. franz. attendre) zusammen. Es bedeutet so viel wie aufpassen, Sorge tragen für etwas, auf etwas achten. Beim Mengentender wird also in erster Linie die Menge (Kreditmenge) beachtet, beim Zinstender steht die Zinsfindung (genauer: der Zinssatz) im Vordergrund.

Beispiel:

Steigt der Zins für kurzfristige Kredite von 6 auf 8 % und verharrt der Zinssatz für langfristige Kredite noch auf beispielsweise 7 %, so werden kurzfristige Kredite durch langfristige ersetzt, d. h., langfristige Kredite werden solange nachgefragt, bis auch auf den Finanzmärkten die Zinssätze steigen.

- **Erhöhung des Pensionssatzes.** Setzt eine Zentralbank den Pensionssatz herauf, steigt das Zinsniveau. Die Kreditinstitute geben die gestiegenen Refinanzierungskosten an ihre Kunden (vor allem Unternehmen und private Haushalte) weiter, indem sie ihre Sollzinsen erhöhen. Die Kreditnachfrage geht zurück, weil

  - gestiegene Zinssätze geplante Investitionsvorhaben der Unternehmen unrentabel („uninteressant") machen können und weil
  - für manche privaten Haushalte die Kreditaufnahme für Konsumzwecke zu teuer wird.

  Die Zinserhöhung verringert also die Nachfrage nach Investitions- und Konsumgütern, sodass die Konjunktur gedämpft und eine bestehende Inflationsgefahr verringert wird.

- **Senkung des Pensionssatzes.** Setzt eine Zentralbank den Pensionssatz herab, sinkt das Zinsniveau. Die Kreditinstitute geben die gesunkenen Refinanzierungskosten an ihre Kunden weiter, indem sie die Sollzinssätze senken.

  Die Zentralbank hofft, dass die Kreditnachfrage zunimmt, weil die gesunkenen Zinssätze

  - kreditfinanzierte Investitionsvorhaben rentabler machen und
  - den privaten Haushalten Anreize geben, mehr Konsumgüter auf Kredit zu kaufen.

  Die Zinssenkung – so wird erwartet – erhöht die Nachfrage nach Investitions- und Konsumgütern, sodass die Konjunktur „angekurbelt" wird.

  Durch das Herauf- bzw. Herabsetzen des Pensionssatzes gibt die Zentralbank dem Bankensystem und der gesamten Wirtschaft ein **Signal** (Zeichen).

  Mit einer Zinserhöhung wird signalisiert, dass die Zentralbank weitere Preissteigerungen (ein Steigen der Inflationsrate) nicht hinnehmen möchte. Die Kreditinstitute werden das Signal verstehen und ihre Zinssätze erhöhen, denn sie wissen, dass andernfalls der Zentralbank weitere restriktive Maßnahmen wie z. B. eine Erhöhung der Mindestreservesätze zur Verfügung stehen.

  Mit einer Zinssenkung wird signalisiert, dass die Zentralbank die Geldwertstabilität als gesichert ansieht und ihren Teil zur Förderung der Konjunktur und des Wirtschaftswachstums beitragen möchte.

---

2. Zinstender

Der Zinstender ist dadurch gekennzeichnet, dass die Kreditinstitute neben dem Bietungsbetrag auch noch den *Zinssatz* nennen. Das zur Verfügung stehende Kreditvolumen wird von der Zentralbank festgelegt.

Beim Zinstender gibt es zwei **Zuteilungsmethoden:**

- Beim **holländischen Verfahren** (i. d. R. mit einem Mindestbietungssatz) berechnet eine Zentralbank allen bietenden Banken den Pensionssatz, der sich aus dem Gebot des Kreditinstituts ergibt, das mengenmäßig gerade noch zum Zuge kommt.

353

23 Hartmann -Hug- ISBN 978-3-8120-0522-7

Beispiel:

Eine Zentralbank möchte 10 Mrd. GE zuteilen. Es bieten die Bankengruppen A bis E:

Kreditinstitute	Bietungsbeträge	Bietungssätze	Zuteilung
A	2,5 Mrd. GE	4,00 %	2,5 Mrd. GE
B	3,0 Mrd. GE	3,95 %	3,0 Mrd. GE
C	3,0 Mrd. GE	3,90 %	3,0 Mrd. GE
D	4,0 Mrd. GE	3,85 %	1,5 Mrd. GE
E	2,0 Mrd. GE	3,80 %	–

Der Pensionssatz wird einheitlich auf 3,85 % festgelegt.

■ Das **Eurosystem** verwendete bis Oktober 2008 das **amerikanische Verfahren**. Bei diesem Verfahren wird zu den individuellen Bietungssätzen der Kreditinstitute abgerechnet.

Beispiel:

Das Eurosystem möchte 10 Mrd. € zuteilen. Es bieten die Bankengruppen A bis E:

Kreditinstitute	Bietungsbeträge	Bietungssätze	Zuteilung
A	2,5 Mrd. EUR	4,00 %	2,5 Mrd. EUR zu 4,00 %
B	2,0 Mrd. EUR	3,95 %	2,0 Mrd. EUR zu 3,95 %
C	3,0 Mrd. EUR	3,90 %	3,0 Mrd. EUR zu 3,90 %
D	5,0 Mrd. EUR	3,85 %	2,5 Mrd. EUR zu 3,85 %
E	3,0 Mrd. EUR	3,80 %	–

Bei beiden Verfahren gilt, dass die Gebote, die über dem niedrigsten zum Zuge kommenden Pensionssatz liegen, voll zugeteilt werden. Die Gebote zum niedrigsten Pensionssatz (in den Beispielen 3,85 %) müssen erforderlichenfalls repartiert (anteilmäßig zugeteilt) werden.

Hinsichtlich des zeitlichen Rahmens ist zwischen Standardtender und Schnelltender zu unterscheiden.

Standardtender	Standardtender werden innerhalb 24 Stunden von der Tenderankündigung bis zur Bestätigung des Zuteilungsergebnisses durchgeführt (wobei zwischen dem Ablauf der Gebotsfrist und der Bekanntgabe des Zuteilungsergebnisses etwa zwei Stunden liegen).
Schnelltender	Schnelltender werden i. d. R. innerhalb einer Stunde von der Tenderankündigung bis zur Bestätigung des Zuteilungsergebnisses durchgeführt.

■ **Verpfändung refinanzierungsfähiger Sicherheiten**

In diesem Fall hinterlegen die Kreditinstitute bei einer nationalen Zentralbank Sicherheiten (Pfänder), die von dieser befristet beliehen werden können (siehe auch Kapitel 3.9.6.2).

Emission von Schuldverschreibungen

Die Emission (Ausgabe) von Schuldverschreibungen durch das Eurosystem zählt eben-falls zu den strukturellen Operationen. Die Schuldverschreibungen stellen eine Verbind-lichkeit des Eurosystems gegenüber dem Inhaber der Schuldverschreibung dar. Sie wer-den stückelos[1] begeben und bei Zentralverwahrern im Euro-Währungsraum verwahrt.

Die Schuldverschreibungen werden in abgezinster Form emittiert, d. h. zu einem Kurs, der unter dem Nennwert liegt, und bei Fälligkeit zum Nennwert eingelöst.

Die geschäftliche Abwicklung erfolgt über die nationalen Zentralbanken. Ebenso wie die definitiven Verkäufe und Käufe von Wertpapieren beeinflusst die Ausgabe von Wertpapie-ren die Geldmenge und das Zinsniveau.

- **Verkauf von Schuldverschreibungen.** Besteht Inflationsgefahr, emittiert das Euro-system über die nationalen Zentralbanken Schuldverschreibungen. Dem Geld-markt wird Liquidität entzogen. Die Überschussreserven der Kreditinstitute verrin-gern sich und damit das Geldangebot. Zusätzliche Nachfrage kann nicht finanziert werden. Es ist zu erwarten, dass die Inflation gebremst wird.
- Da das Geldangebot abnimmt, steigt das Zinsniveau.
- **Tilgung von Schuldverschreibungen.** Durch die Tilgung von Schuldverschreibun-gen wird dem Geldmarkt Liquidität zugeführt. Die Überschussreserven der Kredit-institute erhöhen sich und damit das Geldangebot. Zusätzliche Geldnachfrage kann also finanziert werden. Unter sonst gleichen Bedingungen führt das zunehmende Geldangebot zu einem sinkenden Zinsniveau.

  Die liquiditätszuführende Wirkung von Tilgungsleistungen kann geldpolitisch unerwünscht sein. Das Eurosystem kann diese Wirkung durch eine weitere oder erhöhte Ausgabe von Schuldverschreibungen kompensieren (ausgleichen) oder überkompensieren.

Devisenswapgeschäfte[2]

Mithilfe der Devisenswapgeschäfte (man spricht auch von der Swapsatzpolitik oder Swappolitik) will die EZB den Geldexport fördern (inflationsdämpfende Maßnahme) oder erschweren (konjunkturfördernde Maßnahme). Devisenswapgeschäfte werden i. d. R. dezentral von den nationalen Zentralbanken des Eurosystems durchgeführt.

Ein Swapgeschäft ist eine Kombination zwischen einem Devisenkassageschäft[3] und einem Devisentermingeschäft.[4] Besitzen die Kreditinstitute überschüssige Finanzmittel und wollen sie diese in Fremdwährung anlegen, so hat das Eurosystem die Möglichkeit, den Kreditinstituten die entsprechenden Devisen (z. B. US-$) zu verkaufen (Kassageschäft) und *zugleich* per Termin (z. B. nach 3 Monaten) zum gleichen Kurs (Kassakurs) abzüglich eines Deports (Abschlags) oder zuzüglich eines Reports (Aufschlags) zurückzukaufen (Ter-mingeschäft).

---

1 Stückelos heißt, dass keine Wertpapiere gedruckt werden.

2 To swap (engl.) = tauschen. Ein Swapgeschäft ist ein (Devisen-)Tauschgeschäft.

3 Kassageschäft = ein Geschäft, das „per Kasse", also zum Zeitpunkt des Abschlusses, abgewickelt wird.

4 Termingeschäft = ein Geschäft, das „per Termin", also zu einem späteren Zeitpunkt, abgewickelt wird. (Verpflichtungsgeschäft und Erfüllungsgeschäft fallen zeitlich auseinander.)

Beispiel:

Angenommen, die Kreditinstitute im Euroraum könnten bei einer Geldanlage in US-$ für Dreimonatsgeld netto 4 %,[1] bei einer Geldanlage im Euroraum jedoch nur $3^1/_2$ % Zinsen erzielen. Will das ESZB den Geldexport verhindern, bietet es den Kreditinstituten einen Report von mehr als $^1/_2$ % an, sodass die Anlage im Inland günstiger wird.

Berechnet das Eurosystem hingegen einen Report von weniger als $^1/_2$ % bzw. einen Deport, so wird der Kauf der US-$ günstiger.

- **Einschränkung bzw. Verhinderung des Geldexports.** Die Geldanlage erfolgt im eigenen Währungsgebiet. Das Geldangebot nimmt zu, sodass das Zinsniveau sinkt. Die Konjunktur wird gefördert.

- **Förderung des Geldexports.** Die Geldanlagen erfolgen nicht im eigenen, sondern in einem fremden Währungsgebiet. Der Geldmarkt wird „verknappt". Die Zinssätze steigen (Liquiditätsabschöpfung).

Die „Devisenswaps" sind befristete Transaktionen, die unregelmäßig und nicht standardisiert erfolgen. Sie dienen der Feinsteuerung des Geldmarkts und werden über Schnelltender oder als bilaterale[2] Geschäfte durchgeführt.

Hereinnahme von Termineinlagen

Das Eurosystem kann den Geschäftspartnern die Hereinnahme verzinslicher Termineinlagen bei der nationalen Zentralbank des Mitgliedstaates anbieten, in dem sich die Niederlassung des Kreditinstituts befindet. Termineinlagen werden hereingenommen, um Liquidität am Markt abzuschöpfen, d. h. das Geldangebot zu verringern.

Der gegenteilige Effekt tritt ein, wenn die Termineinlagen fällig sind und nicht mehr verlängert werden.

Ebenso wie die Devisenswapgeschäfte stellen die Hereinnahmen von Termineinlagen befristete Transaktionen dar, die der Feinsteuerung dienen. Sie sind nicht standardisiert, erfolgen unregelmäßig über Schnelltender oder als bilaterale Geschäfte.

3.10.2.2 Kategorien der Offenmarktpolitik

Die Offenmarktgeschäfte können hinsichtlich ihrer Zielsetzung, der Abstände, in denen sie stattfinden, und der angewandten Verfahren in vier **Kategorien** (Gruppen) unterteilt werden:

- Hauptrefinanzierungsinstrument,
- längerfristige Refinanzierungsgeschäfte,
- Feinsteuerungsoperationen und
- strukturelle Operationen.

---

1 Abzüglich der Umtausch- und Kreditsicherungskosten.

2 Bilateral = zweiseitig. Bilaterale Verfahren sind Geschäfte zwischen dem Eurosystem und einem Kreditinstitut bzw. mehreren Kreditinstituten.

Hauptrefinanzierungsinstrument

Die Hauptrefinanzierungsope-
rationen sind die wichtigsten
Offenmarktgeschäfte des Eurosystems. Es sind liquiditätszuführende Transaktionen, die
regelmäßig jede Woche durchgeführt werden. Sie haben
i.d.R. eine Laufzeit von zwei
Wochen und werden von den
nationalen Zentralbanken in
Form von **Standardtendern**
durchgeführt.

Quelle: http://www.leitzinsen.info/eurozone.htm [21.03.2019]

Der von der EZB festgelegte
Zinssatz für die Hauptrefinan-
zierung **(Refi-Satz)** ist der ent-
scheidende **Leitzins** in der WWU. Von Leitzins spricht man deshalb, weil sich nach ihm alle
übrigen Zinssätze, wie z.B. der Zinssatz für Übernacht-Kredite bzw. Übernacht-Einlagen
(S. 358), richten. Die Spanne zwischen der Zinssatz-Obergrenze für Übernacht-Kredite
und der Zinssatz-Untergrenze für Übernacht-Einlagen wird als **Zinsband**, als **Zinskorridor**
oder als **Zinskorsett** bezeichnet.

Längerfristige Refinanzierungsgeschäfte

Bei den längerfristigen Refinanzierungsgeschäften handelt es sich um regelmäßige Refinanzierungsgeschäfte mit dreimonatiger Laufzeit. Gewöhnlich wird bei diesen Geschäften
die Form des Zinstenders gewählt. Das Eurosystem ist, wie der Fachausdruck heißt, Zins-
nehmer.

Längerfristige Refinanzierungsgeschäfte werden regelmäßig monatlich von den nationalen Zentralbanken über Standardtender durchgeführt.

Feinsteuerungsoperationen

Das Eurosystem kann Feinsteuerungsmaßnahmen in Form von befristeten Offenmarkt-
transaktionen durchführen, um unerwartete Liquiditätsschwankungen auszugleichen.
Feinsteuerungsoperationen finden unregelmäßig statt. Ihre Laufzeit ist nicht standardisiert
(einheitlich festgelegt). Sie werden i.d.R. dezentral durch die nationalen Zentralbanken
vorgenommen.[1]

Strukturelle Operationen

Strukturelle Operationen sind liquiditätszuführende Operationen, die sowohl regelmäßig
als auch unregelmäßig stattfinden können, wobei die Laufzeit nicht von vornherein stan-

---

1 Der EZB-Rat entscheidet, ob in Ausnahmefällen bilaterale befristete Transaktionen zur Feinsteuerung von der EZB durchgeführt
  werden können.

dardisiert ist. Strukturelle Operationen werden dezentral von den nationalen Zentralbanken des Eurosystems durchgeführt.

Der Zusammenhang zwischen den einzelnen offenmarktpolitischen Maßnahmen und den Kategorien der Offenmarktpolitik wird auf der S. 359 dargestellt.

3.10.3 Ständige Fazilitäten[1]

Ständige Fazilitäten umfassen

- Kreditbereitstellungen des Eurosystems, die von den Kreditinstituten jederzeit bei Bedarf in Anspruch genommen werden können, und
- die Bereitschaft des Eurosystems, Einlagen der Kreditinstitute entgegenzunehmen.

Im ersten Fall spricht man von Spitzenrefinanzierungsfazilität, im zweiten von Einlagenfazilität.

Spitzenrefinanzierungsfazilität

Die Spitzenrefinanzierungsfazilität dient der Abdeckung von am Tagesende bestehenden (i. d. R. durch den Zahlungsverkehr entstandenen) Sollsalden der Kreditinstitute. Die Kreditgewährung des Eurosystems erfolgt „über Nacht" gegen refinanzierungsfähige Sicherheiten (siehe Kapitel 3.9.6.2, S. 326 f.). Der Zinssatz wird von der EZB festgelegt und bildet die Obergrenze des Tagesgeldzinssatzes.[2]

Die nationalen Zentralbanken (z. B. die Deutsche Bundesbank) können im Rahmen der Spitzenrefinanzierungsfazilität den Kreditinstituten Liquidität (Geld) in Form von **Übernacht-Pensionsgeschäften** oder als **Übernacht-Pfandkredite** zur Verfügung stellen. Beim Pfandkredit wird vom Kreditnehmer (Schuldner) dem Eurosystem (dem Gläubiger) ein Sicherungsrecht an den hinterlegten Pfändern[3] (z. B. Wertpapieren) eingeräumt, wobei der Schuldner das Eigentum an den Pfändern behält.

Einlagenfazilität

Die Einlagenfazilität ist gewissermaßen das Gegenteil der Spitzenrefinanzierungsfazilität, denn hier ermöglicht das Eurosystem den Kreditinstituten, Übernachtliquidität (in der Regel durch den Zahlungsverkehr entstandene Habensalden) bei den nationalen Zentralbanken anzulegen. Die Einlagen werden zu einem im Voraus festgelegten Zinssatz verzinst, der im Allgemeinen die Untergrenze des Tagesgeldzinssatzes bildet.

Der Zugang zur Einlagenfazilität wird nur gemäß den Zielen und allgemeinen geldpolitischen Erwägungen des Eurosystem gewährt. Das Eurosystem kann die Bedingungen der Fazilität jederzeit ändern oder sie aufheben, z. B. in Zeiten konjunktureller Schwäche, in denen keine Liquiditätsabschöpfung erwünscht ist.

---

1 Zum Begriff Fazilität siehe Fußnote 5 auf S. 326.

2 Zinssatz, der für täglich fälliges Geld zu zahlen ist.

3 Die Kreditinstitute können beim Eurosystem Pfänder hinterlegen, um bei Bedarf z. B. die Übernacht-Pfandkredite in Anspruch nehmen zu können. Die hinterlegten Sicherheiten werden als **Pfanddepot** bezeichnet.

Zusammenfassung

■ Überblick über das **geldpolitische Instrumentarium des ESZB** und des **Eurosystems:**[1]

Geldpolitische Geschäfte	Transaktionsarten und Ziele		Laufzeit	Zeitlicher Rahmen (Rhythmus)	Verfahren
	Liquiditäts-bereitstellung (Konjunktur-förderung)	Liquiditäts-abschöpfung (Inflations-bekämpfung)			
Mindestreservepolitik					
Hereinnahme bzw. Rückzahlung von Pflichteinlagen	Senkung der Mindest-reservesätze	Erhöhung der Mindest-reservesätze	Unbefristet	Unregelmäßig	–
Offenmarktpolitik					
Haupt-refinanzierungs-instrument	Befristete Transaktionen (WPG)*	–	Eine Woche	Wöchentlich	Standard-tender
Längerfristige Refinanzierungs-geschäfte	Befristete Transaktionen (WPG)*	–	Drei Monate	Monatlich	Standard-tender
Feinsteuerungs-operationen	Befristete Transaktionen (WPG)*	Devisenswaps	Nicht standardisiert	Unregelmäßig	Schnell-tender
		Hereinnahme von Termin-einlagen (situa-tionsabhängig)			
	Devisenswaps	Befristete Transaktionen			Bilaterale Geschäfte
	Definitive Käufe	Definitive Verkäufe			
Strukturelle Operationen	Befristete Transaktionen	Emission von Schuldver-schreibungen	Standardisiert/ nicht standar-disiert (situa-tionsabhängig)	Regelmäßig und unregel-mäßig	Standard-tender
	Definitive Käufe	Definitive Verkäufe	–	Unregelmäßig	Bilaterale Geschäfte
Ständige Fazilitäten					
Spitzenrefinanzie-rungsfazilität	Befristete Trans-aktionen	–	Über Nacht	Inanspruchnahme auf Initiative der Geschäftspartner (Kreditinstitute)	
Einlagenfazilität	–	Einlagen-annahme	Über Nacht		

* WPG = Wertpapierpensionsgeschäft.

---

1 Vgl. Deutsche Bundesbank, Informationsbrief zur Europäischen Wirtschafts- und Währungsunion, Nr. 4, Februar 1997, S. 11 und Deutsche Bundesbank – Eurosystem – Geld und Geldpolitik 2007.

ÜBUNGSAUFGABEN

1. Textauszug:

EZB will Niedrigzinspolitik fortsetzen

Europas Währungshüter reagieren deutlich auf gestiegene Risiken für die Konjunktur. Bislang hatte die Notenbank erklärt, dass die Zinsen bis mindestens über den Sommer 2019 hinaus unverändert bleiben. Dieser Zeitraum wurde nun verlängert bis mindestens über das Jahresende, wie die Europäische Zentralbank (EZB) am Donnerstag im Anschluss an eine Sitzung des EZB-Rates mitteilte. […]

Den Leitzins im Euroraum beließen die Währungshüter auf dem Rekordtief von null Pro-

zent. Banken erhalten somit frisches Geld bei der Notenbank zum Nulltarif. Finanzinstitute, die bei der EZB Geld parken, müssen weiterhin 0,4 % Strafzinsen zahlen. […]

Die EZB korrigierte ihre Konjunkturprognose für dieses Jahr deutlich nach unten. Die Notenbank erwartet für die Euro-Zone aktuell noch ein Wachstum des Bruttoinlandsproduktes von 1,1 %.

Quelle: www.businessinsider.de vom 07.03.2019.

1.1 Welcher Zinssatz ist gemeint, wenn vom „Leitzins" der EZB gesprochen wird?

1.2 Aus welchem Grund belässt die EZB den Leitzinssatz bei 0,0 %?

1.3 Zeitgleich mit der Senkung des Hauptrefinanzierungssatzes auf 0,0 % setzte die EZB die Zinssätze für die Refinanzierungsfazilität (Spitzenrefinanzierungsfazilität) auf 0,25 % und für die Einlagenfazilität auf − 0,4 %.

   Erklären Sie, was unter diesen Arten der Fazilität zu verstehen ist!

1.4 Welche Gefahr kann die Niedrigzinspolitik der Zentralbanken längerfristig mit sich bringen?

2. Textauszug:

… In der operativen[1] Geldpolitik agiert die EZB hauptsächlich mit Offenmarktinstrumenten in Form von Repo-Geschäften. Sie haben sich mittlerweile bei allen nationalen Zentralbanken als marktgerechtes und effektives Instrument durchgesetzt. Auch die deutschen Kreditinstitute sind in der Form der wöchentlichen Wertpapierpensionsgeschäfte damit schon seit langem vertraut. Eine sogenannte Hauptrefinanzierungsfazilität soll wöchentlich mit einer Laufzeit von zwei Wochen abgeschlossen werden. Daneben werden von dem ESZB längerfristige Refinanzierungsgeschäfte angeboten. Diese Geschäfte nehmen mit der Laufzeit von drei Monaten ein wichtiges Element des Diskontkredits auf. Entsprechend dem Charakter einer Basisfinanzierung ist der Kreis der

teilnahmeberechtigten Geschäftspartner breit gezogen. Für die Vertenderung ist allerdings ein monatlicher Rhythmus vorgesehen. Damit kann dieses Instrument zur Verstetigung des Geldmarkts sowie zur Dispositionssicherheit insbesondere bei kleineren Banken beitragen.

Um unerwarteten Liquiditäts- und damit auch Zinsschwankungen angemessen begegnen zu können, kann das ESZB auf ein breites Spektrum von Feinsteuerungsoperationen wie z. B. Devisenswaps zurückgreifen.

Als ständige Fazilitäten, deren Inanspruchnahme auf Initiative der Geschäftspartner erfolgt, wird es eine Spitzenrefinanzierungsfazilität und eine Einlagenfazilität geben…

Quelle: Tietmeyer, H.: Nach einer Rede vom 8. Juli 1998, zitiert in Deutsche Bundesbank, Auszüge aus Presseartikeln vom 10. Juli 1998, S. 3f.

2.1 Erläutern Sie die im Text unterstrichenen Begriffe!

2.2 Welche Instrumente der Offenmarktpolitik werden im Text nicht angesprochen? Erläutern Sie diese Instrumente!

---

1 Operation (lat.) = Eingriff. Operative Maßnahmen der EZB sind Eingriffe in den Geldmarkt.

2.3 Verdeutlichen Sie am Beispiel des effektiven Kaufs bzw. Verkaufs von Wertpapieren durch eine Zentralbank die Wirkungsweise der Offenmarktpolitik!

2.4 Inwieweit hat die Offenmarktpolitik eine Doppelwirkung?

2.5 In welcher Situation wird es für die Kreditinstitute günstiger sein, Wertpapiere von einer Zentralbank beleihen zu lassen, als sie an die Zentralbank effektiv zu verkaufen?

2.6 Im Text wird gesagt, dass die Spitzenrefinanzierungsfazilität auch dazu dient, Ausschläge der Geldmarktsätze (Geldmarktzinssätze) nach oben zu begrenzen. Begründen Sie diese Aussage!

2.7 Erläutern Sie, wie die Inanspruchnahme der Einlagenfazilität durch die Kreditinstitute auf die Geldmarktzinssätze wirkt!

2.8 Der Text spricht von „Vertenderung". Damit ist die Anwendung eines Tenders bei der Vergabe von Krediten durch das ESZB gemeint.

    2.8.1 Erläutern Sie, was unter Mengentender zu verstehen ist!

    2.8.2 Erklären Sie die beiden Zuteilungsmethoden beim Zinstender!

    2.8.3 Erläutern Sie, worin sich Standard- und Schnelltender unterscheiden!

2.9 Angenommen, eine Zentralbank möchte 12 Mrd. GE zuteilen. Es bieten die Bankengruppen A 4,5 Mrd. GE, B 4,2 Mrd. GE, C 5,1 Mrd. GE, D 2,7 Mrd. GE und E 1,5 Mrd. GE.

    Es wird ein Tenderverfahren angewandt.

    2.9.1 Angenommen, es wird der Mengentender eingesetzt. Wie viel Kredit erhält jede Bankengruppe?

    2.9.2 Angenommen, es wird das holländische Tenderverfahren eingesetzt. Die Bankengruppen bieten folgende Zinssätze: Bankengruppe A 3,80 %, Bankengruppe B 3,75 %, Bankengruppe C 3,70 %, Bankengruppe D 3,65 % und Bankengruppe E 3,60 %.

    Welche Bankengruppen kommen zum Zuge und wie hoch ist der jeweilige Zuteilungsbetrag?

    2.9.3 Worin unterscheidet sich das holländische Tenderverfahren vom amerikanischen?

    2.9.4 Wie lautet der Oberbegriff über die in den Aufgaben 2.9.2 und 2.9.3 genannten Tenderverfahren?

3. Welche Maßnahmen sollte die EZB in folgenden Fällen ergreifen? Begründen Sie Ihre Antworten und gehen Sie auf mögliche Zielkonflikte ein!

3.1 Die Wirtschaft befindet sich im Zustand der Unterbeschäftigung (Arbeitslosigkeit). Die Inflationsrate ist gering.

3.2 Die Wirtschaft befindet sich im Zustand der Überbeschäftigung mit hohen Preissteigerungsraten.

3.3 Die Importe übersteigen die Exporte. Die Inflationsrate ist hoch. Die Wirtschaft ist unterbeschäftigt.

3.4 In den USA sind die Zinssätze niedrig, in der WWU im Verhältnis dazu hoch. Die Inflationsrate in der WWU ist nach Ansicht der EZB zu hoch.

4. In einer Zeitungsmeldung stand, dass die EZB die Leitzinsen auf „null Prozent" gesenkt hat.

4.1 Nennen Sie die wichtigsten Leitzinssätze der EZB!

4.2 Was bezweckt die EZB, wenn sie die Leitzinssätze auf bis zu 0,0 % senkt?

4.3 Welche Absicht verfolgt die EZB, wenn sie die Leitzinssätze erhöht?

4.4 Welche beiden Leitzinssätze bilden a) die Obergrenze und b) die Untergrenze des sogenannten Zinskorridors?

5. Textauszug 1:

Auf dem Weg in den ewigen Nullzins

Die Europäische Zentralbank zerstört alle Hoffnungen auf ein Ende der ultralockeren Geldpolitik. Die Schäden für die Wirtschaft werden immer größer.

Für die Sparer in der Euro-Zone war es heute ein rabenschwarzer Tag. Wer bisher noch ein Fünkchen Hoffnung hegte, in absehbarer Zeit wieder ordentliche Zinsen für seine Ersparnisse zu erhalten, kann sich diese Hoffnung nun getrost von der Backe putzen. Denn die Währungshüter der Europäischen Zentralbank (EZB) beschlossen heute, die Leitzinsen bis mindestens Mitte nächsten Jahres auf den aktuellen Niveaus zu belassen.

Damit verlängern die Notenbanker ihr Niedrigzinsversprechen um sechs Monate. Der Hauptrefinanzierungssatz, zu dem sich die Geschäftsbanken Zentralbankgeld bei der EZB leihen können, bleibt bei null Prozent. Der Einlagenzins, den die EZB den Banken für deren Einlagen bei der EZB

berechnet, beträgt weiterhin minus 0,4 Prozent. Die Banken zahlen also weiter Strafzinsen, wenn sie Einlagen bei der Zentralbank halten.

Zudem beschloss die EZB, den Banken neue Geldleihgeschäfte zu günstigen Konditionen in Form zielgerichteter Langfristtender anzubieten. […] Banken, die besonders viele Kredite vergeben, erhalten einen Zinsrabatt. Im günstigsten Fall zahlen sie für die Geldleihe nur den Einlagenzins plus 10 Basispunkte. Nach aktuellem Stand wären das minus 0,3 Prozent. Anders formuliert: Banken, die viel Kredit an Unternehmen und private Haushalte vergeben, werden von der EZB belohnt, indem diese ihnen Geld schenkt. […]

Dass die EZB die geldpolitischen Zügel abermals lockert, ist vor allem auf die sich eintrübende Konjunktur sowie die nach wie vor niedrige Inflation zurückzuführen.

Quelle: www.wiwo.de [Wirtschaftswoche vom 06.06.2019].

Textauszug 2:

Japan: Wachstumsrate über den Erwartungen, Zinsen bleiben unten

Die Bank of Japan (BoJ) hat den Leitzins auch Ende Juli nicht verändert. Der Einlagesatz für Banken hat die Form eines „Strafzinses" und liegt unverändert bei minus 0,1 %. Die BoJ will diese extreme Niedrigzinspolitik fortsetzen. Die BoJ ist sogar bereit, „ohne Zögern" die geldpolitischen Zügel noch weiter zu lockern, sollte sich abzeichnen, dass die Annäherung an das Inflationsziel aus konjunkturellen Gründen nicht gelingt. Zusätzliche Wertpapierkäufe und/oder weitere Zinssenkungen dürften die Folge sein. […]

Die Bank of Japan versucht seit Ende der 90-er Jahre die tief im Bewusstsein der Bevölkerung verankerten deflationären Tendenzen mit der Bereitstellung zusätzlicher liquider Mittel zu bekämpfen. Zu diesem Zweck erwirbt sie in großem Stil Wertpapiere. Im Zuge des jahrelangen Ankaufs von Anleihen befinden sich mittlerweile mehr als 40 % aller japanischen Staatsanleihen im Besitz der BoJ. Trotz umfangreicher Wertpapierkäufe und eines nahezu zinsfreien fundamentalen Umfeldes ist die Kernrate der Inflation jedoch weit vom Zielwert von 2,0 % entfernt. Im Juni lag sie bei 0,6 %.

Quelle: http://www.haspa-kapitalmarkt.de [09.08.2019].

Aufgaben:

5.1 Worin besteht das Mandat[2] der Europäischen Zentralbank?

5.2 Unter welcher Bedingung kann die EZB die Wirtschaftspolitik unterstützen?

5.3 In Zeiten schwacher Konjunktur verlangen manche Wirtschaftswissenschaftler und Politiker von der EZB, die Leitzinssätze weiter zu senken. Warum?

5.4 Begründen Sie, warum Zinssatzsenkungen keineswegs immer die erhofften Wirkungen haben müssen!

5.5 Die Bank von Japan möchte die Deflation mit einer aggressiven Geldpolitik bekämpfen. Erklären Sie, was hierunter zu verstehen ist!

---

1 Gedeckte Schuldverschreibungen („covered bonds") sind verzinsliche Wertpapiere, die durch eine Forderung gedeckt (abgesichert) sind. (Näheres siehe § 20a KWG.)

2 Mandat (lat.) = Auftrag, Aufgabe, Vollmacht.

3.11 Außenwirtschaftspolitik

Die Außenwirtschaftspolitik umfasst alle staatlichen Maßnahmen, die die außenwirtschaftlichen Beziehungen der Wirtschaftssubjekte beeinflussen.

> **Beispiel:**
>
> Werden Importzölle erhöht oder gesenkt, sind die Importeure und ihre Kunden (u. a. die Letztverbraucher) betroffen. – Werden Auslandshandelskammern errichtet, werden möglicherweise die Exportchancen verbessert und inländische Arbeitsplätze gesichert. – Werden Wechselkurse freigegeben, werden die Export- und Importmengen und damit die Beschäftigung beeinflusst.

3.11.1 Währungspolitik

Die Währungspolitik ist ein Teilbereich der Außenwirtschaftspolitik. Ihre Träger sind in der WWU vor allem die Regierungen der Mitgliedsländer und das ESZB.

3.11.1.1 Grundbegriffe der Währungspolitik

Wenn man die Grundlagen zwischenstaatlicher Währungspolitik verstehen möchte, muss man sich zuvor mit einigen wichtigen Begriffen und Zusammenhängen befassen. Man muss z.B. wissen, was mit dem Begriff Wechselkurs gemeint ist, was unter freien oder festen Wechselkursen zu verstehen ist, wie sich Devisenangebot und -nachfrage normalerweise verhalten und warum die Zentralbanken auf den Devisenmärkten eingreifen (intervenieren) können oder müssen.

Nahezu alle Länder der Erde unterhalten außenwirtschaftliche Beziehungen, von denen die wichtigsten der **Export** (die Ausfuhr) und der **Import** (die Einfuhr) von wirtschaftlichen Gütern (Sachgütern, Dienstleistungen und Rechten) sind.

■ **Devisenangebot/Nachfrage nach Binnenwährung**

Die Exporteure, die in Fremdwährungsländer liefern, erhalten für den Verkauf ihrer Güter Fremdwährung, d. h. Devisen. Dabei wird zwischen **Sorten** (Münzen und Banknoten einer Fremdwährung) und **Devisen i. e. S.** (Zahlungsmittel wie z. B. über Fremdwährungen lautende Schecks, Zahlungsanweisungen und Wechsel) unterschieden. Im weiteren Sinne versteht man unter Devisen auch die Münzen und Noten einer Fremdwährung. Wir verwenden im Folgenden den Devisenbegriff i. w. S.

Um ihre Verpflichtungen im Inland erfüllen zu können (z. B. Lohn- und Steuerzahlungen), bieten die Exporteure i. d. R. ihre Deviseneinnahmen den Geschäftsbanken zum Kauf an. Die Banken ihrerseits verkaufen den größten Teil der Devisen wiederum an die Europäische Zentralbank (EZB), um sich die für die Kreditgewährung nötigen Mittel zu beschaffen. Man sagt, die Banken *refinanzieren* sich bei der Zentralbank.

Je **größer der wertmäßige Export** ist, desto **größer** ist folglich das **Devisenangebot**. Das **Devisenangebot** entspricht der **Nachfrage nach Binnenwährung**.

> **Beispiel:**
>
> Ein deutscher Exporteur liefert Waren im Wert von 100 000,00 US-$ in die USA. Den Erlös muss er in Euro umtauschen, um seinen Verpflichtungen (z. B. Lohn- und Steuerzahlungen in Deutschland) nachkommen zu können. Er fragt also Binnenwährung (Euro) gegen Devisen (US-$) nach.

> Ein wichtiger **Bestimmungsgrund** des **Devisenangebots** bzw. der **Nachfrage nach Binnenwährung** ist der **Export**.

Mancher fragt sich nun, ob das oben Gesagte auch dann gilt, wenn die Exporteure in Binnenwährung (die deutschen Exporteure also in Euro) fakturieren (fakturieren heißt „in Rechnung stellen"). Die Antwort heißt Ja, denn die in Fremdwährungsgebieten ansässigen Importeure besitzen im Normalfall keine Euro, sondern ihre eigene Währung (z. B. Schweizer Franken). Sie müssen also dann Euro nachfragen (Schweizer Franken **anbieten**), um die in Euro fakturierten Rechnungen zu begleichen.

Devisennachfrage/Angebot von Binnenwährung

Importeure, die ihre Importgüter aus Fremdwährungsländern beziehen, benötigen für den Kauf von Importwaren Devisen. Um ihre Verpflichtungen erfüllen zu können, müssen sie die Devisen bei den Banken kaufen. Soweit die Devisenvorräte der Banken nicht ausreichen, kaufen diese die Devisen bei der EZB.

Je **größer der wertmäßige Import** ist, desto **größer** ist folglich die **Devisennachfrage**. Die **Devisennachfrage** entspricht dem Angebot von **Binnenwährung**.

> Ein wichtiger **Bestimmungsgrund** der **Devisennachfrage** bzw. des **Angebots von Binnenwährung** ist der **Import**.

Das Gleiche gilt, wenn ein in einem Fremdwährungsgebiet ansässiger Lieferer (z. B. ein Schweizer Hersteller) seine Lieferungen in Euro fakturiert. Dann bietet er in seinem Land Euro gegen Schweizer Franken an, d. h., er **fragt** Schweizer Franken **nach**.

Kursbildung

> Der **Wechselkurs** drückt das Wertverhältnis zwischen zwei Währungen aus.

Bei **Devisen** (Forderungsrechten in Fremdwährung) erfolgt eine **Mengennotierung,** bei der der Kurs angibt, wie viel Einheiten einer Fremdwährung (z. B. US-$) man für eine Einheit der Binnenwährung (z. B. Euro) erhält bzw. bezahlen muss (x Fremdwährungseinheiten ≙ 1 Euro).

Beispiel:

Der Kurs für Schweizer Franken wird mit 1,10 angegeben. Das bedeutet, dass 1,10 Schweizer Franken einem Euro entsprechen.

Bei **Noten** (beim Privatkundengeschäft der Banken) erfolgt hingegen eine **Preisnotierung.** Hier gibt der Kurs an, wie viel Einheiten der Binnenwährung man für meist 100 ausländische Währungseinheiten (oder für eine Einheit, z. B. bei £ oder US-$) erhält oder bezahlen muss (x Euro ≙ 1 Fremdwährungseinheit).

Beispiele:

Der Kurs für US-$ wird mit 0,95 € angegeben. Dies bedeutet, dass 1 US-$ 0,95 € entspricht. – Der Kurs für Schweizer Franken beträgt 90. Das bedeutet, dass 100 Schweizer Franken 90,00 € entsprechen.

Die Banken nehmen den Kauf bzw. den Verkauf von Devisen und Noten nicht kostenlos vor. Die Hereinnahme von **Devisen** erfolgt zum sogenannten **Geldkurs,** der Verkauf zum höheren **Briefkurs.**

Die Hereinnahme von **Noten** wird zum **Ankaufskurs,** der Verkauf zum höheren **Verkaufskurs** vorgenommen.

Die Differenz zwischen den höheren Brief- bzw. Verkaufskursen und den niedrigeren Geld- und Ankaufskursen dient den Kreditinstituten der Kostendeckung und einer angemessenen Gewinnerzielung.

Devisen			
Nicht €-Länder 1 Euro =	Devisen Geld/Brief	Kurse in Euro	Ank./Verk
Australischer Dollar	1,5619/1,5819	Australien 1 Aust $	0,61/0,66
Dänische Kronen	7,4462/7,4862	Dänemark 100 dkr	12,96/13,86
Britisches Pfund	0,8628/0,8668	Großbritannien 1 Pfund	1,12/1,19
Japanische Yen	125,70/126,18	Japan 100 Yen	0,77/0,83
Kanadischer Dollar	1,4991/1,5111	Kanada 1 Kan. $	0,64/0,69
Neuseeland-Dollar	1,6692/1,6932	Neuseeland 1 NZ-$	0,57/0,63
Norwegische Kronen	9,5787/9,6267	Norwegen 100 nkr	10,05/10,90
Polnischer Zloty	4,2581/4,3061	Polen 100 poln. Zloty	21,80/26,09
Schwedische Kronen	10,457/10,505	Schweden 100 skr	9,19/9,99
Schweizer Franken	1,1361/1,1401	Schweiz 100 Sfr	84,88/90,93
Südafrikanischer Rand	15,733/15,973	Südafrika 1 Rand	0,06/0,07
Tschechische Kronen	25,283/26,083	Tschechien 100 Kr	3,73/4,11
Türkische Lira	6,5362/6,5862	Türkei 1 Lira	0,14/0,18
Ungarische Forint	317,63/322,83	Ungarn 100 Forint	0,30/0,33
US-Dollar	1,1223/1,1283	USA 1 US-$	0,86/0,92

Quelle: HAZ, 20.04.2019, S.10.

Die Wechselkurse im Devisengeschäft sind etwas niedriger als die Wechselkurse im Privatkundengeschäft. Da sich die Kurse jedoch im Gleichklang nach oben bzw. nach unten bewegen, wird im Folgenden von einheitlichen Wechselkursen ausgegangen.

Bei der Darstellung volkswirtschaftlicher Zusammenhänge ist es daher auch nicht erforderlich, zwischen den Geld- bzw. Ankaufskursen einerseits und den Brief- bzw. Verkaufskursen andererseits zu unterscheiden.

Vermutlich wird in absehbarer Zeit auch die Preisnotierung für Noten der Mengennotierung weichen. Den folgenden Überlegungen wird daher die Mengennotierung zugrunde gelegt.

Die Kursbildung auf den Devisenmärkten vollzieht sich nach den gleichen Grundsätzen wie die Preisbildung auf den Gütermärkten (siehe Kapitel 2.3.2). Die täglich in den Wirtschaftsteilen der Zeitungen veröffentlichten Wechselkurse sind **Referenzkurse,** d.h. von der EZB empfohlene Kurse. Die von den privaten Banken aufgrund des Devisenangebots und der Devisennachfrage ermittelten „Orientierungspreise" weichen nicht wesentlich von den Referenzkursen ab.

Wie beim Gütermarkt gehen wir von einer normalen Nachfrage nach Binnenwährung (≙ Devisenangebot) und von einem normalen Angebot von Binnenwährung (Devisennachfrage) aus.

- ■ Mit steigendem Kurs sinkt die Nachfrage nach Binnenwährung (sinkt das Devisenangebot).
- ■ Mit sinkendem Kurs steigt die Nachfrage nach Binnenwährung (steigt das Devisenangebot).
- ■ Mit steigendem Kurs steigt das Angebot von Binnenwährung (steigt die Devisennachfrage).
- ■ Mit sinkendem Kurs sinkt das Angebot von Binnenwährung (sinkt die Devisennachfrage).

Die Gründe sind u. a. folgende:

■ **Steigt der Kurs,** wird die Binnenwährung für die Handelspartner teurer (z. B. 1,10 US-$ für 1 Euro, jetzt 1,15 US-$ für 1 Euro). Die Folge ist, dass der Export abnimmt und weniger Devisen erlöst werden. Die Nachfrage nach Binnenwährung sinkt, weil weniger Devisen erlöst werden.

■ **Sinkt der Kurs,** wird die Binnenwährung für die Handelspartner billiger. Der Export nimmt zu. Die Nachfrage nach Binnenwährung steigt, weil mehr Devisen erlöst werden.

■ **Steigt der Kurs,** bedeutet das für die Importeure (und letztlich auch für die Verbraucher), dass die Fremdwährung billiger wird (bisher 1,10 US-$ für 1 Euro, jetzt 1,15 US-$ für 1 Euro). Die Folge ist, dass jetzt mehr importiert wird. Die Nachfrage nach Devisen steigt, d. h., es wird mehr Inlandswährung angeboten.

■ **Sinkt der Kurs,** wird die Fremdwährung für die Importeure (und letztlich auch für die Verbraucher) teurer. Der Import nimmt ab. Die Nachfrage nach Devisen sinkt, d. h., es wird weniger Inlandswährung angeboten.

Gleichgewichtskurs

Der **Gleichgewichtskurs** ist der Kurs, der Devisenangebot (Nachfrage nach Binnenwährung) und Devisennachfrage (Angebot von Binnenwährung) zum Ausgleich bringt.

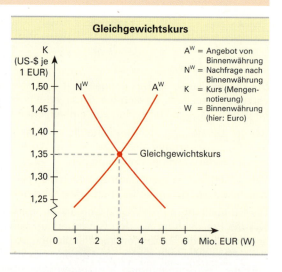

Beim Gleichgewichtskurs kommen auf dem Devisenmarkt alle Anbieter zum Zuge, die zu diesem Kurs Binnenwährung verkaufen wollen, und alle Nachfrager, die höchstens zu diesem Kurs Binnenwährung zu kaufen bereit sind. (Anbieter von Binnenwährung = Nachfrager nach Devisen; Nachfrager nach Binnenwährung = Anbieter von Devisen.)

Wie auf jedem Markt verschieben sich Währungsangebot und Währungsnachfrage ständig. Diese Verschiebungen haben vielerlei Gründe. Beispielhaft seien genannt:

■ **Unterschiedliche Inflationsraten in den einzelnen Währungsgebieten.** In Währungsgebieten mit hohen Inflationsraten verschlechtern sich i. d. R. die Exportchancen, sodass sich die Nachfragekurve nach Binnenwährung „nach links" verschiebt: Bei jedem denkbaren Kurs wird weniger Binnenwährung nachgefragt (werden weniger Devisen angeboten) als zuvor. Andererseits nimmt das Angebot von Binnenwährung zu (es werden mehr Devisen nachgefragt), weil die Importwaren vergleichsweise billiger werden.

■ **Spekulative Gründe.** Internationale Geldanleger (z. B. Banken, Investmentfonds) rechnen damit, dass der Kurs einer Währung sinkt. Die Nachfrage nach dieser Währung steigt, d. h., das Angebot von Binnenwährung nimmt zu. Die Angebotskurve verschiebt sich nach „rechts": Bei jedem denkbaren Kurs wird mehr Binnenwährung angeboten (werden mehr Devisen nachgefragt) als zuvor. Andererseits sinkt die Nachfrage nach inländischer Währung (das Devisenangebot).

Beispiel:

Ein Geldanleger rechnet damit, dass der Kurs des US-$ sinkt. Angenommen, er kauft 100 000,00 US-$ zum Kurs von 1,15 je 1 Euro. Dann muss er 86 956,52 € bezahlen. Sinkt der Kurs des US-$ auf 1,10 je 1 Euro, erhält der Geldanleger für seine US-$ 90 909,10 €.

Wechselkursmechanismus

Die folgenden vier Abbildungen zeigen den Zusammenhang zwischen dem Angebot von Binnenwährung, der Nachfrage nach Binnenwährung und dem Wechselkurs (**Wechselkursmechanismus**).

Es handelt sich um die gleichen „Preisgesetze", wie wir sie bereits bei den Gütermärkten kennengelernt haben.

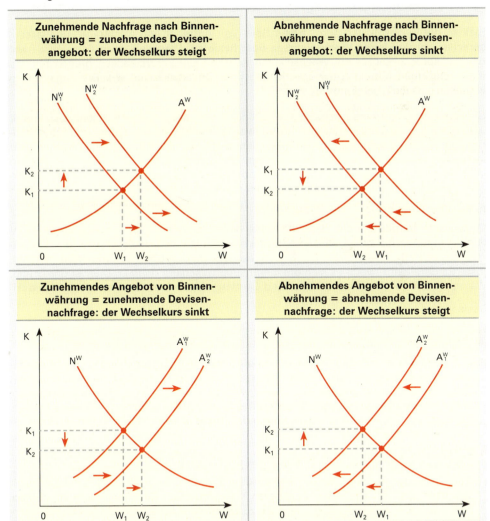

K	=	Wechselkurs; (z. B. US-\$ je 1 €)	N^W	=	Nachfrage nach Binnenwährung
K_1	=	bisheriger Kurs	N_1^W	=	bisherige Nachfrage nach Binnenwährung
K_2	=	neuer Kurs	N_2^W	=	jetzige Nachfrage nach Binnenwährung
A^W	=	Angebot von Binnenwährung	W	=	Binnenwährung (z. B. Euro)
A_1^W	=	bisheriges Angebot von Binnenwährung	W_1	=	bisher auf dem Devisenmarkt umgesetzte Binnenwährung
A_2^W	=	jetziges Angebot von Binnenwährung	W_2	=	jetzige auf dem Devisenmarkt umgesetzte Binnenwährung

3.11.1.2 Wechselkurssysteme

Freie Wechselkurse (Floating)

Bleiben die Wechselkurse dem „freien Spiel von Angebot und Nachfrage" überlassen, sprechen wir von **freien Wechselkursen oder flexiblen**[1] **Wechselkursen.** Man lässt – wie die Fachsprache sagt – die Wechselkurse **floaten.**[2] Die Zentralbanken greifen nur mit marktkonformen Mitteln (Devisenverkäufen oder Devisenkäufen) ein. Die Regierungen enthalten sich jeglichen Eingriffs.

Die **Bedeutung** der freien Wechselkurse liegt darin, dass sie die Tendenz haben, sich immer wieder auf den Gleichgewichtskurs hinzubewegen. Der Markt sorgt dafür, dass keine Währung unter- oder überbewertet wird. Die Inflation aus Fremdwährungsgebieten wird *nicht* importiert, d. h. auf das eigene Währungsgebiet übertragen, weil mit steigenden Preisen im Fremdwährungsgebiet zunächst der Import und damit die Devisennachfrage zurückgeht. Dies bewirkt steigende Kurse (Mengennotierung). Mit steigenden Kursen verbilligen sich aber die Importwaren, sodass die Importpreise im Wesentlichen konstant bleiben.

Gegen das Floating spricht, dass die Kurse laufenden und unvorhersehbaren Schwankungen unterworfen sind. Damit ändern sich die Kalkulationsgrundlagen bzw. die Gewinnmöglichkeiten der Exporteure. Die Exportgeschäfte sind mit hohen Kursrisiken behaftet, insbesondere dann, wenn es sich um langfristige Geschäfte handelt. Dies ist der Grund, warum zwischen einzelnen Ländern und Ländergruppen immer wieder feste Wechselkurse vereinbart wurden und werden.

Feste Wechselkurse

Das System fester Wechselkurse lässt bestimmte Schwankungsbreiten der Kurse zu. Genau gesagt handelt es sich dabei um **relativ**[3] **feste Wechselkurse,** denn ein System **absolut fester Wechselkurse** legt den Kurs zwischen zwei oder mehreren Währungen auf ein bestimmtes Umtauschverhältnis fest (lässt also überhaupt keine Kursschwankungen zu).

---

1 Flexibel = beweglich.
2 To float (engl.) = fließen, fluten, sich bewegen.
3 Relativ = verhältnismäßig.

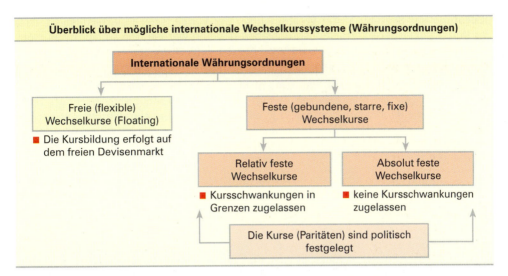

Überblick über mögliche internationale Wechselkurssysteme (Währungsordnungen)

Internationale Währungsordnungen

Freie (flexible) Wechselkurse (Floating)
- Die Kursbildung erfolgt auf dem freien Devisenmarkt

Feste (gebundene, starre, fixe) Wechselkurse

Relativ feste Wechselkurse
- Kursschwankungen in Grenzen zugelassen

Absolut feste Wechselkurse
- keine Kursschwankungen zugelassen

Die Kurse (Paritäten) sind politisch festgelegt

Wenn im Folgenden von festen (gebundenen) Wechselkursen die Rede ist, sind immer die relativ festen Wechselkurse gemeint. Das Wesen der relativ festen Wechselkurse besteht darin, dass die Regierungen sogenannte **Paritäten** (Leitkurse) miteinander vereinbaren, wobei die Kurse nach oben und unten mit einem bestimmten Prozentsatz (z. B. je 2,5 %) vom Leitkurs abweichen dürfen. Die zugelassene Schwankungsbreite (z. B. 5 %) wird als **Bandbreite** bezeichnet.

Beispiel:

Angenommen, zwischen dem Land A und dem Land B wurde eine **Parität** von 2 : 1 vereinbart. Dies bedeutet, dass der **Leitkurs** 2 AGE (Geldeinheiten der Währung A) für 1 BGE (Geldeinheit der Währung B) beträgt. Bei einer Bandbreite von 5 % darf der Kurs der A-Währung dann höchstens auf 2,05 steigen und höchstens auf 1,95 sinken (Mengennotierung).

Würde der Kurs aufgrund gestiegener Nachfrage nach BGE oder aufgrund gesunkenen Angebots von BGE *über* 2,05 steigen, müsste die Zentralbank des Landes B eingreifen (intervenieren), indem sie AGE kauft (BGE verkauft), um den Kurs zu senken. Die obere Grenze der Bandbreite heißt deswegen **oberer Interventionspunkt.**

Droht hingegen der Kurs unter 1,95 zu fallen, weil die Nachfrage nach BGE abgenommen oder das Angebot von BGE zugenommen hat, muss die Zentralbank des Landes B eingreifen (intervenieren), d. h. AGE aus ihren Devisenvorräten verkaufen (BGE kaufen), um den Kurs zu heben. Die untere Grenze der Bandbreite wird deshalb als **unterer Interventionspunkt** bezeichnet.

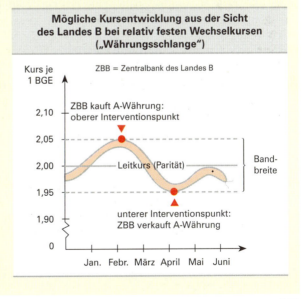

Mögliche Kursentwicklung aus der Sicht des Landes B bei relativ festen Wechselkursen („Währungsschlange")

Kurs je 1 BGE

ZBB = Zentralbank des Landes B

ZBB kauft A-Währung: oberer Interventionspunkt

Leitkurs (Parität)

Bandbreite

unterer Interventionspunkt: ZBB verkauft A-Währung

Jan. Febr. März April Mai Juni

369

24 Hartmann -Hug- ISBN 978-3-8120-0522-7

Bedeutung des Systems fester Wechselkurse. Der Vorteil fester Devisenkurse ist, dass der Wirtschaft sichere Kalkulationsgrundlagen geboten werden. Die Gefahr eines plötzlichen Kursverfalls oder eines unerwarteten Kursanstiegs ist weitgehend gebannt.

Die Nachteile dürfen jedoch nicht übersehen werden. So kann z. B. eine Zentralbank nur so lange Devisen verkaufen, um den Kurs nicht unter den unteren Interventionspunkt fallen zu lassen, wie sie über Devisen verfügt. Sind ihre Devisenvorräte erschöpft, muss der Leitkurs (die Parität) herabgesetzt, d. h. die eigene Währung **abgewertet**[1] werden. Die neue Parität muss mindestens so hoch sein wie der Kurs, der sich bei freien Wechselkursen ergeben würde. Währungen, die laufend abgewertet werden müssen, heißen **weiche Währungen.**[2]

Der Hauptgrund für eine erforderliche **Abwertung** ist, dass die Importe zu hoch, die Exporte zu niedrig sind (Devisenmangel). Durch die Abwertung werden die Importe gedrosselt (die Fremdwährungen und damit die Importwaren werden teurer) und der Export gefördert.

Seltener kommt es vor, dass der Leitkurs zu niedrig ist. Dies ist dann der Fall, wenn eine Zentralbank Devisen kaufen muss, um den Kurs nicht über den oberen Interventionspunkt steigen zu lassen. Theoretisch kann die Zentralbank laufend Devisen aufkaufen: Eigenes Geld kann sie jederzeit drucken und in Umlauf setzen (Geldschöpfung). Die größte Gefahr dieser Politik besteht darin, dass der Geldumlauf im eigenen Währungsgebiet erhöht wird und so die Preise steigen. Längerfristig muss die eigene Währung **aufgewertet,** d. h. der Leitkurs heraufgesetzt[3] werden. Die neue Parität sollte so hoch sein wie der Kurs, der sich bei freien Wechselkursen ergeben würde. Währungen, die stark nachgefragt werden, die also von Zeit zu Zeit aufgewertet werden, heißen **harte Währungen.**[4]

Der Hauptgrund für eine notwendig gewordene **Aufwertung** ist, dass die Exporte zu hoch, die Importe zu niedrig sind (laufende Devisenüberschüsse). Die eigene Währung ist also unterbewertet, sodass die Exportwaren für die Fremdwährungsländer billig sind. Dies ist vor allem dann der Fall, wenn die Preise in den Fremdwährungsländern schneller steigen als im eigenen Währungsgebiet; dann nämlich weicht der Gleichgewichtskurs immer mehr vom Leitkurs (von der Parität) ab. Die Folge ist, dass aufgrund der dauernden Devisenkäufe der Zentralbank der Geldumlauf im eigenen Währungsgebiet steigt und das Preisniveau nach oben klettert. Man bezeichnet die auf Exportüberschüssen beruhenden Preissteigerungen als **„importierte Inflation".**

Europäischer Wechselkursmechanismus I (WKM I)[5]

Die Nachteile des Floatings bewogen 1973 sechs EG-Länder, und zwar Dänemark, Bundesrepublik Deutschland, Belgien, Niederlande, Luxemburg und Frankreich, untereinander wieder **feste Wechselkurse** mit einer Bandbreite von 5 % (± 2,5 %) zu vereinbaren, gegenüber anderen Währungen jedoch zu floaten. Dieses System wird als **Blockfloating** bezeichnet, weil ein Block (eine Gruppe) von Staaten nach außen hin (gegenüber allen anderen Ländern) die Wechselkursbildung dem freien Devisenmarkt überlässt. Dem **Wäh-**

---

1 Das Fachwort für Abwertung heißt Devalvation.

2 Weiche Währungen = schwache Währungen. Der Begriff „weiche Währung" wurde seit 1973 auch auf floatende Währungen übertragen, nämlich auf Währungen, deren Außenwert laufend sinkt (z. B. türkische Lira).

3 Das Fachwort für Aufwertung heißt Revalvation.

4 Harte Währungen = starke Währungen. Der Begriff „harte Währung" wurde seit 1973 auch auf floatende Währungen übertragen, nämlich auf Währungen, deren Außenwert laufend steigt (z. B. Schweizer Franken).

5 Der WKM I (Wechselkursmechanismus I) wurde ursprünglich als Europäisches Währungssystem (EWS) bezeichnet.

rungsblock (der **„Schlange"**) gehörten bis zur Gründung des **E**uropäischen **W**ährungs-**s**ystems (EWS) im März 1979 die Bundesrepublik Deutschland, die Niederlande, Belgien, Luxemburg, Dänemark und das Nicht-EG-Mitglied Norwegen an.

Die Ziele des EWS – heute Wechselkursmechanismus I genannt – waren:

- Förderung des europäischen Integrationsprozesses,
- Stabilisierung der Wechselkurse zwischen den Währungen der Mitgliedsländer des EWS (WKM I),
- Festigung der internationalen Währungsbeziehungen.

Der WKM I unterschied sich vom früheren Blockfloating dadurch, dass eine Verrechnungs-einheit, die **ECU** (**E**uropean **C**urrency **U**nit) eingeführt wurde. Die ECU war keine euro-päische Währung, sondern sie war u. a.

- Bezugsgröße für die Wechselkurse,
- Indikator für Wechselkursabweichungen,
- Rechengröße im Interventions- und Kreditmechanismus des WKM I und
- Zahlungsmittel zwischen den EU-Zentralbanken.

Die ECU war eine sogenannte **Korbwährung**: Jedes Mitgliedsland des WKM I hatte ent-sprechend seiner *Wirtschaftskraft* (z. B. Anteil des eigenen Nationaleinkommens am Nationaleinkommen des WKM I, Beteiligung am Außenhandel des WKM I) einen Anteil am Inhalt des Korbs.

Zuletzt nahmen zwölf EU-Länder[1] am System relativ fester Wechselkurse teil, nämlich Bel-gien, Bundesrepublik Deutschland, Dänemark, Finnland, Frankreich, Irland, Italien, Luxem-burg, Österreich, Niederlande, Portugal und Spanien. Die Bandbreite betrug 30 %. Drohte eine größere Kursabweichung einer Währung, mussten die nationalen Zentralbanken stüt-zend einspringen, wie dies auf S. 369 ff. beschrieben wurde. Der WKM I trug dazu bei, die Einführung des Euro vorzubereiten.

Europäischer Wechselkursmechanismus II (WKM II)

Der WKM II ist die Fortsetzung des WKM I zwischen der WWU und den Mitgliedsländern der Europäischen Union, die noch nicht der WWU angehören wollen bzw. aufgenommen werden können. „Ankerwährung"[2] ist der Euro.

Wichtige Regelungen für den WKM II sind:

- Die Teilnahme ist freiwillig.
- Die Leitkurse der Währungen der Outs[3] werden auf den Euro festgelegt. Die Schwankungs-breite beträgt grundsätzlich ± 15 %.
- Leitkurse und Bandbreite werden in einem gemeinsamen Verfahren unter Beteiligung der EU-Kommission, der Europäischen Zentralbank, der Minister der WWU, der Minister sowie der Zentralbankpräsidenten der Outs und des Wirtschafts- und Sozialausschusses der EU festgelegt.

---

1 Zur Europäischen Union (EU) siehe Kapitel 3.12.1.

2 Ankerwährung = Währung, zu der Fremdwährungen in einem absolut oder relativ festen Umtauschverhältnis stehen, mit der sie also mehr oder weniger fest „verankert" sind.

3 Outs (engl.) = Außenstehende.

- Sind Interventionen an den Interventionspunkten erforderlich, sollen diese grundsätzlich automatisch und unbegrenzt erfolgen. Die Interventionen dienen der Verteidigung der Wechselkurse.

- Die EZB kann Interventionen aussetzen, wenn diese das Hauptziel der EZB, nämlich die Geldwertstabilität, gefährden können.

Am Wechselkursmechanismus in der EU nimmt zurzeit nur Dänemark (Bandbreite ± 2,25 %) teil.[1]

Abwertungswettlauf

Für die Regierungen solcher Länder, die feste Wechselkurse besitzen, ist es ein Leichtes, ihren Export durch Abwertung ihrer Währungen zu fördern und die Unterbeschäftigung zu bekämpfen. Die Regierungen der Länder mit freien Wechselkursen können die Wechselkurse nicht unmittelbar beeinflussen. Sie setzen vielmehr ihre Notenbanken unter Druck und verlangen von ihnen, mehr Geld zu schöpfen, indem diese beispielsweise Staatsschuldverschreibungen kaufen und die Zinsen senken. Je mehr Geld im Verhältnis zum Ausland geschöpft wird, desto billiger wird es.

Es ist zu erwarten, dass sich Konkurrierende wehren werden. Das können z. B. Zollerhöhungen sein. Wahrscheinlich ist, dass sie ebenfalls von ihren Notenbanken verlangen, zusätzliches Geld zu produzieren. Das Ergebnis: Allgemein steigt das Inflationsrisiko und am Austauschverhältnis der Währungen ändert sich nichts, weil nämlich alle Beteiligten ihre Währungen schwächen. Bei einem „Abwertungswettlauf" (häufig wird auch von einem „Währungskrieg" gesprochen) gibt es deshalb keine Gewinner, sondern nur Verlierer.

Zusammenfassung

- Die **Außenwirtschaftspolitik** umfasst alle staatlichen Maßnahmen, die die außenwirtschaftlichen Beziehungen inländischer Wirtschaftssubjekte (private Haushalte, Unternehmen, staatliche Stellen) gestaltend beeinflussen.

- Die **Währungspolitik** ist der Teil der Außenwirtschaftspolitik, der sich mit der Gestaltung der Wechselkurssysteme befasst. In der Europäischen Wirtschafts- und Währungsunion (WWU) obliegt die Währungspolitik in erster Linie der Europäischen Zentralbank (EZB).

- Der **Wechselkurs** drückt das Wertverhältnis zwischen zwei Währungen aus.

- Man unterscheidet zwischen der **Mengennotierung** und der **Preisnotierung**.

- Können die Wechselkurse zwischen den Währungen frei schwanken, bildet sich der Wechselkurs auf den Devisenmärkten aufgrund des jeweiligen Devisenangebots bzw. der jeweiligen Devisennachfrage. Man spricht von **freien Wechselkursen** oder vom **Floating**.

- Ein wichtiger Bestimmungsgrund des **Devisenangebots** ist die Ausfuhr von Waren, Dienstleistungen und Rechten.

- Ein wichtiger Bestimmungsgrund der **Devisennachfrage** ist die Einfuhr von Waren, Dienstleistungen und Rechten.

- **Relativ feste (starre) Wechselkurse** liegen vor, wenn zwischen den Regierungen von zwei oder mehr Ländern eine Wechselkursparität vereinbart wird, wobei für die Wechselkursentwicklung eine bestimmte Bandbreite (Schwankungsbreite) zugelassen wird.

---

1 Das EU-Mitglied Kroatien hat im Juli 2019 die Teilnahme am europäischen Wechselkursmechanismus beantragt. Das Land wird voraussichtlich ab 2020 am WKM II teilnehmen.

- Legt eine Regierung den Preis (Kurs) ihrer Währung einseitig so fest, dass offiziell keine Kursschwankungen möglich sind, handelt es sich um **absolut (völlig) feste Wechselkurse.**

- Die in den Medien veröffentlichten Eurokurse sind **Referenzkurse.** Sie werden von der Europäischen Zentralbank (EZB) empfohlen.

- Der **Wechselkursmechanismus II (WKM II)** ist ein System relativ starrer Wechselkurse. Die nicht (oder noch nicht) an der WWU teilnehmenden Mitgliedsländer der EU können – müssen aber nicht – dem WKM II beitreten. Die Schwankungsbreite der Währungen der „Outs" beträgt grundsätzlich 30 %. Ausnahmen sind möglich.

- Die Entwicklung der Wechselkurse ist längerfristig nicht ohne Einfluss auf den **Außenhandel:**

Kurs der Binnenwährung steigt (die Binnenwährung wertet auf)		Kurs der Binnenwährung sinkt (die Binnenwährung wertet ab)	
Export wird erschwert	Import wird gefördert	Export wird gefördert	Import wird erschwert

ÜBUNGSAUFGABEN

Die Abkürzungen in den folgenden Aufgaben bedeuten:
K = Kurs (Mengennotierung) A^W = Angebot von Binnenwährung
W = Binnenwährung N^W = Nachfrage nach Binnenwährung

1. Kennzeichnen Sie kurz die Begriffe absolut starre und relativ starre Wechselkurse!

2. Die nebenstehende Abbildung zeigt die Situation auf einem Devisenmarkt bei relativ festen Wechselkursen.

2.1 Wie werden die Kurse K_0, K_1, K_2 und K_3 bezeichnet?

2.2 Definieren Sie die unter 2.1 genannten Begriffe!

2.3 Muss die Zentralbank eingreifen? Begründen Sie Ihre Antwort!

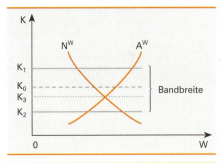

3. Die nebenstehende Abbildung zeigt die Situation auf einem Devisenmarkt bei relativ festen Wechselkursen.

3.1 Wie werden die Kurse K_0, K_1, K_2 und K_3 bezeichnet?

3.2 Muss die Zentralbank eingreifen? Wenn ja, warum?

3.3 Welche Folgen ergeben sich langfristig für die Binnenwirtschaft? Warum?

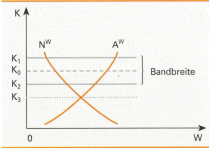

4. Die nebenstehende Abbildung zeigt die Situation auf einem Devisenmarkt bei relativ festen Wechselkursen.

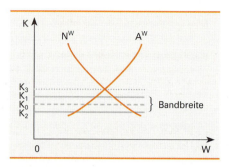

4.1 Wie werden die Kurse K_0, K_1, K_2 und K_3 bezeichnet?

4.2 Muss die Zentralbank eingreifen? Wenn ja, warum?

4.3 Welche Folgen ergeben sich langfristig für die Binnenwirtschaft? Warum?

5. 5.1 Nennen Sie Beispiele für Währungsgebiete mit freien Währungen!

5.2 Erklären Sie den Begriff Währungsparität!

5.3 Warum wünschen sich die Regierungen hochverschuldeter Euroländer eine Abwertung des Euro?

5.4 Welche wirtschaftlichen Vor- und Nachteile sind

    5.4.1   mit einem sinkenden Eurokurs und

    5.4.2   mit einem steigenden Eurokurs verbunden?

6. **Textauszug:**

Abwertungswettlauf befürchtet

Währungsstreit – deutsche Wirtschaft besorgt

China hat den Handelsstreit mit den USA durch die Abwertung seiner Währung befeuert. Experten befürchten einen Abwertungswettlauf und Folgen auch für die deutsche Wirtschaft.

Die weltgrößten Wirtschaftsmächte USA und China verschärfen ihren Kurs im Handelsstreit: Die Vereinigten Staaten stuften die Volksrepublik erstmals seit 25 Jahren wieder als Währungsmanipulator ein. China setzte fast parallel den Kauf von US-Agrarprodukten aus.

Beide Seiten erhoben damit verbunden neue Vorwürfe gegeneinander. Eine Einigung in dem seit Monaten tobenden Handelsstreit, der die Weltwirtschaft zunehmend belastet, ist nicht in Sicht. Die chinesische Zentralbank teilte mit, die Volksrepublik habe und werde den Yuan nicht als Waffe im Handelsstreit einsetzen. Der Stempel als Währungsmanipulator sei eine Verletzung internationaler Regeln. Dies könne das Finanzsystem beschädigen und an den Kapitalmärkten zu Chaos führen. Es verhindere zudem eine wirtschaftliche Erholung.

Ökonomen sehen die Eskalation mit Sorge. „Dies könnte der Anfang eines unumkehrbaren Handelskonflikts zwischen den beiden Ländern sein", sagte Marcel Fratzscher, Chef des Deutschen Instituts für Wirtschaftsforschung (DIW), der Deutschen Presse-Agentur. China habe immer schon seine Währung manipuliert. „Diese Manipulation aber nun durch den Handelskonflikt zu rechtfertigen, muss zwingendermaßen zu einer Eskalation mit den USA führen." […]

Auch der Bundesverband der Deutschen Industrie (BDI) warnt vor den Folgen des Handelskonflikts. Die Ausweitung des Konflikts erhöhe zum einen die Unsicherheit für die Weltwirtschaft, erklärte BDI-Hauptgeschäftsführer Joachim Lang. Die deutsche Industrie müsse sich zum anderen auf „spürbare Verschiebungen in den Wechselkursrelationen und auf größere Schwankungen der Kurse einstellen". Die Kosten der Absicherung gegen diese Schwankungen würden weiter ansteigen.

Quelle: www.zdf.de/nachrichten/heute vom 06.08.2019.

6.1 Erklären Sie, was unter „Abwertungswettlauf" zu verstehen ist!

6.2 Begründen Sie, warum bei einem Abwertungswettlauf alle beteiligten Währungsgebiete nur verlieren können!

3.11.2 Außenhandelspolitik

Aufgabe der Außenhandelspolitik

Die Außenhandelspolitik ist eine Aufgabe der Regierung, nicht der Zentralbank. Ziel der Außenhandelspolitik ist, mittel- und langfristig auf einen **Zahlungsbilanzausgleich** hinzuwirken.[1]

Eine **aktive Zahlungsbilanz** ist verhältnismäßig leicht zu korrigieren, z.B. durch Aufwertung, Einstellung der Stützungskäufe durch die Notenbank und Importerhöhung. Deshalb sind mengenmäßige Exportbeschränkungen **(Exportkontingentierungen)** oder gar **Exportverbote** sehr selten, um eine aktive Zahlungsbilanz abzubauen.[2]

Eine **passive Zahlungsbilanz** stellt die Wirtschaftspolitiker vor ungleich größere Probleme: Die Devisenvorräte sind knapp, Importe müssen mit zu verzinsenden Krediten aus Fremdwährungsländern finanziert werden und die inländische Beschäftigung wird beeinträchtigt. Das Zahlungsbilanzdefizit kann auf lange Sicht nur behoben werden, wenn die Exporte gefördert und die Importe eingedämmt werden.

Exportförderung

Internationale Warenabkommen	**Handelsabkommen** Sie stellen kurz- und mittelfristige Verträge mit einzelnen Ländern dar, so z.B. die Handelsabkommen, die die Bundesrepublik Deutschland mit der Volksrepublik China abschließt, in denen Warenart und -menge, die zu liefern bzw. abzunehmen sind, festgelegt werden. **Handelsverträge** Sie sind langfristige Vereinbarungen mit anderen Ländern, um den zwischenstaatlichen Handel zu regeln. Handelsverträge enthalten unter anderem auch Zollvereinbarungen.
Steuerpolitische Maßnahmen	Ausfuhrlieferungen der Bundesrepublik Deutschland sind steuerfrei. Desgleichen wird für Waren, die aus Fremdwährungsgebieten zum Zweck der Veredelung eingeführt und wieder exportiert werden, kein Einfuhrzoll erhoben.
Staatliche Bürgschaften und Garantien	Wirtschaftliche und politische Risiken werden den Exporteuren auf Antrag teilweise vom Staat abgenommen, und zwar in Form von Ausfuhrgarantien und -bürgschaften.
Subventionen	Während Steuerbefreiungen indirekte Subventionen darstellen, können die Exportländer auch direkte Subventionen leisten. Dazu gehören z.B. Barzuschüsse, Zinssubventionen, Ausfuhrprämien, Investitionshilfen und Exportkredite. Obwohl die direkten Subventionen als Verstoß gegen die internationalen Handelsregeln angesehen werden, sind sie an der Tagesordnung.

---

1 Siehe Kapitel 3.3.1.4.

2 Exportbeschränkungen (Kontingentierung und Verbote) haben den Zweck, knappe Rohstoffe im Inland zu behalten bzw. Rohstoffvorräte zu „strecken". Mitunter soll mit Exportbeschränkungen auch der Preis in die Höhe getrieben werden. Dies hat jedoch den Zweck, die Zahlungsbilanz zu verbessern, d.h. die Einnahmen zu erhöhen.

Dumping[1]	Obgleich es die allgemeine Überzeugung ist, dass die Beeinträchtigung des internationalen Handels alle beteiligten Volkswirtschaften langfristig schädigt, sehen die Defizitländer (Länder mit hohen Importüberschüssen) häufig keine andere Möglichkeit, als ihre Situation durch Dumpingmaßnahmen zu verbessern. Dumping gilt als unlauteres (unfaires) Instrument der Außenwirtschaftspolitik.
	Man unterscheidet u. a. folgende Dumpingarten:
	■ **Subventionsdumping**
	Die Regierungen der Lieferländer subventionieren ihre Exportwirtschaft derart, dass die Hersteller in den Importländern konkurrenzunfähig werden.
	■ **Sozialdumping**
	Hier wird Ländern mit niedrigen Reallöhnen vorgeworfen, sie beschafften sich durch unterdurchschnittliche Bezahlung ihrer Arbeitskräfte ungerechtfertigte Vorteile im internationalen Handel.
	■ **Valutadumping[2]**
	Ländern, die abgewertet haben, oder Ländern, die trotz hoher Exportüberschüsse und Vollbeschäftigung nicht aufwerten wollen, wird vorgeworfen, dass sie ihren Export und damit ihre Beschäftigung auf Kosten anderer Länder förderten.

Importbeschränkung

Importbeschränkende Maßnahmen können sein:

Importzölle	Zölle, die aus zahlungsbilanzpolitischen Gründen eingeführt bzw. erhöht werden, sind **Schutzzölle**. Soll eine im Aufbau befindliche inländische Industrie vorübergehend vor ausländischer Konkurrenz geschützt werden, spricht man von **Erziehungszöllen**. Erziehungszölle spielen vor allem für die Entwicklungsländer eine Rolle. Haben Zölle den ausschließlichen Zweck, die Staatseinnahmen zu erhöhen, handelt es sich um **Finanzzölle**.
Administrative[3] Maßnahmen	■ **Importkontingentierung**
	Hier wird den Importeuren von einer Behörde (z. B. dem Handelsministerium) der mengen- oder wertmäßige Import vorgeschrieben. Die Importkontingentierung führt häufig dazu, dass die Importeure größere Mengen bei den Genehmigungsbehörden anmelden, als sie tatsächlich zu importieren beabsichtigen. Deshalb verlangen Staaten mit Importkontrollen häufig finanzielle Hinterlegungen in Höhe eines bestimmten Prozentsatzes des Importwerts **(Bardepot)**, sodass sich indirekt der Import verteuert und auf diese Weise gebremst wird.
	■ **Einfuhrverbote**
	Das radikalste Mittel, Zahlungsbilanzdefizite abzubauen, sind Einfuhrverbote. Diese können sich auf bestimmte Warengruppen oder (theoretisch) auf die gesamte Einfuhr beziehen.

---

1 Dumping (engl.) = Druck; hier: Ausfuhr zu Schleuderpreisen.

2 Valuta = Kurswert einer Währung.

3 Administrativ = verwaltungsmäßig; Administration = (staatliche) Verwaltung.

Devisen-bewirtschaftung (Devisenzwangs-wirtschaft)	In diesem Fall werden die Exporteure gezwungen, ihre Erlöse in Fremd-währung an die Devisenbehörde (z. B. an die Zentralbank) abzuliefern (zu verkaufen). Die Importeure (auch Privatpersonen, die in Fremdwährungs-gebiete reisen) müssen die Zuteilung von Devisen beantragen. Die Devisen werden **rationiert**, d. h. nach bestimmten Gesichtspunkten den Antragstel-lern zugeteilt. So können die verfügbaren Devisen z. B. nach Importlän-dern, Importwaren und -dienstleistungen sowie auf die verschiedenen Importunternehmen anteilsmäßig verteilt werden. Für die Banken bedeutet dies, dass sie zu ausführenden Organen der Kontrollbehörde werden. Freie Devisengeschäfte sind nicht mehr möglich. (Währungen hingegen, die frei handelbar sind, bezeichnet man als konvertierbare[1] Währungen.)

Die genannten administrativen Maßnahmen stellen **marktkonträre** Eingriffe in die Außen-wirtschaft dar.

Beitritt zu internationalen Organisationen zur Regelung außenwirtschaftlicher Beziehungen

Auch der Beitritt zu internationalen Organisationen, die sich die Förderung außenwirt-schaftlicher Beziehungen zum Ziel gesetzt haben, ist ein Mittel der Außenhandelspolitik.[2]

Als Beispiel sei hier die **Welthandelsorganisation** (**W**orld **T**rade **O**rganization) genannt. Sie nahm ihre Arbeit am 1. Januar 1995 in Genf auf. Ihr gehören rund 160 Staaten an. Die WTO überwacht die Einhaltung der internationalen Handelsregeln. Sie ist Schlichtungsin-stanz bei Rechtsstreitigkeiten zwischen den Mitgliedsländern.

Die drei wesentlichen Bereiche der WTO sind der Handel mit Waren (**G**eneral **A**greement on **T**ariffs and **T**rade = GATT), der Handel mit Dienstleistungen (z. B. Bankdienstleistun-gen, Versicherungen, Tourismus) und der Bereich geistige Eigentumsrechte (z. B. Patent-schutz).

Das oberste Organ der WTO ist die Ministerkon-ferenz, die mindestens alle zwei Jahre zusammentritt. Die laufenden Geschäfte besorgt der Allgemeine Rat der WTO. Er entschei-det i. d. R. mit einfacher Mehrheit. Bei bedeuten-den Änderungen sieht der WTO-Vertrag aber Drei-viertelmehrheit vor – bei anderen wichtigen Fra-gen wie z. B. die Aufnah-me neuer Mitglieder eine Zweidrittelmehrheit.

Die Welthandelsorganisation WTO

Die WTO (World Trade Organization) zählt zu den wichtigsten Institutionen zur Behebung internationaler Wirtschaftsprobleme. Ihr Ziel ist es, Zölle und andere Handelshemmnisse abzubauen und den freien Handel zu fördern.

Quelle: WTO

■ 162 Mitglied-staaten
■ 22 Staaten mit Beobachterstatus

WTO

Sitz: Genf (Schweiz)
Gründung: 1.1.1995
Generaldirektor: Roberto Azevêdo

Stand März 2016

© Globus 10897

---

1 Konvertierbar, konvertibel (lat.-frz.) = austauschbar zum jeweiligen Wechselkurs. Konvertierung = Übergang von (relativ) festen Wechselkursen zu freien Wechselkursen.

2 Zur EU siehe Kapitel 3.12.1.

Das GATT besteht bereits seit 1947. Die Bundesrepublik Deutschland ist seit 1951 Mitglied. Der Zweck des GATT war und ist, bestehende Handelsschranken aller Art zu beseitigen (Liberalisierung).[1] Ziele des GATT sind demnach Abbau der Zölle, Abschaffung der Einfuhrkontingente, Verhinderung der Dumpingmethoden,[2] Abschaffung der Diskriminierung[3] und Durchsetzung der Meistbegünstigungsklausel.

- Unter **Diskriminierung** versteht man eine unterschiedliche Behandlung einzelner Staaten. Diskriminierung liegt z. B. vor, wenn Einfuhren aus einem bestimmten Land mit höheren Zöllen belastet werden als die aus einem anderen. (Die niedrigeren Zölle werden als „Präferenzzölle" bezeichnet.)[4]

- Diskriminierungen werden durch den Grundsatz der **Meistbegünstigung** verhindert. Die in internationalen Verträgen aufgenommene **Meistbegünstigungsklausel** besagt, dass der Handelspartner die gleichen Rechte erhält, wie sie bereits einem anderen Land gegenüber eingeräumt worden sind.

Zusammenfassung

- Ziel der **Außenhandelspolitik** ist, die Handelsbeziehungen zum Ausland zu pflegen und mittel- und langfristig auf einen Zahlungsbilanzausgleich (ein außenwirtschaftliches Gleichgewicht) hinzuwirken. Ein wichtiger Bestandteil der Förderung außenwirtschaftlicher Beziehungen ist der Beitritt zu internationalen Handelsorganisationen wie z. B: die **WTO (Welthandelsorganisation)** und das **GATT (General Agreement on Tariffs and Trade)**.

- **Exportfördernde Maßnahmen** sind z. B.:
  - Abschluss von Handelsabkommen (Verträge mit einzelnen Ländern),
  - Handelsverträge (Vereinbarungen mit mehreren Ländern wie z. B: Zollvereinbarungen),
  - steuerpolitische Maßnahmen (z. B. Umsatzsteuerbefreiung für Exportgeschäfte),
  - Gewährung von staatlichen Bürgschaften und Garantien für mögliche Forderungsausfälle bei Exportgeschäften und
  - Subventionen (z. B. Barzuschüsse, Zinssubventionen, Ausfuhrprämien).

- **Importerschwerende Maßnahmen** sind z. B.:
  - Importzölle (Schutzzölle, Erziehungszölle),
  - Importkontingenierungen (mengen- oder wertmäßige Einfuhrbeschränkungen),
  - Einfuhrverbote.

---

1 Liberal = frei; Liberalisierung = Befreiung; hier: Verwirklichung des freien Welthandels.

2 Siehe auch S. 376.

3 Diskriminierung = nachteilig behandeln, herabsetzen.

4 Präferenz = Bevorzugung.

ÜBUNGSAUFGABEN

1. Begründen Sie, warum Zahlungsbilanzungleichgewichte zu Störungen auf den Devisenmärkten führen können!

2. Begründen Sie, warum langfristig eine ausgeglichene Zahlungsbilanz eines Währungsgebiets wünschenswert ist!

3. Erläutern Sie, wie die Zentralbank eines Währungsgebiets auch beim System freier Wechselkurse die Zahlungsbilanz beeinflussen kann!

4. Angenommen, ein Land hat eine dauernd negative (passive) Zahlungsbilanz (= Zahlungsbilanzdefizit). Die Wechselkurse sind relativ fest. Wie kann die Zahlungsbilanz ins Gleichgewicht gebracht werden?

5. Angenommen, ein Land hat eine dauernd positive (aktive) Zahlungsbilanz (= Zahlungsbilanzüberschuss). Die Wechselkurse sind relativ fest. Wie kann die Zahlungsbilanz ins Gleichgewicht gebracht werden?

6. Nennen und beschreiben Sie mindestens vier handels- und zollpolitische Maßnahmen, die auf der Exportseite zu einem Abbau eines Zahlungsbilanzdefizits beitragen können!

7. Nennen und beschreiben Sie mindestens vier handels- und zollpolitische Maßnahmen, die auf der Importseite zu einem Abbau eines Zahlungsbilanzdefizits beitragen können!

8. Zoll- und steuerpolitische Maßnahmen des Staates können noch als marktkonform angesehen werden. Administrative Maßnahmen hingegen sind marktkonträr.

    8.1   Welche administrativen Maßnahmen sind möglich?

    8.2   Warum sind administrative Maßnahmen als marktkonträr anzusehen?

9. Warum sind staatliche Eingriffe in den internationalen Handel in aller Regel für alle beteiligten Länder von Nachteil?

10. **Textauszug:**

Währungsmanipulationen?

Der Internationale Währungsfonds (IWF) fordert von China, sein Vorgehen am Währungsmarkt flexibler und transparenter zu gestalten sowie von marktverzerrenden Interventionen [= Eingriffen] abzusehen. Dies geht aus dem Jahresbericht zur Situation der chinesischen Wirtschaft hervor, der am Freitagabend veröffentlicht wurde.

„Die Flexibilität des Wechselkurses sollte erhöht werden, um die Anpassung an das neue externe Umfeld zu erleichtern", heißt es darin. Dies würde die Öffentlichkeit darauf vorbereiten, dass die Kurse in Zukunft wohl stärker schwanken dürften. Derzeit darf sich der Kurs des Yuan nur in einem Band von zwei Prozent über oder unter der von der Notenbank täglich festgelegten Fixrate bewegen. […]

Anfang der Woche hatte der Kurs des Yuan erstmals seit über zehn Jahren wieder die Marke von sieben Yuan je Dollar durchbrochen. Dadurch verbilligen sich chinesische Waren in Dollar gerechnet, was von der US-Regierung offenbar als direkte und gesteuerte Reaktion auf die Ankündigung weiterer Strafzölle für chinesische Waren gewertet wurde.

Quelle: www.welt.de vom 10.08.2019.

    10.1   Welchen Vorteil hat China vom unterbewerteten Renminbi?

    10.2   Erklären Sie, was unter einer „freien Konvertierung" zu verstehen ist!

3.12 Europäische Integration[1]

3.12.1 Europäische Union (EU)

3.12.1.1 Geschichtliche Entwicklung

1952	Gründung der Europäischen Gemeinschaft für Kohle und Stahl (Montanunion) durch Belgien, Niederlande, Luxemburg, Frankreich, Italien und die Bundesrepublik Deutschland (6er-Gemeinschaft).
1958	Gründung der Europäischen Wirtschaftsgemeinschaft (EWG) und der Europäischen Atomgemeinschaft (EURATOM) durch die gleichen sechs Staaten.
1967	Entstehung der Europäischen Gemeinschaft (EG) durch Zusammenfassung der Organe der Montanunion, EWG und EURATOM (gemeinsamer Ministerrat und gemeinsame Kommission).
1968	Vollendung der Zollunion durch Abbau der Zölle und Handelsbeschränkungen innerhalb der EG-Länder und Errichtung eines gemeinsamen Zolltarifs gegenüber Drittländern.
1973	Beitritt Großbritanniens, Irlands und Dänemarks zur EG (9er-Gemeinschaft), Freihandelsabkommen mit den restlichen EFTA-Ländern.
1979	Erstmalige Direktwahlen zum Europäischen Parlament (Neuwahlen alle fünf Jahre) und Beginn des Europäischen Währungssystems (EWS).
1981	Beitritt Griechenlands (10er-Gemeinschaft).
1986	Beitritt Portugals und Spaniens (12er-Gemeinschaft).
1987	Einheitliche Europäische Akte mit dem Hauptzweck der Vollendung des einheitlichen Binnenmarktes bis Ende 1992.
1990	Beitritt der DDR zur Bundesrepublik Deutschland und damit zur EU.
1992	Maastricht-Vertrag über die Europäische Union als Regierungsabkommen mit anschließenden Ratifizierungen in den Mitgliedsländern. Der Vertrag regelt die Schaffung der Wirtschafts- und Währungsunion (WWU) bis spätestens Anfang 1999.
1993	Europäischer Binnenmarkt tritt zum 01.01.1993 in Kraft. Damit entsteht in der EG ein Wirtschaftsraum, in dem der freie Verkehr von Personen, Waren und Dienstleistungen und Kapital gewährleistet ist. Am 01.11.1993 wird aus der Europäischen Gemeinschaft (EG) die Europäische Union (EU).
1994	Beginn der zweiten Stufe der Währungsunion: Europäisches Währungsinstitut (EWI) – Vorläufer der EZB – wird in Frankfurt am Main eingerichtet.
1995	Beitritt Österreichs, Finnlands und Schwedens (15er-Gemeinschaft).
1997	EU-Staats- und Regierungschefs verabschieden in Amsterdam einen Stabilitäts- und Wachstumspakt zur Sicherung der Stabilität des Euro nach dem Start der Währungsunion.
1998	Staats- und Regierungschefs der EU-Mitgliedstaaten einigen sich in Brüssel auf der Grundlage der Berichte der EU-Kommission und des EWI darauf, dass elf Länder am 01.01.1999 in die Währungsunion starten werden (Griechenland erfüllt die Konvergenzkriterien nicht; freiwillig bleiben der gemeinsamen Währung noch fern Großbritannien, Schweden und Dänemark).
1999	Dritte Stufe der WWU: Euro-Einheitswährung für 11 der 15 Mitgliedsländer, die EZB übernimmt die Verantwortung für die Geldpolitik.
2004	Beitritt von zehn neuen Ländern in die EU: Estland, Lettland, Litauen, Malta, Polen, Slowakische Republik, Slowenien, Tschechische Republik, Ungarn und Zypern.

---

1 Integration (lat. integer: ganz, unversehrt) bedeutet Zusammenfassung kleiner Einheiten zu einer größeren. Unter Integration im politischen und rechtlichen Sinn ist somit ein Zusammenschluss mehrerer Staaten zu verstehen, die einen Teil ihrer Souveränität an übergeordnete gemeinsame Organe übertragen.

2007	Beitritt der beiden Länder Bulgarien und Rumänien.
2009	Zum **1. Dezember 2009** trat der „**Vertrag von Lissabon** zur Änderung des Vertrags über die Europäische Union und des Vertrags zur Gründung der Europäischen Gemeinschaft" in Kraft. Dieser Vertrag ergänzte die bestehenden Vertragsgrundlagen des europäischen Integrationsverbandes; so erhielt die Europäische Union eine einheitliche Struktur und Rechtspersönlichkeit.
2011	Die Staats- und Regierungschefs der **Euroländer** vereinbaren weitreichende Schritte hin zu einer echten **fiskalpolitischen Stabilitätsunion** im **Euro-Währungsgebiet**. Dies beeinhaltet Handeln in zwei Richtungen: ■ Abschluss eines neuen fiskalpolitischen Pakts und eine verstärkte wirtschaftspolitische Koordinierung; ■ Weiterentwicklung der bestehenden Stabilisierungsinstrumente, um kurzfristigen Herausforderungen begegnen zu können.
2012	Unterzeichnung des Vertrags über den **Europäischen Stabilitätsmechanismus** (ESM).
2013	Zum 1. Juli 2013 tritt Kroatien als 28. Mitglied der EU bei.
2017	Die britische Premierministerin Theresa May reicht im März 2017 den **Antrag zum Austritt des Vereinigten Königreichs aus der EU** in Brüssel ein (**„Brexit"**). In einem Referendum hatten im Juni 2016 knapp 52 % der Bürger in Großbritannien für den Austritt aus der Europäischen Union gestimmt.

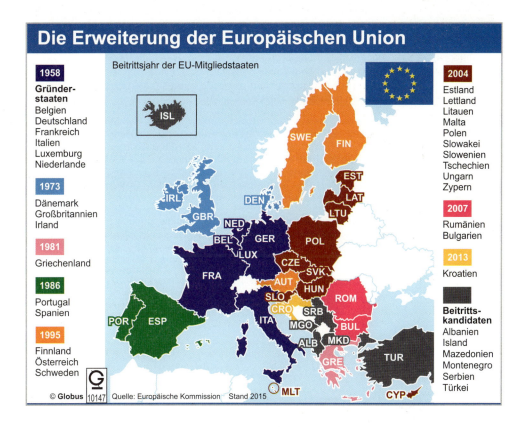

Die Erweiterung der Europäischen Union

Beitrittsjahr der EU-Mitgliedstaaten

1958

Gründerstaaten
Belgien
Deutschland
Frankreich
Italien
Luxemburg
Niederlande

1973

Dänemark
Großbritannien
Irland

1981

Griechenland

1986

Portugal
Spanien

1995

Finnland
Österreich
Schweden

2004

Estland
Lettland
Litauen
Malta
Polen
Slowakei
Slowenien
Tschechien
Ungarn
Zypern

2007

Rumänien
Bulgarien

2013

Kroatien

Beitrittskandidaten
Albanien
Island
Mazedonien
Montenegro
Serbien
Türkei

© Globus 10147   Quelle: Europäische Kommission   Stand 2015

381

3.12.1.2 Aufbau und Ziele der Europäischen Union

Organe der Europäischen Union (EU)

Europäischer Rat	Im Europäischen Rat kommen mindestens zweimal jährlich die Staats- und Regierungschefs der Mitgliedstaaten der EU und der Präsident der EU-Kommission zu einem Gipfel zusammen, um der Union allgemeine politische Impulse zu geben und politische Richtlinien zu erlassen (sog. Grundsatzentscheidungen).
Europäisches Parlament	Das Europäische Parlament (Tagungsorte Straßburg und Brüssel) setzt sich derzeit aus 751 Abgeordneten zusammen, die von den Bürgern der EU-Staaten gewählt wurden. Mit dem Vertrag von Lissabon, der am 1. Dezember 2009 in Kraft trat, besitzt das Parlament ein Mitentscheidungsrecht in mehr als 40 Politikbereichen wie z.B. Justiz- und Polizeizusammenarbeit, Transportwirtschaft, Energiesicherheit, Datenschutz und Agrarpolitik.
Nationale Parlamente	Die nationalen Parlamente sind ebenfalls in die Gesetzgebung der Europäischen Union eingebunden. So muss sich z.B. der Bundestag frühzeitig mit der europäischen Gesetzgebung befassen und den Fachministern ein Verhandlungsmandat[1] erteilen. Ferner kann ein Drittel der nationalen Parlamente die Europäische Kommission zwingen, die Zuständigkeit der EU für ein bestimmtes Gesetz zu begründen. Die Hälfte der Parlamente kann ein geplantes Gesetz stoppen.
Bürgerbegehren	Die EU-Bürger haben das Recht, ein Gesetzgebungsverfahren zu erzwingen. Wenn mehr als eine Million Unterschriften „aus einer erheblichen Anzahl von Mitgliedsländern" zustande kommt, muss sich die Kommission mit dem geforderten Gesetz befassen.
Rat der Europäischen Union (Ministerrat)	Er ist das oberste rechtsetzende Organ der EU. Der Ministerrat besitzt 28 Mitglieder, die von den 28 Regierungen der Mitgliedsländer entsandt werden (Minister oder Staatssekretäre). Der Ministerrat kann i.d.R. nur auf den Vorschlag der Kommission hin beschließen. Die Abstimmungen mit qualifizierter Mehrheit[2] sind die Regel. Außenpolitische Entscheidungen können jedoch nur einstimmig getroffen werden. So kann z.B. kein EU-Land gezwungen werden, an einem Kriegseinsatz teilzunehmen.
Europäische Kommission	Die Kommission mit ihren 28 Mitgliedern hat die Aufgabe, für die Durchführung der Verträge und der Beschlüsse der Gemeinschaftsorgane (vor allem des Europäischen Parlaments) zu sorgen. Sie ist der eigentliche „Motor" der Gemeinschaft. Rechtsverordnungen, die auf Vorschlag der Kommission vom Ministerrat beschlossen werden, sind in *jedem* Mitgliedsland verbindlich. Ein „Hoher Vertreter für Außen- und Sicherheitspolitik" hat die Aufgabe eines EU-Außenministers.

---

1 Mandat (lat.) = Vollmacht, Auftrag.

2 Qualifiziert (lat.) = geeignet, sich als geeignet erweisen; qualifizierte Mehrheit = eine angemessene (geeignete) Mehrheit. Ab 2014 wurde die „doppelte Mehrheit" eingeführt (55 Prozent der EU-Staaten mit 65 Prozent der Bevölkerung).

Europäischer Gerichtshof	Der Europäische Gerichtshof (jedes Mitgliedsland stellt einen Richter) sichert die Wahrung des Rechts bei der Auslegung und Anwendung der Verträge. Er stellt z.B. fest, ob ein Mitgliedsland gegen eine vertragliche Verpflichtung verstoßen hat. Der Sitz des Europäischen Gerichtshofs ist Luxemburg.
Wirtschafts- und Sozialausschuss	Er ist ein beratendes Organ, in dem die Vertreter des wirtschaftlichen und sozialen Lebens mitwirken. Die Mitglieder bilden drei Gruppen: Arbeitgeber, Arbeitnehmer und Sonstige (z.B. Vertreter der Landwirtschaft, der Verkehrswirtschaft, der freien Berufe und der Verbraucher). Der Wirtschafts- und Sozialausschuss muss von Rat und Kommission in einer Reihe von Fällen angehört werden, z.B. bei Fragen der Agrarpolitik, der Freizügigkeit, des Niederlassungsrechts, des Dienstleistungsverkehrs, der Verkehrspolitik oder der Rechtsangleichung innerhalb der EU.
Ausschuss der Regionen	Dieser Ausschuss besteht aus Vertretern von Ländern, Regionen, autonomen Gemeinschaften und lokalen Gebietskörperschaften der EU-Mitgliedstaaten. Er hat eine beratende Mitsprache bei den Entscheidungsprozessen der EU.
Europäische Investitionsbank	Sie hat die Aufgabe, zur Erschließung wirtschaftlich benachteiligter Gebiete in der EU und in den assoziierten[1] Staaten durch Kreditgewährung und/oder Übernahme von Bürgschaften beizutragen. Die verschiedenen Europäischen Fonds geben Finanzhilfen in wichtigen Sonderbereichen. Innerhalb des Europäischen Währungsverbunds hat der Europäische Währungsfonds wichtige Aufgaben.

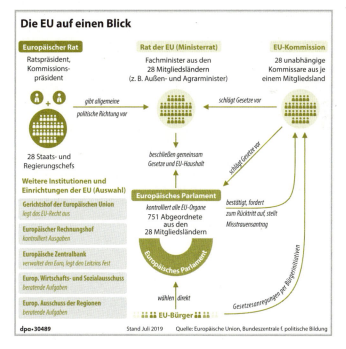

Die EU auf einen Blick

Europäischer Rat — Ratspräsident, Kommissionspräsident — 28 Staats- und Regierungschefs

Rat der EU (Ministerrat) — Fachminister aus den 28 Mitgliedsländern (z. B. Außen- und Agrarminister)

EU-Kommission — 28 unabhängige Kommissare aus je einem Mitgliedsland

gibt allgemeine politische Richtung vor

schlägt Gesetze vor

beschließen gemeinsam Gesetze und EU-Haushalt

schlägt Gesetze vor

Weitere Institutionen und Einrichtungen der EU (Auswahl)

Gerichtshof der Europäischen Union — *legt das EU-Recht aus*

Europäischer Rechnungshof — *kontrolliert Ausgaben*

Europäische Zentralbank — *verwaltet den Euro, legt den Leitzins fest*

Europ. Wirtschafts- und Sozialausschuss — *beratende Aufgaben*

Europ. Ausschuss der Regionen — *beratende Aufgaben*

Europäisches Parlament — kontrolliert alle EU-Organe — 751 Abgeordnete aus den 28 Mitgliedsländern

bestätigt, fordert zum Rücktritt auf, stellt Misstrauensantrag

wählen direkt

Gesetzesanregungen per Bürgerinitiativen

EU-Bürger

dpa·30489 — Stand Juli 2019 — Quelle: Europäische Union, Bundeszentrale f. politische Bildung

---

1 Assoziieren = wörtl. verknüpfen, verbinden; assoziierte Länder sind der EU angeschlossene Länder, ohne selbst Mitglieder zu sein (Näheres siehe S. 385).

Ziele der Europäischen Union (EU)

Die Europäische Union steht für gemeinsame Grundwerte, auf denen die europäischen Gesellschaften aufbauen. Sie sind die Leitlinien ihres Handelns – so etwa das Streben nach

- Achtung der Menschenwürde,
- Demokratie,
- Chancengleichheit,
- freiem Handel,
- fairem Wettbewerb,
- Solidarität und
- Sicherheit.

An diesen Idealen und ihrer Umsetzung misst die EU ihre Erfolge, sie machen den Hauptteil europäischer Politik aus.[1]

Artikel 26 II AEUV legt fest, dass der Binnenmarkt einen Raum ohne Binnengrenzen umfasst, in dem der freie Verkehr von

- Waren,
- Personen,
- Dienstleistungen und
- Kapital

gemäß den Bestimmungen der Verträge gewährleistet ist.

Diese sogenannten **„vier Grundfreiheiten"** dienen dem Ziel, einen gemeinschaftlichen europäischen Binnenmarkt zu schaffen, frei von nationalen Zöllen und anderen gesetzlichen Beschränkungen.

Dieses Ziel ist bisher teilweise nur unvollkommen verwirklicht. Zwar wurden Zölle und mengenmäßige Beschränkungen im **Warenverkehr** zwischen den Mitgliedstaaten abgeschafft; Maßnahmen gleicher Wirkungen kommen in Gestalt innergemeinschaftlicher Handelshemmnisse jedoch immer wieder vor. Handelshemmnisse sind z. B. nationale Verbraucherschutz-, Gesundheitsschutz-, Umweltschutz-, veterinärrechtliche und Pflanzenschutzbestimmungen, Sicherheitsbestimmungen und baurechtliche Vorschriften.

Die Verwirklichung des Binnenmarkts erfordert z. B. eine Bindung aller Beteiligten an **gleiche Regeln für den Wettbewerb**. Um Verfälschungen des Wettbewerbs zu verhindern, müssen die **Steuervorschriften angeglichen** (harmonisiert) werden.

Durch die **Angleichung des Gesellschaftsrechts** sollen die nationalen Bestimmungen zum Schutz der Gesellschaften sowie Dritter gleichwertig und damit wettbewerbsneutral verabschiedet werden.

Ferner sind eine ganze Reihe **gemeinsamer Politiken** anzustreben, z. B. gemeinsame Agrarpolitik, Fischereipolitik, Verkehrspolitik, Industrie-, Forschungs- und Technologiepolitik, Umweltpolitik, Energiepolitik, Sozialpolitik, Regionalpolitik, Handels- und Entwicklungshilfepolitik, Außen- und Sicherheitspolitik.

---

1 Quelle: http://ec.europa.eu//deutschland.

| Erweiterung der Europäischen Union (EU) und Assoziierung |

Der Euroäischen Union können weitere *europäische* Länder beitreten. Europäische Staaten, für die ein Beitritt aus wirtschaftlichen oder politischen Gründen nicht oder noch nicht infrage kommt, können sich der EU assoziieren. Die Assoziierung steht auch außereuropäischen Staaten offen. Unter Assoziierung versteht man einen losen „Anschluss", der in der Regel einen Abbau von Handelshemmnissen vorsieht.

Zwischen der EU und der Türkei besteht eine Zollunion.[1] Neben den Vereinbarungen mit Marokko, Tunesien, Ägypten, Israel, Jordanien, Libanon und Syrien bestehen zurzeit mit insgesamt 79 Staaten in **A**frika, in der **K**aribik und im **P**azifik (**AKP-Staaten**) Abkommen über handelspolitische und industrielle Zusammenarbeit und über Finanzhilfe. Die Assoziierung der Entwicklungsländer ist ein wesentlicher Beitrag zur Milderung der großen Einkommensunterschiede zwischen Nord und Süd.

3.12.2 Europäische Freihandelsassoziation (EFTA)

Die Europäische Freihandelsassoziation (**E**uropean **F**ree **T**rade **A**ssociation = **EFTA**) mit dem Sitz in Genf wurde 1960 von Dänemark, Großbritannien, Norwegen, Österreich, Portugal, Schweden und der Schweiz gegründet. 1970 traten Island und 1985 Finnland als weitere Mitglieder bei.

Nach den Beitritten Dänemarks, Großbritanniens, Irlands (1972), Portugals (1986), Finnlands, Österreichs und Schwedens (1995) zur EG bzw. EU besteht die EFTA derzeit aus vier Ländern, nämlich aus **Island, Liechtenstein, Norwegen** und der **Schweiz.**

Im Gegensatz zur EU stellt die EFTA lediglich eine **Freihandelszone** dar. Hierunter versteht man eine Gruppe von zwei oder mehreren Zollgebieten, zwischen denen die Zölle und andere den Außenhandel beschränkende Maßnahmen beseitigt werden.

Während in einem gemeinsamen Markt eine **Zollunion** besteht (Wegfall der Binnenzölle, Errichtung eines gemeinsamen Außenzolltarifs), behalten die in einer Freihandelszone zusammengeschlossenen Staaten ihre nationalen Außenzölle bei.

---

1 Eine Zollunion liegt vor, wenn sich bestimmte Staaten zusammenschließen, um den Handel untereinander zu liberalisieren und gegenüber Drittländern einen gemeinsamen Außenzoll zu errichten.

25 Hartmann -Hug- ISBN 978-3-8120-0522-7

Zusammenfassung

- ■ Die **Europäische Union** ist **kein Staat**; sie ist vielmehr eine **übernationale Organisation** der Mitgliedstaaten, die einen Teil ihrer nationalen **Hoheitsrechte** auf diese Organisation übertragen haben.

- ■ Zu den wichtigsten **Organen der EU** gehören der **Europäische Rat**, das **Europäische Parlament**, der **Ministerrat** sowie die **Europäische Kommission**.

- ■ Die **vier Grundfreiheiten** des europäischen Binnenmarktes umfassen den **freien Personen-, Güter-, Dienstleistungs- und Kapitalverkehr.**

- ■ Die **europäische Gemeinschaftswährung** beseitigt Hindernisse im innereuropäischen Handel.

- ■ Europäische Staaten, für die ein Beitritt aus wirtschaftlichen oder politischen Gründen nicht oder noch nicht infrage kommt, können sich der EU **assoziieren.**

- ■ Die Europäische **Freihandelsassoziation (EFTA)** ist – mit Ausnahme der Schweiz – eng mit der EU zum sogenannten **Europäischen Wirtschaftsraum** verbunden.

ÜBUNGSAUFGABEN

1. Die Übersicht auf S. 380 f. zeigt die geschichtliche Entwicklung der Europäischen Union.

 1.1 Im Jahr 1967 entstand die EWG durch den Zusammenschluss von drei bereits bestehenden europäischen Organen.

  1.1.1 Welche Organe waren das?

  1.1.2 Welche Funktionen haben der Rat (Ministerrat) und die Kommission?

 1.2 Im Jahr 1993 wurde der Europäische Binnenmarkt verwirklicht. Worin unterscheidet sich dieser Binnenmarkt von einer Freihandelszone?

2. Nennen Sie die Mitgliedsländer der Europäischen Freihandelsassoziation (EFTA)!

3. Die nebenstehende Karte zeigt die Grundrisse der europäischen Staaten (ohne Island). Weisen Sie den Grundrissen den jeweiligen Staat zu und nennen Sie die Mitgliedstaaten

 3.1 der Europäischen Union und

 3.2 der Europäischen Wirtschafts- und Währungsunion!

4. Erläutern Sie, was unter den „vier Grundfreiheiten" des europäischen Binnenmarktes zu verstehen ist!

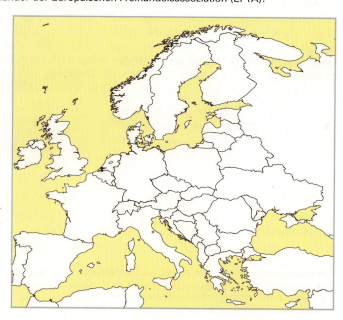

4 Projektmanagement[1]

4.1 Einen Überblick über die Projektwirtschaft gewinnen[2]

Begriff Projekt

„Es ist Spätherbst, schon seit Tagen folgen sie bei eisigen Temperaturen den Mammutherden auf ihrem alljährlichen Marsch in den Süden. Von der heutigen Jagd hängt es ab, ob ihre Familie den folgenden harten Winter überstehen wird. Im Kampf gegen die Mammuts setzen sie auf ihre Geheimwaffe – eine zweieinhalb Meter lange Stoßlanze, die sie dem Riesen mitten ins Herz stoßen werden. Bei Nacht werden sie versuchen, einen der Giganten zu erlegen, um genügend Fleisch und Felle für den Winter zu haben. Doch sie sind nicht der einzige Jäger, der heute im Lonetal[3] nach Beute sucht. Der mächtige Höhlenlöwe steht an der Spitze der Nahrungskette und auf seinem Speiseplan steht auch der Mensch…

Vergleichbare Szenen dürften sich im Lonetal vor 30 000 Jahren abgespielt haben. Ein kaltes eiszeitliches Klima und eine nur schwach bewaldete Tundren- und Steppenlandschaft prägten damals das Erscheinungsbild des Lonetals. Große Tierherden zogen auf ihrem alljährlichen

Marsch von den grasreichen Steppen im Norden in die wärmeren Alpenregionen durchs Lonetal. Und schon lange bevor der moderne Mensch auf der Bildfläche erschien, lebten Neandertaler rund um die Höhlen im Lonetal."[4]

Projekte sind nichts Neues. Sie sind eine besondere Form der Arbeitsorganisation und es gibt sie, seit es Menschen gibt. Obige Beschreibung zeigt, dass bereits eine Mammutjagd vor 30 000 Jahren alle Merkmale in sich vereinigte, die nach der Norm DIN 69901 ein Projekt definieren.

---

1 Projektwirtschaft: Oberbegriff für alle Einrichtungen und Maßnahmen, die zur Realisierung des Projektes dienen.

2 Das Lonetal liegt zwischen Stuttgart und München, unweit des Autobahnkreuzes Elchingen. Dort ist der Fundort von einigen der ältesten Zeugnisse menschlicher Kultur (z. B. Löwenmensch).

3 Quelle: http://www.lonetal.net/barrierefrei/mammutjaeger.html [02. 10. 2014].

Definition nach DIN 69901	Parallelen hierzu in der Mammutjagd
„Vorhaben, das im Wesentlichen durch die Einmaligkeit … der Bedingungen in ihrer Gesamtheit gekennzeichnet ist, wie z.B. …	*In jedem Jahr ist die Jagd durch einmalige Bedingungen gekennzeichnet, z.B. in Bezug auf Wetter, Windrichtung, verfügbare Jäger in der Sippe mit jeweils unterschiedlichen Erfahrungen und Fähigkeiten, Zeit der Wanderung der Tiere, Beginn und Ende der Jagd.*
Zielvorgabe (messbar),	*Zwei Mammuts erlegen, um genügend Fleisch und Felle für den bevorstehenden Winter zu haben.*
zeitliche, finanzielle, personelle und andere Begrenzungen,	■ *Der jährliche Durchzug der Mammuts ist auf den Spätherbst begrenzt.* ■ *Es steht nur eine begrenzte Anzahl an Jägern (erwachsene Männer der Sippe) zur Verfügung.* ■ *Die Art und Zahl der Jagdwaffen ist beschränkt.*
Abgrenzung gegenüber anderen Vorhaben;	*Das Vorhaben konzentriert sich darauf, Mammuts zu jagen. Andere Tätigkeiten, wie z.B. Beeren sammeln, werden zurückgestellt.*
projektspezifische Organisation."	■ *Arbeitspaket:[1] Stoßlanzen rechtzeitig und in ausreichender Menge herstellen.* ■ *Arbeitspaket: Abtransport des Fleisches, quasi die Logistik, durchführen.* ■ *Aufgaben unter den Gruppenmitgliedern verteilen und die Reihenfolge ihrer Ausführung planen (Wer treibt wann die Mammutherde nachts mithilfe von Fackeln in die Sümpfe? Wer tötet die Mammuts? usw.)* ■ *Risiken, hier der Höhlenlöwe, rechtzeitig erkennen, um Krisen (Angriff des Löwen) zu vermeiden.* ■ *Die aktuelle Situation muss ständig mit dem geplanten Ablauf verglichen und gegebenenfalls korrigiert werden (Führt die Fluchtrichtung der Mammuts in die Sümpfe?). Nachträglich ist vielleicht zu prüfen, ob nicht ein anderes Tal oder die Auswahl anderer Tiere (junge, unerfahrene statt ausgewachsene Giganten) erfolgversprechender ist (Projektcontrolling).*

Heutige Projekte haben zudem häufig die folgenden charakteristischen Merkmale:

■ Sie sind **komplex**[2] in ihren Zusammenhängen und können daher nicht durch ein einfaches „Wenn-dann-Denken" bewältigt werden. Die Komplexität kann darin liegen, dass

■ zunächst ein wesentlicher Teil der Anforderungen und damit das **Projektziel selbst** und auch der **Lösungsweg** dorthin unklar sind,

■ es **nicht nur eine Lösung** gibt, sondern mehrere, und dass deren Erfolgsaussichten nicht exakt vorhergesagt werden können,

■ die Teilziele des Projektes einander widersprechen und damit **Zielkonflikte** vorhanden sind.

---

1 Arbeitspaket: Siehe Kapitel 4.3.3.3, S. 414 ff.

2 Komplex: vielseitig verflochten.

- Bedingt durch die Komplexität bedarf es der **fachübergreifenden Zusammenarbeit** von Mitarbeitern unterschiedlicher Disziplinen bzw. Abteilungen.
- Ein reger Informationsaustausch und die Aktivierung der **„Gruppenintelligenz"**[1] werden gefördert durch die Arbeit im Rahmen einer **Teamorganisation**.

Abgrenzung zwischen betrieblichem Projekt und Geschäftsprozess[2]

Häufig werden die Begriffe Projekt und Geschäftsprozess nicht trennscharf auseinander gehalten und dadurch missbräuchlich verwendet. Nachdem beide Begriffe bereits eingeführt sind, sollen sie einander gegenübergestellt werden.

Begriffe	Erläuterung	Beispiele:
Betriebliches Projekt	Ein betriebliches Vorhaben, das sich auszeichnet durch die Einmaligkeit der geltenden Bedingungen. Daher wird es in seiner Gesamtheit zu diesen aktuellen Bedingungen nur **einmal ausgeführt.**	■ Durchführung eines „Tages der offenen Tür", ■ erstmalige Installation eines Intranets, ■ Neubau einer Lagerhalle, ■ Errichtung einer Filiale, ■ Fusion zweier Unternehmen
Geschäftsprozess	Folge von zusammenhängenden, betrieblichen Tätigkeiten, die sich **wiederholen.**	■ Abwicklung eines Kundenauftrages, ■ Durchführung der Inventur, ■ Vergleich von Angeboten

ÜBUNGSAUFGABE

1. Nennen Sie Beispiele für bekannte „Projekte" in der Menschheitsgeschichte!

2. Recherchieren Sie im Internet nach dem NASA-Weltraumspiel und führen Sie in der Klasse das Spiel durch. Analysieren Sie das Ergebnis insbesondere daraufhin, wie die Gruppenlösungen im Vergleich zu den Individuallösungen abschneiden! Geben Sie an, welche Konsequenzen Sie für Ihre eigene Arbeitsorganisation hieraus ableiten!

3. Sie sollen für einen Fußballverein ein regionales Jugendturnier als Projekt organisieren. Nennen Sie Teilaufgaben, die bewältigt werden müssen und geben Sie hierzu an, welche besonderen fachlichen Qualifikationen zur Bearbeitung dieser Aufgabe erforderlich sind!

4. Erklären Sie den Unterschied zwischen einem betrieblichen Projekt und einem Geschäftsprozess und bilden Sie hierzu je zwei Beispiele!

---

1 Die **Gruppenintelligenz** trägt dazu bei, dass Teamlösungen von durchschnittlich qualifizierten Mitarbeitern in aller Regel besser sind als die Einzellösung des besten. Ein anschaulicher Nachweis hierfür lässt sich erbringen mit der Durchführung des **NASA-Weltraumspiels,** siehe hierzu viele Quellen im Internet, z. B. http://de.wikipedia.org/wiki/NASA-Weltraumspiel.

2 Zum Begriff Geschäftsprozess siehe Speth/Hug: Geschäftsprozesse, 14. Aufl. 2019, S. 50 ff.

4.2   Projektmanagementprozess

4.2.1   Notwendigkeit, Projekte als standardisierten Prozess durchzuführen

Es hat sich bewährt, Projekte nach einem bestimmten, standardisieren Verfahren und damit als Prozess durchzuführen. Daraus ergeben sich folgende Vorteile:

- Die Standardisierung[1] **stellt sicher, dass die Tätigkeiten innerhalb der Projektabwicklung systematisch, professionell und auf stets dieselbe, bewährte Weise durchgeführt** werden.

- Wird das Projektmanagement als Prozess geführt, dann unterliegt auch dieser einer **kontinuierlichen Weiterentwicklung**. Die **Projektergebnisse** werden dadurch **auf immer effizientere Weise** erreicht.

- Aufgrund der internationalen Verflechtung der Betriebe überschreiten deren Projekte auch die örtlichen Betriebsgrenzen, die Komplexität erhöht sich. **Standards erleichtern es** den betriebsübergreifenden Projektteams, **miteinander zu kommunizieren und den Projektablauf aufeinander abzustimmen.**

Begriff Projektmanagement

Nach DIN 69901-5:2009 versteht man unter **Projektmanagement** die Gesamtheit von Führungsaufgaben, -organisation, -techniken und -mitteln für die Initiierung[2], die Definition, die Planung, die Steuerung und den Abschluss von Projekten.

Das Projektmanagement ist somit über den gesamten Lebenszyklus des Projektes – beginnend von der Initiierung bis zum Abschluss – mit diesem befasst.

Einen Überblick zu den Phasen (Teilprozessen) des Projektmanagementprozesses gibt die Darstellung auf S. 391.

4.2.2   Rollen, Aufgaben und Phasen im Projektmanagementprozess

Der zunehmende Umfang und die Komplexität von Projekten führen dazu, dass im Rahmen der Projektabwicklung viele Rollen zu besetzen und Aufgaben zu erledigen sind. Dies verlangt die **fachübergreifende Zusammenarbeit von Mitarbeitern unterschiedlicher Disziplinen.**

Die **Rollen- und Aufgabenverteilung** unter allen Projektteilnehmern muss **zu Beginn des Projektes klar festgelegt** werden. Ist dies geschehen und akzeptiert, dann kennt jeder seine Aufgabe und Verantwortlichkeit sowie die Regelungen in Bezug auf die Informationsbeziehungen und -kanäle.
Die Mitglieder können sich auf die Bewältigung der Sachaufgabe konzentrieren. Andernfalls sind Konflikte und Missverständnisse nahezu unvermeidlich – mit negativen Konsequenzen für den Projekterfolg. Die angesprochenen Tätigkeiten werden umfasst mit dem Begriff **Projektorganisation.**

---

1 Unter **Standards** versteht man hier eine einheitliche, anerkannte Art und Weise, ein Projekt zu managen. Betriebe schreiben diese Standards fest in einem **Projektmanagement-Handbuch.**

2 Initiieren: den Anstoß geben.

Der Projektmanagementprozess lässt sich in seinen Phasen (Teilprozessen) wie folgt darstellen:

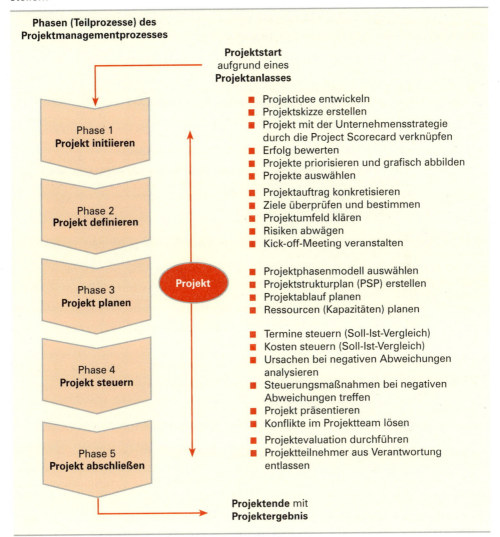

Phasen (Teilprozesse) des Projektmanagementprozesses

Projektstart
aufgrund eines
Projektanlasses

**Phase 1
Projekt initiieren**

- Projektidee entwickeln
- Projektskizze erstellen
- Projekt mit der Unternehmensstrategie durch die Project Scorecard verknüpfen
- Erfolg bewerten
- Projekte priorisieren und grafisch abbilden
- Projekte auswählen

**Phase 2
Projekt definieren**

- Projektauftrag konkretisieren
- Ziele überprüfen und bestimmen
- Projektumfeld klären
- Risiken abwägen
- Kick-off-Meeting veranstalten

**Phase 3
Projekt planen**

- Projektphasenmodell auswählen
- Projektstrukturplan (PSP) erstellen
- Projektablauf planen
- Ressourcen (Kapazitäten) planen

**Phase 4
Projekt steuern**

- Termine steuern (Soll-Ist-Vergleich)
- Kosten steuern (Soll-Ist-Vergleich)
- Ursachen bei negativen Abweichungen analysieren
- Steuerungsmaßnahmen bei negativen Abweichungen treffen
- Projekt präsentieren
- Konflikte im Projektteam lösen

**Phase 5
Projekt abschließen**

- Projektevaluation durchführen
- Projektteilnehmer aus Verantwortung entlassen

Projekt

Projektende mit
Projektergebnis

Die **wichtigsten Rollen** und die **zugehörigen Aufgaben** innerhalb des Projektmanagementprozesses sind:

Projektleiter

Er ist die zentrale Anlaufstelle für alle Projektteilnehmer. Er muss über folgende Kompetenzen verfügen:

- **Fachkompetenz** (hohes fachliches Können auf dem betreffenden Gebiet, Grundkenntnisse in den damit verwandten Gebieten),

- **Führungskompetenz** (Kommunikation nach innen und nach außen, Motivation der Teammitglieder, Regelung von Konflikten),
- **Methodenkompetenz** (Beherrschung der Projektmanagementmethoden, Organisationsfähigkeit und Improvisationstalent) sowie über
- **Sozialkompetenz** (Teamfähigkeit, Kontaktfreudigkeit, Flexibilität und Lernbereitschaft).

Seine wichtigsten Aufgaben:

- Er **vereinbart messbare Projektziele** mit dem Auftraggeber, **kommuniziert diese gegenüber den Teammitgliedern** und ist **verantwortlich für die Zielerreichung.**
- Er **plant das Projekt** und **wählt die erforderlichen Methoden** aus.
- Er **bildet die Arbeitspakete** und **verteilt diese auf die Teammitglieder, überwacht den Projektfortschritt** und **leitet bei Abweichungen die gebotenen Maßnahmen** ein.
- Er **unterrichtet den Auftraggeber** mittels Zwischenberichten und Präsentationen über den aktuellen Projektstatus.
- Er **moderiert die Treffen der Teammitglieder.**
- Er holt **Entscheidungen beim Auftraggeber ein.**

Kurzum: Er sorgt dafür, dass der Projektverlauf vorankommt und jeder stets weiß, was er zu tun hat.

Projektcontroller

Bei kleineren Projekten übernimmt der Projektleiter diese Rolle. Bei größeren wird diese Stelle innerhalb des Projektteams eingerichtet. Es ist Aufgabe des Projektcontrollers, den Projektleiter zu unterstützen.

Im Besonderen

- **überwacht er den Projektfortschritt** und **ermittelt die Abweichungen** durch einen Vergleich des aktuellen Projektstandes mit der Planung (Soll-Ist-Vergleich).
- Er **analysiert die Abweichungen,** leitet daraus eine **Vorhersage ab über den voraussichtlichen Projektverlauf** und **erstellt Handlungsempfehlungen,** über welche der Projektleiter oder auch der Auftraggeber entscheiden.
- Falls erforderlich **aktualisiert er den Projektplan.**

Auftraggeber

Er ist der Initiator des Projektes und entweder ein interner oder ein externer Kunde.

- Er **entscheidet über die Zielsetzung** des Projektes und **stimmt diese mit dem Projektleiter ab.**
- Er stellt die **finanziellen Mittel** und die für das Projekt bedeutsamen **Informationen zur Verfügung.**
- Am Schluss **nimmt er das Projekt ab** und **entlastet den Projektleiter von der Verantwortung.**

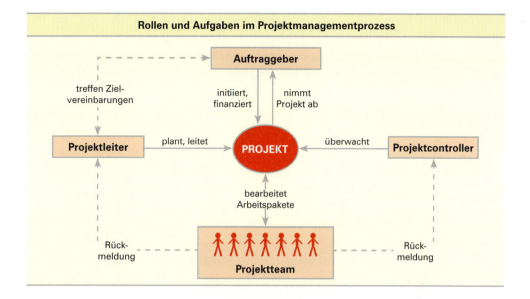

Rollen und Aufgaben im Projektmanagementprozess

Projektteam

Es ist Aufgabe der Teammitglieder,

- die **Arbeitspakete zu bearbeiten,**
- dem Projektleiter bzw. dem Projektcontroller **Rückmeldungen** zu **geben über den Stand der Projektarbeit, über Schwierigkeiten, Hindernisse oder Zeitverzögerungen,**
- die Projektleitung zu unterstützen, indem sie im Falle von Abweichungen **Korrekturmaßnahmen vorschlagen.**

Steuerungsgruppe

Die Steuerungsgruppe hat wichtige Aufgaben über alle Projekte des Unternehmens hinweg. Sie

- **nimmt die Projektanträge entgegen** und **bewertet die Projekte** nach strategischer Ausrichtung, Dringlichkeit, Wirtschaftlichkeit und Kundennutzen.
- **entscheidet über die Projektauswahl,**
- **gibt ein Projekte frei, erteilt den Projektauftrag** und **benennt den Projektleiter,**

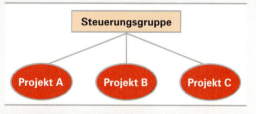

- **gibt** die erforderlichen **Finanzmittel** und die **personellen Ressourcen frei,**
- **gibt** die einzelnen **Projektphasen frei** und
- **entscheidet über** den weiteren **Fortgang eines Projektes,** falls das Projektziel oder das von anderen Projekten gefährdet erscheint.

393

Aufgrund ihrer unternehmensweiten Verantwortung setzt sich die Steuerungsgruppe beispielsweise zusammen aus

- **Mitgliedern der Geschäftsführung** und der **Managementebene der betroffenen Fachabteilungen**
- **allen Projektleitern** des Unternehmens.

Bei sehr umfangreichen Projekten oder solchen, bei denen Neuland betreten wird, können weitere Rollen notwendig sein, so z. B. eine **Expertengruppe,** die spezielles technisches Wissen zur Verfügung stellt.

ÜBUNGSAUFGABEN

1. Begründen Sie die Notwendigkeit, Projekte in Form eines standardisierten Prozesses (Projektmanagementprozess) durchzuführen!

2. Nennen Sie die fünf Phasen des Projektmanagementprozesses nach DIN 69901-5:2009!

3. Das Management komplexerer betrieblicher Projekte verlangt die Besetzung verschiedener projektspezifischer Rollen. Nennen Sie drei Rollen und deren wichtigste Aufgaben!

4.3 Projektmanagementphasen unterscheiden

Die **Projektmanagementphasen beschreiben den idealen Verlauf im Lebenszyklus eines Projektes** und sind unabhängig von einem konkreten Einzelprojekt.

4.3.1 Phase 1: Projekt initiieren

4.3.1.1 Grundsätzliches

Die Phase der Projektinitiierung hat ihren Anfang in einer **Projektidee**. Diese kann auf gegebenen Anlässen (z. B. Kundenreklamation) oder Anregungen von Mitarbeitern beruhen. Über mehrere Schritte führt sie bis zum endgültigen Projektauftrag, dem offiziellen Startpunkt eines Projektes.

Sind mehrere Projekte zu bearbeiten, dann stellen sich die folgenden Fragen:

- Ist unser Pool an Projekten **am Zielsystem des Unternehmens ausgerichtet?**[1]
- **Welches der Projekte** aus dem Pool **bringt** für unser Unternehmen **die höhere Wertschöpfung** und ist bei beschränkten Ressourcen daher den anderen **vorzuziehen?**

Ein klar modellierter Prozess der Projektinitiierung stellt sicher, dass nur solche Projekte ausgewählt werden, die den Unternehmenserfolg wirkungsvoll unterstützen (die richtigen Dinge tun).

---

1 Zur Aufgabenstellung in Projektmanagements siehe auch Speth/Hug.: Geschäftsprozesse, 14. Aufl. 2019, S. 31f.

Hierzu gehören:

- **Projektideen und -anträge** werden **an einer zentralen Stelle** im Unternehmen **gesammelt** (z. B. Büro des Projektmanagements).
- Ihre **Formulierung** hat sich **am Zielsystem des Unternehmens zu orientieren.**
- Die Projektauswahl und -priorisierung erfolgt nach einem **allseits akzeptierten Bewertungsprozess.**
- Das **Management steht hinter dem Verfahren.**

4.3.1.2 Projektidee entwickeln

Mit der Entwicklung der Projektidee wird zumindest ein Stück weit Neuland betreten, da über die Idee selbst, über mögliche Lösungswege und Ziele häufig nur diffuse Vorstellungen bestehen.

Für die **Ideengewinnung** gibt es zwei Möglichkeiten:

- die passive Ideenfindung und die
- aktive Ideensuche.

Passive Ideenfindung

- Ideen kommen aus dem **eigenen Unternehmen,** z. B.

  - von den Mitarbeitern
  - aus dem betrieblichen Vorschlagswesen
  - aus der Forschungs- und Entwicklungsabteilung
  - aus Kundenbeschwerden dank eines eingerichteten Beschwerdemanagements
  - aus der kontinuierlichen Weiterentwicklung der bestehenden Geschäftsprozesse
  - aus erkannten Abweichungen zwischen der betrieblichen Realität und den Aussagen im Qualitätsleitbild

- Ideen kommen aus **externen Quellen,** z. B. durch

  - Befragung von Kunden
  - Publikationen
  - gesetzliche Vorschriften
  - Beobachtung der Konkurrenz

Aktive Ideensuche durch Anwendung von Kreativitätstechniken

Brainstorming

Um den Entwicklungsschritt der Ideengewinnung **aktiv** voranzutreiben, empfiehlt sich der Einsatz von Kreativitätstechniken.[1] Hierfür gibt es eine Reihe von Verfahren. Sie haben die Gemeinsamkeit, dass sie die Abwicklung **kreativer Prozesse** unterstützen.

---

1 Kreativität: schöpferische Fähigkeit, hier: Fähigkeit von Personen, neue Projektideen und Lösungsansätze hierfür zu entwickeln.

Das **Brainstorming-Verfahren** setzt in erster Linie auf die Spontaneität der Teammitglieder und hat das Ziel, möglichst viele neue Ideen in kurzer Zeit zu entwickeln. Hierbei trifft sich eine Gruppe von Experten unterschiedlicher Fachrichtungen (Techniker, Kaufleute usw.) zu einer Ideenkonferenz. Ein Moderator übernimmt die Leitung der Gruppe. Alle vorgebrachten Ideen und Vorschläge werden kritiklos akzeptiert, nach Möglichkeit aufgegriffen und weiterentwickelt.

Brainstorming-Verfahren		
1. Phase	In dieser **ersten Phase** hat die **Menge der Ideen Vorrang vor deren Qualität.** Die Beiträge werden entweder schriftlich protokolliert oder der Ablauf wird elektronisch aufgezeichnet. Eine Bewertung der Ideen findet in dieser Phase nicht statt, sondern erst nach Ablauf der Konferenz. **Kritik ist nicht zugelassen.**	■ Intensiver Ideenfluss mit vielen, bereits bekannten naheliegenden Ideen, ■ wenig neue Vorschläge, ■ nachlassender Ideenfluss, ■ längere Pausen.
2. Phase	Erst in der folgenden **zweiten Phase ergeben sich Ideen mit innovativem Charakter,** mit denen dann auch Neuland betreten wird. Der Brainstorming-Prozess darf also nicht zu früh abgebrochen werden. Vielmehr muss er gezielt überzogen werden, da das kreative Potenzial erst „herausgepresst" werden muss und andernfalls verloren wäre.	■ Bereits vorgebrachte Gedanken werden jetzt verstärkt aufgegriffen und weiterentwickelt. ■ Dies ist die eigentlich kreative Phase mit höherem Anteil an innovativen Ideen.
Im Anschluss an die Ideensammlung werden gleichartige Vorschläge zusammengefasst und auf ihre Umsetzbarkeit hin überprüft. Nicht brauchbare Vorschläge werden gestrichen.		

Interessant ist auch die **Ideengewinnung aus unerwarteten Fehlschlägen.**

Ende der 60er-Jahre versuchte die 3M-Company einen neuen Klebstoff zu entwickeln. Heraus kam ein Kleber, der zwar überall haftete, aber sich rasch ablösen ließ. Jahre später erinnerte sich ein Arbeitskollege des Klebstoffentwicklers, der ein Lesezeichen für sein Gesangbuch benötigte, an diese Entwicklung. Das Lesezeichen haftete und ließ sich leicht entfernen, ohne dass die Seiten des Liederbuches beschädigt wurden. Die „Post-it"-Haftnotizen gehören heute zu den wichtigsten Erfindungen des 20. Jahrhunderts und verschaffen der 3M-Company jährlich Umsätze in dreistelliger Millionenhöhe.

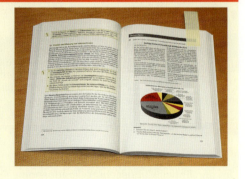

■ Weitere Kreativitätstechniken

Kreativitätstechnik	Kurzbeschreibung des Verfahrens
Brainwriting	Dieses Verfahren ist quasi die schriftliche Variante des Brainstormings. Gegenüber diesem bietet es folgende Vorteile: ■ Es kann über räumliche Distanz (via Internet) geführt werden. ■ Es ist auch einsetzbar, wenn die Gruppenmitglieder untereinander noch nicht über das notwendige Vertrauensverhältnis für direktes, mündliches Brainstorming verfügen. ■ Gruppendynamische Spannungen werden umgangen. ■ Brainwriting bietet mehr Anonymität und eignet sich daher besser für persönliche oder unternehmenspolitisch sensible Themen. ■ Da direkte Kritik (Körperhaltung, Gemurmel, Killerbemerkungen) vor versammelter Gruppe nicht möglich ist, kommen auch die Gedanken von eher zurückhaltenden Menschen zum Tragen. ■ (Vorlaute) Meinungsführer können das Verfahren nicht beeinflussen.
Methode 6-3-5	Grundlage hierfür bildet das Brainwriting. Von den 6 Teilnehmern einer Gruppe entwickelt jeder zunächst 3 Vorschläge und notiert diese auf einem Blatt. Nach maximal 5 Minuten wird das Blatt zum Nachbarn weitergereicht. Von diesem werden die Ideen ergänzt oder weiterentwickelt – bis alle 5 Nachfolger durchlaufen sind. Daraus erklärt sich der Name „Methode 6-3-5": 6 Teilnehmer mit jeweils 3 Grundideen und 5 Nachfolgern. *Tabelle:* | Person	Idee 1	Idee 2	Idee 3
1			
2			
3			
4			
5			
6				
Mindmapping (Gedanken-landkarte)	Das Verfahren eignet sich, um ein neues Themengebiet zu erschließen und zu strukturieren. Das Kernthema wird im Zentrum einer freien Fläche positioniert. Davon ausgehend verzweigen sich die Haupt- und von dort wieder die Unterthemen mit jeweils dünner auslaufenden Linien. Verbindungslinien kennzeichnen Zusammenhänge. *Grafik: Ast, Zweig, Kern*

4.3.1.3 Projektskizze erstellen

Durch die Erstellung der anschließenden Projektskizze ist der Einreicher gezwungen, sich tiefer mit der Thematik auseinanderzusetzen. Die Projektidee gewinnt ihre ersten konkreten Umrisse, wird reicher an Substanz und Struktur. Deren Umfang beschränkt sich auf maximal drei Seiten.

Die Projektskizze ist das Dokument, mit dem das künftige Projekt gegenüber den **Stakeholdern**[1] vorgestellt und begründet wird. Sie müssen vom Projekt überzeugt werden, weil sie Einfluss haben auf dessen Bewilligung und die der Finanzmittel. Zu ihnen gehören z. B. Unternehmensleitung, Projektträger, Experten, Kunden, Fördereinrichtungen usw.

Eine Projektskizze lässt sich z. B. wie folgt gliedern:

1.	Vorläufiger Arbeitstitel des Projektes	
2.	Einreicher, Ansprechpartner	Name, Abteilung, Funktion, Kernkompetenz, Telefon, Mailadresse
3.	Vorläufige Umschreibung des Projektziels	■ Darstellung der Ausgangssituation. ■ Begründung für den Bedarf einer neuen Lösung. ■ Kurze Beschreibung des Problems, das durch dieses Projekt gelöst werden soll.
4.	Verwertbarkeit	Vorstellung des erwarteten Nutzens, z. B. ■ Stärkung der Wettbewerbsposition im Markt ■ intensivere Kundenbindung, häufigerer Kundenkontakt ■ Umsatzsteigerung, ■ Zeit- oder Kostenvorteile, ■ positive Effekte für den Arbeitsplatz oder das Betriebsklima.
5.	Umsetzung	Beschreibung der wesentlichen Schritte bis zur Erreichung des Projektziels, um dem Projekt die grundlegende Struktur zu geben.
6.	Laufzeit	Möglicher Starttermin und Abschätzung des Zeitraums für die Projektdurchführung.
7.	Finanzierung	Abschätzung der Kosten für Sachmittel, Reisen, Personal, Veranstaltungen, externe Beratung.

Gelingt es mithilfe der Projektskizze die Stakeholder zu überzeugen, wird die „Projektidee" übergeführt in den Status eines **„Projektvorhabens"**. Der Vorteil gegenüber der Projektidee liegt darin, dass der Aufwand für die ab jetzt anfallenden Arbeiten (Zielformulierung, Bewertung, Projektdefinition, Planung usw.) erfasst und dem Projekt zugerechnet werden kann.

4.3.1.4 Projekt mit der Unternehmensstrategie durch die Project Scorecard verknüpfen

Grundkonzept der Project Scorecard

Die strategischen Ziele des Unternehmens geben den Denkrahmen vor, an dem sich das Projekt zu orientieren hat.

Die verbindende Brücke von den strategischen Unternehmenszielen zum Projekt kann über die **Project Scorecard** geschaffen werden.

---

1 Stakeholder: Alle Personen, die ein berechtigtes Interesse an der Durchführung und am Ergebnis des Projektes haben. Wer zu ihnen gehört, ergibt sich aus der Analyse des Projektumfeldes.

Die Project Scorecard ist durch folgende Kriterien charakterisiert:[1]

- Sie ist ein Instrumentarium zur Steuerung von Projekten.
- Sie dient dazu, das Projektvorhaben in konkreten Kennzahlen abzubilden, damit dies innerhalb des Projektteams und der Stakeholder kommuniziert und deren Zielerreichung kontrolliert werden kann.
- Sie kann das Erreichen der Projektziele zweifelsfrei beurteilen und ist zudem ein Frühwarnsystem, das rechtzeitig davor warnt, wenn im Laufe der Projektbearbeitung der Projekterfolg gefährdet scheint.
- Sie kann quantitative Zielgrößen (Kosten, Preise, Gewinn, Zeit) und qualitative Zielgrößen (Zugewinn an Erfahrung, Kundenzufriedenheit) in das Projekt einfließen lassen.
- Sie stärkt die Identifikation aller Beteiligten mit dem Projekt.

Gehören zum Unternehmensleitbild nicht nur ein CI-Leitbild[2], sondern auch ein Qualitätsleitbild[3], dann geben die dort formulierten Aussagen einen Rahmen **(Qualitätsplan)** vor, der Einfluss hat auf die Zielformulierung in der Project Scorecard.

Schritte zur Erstellung eines vereinfachten Project-Scorecard-Modells

1.	Ausgangspunkt ist das **Unternehmensleitbild**. Dieses ist ein realisierbares, wenn auch nur vage formuliertes oberstes Ziel, das die gemeinsamen Grundwerte, Überzeugungen, Verhaltensregeln und Standards zum Inhalt hat.
2.	Aus dem Unternehmensleitbild werden anschließend die **strategischen Unternehmensziele** für die einzelnen Geschäftsbereiche abgeleitet.
3.	Die **Stakeholder des Projektes** definieren gemeinsam im Rahmen eines Workshops ihre **Projektziele,** die sich an den übergeordneten strategischen Unternehmenszielen orientieren. Die Ableitung der Projektziele aus dem Zielsystem des Unternehmens lässt sich in Form der nachstehenden Pyramide darstellen.

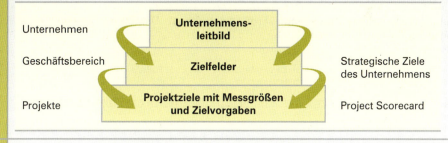

---

1 Für das Konzept der Project Scorecard gibt es keine zwingende Vorschrift.

2 CI-Leitbild: Relativ abstrakte Aussagen zum Unternehmen als Ganzes. Adressaten sind Personen von außerhalb des Unternehmens. Das CI-Leitbild ist daher öffentlich. „CI" steht für Corporate Identity.

3 Qualitätsleitbild: Relativ konkrete Aussagen zu den Qualitätsansprüchen in allen Unternehmensbereichen. Adressaten sind die Mitarbeiter innerhalb des Unternehmens. Das Qualitätsleitbild ist unternehmensintern.

| 4. | Die Projektziele werden in die Project Scorecard übernommen. Um sie zu strukturieren, werden sie verschiedenen Perspektiven[1] zugeordnet, z. B. |

Perspektiven	Mögliche Ziele
Projektergebnisse	Diese Zielformulierungen beschreiben die verlangten Projekter-gebnisse, mit denen die strategischen Unternehmensziele geför-dert werden.
Projektprozesse	Formulierung der Ziele für ein erfolgreiches Projektmanagement.
Zusammenarbeit, Lernen, Potenziale	Formulierung jener Ziele mit Auswirkungen auf die Projektmitar-beiter und die betriebliche Infrastruktur.

5.	Für jedes Projektziel wird eine maximal zu erreichende Punktzahl vorgegeben, die bei voll-ständiger Erfüllung erteilt wird. Erfolgskritische Ziele des Projektes werden mit einer höhe-ren Punktzahl, weniger kritische Ziele mit einer geringeren Punktzahl bewertet.
6.	Um die Zielerreichung beurteilen zu können, müssen für jedes Ziel Messgrößen festgelegt werden.
7.	Jede Messgröße benötigt einen angestrebten Zielwert.
8.	Abzüge müssen festgelegt werden für den Fall, dass der angestrebte Zielwert nicht er-reicht wird.
9.	Eine Gesamtbewertung der Zielerreichung ergibt sich dadurch, dass die erreichte Punkt-zahl mit dem Bewertungsschlüssel abgeglichen wird.

Beispiel für eine Project Scorecard:[2]

Projektziel	Erreichbare Punkte	Messgröße	Ziel-vorgabe	Abzüge	Erzielter Wert	Abzüge in Punkten	Erreichte Punkte
Projektergebnisse							
Qualität der erreichten Projektziele	30	Feedback durch Stakeholder im Rahmen der Statusberichte (Punkte 0–30)	30	Erfolgt aus Punktevergabe der Stakeholder			
Menge der erreichten Projektziele	10	Siehe Zielvorgaben im Projektstrukturplan (Punkte 1–10)	10	2 Punkte je nicht erreichtem Ziel			
Projekt-durchführung							
Termin-einhaltung	10	Schlusstermine der Meilensteine[3]	Siehe Meilenstein-termine im Projekt-strukturplan	2 Punkte je durchschnittl. Tag der Abwei-chung			

---

1 Perspektive: Sicht, Blickwinkel, Betrachtung von einem bestimmten Standpunkt aus.

2 Zur weiteren Verwendung dieser Project Scorecard im Rahmen des Projektabschlusses siehe Übungsaufgabe 1, S. 431.

3 Meilenstein: Ein Ereignis von besonderer Bedeutung, siehe S. 419.

Projektziel	Erreichbare Punkte	Messgröße	Ziel-vorgabe	Abzüge	Erzielter Wert	Abzüge in Punkten	Erreichte Punkte
Mitarbeiter-einsatz	10	$\dfrac{(\text{Iststunden} \cdot 100)}{\text{Planstunden}}$	100 %	2 Punkte je 5 % Abweichung			
Zusammen-arbeit, Lernen, Potenziale							
Wissens-erweiterung	20	Feedback aus Befragung der Teammitglieder (Punkte 0–20)	20	Erfolgt aus Punktevergabe der Team-mitglieder			
Mitarbeiter-zufriedenheit	20	Feedback aus Befragung der Mitarbeiter (Punkte 0–20)	20	Erfolgt aus Punktevergabe der Mitarbeiter			
Summe	**100**						

Bewertungsschlüssel:

Erreichte Punkte	Bewertung
< 75	ungenügend
≥ 75 bis < 80	ausreichend
≥ 80 bis < 85	befriedigend

Erreichte Punkte	Bewertung
≥ 85 bis < 90	gut
≥ 90 bis < 95	sehr gut
≥ 95 bis ≤ 100	hervorragend

4.3.1.5 Erfolg bewerten

Um den Erfolg von Projekten zu beurteilen, kann die Rentabilitätsrechnung als Bewertungsverfahren verwendet werden.

Die Rentabilitätsrechnung setzt den erzielten Gewinn aus dem Projekt ins Verhältnis zum eingesetzten Kapital.

$$\text{Rentabilität} = \frac{\text{Jährlicher Gewinn} \cdot 100}{\text{Kapitaleinsatz}}$$

Entscheidungsregeln:

- Ein Projekt ist dann vorteilhaft, wenn dessen Rentabilität eine vorgegebene Mindestrentabilität erreicht.
- Erreichen mehrere alternative Projekte diese Vorgabe, erhält jenes mit der höchsten Rentabilität den Vorzug.

401

26 Hartmann -Hug- ISBN 978-3-8120-0522-7

Beispiel:

Die nachfolgenden drei Projektalternativen der Westfälischen Metallwerke AG sind in Bezug auf ihren Erfolg zu bewerten. Die Unternehmensleitung bewilligt nur Projekte, die eine Mindestrendite von 7 % erwarten lassen.

	Projektalternative 1	Projektalternative 2	Projektalternative 3
Einmalige Projektentwicklungskosten (Kapitaleinsatz)	340 000,00 EUR	310 000,00 EUR	360 000,00 EUR
Laufende Kosten pro Jahr	220 000,00 EUR	240 000,00 EUR	230 000,00 EUR
Laufende Erlöse pro Jahr	250 000,00 EUR	250 000,00 EUR	250 000,00 EUR

Aufgaben:

1. Berechnen Sie jeweils den jährlichen Gewinn!
2. Berechnen Sie jeweils den durchschnittlichen Kapitaleinsatz!
3. Ermitteln Sie für die drei Projektalternativen die Rentabilität!
4. Treffen und begründen Sie die Entscheidung, welches Projekt aus wirtschaftlicher Sicht bevorzugt werden sollte!

Lösung:

Zu 1.: Die jährlichen Gewinne betragen:

Projektalternative 1	30 000,00 EUR
Projektalternative 2	10 000,00 EUR
Projektalternative 3	20 000,00 EUR

Zu 2.: Der durchschnittliche Kapitaleinsatz beträgt:

Projektalternative 1	170 000,00 EUR
Projektalternative 2	155 000,00 EUR
Projektalternative 3	180 000,00 EUR

Zu 3.: Die Rentabilitäten betragen:

$$\text{Rentabilität}_{P1} = \frac{30\,000,00 \cdot 100}{170\,000,00} = 17,6\,\%$$

$$\text{Rentabilität}_{P2} = \frac{10\,000,00 \cdot 100}{155\,000,00} = 6,5\,\%$$

$$\text{Rentabilität}_{P3} = \frac{20\,000,00 \cdot 100}{180\,000,00} = 11,1\,\%$$

Zu 4.: Die Projektalternative 2 scheidet völlig aus, weil sie die von der Unternehmensleitung geforderte Mindestrentabilität nicht erreicht.

Unter den verbleibenden Alternativen ist das Projekt 1 vorzuziehen, weil es die höhere Rentabilität erreicht.

4.3.1.6 Projekte priorisieren

Welchem Projektvorhaben bei der Umsetzung Vorrang eingeräumt wird, hängt nicht nur von dessen Erfolgsaussichten, sondern zumeist noch von weiteren Faktoren ab. Um eine qualifizierte Entscheidung unter Berücksichtigung aller Entscheidungskriterien zu fällen, bietet sich die Entscheidungsbewertungstabelle[1] an.

Beispiel:

Bei der Microtech GmbH in Hilden stehen die drei Projekte P1, P2 und P3 zur Auswahl. Als Entscheidungskriterien sind folgende Faktoren zu berücksichtigen: Beitrag zur Erreichung strategischer Unternehmensziele, Dringlichkeit, Kundennutzen, Rentabilität und die Verbesserung der Mitarbeiterqualifikation.

Die von der Unternehmensleitung vorgegebene Gewichtung der Entscheidungskriterien sind der Spalte ② zu entnehmen. Zur Beurteilung der Projekte können jeweils zwischen 0 und 10 Punkten vergeben werden (Spalten ③, ⑤ und ⑦).

Entscheidungsbewertungstabelle:

Entscheidungskriterien	Gewichtung	Projekt 1		Projekt 2		Projekt 3	
		Punkte P1	Gewichtete Punkte P1	Punkte P2	Gewichtete Punkte P2	Punkte P3	Gewichtete Punkte P3
①	②	③	④ = ② · ③	⑤	⑥ = ② · ⑤	⑦	⑧ = ② · ⑦
Bedeutung zur Erreichung strategischer Unternehmensziele	30	8	240	3	90	9	270
Dringlichkeit	10	3	30	8	80	9	90
Kundennutzen	30	8	240	7	210	7	210
Rentabilität	20	4	80	8	160	6	120
Verbesserung der Mitarbeiterqualifikation	10	7	70	6	60	7	70
Summe der Punkte	**100**		**660**		**600**		**760**

Aufgrund der vorliegenden Entscheidungsbewertungstabelle erhält das Projekt 3 die höchste Priorität.

4.3.1.7 Priorisierte Projekte im Projektportfolio grafisch abbilden

Sind die Projekte nach oben vorgestellten Verfahren priorisiert, dann erleichtert eine grafische Aufbereitung der ermittelten Werte im Rahmen eines Projektportfolios das Verständnis für die Zusammenhänge.

---

1 Näheres siehe hierzu Speth u. a.: Geschäftsprozesse, 12. Aufl. 2016, S. 223.

Ein **Projektportfolio** ist eine Zusammenstellung der laufenden Projekte und der Projektvorhaben. Dabei wird der X- und Y-Achse der Darstellung jeweils ein Entscheidungskriterium zugeordnet.

Der Wert eines dritten Entscheidungskriteriums kann über den jeweiligen Durchmesser dargestellt werden. Da sich unterschiedliche Entscheidungskriterien in das Portfolio aufnehmen lassen, gibt es auch mehrere Portfolios, d.h., ein Projekt kann in mehreren Portfolios enthalten sein. Die grafische Darstellung unterstützt einprägsam die Aussagekraft der Priorisierung. Die Portfoliodarstellung sollte daher in einem Projektantrag nicht fehlen.

Beispiel:

Für die drei Projekte aus der Entscheidungsbewertungstabelle von S. 403 soll ein Projektportfolio erstellt werden. Der Y-Achse wird dabei das Kriterium „Strategische Bedeutung", der X-Achse die „Dringlichkeit" zugeordnet. Die Rentabilität wird dabei über den Durchmesser dargestellt.

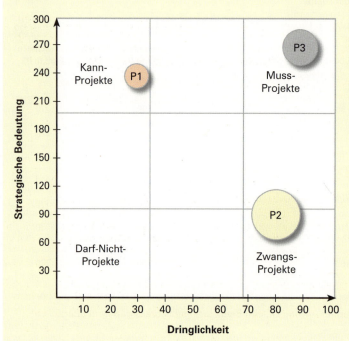

Anmerkung:

Das Kriterium „Strategische Bedeutung" erhält die Gewichtung 30 (siehe Entscheidungsbewertungstabelle, Spalte ②). Da für ein Projekt maximal 10 Punkte vergeben werden können, ergeben sich 300 Punkte als Maximalwert auf der Y-Achse. Entsprechend ergeben sich maximal 100 Punkte für das Kriterium „Dringlichkeit" auf der X-Achse.

Erläuterung

Kann-Projekte	Sie haben hohe strategische Bedeutung, sind aber nicht dringend. Daher können sie – bei genügend freien Ressourcen – freigegeben werden. Ihre hohe strategische Bedeutung macht unter langfristiger Betrachtung die Umsetzung auf jeden Fall sinnvoll.
Muss-Projekte	Sie sind sowohl von hoher strategischer Bedeutung als auch dringend. Sie müssen daher rasch in Angriff genommen werden.

Zwangs-Projekte	Sie sind zwar dringend, aber von geringer strategischer Bedeutung. Trotzdem kann auf sie nicht verzichtet werden, da alle Projekte mit hoher Dringlichkeit eine kurzfristige Umsetzung verlangen.
Darf-Nicht-Projekte	Sie sind weder dringend noch von strategischer Bedeutung. Ihre Bearbeitung würde Ressourcen verbrauchen, die sinnvoller in andere Projekte investiert werden.

4.3.1.8 Projekte auswählen

Die Arbeitsergebnisse der Initiierungsphase mit

- der Projektskizze,
- der Darlegung der strategischen Ausrichtung anhand der Project Scorecard,
- der Erfolgsberechnung,
- der Priorisierung über die Entscheidungsbewertungstabelle und deren Abbildung im Projektportfolio

fließen ein in den **Projektantrag,** welcher der Steuerungsgruppe zur Entscheidung vorgelegt wird. Im Falle einer positiven Entscheidung wird von ihr ein **Projektauftrag** erteilt.

ÜBUNGSAUFGABEN

1. Nennen Sie die Aufgaben, die im Rahmen der Projektinitiierung durchzuführen sind!

2. Zur Findung von Projektideen gibt es neben den passiven Verfahren aus den unternehmensinternen und -externen Quellen auch die aktive Ideensuche durch die Anwendung von Kreativitätstechniken.

    Aufgaben:

    2.1 Nennen Sie mindestens zwei dieser Verfahren und geben Sie davon jeweils eine Kurzbeschreibung!

    2.2 Erläutern Sie, warum es wichtig ist, den Brainstorming-Prozess gezielt zu überziehen!

3. Der Forschungs- und Entwicklungsabteilung der MicroTex Technologies GmbH, Hersteller von technischen Garnen, Alfred-Nobel-Straße 42, 59494 Soest, ist eine bahnbrechende Entwicklung gelungen. Sie entwickelte ein Garn, welches die UV-Strahlung der Sonne umwandelt in Wärme. Zudem hat das Garn die folgenden Eigenschaften:

    – Es kann beliebig durchgefärbt werden.

    – Es lässt sich zu großflächigen Bahnen weben.

    – Die Herstellung von ganz feinen als auch sehr festen Tuchen ist möglich.

    – Die Tuche können sowohl genäht als auch verklebt werden.

    Das Garn wurde patentrechtlich geschützt. Eine Konkurrenzanalyse ergab, dass man mit diesem Produkt eine völlige Marktneuheit entwickelt hat.

Die Geschäftsleitung der MicroTex Technologies GmbH erahnt eine große Marktchance zur wirtschaftlichen Verwertung dieses Patents. Allerdings bestehen noch keine konkreten Vorstellungen über folgende Fragestellungen:

– Für welche Einsatzmöglichkeiten soll dieses innovative Garn vorgesehen sein?
– Welche Kundengruppen sollen angesprochen werden?
– Mit welchem Nutzenversprechen kann das Produkt bei der Zielgruppe beworben werden?

Bevor endgültige Entscheidungen in Bezug auf die Produktentwicklung getroffen werden, sollen in einem Marketingprojekt die Marktchancen ausgelotet werden. Es ist Aufgabe einer Expertengruppe, in einem Findungsprozess Ideen zu entwickeln, welche die obigen Fragestellungen konkretisieren.

Aufgaben:

3.1 Entscheiden Sie sich für eine der Kreativitätstechniken!

3.2 Bilden Sie die für die von Ihnen gewählte Technik die erforderlichen Arbeitsgruppen und bestimmen Sie gegebenenfalls einen Moderator!

3.3 Entwickeln Sie auf der Basis der gewählten Kreativitätstechnik Ideen für den gewinnbringenden Einsatz des Garns. Beachten Sie hierbei die obigen Fragestellungen!

3.4 Bilden Sie durch einfache Abstimmung eine Reihenfolge für die TOP 5 der Ideen!

3.5 Präsentieren und begründen Sie Ihr Ergebnis!

3.6 Entwickeln Sie aus einer Ihrer Ideen eine Projektskizze! (**Hinweis:** Auf Festlegungen in Bezug auf Projektumsetzung, Laufzeit und Finanzierung können Sie verzichten.)

4. Skizzieren Sie den Weg, durch den die Projektziele von der Unternehmensvision abgeleitet werden und in die Project Scorecard übernommen werden.

5. Schlagen Sie je zwei Kennzahlen für eine Project Scorecard vor, mit denen die Zielerreichung von Projekten in den Perspektiven

5.1 Projektergebnis,

5.2 Projektprozess und

5.3 Zusammenarbeit, Lernen, Potenzial

beurteilt werden kann!

6. Die MicroTex Technologies GmbH hat drei alternative Marketingprojekte in Bezug auf ihren Erfolg zu bewerten. Die Geschäftsleitung gibt nur dann ihr OK zum Projektstart, wenn eine Mindestrendite von 10 % zu erwarten ist. Folgende projektbezogenen Daten sind bekannt:

	Alternative 1	Alternative 2	Alternative 3
Einmalige Projekt-entwicklungskosten (Kapitaleinsatz)	610 000,00 EUR	480 000,00 EUR	700 000,00 EUR
Laufende Kosten pro Jahr	390 000,00 EUR	260 000,00 EUR	310 000,00 EUR
Laufende Erlöse pro Jahr	430 000,00 EUR	280 000,00 EUR	370 000,00 EUR

Aufgaben:

6.1 Berechnen Sie den jährlichen Gewinn!

6.2 Berechnen Sie den durchschnittlichen Kapitaleinsatz!

6.3 Ermitteln Sie für die drei Projektalternativen die Rentabilität!

6.4 Treffen und begründen Sie die Entscheidung, welches Projekt aus rein wirtschaftlicher Sicht bevorzugt werden sollte!

6.5 Unter den verbleibenden beiden Projektalternativen P1 und P3 soll dasjenige Projekt heraus-
gefiltert werden, das letztlich die höchste Priorität erhält.

Die Steuerungsgruppe hat die beiden Projekte mit Punkten bewertet und bereits in der nachfolgenden Entscheidungsbewertungstabelle eingetragen.

Entscheidungs-kriterien	Gewich-tung	Projekt 1		Projekt 3	
		Punkte P1	Gewichtete Punkte P1	Punkte P3	Gewichtete Punkte P3
①	②	③	④ = ② · ③	⑤	⑥ = ② · ⑤
Bedeutung zur Erreichung strategischer Unternehmensziele	30	7		8	
Dringlichkeit	10	9		6	
Kundennutzen	30	9		6	
Wirtschaftlichkeit	20	7		9	
Verbesserung der Mitarbeiterqualifikation	10	8		8	
Summe der Punkte	**100**				

6.5.1 Führen Sie die erforderlichen Berechnungen durch und erstellen Sie eine Rangfolge
der Prioritäten für die beiden Projekte!

6.5.2 Erstellen Sie für die beiden Projekte ein Projektportfolio, indem Sie der Y-Achse die
strategische Bedeutung und der X-Achse den Kundennutzen zuordnen! Stellen Sie
die Dringlichkeit über den Durchmesser dar!

4.3.2 Phase 2: Projekt definieren

4.3.2.1 Grundsätzliches

Wird der Projektantrag von der Steuerungsgruppe positiv entschieden, erteilt
diese dem Projektleiter den **Projektauftrag.** Damit ist offiziell der Startschuss für
das Projekt gefallen.

4.3.2.2 Projektauftrag konkretisieren

Auftraggeber und Stakeholder haben bei der Vergabe des Projektauftrages unter Umständen noch nicht den vollständigen Überblick über das angestrebte Fernziel. Die Versuchung
ist daher groß, den Projektauftrag relativ vage zu formulieren. Damit besteht das Risiko,
dass Auftraggeber und Projektleiter von unterschiedlichen Voraussetzungen und Zielen
ausgehen *("So war das nicht gemeint!")*.

Folgende Punkte sollten in einem Projektauftrag zwischen Auftraggeber und Projektleitung für beide Seiten eindeutig geregelt werden:

1.	Projektauftrag	Projektbezeichnung	Einprägsamer Name für das Projekt.
		Inhalt	Kurze Beschreibung des Projektes, dessen erwarteten Nutzen und dessen Ziele.
		Projektumfeld	Geschäftsfelder, Abteilungen, Filialen, die in das Projekt eingebunden oder von dessen Ergebnis betroffen sind.
2.	Rahmendaten des Projektes	Termine	Festlegungen von Projektbeginn und -ende sowie von festen Zwischenterminen (Präsentationen, Statusberichte).
		Projektressourcen	Grob geschätzter finanzieller, sachlicher und personeller Bedarf.
		Geplantes Budget	Finanzieller Rahmen, der für dieses Projekt freigestellt wird.
3.	Beteiligte	Projektleiter, Controller, Experten, Projektteam	Namen, Funktion und Abteilungszugehörigkeit, Telefonnummer und Mailadressen der Beteiligten.
4.	Unterschriften	Unterschriften von Projektleiter und Auftraggeber.	

4.3.2.3 Ziele überprüfen und bestimmen

4.3.2.3.1 Notwendigkeit der Zielformulierung

Der Aufwand zur präzisen Zielformulierung ist hoch, insbesondere wenn unterschiedliche Interessen der Stakeholder zu beachten sind. Dies führt häufig dazu, dass Ziele überhaupt nicht, schlecht oder unvollständig formuliert werden. Die möglichen Folgen:

- Die **Erwartungshaltungen** an das Projekt **gehen auseinander,** weil die Partner ihre jeweils eigenen Zielvorstellungen hineininterpretieren. Es **fehlt eine gemeinsame Vorstellung** über die Richtung, in der gedacht werden soll. Die **vorhandenen Energien werden nicht gebündelt** eingesetzt.
- Werden die Zielvorstellungen erst im Laufe der Projektabwicklung konkretisiert, dann steigt das **Risiko, korrigierend eingreifen zu müssen.** Die **Motivation der Teammitglieder sinkt,** weil möglicherweise ein erheblicher Teil der bisherigen Arbeit wieder verworfen wird.
- Der **Kontroll- und Kommunikationsaufwand** während der Projektabwicklung ist sehr **hoch.**
- Das **Misstrauen zwischen den Partnern wächst.**
- **Termine und Kosten werden überschritten.**

Um die Anspruchsqualität und die Vollständigkeit der Ziele sicherzustellen, müssen diese mit allen Beteiligten (Auftraggeber, Projektteam, betroffene Abteilungen) abgestimmt und in einem **Projektzielkatalog** formuliert werden.

Die Projektziele sind eingespannt in das Wirkungsdreieck aus Termin, Kosten, Qualität, dessen Ziele sich gegenseitig beeinflussen.

Beispiele:

- Sollen **Kosten** reduziert werden, weil das Budget an seine Grenzen stößt, dann hat dies Folgen auf die Qualität des Projektergebnisses.
- Ist die **Termineinhaltung** in Gefahr, dann müssen mehr Mitarbeiter in das Projekt eingespannt oder Überstunden geleistet werden, was wiederum zu höheren Kosten führt.
- Um die **Qualität** eines Projektes zu sichern, müssen zusätzliche Testreihen vorgenommen (höhere Kosten) und der Termin verschoben werden.

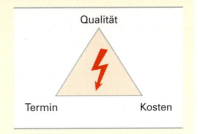

Um die sich daraus ergebenden Zielkonflikte[1] zu vermeiden, sollte unter den Projektzielen eine **Rangfolge** geklärt werden. Beispiel: Vorrang hat das Ziel der Termineinhaltung, auch dann, wenn das Budget erhöht werden muss.

Der erhebliche Aufwand zur Zielformulierung wird aufgewogen durch das deutlich verringerte Risiko für das vorzeitige Scheitern des Projektes.

4.3.2.3.2 Anforderungen an die Zielformulierung

Die Zielformel **SMART** ist eine Gedankenstütze. Jeder einzelne Buchstabe steht für eine Eigenschaft.

S	spezifisch, simpel	Das Ziel soll genau beschrieben, einfach formuliert und für alle nachvollziehbar sein.
M	messbar	Festgelegte Kennzahlen müssen es erlauben, dass die Erreichung des Ziels gemessen werden kann.
A	akzeptiert	Das formulierte Ziel muss übereinstimmen mit den Wertvorstellungen des Unternehmensleitbildes.
R	realistisch	Das Ziel darf nicht utopisch und damit demotivierend sein. Vielmehr benötigen die Mitarbeiter das Gefühl, dass das Ziel erreichbar ist.
T	terminiert	Der Zeithorizont, in welchem das Ziel zu erreichen ist, muss festgelegt sein.

4.3.2.4 Projektumfeld klären

Ein Projekt ist zwar einmalig. Dies heißt aber nicht, dass innerhalb eines Unternehmens ein Projekt allein ist auf weiter Flur. In aller Regel sind mehrere Projekte gleichzeitig in Bearbeitung. Dies bedeutet, dass sie sich unter Umständen beeinflussen, indem

- Mitarbeiter an mehreren Projekten beteiligt sind,
- verschiedene Projekte dieselben Sachmittel beanspruchen (z. B. Räume),
- sich die Ergebnisse eines Projektes auf die Bearbeitung eines anderen Projektes auswirken.

---

1 Zielkonflikt: Maßnahmen zur Erreichung des einen Ziels beeinträchtigen zwangsläufig die Erreichung des anderen Ziels.

Zielharmonie: Maßnahmen zur Erreichung des einen Ziels unterstützen auch die Erreichung des anderen Ziels.

Zieldifferenz: Maßnahmen zur Erreichung des einen Ziels haben keinerlei Auswirkungen auf die Erreichung des anderen Ziels.

Daher müssen diese Vernetzungen aufgedeckt und für alle Beteiligten durchschaubar gemacht werden, z. B. in Form einer **Projektlandkarte**. Dies ist ein Verzeichnis aller Projektvorhaben und der laufenden Projekte mit folgenden Informationen:

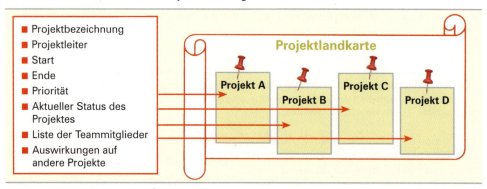

- Projektbezeichnung
- Projektleiter
- Start
- Ende
- Priorität
- Aktueller Status des Projektes
- Liste der Teammitglieder
- Auswirkungen auf andere Projekte

Darüber hinaus bedarf es Regelungen für den Fall, dass z. B. mehrere Projektteams zur gleichen Zeit dieselben Sachmittel beanspruchen oder die Arbeitsleistung eines Mitarbeiters von zwei Teams benötigt wird.

4.3.2.5 Risiken abwägen

Grundsätzlich ist jedes Projekt mit Risiken verbunden, die negative Folgen für die Projektabwicklung und/oder das -ergebnis haben können. Der Projektleiter darf dem möglichen Eintritt von Risiken oder gar Schäden nicht einfach nur passiv entgegenschauen. Vielmehr ist seine Weitsicht verlangt, damit Risiken rechtzeitig erkannt und Vorsichtsmaßnahmen zur Schadensvermeidung bzw. zur Schadensminderung getroffen werden.

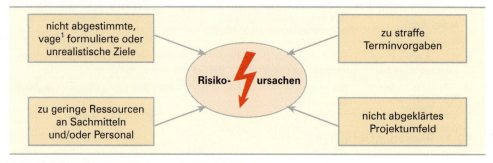

4.3.2.6 Kick-off-Meeting veranstalten

Die Mitglieder eines neuen Projektes kennen sich häufig nicht – zumindest nicht in dieser Zusammensetzung. Sie kennen noch nicht ihre Rolle, die Projektziele, Termine, die Kommunikationswege. Daher ist es notwendig, dass sich alle am Projekt Beteiligten Zeit nehmen, um sich mit der neuen Aufgabe vertraut zu machen. Eine erste gemeinsame Sitzung des Projektteams, das **Kick-off-Meeting,** ist hierfür eine geeignete Methode.

1 Vage: unbestimmt, verschwommen.

Das Kick-off-Meeting ist ein wichtiger Baustein innerhalb der Projektmanagementphasen, weil es für alle Projektteilnehmer den Start erlebbar macht. Viele Projekte scheitern aufgrund eines schlechten Projektstarts.[1]

Mit einem Kick-off-Meeting verbinden sich folgende Ziele:

Teammitglieder lernen sich untereinander kennen

Die Arbeitsbelastung innerhalb eines Projektes mit begrenzten Ressourcen kann für die einzelnen Mitarbeiter sehr hoch werden. Eine Zusammenarbeit, die von gegenseitigem Vertrauen, Respekt und Wohlwollen getragen wird, erleichtert die Überwindung kritischer Phasen.

Ein erster Schritt hierzu ist, dass die Mitarbeiter sich in ungezwungener Umgebung kennenlernen. Hierfür gibt es eine Vielzahl von Methoden, z.B. je zwei Mitarbeiter interviewen sich gegenseitig und stellen sich anschließend in der Gruppe gegenseitig vor.

Vermittlung eines einheitlichen Informationsstandes

Der Projektleiter informiert die Mitglieder über

- das Projekt und dessen erwarteten Nutzen für das Unternehmen,
- die Projektziele,
- die Projektorganisation mit Verantwortungen und Kompetenzen,
- die vorläufig geplante Projektstruktur mit den Arbeitspaketen und den Meilensteinen.

Teamregeln vereinbaren

Um möglichst rasch einen Teamgeist („Team-Spirit") unter den Teammitgliedern zu erreichen, ist die Vereinbarung von Teamregeln eine wertvolle Hilfe. Hierzu gehören:

- Die Verwendung von Ich-Botschaften, d.h., jeder der Teilnehmer spricht von „ich" und nicht von „man".
- Aktiv zuhören, d.h., niemand interpretiert die Aussagen von anderen, sondern gibt vielmehr – insbesondere bei Unklarheiten – ein Feedback, z.B. „Bei mir kommt an, dass …"
- Allen Teammitgliedern stehen die erforderlichen Informationen zur Verfügung. Es gibt kein Herrschaftswissen einzelner.
- Konflikte werden offen, vertrauensvoll und sachlich angesprochen und nicht unter den Teppich gekehrt.

ÜBUNGSAUFGABEN

1. Nennen Sie die Aufgaben, die im Rahmen der Projektdefinition durchzuführen sind!

2. Geben Sie an, welche Inhalte in einem Projektauftrag genannt werden sollten!

3. Begründen Sie, warum auf eine präzise Zielformulierung in besonderem Maße zu achten ist!

4. Erläutern Sie, warum nicht nur die Ziele formuliert werden müssen, sondern unter ihnen auch eine Rangfolge festgelegt werden muss!

---

1 Siehe Kapitel 4.3.4.7, S. 428f.

4.3.3 Phase 3: Projekt planen

4.3.3.1 Grundsätzliches

Innerhalb der Planungsphase werden die Ergebnisse der Vorprojektphase (Initiierung und Definition) weiter konkretisiert. Ziel ist ein **Projektplan,** der sich aus mehreren Einzelplänen zusammensetzt, z. B.

Projektstrukturplan mit Teilaufgaben und Arbeitspaketen	Termin- und Meilensteinplanung	Ressourcenplanung (Aufwand- und Kostenplan)

4.3.3.2 Projektphasenmodell auswählen

Unterschied zwischen Projektmanagementphasen und Projektphasen

Projektmanagementphasen (Projektinitiierung, -definition, -planung, -steuerung und -abschluss) sind Phasen im Rahmen der Projektentwicklung, die den wachsenden Reifegrad eines Projektes kennzeichnen. Sie **gelten für alle Projekte** gleichermaßen.

Durch die **Projektphasen** wird der organisatorische **Ablauf** eines **bestimmten Projektes** in **überschaubare, zeitlich und inhaltlich festgelegte Abschnitte** gegliedert. **Meilensteine** markieren die Übergänge der einzelnen Projektphasen und bilden Entscheidungspunkte für die weitere Fortsetzung.

- Nach DIN 69901 ist eine **Projektphase** ein **zeitlicher Abschnitt eines Projektablaufs,** der **sachlich gegenüber anderen Abschnitten getrennt** ist.
- Projektphasen kennzeichnen den **individuellen Verlauf** eines Projektes.

Projektphasenmodelle unterstützen das Projektmanagement darin, die Projekte effizient und erfolgreich durchzuführen. Sie sind die **Grundlage für die anschließende Strukturierung, Ablaufplanung** und **Kontrolle** des Projektes.

Beispiele für Projektphasenmodelle

Für Projekte gibt es unterschiedliche Phasenmodelle. Sie sind z. B. typisch für bestimmte Branchen (Modelle für IT-Projekte, Organisations- oder Investitionsprojekte) oder haben sich in der Projektentwicklung eines bestimmten Unternehmens besonders bewährt und werden daher bevorzugt.

Die Notwendigkeit zu unterschiedlichen Vorgehensmodellen liegt darin, dass die Projekte verschiedener Branchen auch mit besonderen Herausforderungen zu tun haben. Investitionsobjekte verlangen z. B. die Abstimmung mit Subunternehmen und bedürfen behördlicher Genehmigungsverfahren.

■ Wasserfall-Modell – viel Struktur, wenig Flexibilität

Dies ist der Klassiker unter den Phasenmodellen und wird bevorzugt in IT-Projekten eingesetzt. Der Ablauf ist streng linear und klar definiert. Die Ergebnisse der vorherigen Phase sind die zwingenden Vorgaben für die nächste Phase. Diese kann erst beginnen, wenn die vorherige beendet ist *(„Zuerst die Socken anziehen, dann die Schuhe.")*.

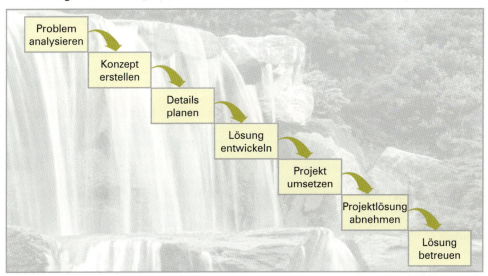

Vorteile	■ Leichte Steuerung und Kontrolle des Projektes. Es ist übersichtlich strukturiert, lässt sich präzise planen und im Projektfortschritt kontrollieren.
	■ Die klare Strukturierung erleichtert eine Aufgabenteilung.
	■ Besonders geeignet für einfache Projekte, bei denen die Projektanforderungen schon in frühen Projektphasen sehr genau beschrieben werden und Anforderungsänderungen (geänderte Wünsche des Auftraggebers) in späteren Phasen nicht zu erwarten sind.
	■ Durch die frühzeitigen Festlegungen können die Arbeiten in den späteren Phasen leichter und schneller durchgeführt werden.
	■ Die lineare Abfolge der Phasen erleichtert die Terminierung des Projektes und dessen Abbildung in einem Gantt-Diagramm.[1]
Nachteile	■ Werden im Rahmen einer späteren Phase fehlerhafte Festlegungen aus einer früheren Phase erkannt, dann ist dies umso verhängnisvoller (teurer und schwieriger), je später dieser Fehler erkannt wird. Häufig bleiben nur der völlige Neubeginn oder gar der Projektabbruch.
	■ Im Grundmodell sind Rücksprünge nicht vorgesehen. Dies ist unrealistisch. Flexibilität in Bezug auf geänderte Anforderungen sind in der heutigen Zeit lebenswichtig und wesentliche Anforderungen an eine Projektorganisation. Es eignet sich daher nicht, wenn mit einem Projekt Neuland betreten wird, zu Beginn des Projektes über die Projektziele und die Vorgehensweise noch keine völlige Voraussicht besteht und deren Ausschärfung erst im Laufe der Projektentwicklung erfolgt.
	■ Nicht immer lassen sich die einzelnen Projektphasen klar gegeneinander abgrenzen. So befinden sich unter Umständen Teile des Projektes noch in der Detailplanung, während für andere bereits Lösungen entwickelt werden.

---

1 Siehe Kapitel 4.3.3.4.1, S. 418.

■ **Agiles Modell[1] – wenig Struktur, viel Flexibilität**

Die Verwendung dieser Vorgehensweise beruht auf der Erkenntnis, dass Projekte in der heutigen Zeit immer komplexer werden. Die Komplexität liegt darin, dass sowohl die Aufgabenstellung selbst als auch die Vorgehensweise zur Erarbeitung der Lösung zu Beginn der Planungsphase unklar sind. Die Verwendung des Wasserfall-Modells ist daher nicht möglich.

Agile Modelle gehen so vor, dass sie nicht anhand eines langfristigen Plans durchgeführt werden. Vielmehr werden einzelne Bausteine herausgegriffen und in kurzen Bearbeitungsphasen, sogenannten Sprints, bearbeitet, getestet und abgeschlossen. Am Ende eines Sprints ist ein Teilergebnis erbracht. Auf dieser Basis fallen dann die Entscheidungen für die weitere Entwicklung des Projektes. Die in einem Projekt schlummernden Unsicherheiten werden also nicht als Risiko betrachtet, sondern als Chance, das Projekt voranzubringen.

Beispiel:	
Im Rahmen eines Projektes soll für die Westfälische Metallbau GmbH ein hauseigenes Intranet entwickelt werden. Zur Vorgehensweise hat sich das Projektmanagement für ein agiles Modell entschieden. Danach könnte es als „Prototyp" für das Intranet den Baustein „Terminübersicht" herausgreifen und diese	Komponente fertigstellen. Anhand dieses Teilergebnisses werden die künftigen Nutzer befragt, ob sie mit der Farbgebung, dem Layout, der Verteilung der Zugangsrechte und der Inhaltspflege zurechtkommen. Das Feedback dieser Befragung geht in die Planung der weiteren Vorgehensweise ein.

Vorteile	Sie liegen in der hohen Anpassungsfähigkeit, wodurch das Projektmanagement in der Lage ist, flexibel und angemessen auf Veränderungen in der Aufgabenstellung selbst und auf Zwischenergebnisse einzugehen.
Nachteile	■ Sie liegen zum einen in den Ansprüchen an die Qualifikation der Teammitglieder. Diese müssen die Zwischenergebnisse aufgreifen und bewerten, um gegebenenfalls ihre Aufgabenstellung und Arbeitsweise zu ändern. Sie benötigen ein hohes Maß an Selbstorganisation und die Bereitschaft zu eigenverantwortlichem, zielorientierten Handeln. ■ Zum anderen fehlt diesem Vorgehensmodell die Klarheit in der Vorgehensweise und damit die leichte Steuerbarkeit und Kontrolle.

■ **Mischung aus beiden Modellen als Königsweg**

Als effizienteste Variante hat sich eine Mischung aus beiden Modellen bewährt. Als Grundkonzept wird eine weniger starre Form des Wasserfall-Modells gewählt, die auch Parallelarbeiten und Rücksprünge zulässt. Die Phase „Lösung entwickeln" kann dabei durchzogen werden von einzelnen Sprints, mit denen zunächst stabile Kernbausteine entwickelt und geprüft werden. Erst danach wird das Projekt um weniger dringende, jedoch wünschenswerte und attraktive Bausteine ergänzt.

4.3.3.3 Projektstrukturplan (PSP) erstellen

Teilaufgaben und Arbeitspakete entwickeln

■ Ein **Projektstrukturplan** ist eine **vollständige, hierarchische Darstellung** aller Elemente (Teilprojekte, Arbeitspakete) der Projektstruktur als **Diagramm** oder **Liste** (DIN 69901-5:2009).

---

1 Hierzu gehört z. B. das **Scrum Framework. Scrum:** engl. Gedränge, **Framework:** engl. Rahmenstruktur. Aufgrund der Komplexität des Scrum Framework wird auf dessen Darstellung verzichtet und nur das grundlegende Konzept eines agilen Modells als Gegenentwurf zum Wasserfall-Modell dargestellt.

■ Ein **Arbeitspaket** ist eine in sich geschlossene Aufgabenstellung innerhalb des Projekts, die bis zu einem festgelegten Zeitpunkt mit definiertem Ergebnis und Aufwand vollbracht werden kann (DIN 69901-5:2009).

Das Ziel besteht darin, das Projekt in überschaubare Teilaufgaben und Arbeitspakete zu zerlegen, die auf einzelne oder mehrere Mitglieder des Teams zur Bearbeitung übertragen werden können. Teilaufgaben sind Bausteine des Projektes, die wiederum in kleinere Elemente zerlegt werden können, während Arbeitspakete nicht mehr weiter aufgeteilt werden.

Die nachfolgende Darstellung zeigt den Projektstrukturplan in Form eines **Diagramms**.

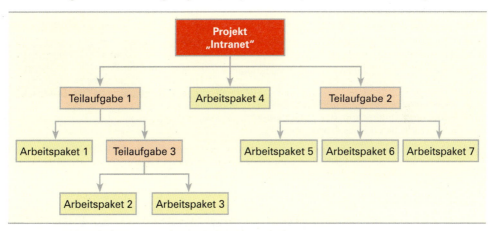

Derselbe Strukturplan in Form einer Liste hätte folgendes Aussehen:

Projektstrukturplan für das Projekt „Intranet"				
Strukturstufe				Element der Projektstruktur
1	2	3	4	
X				Teilaufgabe 1
	X			Teilaufgabe 3
		X		Arbeitspaket 2
		X		Arbeitspaket 3
	X			Arbeitspaket 1
X				Arbeitspaket 4
X				Teilaufgabe 2
	X			Arbeitspaket 5
	X			Arbeitspaket 6
	X			Arbeitspaket 7

Eine tiefere Strukturierung als vier Stufen ist wenig praktikabel. In diesem Fall empfiehlt sich die Auflösung des Projektes in weitere Teilprojekte.

Als methodisches Verfahren zur Entwicklung des Projektstrukturplans mit seinen Teilaufgaben und Arbeitspaketen hat sich das **Mindmapping**[1] bewährt.

Arbeitspakete beschreiben

Die Arbeitspakete (AP) sind jene Elemente, die als Arbeitsauftrag an die Teammitglieder vergeben werden. Sie enthalten folgende Informationen:

- Name des Projektes, dem sie zugehören
- Kurzbezeichnung des Arbeitspaketes
- Beschreibung der Aufgabenstellung, die mit diesem Paket verbunden ist
- Erwartetes Ergebnis (Meilenstein)
- Name des Verantwortlichen
- Zeitrahmen für Start und Ende
- Aufwand für die Erstellung in Personenstunden[2]
- Voraussichtliche Kosten für Personal und Sachmittel
- Beziehungen zu anderen Arbeitspaketen
- Datum und Unterschrift des Projektleiters und des Verantwortlichen für das Arbeitspaket

4.3.3.4   Projektablauf planen

4.3.3.4.1   Logische Abhängigkeiten der Arbeitspakete klären

Der Projektstrukturplan ist lediglich eine **inhaltliche Strukturierung des Gesamtprojektes** in Teilprojekte, Teilaufgaben und Arbeitspakete. Er gibt noch keine Auskunft über

- die **logische Reihenfolge,** in der die Arbeitspakete zu bearbeiten sind;
- die genauen **zeitlichen Festlegungen** für deren Start, Dauer und Ende;
- die **Abhängigkeiten zu anderen Arbeitspaketen.**

Anordnungsbeziehungen aufdecken

Die häufigste Anordnungsbeziehung zwischen einzelnen Aufgaben ist die **Normalfolge** (Ende-Anfang-Anordnung).[3]

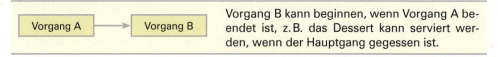

Vorgang B kann beginnen, wenn Vorgang A beendet ist, z. B. das Dessert kann serviert werden, wenn der Hauptgang gegessen ist.

---

1 Siehe S. 397.

2 Personenstunden: Arbeitspensum, das eine Person in einer Stunde bewältigt.

3 Weitere Anordnungsbeziehungen sind: **Anfangsfolge** (Vorgang B beginnt, wenn auch Vorgang A begonnen hat. Deren Endzeitpunkte können unterschiedlich sein.), **Endfolge** (Vorgang B endet erst, wenn auch Vorgang A beendet ist. Die Startzeitpunkte können unterschiedlich sein.) und **Springfolge** (Vorgang B endet, wenn Vorgang A begonnen hat.). Auf die Verwendung dieser komplizierteren Anordnungsbeziehungen wird im Folgenden verzichtet.

Abhängigkeiten grafisch darstellen

Um den Ablaufplan für ein Projekt darzustellen, gibt es drei Möglichkeiten: die **Vorgangsliste,** den **Netzplan** und das **Balkendiagramm (Gantt-Diagramm).**

Beispiel:

Die Herder Spiele GmbH will ein neues Brettspiel für die Familie auf den Markt bringen. Aus dem zugehörigen Projektstrukturplan ergaben sich folgende Arbeitspakete:

Arbeitspaket 1,	Entwurf des Brettspiels,	Dauer: 10 Tage,	Nachfolger: Arbeitspakete 2 und 3
Arbeitspaket 2,	Marktforschung,	Dauer: 20 Tage,	Nachfolger: Arbeitspaket 5
Arbeitspaket 3,	Grobplanung,	Dauer: 15 Tage,	Nachfolger: Arbeitspaket 4
Arbeitspaket 4,	Feinplanung,	Dauer: 20 Tage,	Nachfolger: Arbeitspaket 5
Arbeitspaket 5,	Werbekampagne,	Dauer: 10 Tage,	Nachfolger: –

Aufgaben:

Stellen Sie den Ablauf dieses Projektes dar, indem Sie die Abhängigkeiten als

1. **Vorgangsliste,**
2. **Netzplan** und
3. **Balkendiagramm**

darstellen.

Lösungen:

Zu 1.: Darstellung als Vorgangsliste

Nr. des Arbeitspaketes	Bezeichnung des Vorgangs	Dauer in Tagen	Vorgänger	Nachfolger
1	Entwurf des Brettspiels	10	–	2, 3
2	Marktforschung	20	1	5
3	Grobplanung	15	1	4
4	Feinplanung	20	3	5
5	Werbekampagne	10	2, 4	–

Die Vorgangsliste dient dem Durchdenken der Abhängigkeiten und unterstützt die Vollständigkeitsprüfung. Der Vorteil liegt in der **leichten Erweiterbarkeit** durch Einfügen weiterer Zeilen.

417

27 Hartmann -Hug- ISBN 978-3-8120-0522-7

Zu 2.: Darstellung als Netzplan

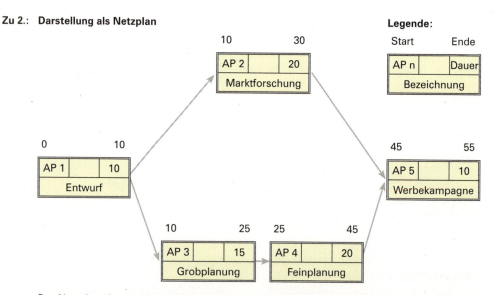

Der Netzplan eignet sich im Besonderen, um die **logischen Abhängigkeiten** unter den Vorgängen darzustellen. Dabei ist ersichtlich, welche Abläufe nacheinander und welche zeitlich parallel ausgeführt werden können. Eine zeitlich parallele Anordnung bringt in der Regel den Vorteil mit sich, dass die Dauer des Gesamtprojektes verkürzt wird.

Zu 3.: Darstellung als Balkendiagramm (Gantt-Diagramm)

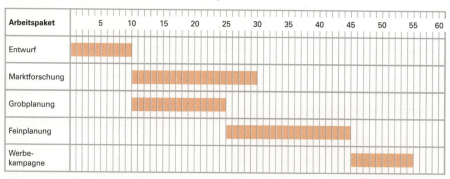

Die Darstellung als Balkendiagramm eignet sich insbesondere für die **Fortschrittskontrolle** des Projektes. Mit einem einfachen Hilfsmittel (senkrechter, roter Faden, täglich weitergeführt an einer waagrechten Leiste) lässt sich überprüfen, welche Arbeitspakete bereits begonnen, derzeit in Bearbeitung oder noch in der Zukunft liegen.

Als Ergebnis dieses Planungsschrittes lässt sich festhalten:

- Die Termine der Arbeitspakete sind grob geschätzt und zugeordnet.
- Die logische Abfolge der Arbeitspakete ist bekannt.
- Die Möglichkeit der zeitlich parallelen Ausführung ist überprüft und berücksichtigt.

4.3.3.4.2 Termine planen

Einflussfaktoren bei der Terminplanungbhängigkeiten grafisch darstellen

In diesem Schritt wird die Terminplanung präzisiert. Dabei muss berücksichtigt werden, dass die Mitarbeiter nicht permanent einem Projekt zur Verfügung stehen. Einschränkungen ergeben sich durch

- Urlaubstage,
- unterschiedliche Arbeitsdauer an den Wochentagen (z. B. Freitag nur bis 14:00 Uhr),
- arbeitsfreie Tage (Sonn- und Feiertage, Fortbildungen),
- feste Arbeitszeiten der Teammitglieder in ihren Fachabteilungen,
- Einbindung der Teamarbeiter in andere Projekte,
- Arbeitspausen (z. B. Baugewerbe im Winter).

Aufgrund der Komplexität dieser Aufgabenstellung wird diese Arbeit häufig mit der Unterstützung einer Projektmanagement-Software durchgeführt. Mit dem Einsatz dieser Software verbinden sich folgende Vorteile:

- Termineinschränkungen (Urlaubstage, Samstag, Sonntag, Feiertage usw.) werden im Voraus für die gesamte Projektdauer festgelegt,
- „Was-wäre-wenn-Überlegungen" können leicht durchgeführt werden,
- Terminänderungen bei einem Vorgang, der mit Nachfolgern verkettet ist, werden automatisch durchgerechnet und in ihren Konsequenzen angezeigt.

Meilensteine planen

Meilenstein ist ein Ereignis[1] von besonderer Bedeutung (DIN 69901-5:2009).

Ein Meilenstein kennzeichnet einen Zustand, der nach Abschluss eines oder mehrerer Arbeitspakete eingetreten ist (z. B. Planung ist durchgeführt). Da ein Zustand keine Zeit verbraucht, hat er die Dauer = 0. Weichen die Projektergebnisse zum Zeitpunkt des Meilensteins von den Vorgaben ab, kann dies Steuerungsmaßnahmen[2] erforderlich machen. Diese haben Auswirkungen für den weiteren Projektverlauf.

Typische Meilensteine sind z. B.

- Abschluss/Start einer Projektphase
- Präsentationstermine mit Statusberichten
- Übergabetermine für Projektleistungen an Auftraggeber
- Genehmigungstermine

Die Abbildung auf S. 420 zeigt das Balkendiagramm unter Verwendung einer Projektmanagement-Software[3] für das vorherige Projekt zur Entwicklung eines Brettspiels. Zwei Meilensteine (MS 1 und MS 2, Darstellung durch ◆ mit der Dauer = 0) wurden integriert.

---

1 Siehe hierzu Speth/Hug: Geschäftsprozesse, 14. Aufl. 2019, S. 55.

2 Siehe Kapitel 4.3.4.5, S. 426.

3 Microsoft Project.

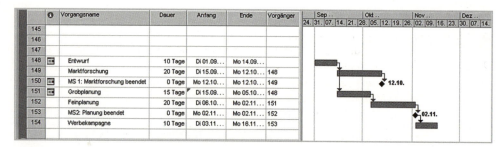

	ⓘ	Vorgangsname	Dauer	Anfang	Ende	Vorgänger
145						
146						
147						
148		Entwurf	10 Tage	Di 01.09...	Mo 14.09...	
149		Marktforschung	20 Tage	Di 15.09...	Mo 12.10...	148
150		MS 1: Marktforschung beendet	0 Tage	Mo 12.10...	Mo 12.10...	149
151		Grobplanung	15 Tage	Di 15.09...	Mo 05.10...	148
152		Feinplanung	20 Tage	Di 06.10...	Mo 02.11...	151
153		MS2: Planung beendet	0 Tage	Mo 02.11...	Mo 02.11...	152
154		Werbekampagne	10 Tage	Di 03.11...	Mo 16.11...	153

Der Starttermin für das Projekt wurde auf Dienstag, 01.09.20.. festgelegt. Das System ermittelt automatisch daraus den Endtermin mit Montag, 14.09.20.., weil es die Wochenenden vom 05./06.09.20.. und vom 12./13.09.20.. als arbeitsfreie Tage berücksichtigt.

4.3.3.5 Ressourcen (Kapazität) planen[1]

Grundsätzliches

Dieser Planungsschritt bezieht seine Informationsgrundlagen ebenfalls aus dem Projektstrukturplan. Dabei muss über die Beanspruchung der eingesetzten Mitarbeiter und der erforderlichen Sachmittel entschieden werden. Hieraus leiten sich die Personal- und die Sachmittelkosten ab.

Ressourcenbedarf ermitteln

Die Arbeitspakete sind auf ihren Ressourcenbedarf hin zu analysieren. Hilfreich sind folgende Fragestellungen:

- Welche Mitarbeiterqualifikation ist zur Bearbeitung des Vorgangs erforderlich?
- Welche Sachmittel sind erforderlich?
- Stehen die Mitarbeiter und die Sachmittel zum geplanten Zeitraum zur Verfügung?

Aufwand planen

Um den Aufwand zur Bearbeitung eines Arbeitspaketes zu ermitteln, können z. B. die **Erfahrungswerte** aus der Bearbeitung ähnlicher Aufgabenstellungen in früheren Projekten herangezogen werden. Fehlen solche Angaben, kann auf die Beurteilung von **externen Experten** zurückgegriffen werden oder der Aufwand wird durch **Schätzen** ermittelt.

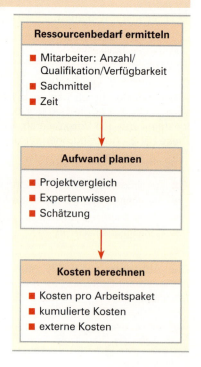

Ressourcenbedarf ermitteln

- Mitarbeiter: Anzahl/ Qualifikation/Verfügbarkeit
- Sachmittel
- Zeit

Aufwand planen

- Projektvergleich
- Expertenwissen
- Schätzung

Kosten berechnen

- Kosten pro Arbeitspaket
- kumulierte Kosten
- externe Kosten

---

1 Ressourcenplanung und Kapazitätsplanung werden synonym verwendet.

Kosten berechnen

Die Kosten der Arbeitspakete bzw. der Teilaufgaben werden jeweils für die übergeordnete Teilaufgabe kumuliert. Auf diese Weise lassen sich die Personal- und Sachkosten für das gesamte Projekt berechnen.

> **Beispiel:**
>
> Wir greifen zurück auf das Beispiel eines Projektstrukturplans auf S. 415. Wir nehmen an, für das Arbeitspaket 3 ergibt sich ein Arbeitsaufwand von 60 Stunden, die mit einem Verrechnungssatz von 120,00 EUR zu berücksichtigen sind. Daraus ergeben sich Personalkosten (PK) in Höhe von 7 200,00 EUR.
>
> Ferner unterstellen wir Kosten für Sachmittel (SK) in Höhe von 850,00 EUR. Diese beiden Kostenarten werden dem Arbeitspaket 3 zugeordnet. Entsprechend wird mit den übrigen Arbeitspaketen verfahren.

Unter Umständen müssen noch die Kosten für externe Leistungen (Unternehmensberater, Moderatoren usw.) zusätzlich berücksichtigt werden.

Die Kosten fallen nicht zu einem einzigen Zeitpunkt an. Aus dem Terminplan ergibt sich, wann die Arbeitspakete zur Bearbeitung fällig sind. Daraus leiten sich auch die Fälligkeitstermine für die Finanzierung der Kosten ab.

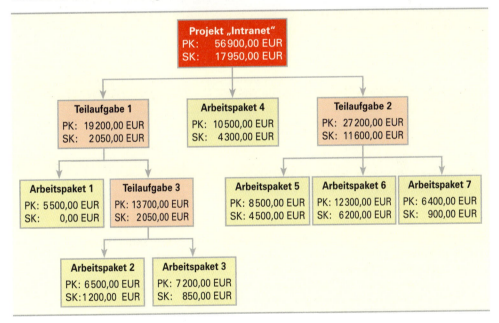

ÜBUNGSAUFGABEN

1. Nennen Sie die Aufgaben, die im Rahmen der Projektplanung durchzuführen sind!

2. Erklären Sie den Unterschied zwischen Projektmanagementphasen und Projektphasen!

3. 3.1 Erklären Sie das „Wasserfall-Modell"!

3.2 Nennen Sie je zwei Vor- und Nachteile, die mit diesem Vorgehensmodell verbunden sind!

3.3 Erklären Sie, wodurch sich agile Modelle vom Wasserfall-Modell unterscheiden!

4. Erläutern Sie die Begriffe „Projektstrukturplan" und „Arbeitspaket"!

5. Das Holzzentrum Weckerle KG, Minden, plant ein neues Schulungszentrum einzurichten, in dem Holz verarbeitende Handwerksbetriebe im Hinblick auf die neuesten Bearbeitungstechniken und Werkstoffe im Bereich „Holz" geschult werden können. Es ist Ihre Aufgabe, den Projektleiter, Sven Winter, bei der Terminierung dieses Bauprojektes zu unterstützen. Sven Winter hat bereits aus dem Projektstrukturplan die Vorgangsliste erstellt.

Arbeitspaket Nr.	Bezeichnung	Dauer in Tagen	Nachfolger
AP 1	Planung, Auftragsvergabe	12	AP 2, AP 3
AP 2	Baustofflieferung	4	AP 4
AP 3	Einrichten der Baustelle	5	AP 4
AP 4	Erdaushub, Fundament	15	AP 5
AP 5	Montage des Schulungszentrums	18	AP 6, AP 7
AP 6	Installation	7	AP 8
AP 7	Einrichtung der Räume	5	AP 8
AP 8	Einweihung	1	-

Aufgaben:

5.1 Stellen Sie den Ablauf dieses Projektes dar, indem Sie diese Vorgangsliste

    5.1.1 als Netzplan

    5.1.2 als Balkendiagramm darstellen!

5.2 Geben Sie an, welche Folge sich für den Einweihungstermin ergeben, wenn

    5.2.1 das Arbeitspaket 6, Installation, einen Tag länger dauert!

    5.2.2 das Arbeitspaket 7, Räume einrichten, einen Tag länger dauert!

5.3 Stellen Sie dar, welche zusätzlichen Informationen berücksichtigt werden müssen, wenn hieraus eine exakte Feinplanung mit Angabe der Kalendertage erstellt werden soll!

6. 6.1 Erklären Sie, was man unter einem Meilenstein versteht!

6.2 Erläutern Sie, wozu Meilensteine im Projektablauf gesetzt werden!

4.3.4   Phase 4: Projekt steuern

4.3.4.1   Grundsätzliches

In dieser Phase geht es darum, den Erfolg des Projektes sicherzustellen. Hierfür sind

die Termine	die Kosten	die Leistung	die Arbeitsqualität

zu überwachen. Abweichungen müssen frühzeitig erkannt werden. Liegen sie außerhalb des tolerierbaren Bereiches, dann sind steuernde Eingriffe notwendig. Diese können

- **in einem inneren Regelkreis innerhalb der Steuerungsphase** stattfinden. Dabei werden die **Zielvorgaben beibehalten.** Korrigierende Maßnahmen können ergriffen werden (z.B. Aufnahme weiterer Mitarbeiter in das Projektteam) oder

- innerhalb eines **äußeren Regelkreises.** Dabei werden durch tiefere Änderungen die **Vorgaben aus der Projektplanung überarbeitet** und eventuell **neue Sollvorgaben** erstellt.

Die nachfolgende Abbildung zeigt das Ineinandergreifen der beiden Regelkreise zur Projektsteuerung.

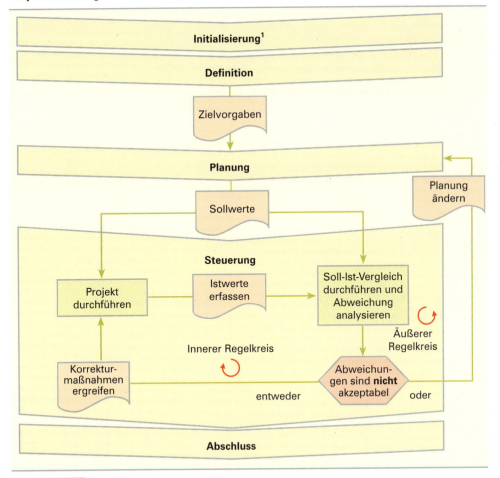

---

1 Initialisierung: das Herstellen eines bestimmten Anfangszustandes (z.B. Projektvorgaben), um ein gewünschtes Verhalten zu erzielen.

Folgende **Aufgaben** sind in dieser Phase durchzuführen:

- **Projektplan freigeben** und **Arbeitspakete** an Teammitglieder **verteilen,**
- **Istdaten erfassen** (Termine, Verbrauch an Ressourcen, Kosten),
- **Projektfortschritt kontrollieren** durch **Vergleich der Istwerte mit den Sollwerten,**
- **Abweichungen analysieren** und entweder
  - **Korrekturmaßnahmen ergreifen** (innerer Regelkreis) oder
  - **Projektplanung ändern einschließlich der Sollvorgaben** und den **überarbeiteten Projektplan verabschieden** (äußerer Regelkreis)
- an Auftraggeber, Steuerungsgruppe, Unternehmensleitung **berichten.**

4.3.4.2 Termine steuern (Soll-Ist-Vergleich)

Die Steuerung der Termine ist von besonderer Bedeutung, da diese den Projekterfolg unmittelbar beeinflussen.

Überschreitet die Bearbeitung von Arbeitspaketen die vorkalkulierte Zeit, dann verschieben sich die Anfangszeiten der unmittelbaren Nachfolger. Sind im weiteren Projektverlauf keinerlei Pufferzeiten vorhanden, dann ist automatisch der Endtermin gefährdet. Korrekturmaßnahmen bedeuten in der Regel steigende Projektkosten.

Wird die vorkalkulierte **Zeit nicht ausgeschöpft,** dann entstehen Freiräume. Diese können z. B. genutzt werden, um aufgelaufene Verzögerungen auszugleichen.

Bei kleineren Projekten kann die Soll-Ist-Gegenüberstellung der Zeiten auf dem Balkendiagramm mit unterschiedlicher Farbgebung dargestellt werden.

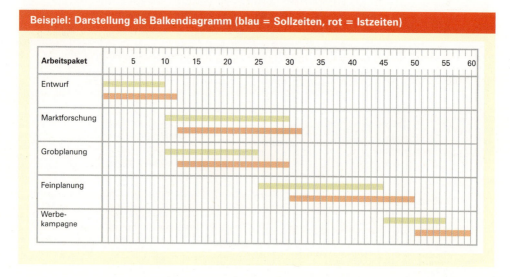

Beispiel: Darstellung als Balkendiagramm (blau = Sollzeiten, rot = Istzeiten)

Erläuterung

Marktforschung und Grobplanung setzen den Entwurf voraus. Da dieser zwei Tage länger dauert, können Marktforschung und Grobplanung erst um diese beiden Tage später beginnen. Die Grobplanung wiederum dauert drei Tage länger als geplant. Damit kann die Feinplanung erst mit 5 Tagen Verzögerung (2 Tage aus Entwurf + 3 Tage aus Grobplanung) gegenüber dem Solltermin beginnen. Dies hat wiederum entsprechende Konsequenzen für die Werbekampagne.

4.3.4.3 Kosten steuern (Soll-Ist-Vergleich)

Um einen Soll-Ist-Vergleich der Kosten durchzuführen, bietet sich der Einsatz der Tabellenkalkulation an. Eine Gegenüberstellung der Soll-Ist-Kosten des Projektes „Intranet"[1] könnte zu folgendem Ergebnis führen.

	A	B	C	D	E	F	G
1	**Soll-Ist-Vergleich der Kosten im Projekt "Intranet"**						
2							
3			Soll-Ist-Vergleich in EUR		Abweichung		Beurteilung
4	Arbeitspaket Nr.	Kostenart	Soll	Ist	EUR	%	
5	1	Personalkosten	5.500,00	6.500,00	- 1.000,00	-18,18	Überschreitung > 15 %
6		Sachkosten	-	-	-	0,00	
7	2	Personalkosten	6.500,00	6.000,00	500,00	7,69	
8		Sachkosten	1.200,00	1.300,00	- 100,00	-8,33	
9	3	Personalkosten	7.200,00	7.500,00	- 300,00	-4,17	
10		Sachkosten	850,00	900,00	- 50,00	-5,88	
11	4	Personalkosten	10.500,00	12.000,00	- 1.500,00	-14,29	Überschreitung > 10 %
12		Sachkosten	4.300,00	4.500,00	- 200,00	-4,65	
13	5	Personalkosten	8.500,00	8.000,00	500,00	5,88	
14		Sachkosten	4.500,00	4.000,00	500,00	11,11	Erhebliche Einsparung in %
15	6	Personalkosten	12.300,00	14.500,00	- 2.200,00	-17,89	Überschreitung > 15 %
16		Sachkosten	6.200,00	6.300,00	- 100,00	-1,61	
17	7	Personalkosten	6.400,00	6.000,00	400,00	6,25	
18		Sachkosten	900,00	850,00	50,00	5,56	
19		Summe	74.850,00	78.350,00	- 3.500,00	-4,68	Überschreitung der Gesamtkosten < 5 %

Eine Aufbereitung in Form einer Grafik unterstützt zusätzlich die Anschaulichkeit.

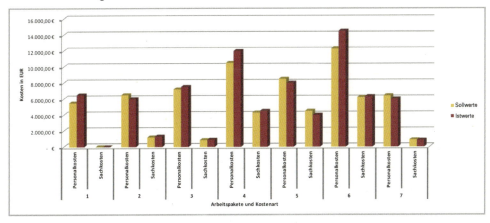

---

1 Siehe Kapitel 4.3.3.5, S. 421.

4.3.4.4 Ursachen bei negativen Abweichungen analysieren

Negative Abweichungen können vielfältige Ursachen haben, z. B.

- **Schlechte Zielformulierung.** In der Folge mussten ein Teil der geleisteten Arbeit verworfen und die Schwerpunkte neu gesetzt werden.
- **Unrealistische Planung** der Zeiten und der Kosten in der Absicht, das Projekt genehmigt zu bekommen.
- **Schlechte Arbeitsqualität,** daher Doppelarbeit notwendig.
- **Mangelhafte Qualifikation der Mitarbeiter.** Daher waren längere Einarbeitungszeiten erforderlich.
- **Persönliche Rivalitäten** unter den Teammitgliedern.
- **Zu viele Projekte** zur gleichen Zeit.
- **Mangelnde Unterstützung** durch Auftraggeber und/oder Steuerungsgruppe.

4.3.4.5 Steuerungsmaßnahmen bei negativen Abweichungen treffen

Symptome	Mögliche Steuerungsmaßnahmen	Mögliche Hindernisse
Zeit-verzögerungen	Einstellung zusätzlicher Mitarbeiter	■ Projektkosten steigen. ■ Budget für Personalkosten ist begrenzt. ■ Einarbeitung ist notwendig.
	Leistung von Überstunden	■ Projektkosten steigen. ■ Budget für Personalkosten ist begrenzt. ■ Bereitschaft der Mitarbeiter ist notwendig.
	Fremdvergabe von Leistungen	■ Steuerungsaufwand wird erhöht. ■ Projektkosten steigen. ■ Budget ist begrenzt. ■ Leistungsergebnis ist unsicher.
	Verbesserung der Qualifikation der Mitarbeiter durch Schulung	■ Weitere Zeitverzögerung. ■ Steigende Projektkosten. ■ Keine kurzfristige Wirkung.
	Austausch von Mitarbeitern	■ Erneute Einarbeitungszeit ist notwendig. ■ Ausgetauschte Mitarbeiter fühlen sich diskriminiert.[1]
Kosten-überschreitung	Verzicht auf gesetzte Projekt-ziele	■ Einverständnis des Auftraggebers ist erforderlich.
	Verringerung des Qualitäts-anspruchs	■ Einverständnis des Auftraggebers ist erforderlich.

---

1 Diskriminieren: benachteiligen, innerhalb einer Gruppe herabsetzen.

Insbesondere die letzten beiden Steuerungsmaßnahmen bedürfen einer Planungs-
änderung. Damit bewegen wir uns in dem äußeren Regelkreis (siehe S. 423). An ein solches Vorgehen werden im Rahmen der Projektsteuerung größere Anforderungen gestellt.
Hierfür ist notwendig:

- **Änderungsantrag stellen beim Auftraggeber** mit Begründung und Beschreibung der Auswir-
  kungen auf das Projekt (Kosten, Termin, Leistung, Qualität).
- **Auftraggeber beurteilt den Antrag.**
- **Änderungsantrag** wird abgelehnt oder **genehmigt.**
- Im letzteren Fall werden die **Änderungen umgesetzt** und die **Planungsunterlagen aktuali-
  siert.** Bei Ablehnung ist ggf. eine Wiedervorlage zu einem späteren Zeitpunkt zu prüfen.

4.3.4.6 Projekt präsentieren[1]

Die Stakeholder des Projektes haben ein Interesse daran, über den Projektfortschritt informiert zu werden.

Beispiele:

- Der **Auftraggeber** möchte über den Projektstatus informiert sein, weil er sich ein Bild
  machen will über die Einhaltung der **Termine**, des **Kostenrahmens** und des **Fertigstel-
  lungsgrades.**[2]
- Die Fachabteilung, die später mit diesem
  Projektergebnis leben soll, muss **vom Nutzen überzeugt** werden.

Es muss vorab geklärt sein, wer zur Zielgruppe der Präsentation gehört und was mit der
Präsentation erreicht werden soll.

Folgende projektbezogenen Eigenheiten sind bei einer Präsentation zu berücksichtigen:

- **Soll-Ist-Abweichungen** im Rahmen der Projektdurchführung
  gegenüber den Mitarbeitern, der Geschäftsführung und den
  Auftraggebern **offenlegen** und in ihren **Ursachen nachvoll-
  ziehbar begründen.**
- Bei negativen Abweichungen überlegt der **Projektleiter vorher Korrekturmaßnahmen** und schlägt diese im Rahmen der
  Präsentation vor. Es ist zu riskant, auf die Korrekturvorschläge
  aus der Zielgruppe zu warten.
- **Meilensteinergebnisse** und auch die **Präsentation mit Diskus-
  sionsergebnissen dokumentieren.**

---

1 Die Grundlagen der Präsentation wurden ausführlich dargestellt in Speth u. a.: Wirtschaftsprozesse, S. 362 ff. Auf eine Wiederholung
  wird verzichtet.
2 Fertigstellungsgrad (DIN 69901-5:2009): Verhältnis der zu einem Stichtag erbrachten Leistung zur Gesamtleistung eines Vorgangs,
  Arbeitspaketes oder Projektes.

4.3.4.7 Konflikte in Projektteams lösen[1]

Grundsätzliches

Wir sind Menschen mit persönlichen Eigenheiten, Stärken und Schwächen. Dauerhafte Harmonie ist eine Illusion. Störungen, Konflikte und Widerstände sind unvermeidlich in sozialen Strukturen wie z. B. Projektteams. Erleben die Teammitglieder, dass es Konfliktlösungen nicht nur dadurch gibt, dass jeweils Sieger und Verlierer den Platz verlassen, sondern dass auch Win-Win-Ergebnisse für beide Seiten zustande kommen können, dann werden Konflikte auch als Chance wahrgenommen.

Häufigste Ursache für Konflikte

Die häufigste Ursache für Konflikte in Projektteams ist in einem **missglückten Projektstart** begründet, z. B.:

- **Fehlende, schlecht formulierte oder unvollständige Zielsetzungen.**[2] Dies führt dazu, dass eine gemeinsame Vorstellung über die Denkrichtung fehlt. Der Kommunikations- und Kontrollaufwand steigt, Korrekturen sind nötig, die Motivation sinkt und das Misstrauen untereinander steigt.
- **Rollenverteilung**[3] **ist nicht hinreichend geklärt.** Dies führt zu Konkurrenzkämpfen und Kompetenzüberschreitungen.
- **Teamregeln**[4] **sind nicht festgelegt** oder werden nicht beachtet.

Hinweis: Zur **Regelung von Konflikten** (Sprachverhalten und Bewältigungsstrategien) siehe *Speth/Hug: Betriebswirtschaftliche Geschäftsprozesse, 14. Auflage 2019, S. 362 ff.*

ÜBUNGSAUFGABEN

1. Nennen Sie die Aufgaben, die im Rahmen der Projektsteuerung durchzuführen sind!

2. Begründen Sie, warum auf die Steuerung der Termine besonders geachtet werden muss!

3. Die Kostenplanung für das Projekt „Schulungszentrum" der Weckerle KG ging von den Werten der Spalte 5 in der folgenden Tabelle aus. Nach Abschluss des Arbeitspaketes 5, Montage des Schulungszentrums, lagen folgende Istwerte für die Kosten vor (siehe Spalte 6).

Kostenplanung für das Projekt „Schulungszentrum" der Weckerle KG

Arbeits-paket Nr.	Bezeichnung	Dauer in Tagen	Kosten-art	Soll-Ist-Vergleich in EUR		Abweichung		Beurteilung
				Soll	Ist	EUR	%	
AP 1	Planung, Auftragsvergabe	12	PK	25 000,00	26 000,00			
			SK	500,00	750,00			

---

1 Eine ausführliche Darstellung zum Konfliktmanagement finden Sie in Speth, s. o., S. 69 ff.

2 Siehe Kapitel 4.3.2.3.1, S. 408 f.

3 Siehe Kapitel 4.2.2, S. 390 ff.

4 Siehe Kapitel 4.3.2.6, S. 411.

Arbeits-paket Nr.	Bezeichnung	Dauer in Tagen	Kosten-art	Soll-Ist-Vergleich in EUR		Abweichung		Beurteilung
				Soll	Ist	EUR	%	
AP 2	Baustofflieferung	4	PK	250,00	400,00			
			SK	50 000,00	53 000,00			
AP 3	Einrichten der Baustelle	5	PK	4 000,00	3 500,00			
			SK	2 000,00	3 000,00			
AP 4	Erdaushub, Fundament	15	PK	8 000,00	9 500,00			
			SK	5 000,00	6 000,00			
AP 5	Montage des Schulungszentrums	18	PK	17 000,00	22 000,00			
			SK	2 500,00	3 500,00			
AP 6	Installation	7	PK	8 000,00				
			SK	22 000,00				
AP 7	Einrichtung der Räume	5	PK	1 500,00				
			SK	22 000,00				
AP 8	Einweihung	1	PK	1 800,00				
			SK	3 500,00				

PK: Personalkosten
SK: Sachkosten

Aufgabe:
Berechnen Sie die Abweichungen in EUR und in Prozent und beurteilen Sie diese!

4. Es ist nicht ungewöhnlich, dass die Istwerte eines Projektes in Bezug auf Termineinhaltung, Kosten, Leistung und Qualität von den Sollwerten abweichen (denken Sie an den Extremfall des Berliner Flughafens!).

Aufgabe:
Nennen Sie mögliche Ursachen hierfür!

5. Die Projektsteuerung kennt zwei Regelkreise.

Aufgaben:
5.1 Erklären Sie die unterschiedliche Dimension des Eingriffs in den Projektablauf!
5.2 Nennen Sie je zwei Beispiele für Korrekturmaßnahmen innerhalb des inneren und des äußeren Regelkreises!

6. Die von der Durchführung eines Projektes Betroffenen haben ein berechtigtes Interesse, regelmäßig über den Status des Projektes unterrichtet zu werden. Neben den grundlegenden Präsentationsregeln sind auch typische, projektbezogene Eigenheiten zu berücksichtigen. Nennen Sie diese!

4.3.5 Phase 5: Projekt abschließen

Ein systematischer Projektabschluss ist eine ausgezeichnete Gelegenheit, die Erfahrungen aus dem zurückliegenden Projekt zu sammeln und zu bewerten, damit sie als Handlungsempfehlung für künftige Projekte genutzt werden können.

4.3.5.1 Projektevaluation durchführen

Im Rahmen eines Abschluss-Workshops könnte unter den Teammitgliedern anhand folgender Checkliste eine **Projektevaluation durchgeführt** werden:

Nr.	Fragen	Notizen
1.	Wurden alle Projektziele erreicht? Falls nein: Was waren hierfür die Gründe?	
2.	Wurden die Projektziele hinsichtlich ihres Qualitätsanspruchs erreicht? Falls nein: Was waren hierfür die Gründe?	
3.	Was ist positiv gelaufen im Rahmen der Projektabwicklung?	
4.	Was ist negativ gelaufen im Rahmen der Projektabwicklung?	
5.	Wie beurteilen Sie das Arbeitsklima innerhalb des Projektteams?	
6.	Was sollte beim nächsten Projekt anders gemacht werden?	
7.	Hatten Sie stets und rechtzeitig alle Informationen, um Ihre Aufgabe zu erledigen? Wenn nein: Welche Informationen haben Ihnen gefehlt?	
8.	Wie beurteilen Sie die Unterstützung durch den Projektleiter?	
9.	Welche weiteren Anregungen, Wünsche, Kritik möchten Sie anbringen?	

Andere Checklisten mit entsprechenden, zielgruppenbezogenen Fragestellungen könnten der Evaluation der Auftraggeber, der Unternehmensleitung, der betroffenen Fachabteilungen und der Steuerungsgruppe dienen **(Fremdreflexion).**[1]

In einem Abschlussbericht fasst der Projektleiter die Projektergebnisse, die gesammelten Erfahrungen und die Auswertungsergebnisse der Evaluation zusammen, z. B.:

- Die **geplanten Personenstunden, Termine und Kosten** den **tatsächlichen Werten gegenüberstellen,** die Abweichungen analysieren und begründen.
- Die **geplanten Projektziele** mit den **tatsächlich erreichten vergleichen,** deren Abweichungen analysieren und begründen.
- **Stolpersteine, Hindernisse, Schwierigkeiten und Störungen** im gesamten Projektablauf **dokumentieren** und **Handlungsempfehlungen für künftige Verbesserungen** ableiten.
- Noch offene **Restarbeiten benennen** und **Ansprechpartner hierfür angeben.**

---

1 Fremdreflexion: Hier zu verstehen als Unterstützung und Beratung durch die Stakeholder mit dem Ziel, das Prozessmanagement zu überprüfen und zu verbessern.

4.3.5.2 Projektteilnehmer aus Verantwortung entlassen

Alle Projektteilnehmer (Projektleiter, Controller, Mitglieder des Projektteams) werden **aus ihrer Verantwortung entlassen.** Die Verantwortung geht über an den, der die Projektlösung in Zukunft betreuen wird. War das Projektergebnis ein Geschäftsprozess, dann obliegt dies dem **Prozessverantwortlichen.**

ÜBUNGSAUFGABEN

1.
1.1 Begründen Sie, warum ein systematischer Projektabschluss notwendig ist!

1.2 Nennen Sie die Inhalte, die in einem Projektabschlussbericht festzuhalten sind!

1.3 Wir greifen zurück auf das Muster der Project Scorecard von S. 400f. Nehmen wir an, dass nach Projektabschluss die Erreichung der Unternehmensziele evaluiert wurde. Die durchgeführten Evaluationen ergaben folgende Ergebnisse:

Projektziel	Evaluationsergebnis über die Erreichung der Projektziele			
Projektergebnis				
Qualität der erreichten Projektziele	Die Stakeholder waren mit der Qualität der erreichten Ziele nicht ganz zufrieden und vergaben 25 von 30 möglichen Punkten.			
Menge der erreichten Projektziele	Ein Ziel wurde nicht erreicht.			
Projektprozess				
Termineinhaltung	Der Soll-Ist-Vergleich für die Termine ergab eine durchschnittliche Abweichung von 1,5 Tagen.			
Mitarbeitereinsatz	Planstunden: 800 Iststunden: 824			
Zusammenarbeit, Lernen, Potenziale				
Wissenserweiterung	Die Teammitglieder waren mit ihrer persönlichen Wissenserweiterung sehr zufrieden und vergaben 18 von 20 Punkten.			
Mitarbeiterzufriedenheit	Diese wurde bestens beurteilt und erhielt 19 von 20 Punkten.			

Aufgabe:

Ergänzen Sie die Project Scorecard um die Ergebnisse aus der Evaluation und beurteilen Sie die Erreichung der Unternehmensziele!

2. Die Soester Büromöbel AG, Industriepark 5, 59494 Soest, hat ihre Projektmanagementprozesse bisher ziemlich unstrukturiert durchgeführt. Vor allem bei den prozessbegleitenden Dokumenten herrschte Wildwuchs. So wurden z. B. Projektskizzen von den Einreichern nach persönlichem Gutdünken und in der Regel in reinem Fließtext gestaltet mit der Folge, dass die Steuerungsgruppe bei vielen eingereichten Projektskizzen die entscheidungswichtigen Informationen zusammensuchen musste oder gar über fehlende Informationen klagte. Eine qualifizierte Entscheidung machte daher zuerst zeitraubende Rückfragen notwendig.

Die Steuerungsgruppe empfahl im Frühjahr 20.. dringend, die prozessbegleitenden Dokumente zu standardisieren. Ziel war es, die Formulare so zu gestalten, dass der Ersteller gezwungen war, alle bedeutsamen Informationen einzutragen, die für den Empfänger des Formulars von Wichtigkeit waren.

Im Rahmen Ihrer Ausbildung werden Sie gebeten, für das Projektmanagement der Soester Büromöbel AG die notwendigen Formulare zu entwerfen. In einer gemeinsamen Sitzung mit allen Projektleitern wurde eine Liste jener Dokumente erstellt, die in den einzelnen Projektmanagementphasen am dringendsten gebraucht werden.

Projektmanagementphase	Gewünschtes prozessbegleitendes Dokument
Projektinitiierung	Projektskizze
Projektdefinition	Projektauftrag
Projektplanung	Arbeitspaket
Projektsteuerung	Checkliste für Präsentation
Projektabschluss	Checkliste für Projektabschlussbericht

Aufgabe:

Entwerfen Sie das Layout für die oben angegebenen fünf prozessbegleitenden Dokumente!

Abkürzungen wichtiger Gesetze

AEUV	Vertrag über die Arbeitsweise der Europäischen Union
AFBG	Gesetz zur Förderung der beruflichen Aufstiegsfortbildung (Aufstiegsfortbildungsförderungsgesetz)
AktG	Aktiengesetz
ALG	Gesetz über die Alterssicherung der Landwirte
AltersTG	Altersteilzeitgesetz
AltZertG	Gesetz über die Zertifizierung von Altersvorsorgeverträgen (Altersvorsorgeverträge-Zertifizierungsgesetz)
AO	Abgabenordnung
ArbGG	Arbeitsgerichtsgesetz
ArbSchG	Gesetz über die Durchführung von Maßnahmen des Arbeitsschutzes zur Verbesserung der Sicherheit und des Gesundheitsschutzes der Beschäftigten bei der Arbeit (Arbeitsschutzgesetz)
ArbSichG	Gesetz über Betriebsärzte, Sicherheitsingenieure und andere Fachkräfte für Arbeitssicherheit (Arbeitssicherheitsgesetz)
ArbStättV	Verordnung über Arbeitsstätten (Arbeitsstättenverordnung)
ArbZG	Arbeitszeitgesetz
AsylbLG	Asylbewerberleistungsgesetz
AVmG	Altersvermögensgesetz
AWG	Außenwirtschaftsgesetz
AWV	Außenwirtschaftsverordnung
BAföG	Bundesausbildungsförderungsgesetz
BBankG	Gesetz über die Deutsche Bundesbank (Bundesbankgesetz)
BBiG	Berufsbildungsgesetz
BDSG	Bundesdatenschutzgesetz
BEEG	Gesetz zum Elterngeld und zur Elternzeit (Bundeselterngeld- und Elternzeitgesetz)
BetrVG	Betriebsverfassungsgesetz
BGB	Bürgerliches Gesetzbuch
BImSchG	Gesetz zum Schutz vor schädlichen Umwelteinwirkungen durch Luftverunreinigungen, Geräusche, Erschütterungen und ähnliche Vorgänge (Bundes-Immissionsschutzgesetz)
BNatSchG	Gesetz über Naturschutz und Landschaftspflege (Bundesnaturschutzgesetz)
BuchPrG	Gesetz über die Preisbindung für Bücher (Buchpreisbindungsgesetz)
BUrlG	Mindesturlaubsgesetz für Arbeitnehmer (Bundesurlaubsgesetz)
BWpVerwG	Bundeswertpapierverwaltungsgesetz
ChemG	Gesetz zum Schutz vor gefährlichen Stoffen (Chemikaliengesetz)
ChemVerbotsV	Chemikalien-Verbotsverordnung
DepotG	Gesetz über die Verwahrung und Anschaffung von Wertpapieren (Depotgesetz)
DesignG	Gesetz über den rechtlichen Schutz von Design (Designgesetz)
DSGVO	Datenschutz-Grundverordnung
EBRG	Gesetz über Europäische Betriebsräte (Europäische Betriebsrätegesetz)
EHUG	Gesetz über elektronische Handels- und Genossenschaftsregister sowie das Unternehmensregister
FamFG	Gesetz über das Verfahren in Familiensachen und in den Angelegenheiten der freiwilligen Gerichtsbarkeit
EntgeltFZG	Gesetz über die Zahlung des Arbeitsentgelts an Feiertagen und im Krankheitsfall (Entgeltfortzahlungsgesetz)
FinDAG	Gesetz über die Bundesanstalt für Finanzdienstleistungsaufsicht (Finanzdienstleistungsaufsichtsgesetz)
GBO	Grundbuchordnung
GefStoffV	Verordnung zum Schutz vor gefährlichen Stoffen (Gefahrstoffverordnung)
GenG	Gesetz betreffend die Erwerbs- und Wirtschaftsgenossenschaften (Genossenschaftsgesetz)
GewO	Gewerbeordnung
GG	Grundgesetz für die Bundesrepublik Deutschland
GmbHG	Gesetz betreffend die Gesellschaften mit beschränkter Haftung
GVG	Gerichtsverfassungsgesetz
GWB	Gesetz gegen Wettbewerbsbeschränkungen (Kartellgesetz)
HandwO	Gesetz zur Ordnung des Handwerks (Handwerksordnung)
HGB	Handelsgesetzbuch
HRV	Handelsregisterordnung
InsO	Insolvenzordnung

433

28 Hartmann -Hug- ISBN 978-3-8120-0522-7

JArbSchG	Gesetz zum Schutze der arbeitenden Jugend (Jugendarbeitsschutzgesetz)
JuSchG	Jugendschutzgesetz
KraftStG	Kraftfahrzeugsteuergesetz
KrWG	Gesetz zur Förderung der Kreislaufwirtschaft (Kreislaufwirtschaftsgesetz)
KSchG	Kündigungsschutzgesetz
KVLG	Zweites Gesetz über die Krankenversicherung der Landwirte
KWG	Gesetz über das Kreditwesen (Kreditwesengesetz)
MitbestG 1951 (Montan-MitbestG)	Gesetz über die Mitbestimmung der Arbeitnehmer in den Aufsichtsräten und Vorständen der Unternehmen des Bergbaus und der Eisen und Stahl erzeugenden Industrie (Montan-Mitbestimmungsgesetz) vom 21. Mai 1951
MitbestG (1976)	Gesetz über die Mitbestimmung der Arbeitnehmer (Mitbestimmungsgesetz) vom 4. Mai 1976
MünzG	Münzgesetz
MuSchG	Gesetz zum Schutz von Müttern bei der Arbeit, in der Ausbildung und im Studium
NachwG	Gesetz über den Nachweis der für ein Arbeitsverhältnis geltenden wesentlichen Bedingungen (Nachweisgesetz)
PartGG	Gesetz über Partnerschaftsgesellschaften Angehöriger Freier Berufe (Partnerschaftsgesellschaftsgesetz)
PflegeVG	Gesetz zur sozialen Absicherung des Risikos der Pflegebedürftigkeit (Pflege-Versicherungsgesetz)
PflVG	Gesetz über die Pflichtversicherung für Kraftfahrzeughalter (Pflichtversicherungsgesetz)
ProdHaftG	Gesetz über die Haftung für fehlerhafte Produkte (Produkthaftungsgesetz)
ProdSG	Gesetz über die Bereitstellung von Produkten auf dem Markt (Produktsicherheitsgesetz)
PublG	Gesetz über die Rechnungslegung von bestimmten Unternehmen und Konzernen (Publizitätsgesetz)
SGB	Sozialgesetzbuch (12 Bücher)
SGG	Sozialgerichtsgesetz
SprAuG	Gesetz über Sprecherausschüsse der leitenden Angestellten (Sprecherausschussgesetz)
StabG	Gesetz zur Förderung der Stabilität und des Wachstums der Wirtschaft
StGB	Strafgesetzbuch
TKG	Telekommunikationsgesetz
TVG	Tarifvertragsgesetz
TzBfG	Gesetz über Teilzeitarbeit und befristete Arbeitsverträge (Teilzeit- und Befristungsgesetz)
UAG	Gesetz zur Ausführung der Verordnung (EG) Nr. 1221/2009 des Rates über die freiwillige Teilnahme von Organisationen an einem Gemeinschaftssystem für Umweltmanagement und Umweltbetriebsprüfung (Umweltauditgesetz)
UIG	Umweltinformationsgesetz
UmweltHG	Umwelthaftungsgesetz
UVPG	Gesetz über die Umweltverträglichkeitsprüfung
UWG	Gesetz gegen den unlauteren Wettbewerb
VAG	Gesetz über die Beaufsichtigung der Versicherungsunternehmen (Versicherungsaufsichtsgesetz)
VermBG	Fünftes Gesetz zur Förderung der Vermögensbildung der Arbeitnehmer (Fünftes Vermögensbildungsgesetz)
VerpackG	Gesetz über das Inverkehrbringen, die Rücknahme und die hochwertige Verwertung von Verpackungen (Verpackungsgesetz)
VVG	Gesetz über den Versicherungsvertrag (Versicherungsvertragsgesetz)

Stichwortverzeichnis